(AS) **51** PERSONALIDADES (MAIS) MARCANTES DO BRASIL

JOACI GÓES

(AS) **51** PERSONALIDADES (MAIS)
MARCANTES DO BRASIL

Copyright © 2014 Joaci Góes

EDITOR
José Mario Pereira

EDITORA ASSISTENTE
Christine Ajuz

REVISÃO
Cristina da Costa Pereira

PRODUÇÃO
Mariângela Felix

CAPA
Isabella Perrotta

DIAGRAMAÇÃO
Arte das Letras

CIP-BRASIL. CATALOGAÇÃO NA FONTE.
SINDICATO NACIONAL DOS EDITORES DE LIVROS, RJ.

G545c

    Góes, Joaci, 1938
    As 51 personalidades (mais) marcantes do Brasil / Joaci Góes. – 1ª ed. – Rio de Janeiro: Topbooks, 2014.

    877 p.; 23 cm.

    ISBN 978-85-7475-229-7

    1. Personalidades - Brasil. 2. Miscelânea. I. Título.

14-09976   CDD: 927.9145
                                                                         CDU: 929:791

TODOS OS DIREITOS RESERVADOS POR
Topbooks Editora e Distribuidora de Livros Ltda.
Rua Visconde de Inhaúma, 58 / gr. 203 – Centro
Rio de Janeiro – CEP: 20091-007
Telefax: (21) 2233-8718 e 2283-1039
topbooks@topbooks.com.br/www.topbooks.com.br
Estamos também no Facebook.

SUMÁRIO

Introdução 11
* Padre Antônio Vieira 15
* Gregório de Mattos e Guerra 26
* Aleijadinho 39
* Tiradentes 59
* Visconde de Cairu 67
* José Bonifácio de Andrada e Silva 74
* D. João VI 87
* Duque de Caxias 94
* Visconde de Mauá 113
* D. Pedro II 131
* José de Alencar 147
* Machado de Assis 155
* Barão do Rio Branco 164
* Castro Alves 174
* Joaquim Nabuco 192
* Ruy Barbosa 197
* Marechal Rondon 210
* Euclides da Cunha 224

- Oswaldo Cruz 237
- Santos Dumont 250
- Carlos Chagas 265
- Monteiro Lobato 275
- Getúlio Vargas 291
- Heitor Villa-Lobos 322
- Pastinha-Bimba 331
- Mestre Bimba 335
- Pontes de Miranda 354
- Assis Chateaubriand 364
- Luís Carlos Prestes 380
- Gilberto Freyre 396
- Anísio Teixeira 421
- Juscelino Kubitschek de Oliveira 472
- Cândido Portinari 489
- Amador Aguiar 547
- Roberto Marinho 553
- Oscar Niemeyer 568
- Chico Xavier 586
- Jorge Amado 599
- Luiz Gonzaga 612
- Vinícius de Moraes 633
- Dorival Caymmi 654
- Irmã Dulce 661
- Ivo Pitanguy 673
- José Sarney 685
- João Gilberto 746
- Fernando Henrique Cardoso 753
- Pelé 776
- Roberto Carlos 795

- ❖ Lula 809
- ❖ Dilma Rousseff 827
- ❖ Ayrton Senna... 847

INTRODUÇÃO

As personalidades que figuram neste livro são uma escolha pessoal do autor, como acontece com as antologias de todo tipo, em que a objetividade plena é virtualmente impossível. Aqui também, os critérios eleitos revelaram-se fluidos. Resta, ao menos, o consolo de que seja qual for a lista de cada leitor, dificilmente deixará ele de incluir pelo menos a metade dos nomes constantes desta. O que não é pouca coisa. Por outro lado, como pude observar ao longo da elaboração do trabalho, não há personalidade que não tenha sofrido pelo menos uma supressão sumária da lista, segundo a opinião de terceiros. Nem Castro Alves, nem Ruy Barbosa escaparam da guilhotina!

Um dos parâmetros norteadores da seleção foi a inclusão de nomes representativos do maior número de atividades, selecionados por uma combinação sinérgica entre competência e alcance da influência, em extensão, intensidade e durabilidade, sobre o meio social, durante e depois do tempo em que a personalidade atuou. A heterogeneidade, portanto, explica muitas ausências, palavra preferível a exclusões, uma vez que, só pode ser excluído o que estava ou esteve incluído. Estou certo de que quando se refizer esta lista ou se propuser nova, em futuro relativamente próximo, o número de mulheres incluídas será sensivelmente superior às duas de agora, ainda que grande tenha sido a tentação de arrolar Carmen Miranda e Marta Rocha, esta por continuar figurando no imaginário popular como o símbolo máximo da beleza da mulher brasileira, tanto tempo decorrido depois de sua projeção para a fama, com duas polegadas a mais nos quadris.

A severidade das restrições a alguns nomes que constam da lista só é superada pelo inconformismo despertado por nomes que nela não figuram. De fato, muitas personalidades que reúnem credenciais para dela participar ficaram de fora, consoante a lei da impenetrabilidade da matéria, segundo a qual "dois corpos não podem ocupar ao mesmo tempo o mesmo lugar no espaço". A impossibilidade de acolher muitos nomes é de natureza semelhante à polêmica que renasce de quatro em quatro anos, na fase de recrutamento dos jogadores para integrar a seleção para disputar os jogos da Copa do Mundo de futebol, quando o número dos craques que deveriam ser convocados, na opinião dos torcedores e da mídia, supera de muito o limite máximo de 23 atletas. A pequena popularidade do tênis abortou a consideração de nomes como os de Maria Esther Bueno e Gustavo Kuerten.

Na poesia, a não inclusão de Olavo Bilac, Augusto dos Anjos, Manuel Bandeira e Carlos Drummond de Andrade é a maior fonte de protestos. Na prosa, João Guimarães Rosa, cuja ausência condena o autor às penas da danação, lidera como inspiração da irresignabilidade das pessoas com quem conversei. Incluí-lo, como quer a numerosa e qualificada legião dos seus adoradores, implicaria o sacrifício de José de Alencar, Machado de Assis, ou Jorge Amado. Escolha de Sofia. Érico Veríssimo e Lima Barreto vêm, em seguida, como lamentadas ausências. A decisão de não incluir escritores vivos impossibilitou a consideração de nomes como João Ubaldo Ribeiro e Paulo Coelho, o recordista de vendas. Na música popular, campo em que o Brasil mais se destaca no panorama mundial, ficaram de fora nomes que, por diferentes razões, reúnem credenciais para integrar a lista, a exemplo de Noel Rosa, Pixinguinha, Antônio Carlos Jobim, Chico Buarque, Caetano Veloso e Gilberto Gil. No automobilismo, embora considere insuperável o pioneirismo do papel desempenhado por Emerson Fittipaldi, ao projetar o Brasil na prática de um esporte até então restrito aos países ricos, não há como desconhecer o predomínio de Ayrton Senna no coração do povo brasileiro, ainda mais acentuado pelo glamour de sua morte trágica. Se Millôr Fernandes e Chico Anísio, falecidos em 2012, tivessem se expressado em idioma de mais curso que o português, a consagração de ambos seria universal. Mesmo assim, não foi possível incluí-los. Na política, os nomes mais lembrados, entre os ausentes, são os de Castelo Branco, Tancredo Neves, Carlos Lacerda e Ulysses Guimarães.

O título alusivo a cinquenta e uma personalidades, uma a mais do que as cinquenta aqui constantes, posto que os mestres Pastinha e Bimba aparecem como duas faces de uma mesma moeda, foi o modo encontrado pelo autor para reduzir sua culpa perante o leitor, permitindo-lhe fazer a inclusão virtual do nome cuja ausência nesta lista mais o tenha incomodado.

Elaborar uma relação de apenas cinquenta nomes, ao longo de quatro séculos da vida brasileira, mais do que uma pretensão é uma temeridade. Afinal de contas, como Guimarães Rosa, que sabia das coisas, já advertira, com propriedade, que "Viver é muito perigoso", imagine-se elaborar uma lista como a que segue.

PADRE ANTÔNIO VIEIRA
(1608 -1697)

"Se no juiz há ódio, por mais justificada que seja a inocência do réu, nunca sua sentença há de ser justa."

> Padre Antônio Vieira,
> *Memorial a favor da gente da nação hebreia.*
> Sobre o Tribunal do Santo
> Oficio da Inquisição, em 1674.

O PADRE ANTÔNIO VIEIRA É CONSIDERADO UM DOS MAIORES ORADORES sacros de todos os tempos. Uma personalidade que se ergueu acima dos seus contemporâneos. Quando ele nasceu, a 6 de fevereiro de 1608, em Lisboa, Portugal se encontrava sob o domínio da Espanha, em razão da morte do rei português, D. Sebastião, na batalha de Alcácer-Quibir, na África, situação que perdurou entre 1580 e 1640. Como o acessório acompanha o principal, o Brasil-Colônia, ao longo desse período, também esteve sob o jugo espanhol.

Em decorrência do corpo de D. Sebastião nunca ter sido encontrado, propagou-se a crença de que ele não teria morrido, podendo ressurgir a qualquer momento, para libertar Portugal. Essa crença, que ganhou foros de um quase fanatismo religioso, ainda hoje é conhecida como sebastianismo. Sintonizado com as aspirações populares, o próprio Vieira prestigiou o sebastianismo, ao manifestar viva simpatia à ideia de uma união de Deus com um herói nacional.

Os pais de Vieira foram Dona Maria de Azevedo e o mulato Cristóvão Vieira Ravasco, empregado de Fernão Telles de Menezes, conde de Unhão, seu padrinho. Segundo os biógrafos, a avó paterna de Vieira era uma mulata que engravidou de Baltazar Vieira Ravasco, quando ambos, igualmente, serviam ao conde. Descoberto o romance, foram despedidos. Quando inquirido pela Inquisição sobre suas origens, Vieira disse nada saber sobre sua avó paterna. Hoje, muito menos do que naquele tempo, muitas pessoas ainda se constrangem em reconhecer que suas origens têm um pé na cozinha.

Pelo lado materno, Vieira sentia-se muito confortável pela sua ascendência. O cristão-velho Brás Fernandes de Azevedo, avô materno de Vieira, pessoa influente, conseguiu nomear o genro, Cristóvão Vieira Ravasco, para escrivão dos agravos da Relação da Bahia, tão logo foi criado o respectivo tribunal. Assim, o pai de Vieira seguiu para a Bahia, em 1609, deixando-o em Portugal com toda a família, até 1614, quando, finalmente, todos se mudaram para a capital da Terra de Santa Cruz. Explica-se por que a Bahia celebrou em 2009 o quarto centenário de criação do seu Tribunal de Justiça, o mais antigo de todo o continente americano.

Vieira tinha 6 anos quando chegou ao Brasil, onde nasceram seu irmão e quatro irmãs: Bernardo, Leonarda, Maria, Catarina e Inácia. Bernardo Vieira Ravasco, celibatário, foi figura de proa na Colônia e morreu aos 80 anos, em 1697, no mesmo ano da morte do ilustre irmão. Leonarda, que era casada com o desembargador Simão Alves de Lapenha, morreu com o marido e os filhos, em um naufrágio, quando viajavam para Portugal. Maria de Azevedo, que veio a casar-se, já em idade madura, com Jerônimo Sodré Pereira, levou vida pacata, e sem filhos. Catarina, que se casou com o sargento-mor Rui Carvalho Pereira, também não deixou filhos. De Inácia, sabe-se do seu casamento com Fernão Vaz da Costa Dória. Todos viveram na Bahia.

Antônio Vieira deve sua sólida formação humanística aos jesuítas que o versaram, esmeradamente, em filosofia, teologia e retórica, ingredientes pedagógicos usados pelos padres para elevar o poder de argumentação do clero, exercitado em intensos e diuturnos debates sobre a mais variada gama de assuntos, como especular sobre o que Deus fazia antes de criar o mundo; se as plantas e os animais têm alma; a altura da Virgem Maria etc. Seu professor de filosofia, padre Paulo Costa, haveria de sentir-se muito orgulhoso da maestria com que o seu mais brilhante discípulo veio a usar esses recursos em seus sermões imortais.

Ao se dar conta da férrea oposição dos pais ao seu desejo de ingressar na ordem jesuítica, Vieira, cedendo aos apelos de sua invencível vocação, fugiu, na calada da noite, para o colégio, sendo prontamente acolhido pelo reitor, que conhecia o seu extraordinário potencial. Corria o ano de 1623, quando, aos 15 anos de idade, Vieira iniciou o noviciado numa aldeia, onde os padres catequizavam os índios, denominada Espírito Santo, a sete léguas distante da cidade, como meio de protegê-lo dos protestos da família inconformada com sua clerical escolha.

Vieira tinha 16 anos quando os holandeses, sob a bandeira da Companhia das Índias Ocidentais, invadiram a Bahia, em 1624. O propósito dos holandeses era o de restaurar o acesso aos mercados produtores do Nordeste brasileiro – Bahia e Pernambuco –, bloqueado como represália à sua emancipação da Coroa espanhola, desde 1581.

Aturdido pela repentina invasão, o povo fugiu para as brenhas, indo se juntar aos índios sob a catequese dos jesuítas. Em lugar do governador-geral, Diogo de Mendonça Furtado, que, feito prisioneiro, foi embarcado para a Holanda, assumiu, interinamente, dom Marcos Teixeira, quinto bispo do Brasil, que adotou a guerrilha para enfrentar os invasores. A tática do improvisado governador revelou-se a mais eficaz nas circunstâncias, porque deu tempo para a chegada da esquadra espanhola que, no ano seguinte, 1625, derrotou os holandeses.

O domínio que Vieira tinha do latim, língua oficial do cristianismo, levou os padres a encarregá-lo de escrever o relatório anual das atividades da Ordem, dirigido ao Geral da Companhia, prática interrompida ao longo dos dois anos em que durou a invasão. Data desse episódio o reconhecimento do brilho literário de Vieira, ao escrever, em bom latim, aos 18 anos, em 1626, entre tantas outras coisas, essa reflexão lapidar:

Mas quem poderá explicar os trabalhos e lástimas desta noite? Não se ouviam por entre as matas senão ais sentidos e gemidos lastimosos das mulheres que iam fugindo; enquanto as crianças choravam pelas mães, e elas pelos maridos, e todos, segundo a fortuna de cada um, lamentavam sua sorte miserável.

Concluídos os dois anos do noviciado, coincidentes com o período da invasão, Vieira fez os votos de pobreza, obediência e castidade, e passou ao treinamento pedagógico, de acordo com o rito da Companhia de Jesus. No ano seguinte, 1627, aos 19 anos, vai ensinar retórica em Olinda, Pernambuco, no colégio jesuíta, onde não demora, chamado que foi de volta à Bahia. Os sete anos decorridos entre esse momento e sua ordenação em 1634, aos 26 anos, correspondem a um vazio biográfico que só a imaginação pode preencher.

A partir da ordenação, o Padre Vieira dividia o seu tempo entre o ensino no colégio e nas aldeias indígenas e a pregação do púlpito, atividade iniciada no ano anterior, antes mesmo de sua ordenação, com um sermão proferido na Quaresma, quando passou a desfrutar de grande prestígio como orador culto e erudito. Aos 27 anos, escreveu o *Curso filosófico*, livro que foi adotado nos colégios jesuítas ao longo dos seguintes cento e setenta anos. Sem dúvida, um dos textos de maior longevidade pedagógica em terras brasileiras.

Na fase inicial de sua pregação, alguns dos seus mais famosos sermões tiveram como tema a luta contra os holandeses, a situação dos escravos e a defesa dos índios.

Quando os holandeses, em 1638, vindos do Recife, comandados por Maurício de Nassau, à frente de 3.400 soldados, se encontravam às portas da cidade da Bahia, no episódio conhecido como segunda invasão, Vieira usou como tema do histórico sermão que proferiu na igreja de Santo Antônio, no dia do santo, o versículo do Livro dos Reis: "Porque eu defenderei esta cidade, para salvá-la, por mim próprio, por meu servo Davi." Não é difícil imaginar o quanto de eficácia o povo atribuiu ao sermão de Vieira para provocar o novo fracasso da invasão holandesa, decorridos, apenas, quarenta dias do seu início, meio aos quais o seu irmão Bernardo Vieira Ravasco foi ferido, na luta para recuperar a ilha de Itaparica. Vieira estava com 30 anos e já era um pop star, de tal modo era grande o interesse de pessoas de todos os níveis sociais em ouvir suas pregações.

Aos 33 anos, foi designado, juntamente com o padre Simão de Vasconcelos, prestigioso cronista da Ordem, pelo vice-rei do Brasil, para acompanhar o seu filho D. Fernando, em viagem a Lisboa, com o objetivo de levar ao rei D. João IV as congratulações pela sua ascensão ao trono, uma vez que Portugal se libertara do jugo espanhol que durou sessenta anos. Ao desembarcarem em Peniche, forçados por uma tempestade que avariou a nau que os conduzia, os nossos embaixadores, tomados por adeptos do reino deposto de Espanha, passaram uma noite na prisão. Desfeito o equívoco, ganharam, imediatamente, a liberdade e partiram ao encontro do rei, que logo identificou em Vieira enorme potencial como conselheiro sobre as coisas do Brasil e da psicologia dos holandeses. A verdade é que o prestígio intelectual de que Vieira desfrutava no Brasil precedeu sua chegada a Lisboa.

Suas pregações na igreja do Instituto São Roque são concorridíssimas. Sua primeira pregação na Capela Real ocorreu ao raiar do ano de 1642. Impressionado com o carisma e magnetismo de Vieira, o rei o considera "o maior homem do mundo". De pregador, ascende a conselheiro privilegiado, opinando com autoridade sobre as questões mais delicadas e do maior interesse da Corte. Mais, ainda. À falta de outros mecanismos mais eficazes, era através da palavra de Vieira que a Corte passava aos reinóis as mensagens com que manter viva a lealdade popular, naqueles momentos difíceis de recomeço do reino, a exemplo do que sucedia na Grécia de Demóstenes ou na Roma de Cícero. Vieira cumpria à perfeição o receituário dos grandes mestres da boa oratória greco-romana: ensinar, agradar e mobilizar o auditório. Aqui vai uma amostra do seu gênio oratório:

É tão agradável falar que até os penhascos mais duros têm eco. É tão desagradável não poder falar que Deus fez surdos aos que nascem mudos, porque se escutassem e não pudessem falar arrebentariam de dor.

Consciente de que a força do seu verbo não podia prescindir do reconhecimento público de sua higidez moral, Vieira não excluía, sequer, o príncipe de seu chamamento ao exercício de uma vida digna: "Sabeis, cristão, sabeis, príncipes, sabeis, ministros, que se vos há de pedir estreita conta do que fizestes". O conceito público de Vieira, de tão elevado, fê-lo confessor preferido da nobreza, inclusive da rainha da Suécia.

Em 26 de maio de 1644, aos 36 anos, faz o voto de obediência ao papa, estágio final para tornar-se jesuíta professo. Nos seis anos seguintes, realizou, a serviço do reino português, intensa peregrinação diplomática pela Europa, incluindo Holanda, França e Itália, sendo o mais importante de tudo o acordo que mediou com a Holanda, que reclamava uma indenização para desistir do propósito de reconquistar Pernambuco. Paralelamente às negociações, a tempestade que destruiu a belicosa frota que a Holanda enviou ao Brasil facilitou a paz.

Meio às grandes dificuldades que Portugal vivia, nos primeiros anos da restauração do reino, quando nenhum país se dispunha a manter ali embaixadores credenciados, e o papa se recusava a receber o embaixador português, Vieira intercedeu em favor do repatriamento dos judeus convertidos, em cuja capacidade de trabalho confiava, como fator de recuperação e fortalecimento da economia combalida do reino, por negligência durante o domínio espanhol, que não soube impedir o apossamento de importantes colônias por nações estrangeiras. Visando reduzir as fragilidades do reino, Vieira defendeu um acordo com os holandeses que o deixassem na posse de Pernambuco, proposta considerada pelos seus inimigos como demonstração cabal de sua traição. Qualificando de lepra a distinção corrente entre cristãos-novos (judeus convertidos) e cristãos-velhos, escreveu ele ao rei: "Por estes reinos e províncias da

Europa está espalhado grande número de mercadores portugueses, homens de grandíssimos cabedais, que trazem em suas mãos a maior parte do comércio e riquezas do mundo. Todos estão desejosos de poder tornar para o reino... Se Vossa Majestade for servido de os favorecer e chamar, será Lisboa o maior império de riquezas." Sobranceiro, arrematava: "Não peço favor. Peço justiça."

Muitos desses judeus portugueses, tangidos do seu país, serviam a outros reinos, como o espanhol e o holandês, gerindo suas finanças e emprestando-lhes dinheiro.

Vieira foi intensamente influenciado pelas boas relações que manteve com os judeus por toda a vida, bem como pela assídua leitura das obras constantes do *Index*, o catálogo dos livros proibidos, muitas das quais foram encontradas em sua biblioteca. Essa influência está presente em suas correspondências e sermões. Dele disse o ensaísta português Antônio Sérgio que o "seu Deus é bem mais do Velho Testamento do que o Deus da concepção peculiarmente cristã".

Durante onze anos ininterruptos, Vieira serviu a D. João IV, fato que o tornou personalidade de relevo nos dois lados do Atlântico.

Os ministros do Santo Ofício logo se inquietaram com o seu prestígio crescente junto à Corte. Essa desconfiança culminaria, mais tarde, com a sua expulsão do Brasil, em 1661. Sua prisão pela Inquisição foi motivada por sua postura crítica aos desregramentos sociais e por sua defesa dos cristãos-novos, pelo que foi acusado de blasfêmia, sacrilégio e judaísmo. Flexível, retratou-se, mas não abandonou suas ideias. Fruto, talvez, das gritantes contradições do seu tempo, as opiniões e atitudes de Vieira, ao longo da vida, revelaram-se, igualmente, contraditórias, como têm acentuado vários estudiosos.

Frequentemente cognominado de "O Bartolomeu de las Casas" de Portugal, por lutar contra a escravização dos índios, ao tempo em que aceitava a dos africanos, não se pode esquecer que, segundo os padrões da época, vigentes desde tempos imemoriais, a escravidão era um componente da normalidade na vida dos povos. Denunciou, porém, com invariável firmeza, todo tipo de tratamento desumano ou cruel, aos escravos, tão comum no século XVII, quando, apenas os padres capuchinhos Francisco José de Jaca e Epifanio de Moirans propugnaram pela plena abolição da escravatura no continente americano. O espanhol De Jaca e o francês De Moirans trabalharam em terras que hoje integram a Venezuela e Cuba. Em um dos seus sermões, sustentou Vieira, referindo-se aos escravos:

> Mas não são estas pessoas filhos e filhas do mesmo Adão e da mesma Eva? Não foram estas almas ungidas com o mesmo sangue de Cristo? Não nasceram estes corpos e não perecerão como os nossos? Não respiram eles o mesmo ar? Não é o mesmo o céu que os cobre? O mesmo sol não os aquece? Qual é a estrela que os rege? Tão triste, tal inimigo, e tão cruel.

Em 1653, Vieira retorna ao Brasil, desembarcando no Maranhão, onde serviria como superior dos missionários jesuítas. Aí chegando, enfrenta a irresignabilidade dos proprietários com a alforria concedida pelo rei aos silvícolas. A generalizada crença de que Vieira fora o inspirador da medida coloca em risco sua vida e a dos demais padres, razão pela qual retorna a Portugal em 1654, em viagem rocambolesca em que quase perece nos Açores, onde permaneceu por dois meses, até ser resgatado por um barco inglês que o levou a Lisboa. A nomeação do herói pernambucano, André Vidal de Negreiros, amigo de Vieira, para governar o Maranhão, viabilizou, temporariamente, a solução do conflito entre proprietários e silvícolas, permitindo o retorno do jesuíta ao Maranhão em 1655. Os conflitos, porém, continuaram, até que, em 1661, Vieira e os demais padres foram autorizados a embarcar para Portugal.

Em 1669, Vieira seguiu para Roma, dominado pelo temerário propósito de desmascarar o Santo Ofício: "Sob tortura, os confessos revelam o que nunca fizeram, e quando negam o crime de que são acusados, morrem." "O Tribunal é o lugar onde os inocentes perecem e os culpados triunfam, porque esses na boca têm o remédio e no coração o veneno."

As dificuldades eram tanto maiores quanto aumentava o antissemitismo. No Memorial que redigiu contra a Inquisição, apostrofou:

"Deus escolheu essa gente da nação hebreia para se aparentar, fazendo nascer seu filho desse sangue. Os maiores santos da Igreja, São João Batista, São Paulo, São Pedro, todos apóstolos, a mãe de Deus e os discípulos de Cristo, todos foram da nação hebreia e não gentios." Segundo sustentava, os inquisidores deveriam ser "processados, castigados e depostos", pelas violências praticadas. E arrematava: "Essa causa já não é dos cristãos-novos, senão da Fé e da Igreja." E na carta famosa dirigida ao papa Inocêncio XI não deixa por menos, em sua invectiva anti-inquisitorial: "É muito mais suave o jugo dos hereges do que o de tais católicos." "Querem ajudar um cristão-velho e fazem duzentos cristãos-novos, e assim como na Casa da Moeda se cunha dinheiro, assim neste miserável reino somos oficinas de acumular judeus, se antes não corriam por tais, aqui lhes imprimem os cunhos e as cruzes para que de todo mundo sejam conhecidos: nova aritmética, que com a espécie de diminuir ensina a multiplicar." O padre Manoel Lopes de Carvalho, baiano, queimado vivo pela Inquisição portuguesa, em 1726, reiterou esse ponto de vista de Vieira ao afirmar que "se não fosse a Inquisição não haveria tantos judeus".

De pouco valeu sua luta de trinta e dois anos em favor dos judeus. Apesar de toda essa cólera santa, de inestimável valor documental-histórico, para comprovar o caráter perverso da Inquisição, Vieira conquistou, apenas, vitórias parciais, como a devolução pelo rei D. João IV dos bens que o Santo Ofício confiscara aos judeus condenados. Como o rei não podia revogar uma decisão do Santo Ofício, Vieira concebeu um modo de resolver o conflito de jurisdição: o Santo Ofício faria o confisco e, após deduzir dos valores confiscados a parcela destinada à própria manutenção, transferiria, como de praxe, o patrimônio ao reino português que, no exercício de sua soberania, faria dos bens o que quisesse, como devolvê-los aos antigos proprietários. Os ministros do Santo Ofício ficaram ressentidos com Vieira e mais tarde deram-lhe o troco, mas não tinham como impedir o cumprimento da engenhosa fórmula. No essencial, porém, o reino português, ao fim e ao cabo, não voltou atrás em sua hostilidade aos cristãos-novos; nem o papa; nem o Santo Ofício. Depois de um breve momento de abrandamento, a intolerância contra os cristãos-novos até recrudesceu. Todavia, ao liderar o movimento de denúncia dos excessos da Inquisição e de defesa dos judeus, o legado de Vieira é visto como um marco na luta contra a opressão e na defesa da liberdade.

A obra de Vieira, compendiada em quinze volumes, publicados entre 1679 e 1748, expressão máxima do barroco, constitui um dos momentos mais altos da prosa clássica em língua portuguesa. De sua obra pode-se também dizer que foi uma ponte entre o rigor clássico europeu e a emergente literatura do Novo Mundo. Não há quem com sua obra possa rivalizar na antiguidade e na intensidade com que tem servido de inspiração e modelo para todos os que precisam fazer uso da "última flor do Lácio, inculta e bela".

O balanço final de sua vida demonstra que, somados os diferentes períodos, ele viveu cinquenta e dois anos no Brasil e trinta e sete na Europa. Foi na Bahia que Vieira viveu a maior porção de sua longa vida. Não viria daí o tão propalado pendor dos baianos pela oratória? Mais de três séculos decorridos de sua morte, Vieira continua sendo fonte de ensinamentos e de inspiração para os cultores do poder do verbo, como tão bem resumiu José Veríssimo: "No seu estilo há de tudo, e principalmente de tudo o que num estilo pode lhe dar vida, movimento e calor, a cólera, a ironia, o sarcasmo, o apodo, o paradoxo, o arrojo, até ao extravagante, das ideias e conceitos, a insolência, e mais a graça, ainda a finura, a elegância e o capricho no dizer, novidade e o ressalto da frase. O que talvez não se sinta muito nele é aquela unção e íntima piedade que é a marca das verdadeiras vocações religiosas."

Mais do que um pregador, Vieira foi um homem.

Depois de ter vivido 89 anos, 4 meses e 11 dias, a 17 de junho de 1697, o Padre Antônio Vieira ficou encantado.

BIBLIOGRAFIA

ANITA WAINGORT NOVINSKY. *Gabinete de Investigação – Uma caça aos judeus sem precedentes*, 2008.
ARNALDO NISKIER. *Padre Antônio Vieira e os judeus*, 2004.
HERNANI CIDADE. *Padre Antônio Vieira*, 1997.
JOÃO ALVES DAS NEVES. *Padre Antônio Vieira, o profeta do Novo Mundo*, 1998.
JOÃO LÚCIO DE AZEVEDO. *História de Antônio Vieira*, 2008.
JOSÉ VERÍSSIMO. *Homens e coisas estrangeiras*, 2003.

GREGÓRIO DE MATTOS E GUERRA
(1636-1695)

GREGÓRIO DE MATTOS E GUERRA NASCEU NA BAHIA E MORREU EM REcife, aos 59 anos. O dia e mês do seu nascimento e morte são objeto de divergência. Predomina, porém, a crença de que ele nasceu a 23 de dezembro de 1636 e morreu a 26 de novembro de 1695, de uma febre contraída na África, um mês antes, portanto, de completar 59 anos, e seis dias, apenas, depois da degolação de Zumbi dos Palmares. Em 1870, demoliram de tal modo desastrado a capela do Hospício de N. S. da Penha, em Recife, onde ele foi sepultado, que não sobrou uma lápide, sequer, indicativa do local do seu sepulcro.

Filho caçula de Gregório de Mattos e Maria da Guerra, portugueses ambos, e irmão de Pedro e do orador e pintor Eusébio de Mattos e Guerra, para muitos, o mazombo Gregório foi o iniciador da literatura brasileira. O que está fora de discussão é que foi o primeiro a colocar no centro de sua poética as pessoas e as coisas do Brasil, como resultantes do caldo de cultura social e do meio geográfico.

Uma adequada avaliação do significado da obra de Gregório de Mattos impõe saber que ao seu tempo a imprensa era oficialmente proibida pela Corte portuguesa que não queria correr o risco da circulação de ideias independentistas. As poesias de Gregório de Mattos circulavam em mão dupla. Sua poesia lírica, de grande beleza, circulava abertamente, enquanto as satíricas, porque afrontosas à honra e prestígio das pessoas, corriam clandestinamente, de mão em mão.

Inédito durante toda a sua vida e até três séculos depois de sua morte, sua obra sobreviveu graças à tradição oral, e a registros manuscritos que passaram por sucessivas gerações, em razão de cuidados especiais ou por simples esquecimento, até que pudessem ser reunidos em disputadas edições, como a da Academia Brasileira de Letras, em seis volumes, lançada entre 1923 e 1933, sob a coordenação de Afrânio Peixoto, em plena efervescência do Movimento Modernista, e a mais completa, coordenada pelo escritor James Amado e publicada em sete volumes, em 1968, incluindo toda a criação erótica e pornográfica, censurada por Afrânio Peixoto. Antes, porém, em 1850, o historiador Francisco Adolfo de Varnhagen, o Visconde de Porto Seguro, publicou um conjunto de trinta e nove poemas no *Florilégio da Poesia Brasileira*, editado em Lisboa, iniciativa que explica a aparição do poeta em várias antologias. Em 1882, Alfredo do Valle Cabral também publicou parte de suas poesias. Seus versos pornográficos, que alcançaram grande popularidade, encontram-se na Biblioteca Municipal de São Paulo, reunidos sob o título *Satyras sotádicas de Gregório de Mattos*.

No romance biográfico *Boca do Inferno* (1989), Ana Miranda conta como as pessoas compareceram ao velório de Gregório de Mattos para registrar, em livro de presença aberto para esse fim, os poemas de sua autoria que conheciam de cor. A exemplo da *Ilíada* e da *Odisseia*, a obra de Gregório de Mattos escapou do olvido, graças ao predomínio da oralidade sobre a escrita, num período quase ágrafo de nossa história. De grande valia para o resgate de sua obra e vida foram o governador da Bahia D. João de Alencastro, que reuniu em livros especiais o que pôde dos versos do poeta que admirava, e Manuel Pereira Rabelo, que manuscreveu sua primeira biografia, no início do século XVIII. Na opinião do enciclopédico Antônio Houaiss, o livro *Gregório de Mattos e Guerra, uma revisão biográfica*, do poeta e pesquisador Fernando da Rocha Peres, "é a melhor coisa escrita sobre a vida do Boca do Inferno".

Do ponto de vista da avaliação literária, porém, o ensaio de João Carlos Teixeira Gomes, *Gregório de Mattos: o Boca de Brasa*, de 1985, é considerado o melhor que já se produziu sobre o instigante vate.

Com tamanha distância no tempo, e diante das dificuldades para o levantamento de informações factuais sobre sua vida e produção, não surpreende que haja dúvidas sobre ser de sua autoria a totalidade da obra a ele atribuída. Em abono da razoabilidade dessa desconfiança, podemos mencionar inúmeros textos, em prosa e verso, distribuídos, hoje em dia, pela internet, com autoria creditada a grandes nomes da literatura brasileira e estrangeira que a denegam. Em muitos casos, os textos de boa qualidade são atribuídos pelos verdadeiros autores a terceiros famosos, como pegadinha intelectual, para demonstrar o quanto o gosto literário pode estar condicionado ao prestígio do autor, e não pelo seu valor intrínseco, ou por entenderem que o único modo de terem suas criações gabadas pela crítica é atribuindo-as a autores de valor já estabelecido.

A verdade é que o legendário Boca do Inferno teve uma "vida espantosa", na feliz expressão com que um biógrafo resumiu a saga existencial rocambolesca dessa personalidade que plasmou com sua desabrida irreverência o gosto nacional para o deboche e a iconoclastia.

Filho de um senhor de engenho, Gregório, aos 14 anos de idade, portando uma certidão negativa de "origem indígena, negra, mulata ou judia", como era de preceirto à época, seguiu para Portugal onde se formou e se doutorou em direito pela Universidade de Coimbra. Em Portugal, viveria, confortavelmente, os próximos trinta e dois anos, divididos entre Coimbra, Alcácer do Sal e Lisboa, trabalhando como curador de órfãos e juiz criminal, chegando a ser considerado "jurista famoso", como se infere de suas sentenças publicadas pelo renomado jurisconsulto Emanuel Alvarez Pegas.

Em 1661, após a conclusão dos estudos universitários, desposa Michaela de Andrade, pertencente a uma família de magistrados, com quem não teve filhos. Em 1663, foi nomeado juiz de fora de Alcácer do Sal, conquista impossível sem a certidão negativa de maus antecedentes sociais ou genéticos, para cumprir as atribuições de provedor da Santa Casa de Misericórdia, no biênio 1665-1666. Em 1668, foi nomeado representante da Bahia junto à Corte portuguesa. Em 1671, foi promovido a juiz do cível em Lisboa. No ano seguinte, o Senado da Câmara da Bahia fê-lo procurador. Em 1674, renova sua representação da Bahia nas Cortes, deixando o mandato de procurador, mesmo ano em que batizou, em Lisboa, uma filha natural, Francisca. Em 1678, morre a esposa, Michaela de Andrade.

Cansado da metrópole, volta ao Brasil, aos 46 anos de idade, sendo nomeado, pelo primeiro arcebispo, D. Gaspar Barata, para o exercício de funções eclesiásticas na Sé da Bahia, acumulando os cargos de vigário-geral, apenas com as ordens menores, e de tesoureiro-mor. Sua readaptação a uma Bahia selvagem, inculta e cheia de mestiços não foi fácil. Não estranha que viesse a chamar os seus habitantes de "canalha infernal" e o Brasil de "peste do pátrio solar". Deixou o cargo oito meses depois, por recusar-se a completar as ordens eclesiásticas, não sem antes tentar impedir a demissão pelo novo arcebispo D. fr. João da Madre de Deus, com estes versos laudatórios ao inflexível religioso:

> Sacro pastor da América florida,
> Que para o bom regimen do teu gado
> De exemplo fabricaste o cajado,
> E de frauta te serve a mesma vida...
> ...Tecerei tua história em ouro fino,
> De meus versos serás templo frequente,
> Onde glórias te cante de contino.

Inconformado e ressentido com a demissão e o rebaixamento social, bradou implacável:

> Trinta anos ricos e belos
> cursei em outras idades
> várias universidades

> pisei fortes, vi castelos:
> ao depois os meus desvelos
> me trouxeram a esta peste
> do pátrio solar, a este
> Brasil, onde quis a sorte
> Castelo do põe-te neste.

Desempregado, destituído de qualquer parcela de poder oficial, livre de amarras, Gregório sentiu-se à vontade para dar voz ao seu estro impiedoso contra os maus costumes da época. Passou a depender da pequena renda das propriedades que herdou do pai e de uma claudicante advocacia, até pelas sátiras demolidoras contra a justiça, como ao dizer:

> E que justiça a resguarda? ... Bastarda
> É grátis distribuída... Vendida
> Que tem que a todos assusta? ... Injusta
> Valha-nos Deus, o que custa
> o que El-Rei nos dá de graça,
> que anda a Justiça na praça
> bastarda, vendida, injusta.

Em consequência dessa verve iconoclástica, satirizando poderosos com implacável mordacidade, pouco ou nada adiantaram, para blindá-lo, os versos louvaminheiros que escreveu para os desembargadores do Tribunal, postura contraditória que levou a crítica impressionista do século XIX a considerá-lo ora canalha, ora capadócio, dotado de alma maligna. Nem mesmo a estabilidade financeira, alcançada por sua união com a viúva Maria dos Povos, que lhe proporcionou viver à tripa forra e lhe inspirou belos sonetos de amor e com quem teve um filho de nome Gonçalo, impediu que sua vida marginal, dedicada à pândega com a ralé, pelos engenhos do Recôncavo, e às mais duras sátiras contra seus desafetos, o conduzisse à pobreza, ao exílio em Angola e, de lá, à morte em Recife, antes da qual conseguiu mais paz do que nos derradeiros anos que passou na Bahia. Dessa quadra boêmia, a décima seguinte é a poesia mais representativa:

> Minha rica mulatinha
> Desvelo e cuidado meu,
> Eu já fora todo teu,
> E tu foras toda minha.
> Juro-te, minha vidinha,
> Se acaso minha queres ser,
> Que todo me hei de acender
> Em ser teu amante fino
> Pois por ti já perco o tino,
> E ando para morrer.

Autoridades civis e religiosas, membros da nobreza e ricos proprietários, de cambulhada com padres corruptos, reinóis, degredados, judeus, cristãos-novos, agiotas, mulatos e negras, a quem Gregório vergastou, implacavelmente, com a verrina de suas sátiras, levando-os ao vexame e ao ridículo, mantiveram-se de atalaia, e quando a oportunidade da vingança surgiu, revidaram à altura dos ultrajes sofridos, e nosso vate conheceu a dor da preterição, do abandono, da carência e do exílio. A partir do mote que lhe deram: "De dois ff se compõe/esta cidade a meu ver/um furtar, outro foder", Gregório construiu a seguinte décima:

> Provo a conjetura já
> Prontamente como um brinco,
> Bahia tem letras cinco
> que são B A H I A,
> logo ninguém me dirá
> que dois ff chega a ter
> pois nenhum contém sequer,
> salvo se em boa verdade
> são os ff da cidade
> um furtar, outro foder.

Nem os sebastianistas, que contavam com a simpatia do Padre Antônio Vieira, escaparam de sua veia acrimoniosa:

> Estamos em noventa era esperada
> De todo o Portugal, e mais conquistas,
> Bom ano para tantos Bestianistas,
> Melhor para iludir tanta burrada.

Em 1685, Antônio Roiz da Costa, promotor do Eclesiástico na Bahia, ridicularizado por Gregório, denunciou-o à Inquisição por ser "homem solto sem modo cristão", a ponto de falar mal de Jesus Cristo e não tirar o barrete à passagem das procissões. Quase um século depois, o também agnóstico Voltaire foi mais cauteloso, ao descobrir-se à passagem dos préstitos religiosos, com a espirituosa desculpa, referindo-se a Deus: "Nós não nos damos, mas nos cumprimentamos." O processo contra Gregório não foi adiante, seja porque uma testemunha morreu e a outra não pôde ser localizada, seja pelo prestígio remanescente da família Mattos. A própria deportação, mais tarde, para Angola, autorizada pelo então governador-geral do Brasil, João de Alencastro, foi motivada pela simpatia que o governante nutria pelo poeta, desejoso de protegê-lo contra as ameaças do sobrinho, filho do seu antecessor, Antônio Luis Gonçalves da Câmara Coutinho, empenhado, segundo se dizia, em desafrontar o pai das ofensas sofridas do irrequieto satírico, como a de havê-lo alcunhado de "fanchono beato", "enforcador", "sodomita" e "vaca sempiterna". Além de denunciar a impureza genética do governador Câmara Coutinho, que seria mameluco, neto de português com índia, Gregório expõe em versos suas relações homossexuais com o capitão da guarda palaciana, Luiz Ferreira de Noronha. A deportação que o protegeu contra as ameaças locais, para seu completo desgosto, terminaria por condená-lo à morte pela contração, em Luanda, de uma enfermidade que o mataria no ano seguinte. Três anos antes de ser deportado, em 1694, Gregório ingressou como irmão da Santa Casa de Misericórdia.

Pouco depois de desembarcar em Angola, Gregório envolveu-se numa conspiração de militares, em Luanda, ontem como hoje motivada por questões salariais, de um modo que agradou o governador, ao facilitar a prisão dos líderes da intentona.Como prêmio, o governador Henrique Jacques de Magalhães deu-lhe permissão para regressar ao Brasil, mas longe da Bahia, em Recife, aonde chegou, calejado pelas dores da vida e mais aberto à conciliação com o mundo e com Deus.

Sob a influência dos grandes mestres espanhóis, Calderón, Gracian, Góngora e Quevedo, sua poesia é reconhecida como a expressão máxima do barroco lírico brasileiro.

Os autores subdividem sua poesia em quatro vertentes:

a) a sacra, que versa sobre a temática religiosa; b) a lírica amorosa, que pode assumir a feição de poesias graciosas; c) a poesia satírica; d) a poesia burlesca.

Vários poemas que receberam o título de *Crônicas do viver bahiano seiscentista* foram escritos ao longo de 1669, quando Gregório, ainda em Portugal, tinha 33 anos.

Como autor barroco, a temática religiosa não poderia deixar de estar presente em sua obra. Seus poemas sacros cobrem desde as festas de santos até os temas ligados à contrição e à reflexão moral.

Vejamos este belo e famoso soneto de contrição:

> Pequei, Senhor, mas não porque hei pecado,
> Da vossa piedade me despido, (despeço)
> Porque quanto mais tenho delinquido, (pecado)
> Vos tenho a perdoar mais empenhado.
> Se basta a vos irar tanto um pecado,
> A abrandar-vos sobeja (é suficiente) um só gemido,
> Que a mesma culpa que vos há ofendido,
> Vos tem para o perdão lisonjeado.
> Se uma ovelha perdida, e já cobrada (recuperada)
> Glória tal, e prazer tão repentino
> Vos deu, como afirmais na Sacra História:

> Eu sou, Senhor, a ovelha desgarrada
> Cobrai-a, e não queirais, pastor divino
> Perder na vossa ovelha a vossa glória.

Em sua variada lírica amorosa, ora idealizava o amor, como nesses versos:

> Quem a primeira vez chegou a ver-vos,
> Nise, e logo se pôs a contemplar-vos,
> Bem merece morrer por conversar-vos
> E não poder viver sem merecer-vos.

Ora exibia profunda psicologia amorosa, como ao exprimir o sentimento de timidez do amante, temente do desprezo da amada:

> Largo em sentir, em respirar sucinto,
> Peno, e calo, tão fino, e tão atento,
> Que fazendo disfarce do tormento,
> Mostro que o não padeço, e sei que o sinto.

Outras vezes, Gregório mescla o cinismo com a ironia e o realismo, ao definir o amor:

> Isto, que o amor se chama,
> Este, que vidas enterra,
> Este, que alvedrios prostra,
> Este, que em palácios entra,
> Este, que o ouro despreza,
> Faz liberal o avarento,
> É assunto dos poetas.
> Arre lá com tal amor!
> Isto é amor? É quimera,
> Que faz de um homem prudente
> Converter-se logo em besta.

Segundo seu primeiro biógrafo, Manuel Pereira Rabelo, Gregório não foi correspondido na paixão que teve por Ângela de Souza Paredes Rabelo, filha de um senhor de engenho. A própria musa preservou os poemas que teriam nascido desse amor frustrado, entre os quais se encontram alguns dos mais belos de sua lira. Vejamos este soneto, o mais ostensivo deles:

> Anjo no nome, Angélica na cara.
> Isso é ser flor, e anjo juntamente,
> Ser Angélica flor, e Anjo florente, (brilhante)
> Em quem, senão em vós se uniformara?
> Quem veria uma flor, que a não cortara
> De verde pé, de rama florescente?
> E quem um anjo vira tão luzente,
> Que por seu Deus, o não idolatrara?
> Se como Anjo sois dos meus altares,
> Fôreis o meu custódio (protetor) e minha guarda,
> Livrara eu de diabólicos azares.
> Mas vejo, que tão bela, e tão galharda, (elegante)
> Posto que os Anjos nunca dão pesares,
> Sois Anjo, que me tenta, e não me guarda.

Mas foi através da poesia satírica, expressiva da extraordinária coragem física e moral, que desembocou numa autonomia existencial que ainda hoje é objeto de viva admiração dos brasileiros, que Gregório de Mattos Guerra conquistou a posteridade. O Boca do Inferno não se detinha diante de nada. Ninguém, absolutamente ninguém, estava a salvo de sua verve maldizente. Nem os senhores de baraço e cutelo que pululavam, como o narigudo governador Câmara Coutinho, descrito assim pelo vate maldito:

> Nariz de embono
> Com tal sacada,
> Que entra na escada
> Duas horas primeiro
> Que seu dono.

Paralelamente à sátira de cunho pessoal e zombeteiro, Gregório de Mattos, ao vergastar os costumes e vícios da sociedade do seu tempo, com ênfase maior sobre a cidade da Bahia, desempenhou um papel inegavelmente catártico, por exprimir os sentimentos dos seus coevos, como nesta quadra:

> Senhora Dona Bahia,
> Nobre e opulenta cidade,
> Madrasta dos naturais,
> E dos estrangeiros madre.
> Ou nos versos de um poema:
> Terra que não aparece
> Neste mapa universal
> Com outra; ou são ruins todas,
> Ou ela somente é má.

Houve também manifestações de carinho dirigidas à sua cidade natal, como no soneto "Triste Bahia", musicado por Caetano Veloso, em que o poeta identifica o seu sentimento de declínio pessoal com a decadência da capital da colônia:

> Triste Bahia! Ó quão dessemelhante
> Estás e estou do nosso antigo estado!
> Pobre te vejo a ti, tu a mim empenhado,
> Rica te vi eu já, tu a mim abundante.

Como exemplo de ataque aos vícios do Brasil do seu tempo, escreveu:

> Eu sou aquele, que os passados anos
> Cantei na minha lira maldizente
> Torpezas do Brasil, vícios e enganos.
> ....
> De que pode servir, calar, quem cala,
> Nunca se há de falar o que se sente?

> Sempre se há de sentir o que se fala?
> Qual homem pode haver tão paciente,
> Que vendo o triste estado da Bahia,
> Não chore, não suspire, e não lamente?

Burlesca é a poesia circunstancial em que o poeta registra com bom humor os acontecimentos rotineiros do dia a dia da cidade e dos engenhos. Segundo James Amado, esta poesia é a "crônica do viver baiano seiscentista". A maior parte dessa poesia foi escrita ao final da vida do poeta, coincidindo com sua decadência social e profissional, quando, sem ter em favor de quem advogar, entregara-se à esbórnia.

Como expressão máxima da vocação gregoriana para a iconoclastia, *erga omnes*, leiamos o mais conhecido dos seus sonetos:

> A cada canto um grande conselheiro
> Que nos quer governar cabana e vinha,
> Não sabem governar sua cozinha,
> E podem governar o mundo inteiro.
> Em cada porta um frequentado olheiro,
> Que a vida do vizinho e da vizinha
> Pesquisa, escuta, espreita e esquadrinha
> Para a levar à Praça e ao Terreiro.
> Muitos mulatos desavergonhados,
> Trazidos pelos pés os homens nobres,
> Posta nas palmas toda a picardia.
> Estupendas usuras nos mercados,
> Todos os que não furtam, muito pobres,
> E eis aqui a Cidade da Bahia.

O agnosticismo de Gregório era objeto de constante preocupação dos amigos que temiam pela condenação de sua alma à danação do inferno. Quando se encontrava moribundo, chamaram um padre para lhe dar a extrema-unção. Ao ver a imagem de Jesus com os olhos recobertos de vela derretida que o padre aproximou de seu rosto, Gregório ergueu o tronco com grande esforço e fulminou, para desespero do religioso: "Quando nos teus olhos divinos, prego os meus olhos mortais, eu me lembro dos meninos do meu vizinho Morais." Os filhos do vizinho Morais traziam os olhos permanentemente remelosos.

A linguagem seiscentista da obra de Gregório de Mattos exerce apelo decrescente nos leitores de hoje. Isso não impede que o Boca do Inferno seja aclamado como a expressão simbólica maior da sobrancería do brasileiro.

BIBLIOGRAFIA

ANITA NOVINSKY. *Cristãos-Novos na Bahia*, 1972.

FERNANDO DA ROCHA PERES. *Gregório de Mattos e Guerra, uma revisão biográfica*, 1983.

JAMES AMADO. *Obras completas*, 1968.

JOÃO CARLOS TEIXEIRA GOMES. *Gregório de Mattos: o Boca de Brasa*, 1985.

ALEIJADINHO
(1730 ou 1738-1814)

A VIDA E A OBRA DE ALEIJADINHO DESPERTAM NO BRASIL MAIS INTERESSE do que a de outro artista qualquer, em parte, talvez, pelas dúvidas que suscita, mundo afora.

Aleijadinho, nome por que passou a ser conhecido depois dos 40 anos, nasceu no dia 29 de agosto de 1730, ou de 1738, em Vila Rica, depois Ouro Preto, Minas Gerais, com o nome de Antônio Francisco Lisboa. Isso mesmo. A dúvida é de oito anos, porque, enquanto o seu registro de nascimento diz que ele nasceu em 1730, o seu atestado de óbito, de 18 de novembro de 1814, também de Ouro Preto, diz que ele morreu com 76 anos, o que significa que teria nascido em 1738. O Museu Aleijadinho, em Ouro Preto, oficializou o ano de 1738 como o do seu nascimento.

Muito mais importantes do que a dúvida sobre o ano do seu nascimento são as que se referem ao acervo de sua autoria – como escultor, entalhador e arquiteto –, e suas motivações artísticas, de tal modo especialistas brasileiros e estrangeiros divergem a respeito, embora, majoritariamente, considerem-no o maior artista barroco do continente americano, com um lugar de destaque na história da arte ocidental. Para muitos, ele é o Michelângelo brasileiro, comparável aos maiores mestres do barroco, capaz de criar obras-primas no isolamento da capitania de Minas Gerais, sem nunca ter saído do Brasil.

Antônio Francisco Lisboa era filho da escrava africana Isabel com seu amo, o respeitado mestre de obras e arquiteto português, Manoel Francisco Lisboa, que o alforriou no ato do nascimento. Em 1738, o pai, Manoel Francisco, desposou a açoriana Maria Antônia de São Pedro, com quem teve quatro filhos, junto com quem Aleijadinho cresceu. Acredita-se que foi com o pai que Aleijadinho aprendeu desenho, escultura e arquitetura. É provável que o desenhista e pintor João Gomes Batista também haja integrado esse informal magistério. Do mesmo modo, acredita-se que ele tenha estudado gramática, latim, matemática e religião no internato do Seminário dos Franciscanos Donatos do Hospício da Terra Santa, em Ouro Preto, entre 1750 e 1759, ao tempo em que ajudava o pai nos trabalhos que realizava na Matriz de Antônio Dias e na Casa dos Contos. É de 1757 o seu primeiro projeto individual, o desenho de um chafariz para o pátio do Palácio dos Governadores, em Ouro Preto. É possível que tenha ido a trabalho ao Rio de Janeiro, quando ainda não era a capital do Brasil-Colônia, onde teria conhecido obras dos artistas locais, sobretudo no campo da arquitetura. Logo depois de ter criado um chafariz de pedra-sabão para o Hospício da Terra Santa, em 1758, aos 20 anos, dá início à carreira solo como marceneiro, entalhador, escultor e arquiteto. Sua condição de mulato, porém, levou-o a aceitar ser remunerado como artesão-diarista, em lugar do mestre que era. A partir de 1760, ao lado de obras de sua incontestável autoria, há muitas outras sobre as quais remanescem dúvidas. De umas, a suposição de autoria decorre da semelhança estilística com obras do seu inquestionável acervo, a exemplo dos altares da igreja Nossa Senhora do Rosário, de Santa Rita Durão. Já o trabalho de talha nos retábulos da igreja da Devoção de Santo Antônio e São Francisco de Paula, e a imagem de Santa Luzia, na igreja Nossa Senhora do Bom Sucesso, em Caeté, são de sua induvidosa autoria. Com a morte do pai, em 1767, não foi contemplado no testamento, em face de sua condição de filho bastardo. Durante os três anos seguintes, passados no Regimento de Infantaria dos Homens Pardos de Ouro Preto, não interrompeu sua faina artística. Foram desse período o risco da fachada da igreja de Nossa Senhora do Carmo, em Sabará, e os púlpitos da igreja São Francisco de Assis, em Ouro Preto.

O desconhecimento sobre sua biografia e obra tem contribuído para a mitificação do seu nome, com o correspondente aumento do seu prestígio como criador genial, elevado ao posto de verdadeiro herói nacional e da própria raça humana. Afinal de contas, tangenciam a esfera do mitológico os notáveis feitos de alguém que, além de nascido de infamante berço escravo, pelo labéu da cor, ainda foi acometido, ao longo de sua maior parcela de vida adulta, de doença incurável que lhe tolhia o uso regular das mãos. Entre os possíveis males que o vitimaram, descarta-se a lepra, uma vez que sua segregação do convívio com as pessoas se deu por iniciativa própria, e não por imposição de terceiros, como invariavelmente ocorria com os leprosos.

O mais importante documento sobre o Aleijadinho é representado por uma nota biográfica escrita em 1858, quarenta e quatro anos depois de sua morte, por Rodrigo José Ferreira Bretas, que ouviu depoimentos de pessoas que haviam convivido com o artista e que lhe passaram documentos em que se baseou para elaborar "os traços biográficos relativos ao finado Antônio Francisco Lisboa, distinto escultor mineiro, mais conhecido pelo apelido de Aleijadinho". Curiosamente, Bretas terminou sendo vítima dos excessos diante de cuja tentação ele sugeria cautelas, ao dizer: " Quando um indivíduo qualquer se torna célebre e admirável em qualquer gênero, há quem, amante do maravilhoso, exagere indefinidamente o que nele há de extraordinário, e das exagerações que se vão sucedendo e acumulando chega-se a compor finalmente uma entidade verdadeiramente ideal." Segundo Bretas, a insuportável dor nas articulações dos dedos levou Aleijadinho a amputá-los com o próprio cinzel, fato que não o impediu de continuar seu ritmo normal de trabalho, simultaneamente, em diferentes cidades da região.

Fisicamente, o Aleijadinho foi descrito por Bretas: "Era pardo-escuro, tinha voz forte, a fala arrebatada, e o gênio agastado: a estatura era baixa, o corpo cheio e mal configurado, o rosto e a cabeça redondos, e esta volumosa, o cabelo preto e anelado, o da barba cerrado e basto, a testa larga, o nariz regular e algum tanto pontiagudo, os beiços grossos, as orelhas grandes, e o pescoço curto."

A inexistência de retratos do Aleijadinho foi mitigada com a descoberta, em 1916, em Congonhas, de uma pequena pintura de um mulato bem-vestido, com as mãos parcialmente ocultas, vendida como sendo o retrato do artista, de autoria atribuída a mestre Ataíde. Em 1956, o historiador Miguel Chiquiloff confirmou ser Aleijadinho o retratado, embora a autoria fosse atribuída a um obscuro pintor de nome Euclásio Penna Ventura. A discussão sobre ser ou não Aleijadinho o retratado continuou intensa, até que lei estadual de 1972 decidiu a questão, reconhecendo o retrato, oficialmente, como de Antônio Francisco Lisboa.

Ainda que não deva ser descartado, o escorço biográfico de Bretas tem sido questionado pela crítica como fruto de uma dramatização e magnificação excessivas da vida e da obra do Aleijadinho, por um fã ardoroso e empenhado em elevá-lo ao patamar de ícone, resultante da fusão do herói com o artista, "gênio singular, sagrado e consagrado", na expressão do historiador Roger Chartier. A tendência a pintar com as cores do arco-íris a vida e a obra do Aleijadinho tem sido uma constante de que não escaparam os modernistas brasileiros, mais de um século depois de sua morte, quando, motivados pelo propósito de construir um novo símbolo de brasilidade, tomaram-no como modelo, cuja mulatice sintetizava nosso cultural, religioso e multirracial sincretismo. A imensa bibliografia erguida sobre a obra do Aleijadinho, com raras exceções, padece dessa eiva hagiográfica, compreensivelmente estimulada e oficializada pelos corifeus da cultura nacional.

O fato é que toda essa tendência ao endeusamento do Aleijadinho vem contribuindo para o adensamento do seu prestígio e a penetração do seu nome na alma dos brasileiros e de ponderável parcela da crítica especializada internacional. Como é natural, o aproveitamento turístico de seu nome contribui, ainda mais, para sua mitificação.

A busca da originalidade do Aleijadinho, no panorama da arte brasileira, tem sido o fio condutor a aproximar o trabalho dos estudiosos que se debruçam sobre sua obra. A possível transcendência do estilo predominante em sua época é uma das propostas mais frequentemente sustentadas, ganhando relevo a recepção da arte popular que conferiu uma graça artesanal especial ao seu processo de apropriação dos modelos cultos, daí resultando uma abordagem nova e original em seu processo criativo.

O trabalho que disparou o interesse pelo nosso mais famoso artista foi o do historiador e crítico de arte francês, Germain Bazin, curador do Museu do Louvre no pós-guerra, no livro *O Aleijadinho*, publicado depois de sua morte. Antes ele havia escrito *A arquitetura religiosa barroca no Brasil*, onde exaltara a obra do artista, ao reconhecer que "o barroco mineiro é um fenômeno excepcional no qual uma arte grandiosa, teatral, alcançou seu apogeu em Congonhas do Campo". Nesse estudo, declaradamente apaixonado, Bazin exalta a façanha única do Aleijadinho, ao realizar uma obra expressiva do mais autêntico barroco português, nas montanhas de Minas Gerais, fora da influência da metrópole lusitana e da Corte brasileira, situada ao longo do litoral. Essa tarefa só foi possível porque, fugindo à prática corrente de obedecer aos padrões estéticos impostos, predominantemente, pelo meio e, supletivamente, pelos clientes que encomendavam as obras, o Aleijadinho imprimiu ao que produzia seu mais genuíno senso estético, carregado, segundo alguns exegetas, de importantes mensagens políticas, ligadas ao abuso da escravidão e aos excessos do autoritarismo dominante. À época, a arte era tida como um produto de utilidade pública, em que as histórias e motivos eram de interesse coletivo, não se admitindo que a voz do artista pudesse pairar acima dos cânones socialmente consagrados, não cabendo, portanto, a propriedade intelectual a quem escrevia, pintava ou esculpia. Formalmente, ao não assinar os trabalhos, como era praxe, diante do entendimento predominante de que a obra pertencia ao meio social e não ao artista, o Aleijadinho cumpria as regras em vigor. Sua assinatura, porém, a plena identidade da obra com o autor, estaria na carga emocional e nos valores imprimidos em cada um dos golpes do seu cinzel. Numa palavra: no seu inconfundível estilo. O Aleijadinho encarnaria a famosa definição de Buffon: "O estilo é o próprio homem."

Além da excepcional qualidade do seu trabalho, a genialidade do Aleijadinho consistiu no fato de antecipar-se ao romantismo, construindo uma obra que era a expressão de sua alma – suas aspirações e sofrimentos –, e de sua visão do mundo. Hoje em dia, é corriqueira a percepção geral da íntima e autobiográfica relação existente entre o criador e sua obra, da qual é árbitro absoluto.

O período que Aleijadinho viveu coincidiu com a transição do barroco para o rococó. O barroco nasceu no início do século XVII em reação ao classicismo do renascimento, opondo a assimetria à simetria, o excesso à proporcionalidade, a expressividade e a irregularidade à racionalidade e ao equilíbrio formal. Mais do que simples estética, essas características dos dois períodos correspondiam aos seus respectivos modos de viver. O barroco enfatizava o contraste, o grandiloquente, o dramático, o conflituoso, o dinâmico, a superação dos limites, tudo isso acompanhado de opulência e luxo, receituário perfeito para a afirmação das monarquias absolutistas e da Igreja Católica da Contrarreforma. O surto de construções monumentais nos domínios da fé, do poder e da cultura, como as igrejas, os palácios e os teatros, teve o propósito subliminar de mesmerizar as pessoas, subjugando-as pela paixão do grandioso, do monumental, do espetacular. É por isso que, para ser compreendida, a arte barroca tem que ser analisada no contexto em que emerge, pois que dele é a expressão. No plano verbal, o estilo barroco se impôs tanto ao ensino religioso quanto ao laico, com sua retórica hiperbólica, a um só tempo grandiloquente e minuciosa, de que o Padre Vieira foi a expressão máxima em língua portuguesa.

O rococó, por sua vez, é considerado por alguns como aligeiramento, uma derivação mais suave e elegante do barroco, enquanto para outros trata-se de um estilo independente. Em Minas, essa transição se caracterizou pela substituição da decoração pesada e compacta, própria dos templos litorâneos mais antigos e tipicamente barrocos, com seus entalhes cobertos de ouro, por decorações mais leves e luminosas. A arquitetura também foi alcançada por essa suavização, resultando em fachadas mais elegantes e mais movimentadas, com elementos mais decorativos, janelas maiores para aumentar a iluminação dos interiores, com predomínio do branco e o recurso a materiais mais flexíveis como a pedra-sabão. A talha mais delicada, mais expansiva, e também mais esparsa, recorre aos padrões derivados da forma da concha com policromias claras.

Supõe-se que a presença do rococó em Minas resultou da difusão de gravuras francesas e alemãs, da estatuária e azulejos portugueses realizados de acordo com o novo estilo, uma vez que a primeira escola de arte no Brasil foi criada em 1808, com a chegada de D. João VI. Até então, tudo era aprendido e realizado a partir da cópia dos exemplares da arte europeia. É de se levar em conta, também, a presença na região de artistas portugueses amplamente familizarizados com a arte metropolitana. O que se desconhece é a extensão e a intensidade dessa influência.

Prova adicional de como tudo o que se relaciona ao Aleijadinho é objeto de infindáveis querelas exegéticas, é muito discutida sua filiação a qualquer das escolas mencionadas. Alguns apontam em sua obra a presença do gótico, que teria conhecido através de gravuras florentinas. Mário de Andrade, expressando o regozijo da descoberta do Aleijadinho como um modernista que se antecipou em cento e cinquenta anos ao movimento de 1922, falou dele como um épico, ao sustentar que: "O artista vagou pelo mundo. Reinventou o mundo. O Aleijadinho lembra tudo! Evoca os primitivos italianos, esboça o renascimento, toca o gótico, às vezes é quase francês, quase sempre muito germânico, é espanhol em seu realismo místico. Uma enorme irregularidade cosmopolita, que o teria conduzido a algo irremediavelmente diletante se não fosse a força de sua convicção impressa em suas obras imortais."

Contrariando os que têm o Aleijadinho na conta de um mestre do rococó típico, alguns intérpretes de peso veem sua obra como a transição entre o barroco e o rococó, tendo fugido do primeiro sem chegar ao último.

Desenvolvida depois do povoamento do litoral, a região das Minas Gerais ensejava aos seus habitantes um ambiente de mais liberdade em tudo, inclusive no plano estético e político, de que é prova a Inconfidência. A grande quantidade de igrejas construídas no período ofereceu a oportunidade a arquitetos, pintores, escultores e entalhadores de produzirem trabalhos inteiriços no estilo rococó, sem a necessidade de misturar com o barroco, como acontecia com as reformas que se processavam no litoral. Daí a exemplar unidade estilística do acervo artístico de Minas, cuja importância histórica é acrescida do interesse que sobre a região tinha a metrópole portuguesa, por sediar as grandes jazidas de ouro e diamantes, e por se constituir no primeiro núcleo predominantemente urbano do Brasil. A originalidade da produção artística de Minas foi facilitada pelo concurso simultâneo do isolamento com a riqueza, tendo a antiga Vila Rica, hoje Ouro Preto, como o principal centro, de onde desbordou para Mariana, Congonhas, São João del-Rei, Diamantina, Sabará, Vila de São José do Rio das Mortes, hoje Tiradentes, Cachoeira do Campo, Santa Bárbara e outras localidades.

O declínio da extração do ouro, a partir de 1760, comprometeu o ciclo cultural da região, ao longo de um período coincidente com a maturidade artística, sucessivamente, do Aleijadinho e do mestre Ataíde, quando o mercado de arte já estava razoavelmente consolidado. Além disso, foi importante o papel desempenhado pelas irmandades na vida social de Minas, entre as quais a de São José, a que o Aleijadinho pertenceu, voltada para a preparação dos mulatos como carpinteiros. A mais de patrocinar as artes, as irmandades estimulavam a prática do cristianismo, através de uma rede de assistência recíproca e ajuda aos pobres. As mais ricas disputavam o predomínio do luxo e requinte na construção de templos, decorados com pinturas, entalhes e estatuária.

Acredita-se que patrocinassem o desenvolvimento de uma consciência política e social para contrabalançar o predomínio da elite branca e portuguesa.

A Inconfidência grassou como reação à forte pressão portuguesa sobre o ouro regional. Não há elementos que permitam inferir o pensamento político do Aleijadinho, embora se saiba que manteve relações de amizade com o inconfidente Cláudio Manoel da Costa, o que não impede ilações como as de Gilberto Freyre e outros estudiosos de verem em suas criações um veemente protesto contra a opressão dos portugueses sobre os brasileiros e dos brancos sobre os negros. De acordo com essa visão, cada um dos profetas do Aleijadinho seria um inconfidente bíblico com roupagem barroca. Há até quem distinga nos profetas uma série de símbolos maçônicos.

Quase nada se conhece da vida pessoal do Aleijadinho, a não ser que gostava de se divertir nas "danças vulgares", comer bem, e que se amancebou com a mulata Narcisa, tendo com ela um filho, retrato falado dos homens em todas as épocas. Nada se sabe, também, do que pensava sobre arte. Vivia da meia oitava de ouro que ganhava por dia pelas encomendas que executava, renda insuficiente para torná-lo rico, inclusive porque seu desleixo em matéria de dinheiro tornava-o presa fácil dos vigaristas de todas as eras, o que não comprometeu sua habitual generosidade com os pobres. Seus três escravos cumpriam diferentes missões: Maurício, seu ajudante principal; Agostinho, auxiliar de entalhes; e Januário era quem guiava o burro em que se transportava.

Tudo o mais que dele se conhece deriva do estudo de suas obras, tarefa prejudicada pela falta de certeza sobre a autoria da maior parte do acervo a ele atribuído. Como não era costume, à época, assinar os trabalhos, muitas peças foram dadas como suas, a partir de semelhanças estilísticas chanceladas por estudiosos de sua obra, muitos deles, declaradamente, fascinados pelo maior expoente da arte colonial no Brasil, aclamado como rei do barroco e do rococó. A sempre difícil conjectural identificação da autoria, a partir do estilo, oferece, no caso do Aleija-

feição mais expressionista às suas criações. A obra máxima do barroco brasileiro – as sessenta e seis figuras dos Passos da Paixão, em tamanho natural, esculpidas em cedro, iniciadas em 1796 e concluídas em 1799, e os doze profetas, em pedra-sabão, da igreja de Bom Jesus de Matosinhos, em Congonhas do Campo, esculpidos entre 1800 –, é desse período.

Sua primeira obra documentada foi o chafariz do monastério do Hospício da Terra Santa, em Ouro Preto, feito em pedra-sabão ou esteatita. Ele estava com 19 anos. Segundo historiadores, ele foi o introdutor do uso da pedra-sabão nas obras escultóricas da região. Seu gênio criador evidenciou-se na escultura de um busto nu feminino, réplica de Afrodite, num chafariz, em Ouro Preto, datada de 1761, quando ele tinha 23 anos, dando claros sinais de sua audaciosa autonomia criativa.

Com caráter oficial, a primeira notícia que se conhece do Aleijadinho data de 1790, constante de um relatório escrito pelo capitão Joaquim José da Silva, para a Câmara de Mariana, e encaminhado à Corte, sobretudo de relevante ocorrido na capitania de Minas Gerais, desde sua fundação. Nele figuram as obras do Aleijadinho, acompanhadas de breves notas biográficas do artista, as mesmas em que se baseou Bretas para escrever o resumo biográfico de 1858. Até mesmo essa breve notícia se perderia, mais tarde. Entusiasmado, o capitão Joaquim José descreveu o Aleijadinho como "o novo Praxíteles... que honra igualmente a arquitetura e escultura... Superior a tudo e singular nas esculturas de pedra em todo o vulto ou meio relevado e no debuxo e ornatos irregulares do melhor gosto francês é o sobredito Antônio Francisco. Em qualquer peça sua que serve de realce aos edifícios mais elegantes, admiram-se a invenção, o equilíbrio natural, ou composto, a justeza das dimensões, a energia dos usos e costumes e a escolha e disposição dos acessórios com os grupos verossímeis que inspira a bela natureza. Tanta preciosidade se acha depositada em um corpo enfermo que precisa ser conduzido a qualquer parte e atarem-se-lhe os ferros para poder obrar".

Por volta de 1770, a expansão de suas atividades levou-o a organizar seu ateliê, conforme o modelo das corporações de ofício – as guildas medievais –, regulado e reconhecido pela Câmara de Ouro Preto, em 1772, ano em que foi recebido como irmão da Irmandade de São José de Ouro Preto.

Convocado pelo governador da capitania de Minas para integrar um batalhão militar para reconstruir um forte no Rio Grande do Sul, em 1776, não se sabe por que o Aleijadinho foi dispensado, quando já se encontrava no Rio de Janeiro, ocasião que aproveitou para averbar a paternidade do filho que teve com a mulata Narcisa Rodrigues da Conceição, batizado com o nome do avô, Manuel Francisco Lisboa. Pouco depois, contemporaneamente ao aparecimento dos primeiros sinais da doença que o mortificou pelo resto da vida, Narcisa abandonaria o Aleijadinho, indo morar no Rio com o filho, que se tornou artesão. A partir da instalação da doença, o corpo do Aleijadinho foi, aos poucos, se deformando, de modo doloroso. Chegou a perder todos os dedos dos pés, o que lhe impunha andar de joelhos, e os das mãos, com a exceção do indicador e do polegar, levando-o a amarrar os cinzéis nos cotos. Emocionalmente abatido com a aparência grotesca do rosto deformado, passou a exibir um estado de humor permanentemente amargo, a ponto de tomar como mal disfarçado escárnio qualquer elogio dirigido às suas criações. Para esconder suas deformidades, passou a vestir roupas folgadas e a usar grandes chapéus, terminando por trocar a noite pelo dia, de modo a assegurar-se da invisibilidade de sua torpe aparência. Em 1787, formalizou seu papel de juiz da Irmandade de São José. Em 1790, o mencionado relatório da Câmara de Mariana enviado à Corte sagrara-o como a cumeada da arte barroca na capitania das Minas Gerais.

Foi em 1796 que o Aleijadinho deu início à obra-prima, em pedra-sabão, que o imortalizou: as sessenta e seis esculturas da Via Sacra e os doze Profetas para o santuário de Bom Jesus de Matosinhos, em Congonhas. O avanço da enfermidade deformante levou-o a fechar a oficina, entre 1807-1809, realizando, a partir de então, pequenos trabalhos. De 1812 em diante, sua dependência de terceiros para transportá-lo de um lugar a outro, ou para amarrar em seus braços os instrumentos de trabalho, foi total. No Museu Aleijadinho podem ser vistos os recibos de pagamento aos escravos que o transportavam. Ainda assim, e já quase cego, mudou-se para uma casa próxima a igreja do Carmo, de Ouro Preto, para orientar o trabalho que ali realizava o seu discípulo Justino de Almeida. Vencido pela doença e pela cegueira, terminou por recorrer à generosidade da nora, em cuja casa e sob cujos cuidados viria a morrer no dia 18 de novembro de 1814, sendo sepultado na matriz de Antônio Dias, junto ao altar de Nossa Senhora da Boa Morte, cuja festa, como juiz, julgara pouco antes de aninhar-se nos braços da eternidade. Conforme declarou a nora a Bretas, um lado do seu corpo ficou coberto de chagas, enquanto ele, repetidamente, implorava a Cristo que pusesse fim ao seu sofrimento, pisando seus santos pés sobre o seu corpo miserável!

Entre os diagnósticos propostos para definir o mal que o flagelou, além da descartada lepra, incluem-se o reumatismo deformante; a sífilis escorbuto; a tromboangeíte obliterante; traumas decorrentes de uma queda; artrite reumatoide; poliomielite; ulceração gangrenosa das mãos e dos pés e porfiria – doença que acarreta fotossensibilidade, explicativa, talvez, da sua opção por trabalhar à noite, ou sob a proteção de um toldo. A estranha doença representa um grande contributo ao processo de mitificação do seu nome, como destacou Gomes Júnior: "No Brasil, o Aleijadinho não teria escapado a essa representação coletiva que circunda a figura do artista. O relato da parteira Joana Lopes, uma mulher do povo que serviu de base tanto para as histórias que corriam de boca em boca quanto para o trabalho de biógrafos e historiadores, fez de Antônio Francisco Lisboa o protótipo do gênio amaldiçoado pela doença. Obscurece-se sua formação para fixar a ideia do gênio inculto; realça-se sua condição de mulato para dar relevo às suas realizações no seio de uma comunidade escravocrata; apaga-se por completo a natureza coletiva do trabalho artístico para que o indivíduo assuma uma feição demiúrgica; amplia-se o efeito da doença para que fique nítido o esforço sobre-humano de sua obra e para que o belo ganhe realce na moldura da lepra." Em abono de sua tese, Gomes Júnior, exprimindo a incredulidade de vários estudiosos, realça a qualidade da caligrafia do Aleijadinho, ao assinar recibos de quitação de serviços e produtos, em 1796, quando o seu alegado estado de mutilação não permitiria o aprumo e desembaraço caligráfico encontrados nos documentos por ele assinados.

A dependência do turismo de Ouro Preto e arredores da caracterização demiúrgica do Aleijadinho continua fomentando a mitificação do seu nome, apesar dos bem fundamentados estudos, decotadores desses excessos, de autores como José Mariano Filho e Roger Bastide.

A Igreja Católica, em permanente disputa com as Cortes, pelo poder, aproveitou-se da desestruturação da presença do Estado no interior do Brasil, para assegurar sua hegemonia, através do fomento de grandes e luxuosos templos, de escolas confessionais, orfanatos, hospitais, asilos e da arte religiosa, nos níveis literário, pictórico e musical. Com tão aparatosa presença, era natural que a recepção do seu mecenato estivesse condicionada à aceitação de sua temática religiosa e das regras impostas para caracterizar os personagens do cristianismo. Recorde-se que do início da colonização do Brasil até a República, a Igreja era a única instituição que proporcionava o saber, de caráter substantivamente universitário, capaz de produzir grandes líderes de pensamento, o maior dos quais foi o Padre Vieira, que aqui chegou, em sua primeira infância, vindo de Portugal. Por tudo isso, tornou-se inevitável que a Igreja dominasse a arte colonial brasileira, também em sua notável dimensão profana, nas Minas Gerais do tempo do Aleijadinho. O barroco, no Brasil, portanto, seria dominado pela inspiração religiosa, mesclada com a diversidade dos materiais, o relevo geográfico das Alterosas e a intensidade da luz solar, num "acordo tácito e ambíguo entre glória espiritual e êxtase carnal". Acrescente-se que os templos católicos exerciam relevante papel de integração social, ensejando a confraternização e a transmissão de valores e conhecimentos, num ambiente de permanente segurança, na frequentemente turbulenta sociedade colonial.

De modo competente, a Igreja, ao perceber que "a arte pode seduzir a alma, perturbá-la e encantá-la nas profundezas não percebidas pela razão", concluiu: "que isso se faça em benefício da fé". Desse entendimento, resultaram grandes monumentos artísticos, para servir à glória de Deus, satisfazendo a paixão pelo espetáculo do brasileiro colonial. Em cenário tão favorável, a catequese católica, movida pela pregação jesuítica e pelo sentimento antirreformista, prosperou como nunca. Repetindo a bem-sucedida experiência europeia, o catolicismo brasileiro, durante o barroco, estimulou o amor, a compaixão e a devoção através dos momentos mais tocantes da história sagrada, daí resultando a reiterada reprodução do Cristo flagelado, ao longo da Via Sacra; a Virgem traspassada; o crucifixo sanguinolento; Jesus moribundo nos braços de Maria. Em contraste, numa alternância de dor e redenção, a Madona e o Menino Jesus no colóquio expressivo da máxima pureza do amor maternal. Não havia como a majoritária alma simples do povo — negros, índios e brancos —, resistir ao fascínio de tão comovente apelo. Num ambiente de tantas disparidades etnológicas, culturais, religiosas e econômicas, a Igreja exerceu o papel coesivo da unidade coletiva.

Apesar de ser mencionado por vários viajantes e estudiosos ilustres, como Saint-Hilaire e o explorador Richard Burton, nem sempre de modo lisonjeiro, nos anos que se seguiram à sua morte, o nome do Aleijadinho ficou esquecido até a pioneira biografia de Bretas, em 1858. Mesmo tendo o imperador Pedro II como admirador de sua obra, seu nome só renasceu com força nas primeiras décadas do século XX, mercê das pesquisas realizadas por Affonso Celso e Mário de Andrade, aliadas ao prestígio desfrutado pelo barroco junto ao mundo oficial, a ponto de ser criada a Inspetoria de Monumentos Nacionais, em 1933, antecessora do Iphan.

Partiu-se da viagem que entre 16 e 28 de abril de 1924 os modernistas paulistas, representados por Tarsila do Amaral, Oswald de Andrade, Olívia Guedes Penteado e Godofredo da Silva Telles, fizeram pelas cidades históricas mineiras, da qual resultou o ensaio *O Aleijadinho*, de 1928, em que Mário de Andrade sustenta que o nosso gênio barroco criou a arte brasileira com a alquimia do sangue indígena, da seiva africana e da verve portuguesa. Desde então, o interesse sobre a obra do Aleijadinho não parou de crescer, como o demonstram os estudos de Roger Bastide, Rodrigo Melo Franco de Andrade, Gilberto Freyre, Germain Bazin e, particularmente, os de vários profissionais vinculados ao Iphan. Há também posições acerbamente críticas a ele, como a de Lúcio Costa, que oscilou entre considerá-lo um "recalcado trágico" e um arquiteto medíocre, e a avaliação de que foi "a mais alta expressão individualizada da arte portuguesa de seu tempo". Para o respeitado erudito irlandês, John Bagnell Bury, "Os Profetas do Aleijadinho são obras-primas, e isso em três aspectos distintos: arquitetonicamente, enquanto grupo; individualmente, como obras escultóricas, e psicologicamente, como estudo de personagens que representa. Desde este último ponto de vista, elas são… as esculturas mais satisfatórias de personagens do Antigo Testamento que jamais foram executadas, com exceção do Moisés de Michelângelo".

O reconhecimento do valor do Aleijadinho corre mundo. Boa parte da crítica moderna o vê como um excepcional artista, o primeiro genuinamente brasileiro, um fenômeno singular na evolução da arte no Brasil, representando uma síntese das várias raízes sociais, étnicas, artísticas e culturais que fundaram a nação. Enquanto Bazin o saudou como o "Michelângelo brasileiro", o mexicano Carlos Fuentes o viu como o maior "poeta" da América colonial. José Lezama Lima, considerado o patriarca das letras cubanas, e grande estudioso do barroco, disse que ele foi a "culminação do barroco americano"; enquanto muitos lhe conferem lugar de relevo na história da arte internacional, outros tantos afirmam que suas obras já se identificam com o Brasil, ao lado do samba e do futebol. Além do Museu do Aleijadinho, fundado em Ouro Preto, em 1968, sua cidade natal realiza anualmente a Semana do Aleijadinho, com encontros de pesquisadores, aliados a comemorações populares, onde ele é o tema principal. A exposição Aleijadinho e seu Tempo – Fé, Engenho e Arte, promovida em 2007, pelo Centro Cultural Banco do Brasil, do Rio de Janeiro, recebeu o número recorde de 968.577 visitantes, superior aos 535 mil da Bienal de São Paulo e aos 905 mil da exposição Picasso na Oca. Não é de estranhar que suas obras concentrem o interesse dos turistas que visitam Minas Gerais, e que venham sendo objeto do interesse do cinema, desde 1915, com a cinebiografia pioneira de Guelfo Andaló, seguida de *Cristo de lama*, de 1966. Em 1978, foi lançado o documentário dirigido por Joaquim Pedro de Andrade, com roteiro de Lúcio Costa, e narrado por Ferreira Gullar, sendo de 2003 o filme *Aleijadinho – paixão, glória e suplício*. O trabalho mais popular, porém, sobre sua vida, foi o Caso Especial, da TV Globo, estrelado por Stênio Garcia.

As obras mais importantes do Aleijadinho, com as datas de sua realização, são as que constam da relação abaixo:

- 1752 – Ouro Preto: Chafariz do Palácio dos Governadores. Risco do pai, execução de Aleijadinho.
- 1757 – Ouro Preto: Chafariz do Alto da Cruz. Risco do pai, execução de Aleijadinho.
- 1761 – Ouro Preto: Busto no Chafariz do Alto da Cruz.
- 1761 – Ouro Preto: Mesa e quatro bancos para o Palácio dos Governadores.
- 1770 – Sabará: Trabalho não especificado para a igreja de Nossa Senhora do Carmo.
- 1771 – Rio Pomba: Medição do risco do altar-mor da matriz.
- 1771-2 – Ouro Preto: Risco do altar-mor da igreja de São José.
- 1771 – Ouro Preto: Medição do risco da igreja de Nossa Senhora do Carmo.
- 1771 – Ouro Preto: Risco para um açougue.
- 1771-2 – Ouro Preto: Púlpitos para a igreja de São Francisco.
- 1773-4 – Ouro Preto: Barrete da capela-mor da igreja de São Francisco.
- 1774 – São João del-Rei: Aprovação do risco da igreja de São Francisco.

- 1774 – Sabará: Trabalho não especificado para a igreja de Nossa Senhora do Carmo.
- 1774 – Ouro Preto: Novo risco da portada da igreja de São Francisco.
- 1775 – Ouro Preto: Risco da capela-mor e altar da Igreja de Nossa Senhora das Mercês.
- 1777-8 – Ouro Preto: Inspeção de obras na igreja de Nossa Senhora das Mercês.
- 1778 – Sabará: Inspeção de obras na igreja de Nossa Senhora do Carmo.
- 1778-9 – Ouro Preto: Risco do altar-mor da igreja de São Francisco.
- 1779 – Sabará: Risco do cancelo e uma estátua para a Igreja de Nossa Senhora do Carmo.
- 1781 – Sabará: Trabalho não especificado para a igreja de Nossa Senhora do Carmo.
- 1781 – São João del-Rei: Encomenda do risco do altar-mor da igreja de São Francisco.
- 1781-2 – Sabará: Cancelo, púlpitos, coro e portas principais da igreja de Nossa Senhora do Carmo.
- 1785 – Morro Grande: Inspeção de obras na matriz.
- 1789 – Ouro Preto: Pedras de ara para a igreja de São Francisco.
- 1790 – Mariana: Registro do segundo vereador na Casa de Câmara e Cadeia.
- 1790-4 – Ouro Preto: Altar-mor da igreja de São Francisco.
- 1794 – Ouro Preto: Inspeção de obras na igreja de São Francisco.
- 1796-9 – Congonhas: Figuras dos Passos da Paixão para o santuário do Bom Jesus de Matosinhos.
- 1799 – Ouro Preto: Quatro anjos de andor para a igreja de Nossa Senhora do Pilar.
- 1800-5 – Congonhas: Doze Profetas para o adro do santuário do Bom Jesus de Matosinhos.
- 1801-6 – Congonhas: Lâmpadas para o santuário do Bom Jesus de Matosinhos.

- 1804 – Congonhas: Caixa do órgão do Santuário do Bom Jesus de Matosinhos.
- 1806 – Sabará: Risco do altar-mor (não aceito) para a igreja de Nossa Senhora do Carmo.
- 1807 – Ouro Preto: Retábulos de São João e Nossa Senhora da Piedade para a igreja de Nossa Senhora do Carmo.
- 1808 – Congonhas: Castiçais para o santuário de Bom Jesus de Matosinhos.
- 1808-9 – Ouro Preto: Retábulos de Santa Quitéria e Santa Luzia para a igreja de Nossa Senhora do Carmo.

BIBLIOGRAFIA

GUIOMAR DE GRAMMONT. *Aleijadinho e o aeroplano – O paraíso barroco*, 2008.

JOSÉ DE PAULA MACHADO. José de Monterroso Teixeira, *Aleijadinho, O teatro da fé*, 2007.

MYRIAM ANDRADE RIBEIRO DE OLIVEIRA. Olinto Rodrigues dos Santos.

FERNANDO BATISTA DOS SANTOS, *O Aleijadinho e sua oficina*, 2008.

REGINA RENNO. *Aleijadinho*, 2003.

TIRADENTES
(1746-1792)

ESTA VENERANDA FIGURA, COM VESTES COMPRIDAS E BARBAS LONGAS, QUE tão fundamente toca a alma dos brasileiros, morreu aos 46 anos. Para ser exato, não chegou a tanto, porque nasceu no dia 12 de novembro de 1746 e foi enforcado no dia 21 de abril de 1792, transformado no maior feriado nacional. Joaquim José da Silva Xavier, que passou à história com o nome de Tiradentes, uma alusão depreciativa à sua profissão de auxiliar de dentista, porque responsável pelo trabalho que envolvia força física, viveu, portanto, exatos 45 anos, 5 meses e 9 dias. Só na maturidade é que nos damos conta de como morreu jovem o maior dos nossos heróis, segundo a percepção popular, por isso mesmo, convertido em mártir da Inconfidência Mineira, patrono cívico do Brasil, e de todas as polícias estaduais.

Seu nome tem batizado ruas, escolas, praças e monumentos, e a antiga Vila de São José do Rio das Mortes, em Minas Gerais, passou a chamar-se Tiradentes. O local do seu nascimento, uma fazenda no distrito de Pombal, nas proximidades do arraial de Santa Rita do Rio Abaixo, era disputado pelas vilas de São João del-Rei e São José do Rio das Mortes, em Minas Gerais.

Ele foi o quarto de sete filhos do casal Maria Antônia da Encarnação Xavier, brasileira, e o reinol Domingos da Silva Santos, proprietário rural. Órfão de mãe aos 9 anos, muda-se com o pai e os irmãos para a sede da Vila de São José. Aos 11, perde o pai. A orfandade precoce comprometeu todo o patrimônio familiar. Sem poder frequentar a escola de modo regular, nosso futuro herói submeteu-se à proteção do padrinho que era cirurgião, passando a trabalhar, sucessivamente, como mascate, minerador, auxiliar na preparação de produtos farmacêuticos e extrator de dentes. Como não se adaptou ao comércio, começou a trabalhar na avaliação do potencial agrícola de terras e no aproveitamento de suas riquezas, a partir dos conhecimentos práticos adquiridos na mineração. Nessas novas atribuições, passou a servir ao governo. Em 1780, alistou-se na tropa da capitania de Minas Gerais, sendo, no ano seguinte, nomeado comandante do destacamento dos Dragões, encarregado de patrulhar o Caminho Novo, nome dado à estrada por onde se processava o escoamento da produção mineradora de Minas para o porto do Rio de Janeiro. Foi a partir desse momento que Tiradentes tomou conhecimento da insatisfação de diferentes grupos com a exploração do Brasil pelo reino de Portugal, como se podia facilmente aferir pelo descompasso entre o volume das riquezas subtraídas pelo poder central e o estado de miserabilidade em que vivia o grosso da população nativa.

A perda do comando da patrulha do Caminho Novo se somou à insatisfação por não ser promovido do posto inicial de alferes, a mais baixa patente do oficialato, para levá-lo a pedir demissão da cavalaria, em 1787. Tiradentes contava 41 anos.

No Rio de Janeiro, onde residiu por um ano, homem de sete instrumentos, ofereceu-se para executar projetos importantes para a vida da cidade, como a canalização dos rios Andaraí e Maracanã, para melhorar o abastecimento de água. Como não lhe deram ouvidos, sentiu-se ainda mais atraído pelas novas ideias redentoras.

De regresso a Minas, aliou-se ao clero e às elites, para pregar em favor da independência da província de Minas. O antigo secretário de governo, Cláudio Manuel da Costa, o poeta e ex-ouvidor da comarca, Tomás Antônio Gonzaga, e o minerador José de Alvarenga Peixoto encontravam-se entre os insurretos. A recente independência, da Inglaterra, das treze colônias americanas, formando os Estados Unidos da América, era a grande fonte de inspiração externa do embrionário movimento. A esse tempo, a maioria da juventude brasileira que frequentava a Universidade de Coimbra provinha das Minas Gerais, fato que explica o afinamento das elites provinciais com a ideologia liberal que grassava na Europa.

Somando-se às influências externas, fatores regionais, particularmente de natureza econômica, contribuíram para a formação do caldo de cultura independentista. O ouro era o produto brasileiro mais valorizado pela Corte portuguesa, e as Minas Gerais eram os maiores produtores brasileiros do precioso metal. Desde 1762, com o declínio da atividade açucareira, a província foi acumulando déficit com a Real Fazenda, que, vinte anos depois, em 1782, atingiu um passivo de 538 arrobas ou 8.070 kg de ouro em impostos atrasados! O novo governador, nomeado para efetuar a cobrança, ontem como hoje, privilegiou um grupo de amigos em prejuízo de parte das elites cuja indignação alcançou o auge com a decretação da derrama, medida fiscal que autorizava até o confisco do patrimônio dos devedores de impostos em atraso.

A ideia de um movimento emancipacionista foi ganhando corpo, conquanto se restringisse a Minas Gerais, que se desgarraria do resto do Brasil, para formar um novo país. Seria impensável a concepção, à época, de um movimento que libertasse todo o Brasil do domínio português, porque inexistente, então, uma consciência de unidade nacional.

Entre os locais de reunião, predominavam as casas de Cláudio Manuel da Costa e de Tomás Antônio Gonzaga, onde se discutiram o conteúdo da constituição do novo regime, o desenho e o famoso slogan da bandeira, *Libertas quae sera tamem*, para significar "Liberdade ainda que tardia". Na realidade bastaria o *libertas quae sera*. A conjunção adversativa *tamen*, que significa mas, porém, todavia, contudo, foi usada por Virgílio por razões de metrificação num verso da sua primeira écloga. A tradução, ao pé da letra, da frase latina seria: *liberdade ainda que tardia, contudo*.

Na visão dos líderes, o novo país deveria ter as seguintes características gerais:

1 – Ser um governo republicano independente de Portugal.
2 – Criar manufaturas que aproveitassem as matérias-primas regionais.
3 – Criar uma universidade em Vila Rica.
4 – Fazer de São João Del-Rei a capital do novo país.
5 – O primeiro presidente, com mandato de três anos, seria Tómas Antônio Gonzaga. Seu sucessor seria eleito pelo voto popular.
6 – Em lugar do Exército, toda a população seria armada e organizada em milícias para agir quando convocadas.
7 – A libertação dos escravos se restringiria aos nascidos no Brasil.

Ficou estabelecido que os insurretos sairiam em marcha pelas ruas de Vila Rica, na data da entrada em vigor da derrama, dando vivas à República, meio considerado o mais eficaz para ganhar a pronta adesão popular. A conspiração, porém, foi traída por alguns dos seus integrantes. O coronel Joaquim Silvério dos Reis, o tenente-coronel Basílio de Brito Malheiro do Lago e o luso-açoriano Inácio Correia de Pamplona delataram o movimento aos portugueses, em 15 de março de 1789, em troca do perdão de suas respectivas dívidas fiscais. Ontem como hoje, o mau-caratismo era premiado. Silvério dos Reis, anos depois, receberia o título de fidalgo.

Concomitantemente à delação, o Visconde de Barbacena e governador da província, Luís Antônio Furtado de Mendonça, suspendeu a derrama, com o propósito de fazer cessar a simpatia popular pelo movimento. Informado de que a Inconfidência fora traída, ainda que no primeiro momento não se soubesse por quem, o alferes Tiradentes, que se encontrava no Rio de Janeiro, homiziou-se na casa de um amigo, de onde, para sua desgraça, entrou em contato com Silvério dos Reis, que fora enviado ao Rio pelo governador da Província, precisamente, para relatar as ocorrências do movimento ao vice-rei. Nosso herói, aos 42 anos e meio, foi preso no dia 10 de maio de 1789, iniciando-se, em seguida, dias depois, as prisões dos demais inconfidentes em Minas. Ironia do destino: um dos delatores secundários do movimento, Joaquim José dos Reis, também foi preso.

O processo dos inconfidentes consumiu três anos, ao longo dos quais Tiradentes evoluiu da negativa inicial de qualquer responsabilidade para a brava e generosa atitude de assumi-la integralmente, com a exoneração de todos os demais envolvidos.

Os réus foram condenados pelo crime de "lesa-majestade", ou "traição contra o rei", na definição das Ordenações Afonsinas e Filipinas", crime comparável à hanseníase ou lepra. Os que foram condenados à pena de morte tiveram-na comutada em degredo, por carta de clemência da rainha de Portugal, D. Maria I, com a exceção de Tiradentes, poupado, apenas, de morte cruel, como previsto nas Ordenações do Reino. Seria, "piedosamente", enforcado.

Na manhã de sábado do dia 21 de abril de 1792, Tiradentes desfilou em procissão pelas ruas que separavam o cárcere do patíbulo, acompanhado do alarido das fanfarras e da pompa de toda a tropa. O governo primou por fazer daquela execução pública um espetáculo dissuasor de potenciais rebeliões. Seguida de discursos e de gritos de aclamação a Sua Majestade, a leitura da sentença demorou dezoito horas, com o seguinte fecho:

> Portanto, condenam o réu Joaquim José da Silva Xavier, por alcunha o Tiradentes, alferes que foi do Regimento pago da Capitania de Minas, a que, com baraço e pregão, seja conduzido pelas ruas públicas ao lugar da forca, e nela morra morte natural para sempre, e que depois de morto lhe seja cortada a cabeça e levada a Vila Rica, onde no lugar mais público dela, será pregada em um poste alto, até que o tempo a consuma, e o seu corpo será dividido em quatro quartos, e pregados em postes, pelo caminho de Minas, no sítio da Varginha e das Cebolas, onde o réu teve as

> suas infames práticas, e os mais nos sítios das maiores povoações, até que o tempo também os consuma, declaram o réu infame, e seus filhos e netos, tendo-os, e os seus bens aplicam para o Fisco e Câmara real, e a casa em que vivia em Vila Rica será arrasada e salgada, para que nunca mais no chão se edifique, e não sendo própria será avaliada e paga a seu dono pelos bens confiscados, e no mesmo chão se levantará um padrão pelo qual se conserve em memória a infâmia deste abominável réu.

A sentença foi cumprida à risca. O corpo foi levado por uma carreta do Exército para a Casa do Trem (hoje Museu Histórico Nacional), para ser esquartejado. O tronco foi entregue à Santa Casa da Misericórdia, que o enterrou como indigente. A cabeça e os quatro membros foram salgados, acondicionados em sacos e enviados para as Minas Gerais. A cabeça, espetada num poste em Vila Rica, foi logo sequestrada, sem que até hoje se saiba o destino que lhe deram. Os membros, conforme previsto na sentença, foram espalhados pelos diferentes pontos do Caminho Novo onde Tiradentes realizara sua cândida pregação revolucionária, como Santana das Cebolas, rebatizada de Inconfidência, distrito de Paraíba do Sul, Barbacena, Queluz, atual Conselheiro Lafaiete, e Varginha do Lourenço. Sua casa foi demolida e o terreno encharcado com sal para torna-lo sáfaro.

Durante quase um século, o nome de Tiradentes oscilou entre pouco ou nenhum apelo popular, porque o Brasil monárquico, mesmo depois da Independência, continuava a manter fortes vínculos com Portugal. Basta saber que D. Maria I, sucessivamente cognominada como Maria, a Generosa, e na fase final da vida, Maria, a Louca, era avó de D. Pedro I e bisavó de Pedro II. Maria I se sentia culpada pela morte do filho, irmão de D. João VI, de varíola, aos 26 anos, em 1788, por não ter dado permissão para que ele fosse vacinado. Além disso, o republicanismo de Tiradentes era uma indesejável ameaça à continuidade da monarquia. Não é de estranhar, pois, que o Código Criminal do Império do Brasil, de 1830, tenha cominado penas severíssimas para quem atentasse contra o imperador ou a ordem monárquica.

Foi nos anos que antecederam a proclamação da República que o nome de Tiradentes veio à tona, trazido pelos positivistas, seguidores da ideologia do pensador francês Auguste Comte, que idealizaram sua implantação em lugar do Império. Tiradentes, tomado como símbolo dos ideais republicanos – na realidade nunca usou barba, até porque sua condição de militar não lhe permitiria ir além de um bigode, e como prisioneiro tinha cabelo e barba raspados, para evitar piolhos –, foi propositadamente mitificado com a aparência de Jesus: cabelos compridos, vestes e barbas longas, desfilando, sereno, impávido, na direção do seu calvário, dando a vida pela liberdade do povo brasileiro.

Os historiadores contendem sobre o real significado da participação de Tiradentes no mais famoso episódio redentor do Brasil, precedente da conquista da Independência final, em 2 de julho de 1823, na Bahia, com o aquecimento do dia 7 de setembro de 1822. Certamente, o fato de ter sido ele o único dos revolucionários a ser punido com a pena máxima confere-lhe notável distinção sobre todos os outros. Acredita-se, porém, que sua condenação à morte resultou do concurso de algumas circunstâncias. A primeira delas foi sua sobranceira decisão de, não apenas, assumir-se decidido a emancipar Minas, como a de inocentar de responsabilidades todos os demais acusados. A segunda é que entre os acusados principais ele era o de menor patrimônio. A terceira é que entre os militares envolvidos, ele era o de menor patente. A quarta é que ele não era maçom como os demais. A quinta é que não tinha família regular constituída. Numa palavra: ele era, entre os revoltosos, o de mais baixa condição social, um bode expiatório muito conveniente.

Quanto à substituição da "morte cruel", como determinava a letra fria da lei, pela forca, D. Maria I ficara chocada quando, em 1759, aos 25 anos, assistiu à morte de membros da família Távora, uma das mais nobres de Portugal, ordenada por seu pai, D. José I, e executada pelo Marquês de Pombal, a quem nunca perdoou. Admite-se que as imagens da família cortada aos pedaços e queimada viva se impregnaram no espírito de Maria I, levando-a a uma crescente loucura que se cristalizou com o sentimento de culpa pela morte do filho, irmão de D. João VI.

O fato de nunca haver contraído matrimônio se soma à infâmia lançada sobre seus descendentes para dificultar o conhecimento deles. Com Antônia Maria do Espírito Santo teve uma filha, em 1786, batizada Joaquina da Silva Xavier. Seu intento de casar-se com uma moça de São João del-Rei, de prenome Maria, foi impedido pelos pais dela, apatacados portugueses. Alude-se, também, sem consistente comprovação, a dois filhos que teria tido com Eugênia Joaquina da Silva: Joaquina, que morreu pequena e João de Almeida Beltrão, que teve oito filhos, um dos quais, para escapar da infamante condição de neto de Tiradentes, mudou o nome para Zica, que deu origem a conhecida família com esse nome. Alguns dos membros dessa família foram contemplados com modestíssima pensão.

É possível que o inconformismo pela brutalidade da morte de Tiradentes tenha ardido em banho-maria, animando a alma nacional a manter-se avessa à monarquia, precondição de que se valeram os positivistas-republicanos para implodir o velho regime. O que pode ter sido um grande erro histórico, uma vez que as tradicionais monarquias se democratizaram e hoje são maioria entre as nações usufrutuárias dos níveis mais altos de bem-estar social.

VISCONDE DE CAIRU
(1756-1835)

"Cairu foi o verdadeiro patriarca da independência moral e intelectual do Brasil."

ALCEU DE AMOROSO LIMA

JOSÉ DA SILVA LISBOA, FIGURA NOTÓRIA NOS LIVROS DE HISTÓRIA DO Brasil como o Visconde de Cairu, nasceu em Salvador a 16 de julho de 1756 e faleceu no Rio de Janeiro a 20 de agosto de 1835. Viveu, portanto, 79 anos, 1 mês e 4 dias. Como a emoldurar sua notável biografia, Cairu nasceu na capital do Brasil-Colônia e morreu na capital do Brasil-Império. Filho do arquiteto português Henrique da Silva Lisboa com a brasileira Helena Nunes de Jesus, fez os estudos preparatórios na Bahia, com ênfase em filosofia, música e piano, conforme o padrão da época.

Quando D. João VI desembarcou na Bahia, em janeiro de 1808, escapando do cerco napoleônico, o futuro barão e logo depois visconde, aos 51 anos e 6 meses de idade, era, muito provavelmente, a personalidade mais culta entre os que tinham o português como língua mãe. Seus conhecimentos eram variados, profundos e atuais, de um modo que em muito contribuiu para a influência que, em grande benefício do Brasil, passou a exercer junto ao príncipe regente. Sua produção intelectual foi notável, incluindo dezenas de livros, ensaios e artigos, além de centenas de discursos e conferências. Os dois séculos transcorridos de suas ações servem de pano de fundo para consolidar sua titularidade como um dos maiores nomes de nossa história, percepção que levou Alceu de Amoroso Lima, o Tristão de Ataíde, a considerá-lo "o verdadeiro patriarca da independência moral e intelectual do Brasil", fazendo contraponto com Bonifácio de Andrada desde sempre aclamado como o Patriarca da Independência.

Na confortável perspectiva de hoje, é fácil imaginar o impacto favorável que produziu sobre o ânimo combalido do bonachão D. João VI, inteiramente ignorante do que acontecia em Portugal, além da certeza de que o país caíra sob o domínio de Napoleão Bonaparte, a confiante presença de alguém com o currículo de José da Silva Lisboa, muito mais qualificado do que qualquer dos seus auxiliares para lhe apascentar o espírito. Acrescente-se à angustiante insegurança emocional que dominava o príncipe regente, o colossal desconforto da viagem, tão grande que a inconformada parlapatice de sua destemperada consorte a seus ouvidos e o enxame de piolhos não passavam de despiciendos detalhes.

Como não havia universidades na Colônia, o jovem Lisboa foi estudar em Portugal. Tão logo graduado em filosofia e direito pela Universidade de Coimbra, aos 22 anos, foi nomeado professor assistente de grego e hebraico do Colégio das Artes de Coimbra, e professor de filosofia nacional e moral para a cidade de Salvador, cadeira que regeu por dezenove anos. Ainda em Coimbra, bacharelou-se em cânones e concluiu o curso de medicina. Atento aos movimentos vanguardeiros do século XVIII, José da Silva Lisboa aderiu ao pensamento liberal do pai da economia, o escocês Adam Smith, trinta e três anos mais velho do que ele, ainda hoje reputado o maior economista de todos os tempos, cujas ideias centrais permanecem atuais. Na mesma linha do conceito da mão invisível a guiar a conduta do *homo economicus*, Lisboa pregava que um país progride na proporção da liberdade de seus agentes econômicos para acumular riquezas e destiná-las ao seu bel-prazer.

Aos 45 anos, em 1801, Lisboa já publicara, em Portugal, o primeiro dos sete volumes de sua obra inaugural, sob o caudaloso título *Princípios do Direito Mercantil e leis da Marinha para uso da mocidade portuguesa*, compreendendo o seguro e o câmbio marítimos, as avarias, as letras de câmbio, os contratos mercantis, os tribunais e as causas do comércio. Os outros seis tomos foram publicados até 1808, quando veio a lume, também, a obra, em dois volumes, intitulada *Observações sobre o comércio franco no Brasil*. Em seu *magnum opus*, *Princípios de economia política*, publicado em 1804, quando tinha 48 anos, o primeiro livro do gênero escrito em português, abraçou as ideias defendidas por Adam Smith no clássico *A riqueza das nações*. Naquele marco do pensamento liberal no Brasil, entre as várias causas responsáveis pela infelicidade dos povos, destacou as seguintes:

1 – "A crença de que os metais preciosos constituem a única e verdadeira riqueza dos indivíduos e países.
2 – A esperança de que será mais seguro e vasto emprego quanto menores forem as trocas internacionais.
3 – A opinião de que os estados são como os jogadores e que um não pode ganhar sem que o outro perca, nem ser rico sem que os mais se empobreçam.
4 – A persuasão de que a quantidade de trabalho mecânico e penoso e o esforço de viver – e não a inteligência que bem dirige e alivia o trabalho com auxílio de instrumentos e máquinas e o esforço de melhorar a condição e ter gozos da vida – são as principais causas da indústria e riqueza das nações."

Ainda em 1804, escreveu *Observações apologéticas acerca da crítica que faz contra Smith o autor das Memórias políticas sobre as verdadeiras bases da grandeza das nações*, para responder às críticas que o português Joaquim José Rodrigues de Brito fez à obra de Adam Smith, no terceiro volume do único e famoso livro que escreveu, *Memórias políticas sobre as verdadeiras bases da grandeza das nações, e principalmente de Portugal*, visto como o maior momento do pensamento filosófico, político e econômico do seu país.

Foi inspirado na força do liberalismo que José da Silva Lisboa, então funcionário da Mesa de Inspeção e Cultura do Comércio, sugeriu a D. João VI abrir os portos brasileiros ao livre comércio internacional, incumbido que fora pelos comerciantes da Bahia de enumerar e fundamentar as razões em favor da suspensão do embargo do comércio com Portugal, então sob ocupação francesa. A historiadora Consuelo Pondé de Sena disse, com propriedade, que a abertura dos portos atendia "...aos interesses dos comerciantes da praça da Bahia, que atravessavam terrível crise que, desde os primeiros dias de 1808, estava proibida a saída de qualquer navio, razão pela qual os porões e armazéns estavam abarrotados de mercadorias, de açúcar da safra de janeiro, dos fardos de tabaco e algodão. Como porta-voz dos requerentes, estava José da Silva Lisboa, personalidade respeitada e acatada em toda a cidade da Bahia".

O fato de existir um tratado entre os aliados históricos, Portugal e Inglaterra, firmado na "Convenção Secreta de Londres", regulamentando a proposta abertura como recurso estratégico na luta travada pelo Reino Unido contra Napoleão, não diminui o mérito da oportuna iniciativa do eminente brasileiro. A medida foi oficializada através da Carta Régia de 24 de janeiro de 1808. Em seguida, viria o levantamento da proibição para a instalação de manufaturas no Brasil.

Estava deflagrado, do modo mais exitoso, o relevantíssimo papel que José da Silva Lisboa continuaria a desempenhar, junto à Corte, em favor do avanço do Brasil. A opção por uma postura discreta, consoante o estilo que os ingleses batizaram de *low profile*, revelou-se extremamente eficaz para permitir que ele, mantendo-se equidistante das disputas políticas, operasse como o mais preparado e confiável assessor do monarca, verdadeira eminência parda. Essa discrição explica sua frequente opção de agir através de terceiros, capacitando-os a influir junto a D. João, como ocorreu com D. Fernando de Portugal, o Marquês de Aguiar, governador da Bahia entre 1788 e 1801, destinatário da confiança do príncipe regente.

Tão logo chegou ao Rio, levado por D. João, Lisboa foi nomeado desembargador do Paço e da Consciência e Ordens. Quatro meses mais tarde, tornou-se deputado da Real Junta do Comércio, Agricultura, Fábricas e Navegação do Estado do Brasil. Ressalte-se que vivíamos os primeiros momentos como sede do reino de Portugal, e José da Silva Lisboa não parava de ascender na confiança do monarca, ainda que atuando nos bastidores. Tanto que, em 1809, recebeu a tarefa de organizar um código de comércio. A concessão da Mercê do Hábito de Cristo iniciou o ciclo das homenagens com que o poder central reconhecia publicamente o seu valor. Em 1815, foi encarregado da coordenação das obras da instalação da imprensa nacional. Interessado nos fastos do seu tempo, nesse mesmo ano, publicou *As memórias sobre a vida de Lord Wellington*, e em 1818 as *Memórias sobre os benefícios políticos a El-Rey D. João VI*. Em 1821 integrou a junta responsável pelo exame da constitucionalidade das leis, e foi designado inspetor-geral dos estabelecimentos literários, funções que hoje parecem cediças, mas que, à época, eram demonstrativas do grande valor dos seus titulares. Ainda ao longo da década de 1820, trouxe a lume vários tomos de sua obra inacabada, *História dos principais sucessos políticos do Império do Brasil*.

A transferência do reino para o Brasil conferiu certa legitimidade ao movimento em favor da separação de Portugal, desde que sob o regime monárquico e tendo como rei um sucessor consanguíneo de D. João. Afinado com o pensamento do imperador D. João VI, contrário à separação, e mais tarde com o do filho Pedro I, Da Silva Lisboa fundou o jornal *O Conciliador do Reino Unido*, através do qual defendeu os interesses da Coroa, enfatizando as vantagens da monarquia continental. Ao perceber, porém, a irreversibilidade do movimento emancipacionista, passou a trabalhar pela independência, inclusive com a publicação de um livro a que deu o título de *As reclamações*, onde expôs seu pensamento independentista.

Uma vez conquistada a Independência, Lisboa, que era defensor da centralização do poder, criou o *Rebate brasileiro*, semanário que saiu em vinte e nove edições, ao longo de sete meses e meio, entre dezembro de 1823 e agosto de 1824, para combater as teses federalistas defendidas pela Confederação do Equador e pelo *Typhis pernambucano* de Frei Caneca. Mais tarde foi escolhido, sucessivamente, deputado e senador do Império. Em 1825, foi agraciado com o baronato e, no ano seguinte, com o viscondado. Em 1832, tentou, em vão, junto ao Conselho de Estado, criar uma universidade no Rio de Janeiro, conquista que aguardaria quase um século para ser alcançada.

No conjunto de sua obra, o Visconde de Cairu expõe suas ideias, teorias e princípios em sintonia com as diretrizes básicas do pensamento de Adam Smith. Nelas se inserem a noção de progresso material e a permanente busca da felicidade social, a partir do aprimoramento da educação e instrução pública, a produção e divulgação do conhecimento científico e cultural, para maior compreensão e integração dos diferentes povos. Com as cautelas necessárias para evitar interferências indevidas e excessivas no universo do interesse e das liberdades individuais, ao Estado, segundo pensava, cabe a responsabilidade de assegurar o bem comum, sem prejuízo da preservação das riquezas criadas pela sociedade civil, através do permanente estímulo à concorrência entre os diferentes agentes econômicos. Aos interessados na história do pensamento econômico no Brasil e em Portugal, a leitura, ainda hoje, da polêmica travada entre Lisboa e Rodrigues de Brito constitui fecunda e aprazível experiência intelectual.

O maior mérito de Cairu consistiu em destinar todas as suas expressivas conquistas pessoais em favor dos interesses da pátria. Sua influência oscilou entre muito importante e decisiva, tanto na fase que precedeu a Independência quanto nos primeiros anos de nossa autonomia política.

Recobrando-se da exclusão do nome do visconde no patronato de uma das quarenta cadeiras originais, a Academia Brasileira de Letras, ao criar a figura dos sócios correspondentes, fez dele o patrono da última das vinte cadeiras.

O reconhecimento do nome de Cairu como um dos Pais da Pátria é providencial para reverter a antiga tendência de valorização de factoides e práticas populistas como mecanismo de construção de portentosas biografias, profligada por Ruy Barbosa no discurso de 1914 em que, da tribuna do Senado, pedia o traslado para o Brasil dos restos mortais de D. Pedro II: "De tanto ver triunfar as nulidades, de tanto ver prosperar a desonra, de tanto ver crescer a injustiça, de tanto ver agigantarem-se os poderes nas mãos dos maus, o homem chega a desanimar da virtude, a rir-se da honra, a ter vergonha de ser honesto."

Cairu era o oposto desses falsos heróis.

BIBLIOGRAFIA:

ANTÔNIO PAIM. *Cairu e o liberalismo econômico*, 2008.

BRÁS DO AMARAL. *Sobre a data da abertura dos portos do Brasil ao comércio estrangeiro – 1808-1823, Recordações históricas*, 2007.

JOÃO PAULO MARQUES SABIDO COSTA. *O Visconde de Cairu e o Brasil*, 2010.

JORGE COUTO, Francisco Viana, Luiz Walter Coelho Filho. *Abertura dos portos: 200 Anos*, 2010.

PINTO DE AGUIAR. *A abertura dos portos: Cairu e os ingleses*, 2008.

WANDERLEY DE PINHO, *A abertura dos portos na Bahia, Cairu, os ingleses, a Independência*, 2008.

JOSÉ BONIFÁCIO DE ANDRADA E SILVA
(1763-1838)

O PATRIARCA DA INDEPENDÊNCIA NASCEU EM SANTOS, SÃO PAULO, A 13 de junho de 1763 e morreu em Niterói, Rio de Janeiro, a 6 de abril de 1838. Seu nome figura entre os primeiros vultos de nossa história de que tomamos conhecimento nos bancos escolares. Poucos sabem, porém, que ele foi, também, destacado naturalista e poeta bissexto de pouca inspiração. Com base em sua proverbial habilidade política edificou para a posteridade incomparável imagem de estadista.

José Bonifácio foi um dos dez filhos do casamento de Maria Bárbara da Silva com Bonifácio José Ribeiro de Andrada, um homem muito rico que ocupou vários cargos no Brasil-Colônia. Seu avô, José Ribeiro de Andrada, pertencia à aristocracia do Minho e de Trás-os-Montes, em Portugal. Em 1777, aos 14 anos, mudou-se com a família para São Paulo, em busca de ensino de melhor qualidade, aí frequentando os cursos de retórica, filosofia e gramática, consoante o melhor padrão da época, como preparação para o ingresso na Universidade de Coimbra, que começou a cursar aos 20 anos, iniciando pelo curso de direito e concluindo com estudos de matemática e filosofia natural. Paralelamente ao curso, o jovem Bonifácio de Andrada lia muito. Foi dessa época seu contato com a obra de cientistas, poetas e pensadores como Newton, Leibniz, Descartes, Rousseau, Montesquieu, Locke, Voltaire, Camões,

Horácio e Virgílio. A recente independência dos Estados Unidos despertou sua aversão ao despotismo que verberava em suas construções poéticas. Seu anseio de liberdade incluía a civilização dos índios e o fim da escravidão. Seu precoce interesse pela pesquisa científica cresceu ao perceber a importância da mineração como poderoso nutriente da Revolução Industrial, em curso, avançado em todo o continente europeu.

Concluídos os cursos de filosofia natural e de leis, correspondentes, hoje, aos de ciências e de direito, José Bonifácio foi aprovado no teste para ingresso na Academia das Ciências de Lisboa, habilitando-se ao exercício da magistratura e à carreira de cientista. Convicto de que um trabalho só tem valor quando útil à sociedade, adotou, como seu, o lema da Academia: *Nisi utile est quod facimus, stulta est gloria* (Não há glória, se não for útil o que fizermos.) Nessa linha pragmática, seu primeiro estudo foi a *Memória sobre a pesca das baleias e extração de seu azeite: com algumas reflexões a respeito de nossas pescarias*.

Em 31 de janeiro de 1790, casa-se, em Lisboa, com com a irlandesa Narcisa Emília O'Leary, com quem teve duas filhas: Carlota Emília e Gabriela Frederica, que viria a casar-se com o tio Martim Francisco Ribeiro de Andrada. Em 1872, ao ensejo das festividades do cinquentenário da Independência, Gabriela recusaria, polidamente, a outorga, por Pedro II, do título de Viscondessa do Ipiranga, justificando que seu pai e tios nunca aceitaram honrarias pelos serviços prestados à pátria. Fora do casamento, Bonifácio teve uma filha, de quem teve a guarda, que batizou como Narcisa Cândida, em homenagem à esposa.

Em reconhecimento à sua vocação para a pesquisa, a Coroa, em 1790, financiou-lhe uma excursão científica pela Europa, como meio de mais capacitá-lo, inclusive para a exploração mineralógica. Em plena Revolução Francesa, cursou química e mineralogia, na Escola Real de Minas, em Paris, quando conheceu grandes personalidades, inclusive Lavoisier, tornando-se sócio-correspondente da Sociedade Filomática (dos que amam as ciências) de Paris, e da Sociedade de História Natural, para a qual viria a produzir um trabalho em que desfez erros correntes sobre os diamantes brasileiros. Daí seguiu para a Saxônia, Alemanha, onde realizou, em Freiberg, um curso completo de orictognosia (ciência que distingue os minerais e os fósseis) e de geognosia (nome dado, no século XIX, ao ramo da geologia que estudava a estrutura da Terra, a origem e a disposição das camadas rochosas e dos fósseis, e as relações entre si). Entre os grandes nomes de quem se tornou amigo, encontrava-se Alexander von Humboldt. Visitou minas no Tirol, na Estíria, em Caríntia, na Áustria, em Pavia, e nos montes Eugâneos, base do seu trabalho *Viagem geognóstica aos montes Eugâneos*. Foi na Suécia e na Noruega, porém, que, a partir de 1796, teve sua passagem mais brilhante, quando descreveu, pioneiramente, e batizou quatro novas espécies minerais e oito variedades de espécies já conhecidas. Visitou, ainda, a Dinamarca, a Bélgica, os Países Baixos, a Hungria, a Inglaterra e a Escócia, retornando a Portugal, dez anos depois, em 1800, como um cientista consagrado, onde novas e importantes missões o aguardavam, algumas das quais cumpriu de parceria com o irmão Martim Francisco Ribeiro de Andrada.

A Universidade de Coimbra, em 1801, criou uma cátedra de metalurgia, especialmente para ele, com a obrigação, em contrapartida, de aí permanecer por pelo menos seis anos, embora não sentisse a menor motivação para ensinar. Tanto que, em 1806, se queixou, em carta, ao Conde de Linhares: "Estou doente, aflito e cansado e não posso com tantos dissabores e desleixos. Logo que acabe meu tempo em Coimbra e obtenha a minha jubilação, vou deitar-me aos pés de S.A.R. (Sua Alteza Real) para que me deixe acabar o resto dos meus cansados dias nos sertões do Brasil, a cultivar o que é meu."

Ainda em 1801, nomeado que foi intendente-geral das Minas e Metais do Reino e membro do Tribunal de Minas, seria sua a enorme responsabilidade de dirigir as Casas da Moeda, Minas e Bosques de todos os domínios lusitanos. Adicionalmente, foi encarregado de gerir velhas minas de carvão e restaurar fundições de ferro há muito desativadas. Logo em seguida, foi designado diretor do Real Laboratório da Casa da Moeda de Lisboa, com a missão de reformá-lo. Em 1802, recebe a tarefa de supervisionar a implementação de pinhais nos areais das costas marítimas; em 1807, foi nomeado superintendente do rio Mondego e Obras Públicas de Coimbra. Mas, quase nada pôde fazer em face do emperramento da burocracia portuguesa, resistente a qualquer surto inovador, descrita como "ora passiva a qualquer esforço renovador, ora ativa, insidiosa, mal dissimulando sentimentos subalternos de inveja ou despeito". A mais disso, não dispunha dos recursos mínimos com que cumprir essas missões. Em 1808, comandou, como major, tenente-coronel e, finalmente, comandante, o Batalhão Acadêmico, que protegia Coimbra dos azares da Guerra Peninsular. Nosso herói contava 45 anos de idade.

Quando, em 1810, dois anos depois que D. João VI fugira para o Brasil, os franceses ameaçaram Lisboa, ele marchou para Peniche, aí permanecendo até a retirada do inimigo.

Em 1812, foi eleito secretário perpétuo da Real Academia de Lisboa, em reconhecimento do seu grande valor científico e de sua visão da necessidade de conhecer e explorar cientificamente a natureza como meio de geração de riquezas.

Essa figura singular de nossa história só rctornou ao Brasil em 1819, aos 56 anos, trinta e seis depois de ausente. Seu país deixara de ser Colônia e se transformara em Reino Unido e sede da Monarquia. Entre os velhos pecados que encontrou, a escravidão continuava a ser, a seus olhos, o mais grave. Além do fim do tráfico negreiro e da própria escravatura, a incorporação dos índios à sociedade, o estímulo à miscigenação, a preservação e renovação das florestas, o racional aproveitamento das águas, a exploração das minas e a substituição do latifúndio pela divisão das terras figuravam como o corpo central das ideias que defendia para o avanço do seu país. Constatou, com desalento, que D. João VI, onze anos depois que chegara ao Brasil, jamais escolhera um brasileiro como ministro. Convidado para integrar o segundo escalão, recusou e foi juntar-se ao irmão Martim Francisco, em Santos, então diretor de Minas e Matas da Capitania de São Paulo. Um outro irmão, Antônio Carlos, encontrava-se preso na Bahia, por participar da Revolução Pernambucana de 1817.

Oito meses antes de retornar a Portugal, em abril de 1821, D. João VI lhe deu o título de conselheiro.

Nesse momento, o ambiente político no Brasil era de inquietação com os rumos da Guerra do Porto. Acreditava-se que vitoriosa a revolução portuguesa, a antiga metrópole abafaria os movimentos independentistas das colônias, promovendo uma dissensão interna no Brasil, como meio de quebrar nossa unidade, indispensável à conquista da independência.

Ao aceitar o convite para presidir a eleição dos membros da junta governativa provisória de São Paulo, José Bonifácio dava início, em 23 de junho de 1821, aos 58 anos, a suas atividades políticas no Brasil. Contrariamente às demais juntas, a de São Paulo foi a primeira a reconhecer a autoridade de D. Pedro I, em face da ausência de D. João VI, fato que levou o jovem príncipe a referir-se a José Bonifácio, escrevendo ao pai, como a pessoa "a quem se deve a tranquilidade atual da província de São Paulo".

A Junta Governativa da Bahia, por exemplo, sob o domínio dos interesses comerciais lusitanos, com apoio nas tropas portuguesas, não aceitava a autoridade do príncipe regente e respondia diretamente a Lisboa e às Cortes, enquanto Pernambuco se inclinava pela adoção de um governo republicano. As grandes distâncias geográficas entre as juntas governativas aumentavam o risco potencial do desentendimento político. Quando, em outubro de 1821, os independentistas quiseram fazer do príncipe D. Pedro imperador, este respondeu que estava pronto para morrer por "três divinais coisas – a religião, o rei, a Constituição".

Entre os seis deputados paulistas à Constituinte, em Lisboa, encontrava-se o irmão de José Bonifácio, Antônio Carlos, tipo insinuante e revelação de grande orador, recém-saído da prisão. O oposto de Bonifácio, mau orador e dono de uma voz desagradável, além de ser visto como arrogante. O documento que a Coroa entregou aos seis deputados, sob o título "Lembranças e Apontamentos", continha um programa completo de governo, composto de doze itens, com base nas maiores necessidades do Brasil, consoante as ideias centrais de José Bonifácio. Entre os pontos, figuravam a criação de mais e melhores escolas, inclusive uma universidade; a catequese dos índios; a abolição do tráfico negreiro e do latifúndio; e a criação de Brasília.

Quando, em dezembro de 1821, chegaram ao Rio os textos dos atos em que a Corte submetia as províncias a Portugal, e determinava o imediato regresso de D. Pedro à Europa, dirigindo-se, incógnito, aos reinos de Espanha, França e Portugal, ficou claro que o Brasil regrediria ao status anterior à chegada de D. João VI.

O jovem D. Pedro já rascunhava uma carta de despedida aos brasileiros, quando, em várias províncias, surgiram focos de resistência, demandando a permanência do príncipe. A carta de São Paulo, datada de 24 de dezembro de 1821, escrita por José Bonifácio, foi vazada num misto de pedido e de ameaça: "É impossível que os habitantes do Brasil que forem honrados e se prezarem de ser homens, e mormente os paulistas, possam jamais consentir em tais absurdos e despotismos. V. A. Real deve ficar no Brasil, quaisquer que sejam os projetos das Cortes Constituintes, não só para nosso bem geral, mas até para a independência e prosperidade futura do mesmo Portugal. Se V. A. Real estiver deslumbrado (o que não é crível) pelo indecoroso decreto de 19 de setembro, além de perder para o mundo a dignidade de homem e de príncipe, tornando-se escravo de um pequeno número de desorganizadores, terá também que responder, perante o céu, do rio de sangue que decerto vai correr pelo Brasil."

D. Pedro recebeu a carta a 1º de janeiro de 1822. Ao autorizar sua imediata publicação na *Gazeta do Rio* de 8 de janeiro, demonstrou sua receptividade ao movimento emancipacionista. A tal ponto que o dia seguinte, 9 de janeiro, passou à história como o Dia do Fico: "Como é para o bem de todos e felicidade geral da nação, estou pronto: diga ao povo que fico."

Poucos dias depois, D. Pedro o nomeou ministro do Reino e dos Estrangeiros, em lugar do nobre português Marcos de Noronha e Brito. Bonifácio, aos 59 anos, primeiro brasileiro a ocupar semelhante posto, passou a aplicar suas ideias, conforme expostas na carta de São Paulo. Logo, ordenou ao chanceler-mor, desembargador do Paço, responsável por distribuir as leis vindas de Portugal, que só o fizesse depois de submetê-las ao príncipe regente. Em 30 de janeiro, convocou todas as províncias a se unirem sob o comando do príncipe. Com esse fim, convocou a Junta de Procuradores das províncias, atento ao fato de que as províncias do Maranhão, do Pará, da Bahia e de Pernambuco, em graus variados, preferiam continuar sob o *statu quo* do jugo português. Para fortalecer o projeto de união, aconselhou D. Pedro a ir, pessoalmente, em busca da adesão de Minas. Na ausência do príncipe regente, por decreto de 23 de março de 1822, José Bonifácio assumiu o governo.

O maior de todos os méritos a ele atribuídos foi convencer D. Pedro a liderar o movimento de emancipação, de um modo, tanto quanto possível, pacífico. A relação entre os dois, algo próximo de pai e filho, evoluiu de uma maneira tão afetuosa e informal que D. Pedro vinha despachar com ele, em sua casa, no largo do Rossio. Imagine-se a inveja que o desfrute dessa intimidade não despertou entre os palacianos, os mesmos "amigos incondicionais", vassalos de sempre, de quem quer que esteja no poder!

Quando o grupo que invejava o prestígio de José Bonifácio ofereceu, à sua revelia, o título de "protetor e defensor perpétuo do Brasil", D. Pedro aceitou o de "defensor", mas rejeitou o de "protetor", arguindo que "o Brasil não precisava de sua proteção e a si mesmo se protegia".

A grande questão com que José Bonifácio passou a se defrontar foi a oportunidade da imediata convocação de uma Assembleia Constituinte, pleito dos mais ardentes independentistas, incomodados com o propósito ostensivo da Corte portuguesa de fazer o Brasil regredir ao status de colônia, tese igualmente partilhada pelo próprio D. Pedro, que em carta a ele dirigida, em 3 de abril, a considerava "o único açude que possa conter uma corrente tão forte". José Bonifácio entendia que, antes da Constituinte, era necessário assegurar a unidade nacional e a solidariedade das províncias, de modo a evitar o que denominava "as desordens das Assembleias Constituintes".

Quando, a 23 de maio de 1822, recebeu uma representação que pedia a convocação da Constituinte, sem demora, D. Pedro, orientado por Bonifácio, apelou para a prudência, embora, dois dias antes, tivesse escrito ao pai, D. João VI, obtemperando que: "As leis feitas tão longe de nós, por homens que não são brasileiros e não conhecem as necessidades do Brasil, não poderão ser boas."

Enquanto isso, aumentava a pressão dos radicais, considerados por Bonifácio agitadores inconsequentes, que tinham no jornalista e seu ferrenho adversário, na política e na maçonaria, Joaquim Gonçalves Ledo (1781-1847), o líder de maior expressão. Há quem considere que Gonçalves Ledo figura perante a história com um crédito abaixo do significado do seu papel em favor da Independência. Num momento precedente à Independência, ele abordou D. Pedro com estas palavras de fogo: "A natureza não formou satélites maiores que os seus planetas. A América deve pertencer à América, a Europa à Europa, porque não debalde o Grande Arquiteto do Universo meteu entre elas o espaço imenso que as separa. O momento para estabelecer-se um perdurável sistema, e ligar todas as partes do nosso grande todo, é este."

Depois de marchas e contramarchas, o ministro José Bonifácio, em 3 de junho, convocou a Assembleia Geral Constituinte e Legislativa. No dia 15, aumentou o rompimento quando José Bonifácio comunicou aos ingleses que a admissão dos seus navios prescindiria do certificado do consulado de Portugal em Londres, até que aí fosse nomeado um cônsul do Brasil. Diferentemente de Pernambuco que logo aderiu, na Bahia a situação não era a mesma, a ponto de D. Pedro enviar tropas comandadas pelo general francês Pedro Labatut com o propósito de forçar a partida do general Madeira para Portugal.

Em 4 de julho, Martim Francisco, irmão de Bonifácio, foi nomeado ministro da Fazenda, com a missão de pôr as finanças em ordem. Com o aumento do prestígio político dos Andradas, aumentavam a oposição e a inveja contra eles. Em agosto, como ministro dos Estrangeiros, Bonifácio, com linguagem forte, redigiu o documento em que o país anunciava ao mundo que D. Pedro era o "regente do vasto Império do Brasil pelo consentimento e espontaneidade dos povos". Era uma afirmação mais que subliminar de desafronta por três séculos de submissão a Portugal. Era uma potencial declaração de guerra. Entre outras coisas, escreveu Bonifácio:"Tendo o Brasil, que se considera tão livre quanto o reino de Portugal, sacudido o jugo da sujeição e da inferioridade com que o reino irmão o pretendia escravizar, e passando a proclamar solenemente a sua independência e a exigir uma assembleia legislativa dentro do seu próprio território, com as mesmas atribuições que a de Lisboa…" Ato contínuo, foram nomeados representantes do novo reino em Londres, Paris e Washington.

Inspirado no êxito de sua vilegiatura a Minas, D. Pedro seguiu para São Paulo, um dos focos de resistência, deixando em seu lugar a princesa Leopoldina, sua mulher, para exercer o poder de autoridade, ficando José Bonifácio no exercício do poder de competência.

Quando Bonifácio recebeu, no Rio, a notícia de que a Corte de Lisboa tinha decidido limitar os poderes de Pedro I ao âmbito das províncias, e como simples delegado temporário, com todos os ministros vindos de Portugal, e punir todos os que se insurgissem contra suas diretrizes, ficou claro ser ele o alvo central, visto que era como o inspirador do movimento emancipacionista. Do irmão Antônio Carlos, que se encontrava em Lisboa, recebeu carta na mesma direção. Em 1º de setembro de 1822, José Bonifácio escreve a D. Pedro: "Senhor, o dado está lançado e de Portugal não temos a esperar senão escravidão e horrores. Venha V.A. quanto antes e decida-se, porque irresoluções e medidas d'água morna, à vista desse contrário que não nos poupa, para nada servem e um momento perdido é uma desgraça." D. Leopoldina e outras personalidades escreveram ao príncipe, reforçando a reação. Ao receber essas correspondências do emissário Paulo Emílio Bregaro, D. Pedro, que retornava de Santos, deu mostras de grande irritação. Eram 16:30 do dia 7 de setembro de 1822. Ao encontrar-se com a Guarda de Honra que o aguardava às margens do pequeno rio Ipiranga, disse entre os dentes: "As Cortes querem massacrar o Brasil." E logo irrompeu, em forte brado: "É tempo! Independência ou morte! Estamos separados de Portugal."

Nunca se fez tanto em tão pouco tempo, quanto José Bonifácio nos primeiros oito meses à frente do seu ministério, desde a nomeação, em janeiro de 1822, até a Proclamação, em setembro do mesmo ano. Foi dele a descrição das armas e bandeira brasileira do modo como se mantiveram até 1889, bem como o verde e amarelo de nosso pendão, que viria a ser descrito pelo gênio de Castro Alves como "Auriverde pendão de minha terra..." Bonifácio concedeu anistia aos crimes de opinião, excepcionados os presos ou com processos em curso.

Uma vez proclamada a Independência, coube a José Bonifácio organizar as ações militares destinadas a debelar os vários focos de resistência à separação de Portugal, e coordenar uma política centralizadora. O momento era grave, pois as províncias do Pará, do Maranhão e da Bahia continuavam à margem da nova ordem, com o risco potencial de servirem de base para uma reação armada de Portugal. Mas, a 12 de outubro, D. Pedro I foi aclamado imperador constitucional do Brasil, em meio a grandes festas.

A pressão sobre Pedro I, contrária ao excesso de influência que Bonifácio exercia sobre ele, levou o imperador a escutar outras vozes, sobretudo a de Gonçalves Ledo, tido como lídimo representante do sentimento popular. É verdade que antes de findar-se o ano de 1822, Gonçalves Ledo buscava exílio na Argentina, enquanto Bonifácio, cheio de poder, assumia as rédeas do governo, autorizando medidas drásticas, como o sequestro de todas as mercadorias de portugueses que chegassem aos portos, seus imóveis e embarcações, além de um gravame fiscal de 24%

sobre as importações de Portugal, equiparando-as às dos demais países, à exceção das provenientes da Inglaterra, que continuariam a pagar 15%. Coerente com sua educação europeia, contrária à escravatura, mandou vir da Inglaterra duzentos e cinquenta trabalhadores rurais. Num país que tinha cerca de um milhão de escravos, para uma população de quatro milhões, pode parecer pouco, mas era o começo das medidas abolicionistas que se desdobrariam ao longo das próximas seis décadas.

O temperamento do jovem, irrequieto e ambicioso monarca parecia cansado das ponderações do seu sexagenário ministro dos Estrangeiros. O seu gosto pelo risco não casava bem com as judiciosas recomendações de Bonifácio.

Quando dos trabalhos da Assembleia Constituinte, Bonifácio e os irmãos, Martim Francisco e Antônio Carlos, dissentiram do imperador. Instalou-se entre eles e o imperador uma relação que poderíamos denominar de amor e ódio. Em curto espaço de tempo, Bonifácio saiu e retornou ao governo, até que, em julho de 1823, houve a demissão de todo o ministério, levando José Bonifácio a incorpororar-se à oposição. Em solidariedade, sua irmã Maria Flora Ribeiro de Andrada demitiu-se das funções de camareira-mor da imperatriz.

Com a dissolução da Constituinte, em novembro de 1823, José Bonifácio, banido do Brasil, exilou-se na França por seis anos, ao lado dos irmãos, período em que retomou sua vida intelectual, traduzindo Virgílio e Píndaro. Ao retornar, já com 66 anos, perde a esposa durante a travessia do Atlântico. Reconcilia-se com Pedro I, que o nomeia, em 1831, para tutorar os filhos, quando Pedro II tinha apenas 6 anos. O decreto de nomeação dizia: "Nomeio tutor dos meus amados e prezados filhos ao muito probo, honrado e patriótico cidadão José Bonifácio de Andrada e Silva, meu verdadeiro amigo." Pedro I seguiu para Portugal, de onde nunca mais voltaria ao Brasil. Como tutor de Pedro II, José Bonifácio permaneceria, apenas, dois anos, quando foi demitido pela Regência.

Uma inglesa contemporânea de Bonifácio, que morava no Rio, a ele assim se referiu: "Sua mulher é de origem irlandesa, uma O'Leary, senhora da maior amabilidade e gentileza, realmente admiradora do valor e do talento do marido. Mas é o próprio José Bonifácio que me desperta maior interesse. É um homem pequeno, de rosto magro e pálido. Suas maneiras e sua conversa impressionam logo o interlocutor com a ideia daquela atividade incansável e que mais parece consumir o corpo em que habita. Via-se logo que era muito popular entre a gente pequena. Para comigo, como estrangeira, foi da maior cerimônia ainda que delicadamente polido, e conversou sobre todos os assuntos e de todos os países."

Ao deixar a vida política, Bonifácio recolheu-se à ilha de Paquetá, em meio à sua biblioteca de seis mil volumes, vindo a morrer aos 75 anos, ali bem perto, na cidade de Niterói. Embalsamado, o corpo foi levado para o Rio, onde ficou exposto, durante dias, à visitação pública, na igreja da Ordem Terceira de Nossa Senhora do Carmo, de onde a filha Gabriela Frederica Ribeiro de Andrada o transportou para Santos, tendo sido sepultado na capela-mor da igreja Nossa Senhora do Carmo, consoante seu desejo expresso em testamento. Morreu relativamente pobre como viveu.

Uma vez Bonifácio esqueceu na cadeira do teatro o chapéu dentro do qual estava um envelope contendo seus vencimentos de ministro que acabara de receber. Ao tomar conhecimento do fato, o imperador ordenou o ministro da Fazenda, Martim Francisco, a renovar o pagamento, ordem recusada com o seguinte argumento: "O Estado não é responsável pela displicência de seus empregados. O máximo que posso fazer é dividir meu pagamento com ele." O que ocorreu. De outra feita, um amigo com quem conviveu nos bons tempos, ao saber que estava doente, foi visitá-lo em Niterói. Ficou impressionado com a modéstia da casa e mais ainda com os remendos no lençol que o cobria.

– Não repare, disse Bonifácio, alisando o lençol. – O que enfeia esses bordados é a irregularidade dos desenhos. – O amigo saiu sem saber se se tratava de um disfarce, um pedido de desculpas ou uma ironia.

Desapego igualzinho ao que acontece neste Brasil do início do terceiro milênio!

Em 1872, nos cinquenta anos da Independência, com a presença do imperador D. Pedro II, o Instituto Histórico e Geográfico Brasileiro ergueu sua estátua no largo de São Francisco, no Rio. Em Nova York, na avenida das Américas, encontra-se uma estátua sua doada pelo Brasil, em 1954. Uma das galerias do Museu Mineralógico e Geológico da Universidade de Coimbra leva o seu nome.

No dia 7 de setembro de 1923, foi inaugurado em Santos o Panteão dos Andradas, na praça do Rio Branco, onde repousam seus restos mortais ao lado dos ilustres irmãos Antônio Carlos, Martim Francisco e o padre Patrício Manuel. Sua estátua foi projetada por Rodolfo Bernardelli. Considerado pela Marinha o seu fundador, seu nome foi dado a dezenas de embarcações.

Em 2007, como parte da comemoração dos quarenta e sete anos de Brasília, seu nome foi inscrito no Livro dos Heróis da Pátria.

BIBLIOGRAFIA

BERENICE CAVALCANTE. *José Bonifácio: razão e sensibilidade, uma história em três tempos*, 2001.

JORGE CALDEIRA. *José Bonifácio de Andrada e Silva*, da coleção "Formadores do Brasil", 2002.

MARIA GRAHAM. *Diário de uma viagem ao Brasil. (Journal of a voyage to Brazil and residence there during part of the years 1821, 1822, 1823)*, 1990.

MIRIAM DOLNIKOFF. *Projetos para o Brasil, José Bonifácio de Andrada e Silva*, São Paulo,1998.

OCTÁVIO TARQUÍNIO DE SOUZA. *História dos fundadores do Império do Brasil.* (Vol. 1), 1988.

ROCHA POMBO. *História do Brasil*, 1963.

SENADO FEDERAL. *Obra política de José Bonifácio*, 1972.

VICENTE BARRETO. *Ideologia e política no pensamento de José Bonifácio de Andrada e Silva*, 1977.

D. JOÃO VI
(1767-1826)

João Maria José Francisco Xavier de Paula Luís Antônio Domingos Rafael de Bragança, o futuro D. João VI, pela graça de Deus, rei do Reino Unido de Portugal, Brasil e Algarves, d'Aquém e d'Além-Mar em África, Senhor da Guiné e da conquista, Navegação e Comércio da Etiópia, Arábia, Pérsia, Índia etc., cognominado O Clemente, nasceu e morreu em Lisboa, respectivamente a 13 de maio de 1767 e 10 de março de 1826, no Palácio da Bemposta. Governou, com o título de rei, durante dez anos, de 1816, quando ainda se encontrava no Brasil, à morte.

Secundogênito de D. Maria I e Pedro III, foi declarado sucessor da Coroa em razão da morte do primogênito, José, vitimado por varíola, a 11 de setembro de 1788. O sentimento de culpa da mãe, Maria I, por não ter permitido que o filho José fosse vacinado, teria agravado o seu estado mental, que levou ao cognome de Maria, a Louca. Recorde-se que antes desse apodo depreciativo, ela fora alcunhada de Maria, a Generosa, pelo seu caráter piedoso, como demonstrou ao chocar-se com a visão da morte cruel imposta aos Távora, em Portugal, e quando da aplicação da morte, sem torturas, ao nosso Tiradentes, como expusemos no epítome destinado ao mártir da Independência do Brasil.

O bonachão D. João VI ficou genuinamente triste quando soube, aos 21 anos, que seria rei. Três anos antes, aos 18, os interesses das coroas de Portugal e Espanha casaram-no com a infanta, de 10 anos, Carlota Joaquina Teresa Cayetana Borbon y Borbon, filha do rei Carlos IV de Espanha com Maria Luísa de Parma. A consumação do casamento, porém, só se daria cinco anos mais tarde, em 1790. Do casal nasceriam nove filhos, sendo três varões. A acentuada dessemelhança étnica entre eles disseminou a fundada crença na múltipla paternidade.

Com o agravamento da saúde mental de Maria I, D. João assume o poder em 1792. Em 1799, foi declarado príncipe regente.

Seu governo coincidiu com grandes transformações no Ocidente: o rescaldo da Revolução Francesa, a guerra na Europa, o Bloqueio Continental, a Guerra do Rossilhão, também chamada Guerra dos Pireneus e Guerra da Convenção, a revolução liberal do Porto e, sobretudo, a transferência para o Brasil da Corte portuguesa.

Quando Napoleão marchou para invadir Portugal, em represália às manobras lusitanas para não fechar os portos à inimiga Inglaterra, D. João VI, com a mãe, mulher, filhos e toda a Corte, zarpou, às pressas, para o Brasil, de onde poderia continuar governando. Enquanto Lisboa caía sob o domínio francês, um aturdido D. João VI navegava ao encontro do desconhecido, chegando a Salvador a 22 de janeiro de 1808, onde fez restauradora parada no trajeto para o Rio de Janeiro. Em Salvador, D. João VI travou conhecimento com José da Silva Lisboa, o futuro Visconde de Cairu, muito provavelmente, aos 52 anos, a personalidade mais culta entre os povos de língua portuguesa, como vimos no verbete a ele dedicado.

Em 28 de janeiro, D. João VI decretou a abertura dos portos brasileiros às nações amigas. A medida foi boa para a Inglaterra, como o foi para o Brasil, que viu encerrado o pacto colonial que não deixava margem ao nosso desenvolvimento. Enquanto os produtos ingleses eram taxados com 15%, os importados de Portugal, que estava sob o jugo francês, eram onerados com 16% e os dos demais países com 24%. Na realidade, ainda que conquistado de modo involuntário, o mérito maior da libertadora medida vai para a belicosidade napoleônica. A equalização tarifária entre Portugal e Inglaterra só viria a viger a partir de 1816, com a queda de Napoleão.

O desembarque da Corte no Rio foi uma apoteose. Mal despontava a frota real na linha do horizonte, e lá estavam os cariocas perfilados, com sua roupa domingueira; as bandeiras portuguesas nas janelas e no alto das casas, drapejando ao vento; o estrépito dos fogos de artifício; os tiros de canhão; os toques de clarim e a animação das zabumbas e charangas. No dia seguinte, ao entrar na catedral, D. João foi coberto por uma chuva de pétalas de rosas. Durante os vários dias de festa, a população bebeu e comeu à tripa forra.

Já em março de 1808, D. João declarou o Rio de Janeiro sede da monarquia. Uma vez composto o ministério, aboliu a proibição de indústrias no país, ocupou a Guiana Francesa, fundou importantes escolas, criou bibliotecas. Entre os vários atos de grande impacto para a vida do Brasil, a Carta Régia de 7 de março de 1810 foi o mais significativo, e destinado a abortar qualquer movimento conspiratório de membros da Corte, ao assegurar medidas estimuladoras do seu desenvolvimento e a proteção dos seus interesses na Colônia.

Apesar dos escândalos de toda ordem, inclusive ostensivo adultério, protagonizados pela mulher, Carlota Joaquina, que não disfarçava o menosprezo que dedicava ao Brasil e aos brasileiros, D. João priorizava o equilíbrio da Coroa. A convivência do casal se restringia às exigências do protocolo. Desde há muito, em Portugal, e agora, no Brasil, moravam em palácios diferentes. Segundo um biógrafo, "nunca ninguém os viu a sós". Jantaram juntos, apenas, duas vezes: uma, no casamento do filho Pedro, e outra, no casamento da filha Maria Tereza. Locomoviam-se em diferentes carruagens. Em ambiente tão tenso, mudou a fisionomia da Colônia, ao abrir nossos portos ao mundo, decretar a liberdade da indústria e do comércio, elevar o Brasil à condição de Reino Unido de Portugal e Algarve, incrementar o ensino, instalar novas repartições, reorganizar a justiça, criando tribunais superiores. Uma listagem das importantes medidas adotadas por D. João VI em favor do Brasil inclui:

- A liberação da atividade industrial em 1808.
- A criação do Banco do Brasil, em 1808 e a Divisão Militar da Guarda Real da Polícia da Corte, em 1809.
- A autonomia administrativa em1815.
- A permissão de termos uma imprensa nacional.
- A fundação da Academia Militar, da Marinha e de um hospital militar.
- A fábrica de pólvora, o Jardim Botânico, a Academia Imperial de Belas-Artes, a Escola de Cirurgia, em Salvador, a Academia de Medicina e Cirurgia do Rio de Janeiro, em 1808.
- A primeira Junta de Comércio, a Real Junta do Comércio.
- A criação da Biblioteca Real, cujo acervo foi quase todo trazido de Portugal.
- A criação dos Correios.
- A inauguração do Museu Real.
- A criação de linhas marítimas entre o Rio de Janeiro e outras capitais do mundo.
- A fundação da Academia Real Militar ou Real Academia de Artilharia, Fortificação e Desenho.
- A criação da Escola Real de Ciências, Artes e Ofícios.
- A Casa da Moeda.
- O Observatório Astronômico.
- O Arsenal Real da Marinha.
- Abertura de dois cursos práticos de agricultura, em 1812, na Bahia e em 1814, no Rio de Janeiro.
- Financiou a vinda ao Brasil de João Baptista Moncouet, para dar aulas de veterinária.
- Criou o Real Erário, que, em 1821, teve o nome alterado para Ministério da Fazenda.
- Criou a Impressão Régia, hoje Imprensa Nacional.
- Inaugurou usinas nas províncias de São Paulo e Minas Gerais.
- Abriu o Real Teatro de São João.
- Financiou uma das primeiras fábricas de tecidos do Brasil.

- Estimulou a construção de estradas e melhorou os portos.
- Incentivou a produção agrícola, ensejando que o açúcar e o algodão passassem a ocupar os dois primeiros lugares nas exportações, no início do século XIX.
- Nesse mesmo período surgiu o café, que logo passou do terceiro para o primeiro lugar nas exportações brasileiras.
- Patrocinou a vinda da Missão Artística Francesa (1816), que trouxe ao Brasil nomes como os pintores Joachim Lebreton, Jean Baptiste Debret, Nicolas-Antoine Taunay, e o arquiteto Auguste Henri Victor Grandjean de Montigny, junto com seus discípulos Charles de Lavasseur e Louis Ueier, o escultor Auguste Marie Taunay, o gravador Charles-Simon Pradier, o mecânico François Ovide, o ferreiro Baptiste Leve, o serralheiro Nicolas Magliori Enout, os peleteiros Pelite e Fabre, os carpinteiros Louis Jean Roy e seu filho Hypolite, o auxiliar de escultura François Bonrepos, e um jovem aprendiz, Félix Taunay, filho de Nicolas-Antoine, o músico Sigismund Neukomm, o escultor Marc Ferrez e o gravador de medalhas Zéphyrin Ferrez. Muitos deles trouxeram suas famílias, criados e outros auxiliares.

Recorde-se que todas essas medidas eram decorrentes da instalação entre nós da Corte Portuguesa, que não tendo como saber qual seria a duração do domínio francês sobre a metrópole lusitana, sentia a necessidade de dotar a nova sede da monarquia dos instrumentos compatíveis com o prestígio do reino.

O fato é que, ao dotar o Brasil de tal infraestrutura, D. João VI criou as condições materiais para a a conquista de nossa Independência. Tanto que, ao retornar à Europa, tentou fazer com que o Brasil regredisse à condição de Colônia, o que gerou grande descontentamento e uma vigorosa reação que desembocou no 7 de setembro de 1822, sob a liderança do filho D. Pedro I.

Anos antes, em dezembro de 1815, na sequência da queda de Napoleão, o príncipe regente D. João VI, cedendo às pressões da Inglaterra, elevara o Brasil a reino, episódio coincidente com a morte de D. Maria I, e sua proclamação, dois anos mais tarde, como o novo rei, quando passou a ser chamado de D. João VI, o 27º rei de Portugal, o único rei europeu coroado nas Américas.

Pondo fim às tensões criadas pelo desejo da metrópole de unir os dois reinos sob uma única Coroa, em 1825, D. João VI assina com o filho Pedro I o tratado, mediado pela Inglaterra, em que é reconhecida a plena autonomia do Brasil. O tratado contém uma cláusula que atribui a D. João o título honorífico de imperador do Brasil, conquanto seu nome não seja mencionado pelos livros de História como um dos monarcas do Brasil Independente. Méritos para isso não lhe faltam.

É preciso dizer mais para que D. João VI seja incluído na relação das personalidades mais marcantes da vida brasileira? Na verdade, o difícil é encontrar quem com ele possa ombrear-se na extensão e intensidade dos benefícios que trouxe ao país.

Além do reconhecimento unânime da bonomia e generosidade de D. João VI, outros traços de sua personalidade têm sido objeto de acaloradas discussões. Segundo os diferentes pontos de vista, a imagem do monarca oscila entre despreparado, pouco inteligente e poltrão, e um estrategista genial, apoiado na flexibilidade, com cara de bobo, que botou no bolso Napoleão Bonaparte e o velho inimigo espanhol. Graças à sua fuga para o Brasil, o povo português não passara pelas humilhações a que Napoleão submetera várias nações europeias. Ao mesmo tempo, assegurou a completa integridade dos territórios portugueses ultramarinos, o mais importante dos quais era o Brasil. Ao dotar o Brasil de adequada infraestrutura, diversamente do ocorrido com as Colônias espanholas no Novo Mundo, assegurou a criação da primeira e única monarquia no continente americano, de origem portuguesa. Graças ao historiador Oliveira Lima, a imagem de D. João como um grande estadista ficou assentada.

O simpático, tolerante e generoso monarca era glutão, e adorava frangos. Comia, em média, seis por dia. Ao despedir-se de sua negra cozinheira, a quem deu uma pensão, os olhos marejaram. Muito diferente da alvoroçada Carlota Joaquina, que, ao se aproximar de Lisboa, lançou as sapatilhas ao Tejo para não contaminar o solo sagrado europeu com o pó das primitivas terras brasileiras.

Quando da morte de D. João VI, aos 58 anos, 9 meses e 27 dias, após curto período acamado, suspeitou-se de que fora envenenado. Recentemente, a análise de suas vísceras, que foram guardadas e lacradas num pote de porcelana, enterrado no chão da Capela dos Meninos do Palhavã, no mosteiro do mesmo nome, confirmou a suspeição: o dr. Armando Santinho Cunha atestou que ele fora envenenado por arsênico, tradicional meio de usurpação de Coroas. No caso de D. João VI, o arsênico fora consumido com laranjas colhidas no palácio de Belém. Ao lado da sepultura a ele destinada, sua polêmica esposa viria dormir o sono da eternidade, numa prova a mais de que *mors omnia solvit*.

BIBLIOGRAFIA

J.A. DIAS LOPES. *A canja do imperador*, 2004.
JEAN-BAPTISTE DEBRET. *Viagem pitoresca e histórica ao Brasil*, 2008.
JOSÉ CARLOS DE OLIVEIRA. *D. João VI, adorador do deus da ciência?*, 2005.
LEILA MEZAN ALGRANTI. *D. João VI*, 1993.
OLIVEIRA LIMA. *D. João VI no Brasil*. 1908.
PAULO SETÚBAL *Os bastidores da História*, 1983.

DUQUE DE CAXIAS
(1803-1880)

Luís Alves de Lima e Silva, o Duque de Caxias, patrono do Exército brasileiro, nasceu a 25 de agosto de 1803, em Porto da Estrela, na capitania do Rio de Janeiro, quando o Brasil era vice-reino de Portugal, e morreu a 7 de maio de 1880, na Fazenda Santa Mônica, em Desengano – hoje Barão de Japaranã –, no município de Valença, também no Rio de Janeiro. Foram seus pais Mariana Cândida de Oliveira Belo e Francisco de Lima e Silva, brigadeiro e regente do Império. Na maior parte de sua vida, foi conhecido como Luís Alves de Lima e Silva. O Duque de Caxias foi o 5º título nobiliárquico que batizou sua imortalidade. O 1º, o de barão, veio em 1841; o 2º, visconde, em 1843; o 3º, o de conde, viria, em 1845; o 4º, marquês, em 1852 e, por último, o de duque, o único concedido a um brasileiro, em 1869. Seu pai, então vereador da imperatriz Leopoldina, mereceu a honra de apresentar em seus braços, à Corte, no dia 2 de dezembro de 1825, no Paço de São Cristóvão, o recém-nascido, que seria o imperador D. Pedro II.

Pouco se sabe da infância de Caxias, além de que o cenário foi a rua das Violas, atual rua Teófilo Otoni, onde seu pai, já capitão, passou a residir em 1811. A rua era chamada das Violas, porque ali havia fabricantes de violas e violões, onde se reuniam trovadores e compositores. Sabe-se, também, que estudou no convento São Joaquim, onde hoje se localiza o Colégio D.Pedro II, próximo do Quartel do Campo de Santana, que ele viu ser construído, e que passou a ser o Palácio Duque de Caxias, onde está instalado o Comando Militar do Leste.

A mitificação do seu nome começa com o alarde da falsa singularidade de ter ele assentado praça, como cadete, aos 5 anos de idade, quando, na realidade, essa precoce vinculação à carreira das armas era prática regular no Brasil do início do século XIX, para os filhos de militares e da nobreza.

O ambiente doméstico do jovem Luís era militar pelos dois lados. A família do pai era constituída de oficiais do Exército e a da mãe, de oficiais de milícia. Num tal ambiente prenhe de militarismo era natural que se inclinasse pela carreira das armas. Aos 15 anos, ingressou na Academia Real Militar, de onde saiu como tenente, em 1821, para servir no 1º Batalhão de Fuzileiros, unidade de elite do Exército do Rei.

Proclamada a Independência, D. Pedro, pessoalmente, organiza, em outubro de 1822, a Imperial Guarda de Honra e o Batalhão do Imperador, composto de 800 oficiais militares, atléticos e de reconhecido valor. Coube ao tenente Luís Alves de Lima e Silva receber, das mãos do imperador, a bandeira do novo Império. Luís Alves estava com 19 anos. No dia 3 de junho de 1823, o futuro Duque de Caxias tem seu batismo de fogo, quando o Batalhão do Imperador foi enviado para ajudar os independentistas na Bahia, contra as tropas leais a Lisboa, comandadas pelo general Madeira de Melo. Recorde-se que a Independência, proclamada a 7 de setembro de 1822, só se consolidou, definitivamente, em 2 de julho de 1823, na Bahia, quando, depois de dezoito meses de duras refregas, as tropas portuguesas foram batidas na batalha de Cabrito e Pirajá. Ao longo de todo esse tempo, os militares independentistas contaram com a ajuda de crianças, padres, mulheres, índios, com arco e flecha, e, sobretudo, de caboclos e negros. Em substituição às armas, esses contingentes demonstraram, nas guerras de guerrilha que se sucederam, muita disposição para a luta, patriotismo e bravura. Como exemplo, esses audazes guerrilheiros tomaram a escuna inimiga que bloqueava o porto de Cachoeira, construíram trincheiras e fecharam as passagens dos rios de Cachoeira e Santo Amaro. Madeira de Melo, em consequência da constância e firmeza das hostilidades, não raro, teve cortados o suprimento e as comunicações com suas tropas. Foi nesse ambiente que despontou a figura heroica de Maria Quitéria de Jesus, que, vestida de homem, abandonou a casa e assentou praça num regimento de artilharia, de onde passou a servir no Batalhão dos Periquitos. Pelos sucessivos atos de bravura, Maria Quitéria foi condecorada pelo imperador Pedro I, passando a receber soldo como alferes de linha.

As tropas leais à Coroa portuguesa, sob o comando de Madeira de Melo, já davam sinais de desânimo, diante da tenacidade dos nativos, quando D. Pedro I nomeou o general José Joaquim de Lima e Silva para expulsar os portugueses da Bahia. Do desfile triunfal dos vitoriosos pelas ruas de Salvador participava o jovem tenente ajudante do Batalhão do imperador, Luís Alves de Lima e Silva, sobrinho do general comandante, que por breve período presidiu a província da Bahia.

Tempos depois, Luís Alves receberia o título que mais apreciou, ao longo da vida: o de Veterano da Independência.

Em seguida, veio sua participação na guerra ou campanha da Cisplatina, conflito entre o Império do Brasil e as Províncias Unidas do Rio da Prata, entre 1825 e 1828, pela posse da Cisplatina. Com a Constituição de 1826, as Províncias Unidas do Rio da Prata passaram a chamar-se Argentina.

O termo cisplatina é composto do prefixo – *cis*, que significa aquém, do lado de cá, e do substantivo *platina* – área correspondente ao Uruguai de nossos dias, referindo-se ao rio da Prata –, designada em castelhano como Província Oriental del Rio de la Plata. Os livros argentinos de história aludem ao episódio como Guerra del Brasil ou Guerra Contra el Império del Brasil. Esse foi o primeiro dos quatro conflitos internacionais que o Brasil enfrentou para assegurar sua supremacia sul-americana. Os outros foram a Guerra do Prata, a Questão Uruguaiana e a

Guerra do Paraguai. No seu conjunto, na história das relações internacionais do Brasil, tais conflitos compõem as Questões Platinas.

A importância dessa área decorria de sua posição estratégica, por situar-se na entrada do estuário do rio da Prata e de acesso aos rios navegáveis Paraná e Paraguai, por onde escoava a prata andina.

Do total de 10.000 homens do Exército brasileiro, 6.000 deles estavam com Luís Alves, sendo 2.500 em Montevidéu, 1.100 em Colônia do Sacramento, 1.100 espalhados em guarnições ao longo dos rios Uruguai e Negro, e 1.300 em outros lugares. Muitos desses combatentes foram recrutados nos locais onde passariam a servir. Mais uma vez, sua bravura e competência, como militar brilhante, trouxeram-lhe condecorações e a promoção a major.

Só a partir de 1830 é que a antiga província brasileira Cisplatina (aquém do Prata) passou a chamar-se República Oriental do Uruguai, com a promulgação de sua Constituição.

A perda da Cisplatina motivou o crescimento da insatisfação popular com o governo de Pedro I, colaborando para sua abdicação. Desde o início, a opinião pública desaprovou o conflito por ver nele um fator de aumento da carga de impostos. O estilo concentrador de Pedro I foi, sem dúvida, a principal causa de sua impopularidade.

Quando D. Pedro I abdicou, em 1831, lá estava o jovem oficial Luís Alves dando o seu contributo pela manutenção da ordem na capital do Império.

A 6 de janeiro de 1833, casa-se com Ana Luisa de Loreto Carneiro Viana, de 16 anos, no Rio de Janeiro. Em 2 de dezembro de 1839, foi promovido a coronel e, por Carta Imperial, "por seu descortino administrativo e elevado espírito disciplinador", foi escolhido para pacificar a província do Maranhão, onde havia começado o movimento da Balaiada, revolta de caráter popular, entre os anos de 1838 e 1841, feita por gente pobre, escravos, prisioneiros e fugitivos, contra o poder local. Foi nomeado presidente da província do Maranhão e comandante-geral das forças em operações, para que, emanadas de uma só autoridade, houvesse coesão nas providências civis e militares. O título de presidente à época correspondia ao de governador de nossos dias.

Fracassada a tentativa de tomar São Luís, a intentona se deslocou em debandada para o vizinho Piauí. Na origem do levante, estava a crise do algodão, duramente atingido pela concorrência norte-americana. Os que viviam dessa lavoura desejavam ser aproveitados na florescente atividade pecuária da região. O movimento eclodiu em face da intensa disputa pelo poder entre os liberais e os conservadores.

Em agosto de 1840, em reconhecimento dos seus feitos em batalha, Caxias foi nomeado vereador de Suas Altezas Imperiais. Em 18 de julho de 1841, pela pacificação do Maranhão, foi-lhe conferido o título nobiliárquico de Barão de Caxias. O padre Joaquim Pinto de Campos, arrebatado biógrafo de Caxias, explica as razões do nome: "Caxias simbolizava a revolução subjugada. Essa princesa do Itapicuru havia sido mais que outra algema afligida dos horrores de uma guerra de bandidos; tomada e retomada pelas forças imperiais, e dos rebeldes várias vezes, foi quase ali que a insurreição começou, ali que se encarniçou tremenda; ali que o coronel Luís Alves de Lima e Silva entrou, expedindo a última intimação aos sediciosos para que depusessem as armas; ali que libertou a província da horda de assassinos. O título de Caxias significava portanto: disciplina, administração, vitória, justiça, igualdade e glória."

Ainda em 1841, Caxias foi promovido a brigadeiro e eleito deputado à Assembleia Legislativa pela província do Maranhão. Em março de 1842, foi nomeado comandante das armas da Corte.

A Guerra dos Farrapos ou Revolução Farroupilha são os nomes pelos quais ficou conhecida a rebelião, revolução ou guerra regional, de índole republicana, contra a Coroa, na então província de São Pedro do Rio Grande do Sul, tendo resultado na declaração de independência da província, originando a República Rio-Grandense. O movimento se estendeu de 20 de setembro de 1835 a 1º de março de 1845, influenciando o espírito separatista em várias regiões do país, como a Sabinada, na Bahia, em 1837, e a Revolução Liberal, em São Paulo, em 1842.

Quando o adolescente Pedro II assumiu o trono, em 1840, as rebeliões no Maranhão e Rio Grande do Sul, Balaiada e Guerra dos Farrapos ainda flamejavam. A Revolução Liberal de 1842 veio aumentar os desafios do jovem monarca.

Dois meses depois de finda a Balaiada, iniciava-se um levante na província de São Paulo, inspirado pelo Partido Liberal. Desde os primeiros sinais do movimento, o natural receio de que o alastramento desse movimento viesse fundir-se com a Revolta Farroupilha, em curso no Sul do Império, levou o jovem imperador Pedro II a mandar Caxias pacificar a região, nomeando-o comandante em chefe das forças em operações na província de São Paulo e seu vice-presidente.

Na cidade paulista de Sorocaba, o popular brigadeiro Rafael Tobias de Aguiar, que havia presidido a província em duas ocasiões, iniciou na manhã de 17 de maio de 1842 o movimento revolucionário que rapidamente se espalhou para outras cidades da província e de Minas Gerais. Ao iniciar o movimento revolucionário, Tobias de Aguiar regularizou, pelo casamento, a já longa relação amorosa com a marquesa de Santos, a mais conhecida das amantes de Pedro I, com a qual já tinha seis filhos.

Saindo do Rio, Caxias desembarca em Santos, em maio, e rapidamente antecipa-se aos revoltosos na ocupação da cidade de São Paulo. Em julho, depois de vários combates, retorna ao Rio vitorioso.

Segundo Vilhena de Morais, "Ao rebentar a revolução de 1842, Feijó, que estava em Campinas, veio para Sorocaba, aderindo ao movimento, e aí redigiu o *Paulista*, jornal dos revolucionários. Quando Caxias entrou na cidade, encontrou o grande ex-regente do Império gravemente enfermo, quase paralítico. Pouco depois, o governo obrigava Feijó a seguir para Vitória (Espírito Santo), donde ainda veio ao Senado, para defender-se". Caxias sufocou o movimento em pouco mais de um mês, depois do que seguiu para a província de Minas Gerais para ali também abafar a emergente intentona. Já no início do mês de setembro, a província estava pacificada. Com bem-humorado cavalheirismo e firmeza, dirigiu-se a dez chefes da rebelião, feitos prisioneiros no combate de

Santa Luzia: "Meus senhores, isso são consequências do movimento, mas podem contar comigo para quanto estiver em meu alcance, exceto para soltá-los."

No dia 30 de julho de 1842, "pelos relevantes serviços prestados nas províncias de São Paulo e Minas", Caxias é promovido ao posto de marechal de campo graduado, quando sequer completara 39 anos de idade.

Vejamos, porém, o que ocorreu antes. Quando marchava com sua coluna, rumo a Sorocaba, o então Barão de Caxias recebeu de Feijó uma carta, em que se referia ao "vilipêndio que tem feito o governo aos paulistas e às leis anticonstitucionais da Assembleia", e lhe lembrava condições para "acomodação honrosa"; "estaria em campo com minha espingarda, se não estivesse moribundo: mas faço o que posso", escreveu; e propunha que fosse dada anistia a todos sem exceção, "embora seja eu só o excetuado e se descarregue sobre mim todo o castigo". A carta do enérgico ex-regente iniciava se com estas palavras: "Quem diria que, em qualquer tempo, o sr. Luís Alves de Lima seria obrigado a combater o padre Feijó? Tais são as coisas deste mundo..."

Caxias respondeu logo: "Quando pensaria eu, em algum tempo, que teria de usar da força para chamar à ordem o sr. Diogo Antônio Feijó? Tais as coisas do mundo: as ordens que recebi de S. M. o imperador são em tudo semelhantes às que me deu o ministro da Justiça em nome da regência, nos dias 3 e 7 de abril de 1832, isto é, que levasse a ferro e fogo todos os grupos armados que encontrasse, e da mesma maneira que então as cumpri, as cumprirei agora." E arrematou: "Não é com as armas na mão, Exmo. sr., que se dirigem súplicas ao monarca, nem com elas empunhadas admitirei a menor das condições que V. Exa. propõe na referida carta. (...)"

Entrando em Sorocaba, Caxias conservou Feijó em sua própria casa, sob a custódia dum oficial, o 1º tenente Tristão Pio dos Santos. Mais tarde, o presidente Barão de Monte Alegre mandou que Feijó seguisse para São Paulo; e Caxias, para pôr "a salvo de qualquer insulto que ousassem fazer-lhe", incumbiu de acompanhá-lo o mais graduado oficial de seu exército, o coronel José Leite Pacheco. As outras versões existentes sobre o encontro entre Caxias e Feijó, com feição dramática, não se confirmam.

Caxias recusou a paz condicionada, proposta por Feijó, para não dar a menor demonstração de tibieza do imberbe imperador Pedro II.

Em Minas, a revolta de 1842 seria o último sintoma de inquietação nas Alterosas: uma vez apaziguada, a província cairia na tranquilidade. A notícia da derrota dos insurretos paulistas não desanimou os mineiros, mas influiu em sua tática de guerra. Barbacena foi escolhida para sediar o governo revolucionário nascido da irrupção de junho de 1842. Com a vitória no primeiro conflito contra as tropas legalistas, na hoje Conselheiro Lafaiete, choveram adesões, particularmente de Santa Luzia, Santa Bárbara, Santa Quitéria, Itabira, Sabará e Caeté. Nomeado comandante do exército pacificador, Caxias, como fez em São Paulo, começa por tomar a capital, o que se dá em agosto de 1842. Apesar de uma pequena derrota para Teófilo Ottoni, em Lagoa Santa, Caxias põe fim à revolta em duas semanas, para o que contou com a decisiva participação de seu irmão José Joaquim de Lima e Silva Sobrinho, um dos três comandantes da operação abortiva. Sobre a anistia concedida aos revoltosos por Pedro II, em 1844, disse o historiador João Ribeiro: "O imperador, em regra, concedia anistia ampla aos rebeldes, julgando que 'as guerras civis e revoltas não passavam de equivocações sanáveis com o tempo e com a generosidade do governo.'"

Ainda grassava no Sul a Revolta dos Farrapos. Mais de dez presidentes de província e generais, sem êxito, se haviam sucedido na tentativa de superá-la. Foi quando as atenções se voltaram para Caxias, nomeado comandante-chefe do Exército em operações, e presidente da província do Rio Grande do Sul. Ao chegar a Porto Alegre, deu à publicidade um manifesto cívico que apelava para os sentimentos patrióticos dos sediciosos. O tom era épico: "Lembrai-vos que a poucos passos de vós está o inimigo de todos nós – o inimigo de nossa raça e de tradição. Não pode tardar que nos meçamos com os soldados de Oribes e Rosas; guardemos para então as nossas espadas e o nosso sangue. Abracemo-nos para marcharmos, não peito a peito, mas ombro a ombro, em defesa da pátria, que é a nossa mãe comum." Era o diplomata precedendo o guerreiro! Em lugar da força bruta, o apelo ao sentimento e à razão, com a simplicidade e fraternidade que o acompanharam vida afora! A essa altura, a inteireza de caráter, a competência, a humildade, a generosidade e a bravura de Caxias eram objeto da admiração geral, inclusive de seus adversários. Por isso, não havia interlocutor melhor do que o Marechal e Barão de Caxias para parlamentar com os inúmeros descontentes com o curso do Império naquela quadra da vida brasileira. Com efeito, em 1º de março de 1845, é assinada a paz de Ponche Verde, dando fim à revolta farroupilha. Caxias é, então, proclamado o Conselheiro da Paz e o Pacificador do Brasil, efetivado no posto de marechal de campo, elevado a conde e escolhido, sem que houvesse pleiteado, para representar, no Senado, a província recém-pacificada.

Quando se tornou inevitável a Guerra do Prata, Caxias era, no consenso unânime, o nome mais qualificado para comandá-la. Em junho de 1851, foi nomeado presidente da província do Rio Grande e comandante em chefe do Exército do Sul, ainda não organizado. Sua principal missão era preparar o Império para uma luta nas fronteiras dos pampas gaúchos. Ao bater as tropas de Manoel Oribe, em território uruguaio, em 5 de setembro de 1851, Caxias reduziu as tensões existentes naquela parte da fronteira. Em 1852, foi promovido a tenente-general e recebeu o título de Marquês de Caxias. Em 1853, uma Carta Imperial lhe confere o direito de tomar parte direta na elevada administração do Estado e, em 1855, é investido do cargo de ministro da Guerra. Em 1857, por moléstia do Marquês do Paraná, assumiu a presidência do Conselho de Ministros do Império, cargo que voltaria a ocupar, em 1861, acumulando com o de ministro da Guerra. Em 1862, foi graduado marechal do Exército, assumindo, mais uma vez, o Senado, no ano de 1863. Em 1866, foi nomeado comandante-chefe das Forças do Império em operações contra o Paraguai de Solano Lopez, na guerra iniciada no ano anterior, compondo o Brasil a Tríplice Aliança, com a Argentina e o Uruguai. Pela primeira vez no continente americano, por iniciativa de Caxias, usou-se a aeroestação (balão) em operações militares, para fazer a vigilância e obter informações sobre a posição do terreno, em geral, e do inimigo, em particular. A ordem que deu para a construção da estrada do Grão-Chaco, de modo a permitir que as forças brasileiras cumprissem a marcha de flanco através do chaco paraguaio, imortalizou seu nome na literatura militar. Ficou famosa sua voz de comando aos seus homens na travessia do arroio Itororó: "Sigam-me os que forem brasileiros." Com a tomada da capital, Assunção, a 1º de janeiro de 1869, estava concluída mais esta importante missão. O ducado, o único concedido a um brasileiro, foi o modo pelo qual o Império expressou o reconhecimento do seu grande feito.

Entre os fatores contributivos para aquele surto independentista, incluía-se a aspiração de abolir a escravatura, razão da invariável simpatia usufruída entre os negros. Originalmente, dotado de conotação pejorativa, o termo "farrapos" ou "farroupilhas" designava todos os que se opunham ao governo imperial. Em 1839, com a tomada de Laguna, é proclamada a República Juliana, ligada à rio-grandense, pelos laços da confederação. Com o fim da Sabinada, na Bahia, em 1837, e da Revolução Liberal de São Paulo, em 1842, muitos dos seus integrantes foram se incorporar aos farrapos. Em compensação, a soldadesca deslocada desses movimentos veio somar às tropas legalistas, servindo essa dupla movimentação para magnificar o novo palco de guerra. Foi, então, em 1842, que Luís Alves de Lima e Silva, já Barão de Caxias, à testa de 12.000 homens, foi designado para dissolver a recém-criada República do Rio Grande, restaurando aí as armas do Império, como presidente da rebelada província, que contava com, apenas, 3.500 combatentes.

Não obstante tão acentuada superioridade numérica de suas tropas, o Barão de Caxias optou pelo uso da inteligência. O estrangulamento da economia da Nova República foi a primeira das medidas, mediante o ataque das cidades de fronteira, de modo a sustar o escoamento da produção de charque para o Uruguai e a vizinha Laguna, pertencente à nova República Juliana, além de adquirir todos os cavalos, impedindo ao inimigo acesso à montaria. Em flagrante minoria, de homens e armas, os farrapos, buscando evitar, a todo custo, batalhas campais, frequentemente, se refugiavam no Uruguai. Quando o general Fructuoso Rivera propôs mediar uma solução diplomática entre os farrapos e o Império, Caxias respondeu que poderia conversar, mas sem a presença de mediadores. Temendo o avanço sobre as fronteiras brasileiras do argentino Rosas, em luta contra franceses e ingleses, inconformados com o apoio de Rosas aos Blancos contra os Colorados, a Corte autorizou Caxias a fazer um acordo honroso com os revoltosos, incluindo a anistia geral e a reincorporação dos oficiais rebelados aos respectivos postos no Exército Imperial, a escolha pela Assembleia Provincial do presidente da província, e as taxações sobre o charque importado da bacia do Prata.

Incrivelmente, Rosas resistiu aos sucessivos ataques anglo-franceses, levando as duas potências a assinar com ele um tratado de paz, em 1849.

A reivindicação que o Império considerava inegociável era o reconhecimento da liberdade dos escravos dada pela sedição. O armistício para favorecer uma solução negociada foi quebrado em fins de 1844, quando o coronel Moringue, subordinado de Caxias, atacou de surpresa os Lanceiros Negros, temível grupo militar, às margens do arroio Porongos, aproveitando-se da momentânea ausência do líder rebelde Davi Canabarro. Mesmo tomado do sentimento de revolta pela quebra unilateral do armistício pelas tropas de Caxias, Canabarro, que era o presidente da República de Laguna, recusou a oferta de Rosas para enviar tropas em seu socorro, em troca de facilitar o seu avanço pelas fronteiras com o Rio Grande, com o argumento de que seu dever de lealdade para com o Brasil era maior do que sua abjuração do Império.

Finalmente, a 1º de março de 1845, depois de dez anos de lutas e 50.000 mortes, era assinado o Tratado de Paz de Poncho Verde. A manutenção da liberdade dos escravos, concedida pelos sediciosos, foi, também, assegurada, como parte do tratado de paz. É verdade que o cumprimento dessa parte do acordo se deu de modo parcial ou imperfeito, em razão das dificuldades operacionais de uma abolição regional, apenas, da escravatura. Tanto que dos escravos, alguns acompanharam o general Antônio de Souza Netto, o segundo vulto em importância da Revolução dos Farrapos, no seu exílio voluntário no Uruguai, outros foram, de fato, incorporados ao Exército Imperial, enquanto a outros tantos infelizes foi reservada a tragédia de serem enviados para o mercado negro.

Tão bem se houve o Barão de Caxias em todo o episódio, como estrategista militar e diplomata, que a província do Rio Grande, uma vez reintegrada ao Império, fê-lo senador. O Império, em sinal de reconhecimento ao seu trabalho, outorgou-lhe o nobiliárquico título de Conde de Caxias. Mais tarde, em 1850, diante do risco da guerra contra Rosas, foi indicado para presidir a província de São Pedro do Rio Grande. Se a República do Rio Grande tivesse vingado, seria inevitável o fracionamento do Brasil em várias repúblicas, como aconteceu com as colônias espanholas no continente.

Como comandante-chefe do Exército do Sul, em 1851-1852, Caxias dirigiu as campanhas contra Oribe, no Uruguai, e Rosas, na Argentina, que ficaram conhecidas como a Guerra do Prata. De um lado, a Confederação Argentina; do outro, a aliança formada pelo Brasil, com o Uruguai e as cidades dissidentes da Argentina, Entre Rios e Corrientes. O objeto da disputa continuava sendo o controle do território uruguaio e da região do Rio da Prata. Pela vizinhança e boas vias fluviais, o Paraguai também integrava o cobiçado universo em disputa.

No total, as tropas aliadas, sob o comando de Caxias, passavam de 37.000 combatentes, 26.000 dos quais atacaram Rosas, por terra e mar. Rosas contava com igual contingente. Caxias atacaria pelo mar. Vendo-se perdido, Rosas fugiu, vestido de marinheiro, e pediu asilo aos ingleses que o transportaram, juntamente com uma filha, para o Reino Unido, onde viveu os derradeiros vinte anos de vida. O desfile das tropas aliadas vencedoras, inclusive as brasileiras, pelas ruas de Buenos Aires, criou grande constrangimento, humilhação e silenciosa hostilidade popular. É provável que o episódio esteja na origem da animosidade, ainda hoje existente, dos argentinos contra o Brasil.

A Guerra do Prata terminou com a vitória do Brasil e seus aliados, na Batalha de Monte Caseros, em 1852, definindo a hegemonia brasileira na região, fato que acarretou grande instabilidade nos outros países, com disputas internas entre partidos no Uruguai, e uma guerra civil na Argentina pós-Rosas, dividida em duas, em luta intestina, com os federalistas de um lado, liderados por Urquiza, e os unitaristas do outro, sob o comando de Bartolomeu Mitre, vitorioso, ao final, em 1862, sendo eleito o primeiro presidente da República Argentina.

O propósito de Rosas era o de fazer da Argentina a maior potência da América do Sul, pela incorporação do Uruguai, Bolívia e Paraguai, além do Sul do Brasil. Contrariando as expectativas de Rosas, o ditador paraguaio optou pelo isolamento diplomático, como meio de neutralizar a investida argentina, assim permanecendo até 1840. A verdade é que enquanto o Brasil atuava unido, apesar dos surtos regionais de independência, as diferentes nações sul-americanas operavam em sintonia com o que se poderia denominar desacordo unânime, em que a disputa pelo poder local predominava sobre qualquer outro tipo de motivação. Enquanto do México à Patagônia, as nações hispânicas sofriam com golpes de estado, rebeliões, ditaduras, instabilidade política e econômica, secessões e guerras civis, o Brasil cuidava de estruturar o seu desenvolvimento sob o equilibrado comando de Pedro II.

O grande papel de Caxias, perante a história, foi o de haver subjugado todas as manifestações regionais independentistas, assegurando, assim, a unidade territorial e política do Brasil. Por outro lado, interessava ao Império a existência do maior número de nações autônomas, e impedir que nenhum país do continente incorporasse vizinhos. O eventual domínio pela Argentina, por exemplo, sobre o Paraguai e o

Uruguai, poderia resultar na nacionalização dos rios platinos, impossibilitando a comunicação entre o Mato Grosso e o litoral brasileiro, além do que o aumento da linha de fronteira com a Argentina exporia, ainda mais, o Brasil ao risco de ataques portenhos.

O Brasil passou a ser visto pelo mundo, ao lado dos Estados Unidos, como uma potência confiável, com quem se poderia estabelecer laços duradouros em todos os níveis – político, econômico, diplomático e cultural.

Apesar de ter sido o Brasil o primeiro país a reconhecer a Independência do Paraguai, em 1844, através do plenipotenciário José Antônio Pimenta Bueno, fato que aprofundou o nível de relações entre os dois países, o Paraguai se recusou a combater Rosas por temor de que outro argentino, Justo José de Urquiza, em luta contra Rosas, também quisesse anexar o Paraguai.

A vitória de Monte Caseros foi a mais significativa, ao assegurar a Independência do Paraguai e Uruguai, e abortar a planejada invasão argentina do Rio Grande do Sul. Em apenas três anos, o Brasil inviabilizou o projeto argentino, concebido desde sua Independência, de reconstituir o antigo vice-reino do Rio da Prata, conquistando o que a ação conjunta das duas maiores potências da época, França e Inglaterra, não conseguiram. O Paraguai também foi beneficiado pelo acesso aos rios platinos, ensejando a chegada de técnicos europeus e brasileiros, bens de produção e tecnologia militar. O Uruguai, que contou, durante a guerra, com os soldados mais bravos, os "gaúchos", não conseguiu se beneficiar da vitória no Prata, em razão de sua divisão interna entre Blancos e Colorados. A Guerra do Brasil com o Paraguai resultou do amálgama das disputas pelo poder interno, pela demarcação de fronteiras e da busca da hegemonia na Região do Prata. A vitória brasileira, dezoito anos mais tarde, apenas, manteve o *statu quo* do Brasil no continente.

Recorde-se que a Região do Prata era disputada por Portugal e Espanha desde 1680, quando da fundação da Colônia do Santíssimo

Sacramento. Foi objeto de alguns tratados territoriais, entre os quais o Tratado de Madri, em1750, o de Santo Ildefonso, em 1777, conhecido como o Tratado dos Limites, e o Tratado de Badajoz, em 1801.

A superioridade do Brasil sobre os vizinhos sul-americanos era flagrante. Sua população de 4,5 milhões de habitantes, incluído um quarto de escravos, era sete vezes e meia maior do que a das Províncias Unidas, com, apenas, 600 mil habitantes. Além disso, seu Exército, ainda que de modo precário, era o único profissionalizado entre os litigantes.

Em 1866, Caxias foi nomeado comandante-geral das forças brasileiras e, no ano seguinte, comandante-geral dos exércitos da Tríplice Aliança, formada pelo Brasil, Uruguai e Argentina, na guerra contra o Paraguai, que se prolongou de 1864 a 1870, merecendo destaque sua ação nas batalhas do Avaí e Lomas Valentinas, em dezembro de 1868, que precederam a ocupação de Assunção. Seu título de duque, neste instante concedido, foi o único atribuído a um brasileiro.

Em 1875, pela terceira vez, Caxias é nomeado ministro da Guerra e presidente do Conselho de Ministros. Ele ainda viria a participar de fatos marcantes da história do Brasil, como a Questão Religiosa, o afastamento de D. Pedro II e a regência da princesa Isabel. Cedendo aos apelos da idade, Caxias vai descansar em sua terra natal, na Fazenda Santa Mônica, na estação ferroviária do Desengano.

No dia 7 de maio de 1880, às 20:30, "saía da vida para entrar na história". Um trem especial transportou o corpo ao Campo de Sant'Ana, vestido com o seu mais modesto uniforme de marechal de Exército. Os funerais se realizaram consoante sua expressa vontade: ao peito, apenas duas de suas numerosas condecorações, as únicas em bronze: a do Mérito Militar e a Geral da Campanha do Paraguai; enterro sem pompa; dispensa de honras militares; o féretro conduzido por seis soldados da guarnição da Corte, dos mais antigos e de bom comportamento, aos quais deveria ser dada a quantia de trinta cruzeiros. Os nomes desses soldados foram inscritos no pedestal de seu busto na Academia Militar das Agulhas Negras. O enterro foi custeado pela Irmandade da Cruz dos Militares, e o corpo foi sepultado sem embalsamamento. Muitos disputaram o privilégio de pegar, por um instante que fosse, na alça do seu caixão. O Visconde de Taunay, então major do Exército, concluiu, assim, o elogio funéreo: "Carregaram o seu féretro seis soldados rasos; mas, senhores, esses soldados que circundam a gloriosa cova e a voz que se levanta para falar em nome deles, são o corpo e o espírito de todo o Exército brasileiro. Representam o preito derradeiro de um reconhecimento inextinguível que nós militares, de norte a sul deste vasto Império, vimos render ao nosso velho marechal, que nos guiou como general, como protetor, quase como pai durante 40 anos; soldados e orador, humildes todos em sua esfera, muito pequenos pela valia própria, mas grandes pela elevada homenagem e pela sinceridade da dor."

No plano político, Caxias foi um dos líderes do Partido Conservador, sendo os pontos altos a senatoria vitalícia pelo Rio Grande, a partir de 1845, e a presidência das províncias do Maranhão e do Rio Grande. Ele foi, também, vice-presidente da província de São Paulo, ministro da Guerra e, por três vezes, presidente do Conselho, nos períodos 1855-1857, 1861-1862 e 1875-1878, quando modernizou os regulamentos militares, modificando as normas de origem colonial. Na última vez que presidiu o Conselho, mediou o conflito entre os conservadores na questão abolicionista; conseguiu encerrar a questão religiosa, consistente no conflito entre o Estado e os bispos; e deu início à melhoria do sistema eleitoral.

Caxias deixou sua marca também como construtor de cidades. Com Domingos José de Almeida, foi responsável pela modernização do povoado de Santana do Uruguai, hoje Uruguaiana.

Entre os muitos nomes ilustres que integraram os conselhos presididos por Caxias, se encontravam João Maurício Wanderley, Barão de Cotegipe, José Thomaz Nabuco de Araújo, pai de Joaquim Nabuco, e José Maria da Silva Paranhos, Visconde do Rio Branco, pai do futuro Barão do Rio Branco.

Morto em 1880, só em 1923, Caxias passou a ser cultuado oficialmente. Nesse intervalo de quarenta e três anos, ficou praticamente esquecido pelo Exército. Afora episódicas recordações, o único momento de solene reverência ocorreu em 1903, quando da celebração do seu centenário. Tudo mudou a partir de 1923, quando o ministro da Guerra introduziu, de modo oficial, o "culto a Caxias". Em 1925, foi formalizada a data do seu nascimento como o "Dia do Soldado", evento que comandaria a perenidade do reconhecimento do excepcional papel que desempenhou para assegurar a soberania e a unidade brasileiras em seu extenso território, ao longo de quase sessenta anos.

Em 1949, pomposo cortejo militar, valorizado com a presença do general-presidente Eurico Gaspar Dutra, fez o traslado dos restos mortais de Caxias e de sua esposa, Ana Luísa de Loreto Carneiro Viana, Duquesa de Caxias, do Cemitério do Catumbi, onde foram sepultados, para o Panteão Duque de Caxias, também no Rio de Janeiro, onde repousa, também, o seu filho. Com o nome inscrito no Livro dos Heróis da Pátria, foi proclamado pelo governo federal como Patrono do Exército Brasileiro, em 1962. A partir de 1931, os cadetes da Academia Militar das Agulhas Negras portam uma cópia fiel do Espadim de Caxias, que desde 1925 é guardado como relíquia no Instituto Histórico e Geográfico Brasileiro, integrado por ele como sócio honorário, e prestam, ainda, o seguinte juramento, durante a cerimônia de graduação: "Recebo o sabre de Caxias como o próprio símbolo da Honra Militar!"

O culto a Caxias foi decidido pelo Exército brasileiro como mecanismo de valorização da disciplina, da obediência hierárquica e da unidade de comando em suas fileiras e nas próprias Forças Armadas, num período da vida nacional assinalado por sucessivas crises no seio do aparelho militar. Além de protótipo do soldado ideal, a imagem de Caxias funcionaria como um antídoto à indisciplina e à politização militar, de que sua vida foi, inegavelmente, um grande exemplo.

Entre as homenagens de que foi alvo, em vida, se salientam as seguintes:

• Membro honorário do Instituto Histórico e Geográfico Brasileiro.
• Presidente de Honra do *Institut D'Afrique*.

- Sócio honorário do Instituto Politécnico Brasileiro.
- Sócio efetivo da Sociedade dos veteranos da Independência da Bahia.
- Sócio honorário do Instituto Literário Luisense.
- Cavaleiro da Imperial Ordem do Cruzeiro.
- Medalha de Ouro da Independência.
- Comendador da Ordem de São Bento de Avis.
- Cavaleiro da Imperial Ordem da Rosa.
- Grã-cruz da Ordem Militar de Avis.
- Medalha de Ouro da Campanha do Uruguai.
- Grã-cruz efetivo da Imperial Ordem da Rosa.
- Medalha de Ouro Comemorativa da Rendição de Uruguaiana.
- Grã-cruz da Imperial Ordem do Cruzeiro.
- Grã-cruz da Imperial Ordem de D. Pedro I.
- Medalha do Mérito Militar.
- Medalha Comemorativa do término da Guerra do Paraguai.
- Foi marechal de campo de D. Pedro II.
- Veador da Casa Imperial.
- Conselheiro de Estado e Guerra.
- Grã-cruz da Ordem de Nossa Senhora da Conceição de Vila Viçosa.

Sem Caxias, é possível que o Brasil se dividisse em várias nações de língua portuguesa. É fácil compreender por que ele é considerado o maior vulto militar de nossa história.

BIBLIOGRAFIA

DAVID CARNEIRO. *História da Guerra Cisplatina*, 1946.
EDUARDO BUENO. *Brasil: Uma história*, 2003.
GUSTAVO BARROSO. *Guerra do Rosas: 1851-1852*, 2000.
HÉLIO VIANA. *História do Brasil: período colonial, monarquia e república*, 1994.

HERNÂNI DONATO. *Dicionário das batalhas brasileiras*, 1987.
JOACI PEREIRA FURTADO. *A Guerra do Paraguai (1864-1870)*, 2000.
JOÃO RIBEIRO. *História do Brasil*, 1935.
LUIZ HENRIQUE DIAS TAVARES. *História da Bahia*, 2001.
PEDRO CALMON. *História da civilização brasileira*, 2002.
SÉRGIO BUARQUE DE HOLANDA. *História geral da civilização brasileira*, 1976.

VISCONDE DE MAUÁ
(1813-1889)

"O Visconde de Mauá, desde a maioridade até a República, acompanhando a realeza imperial com a sua realeza econômica, na ascensão e na decadência, pressentiu e tentou resolver todos ou quase todos os grandes problemas econômicos brasileiros, os problemas essenciais do período moderno de nossa história, desde os interesses do Rio Grande, que representou na Câmara, até a navegação do Amazonas. Foi um quadro assombroso de unificação nacional na cabeça de um só homem, o Caxias de nossa unidade econômica."

Alceu Amoroso Lima
Tristão de Athayde

Entre os inúmeros episódios protagonizados pela inveja no Brasil, dificilmente haverá algum tão marcante, quanto o que sofreu Irineu Evangelista de Souza, Barão e depois Visconde de Mauá, como analisamos, detalhadamente, em nosso livro *A inveja nossa de cada dia – Como lidar com ela* (2001).

Se a afirmação de que Mauá foi a maior figura brasileira de todos os tempos é capaz de suscitar polêmicas legítimas, penso não ser difícil chegar-se ao entendimento de que ele foi o maior e o mais importante empresário brasileiro.

Quando o Brasil alcançar o patamar de maturidade próprio das nações avançadas, o papel desempenhado pelo barão, na modernização do Brasil imperial, será objeto de maior apreço público. A difusão e o debate da sua obra, pelo seu valor educativo e promotor de nossa autoestima coletiva, serão fator expressivamente contributivo para a conquista deste patamar.

Num imaginário concurso, entre nações, para identificar qual dentre elas deu berço ao maior de todos os *self-made men*, o Brasil, concorrendo com Mauá, teria tudo para conquistar o laurel de ouro.

A biografia do barão é um autêntico conto de fadas. Nele, tudo é original, surpreendente, forte, superlativo; do nascimento à morte; da ascensão rápida, ao primeiro posto da riqueza no continente, à falência espetacular dos negócios, e daí à reconstrução de sua fortuna, a partir dos 60 anos; da relação fraterna com os humildes à intimidade com os poderosos do Império e das finanças internacionais. Jovem, rico e poderoso, o barão construiu, com sua sobrinha-esposa, uma família numerosa e bem constituída, sendo sua devoção conjugal objeto de debates na sociedade machista de então. A compostura do barão, como chefe de família exemplar, aumentava o seu prestígio e a variedade dos diferentes tipos de inveja que despertava.

Mais do que um empresário, Mauá foi um grande estadista que realizou sua utopia transformadora através dos negócios. À formação de sua imagem não faltava, sequer, o charme do prestígio intelectual que desfrutava, pela sua notória competência em vários domínios. Bernardo de Souza Franco, ministro do Tesouro, em 1857 e 1858, tinha em Mauá o seu porta-voz para assuntos financeiros, ao tempo em que o barão exercia mandato parlamentar.

Nascido no Rio Grande do Sul, Arroio Grande, a 28 de dezembro de 1813, seu pai, João Evangelista de Ávila e Souza, foi assassinado com um tiro, por ladrões de gado, quando ele tinha 6 anos. Aos 9, já chegava ao Rio de Janeiro, trazido por um tio, capitão de longo curso, para trabalhar numa casa de secos e molhados que tinha no lucrativo, mas arriscado, tráfico de escravos uma de suas atividades principais.

O jovem Irineu negaceou, o quanto pôde, para não vir. Todavia, seu padrasto colocara como condição para desposar sua mãe viúva, Mariana de Jesus Batista de Carvalho, que ele e a irmã mais velha fossem procurar abrigo em outras paragens. Não queria em torno de si a prova ambulante de que sua eleita pertencera a outrem. A irmã e futura sogra,

Guilhermina, já que Irineu se casaria com a sobrinha, ficou com a avó que a entregou em casamento, quando ela contava, apenas, 11 anos. Do casamento com a sobrinha Maria Joaquina Machado, a May, nasceriam dezoito filhos, doze dos quais sobreviveram.

Apesar da tenra idade, Irineu logo se revelou expedito, responsável e criativo. Aprendeu rapidamente tudo vinculado ao negócio do patrão, enquanto no silêncio das horas solitárias aprofundava os conhecimentos de português e de aritmética, que lhe viriam a ser da maior valia, nos negócios como na vida.

Aos 13 anos, a precocidade fê-lo conhecido na praça do Rio como um excelente caixeiro. Aos 15, já era gerente. Aos 20, foi convidado para dirigir uma das mais importantes casas atacadistas do Brasil, de propriedade de um escocês, Richard Carruthers, de quem mais tarde se tornaria sócio e que se manteve até o fim como seu melhor amigo e pai espiritual. A ascensão de Irineu era tema obrigatório de todas as conversas. Seu tirocínio para negócios ganhou versões legendárias; bem como sua honradez. A esta altura era fluente no idioma inglês, de cujo povo procurava imitar as maneiras, a fala e o modo de vestir. Era um lorde, forjado, em seu início, sob a luz do candeeiro e sobre os sacos de grãos, no armazém do português, seu Pereira.

O período em que Irineu desenvolveu suas atividades vai de D. Pedro I, o proclamador da Independência do domínio português, até vinte e cinco dias antes da queda de D. Pedro II, quando faleceu. Coincidentemente, portanto, sua atividade econômica, iniciada muito cedo, teve a precisa duração do Império.

Neste cenário, em que as lideranças definiam o país como sendo essencialmente agrícola, noção que persistiu, com perda crescente de apelo ideológico, até o terceiro quartel do século XX, a sociedade aristocrática e conservadora dominante tinha sua economia assentada no trabalho escravo. Os nobres viviam da produção agrícola, do arrendamento de propriedades rurais, dos aluguéis de imóveis urbanos ou de escravos. O comércio do Rio de Janeiro, a capital do Império, era dominado por estrangeiros, particularmente portugueses, e nativos sem qualquer linhagem de monta. A indústria era virtualmente inexistente, restrita a um ou outro pequeno equipamento de fabricação estrangeira destinado a implementar atividades artesanais. Após revelar excepcional pendor para modernizar o comércio tradicional, Irineu, que acompanhava a atualidade das inovações europeias, compreendeu que o Brasil, mais cedo ou mais tarde, teria que abrigar as iniciativas lá vitoriosas. E o seu dinamismo conduziu-o a realizar obras de um pioneirismo que lhe granjeava fama, riqueza, poder político e social, e inveja oceânica.

Sucessivamente, construiu o primeiro estaleiro para a fabricação de navios, a primeira estrada de ferro do país, a Mauá, iluminou a cidade do Rio de Janeiro, reabriu o Banco do Brasil, que o governo fechara, anos antes, e, mais tarde, quando o governo retomou o controle, fundou o Banco Mauá, que rapidamente assumiu a liderança do mercado; fundou no Uruguai o Banco Mauá Y Cia., o mais importante da bacia do Prata, iluminou a cidade de Montevidéu, lançou o cabo submarino, ligando o Brasil à Europa, via telegráfica; construiu a estrada de ferro Santos-Jundiaí, além de mais três outras ferrovias; financiou, a pedido sigiloso do imperador, a guerra do Uruguai contra a Argentina, financiou a guerra contra o Paraguai, explorou, igualmente a pedido do governo, a navegação na bacia amazônica, como meio de protegê-la contra a ameaçadora cobiça internacional. Qualquer desses empreendimentos seria suficiente para consagrar uma vida. E Irineu executou-os sozinho. Isso tudo e muito mais.

O faturamento dos seus negócios, no ano de 1867, chegou a superar em mais de dois terços o orçamento do Império. Era, de longe, antes dos 40 anos, o homem mais rico da América do Sul e um dos dez mais ricos do mundo. Saberíamos muito mais do dinamismo de Mauá se o governo imperial não tivesse autorizado a queima de sua copiosa correspondência e documentos fiscais. O muito que se conhece do barão advém do trabalho realizado por pacientes pesquisadores que reuniram o rico material remanescente, espalhado pelos quatro cantos do Brasil e do mundo.

A inveja contra ele mobilizada originava-se, sobretudo, dos políticos e dos aristocratas, ressentidos com o brilho solar de um joão-ninguém, um mequetrefe, um badameco qualquer. Nem D. Pedro escapou da velha croia dos sentimentos humanos que se alastrou por todo o organismo nobiliárquico nacional. Os biógrafos do barão costumam identificar o lançamento da pedra fundamental da Estrada de Ferro Mauá como o poço matriz da animosidade, transmudada em inveja, que o imperador passou a sentir contra ele. A solenidade de lançamento da pedra fundamental realizou-se às onze horas de uma manhã de sol quente. Sempre inovador audacioso, e quebrando o protocolo, o barão estendeu a D. Pedro uma pá de prata para com ela colocar um pouco de terra, num carrinho de mão, e conduzi-lo, em seguida, por cerca de vinte metros. Estava oficialmente iniciada a grande obra. O trabalho físico, naquela época, mais do que hoje, era destituído de dignidade, porque restrito aos escravos, aos alforriados ou aos muito pobres. O barão, todavia, sustentava e praticava uma posição liberal, abertamente contrária à escravatura, no que também mantinha uma postura tipicamente inglesa, já que a Inglaterra se outorgou a responsabilidade de assegurar o banimento do tráfico escravo em águas do Atlântico. Era, portanto, indispensável estimular o uso da mão de obra, livremente remunerada, como já se praticava nas nações modernas. Esta sua posição, diametralmente contrária à das poderosas forças conservadoras que sustentavam o governo imperial, aumentava, perigosamente, a animosidade ressentida a ele votada.

O convite ao imperador, para realizar aquele simbólico trabalho, objetivou sinalizar à sociedade brasileira que o futuro próximo do Brasil que ele queria ajudar a construir, seria incompatível com o trabalho escravo. O imperador, que chegara a esboçar um entendimento satisfatório do episódio, acossado por áulicos intrigantes, que se aforçuravam por convencê-lo de que o propósito primordial do barão era o de ridicularizá-lo e não o de valorizá-lo, ao incumbi-lo do exercício de uma atividade intrinsecamente destituída de nobreza, mudou de ideia e passou a ser omisso ou conivente nas ações destinadas a prejudicar o barão.

Bonachão, amante das artes, filosofia, estudos filológicos e literatura, Pedro II passou a sofrer com a presença do barão em seu território; personalidade que, na expressão maliciosa dos invejosos encastelados na Corte, era um grande rei, fazendo contraponto ao próprio imperador.

Quando Irineu Evangelista de Souza passou de barão a visconde, seus negócios, como a inveja contra si, ganhavam alturas estratosféricas. Meio às hostilidades, Irineu construiu fortes aliados no governo, como os ministros Paranhos e Paraná que, como ele, eram maçons, numa época em que a maçonaria, caracterizada pela solidariedade entre seus membros, dispunha de grande poder de articulação. O Duque de Caxias era também muito grato a Irineu pela ajuda financeira decisiva que dele recebeu durante a Guerra do Paraguai. A sua projeção nos meios financeiros internacionais despertou o interesse do Barão de Rothschild que, além de financiar os projetos do barão brasileiro, dele se tornou sócio, na construção da estrada de ferro Santos – Jundiaí, que viria a ser a causa imediata de sua ruína.

A luta do visconde para superar cada um dos obstáculos criados pela inveja mais escancarada, contra seu êxito, constitui uma verdadeira epopeia. Inicialmente, houve a corrida de saque dos depósitos contra o seu banco, o novo Banco do Brasil, líder no mercado, insuflada por figuras do governo, invejosas da capacidade do barão em prosperar numa área onde o governo fracassara. O propósito alegado por essa corrente era o de assegurar ao governo o monopólio no setor bancário, de modo a libertar os tomadores do jugo perigoso de particulares. Nos bastidores, porém, sabia-se que o real objetivo do grupo era atingir o barão, fechando o seu banco.

O uso inteligente que o barão fez do episódio, transformando uma crise monumental numa oportunidade ímpar para ganhar muito dinheiro, merece figurar no cabeçalho da relação das maiores façanhas do gênero, do mesmo nível de uma análoga realizada pelo pai do Barão de Rothschild, no início do século.

A história com o nosso barão teve, também, um desfecho inusitado. A boataria, difundida irresponsavelmente por aliados do imperador de que haveria uma grande desvalorização da moeda, levou os correntistas a uma corrida aos bancos para sacar seus depósitos. O banco do barão, apesar de líder do mercado, não dispunha, como nenhum banco dispõe, da totalidade dos fundos requeridos para atender à súbita demanda. A situação se agravava à proporção que as pessoas não tomavam conhecimento de um desmentido convincente do governo ou de outra providência qualquer, capaz de tranquilizá-las. O desastre parecia iminente, porque em poucos dias os saques continuados e crescentes levariam o caixa a zero. O banco, contudo, possuía sólidas reservas em libras esterlinas, o melhor de todos os abrigos contra a ameaça de desvalorização da moeda, àquela época. Para surpresa dos seus diretores, Mauá mandou vender as libras, recebendo réis em pagamento, dando, ainda, como estímulo, um pequeno desconto. Sua decisão pareceu, a seus auxiliares, rematada loucura. Como trocar moeda sólida e forte por outra, ameaçada de inflação?

O barão sabia que a quantidade de papel-moeda circulante em poder do público não é ilimitada, como pensam as pessoas em geral. Em pouco tempo não havia moeda nacional disponível para atender às necessidades da vida. Toda ela estava em poder do barão que passou a vendê-la pelo "preço justo", o preço de mercado. As libras voltaram ao banco mais baratas do que saíram, para gáudio do barão que saltou o abismo e, de quebra, fez uma fortuna, fazendo crescer o despeito dos inimigos.

Depois veio o incêndio do Estaleiro Ponta de Areia, com todos os indícios de intencionalidade. A inquestionável importância do empreendimento para a economia brasileira não era título suficiente para neutralizar a inveja dos opositores do barão. Agregava, pelo contrário, um componente a mais ao conjunto dos atributos que consolidavam a superioridade, sobre eles, daquele "caixeirinho" intolerável, a quem a sociedade considerava a personalidade de pensamento e ação mais avançados do continente. Como de praxe, quando o sentimento da inveja cresce e escapa ao controle, não há limites para sua ação predadora.

Do ponto de vista cronológico, a unidade de construção naval e de fundição da Ponta da Areia é o primeiro grande projeto de Mauá. Para muitos, trata-se do empreendimento de maior importância prática já edificado no Brasil.

Segundo o Barão de Pinto Lima e Afonso Celso, Visconde de Ouro Preto, ministros da Marinha ao tempo da guerra com o Paraguai, corroborados por inúmeras personalidades do Império, a participação de Mauá, através dos navios produzidos em seus estaleiros e da ajuda financeira que deu, foi vital para o triunfo brasileiro. Estima-se que quase um terço da frota disponível pelo Brasil, no início do conflito, tenha sido construído na Ponta da Areia, relação que inclui o *Marquês de Olinda*, cujo aprisionamento pelos paraguaios deu início à guerra. Antes, os navios *Fluminense, Paraense* e *D. Pedro II*, da mesma origem, a pedido reservado do governo brasileiro, que não queria nem deveria tomar partido ostensivo nas disputas entre vizinhos, já haviam desempenhado papel decisivo na libertação de Montevidéu, do sítio que as tropas argentinas lhe impuseram.

Avaliando a esquadra brasileira, disse o Visconde Afonso Celso, autor da conhecida obra *Por que me ufano do meu país*: "...a força naval mais imponente que já se construiu na América do Sul e que se abeirava em 21 de março das plagas paraguaias".

Contemporaneamente à conflagração (1864-1870), subia a setenta e dois o número das embarcações produzidas na Ponta da Areia, representando cerca de metade da nossa capacidade de transporte náutico. Sobre a qualidade do equipamento depôs o veterano militar, o almirante José Carlos de Carvalho:

Na indústria particular as construções foram muitas e sempre bem-feitas. É bastante recordar os navios construídos na Ponta da Areia, as canhoneiras *Ipiranga*, *Henrique Martins*, *Greenalgh* e *Chuí*, os vapores que inauguraram a linha de passageiros entre este porto e Santos, o *Santa Maria* e o *São Paulo*, que desenvolviam 12 milhas de marcha, e o *Alice* e o *S. José*, vapores que mais tarde foram transformados em transporte de guerra e conduziram tropas para o Paraguai.

Esta velocidade de 12 milhas horárias era recorde absoluto nas costas brasileiras, adredemente alcançado para superar o desempenho das naus inglesas. Sabe-se que Mauá se deleitava com saber que o *Santa Maria*, de sua fabricação, saía do porto do Rio uma hora depois dos vapores recém-construídos da Companhia do Pacífico e chegava a Santos com meia hora de vantagem. Foi este mesmo *Santa Maria* que transportou D. Pedro ao Rio Grande do Sul, para receber a rendição do general Estigarribia, bem como as credenciais do ministro inglês Thornton, acreditado pela rainha Vitória, quando da retomada das relações diplomáticas entre os dois países, cortadas desde a questão Christie.

A Ponta da Areia, inaugurada quando Mauá tinha apenas 32 anos, chegou a gerar mil empregos diretos, destinados a produzir uma variada linha de artigos, como se lê do relatório do ministro do Império de 1850:

> Resta falar da fábrica de fundição de ferro da Ponta de Areia. É sem contestação, o mais importante estabelecimento fabril do Império, tem tido melhoramentos constantes e é poderosíssimo auxiliar de muitas matérias, que promove e alimenta com a faculdade de acharem elas, em seus produtos, meios e recursos que mandávamos mendigar outrora à Europa; tem produzido importantíssimas peças de maquinismo, diversas caldeiras para máquinas de vapor e entre elas um jogo de 3 da maior força que até o presente se tem empregado no Brasil, engenhos de açúcar e de serrar, guindastes, molinetes e muitas outras obras entre as quais os tubos de ferro para o encanamento de Maracanã.

Contribuindo para ampliar nossa visão sobre as atividades da Ponta da Areia, anota o relatório de um comissário inspetor, nomeado pela presidência da província do Rio de Janeiro, em 1853:

> Atualmente o estabelecimento consta de dez oficinas, a saber: fundição de ferro, bronze, mecânica, ferraria, serralheiro, caldeireiros de ferro, construção naval, modeladores, aparelhos, velame e galvanismo que por ora não funciona.

Em 24 de junho de 1857, ocorreu o incêndio que destruiu moldes e desenhos cuja reposição levou a empresa a contrair dívida pesada. Enquanto lutava para reequilibrar as contas da organização, o governo, mudando o curso da política econômica até então adotada, isentou de direitos alfandegários tanto os equipamentos destinados à lavoura quanto os navios. O golpe foi mortal. Ao declínio sucederam o fechamento e a entrega aos credores do barão que, em sua "Exposição aos Credores", se queixou amargo:

> Infelizmente o período de prosperidade até aquela época percorrido, fazia pesar sobre mim o que na nossa terra se chama inveja; soprava rijo sobre todos os meus passos esse vento maligno que até leva em sua derrota o hálito pestilento da calúnia. Restaurando-se as oficinas com dispêndio de mais do dobro da quantia obtida do Estado – achavam-se elas preparadas para produzir em grande escala os variados produtos que ali se manipulavam; porém falharam em sua totalidade as encomendas do governo e o serviço particular era mínimo; foi, portanto, preciso fechar as portas das oficinas à míngua de trabalho.
> Os gritos da inveja e da maledicência ficam satisfeitos, o grande estabelecimento industrial morre!

Trinta anos depois de fundada, o esforço inútil para manter viva esta indústria pioneira acarretou um colossal abalo à fortuna do barão. O que o incêndio não queimou, a burocracia não conseguiu destruir, nem a inveja conseguiu obliterar foi o papel seminal deste empreendimento para o desenvolvimento dos transportes e da industrialização do Brasil.

Banco Mauá y Cia.

O papel decisivo desempenhado por Mauá na libertação do Uruguai do jugo argentino fez dele o maior credor e uma das personalidades mais respeitadas e amadas do país.

O interesse em equacionar o recebimento dos seus créditos, somado à potencialidade que enxergava na recém-liberta nação, levou-o à decisão de ali realizar pesados investimentos, dentre os quais o Banco Mauá y Cia., que veio a se afirmar como a maior organização financeira da bacia do Prata.

No início tudo eram flores. Os negócios prosperavam. O país crescia. O pioneirismo desbravador do barão fez dele, em pouco tempo, o maior e mais arrojado empresário do Uruguai.

Desde quando vitoriosa a causa comum contra a Argentina, as facções políticas uruguaias voltaram-se para as questões internas. O Partido Blanco, no poder, cuidava de mantê-lo. O Partido Colorado, de oposição, trabalhava para tomar as rédeas do governo. As históricas ligações de Mauá com os blancos tornaram-no *persona non grata* aos colorados.

Com o assassinato, em 1868, do líder Venâncio Flores, amigo de Mauá, subiu ao poder um seu desafeto, o general Lorenzo Battle, que veio a se afirmar como a encarnação da inveja mais viva. Sob a inspiração de Battle, praticaram-se contra os negócios de Mauá agressões torpes a ponto de provocar vigoroso protesto da chancelaria brasileira. Como decorrência dessas restrições, o Banco Mauá foi compelido a interromper suas atividades, durante alguns meses, enquanto se processavam gestões legais, políticas e diplomáticas. A resistência e sobrevivência de Mauá aos ataques sofridos só foram possíveis graças à higidez financeira de seu grupo e ao apoio que recebeu dos plenipotenciários brasileiros, o Visconde do Rio Branco e Francisco Otaviano.

Se o barão tivesse dado as costas ao Uruguai, considerando perdidos os investimentos ali realizados, ao invés de empenhar-se como se empenhou para salvá-los, "em nome da honra" que tanto prezava, teria se livrado dos dissabores e dos gigantescos prejuízos que deram início à sua queda.

Quando as notícias das dificuldades do Uruguai chegaram ao Brasil, os invejosos entraram em ação. Em lugar de o Banco do Brasil, a quem Mauá tanto ajudara, atender ao pedido de empréstimo que solicitou para debelar a crise uruguaia, os invejosos articularam-se para assegurar a negativa e precipitar a cobrança de um passivo, relativamente pequeno, que as empresas do barão tinham com o Banco do Brasil. A inveja aí teve atuação binacional.

Outro episódio marcante da inveja dedicada a Mauá foi proporcionado pelo litígio jurídico que sustentou, na estrada de ferro Santos-Jundiaí, contra o sócio milionário, o Barão de Rothschild. A construção dessa obra era uma grande necessidade econômica e um sonho antigo de muita gente, antes do barão. Mas, como a Lesseps em relação ao canal de Suez, obra pensada e desejada desde séculos antes de Cristo, coube a Mauá a honraria histórica de tornar real o sonho de construir a futura São Paulo Railway, parte de um sonho muito maior, de muitos, que era fazer, via Brasil, a ligação entre os oceanos Atlântico e Pacífico. Mauá teve a oportunidade de desenvolver o projeto, indispensável para realizar este sonho, entre os anos de 1865 e 1875, com a participação de renomados consultores internacionais.

Quando a obra avançava, no ritmo permitido pelas dificuldades impostas por uma topografia excepcionalmente acidentada, e quando já se vencera boa parte das dificuldades da serra do Cubatão, o governo da província de São Paulo resolveu, extemporaneamente, executar uma rodovia paralela, fato que elevou substancialmente o custo da mão de obra dos cinco mil empregados na ferrovia, encareceu os custos da rodovia, além de provocar acentuado atraso no cronograma de ambas as obras. Discute-se se o governo agiu por causa do calendário eleitoral, por inveja ou por uma combinação de ambos os fatores. Em qualquer hipótese, a inidoneidade do governo paulista, moral ou intelectual, foi simplesmente assombrosa.

O fato é que, na tentativa de assegurar a conclusão da ferrovia, Mauá tomou a si, idealística, mas temerariamente, a responsabilidade de suprir o empreendimento de todo o capital necessário à sua continuidade. Este arrojo viria a ser a causa principal de seu futuro colapso empresarial, em razão do custo crescente de suas dívidas, tornando-o vulnerável ao propósito insidioso e incessante dos invejosos, dentro e fora do governo, de bloquear-lhe o passo.

Insatisfeito com a concorrência que Mauá fazia a algumas de suas atividades no Brasil, Rothschild, com o propósito de dobrar o sócio brasileiro, não reconheceu o crédito que ele tinha junto à São Paulo Railway, que montava a uma fortuna.

A inadimplência intencional e calculada, concebida por Rothschild para aproveitar-se da "ingenuidade" do sócio brasileiro, ocorria num momento em que o império de Mauá passava por ingentes dificuldades financeiras, sob o acompanhamento eufórico dos seus inimigos invejosos, o mais ativo dos quais era o todo-poderoso ministro Zacharias de Góes e Vasconcellos, que se revelou implacável na perseguição ao barão, que o chamava de "meu rancoroso inimigo" ou de "insigne malvado"

Só para que se tenha uma ideia do nível a que chegou a temperatura entre o barão e Zacharias, vejamos breves passagens da cáustica correspondência que trocaram.

Carta de Zacharias, então ministro da Fazenda, para Mauá:

> Peço que não se persuada de que a atitude hostil de V. Excia. em relação a mim exerce a menor influência em minhas deliberações a respeito de sua casa. Essa atitude, pelo contrário, impõe-me o dever de mostrar-me cavalheiro com V. Excia., até mesmo onde o permitir a justiça, que é o que V. Excia. pede e eu posso fazer.

Negando o que acabara de prometer, Zacharias fulmina:

> A proposta de V. Excia. é de todo o ponto inadmissível. Conhece-se de sua carta que V. Excia. pretende haver juros das referidas letras, quando estou informado de que tais letras nenhum juro vencem, nem podem vencer.

Os juros, em verdade, eram absolutamente devidos. A recusa de Zacharias era parte de uma rotina de má vontade e dificuldades mobilizadas pela inveja contra a "sufocante" presença de Mauá na vida do Império.

De Mauá para Zacharias:

> Tenho a honra de informar a V. Excia. que o Banco de Montevidéu (Banco uruguaio, de propriedade de Mauá) tinha em sua carteira letras vencidas e não pagas da Repartição Fiscal do Tesouro na importância de 140.000 libras no dia 31 de janeiro (1868).
> Espero que V. Excia. se digne tomar as necessárias providências para que as ditas letras sejam pagas logo que ali aporte o vapor inglês *Arno* que sai amanhã às quatro horas da tarde, cumprindo-me declarar a V. Excia. que, à vista de semelhante impontualidade, sou forçado a dar ordens à casa de Buenos Aires que cesse de descontar os saques de fornecedores sobre a Repartição Fiscal (15 de fevereiro de 1868).

A atitude de firme e altiva intolerância de Mauá teve origem em episódio por ele mencionado em carta anterior, datada de 4 de janeiro de 1868:

> Para expor a V. Excia. meu direito procurei V. Excia. três vezes em sua casa, achando-se V. Excia. em sua casa; porém fui repelido de falar a V. Excia., sendo duas vezes depois de ir para dentro o criado com o meu bilhete, o que me obrigou a ir cercar V.

Excia. à entrada do Senado... e onde fui recebido por V. Excia. com brusca altivez, depois de lhe ter lido o período da carta do gerente de minha casa; vim para o meu escritório e escrevi minha carta de 3 de setembro, debaixo das impressões gravadas em meu espírito pelo modo um tanto descortês com que fui por V. Excia. tratado... Repito a V. Excia. que não entro nestas explicações para chamar à Casa Mauá transação alguma com o Tesouro, enquanto V. Excia. me não fizer justiça e for ministro. V. Excia. deve-me uma satisfação. V. Excia. insinuou em um discurso no Senado que a Casa Mauá colhera proveito indevido em transações com o Tesouro... Respondi pelo *Jornal do Comércio* com minha assinatura. V. Excia. calou-se e nem ao menos tem querido honrar a minha reclamação com um "indeferido" ou "não tem lugar" mandando-me restituir a carta do antecessor de V. Excia. que por si garante-me o embolso da quantia de que minha casa foi defraudada...V. Excia. não dando decisão, corta-me o direito de recorrer a S. M. o Imperador em Conselho de Estado ou perante o Poder Judiciário. Dar-se-á o caso que V. Excia., com o seu olho de hábil jurisconsulto, descobriu nesses documentos uma questão de pleno direito a favor de nossa Casa e por isso quer privar-me dos meios legais de ser ela indenizada? Não creio, porém, que V. Excia. queira levar sua má vontade comigo a semelhante ponto"...

Mais não precisa ser dito. Para levar o seu desabafo a tais extremos, para dispor-se a arrostar a ira de um ministro poderoso, arrogante, autoritário e profundamente invejoso, pondo em risco todo o seu império, o barão cansara de comer o "pão que o diabo amassou", ofertado rotineiramente por Zacharias.

Machado de Assis, na crônica "O velho Senado" de suas *Páginas recolhidas,* assim descreveu Zacharias: "Tinha a palavra cortante, fina e rápida, com uns efeitos de sons guturais, que a tornavam mais penetrante e irritante. Quando ele se erguia, era quase certo que faria deitar sangue a alguém."

Joaquim Nabuco, em *Um estadista do Império*, segue na mesma direção:

> Diariamente o público procura os seus discursos para ver que castigo ele infligiu na véspera, ou que tarefa, aos ministros recalcitrantes e a seus próprios companheiros;...Tinha a paixão da vivissecção, o gênio e o instinto cirúrgico; sentia o gozo, como que profissional, de revolver as vísceras para procurar o tumor oculto.

Foi em cenário tão adverso que Mauá enfrentou Rothschild.

Exauridos os meios diplomáticos, ele ingressou em juízo para obter uma indenização correspondente aos prejuízos que sofrera, decorrentes da inadimplência de Rothschild. A vitória judicial era uma mera questão de tempo, na avaliação dos mais qualificados juristas. Vários mandados já a asseguravam. Todavia, graças à omissão criminosa do governo, interessado na queda de Mauá, o Tribunal voltou atrás de decisão anterior e, cedendo ao argumento de que a vitória do brasileiro poderia espantar os capitais ingleses, declarou-se incompetente para apreciar a matéria, de acordo com um tratado de constitucionalidade mais do que discutível, que conferia às Cortes inglesas a competência exclusiva para dirimir pendências, no Brasil, envolvendo empresas domiciliadas na Inglaterra.

Em Londres, Mauá tomou conhecimento de que, pela lei inglesa, seu pleito já estava prescrito. Em face disso, o controle da ferrovia foi oportunamente transferido para credores e arrematantes dos bens que Mauá arrolou para fazer face ao concurso de credores, quando da decretação de sua falência. Dois desses arrematantes e sócios do empreendimento desde o início, Cândido Gaffrée e Eduardo Guinle, realizaram o melhor negócio de suas vidas, com a exploração comercial da ferrovia, conforme originalmente projetado.

O cerco em torno do barão se fechava a olhos vistos. A vastidão dos seus negócios, abrangendo um território que ia do rio da Prata ao Oiapoque, exigia mais do que a totalidade de sua atenção. A sucessão dos problemas, naturais num império dessas dimensões, era agravada pelos inúmeros obstáculos, artificialmente produzidos pela burocracia oficial, acionada pela inveja dos seus inimigos, com o propósito deliberado de destruí-lo.

Desde então, o barão, que vinha crescendo graças ao aproveitamento corajoso das oportunidades que sua sensibilidade, intuição e conhecimento lhe proporcionavam, parou de dedicar suas energias criadoras à implementação dessas oportunidades e passou à condição de bombeiro, dedicando quase todo seu tempo a apagar incêndios.

Daí à dolorosa, ruidosa e criminosa liquidação das suas empresas foi um passo. A inveja, que não parou de persegui-lo, teve uma grande vitória. Contra o desenvolvimento do Brasil.

Pergunta-se: A inveja sofrida por Mauá, interpretada à luz dos valores sociais que regiam a vida brasileira no século XIX, fortemente influenciada pelo componente religioso, não poderia ter sido derivada da visão segundo a qual o enriquecimento individual é pecado para o catolicismo e virtude para o protestantismo, conforme a interpretação de Max Weber, exposta em seu clássico *A ética protestante e o espírito do capitalismo*? Não teria sido, também, o reflexo parcial das teorias igualitárias que embasaram a Revolução Francesa e inspiraram o ideário socialista, tendo a fortuna individual como sua *bête noire*?

Capistrano de Abreu, mesmo patrulhado pelos detratores de Mauá, concluiu que ele "rasgou muitas das faixas coloniais e começou a remodelar o Brasil moderno".

O Visconde de Mauá, patrono do Ministério dos Transportes, foi o precursor no Brasil da valorização da mão de obra, dos investimentos em tecnologia, da globalização e do Mercosul. Morreu em Petrópolis, a 21 de outubro de 1889, dois meses e sete dias antes de completar 76 anos.

BIBLIOGRAFIA

ALBERTO DE FARIA. *Mauá*, 1971.
ANYDA MARCHANT. *Viscount of Mauá and the Empire of Brazil*, 1965.
EDGARDO DE CASTRO REBELO. *Mauá e outros estudos*, 1961.
JORGE CALDEIRA. *Mauá, empresário do Império*, 1995.
VISCONDE DE MAUÁ. *Autobiografia* ("Exposição aos Credores"), seguido de "O meio circulante no Brasil". Edição prefaciada e anotada por Claúdio Ganns. Topbooks, 3ª edição, 1998.

D. PEDRO II
(1825-1891)

D. Pedro II, o Magnânimo, nasceu Pedro de Alcântara João Carlos Leopoldo Salvador Bibiano Francisco Xavier de Paula Leocádio Miguel Gabriel Rafael Gonzaga, no dia 2 de dezembro de 1825, no Rio de Janeiro, e morreu em Paris, a 5 de dezembro de 1891, três dias depois de completar 66 anos.

Seu nascimento foi celebrado com três dias de festas. Único filho varão do imperador D. Pedro I a sobreviver à infância, tornou-se o herdeiro natural da Coroa, com o título de príncipe imperial. Órfão de mãe com pouco mais de 1 ano de idade, o futuro Imperador do Brasil era uma criança frágil, que sofria de febres e frequentes ataques convulsivos. Foi descrito pelo Visconde de Barbacena como um "menino magrinho e muito amarelo". Seu pai, o irrequieto imperador D. Pedro I, cobria-o com o mais genuíno afeto, e dele dizia, com indisfarçável orgulho: "Meu filho tem sobre mim a vantagem de ser brasileiro." O fato de ter nascido no Brasil representou desde sempre um grande ativo político em suas relações com o povo brasileiro, em geral, e os políticos, em particular.

É de impressionar a linhagem do último imperador do Brasil. Foi o sétimo filho de D. Pedro I e da arquiduquesa D. Maria Leopoldina, da Áustria. Sucedeu ao pai, que abdicara em seu favor para retomar a Coroa de Portugal, à qual renunciaria em favor da filha mais velha,

Maria da Glória. Seus avós paternos eram D. João VI, rei de Portugal, Brasil e Algarve, e dona Carlota Joaquina, infanta da Espanha, enquanto seus avós maternos eram Francisco I da Áustria, último sacro imperador romano-germânico, e Maria Teresa, princesa das Duas Sicílias.

Ainda pelo lado paterno, era sobrinho de D. Miguel I de Portugal, e pelo lado materno, sobrinho de Napoleão Bonaparte, e primo dos imperadores Napoleão II, da França, Francisco José I, da Áustria e Maximiliano I, do México. Por ser irmão de D. Maria da Glória, era tio dos reis de Portugal, D. Pedro V e D. Luís I.

Para quem queira conhecer mais longe, o jovem príncipe era descendente dos reis de Portugal Afonso Henriques, D. João I e D. João IV, bem como dos reis da França Hugo Capeto, Felipe IV, o Belo, São Luís e Luís XIV, o Rei Sol. Do lado espanhol, descendia dos reis Fernando II e Isabel, os Reis Católicos, e de Filipe II, assim como dos imperadores romano-germânicos Otto I, o Grande, Frederico Barbarossa e Carlos V; dos imperadores romanos do Oriente, Aleixo I Comneno, João II Comneno, Isaac II Angelus, Miguel VIII Paleólogo, Leo VI e Constantino IX. Do lado inglês, provinha dos reis Guilherme, o Conquistador, Alfredo, o Grande e Eduardo III. Descendia ainda dos reis Francos Meroveu, Clóvis, Pepino, o Breve, e, sobretudo, de Carlos Magno, restaurador do Império Romano, e de todas as demais Casas Ducais, Reais e Imperiais da Europa.

O reinado efetivo de Pedro II durou quarenta e nove anos, a partir da declaração de sua maioridade, em 1840, quando ainda não completara 15 anos, até a proclamação da República, em 1889. Contado, porém, da data em que recebeu a Coroa, em 1831, seu reinado durou cinquenta e oito anos, sete meses e oito dias, um dos mais longos da história. A recomposição de sua biografia e pensamento foi facilitada, além da farta documentação existente, pelo minucioso diário que deixou com nada menos de 5.500 páginas, escritas a lápis em quarenta e três cadernos, e pela correspondência que trocou com intelectuais e políticos brasileiros e estrangeiros.

Educado, culto e íntegro, considerado um dos maiores estadistas do seu tempo, admirado e respeitado até hoje, seu nome é geralmente evocado como intransigente defensor dos interesses do seu país, promotor dos valores da educação e da cultura, sensível à luta pela abolição da escravatura, e promotor de relações pacíficas entre os povos. Mereceu, em vida, o reconhecimento de seu valor por grandes figuras do mundo literário, político e científico. Lamartine considerava-o um príncipe filósofo, na linha platônica. Victor Hugo disse que ele era neto de Marco Aurélio, o imperador filósofo, enquanto Louis Pasteur classificou-o como um homem de ciência. Personalidades solares como Charles Darwin, Friedrich Nietzsche, Henry Wadsworth Longfellow, Julio Verne, Eça de Queiroz, Lewis Carroll e Richard Wagner não lhe pouparam loas. Amigo de Camille Flamarion, um dos maiores astrônomos do seu tempo, atividade de sua declarada paixão, promoveu a montagem do atual Observatório Nacional. Foi amigo e protetor de Jean-Martin Charcot, neurologista que lhe assinaria o atestado de óbito, cujas teorias serviram de base para a psicanálise de Freud, seu discípulo.

Quando Alexandre Herculano, recolhido à sua quinta, em reação ao patrulhamento da Igreja ao seu trabalho como historiador, soube que D. Pedro iria visitá-lo, antecipou-se à gentileza do monarca, e partiu ao seu encontro em Lisboa. No percurso, sobreveio uma tempestade que provocou a pneumonia, da qual veio a morrer um dos maiores vultos da língua portuguesa.

Sob o governo de Pedro II, o Brasil conheceu o período de maior prosperidade e tranquilidade interna de sua história. O Rio de Janeiro era então um dos centros culturais mais adiantados do mundo. Como nunca, os brasileiros se sentiam orgulhosos do seu país e do seu imperador. "Não conheço missão maior e mais nobre que a de dirigir as inteligências jovens e preparar os homens do futuro", registrou em seu diário, exprimindo o que pensava sobre a importância da educação na formação e desenvolvimento dos povos.

Quando D. Pedro I deixou o Brasil, em abril de 1831, para assumir a Coroa portuguesa, Pedro II estava com 5 anos e 4 meses, e já lia e escrevia. Com a colaboração da preceptora escreveu ao pai e à madrasta, a quem muito amava, uma carta de despedida. Na resposta que encaminou ao filho, Pedro I, em tom emocionado, tratou-o, alternadamente, de "Meu querido filho" e de "Meu imperador". Nunca mais voltariam a se ver. Pai e filho sofreram intensamente o exílio afetivo que lhes era imposto pelos deveres de Estado. Com Pedro II, ficaram no Brasil três irmãs: Paula, Januária e Francisca, como ele, órfãs de pai vivo.

O imperador Pedro I, ao deixar o Brasil, designou três pessoas para cuidar de seus filhos: José Bonifácio, como tutor; Mariana de Verna, babá desde o nascimento de Pedro II, e Rafael, afro-brasileiro, veterano da Guerra da Cisplatina, homem da inteira confiança de Pedro I. O negro Rafael, a quem D. Pedro II dedicava amor filial, foi, provavelmente, o maior amigo do imperador. Morreu, octogenário, a 15 de novembro de 1889, ao saber que o amo seria exilado. Dois outros negros foram amigos do imperador: o veterano da guerra do Paraguai, Cândido da Fonseca Galvão, figura popular na capital do Império, líder da comunidade de negros livres da cidade, conhecido como dom Obá II, da África, e o engenheiro André Rebouças que, em solidariedade ao imperador, acompanhou-o ao exílio. José Bonifácio permaneceu como tutor por pouco mais de dois anos. Caiu porque defendia o retorno de Pedro I para ficar como regente até à maioridade de Pedro II.

A aclamação de Pedro II como novo imperador brasileiro se dera a 9 de abril, quando foi transportado na carruagem real até o Paço da cidade. A ausência do pai e da madrasta naquele ambiente de muita pompa deixou-o aturdido com o clamor do povo e pelos sucessivos estouros produzidos pelas salvas da artilharia. Os artistas da época desenharam e pintaram o jovem imperador à janela do Paço, ao lado das pequenas irmãs, testemunhando o júbilo popular por sua aclamação. Impossível não simpatizar com aquela criança, encarnação, a um só tempo, do máximo poder e do mais completo desamparo afetivo. Há quem veja no trauma dessa festa inaugural a aversão que sempre nutriu pelos salamaleques do ritual do poder.

A infância de Pedro II coincidiu com um período de grande turbulência interna no Império. Incapacitado de governar pela tenra idade, foi criada uma regência para agir em seu nome. As facções que se formaram em torno do poder viriam compor, mais tarde, os dois grandes partidos do Império: o Partido Liberal e o Partido Conservador, como também o Partido Republicano e o Partido Restaurador, o último propugnando pelo retorno de D. Pedro I. Os republicanos, por sua vez, representavam uma pequena minoria, radical e barulhenta. Várias rebeliões tiveram que ser debeladas pela regência. A morte de D. Pedro I, em 1834, em Lisboa, pôs fim ao movimento restaurador. As várias rebeliões que se sucederam, como a Cabanagem, entre 1835-1840, a Sabinada, em 1837-1838, e a Balaiada, em 1838-1841, preservavam a continuidade do Império, com exceção da Guerra dos Farrapos ou Farroupilha, entre 1835-1845, que era de natureza declaradamente separatista, financiada pelo ditador argentino Juan Manuel Rosas.

Pedro II foi um aluno aplicado. Estudava desde cedo, pela manhã, até tarde da noite, com apenas duas horas de recreio. Dedicava-se intensamente ao aprendizado de qualquer disciplina, como matemática, religião, esgrima, história, astronomia, geografia, música, caça, equitação, vários idiomas, inclusive árabe, chinês, sânscrito, hebraico, provençal, tupi-guarani, grego e latim. Seus instrutores lhe incutiram o dever de considerar como iguais os diferentes seres humanos. Só assim, diziam, ele poderia ser um rei imparcial e justo, no tratamento dos súditos, em geral, e dos servidores da Coroa, em particular, inclusive os ministros de Estado. Um estadista, verdadeiramente dotado de espírito público, não deveria ter favoritos. Além de sábio, tolerante e honesto, deveria entregar-se, inteiramente, às responsabilidades da função, colocando o interesse da coletividade "acima das paixões políticas e dos interesses privados". Contrariamente ao pensamento "científico" dominante que aceitava a distinção entre as raças negra, amarela e branca, o imperador nunca se deixou possuir pela crença na validade dessas teorias. Subliminarmente, preparavam-no para ser diferente do pai. O imperador sempre manteve com os seus mestres, a quem via como sucedâneo da paternidade, uma relação muito afetuosa. Curiosamente, não se dedicou a aprender a gostar da sofisticada culinária francesa que dominou o Brasil, durante o seu reinado. Seu prato preferido, muito acima de todos os outros, era canja. Acreditava-se não haver no mundo quem gostasse de canja mais do que ele. Na fase final da vida, seria sua única refeição, de galinha ou de macuco, deliciosa ave brasileira, quase do tamanho de um peru, que viria a ser protegida contra a ameaça de extinção.

Com tantos encargos numa quadra da existência própria para as atividades lúdicas, não é de estranhar que Pedro II fosse uma criança triste, tímida e aparentemente infeliz. Para agravar ainda mais o excesso de encargos que lhe pesavam sobre os ombros, aumentavam as pressões para lhe ser conferida precocemente a maioridade, como meio de pôr fim às conspirações dos grupos que se acercavam do poder. Nesse momento, a população que torcia pela maioridade cantava uma quadrinha que dizia:

> Queremos Pedro II
> Embora não tenha idade!
> A nação dispensa a lei
> E viva a maioridade!

Os adeptos de "D. Pedro já" fizeram circular que quando perguntado sobre o que pensava da antecipação da maioridade, ele teria respondido, sem titubeios:

> "Quero já." D. Pedro negou, peremptoriamente, a autenticidade desse factoide.

A decretação da maioridade do jovem rei foi festejada por cerca de oito mil pessoas que compareceram ao Paço para saudá-lo. D. Pedro ainda não completara 15 anos. Quando a maioridade completou um ano, apesar de avesso às pompas de estilo, registrou no diário as seguintes palavras: "Quanto me custa um cortejo. Quanto dói. Mas ele é sinal de gratidão de meus amados súditos. Devo recebê-lo com boa cara." Quando formulou esta reflexão, D. Pedro contava 15 anos e alguns meses. Aos 18 anos incompletos, após incursões malsucedidas junto às Cortes de Espanha, Áustria e Rússia, D. Pedro II se casou, por procuração, em Nápoles, e no Rio de Janeiro, em pessoa, em 1843, com Teresa Cristina Maria de Bourbon Duas Sicílias, prima distante, três anos mais velha do que ele. O bisavô de Pedro II, Carlos IV da Espanha, era irmão do avô de Teresa Cristina, Fernando I das Duas Sícílias. Não era fácil encontrar, àquela época, uma princesa disposta a enfrentar os potenciais desafios e perigos de um mundo novo e incógnito. Com a imperatriz, que trouxe um dote de dois milhões de francos, D. Pedro II teve quatro filhos. O primeiro, Afonso Pedro, nascido em 1845, foi encontrado morto, no berço, aos 2 anos de idade. Isabel foi a segunda, nascida em 1846. Em 1847, nasceu Leopoldina. Em 1848, nasceu Pedro Afonso, morto em 1850. Depois da perda traumática dos dois filhos varões, o casal decidiu não ter outros. Sobraram as duas filhas Isabel e Leopoldina. O imperador fez da primogênita, Isabel, a herdeira da Coroa. A sobriedade passou a ser a marca da Corte, com a pequena exceção do beija-mão, prática já proscrita das Cortes europeias. Aos 25 anos, D. Pedro II, um gestor experiente e um homem curtido pelas dores da perda de dois filhos varões, deu início a um esforço de conciliação política, posicionando-se equidistantemente e acima dos partidos. A começar pelas nomeações dos membros do Conselho de Estado e dos presidentes de província. Seu reinado foi de paz e de prosperidade, a começar pela abertura da primeira estrada, batizada de União e Indústria. O Barão de Mauá, a quem deixou de prestigiar por perfídia de intrigantes da Corte, foi uma bênção para o seu governo. Graças a ele, a primeira locomotiva a vapor circulou sobre os trilhos da primeira ferrovia, a Estrada de Ferro Pedro II, mais tarde renomeada Central do Brasil. Mauá também lançou o cabo submarino, conectando o Brasil com a Europa, e iniciou a navegação na bacia amazônica, modo de sinalizar ao mundo de que estávamos de posse da cobiçada hileia, além de iluminar a capital do Império, o Rio de Janeiro.

Pioneiro das preocupações ecológicas, D. Pedro ordenou, em 1861, o replantio de espécies nativas da Mata Atlântica, na Floresta da Tijuca, devastada pela cultura do café. Inaugurou a telefonia no Brasil, impressionado que ficou com a demonstração que em 1876 lhe fizera Alexander Graham Bell, numa exposição na Filadélfia, e criou o selo postal. Financiou a primeira expedição brasileira à Antártida, em 1882, quando a corveta *Parayba* se aproximou do estreito de Drake, com propósitos de colher informações científicas, fato que causou estridor na imprensa e nos meios políticos. Foi, ainda, o incentivador, criador e mantenedor de várias outras instituições científicas no Brasil, a exemplo do Instituto Baiano de Agricultura, o Museu Paraense, a Escola de Minas de Ouro Preto, a Sociedade Auxiliadora da Indústria Nacional.

Como à época não havia corrente de pensamento político que reivindicasse a vinculação dessas instituições ao aparelho do Estado, como meio de lhes dar estabilidade, como ocorria em outros países, Pedro II promoveu-as via mecenato, fato que só como exceção lhes ensejou sobreviver a partir de sua deposição.

A fim de conter os excessos na disputa pelo poder entre conservadores e liberais, D. Pedro II criou o Conselho de Estado. No plano legal, fez a reforma do Código de Processo Criminal. Já em 1838, ainda tutelado, fundara o Instituto Histórico e Geográfico Brasileiro, inspirado no modelo francês.

A educação, em geral, foi sempre objeto de interesse do imperador, como se infere das inúmeras referências que fez ao tema, inclusive na última Fala do Trono, em 3 de maio de 1889, ao propor a criação do Ministério da Instrução, como meio de implemetar a diretriz da Constituição de 1824 que criou o Sistema Nacional de Instrução. Gostava de assistir aos concursos de provimento de cátedras nas escolas de medicina, engenharia civil e militar, sem falar do Colégio Pedro II a que comparecia regularmente, a ponto de declarar em carta a José Bonifácio que só governava "duas coisas no Brasil: a minha casa e o Colégio Pedro II".

Apesar de numericamente limitados, os resultados obtidos por D. Pedro, na área educacional, foram importantes para o desenvolvimento do Brasil. Em 1869, 115.735 crianças frequentavam as 3.516 escolas primárias espalhadas no Império, pouco mais de 6% das 1.902.424 crianças em idade escolar. Registrou no diário que "se não fosse imperador do Brasil quisera ser mestre-escola." Consoante a compreensão da época, o acesso à educação era privilégio de poucos. Quando a Assembleia Nacional lhe propôs a construção de uma estátua equestre com sua figura, em homenagem à vitória sobre os paraguaios, na Guerra da Tríplice Aliança, preferiu destinar o dinheiro para a construção de escolas.

A relação afetuosa que desenvolveu com Rafael, Cândido e André Rebouças, certamente contribuiu para a compreensão do caráter nefando da escravidão, instituição abominável, tanto do ponto de vista científico quanto cristão. Reconhecia, porém, as dificuldades para simplesmente aboli-la, sem riscos de uma guerra civil, a exemplo da que recentemente ocorrera nos Estados Unidos, na chamada Guerra da Secessão. Concebeu, então, um plano gradual para libertar os escravos. Começou por alforriar os quarenta que recebeu como herança. Em, 1850, o tráfico negreiro foi posto na ilegalidade. O próximo passo seria a Lei do Ventre Livre, como deixou claro ao dizer, em carta de 1860, que: "A emancipação dos escravos, consequência necessária da abolição do tráfico, não é, senão, uma questão de forma e de oportunidade."

Observe-se que o movimento republicano só surgiu no Brasil em 1870, com o lançamento, no Rio de Janeiro, de um manifesto assinado por cinquenta e sete pessoas e a criação do Clube Republicano, composto por uma "minoria insignificante de letrados". No manifesto, não figurava qualquer repúdio ou propósito de abolir a escravidão. Em 1873, foi fundado o Partido Republicano Paulista, que afirmava que a escravidão era responsabilidade dos partidos monarquistas. Parcela expressiva dos republicanos paulistas era composta de fazendeiros, proprietários de escravos. A maioria republicana não queria a deposição do imperador. Bastava-lhes que, com a morte de Pedro II, a monarquia fosse sucedida pelo republicanismo. Vale dizer: não haveria mais trono para Isabel assumir. O fato inegável é que dispondo de base legal para vetar um movimento que conspirava contra a cláusula pétrea do regime monárquico, Pedro II não deu a devida importância ao republicanismo. Aos que o advertiam, ele respondia: "Se os brasileiros não me quiserem como imperador, vou ser professor." Benjamin Constant, por exemplo, líder positivista-republicano, foi contratado para ensinar aos netos do monarca.

Em 18 de setembro de 1871, foi promulgada a lei que assegurava a liberdade a todos os filhos de escravas nascidos a partir de então. Castro Alves sorriu do túmulo, ainda quente com sua chegada recente. O fim da escravatura era, agora, uma questão de tempo. Os conservadores atacaram dizendo que o imperador estava levando o país ao suicídio nacional. Em contrapartida, empresários lúcidos, sob a liderança maior do Barão de Mauá, já vinham, desde muito, preferindo a mão de obra livre à escrava, inclusive com o estímulo à imigração, que proporcionou a vinda de muitos europeus para trabalhar no Brasil.O passo seguinte seria a libertação dos sexagenários, o que ocorreu em 28 de setembro de 1885. A Lei Áurea, ato final do plano pacientemente executado, foi da inteira iniciativa da Princesa Isabel, quando o pai se encontrava em viagem à Europa. A atribuição, porém, do mérito exclusivo à Princesa Isabel, pela abolição da escravatura, é um equívoco histórico.

Perante muçulmanos e judeus, a postura de Pedro II era de invariável conciliação. Quando indagado por Gobineau, um dos mais notórios teóricos do racismo, as razões pelas quais não havia no Brasil legislação restritiva dos direitos dos judeus, fulminou: "Não combaterei os judeus, pois de sua raça nasceu o Deus de minha religião." Fiel católico, por força de mandamento constitucional, D. Pedro era um homem aberto a todas as possibilidades que a vida tivesse a oferecer. Por isso, destinava às diversas crenças e cultos a mesma atitude de busca reverente. Homem ilustrado, e particularmente interessado pelas inovações científicas, desde muito jovem foi sócio-correspondente de dezenas de instituições científicas, entre as quais o Instituto de França.

D. Pedro II foi o mais liberal dos gestores do Brasil. Em nenhum período de nossa história houve tanta liberdade de expressão. O imperador jamais se movimentou para restringi-la. Até o anonimato, proibido na República, era admitido no Segundo Reinado. D. Pedro provou ser um democrata por convicção.

Em 1887, D. Pedro II seguiu em sua terceira viagem à Europa em busca de tratamento médico. A Princesa Isabel ficou, mais uma vez, como regente. Em Paris foi visitado pelo *grand monde*, gente como Pasteur, Dumas Filho e Guerra Junqueiro. Visitou, em Coburgo, na Áustria, o túmulo da filha caçula, Leopoldina, morta em 1871, aos vinte e três anos e meio. Nasceu e morreu nos mesmos anos que Castro Alves. D. Pedro fez estação de águas em Baden-Baden, lá permanecendo por dois meses. Daí foi à Itália, onde, entre outras atividades, inaugurou em Florença o quadro *Independência ou Morte* do pintor Pedro Américo, na presença da rainha da Inglaterra e de outros monarcas europeus. Em Milão se encontrou com o grande historiador de sua devoção, Cesare Cantù. Aí mesmo, em maio de 1888, adoeceu tão gravemente que lhe ministraram a extrema-unção. O historiador Hélio Viana sustenta que a monotonia alimentar de D. Pedro, à base de canjas, a ponto de não dispensá-las nos entreatos dos espetáculos, aliada à pressa com que comia, foi, em grande medida, responsável pela precariedade de sua saúde. Acrescenta, ainda, o historiador, que o Barão de Paranapiacaba, que ajudou D. Pedro a traduzir do grego para o português *Prometeu acorrentado*, de Ésquilo, ficou surpreso com a composição do refresco que o imperador bebia, repetidas vezes, para amenizar os efeitos do excessivo calor carioca: água com açúcar. Esse mau hábito teria precipitado e agravado o seu diabetes. Foi no hospital que recebeu, no dia 22 de maio, com grande contentamento, a notícia de que a escravidão fora abolida no Brasil, nove dias antes. Três meses depois, desembarcou no Rio de Janeiro, sob a maior manifestação de júbilo popular em toda a sua vida.

Um grupo de militares, depois de confabular sob a liderança de Benjamin Constant, vai à casa de Ruy Barbosa, no dia 11 de novembro de 1889, onde selam o fim da monarquia. O marechal Deodoro, que admirava o imperador, preferia aguardar sua morte natural. Pressionado por Benjamin Constant, Deodoro cedeu. Perto de meia-noite do dia 14 de novembro, assumiu o comando de 600 homens que não sabiam o que estava na iminência de acontecer. Os poucos afoitos que deram vivas à República foram calados por Deodoro. O presidente do Conselho de Ministros, Conde Afonso Celso, Visconde de Ouro Pedro, não sabia que o comandante do Exército, Floriano Peixoto, estava articulado com a intentona. Quando as tropas supostamente leais ao imperador abriram as portas do quartel-general para Deodoro, este gritou: "Viva Sua Majestade, o imperador!" Nada mais tranquilizador. A Ouro Preto Deodoro disse que tinha uma lista de nomes para compor o novo Conselho do Rei. Nada levava a crer que a monarquia chegara ao fim. O próprio Deodoro não acreditava nessa hipótese.

Ao receber a notícia da rebelião na manhã do dia 15, em Petrópolis, D. Pedro não deu a menor importância. Às inquietações da rainha, respondeu quando se preparava para voltar ao Rio: "Qual Senhora, chegando lá isso acaba." Tranquilamente, no trem que o transportava serra abaixo, lia jornais e revistas científicas. Chegando ao Paço, às três da tarde, ouviu do querido e leal amigo André Rebouças o conselho para comandar a resistência a partir do interior, enquanto o Marquês de Tamandaré pedia autorização ao monarca para, com a Armada, atacar as tropas de Deodoro. A todos o rei tranquilizou: "Isso é fogo de palha, conheço meus patrícios." Mesmo em face da peremptória opinião do senador Manuel Francisco Correia, conservador, de que a monarquia chegara ao fim, o imperador reagiu como se não se importasse. Deodoro, por sua vez, só se decidiu pela derrubada da monarquia ao saber que o senador Silveira Martins, seu inimigo, seria escolhido pelo imperador para presidir o Conselho de Ministros. Nem a princesa Isabel conseguiu convencer o pai da imperativa necessidade de agir, imediatamente, para salvar a Coroa. Quando, finalmente, Pedro II acedeu em substituir Silveira Martins por Antônio Saraiva, recebeu de Deodoro a mensagem de que já era tarde demais. Como reação, disse o imperador: "Se assim for, será a minha aposentadoria. Já trabalhei muito e estou cansado. Irei então descansar." A óbvia conclusão é a de que o imperador não foi derrubado. Caiu de cansaço, de tédio e inapetência pelo poder, no momento em que gozava da mais alta popularidade entre os súditos. Nunca tão poucos conseguiram tanto e com tão pouco sacrifício.

A imperatriz Teresa Cristina morreu na cidade do Porto, pouco mais de um mês depois da queda do marido-rei.

Do exílio, Pedro II continuou a contribuir para a cultura nacional através da doação de sua coleção particular de documentos e peças de arte.

Em flagrante contraste com a estabilidade do Império, nos cem anos que se seguiram à queda da monarquia, o sistema republicano brasileiro viveu dezenove revoluções militares, seis dissoluções do Congresso, doze estados de sítio, dezessete atos institucionais, duas renúncias presidenciais, três impedimentos de posses presidenciais, quatro deposições de presidentes, sete Constituições diferentes, quatro ditaduras e nove governos autoritários.

Pedro II morava no Hotel Bedford, em Paris, ainda hoje em atividade, quando morreu de pneumonia aguda no pulmão esquerdo, a 5 de dezembro de 1891, poucos dias depois de tomar conhecimento da renúncia de Deodoro e três dias, apenas, após celebrar, sem festa, seu 66º aniversário. Cercavam-no a filha Isabel e o marido, o Conde d'Eu, os netos, as irmãs, os cunhados, os sobrinhos e, segundo o Barão do Rio Branco, também presente, mais de trinta brasileiros, "desfilando um a um, lançando água benta sobre o cadáver e beijando-lhe a mão. Eu fiz o mesmo. Despediam-se do grande morto". No caixão, conforme seu pedido expresso, foi derramado o conteúdo de um pacote que continha terra de todas as províncias brasileiras: "É terra do meu país, desejo que seja posta no meu caixão, se eu morrer fora de minha pátria." Seu corpo foi depositado num caixão de chumbo, forrado com cetim branco, coberto por uma tampa de cristal. Esse caixão foi colocado dentro de outro de carvalho envernizado que, por sua vez, foi posto dentro de um terceiro, também de carvalho, recoberto de veludo negro.

O governo francês, ignorando os apelos em contrário do governo republicano brasileiro, prestou a D. Pedro II, detentor da Grã-Cruz da Legião de Honra, todas as homenagens devidas a um chefe de Estado. Milhares de pessoas compareceram ao velório na igreja da Madeleine, inclusive representantes de países como Turquia, China, Japão e Pérsia. O Brasil oficial não se fez presente. Estimou-se à época que, apesar do tempo chuvoso e da baixa temperatura, uma multidão de duzentas mil pessoas acorreu à estação de trem em Paris para assistir ao embarque do corpo para Lisboa, sendo que oitenta mil homens das tropas francesas fizeram as honras militares.

A imprensa mundial prodigalizou elogios ao estadista desaparecido. O *New York Times* referiu-se a ele como "o mais ilustrado monarca do século". *The Herald*, por sua vez, disse que: "Numa outra era, e em circunstâncias mais felizes, ele seria idolatrado e honrado por seus súditos e teria passado à história como 'Dom Pedro, o Bom'." *The Tribune* sustentou que seu "reinado foi sereno, pacífico e próspero". Em longo artigo, o *The Times* observou que "até novembro de 1889, pensava-se que o imperador morto e sua consorte fossem unanimemente amados no Brasil, em razão de seus méritos morais e intelectuais, e de sua afetuosa e pertinaz busca do bem-estar do povo". Segundo o *Weekly Register*, "Ele mais parecia um poeta ou um sábio do que um imperador, mas se lhe tivesse sido dada a oportunidade de concretizar seus vários projetos, sem dúvida teria feito do Brasil um dos países mais ricos do Novo Mundo". O *Le Jour* disse, agradecido, que "ele foi efetivamente o primeiro soberano que, após nossos desastres de 1871, ousou nos visitar. Nossa derrota não o afastou de nós. A França lhe saberá ser agradecida". *The Globe*, por seu turno, escreveu que o imperador "era culto, patriota, gentil e indulgente; tinha todas as virtudes privadas, bem como as públicas, e morreu no exílio".

Apesar do silêncio oficial do governo republicano, brasileiros de todas as províncias, mesmo os que faziam oposição à monarquia, expressaram intenso pesar pela morte do imperador e acentuaram o contraste entre a dignidade da Corte e as práticas dos novos titulares do poder, sendo as restrições às liberdades democráticas o aspecto mais lamentável do novo sistema.

Irreverente, o povo rimava: "Saiu D. Pedro Segundo/ Para o reino de Lisboa./ Acabou-se a monarquia/ O Brasil ficou à toa", enquanto atribuía à mãe de Deodoro os seguintes versos: "Este filho já foi meu/ Agora tá amaldiçoado/ De minha parte e de Deus."

A irresignabilidade popular pela deposição do imperador se materializava no intermitente clamor pelo traslado dos seus restos mortais para o Brasil. Depois de muitas vozes ressonantes na Imprensa e no Congresso clamarem em vão, em 1914, vinte e três anos depois de morto, veio do grande Ruy, o último dos republicanos a aderir ao golpe de 1889 e à ordem de banimento do imperador, o discurso que culminou com a autorização do traslado. Disse o maior orador de todos os tempos:

> A falta de justiça é o grande mal da nossa terra, o mal dos males, a origem de todas as nossas infelicidades, a fonte de todo nosso descrédito, é a miséria suprema desta pobre nação. ...De tanto ver triunfar as nulidades, de tanto ver prosperar a desonra, de tanto ver crescer a injustiça, de tanto ver agigantarem-se os poderes nas mãos dos maus, o homem chega a desanimar da virtude, a rir-se da honra, a ter vergonha de ser honesto. Essa foi a obra da República nos últimos anos. No outro regime, o homem que tinha certa nódoa em sua vida era um homem perdido para todo o sempre, as carreiras políticas lhe estavam fechadas. Havia uma sentinela vigilante, de cuja severidade todos temiam e que, acesa

no alto, guardava a redondeza, como um farol que não se apaga, em proveito da honra, da justiça e da moralidade.

As prioridades e perturbações nascidas da Primeira Grande Guerra adiaram para 1920 a autorização do traslado, quando o grande Ruy voltou a ensinar que "os que fizeram a República federativa não têm reivindicações contra as cinzas do velho imperador, cujas virtudes eram muito maiores do que os seus defeitos. Na própria galeria republicana há, portanto, um lugar, e grande, para D. Pedro II".

A chegada dos restos mortais de Pedro II ao Brasil se deu em clima de festa nacional, autorizada pelo presidente Artur Bernardes. Da Catedral do Rio de Janeiro, foram transferidos, em 1939, para a Catedral de Petrópolis, onde repousam ao lado dos da imperatriz Teresa Cristina.

Fazendo coro com o sentimento de orfandade nacional que se apoderou dos brasileiros ao perderem o seu imperador, ainda hoje é forte o sentimento de que a substituição da Monarquia pela República não melhorou a vida do país. Sentimento que ganha força quando se sabe que as Monarquias modernas figuram, de modo dominante, entre as nações mais desenvolvidas do mundo, do ponto de vista material, das práticas democráticas e da qualidade de vida humana.

BIBLIOGRAFIA

ANTONIO CARLOS OLIVIERI. *Dom Pedro II, Imperador do Brasil.*
EDUARDO BUENO. *Brasil: uma história*, 2003.
JOÃO DE SCANTIMBURGO. *Tratado Geral do Brasil*, 1971.
JOÃO CAMILO DE OLIVEIRA TORRES. *A democracia coroada*, 1952.
JOAQUIM NABUCO. *Um estadista do Império*, 2005.
JOSÉ MURILO DE CARVALHO. *D. Pedro II*, 2007.
LILIA MORITZ SCHWARCZ. *As barbas do imperador: D. Pedro II, um monarca nos trópicos*, 1998.
PEDRO CALMON. *A vida de D. Pedro II, o rei filósofo*, 1975.

JOSÉ DE ALENCAR
(1829-1877)

O JORNALISTA, ADVOGADO, ORADOR, POLÍTICO, DRAMATURGO, INFATIGÁVEL polemista e romancista José Martiniano de Alencar nasceu a 1º de maio de 1829, em Mecejana, no Ceará, e faleceu de tuberculose a 12 de dezembro de 1877, no Rio de Janeiro, aos 48 anos, 7 meses e 11 dias. Através de sua exuberante prosa, a literatura brasileira emancipou-se da europeia, particularmente da portuguesa, e o idioma pátrio alcançou insuperáveis níveis de riqueza, a um só tempo, vocabular, descritiva e poética. De fato, o ritmo poético de sua prosa não tem rival em nosso idioma. Vários trechos de *Iracema* são metrificados, a começar pelos imorredoiros

> Verdes mares bravios de minha terra natal, onde canta a jandaia nas frondes da carnaúba!
> Verdes mares que brilhais como líquidas esmeraldas, aos raios do sol nascente, perlongando as alvas praias emsombradas de coqueiros!
> Serenai, verdes mares, e alisai docemente a vaga impetuosa, para que o barco aventureiro manso resvale à flor das águas.
> Onde vai a afoita jangada, que deixa rápida a costa cearense, aberta ao fresco terral, à grande vela?
> Onde vai como branca Alcíone buscando o rochedo pátrio nas solidões do oceano? E logo adiante:

Além, muito além daquela serra, que ainda azula no horizonte, nasceu Iracema. Iracema, a virgem dos lábios de mel, que tinha os cabelos mais negros que a asa da graúna, e mais longos que seu talhe de palmeira.

O favo da jati não era doce como seu sorriso; nem a baunilha recendia no bosque como seu hálito perfumado.

Mais rápida que a ema selvagem, a morena virgem corria o sertão e as matas do Ipu, onde campeava sua guerreira tribo, da grande nação tabajara. O pé grácil e nu, mal roçando, alisava apenas a verde pelúcia que vestia a terra com as primeiras águas.

Um dia, ao pino do sol, ela repousava em um claro da floresta. Banhava-lhe o corpo a sombra da oiticica, mais fresca do que o orvalho da noite. Os ramos da acácia silvestre esparziam flores sobre os úmidos cabelos. Escondidos na folhagem os pássaros ameigavam o canto.

Iracema saiu do banho; o aljofar d'água ainda a roreja, como à doce mangaba que corou em manhã de chuva. Enquanto repousa, empluma das penas do gará as flechas de seu arco, e concerta com o sabiá da mata, pousado no galho próximo, o canto agreste.

A graciosa ará, sua companheira e amiga, brinca junto dela. Às vezes sobe aos ramos da árvore e de lá chama a virgem pelo nome; outras remexe o uru de palha matizada, onde traz a selvagem seus perfumes, os alvos fios do crautá, as agulhas da juçara com que tece a renda, e as tintas de que matiza o algodão.

Rumor suspeito quebra a doce harmonia da sesta.

Ergue a virgem os olhos, que o sol não deslumbra; sua vista perturba-se.

Diante dela e todo a contemplá-la, está um guerreiro estranho, se é guerreiro e não algum mau espírito da floresta. Tem nas faces o branco das areias que bordam o mar; nos olhos o azul triste das águas profundas. Ignotas armas e tecidos ignotos cobrem-lhe o corpo.

Sem dúvida, com José de Alencar, o romance nativista-indianista, alcançou as culminâncias do lirismo. Sua obra é de significação transcendental na literatura brasileira, não só pela arrebatada beleza estilística, como pela precisão científica, técnica e pelo bem elaborado artesanato, além de contribuir para seu abrasileiramento e sua emancipação do modelo europeu. Sua iniciativa de propor a cultura indígena como tema gerou uma polêmica que é considerada o primeiro debate literário genuinamente brasileiro.

Vinte anos depois da morte de Alencar, quando da criação da Academia Brasileira de Letras, o seu velho amigo Machado de Assis escolheu o seu nome para patronear a Cadeira de nº 23, por ele ocupada. Seu pai, de quem herdou o nome por inteiro, deixou a batina de padre para juntar-se à prima, Ana Josefina de Alencar, numa união que deu o que falar. Seu pai e sua avó paterna, a matrona pernambucana Bárbara de Alencar, considerada heroína da revolução de 1817, passaram quatro anos presos na Bahia, pela adesão ao movimento nascido em Pernambuco.

O irrequieto pai de José de Alencar transmitiu-lhe desde cedo forte sentimento nativista e lhe passou às mãos todo o material de leitura disponível, valorizador das paisagens e das coisas do Brasil. As mais remotas lembranças do grande escritor, apelidado Cazuza, evocam-no lendo velhos romances para a mãe e tias, segundo o registro de familiares. As impressões que colheu da demorada viagem que empreendeu por terra, do Ceará à Bahia, na companhia dos pais, entre os anos de 1837 e 1838, compuseram algumas das mais ricas descrições que mais tarde faria, em sua obra ficcional, das paisagens do sertão brasileiro.

Da cidade do Rio de Janeiro, para a qual se mudou com a família, onde o pai cumpria mandatos políticos, e onde frequentou o Colégio de Instrução Elementar, o adolescente Cazuza vai para São Paulo, em 1844, aí permanecendo até 1850, a fim de concluir os preparatórios e o curso de direito, à exceção do terceiro ano, cumprido em Olinda, Pernambuco, no ano de 1847.

As Faculdades de Direito, até meados do século XX, eram foros muito ativos, onde se discutiam os temas mais relevantes. Ao tempo de Alencar, esses temas eram, predominantemente, além do direito, a política, a arte, a filosofia e a literatura, quando o romantismo, movimento artístico e literário importado da França, vivia seu momento áureo. Nessa fase, Alencar encharcou-se da leitura dos grandes autores, sobretudo os franceses. Foi uma pena que, apesar de não ter aderido à moda boêmia da época, tenha sido acometido desde muito jovem pela tuberculose que viria a matá-lo. A partir dos 17 anos, adotou a barba cerrada que o acompanhou ao túmulo.

Tão logo formado, regressa ao Rio, dando início à prática da advocacia e à colaboração no *Correio Mercantil* – o mesmo jornal que anos mais tarde abrigaria Machado de Assis e Joaquim Manuel de Macedo –, atendendo a convite de seu colega de faculdade, Francisco Otaviano de Almeida Rosa, paralelamente à produção de folhetins, publicados no *Jornal do Comércio*. Esses textos foram reunidos no volume intitulado *Ao correr da pena*, trazido a lume em 1874. Deixou o jornal quando um dos seus artigos foi censurado. Em 1855, aos 26 anos, José de Alencar, assume a direção do *Diário do Rio de Janeiro*, jornal que adquiriu em sociedade com alguns amigos, motivado pelo desejo de poder expor livremente suas ideias. No ano anterior, sofrera grande decepção amorosa, ao ser recusado pela jovem burguesa Chiquinha Nogueira da Gama em favor de um rapaz também pertencente à burguesia. Não fora pelo amor de Alencar por ela, o nome de Chiquinha teria caído no mais completo oblívio. Alencar só veio a casar-se dez anos mais tarde, com Georgina Cochrane, filha de um rico inglês. Conheceram-se na Tijuca onde o escritor se recuperava de uma crise de tuberculose.

Depois de eleito várias vezes deputado geral pelo Ceará, pelo Partido Conservador, Alencar exerceu a função de ministro da Justiça, entre 1868 e 1870, dos 39 aos 41 anos de idade. Frustrado por não conquistar a ambicionada senatoria, deixa a política e passa a dedicar todo o seu tempo à literatura, de onde não parou de dirigir farpas contra o imperador, a quem nunca perdoou por essa preterição política.

Curiosidade: As folhas manuscritas do esboço do primeiro romance de Alencar, *Os contrabandistas*, foram usadas para acender os charutos de um hóspede que frequentava sua casa, segundo depoimento do próprio escritor.

A fama e o reconhecimento público José de Alencar iniciaram-se com a publicação das *Cartas sobre a Confederação dos Tamoios*, em 1856, no *Diário do Rio de Janeiro*, sob o pseudônimo Ig, nas quais critica duramente o poema épico de Domingos Gonçalves de Magalhães que, além de ser, então, considerado o grande nome da literatura brasileira, era favorito do imperador. Da polêmica que manteve com os amigos do poeta, o próprio D. Pedro II participou sob pseudônimo. A qualidade das críticas formuladas por Alencar, então com 27 anos, evidenciou seu superior conhecimento de teoria literária, fato que dava suporte à sua visão sobre o curso que deveria ser imprimido à literatura brasileira, libertando-a do gênero épico, por invencível incompatibilidade com os sentimentos e aspirações do povo americano e com sua embrionária literatura. Foi quando optou pela ficção, gênero a um tempo moderno e libertário. Neste mesmo ano, publicou *Cinco minutos*, o primeiro romance. No ano seguinte, 1857, estreou como autor teatral, com a peça *Verso e reverso*, na qual satiriza o Rio de Janeiro do seu tempo. Contra a censura, que cortou trechos de sua peça inaugural, Alencar se insurge, acusando-a de preconceituosa em relação à "produção de um autor brasileiro". Quatro anos mais tarde, quando seu romance *Lucíola* é censurado pelas mesmas razões, declara-se decepcionado e ameaça deixar a literatura para dedicar-se, exclusivamente, à advocacia. Que grande perda para a cultura brasileira se tivesse levado adiante o seu justificado dissabor! Nesse mesmo ano, estourou de popularidade, com a publicação, em folhetins (correspondentes às novelas de nossos dias) de *O Guarani*, sem dúvida, a mais famosa de suas obras, inspirada no romance *O último dos moicanos*, do norte-americano James Fenimore Cooper, nascido quarenta anos antes dele. Vejamos um pequeno trecho desta obra-prima:

> Ali, por entre a folhagem, distinguiam-se as ondulações felinas de um dorso negro, brilhante, marchetado de pardo; às vezes viam-se brilhar na sombra dois raios vítreos e pálidos, que semelhavam os reflexos de alguma cristalização de rocha, ferida pela luz do sol. Era uma onça enorme; de garras apoiadas sobre um grosso ramo de árvore, e pés suspensos no galho superior, encolhia o corpo, preparando o salto gigantesco.

Foi inspirado em *O Guarani* que Carlos Gomes compôs, em 1970, a ópera, com o mesmo nome, tão aplaudida dentro e fora do Brasil. O conhecido tenor espanhol, Plácido Domingo, tem desempenhado no palco de várias capitais do mundo o papel do índio Peri.

Para o teatro, Alencar escreveu, também, *O crédito* e *Demônio familiar*, em 1857, *As asas de um anjo*, em 1858, o drama *Mãe*, levado ao palco em 1860, ano da morte do seu pai, *A expiação*, em 1867, e *O jesuíta*, em 1875. Levou, ainda, ao proscênio, a opereta *A noite de São João*.

Iracema, de 1865, e *Ubirajara*, de 1874, completam o ciclo indianista de nosso grande escritor. Em 1866, Machado de Assis, aos 27 anos, já respeitado crítico literário, elogiou entusiasticamente o romance *Iracema*, em artigo publicado no *Diário do Rio de Janeiro*:

> Tal é o livro do senhor José de Alencar, fruto do estudo e da meditação, escrito com sentimento e consciência... Há de viver este livro, tem em si as forças que resistem ao tempo, dão plena fiança do futuro... espera-se dele outros poemas em prosa. Poema lhe chamamos a este, sem curar de saber se é antes uma lenda, se um romance: o futuro chamar-lhe-á obra-prima.

Alencar respondeu, agradecido e feliz, em longo artigo intitulado "Como e por que sou romancista", em que demonstrou reconhecida maturidade intelectual e profunda consciência literária, ao expor sua doutrina estética e poética. Consolidava-se aí uma amizade entre os nossos maiores romancistas que nunca conheceu arrefecimentos. Alencar, em fevereiro de 1868, dirigiu a Machado a famosa carta de recomendação do jovem poeta Castro Alves, rapidamente catapultado para a consagração nacional, diante do reconhecimento do seu extraordinário valor pelos dois imperadores das letras brasileiras.

Sem patriotada, Alencar, em sua obra indianista, em que hipertrofia a idealização do índio brasileiro, como o bom selvagem, superou o mestre americano, Fenimore Cooper.

Em sua curta existência, Alencar deixou vasta produção literária. Além dos romances indianistas, já mencionados, ele nos legou romances urbanos, regionalistas, históricos, poesias, crônicas, peças teatrais, ensaios, polêmicas literárias, estudos políticos e filológicos. Seus romances urbanos incluem, além do já citado *Cinco minutos*, *A viuvinha*, de 1860; *Lucíola*, de 1862; *Diva*, de 1864; *A pata da gazela*, de 1870; *Sonhos d'ouro*, de 1872; *Senhora*, de 1875, e o romance póstumo, *Encarnação*, publicado em 1893, dezesseis anos depois de sua morte. Seus romances históricos são: *As minas de prata*, de 1865; *Alfarrábios* e *Guerra dos mascates*, de 1873. Em *Guerra dos mascates*, de modo camuflado, são retratados políticos da época, inclusive o imperador D. Pedro II. Seus romances regionalistas são: *O gaúcho*, de 1870; *O tronco do ipê*, de 1871; *Til*, de 1872; e *O sertanejo*, de 1875.

A obra de Alencar traça um quadro dos costumes e da cultura do seu tempo, tendo a história do Brasil como pano de fundo. Por trás das futricas, intrigas, namoricos, tramas e conspirações da Corte, encontra-se uma exposição crítica da alta sociedade fluminense do Segundo Reinado, sua hipocrisia, ambições e patrocínios de desigualdades. Embora, contrariamente a Machado de Assis, o mundo exterior tenha sido o objeto principal de sua novelística, Alencar também cuidou do mundo psicológico de várias das suas personagens, antecipando-se às características do realismo que sucederia ao romantismo.

Em seu esforço de identificar temas nacionais, para compor seus romances históricos, Alencar caminhou em duas direções: buscou a) temas propriamente históricos e b) lendas indígenas, para fazer, na prosa, o que Gonçalves Dias fizera na poesia. O fio comum a todas as suas obras foi o permanente propósito de retratar o homem autenticamente brasileiro.

Em 1876, no desesperado esforço de recobrar a saúde, Alencar vende todo o seu patrimônio e segue com mulher e filhos para a Europa. Ao longo de oito meses, visita a Inglaterra, a França e Portugal. A irreversibilidade do agravamento de sua saúde leva-o a antecipar seu retorno ao Brasil, onde, mesmo gravemente enfermo, encontra motivação para dar vazão ao velho ressentimento contra o imperador, que lhe negou a senatoria, publicando verrinas contra ele no semanário *O Protesto*.

No dia 12 de dezembro de 1877, fecha-se o pano sobre esta grande vida.

BIBLIOGRAFIA

JOSÉ DE ALENCAR. *Obras Completas* (em 16 volumes), 1951.
LUIS VIANA FILHO. *A vida de José de Alencar,* 1979.
M. CAVALCANTI PROENÇA. *José de Alencar na Literatura Brasileira,* 1966.

MACHADO DE ASSIS

(1839-1908)

Joaquim Maria Machado de Assis é unanimemente aclamado como o maior nome da literatura brasileira em todos os tempos. Sua marcante presença esplende nos vários domínios do território literário, como na crítica, no teatro, na crônica, no conto, na poesia, no romance e, até, na oratória. Sua produção intelectual transcorreu ao longo de períodos dominados pelo romantismo, realismo e naturalismo, no plano da prosa, e pelo romantismo, simbolismo e parnasianismo, na poesia. O prestígio de sua obra transcende qualquer dessas escolas, como ocorre com os gênios da literatura, para se afirmar como criação única. O tempo passa e o velho Machado não perde atualidade, ganhando a admiração de sucessivas gerações de leitores. Mais de um século transcorrido desde sua morte, seus livros são reeditados e seu nome, cada vez mais, conquista o mundo. Ninguém, como ele, influenciou tanto as novas gerações de escritores. Nele se fundem o historiador dos costumes, o arguto sociólogo, o refinado psicólogo, o artista primoroso.

O frugal estilo machadiano não envelhece; sua prosa, caracterizada pela sobriedade, elegância, meios-tons, ausência de hipérboles e fino senso de humor, encanta. Uma das interpretações possíveis pode ensejar a avaliação de "Missa do Galo" como o melhor conto erótico da língua portuguesa, sem que tenha recorrido ao mínimo de erotismo explícito. Essa rigorosa contenção nem sempre foi observada em sua criação poética, por vezes exuberante. Como Gustave Flaubert, um dos seus modelos literários, ao lado de Stendhal, Machado primou pela busca e o encontro da *mot juste*. O renomado crítico norte-americano Harold Bloom, recobrando-se da imperdoável e censurada omissão do nome de Machado entre os grandes autores de língua portuguesa, em seu conhecido *O cânone ocidental*, disse, mais tarde, que ele era o maior romancista negro de todos os tempos e um dos cem maiores romancistas do mundo. Na realidade, Machado de Assis foi muito mais do que isso. Tivesse ele escrito, originariamente, em idioma de prestígio internacional, a exemplo do inglês, do francês, do alemão, do espanhol ou do italiano, seu nome seria posto numa lista menor dos maiores clássicos da literatura universal. Esse mais intenso reconhecimento é uma mera questão de tempo, a ocorrer em sintonia com o avanço do prestígio internacional da língua portuguesa, como se depreende do crescente interesse por sua obra por críticos de vários países, como Dieter Wolf e Albert Dessau, na Alemanha; Lourdes Andreassi e Abel Barros Batista, em Portugal; Susan Sontag, Carmelo Virgill, Albert Bagby Jr., Helen Caldwell, Paul Dixson, Keith Ellis, Richard Graham, David Jackson, Linda Murphy Kelley, John C. Kinnear, Alfred Mac Adam, Samuel Putnam e Jack E. Tomlins, nos Estados Unidos; Giuseppe Alpi, Edoardo Bizzarri e Houwens Post, na Itália; John Hyde Schmitt, Tony Tanner e John Gledson, na Inglaterra; Victor Orban, Pierre Hourcade, Adrien Delpech, Anatole France e Jean-Michel Massa, na França; Edith Fowke, no Canadá, além, obviamente, de centenas, mais provavelmente, milhares de estudos de autoria de brasileiros, desde os críticos mais galardoados até os iniciantes em literatura. Quantos dos leitores não receberam como tarefa escolar a análise de uma das obras do velho e bom Machado? O teatro, o cinema e a televisão muito têm contribuído para a difusão da obra machadiana, ao adaptarem sua apresentação. Já foi tomado como personagem de dois filmes nacionais: *Vendaval maravilhoso*, de 1949, e *Brasília 18%*, de 2006. Autores como Woody Allen, Carlos

Fuentes, Cabrera Infante e Salman Rushdie, o conhecido autor dos *Versos satânicos*, já se declararam admiradores de nosso mais consagrado escritor. Sua galeria de personagens marcantes é a mais numerosa de nossa literatura. Definitivamente, nenhum intelectual brasileiro é objeto de tanto e tão continuado interesse.

Filho do pintor e dourador carioca Francisco José de Assis, mulato, descendente de negros alforriados, com a lavadeira Maria Leopoldina Machado de Assis, oriunda da ilha de São Miguel, arquipélago dos Açores, território português, Machado de Assis nasceu a 21 de junho de 1839, no morro do Livramento, no Rio de Janeiro, numa chácara de propriedade de dona Maria José Barroso Pereira, viúva do senador Bento Barroso Pereira, onde sua família vivia como agregada. Aí mesmo, em plena infância, o menino mulato, frágil, gago e canhoto Machado de Assis perde a mãe e a única irmã. Sem acesso à escolaridade regular, quando perde o pai, aos 12 anos de idade, Machadinho foi posto a vender os doces que sua madrasta, Maria Inês, à época morando em São Cristóvão, fazia para um colégio de bairro. É provável que, quando o trabalho permitiu, tenha assistido a algumas aulas. O autodidatismo, porém, como era comum em muitas partes do mundo, como nos Estados Unidos e Europa, foi a alavanca do excepcional desenvolvimento intelectual e estético de Machadinho. Antes de completar 16 anos, Machado estreou na literatura com a publicação do poema "Ela" na revista *Marmota Fluminense*. Aos quase 17 anos, ingressa como aprendiz na Tipografia Nacional, repartição pública da qual, dois anos mais tarde, Manuel Antônio de Almeida, o futuro autor de *Memórias de um sargento de milícias*, viria a ser diretor. Foi com Manuel Antônio de Almeida e Miguel de Cervantes que Machado aprendeu e levou muito longe a técnica de interpelar o leitor. Seu precoce gosto pelo estudo, como pelo xadrez, de que veio a ser excelente jogador, tendo, inclusive participado de campeonato e contribuído com a formulação de problemas enxadrísticos para jornais e revistas, despertava o interesse das pessoas em colaborar para o seu crescimento, a exemplo de Madame

Gallot, proprietária de uma padaria, cujo forneiro o ensinou a falar francês, e do padre Antônio José da Silveira Sarmento, que passou a lhe dar aulas, gratuitamente, habilitando-o aos ofícios de revisor de provas e auxiliar de tradutor de textos franceses e a colaborar com periódicos. Como autodidata, aprendeu outros idiomas, como o inglês e o alemão. Numa época em que eram poucas as traduções das grandes obras da literatura e do pensamento universais, o acesso a outras línguas era condição imperativa ao desenvolvimento intelectual pleno, de que é prova a tradução que fez do poema "The Raven" – "O Corvo" – de Edgard Allan Poe. Aos 20 de idade, inicia-se na crítica teatral; aos 21, atua como redator de jornais do Rio; aos 22, publica uma comédia e a tradução de um ensaio intitulado *Queda que as mulheres têm para os tolos*. Aos 23, é convidado para auxiliar na censura do Conservatório Dramático Brasileiro. Aos 25, publica *Crisálidas*, seu primeiro volume de versos. Aos 27, traduz *Os trabalhadores do mar*, de Victor Hugo. Aos 28, já reconhecido como um dos mais brilhantes intelectuais do país, recebe a comenda de Cavaleiro da Ordem da Rosa. É dessa época a histórica correspondência epistolar que manteve com José de Alencar, o maior nome literário do Brasil naquele momento, dez anos mais velho do que ele, de quem conquistara a amizade e a confiança, sobre o jovem poeta Antônio Frederico de Castro Alves, recomendado à Corte pelo senador baiano Joaquim Jerônimo Fernandes da Cunha. Aos 30, casa-se com a portuguesa Carolina Augusta Xavier de Novais, quatro anos mais velha, recém-chegada à Corte, irmã do poeta e seu amigo Faustino Xavier de Novais. Carolina resistiu à objeção da família que não a queria casada com um homem "de cor", condição agravada pela epilepsia, um ponto adicional de afinidade com o mestre Flaubert, como ele próprio registrou. Daí em diante, o funcionário público exemplar, que avançou de primeiro oficial da Secretaria de Agricultura, Comércio e Obras Públicas, até chegar a diretor-geral e secretário de alguns ministros, em paralelo à regular presença nos principais jornais do Rio, enriquecia anualmente a literatura brasileira com obras como *Falenas, Contos fluminenses*, o primeiro romance

Ressurreição, *Histórias da meia-noite*. Em seguida, virão o romance *A mão e a luva* e o livro de poesias *Americanas*, seguidos dos romances *Helena* e *Iaiá Garcia*, depois dos quais Machado tira licença para tratamento de saúde em 1878, aos 39 anos. Durante o recolhimento voluntário do casal em Friburgo, Hotel Engert, Machado de Assis se dá conta de mudanças profundas em sua vida. É quando decide abandonar definitivamente o romantismo e começar o preparo daquela que é para muitos seu *magnum opus*, as *Memórias póstumas de Brás Cubas*, marco inaugural do realismo brasileiro. Crítico do realismo naturalista de Émile Zola, dele manteve distância, em sintonia com as críticas que desferiu contra os "excessos naturalistas" de Eça de Queiroz, em livros como *O crime do padre Amaro* e *O primo Basílio*. Coincidindo com a publicação de *Brás Cubas*, Machado foi promovido a Oficial de Gabinete do Ministério em que trabalhava.

Antes de publicar *Quincas Borba*, em 1886, traz a lume a comédia *Tu, só tu, puro amor*, em homenagem ao tricentenário de Camões, encenada no Imperial Teatro Dom Pedro II, *Papéis avulsos*, *Histórias sem datas*. Em 1888, participa do préstito pela abolição da escravatura. *Várias histórias* é publicado em 1896, mesmo ano da fundação da Academia Brasileira de Letras, por ele presidida, do dia inaugural, 20 de julho de 1897, até a morte.

A obra machadiana tem sido usada como fonte de referência para o estudo da sociedade brasileira nos últimos trinta anos do Império – grandeza e declínio do Segundo Reinado –, e as duas primeiras décadas da nascente República. Machado foi para o Brasil o equivalente de Balzac para a França no segundo quartel do século XIX. O mundo exterior não o empolgava. A natureza ou mesmo os bens culturais são aludidos parcimoniosamente em suas obras, em breves pinceladas, suficientes para compor os ambientes. Sob esse aspecto era o oposto do estilo grandiloquente, hiperbólico de José de Alencar. Fascinava-o o íntimo das pessoas. Antecipou-se a Freud no escrutinar o recesso, os escaninhos, os recônditos das almas. Personalidade extremamente reservada, Machado de Assis era avesso a intimidades e transbordamentos.

O que do seu modo de ver o mundo se conhece, ele pôs na boca dos seus personagens. A biografia que sobre ele escreveu Luís Viana Filho apoiou-se substantivamente em frases proferidas por seus personagens. O polígrafo Hélio Pólvora escreveu um excelente diálogo imaginário entre ele e o Bruxo do Cosme Velho, com base em várias delas. Mencionemos algumas: Provavelmente, sobre a ausência de Carolina, na voz de Aires: "Tudo cansa, até a solidão"; bem como o último terceto do soneto para Carolina: "se trago nos olhos malferidos pensamentos de vida formulados, são pensamentos idos e vividos"; sobre não ter filhos, motivado, talvez, pelo receio de transmitir-lhes sua epilepsia, disse na voz de Brás Cubas: "Não tive filhos, não transmiti a ninguém o legado de nossa miséria"; vergastando nosso complexo de Colônia, diante de nações centrais, disse Aires (Machado): "A comida não me preocupa. Virá de Boston ou de Nova York um processo para que a gente se nutra com a simples respiração do ar"; "Suporta-se com paciência a cólica do próximo"; "Não é a ocasião que faz o ladrão. A ocasião faz o furto. O ladrão já nasce feito"; "Antes cair das nuvens do que de um terceiro andar"; "Tenho o coração disposto a aceitar tudo, não por inclinação à harmonia, senão por tédio à controvérsia"; "O maior pecado, depois do pecado, é a publicação do pecado"; Sobre o que faria se fosse presidente, respondeu: "Eu, presidente? Sei que a presidência, aceita-se... Mas falta-me aquela força precisa para trair os amigos. Eu gostaria era de ser um rei sem súditos... Se eu perdesse um pé, não teria o desprazer de ver coxear os meus vassalos. Mas quem pode impedir que o povo queira ser mal governado? É um direito superior e anterior a todas as leis." Sobre a corrupção: "O conselho de Iago é que se meta dinheiro no bolso. Corrupção escondida vale tanto como a pública; a diferença é que não fede. Se tiver de sujar-se, suje-se gordo!" Sobre o Brasil: "O país real, esse é bom; o povo revela os melhores instintos; mas o país oficial, esse é caricato e burlesco." Sobre heranças: "Ninguém sabe o que se passa no interior de um sobrinho, tendo de chorar a morte de um tio e receber-lhe a herança. Oh, contraste maldito! Aparentemente tudo se recomporia, desistindo o sobrinho do dinheiro herdado; ah! Mas então seria chorar duas coisas: o tio e o dinheiro." Ao ver o trabalho de um carregador de fardos: "O trabalho é honesto, mas há outras ocupações pouco menos honestas e muito mais lucrativas... A honestidade, ah, a honestidade. Se achares três mil réis, leva-os à polícia; se achares três contos, leva-os a um banco." Ao explicar por que interrompeu uma exposição: "São as botas. Botas apertadas são uma das maiores venturas da terra, porque, fazendo doer os pés, dão azo ao prazer de as descalçar" "...aí tens a felicidade barata, ao sabor do sapateiro e de Epicuro". Sobre a compra de bilhetes lotéricos: "Compre de vez em quando. A loteria é mulher, pode acabar cedendo um dia." Sobre o jogo de xadrez: "Jogo delicioso, por Deus! ..a rainha come o peão, o peão come o bispo, o bispo come o cavalo, o cavalo come a rainha, e todos comem a todos. Graciosa anarquia."

A galeria de personagens machadianas é variada e numerosa. Há gente de todo tipo: corrupta, frustrada, sedutora, perversa, audaciosa, burlesca, descarada, hipócrita, cínica, ingênua. Acima de todas as personagens paira soberana Capitu, provavelmente em face do indecifrável enigma sobre se foi ou não adúltera. Sobre o tema, o penalista baiano Aloísio de Carvalho Filho escreveu festejada monografia sob o instigante título: "O processo penal de Capitu", que se inicia com o levantamento de uma questão que define todo seu conteúdo: "Se Capitu se sentasse no banco dos réus, para responder por crime de adultério, seria condenada ou julgada inocente?" Otto Lara Resende recebeu cartas indignadas dos leitores pela alusão que fez à traição de Capitu. O ensaísta Eugênio Gomes foi outro que se deixou fascinar pela decifração da fidelidade ou infidelidade conjugal de Capitu.

Na sessão inaugural da Academia Brasileira de Letras, em 20 de julho de 1897, o presidente Machado de Assis disse:

> "Senhores,
> Investindo-me no cargo de presidente, quisestes começar a Academia Brasileira de Letras pela consagração da idade. Se não sou o mais velho dos nossos colegas, estou entre os mais velhos. É sim-

bólico da parte de uma instituição que conta viver, confiar da idade funções que mais de um espírito eminente exerceria melhor. Agora que vos agradeço a escolha, digo-vos que buscarei na medida do possível corresponder à vossa confiança. Não é preciso definir esta instituição. Iniciada por um moço, aceita e completada por moços, a Academia nasce com a alma nova e naturalmente ambiciosa. O vosso desejo é conservar, no meio da federação política, a unidade literária. Tal obra exige não só a compreensão pública, mas ainda e principalmente a vossa constância. A Academia Francesa, pela qual esta se modelou, sobrevive aos acontecimentos de toda a casta, às escolas literárias e às transformações civis. A vossa há de querer ter as mesmas feições de estabilidade e progresso. Já o batismo das suas cadeiras com os nomes preclaros e saudosos da ficção, da lírica, da crítica e da eloquência nacionais é indício de que a tradição é o seu primeiro voto. Cabe-vos fazer com que ele perdure. Passai aos vossos sucessores o pensamento e a vontade iniciais, para que eles os transmitam também aos seus, e a vossa obra seja contada entre as sólidas e brilhantes páginas de nossa vida brasileira. Está aberta a sessão."

Depois de *Dom Casmurro* e *Páginas recolhidas*, de 1899, Machado só volta a publicar em 1904, com *Esaú e Jacó*. Nesse mesmo ano ocorre a grande tragédia de sua vida: a morte da amada Carolina, em 20 de outubro. Em 1906, publica *Relíquias de casa velha* e o soneto "A Carolina", a maior expressão poética do amor-saudade em nosso idioma. Vejamo-lo:

> Ao pé do leito derradeiro em que
> descansas dessa longa vida, aqui
> venho e virei, pobre querida, trazer-te
> o coração de companheiro.
>
> Pulsa-lhe aquele afeto verdadeiro
> que, a despeito de toda a humana lida,
> fez a nossa existência apetecida
> e num recanto pôs o mundo inteiro.

Trago-te flores, restos arrancados
da terra que nos viu passar unidos e
ora mortos nos deixa e separados.

Que eu, se tenho nos olhos mal-feridos,
pensamentos de vida formulados,
são pensamentos idos e vividos.

Memorial de Ayres é o seu canto do cisne, publicado em 1908, ano da morte, às 3:20 do dia 29 de setembro, em sua antiga casa no Cosme Velho, no Rio de Janeiro. Sob o pranto nacional, é sepultado à tarde do mesmo dia. Seu conhecido agnosticismo não o deixou ceder às sugestões de familiares e amigos para confessar-se a um padre. Entre os inúmeros admiradores e amigos que o visitaram em seus últimos dias, marcados por sofrimento, tristeza e solidão, encontravam-se Mário de Alencar, Euclides da Cunha e Astrogildo Pereira.

O elogio fúnebre que Ruy Barbosa proferiu sobre o esquife de Machado de Assis, em nome da ABL, é considerado uma das páginas mais sublimes da língua portuguesa.

BIBLIOGRAFIA

AFFONSO ROMANO DE SANT'ANNA. "Esaú e Jacó", em *Análise estrutural de romances brasileiros*, 1975.
ALFREDO BOSI. *Machado de Assis: O enigma do olhar*, 1999.
ANDREY DO AMARAL. *O máximo e as máximas de Machado de Assis*, 2008.
ANTONIO CANDIDO. "Esquema de Machado de Assis," em *Vários escritos*, 1995.
HAROLD BLOOM. *O cânone ocidental: os livros e a escola do tempo*, 1995.
JOSUÉ MONTELLO. *O presidente Machado de Assis*, 1986.
LÚCIA MIGUEL PEREIRA. *Machado de Assis: Estudo crítico e biográfico*, 1988.
LUÍS VIANA FILHO. *Vida de Machado de Assis*, 1965.
MACHADO DE ASSIS. *Obra completa*, 1971.
RAYMUNDI FAORO. *Machado de Assis – A perâmide de o trapézio*, 1975.
SÍLVIO ROMERO. *Machado de Assis: estudo comparativo de literatura brasileira*, 1992.

BARÃO DO RIO BRANCO

(1845-1912)

José Maria da Silva Paranhos Júnior nasceu e morreu no Rio de Janeiro, respectivamente, a 20 de abril de 1845 e a 10 de fevereiro de 1912. Do leito de morte, lamentou o bombardeio do Palácio do Governo da Bahia, um mês antes, comentário que conduziu à equivocada crença de que ele teria expirado, precisamente, no instante do bombardeio, a 10 de janeiro.

Primogênito do seu homônimo pai, José Maria da Silva Paranhos – o Visconde do Rio Branco –, o barão notabilizou-se como historiador, geógrafo e diplomata, tendo amealhado uma gama de conhecimentos que se revelou da maior importância para o desempenho das funções de advogado do Brasil, em três questões territoriais com vizinhos de fronteira.

A leitura prévia da biografia do barão deveria figurar como requisito para a diplomação dos que iniciassem vida pública em nosso país, tão carente de cultivar exemplos e nomes que souberam magnificar o papel da boa prática política na construção da grandeza dos povos.

É improvável que um homem público de projeção no Brasil de hoje possa vir a dizer, com autenticidade, algo parecido com o desabafo do barão em carta ao amigo Alfredo Taunay: "Só deve ser homem político quem tem alguma fortuna. Eu não tenho fortuna alguma e tenho a desgraça de precisar ser empregado público... Se me mandarem passear fique certo de que receberei a demissão com a maior calma. Venderei os meus livros, renunciarei à minha História Militar e Naval e irei ser colono no estado de São Paulo." E aos 55 anos, já ministro, em carta dirigida à filha que, em tom patético, do exterior, lhe pedia socorro financeiro: "Não disponho de nada. O pouco que eu possuía, dei-o em garantia a um Banco, por ocasião do teu casamento... Minha esperança única se encontra no meu bilhete espanhol de Natal, e compreendes que a probabilidade por esse lado é bem pequena." Sobre a intenção do genro em participar de uma concorrência para executar obras para o Ministério por ele liderado, escreveu ao chefe do departamento, bloqueando a iniciativa: "O sr. deve compreender que eu não posso admitir parente metido em fornecimentos para a Secretaria. Por vantajosa que seja a proposta, logo se falaria que estou permitindo que parentes tenham interesse em obras e isso me desmoralizaria, obrigando-me a renunciar ao cargo."

A que distância daqueles nos encontramos nos dias que correm!

Numa era tão dominada pela literatura de autoajuda, o conhecimento da biografia do barão representa poderoso estímulo ao cidadão comum, na medida em que constitui uma prova viva de como é possível a pessoas "ordinárias" realizar feitos extraordinários, quando põem a disciplina, a concentração e a vontade a serviço dos seus sonhos.

De fato, José Maria da Silva Paranhos Júnior, até mesmo alguns anos depois de tornar-se o Barão do Rio Branco, título conquistado em grande parte por ser filho do legendário homônimo e pai, o Visconde do Rio Branco, nada de notável havia empreendido até os 47 anos, ao tempo em que alguns dos seus contemporâneos, a exemplo de Joaquim Nabuco e Ruy Barbosa, ambos quatro anos mais jovens do que ele, já eram nomes nacionalmente consagrados pelo fulgor de reconhecida genialidade.

Aos 29 anos, depois de cumprir uma das duas representações como deputado pelo estado de Mato Grosso, por indicação das forças monárquicas dominantes, junto a um colégio eleitoral de apenas 138 votantes, e do breve exercício de uma advocacia para a qual não demonstrara a menor inclinação, o jovem Paranhos viu-se compelido a deixar o Brasil, como meio de proteger-se do escândalo, no entendimento da moral vitoriana então predominante, provocado pelo seu amancebamento com uma jovem corista francesa, Marie Philomène Stevens, com quem acabara de ter um filho. Sua mudança para o exterior, concebida para ser breve, obedeceu ao propósito de descartar-se da incômoda relação amorosa, como condição para habilitar-se à mão de jovem casadoira da alta sociedade, conforme desabafou em carta a um amigo: "Tudo o que lhe disse foi que faria quanto estivesse em mim para me desembaraçar de certas dificuldades, e, se estivesse livre para agir segundo meu coração e meu entendimento, se pudesse casar-me, enfim, não seria senão com a nossa encantadora amiguinha."

Já no exterior, mais quatro filhos vieram se somar ao primeiro. O barão sepultaria o casamento desejado e permaneceria distante dos seus pagos por vinte e seis anos, preço a pagar pela relação mal resolvida, iniciada numa de suas noites boêmias. Para desgosto dos pais que agiam como se Marie Philomène não passasse de uma sombra. Com o propósito de amaciar o coração de sua mãe, a viscondessa, Paranhos Junior, o Juca, convidou-a para madrinha do seu primogênito. Teve que esperar dois anos para ouvir o sim. O batizado, contudo, realizou-se através de procurador. Só o intenso catolicismo de Marie Philomène poderia levá-la a manter o paganismo do filho por tanto tempo.

Graças ao prestígio do pai, a muito custo foi-lhe entregue o consulado de Liverpool, à época a mais rendosa sinecura no exterior. Aí, então, liberto das distrações da família, particularmente da mulher que instalara em Paris – a respeito de quem não se conhece uma palavra de apreço que tenha proferido ao longo de uma união de vinte e cinco anos, extinta pela morte dela, e cuja função em sua vida não ia além de lhe dar filhos – o esfíngico Juca Paranhos, como era tratado na intimidade, pôde entregar-se à sua verdadeira vocação: os estudos ligados à nossa história militar e à integridade de nossos limites, iniciados desde quando, ainda adolescente, assessorou o pai em suas missões diplomáticas.

A postura do barão como esforçado, sofrido e pontual provedor das necessidades materiais da família não foi suficiente para impedir que a infeliz Marie Philomène desse vazão, em correspondência constitutiva de terrível libelo afetivo, às mágoas e aos ressentimentos do frio companheiro, a quem vinculou toda a sua existência e de quem nunca ouviu uma palavra de reconhecimento. Sem dúvida, no papel de marido, o barão não ficou bem no retrato da posteridade, ainda que tenha minorado suas faltas ao levá-la ao altar, em 1889, perante os filhos já adolescentes e meia dúzia de amigos íntimos, tornando-a a Baronesa do Rio Branco. O gesto, rico de coragem e de generosidade, segundo os valores do tempo, suscitou aplausos, como esta carta de um amigo: "Antes de tudo abraço-o muito estreitamente por ter terminado a questão de família que o levou a Londres e faço-o com a mesma efusão inteira e transbordante com que recebi em Paris a notícia da resolução quando você a tomou. Em toda a sua vida, tão provada no cumprimento dos mais árduos deveres de família, não há ação que mais o eleve, que tanto deva reconciliar consigo próprio e que mais possa torná-lo querido de amigos e estranhos." Ainda aqui, evitava-se proferir o nome da "pecadora" Marie Philomène.

Quando surgiram as questões de nossas fronteiras, levantadas, sucessivamente, pela Argentina, França e Bolívia, ficou claro que ninguém poderia ombrear-se com o barão no papel de defensor dos interesses brasileiros, ainda que já estivéssemos nos primeiros anos da efervescente República e fosse ele notório monarquista. A força dos argumentos que apresentou, apoiado em documentos de inquestionável valor histórico, muitos deles inteiramente desconhecidos pelas autoridades nacionais, resultou em vitórias ainda hoje consideradas as mais significativas de nossa diplomacia. Tinha razão Nabuco ao comparar o barão ao Colosso de Rodes, por ter um pé nas Missões, no extremo Sul do Brasil, questão de fronteiras vencida contra a Argentina, e estar na iminência de colocar o outro no Amapá, no extremo Norte, na questão que venceríamos contra a França. De fato, ao barão,"no pai não interessava o político, interessava-lhe, sim, o diplomata", ainda segundo Nabuco.

Em 1895, o presidente dos Estados Unidos, Grover Cleveland, decidiu em favor do Brasil o litígio territorial com a Argentina, no episódio que ficou conhecido como a Questão de Palmas. Do lado portenho atuava o talentoso e opiniático Estanislau Zeballos, mais tarde ministro do Exterior do seu país, que nunca perdoou a Rio Branco a derrota que impôs à sua fatuidade. Segundo ele, Rio Branco realizava uma política exterior de caráter imperialista.

Cinco anos mais tarde, o barão sairia vencedor no contencioso com a França, sobre os limites do Amapá com a Guiana Francesa, tendo o governo suíço como árbitro.

O sucesso obtido nesses dois casos repercutiu tão intensamente no Brasil que o presidente Rodrigues Alves nomeou-o ministro das Relações Exteriores, em 1902. Seu desembarque no Rio de Janeiro, vinte e seis anos depois que deixara o país, foi uma apoteose. Sua nomeação se deu, precisamente, quando o Brasil se dedicava à questão de fronteiras com a Bolívia, que estava prestes a arrendar, a um consórcio anglo-americano, uma parcela do seu território, correspondente ao que é hoje o estado do Acre. Embora a área não fosse reclamada pelo Brasil, era quase integralmente ocupada por brasileiros que resistiam, sob a liderança de Plácido de Castro, ao propósito do governo boliviano de expulsá-los, episódio que ficou conhecido como Revolução Acreana. O jovem médico, poeta e idealista baiano Francisco Mangabeira, irmão mais velho de João e Otávio Mangabeira, lutou ao lado de Plácido de Castro. Em1903, porém, foi assinado com a Bolívia oTratado de Petrópolis, pondo fim ao conflito. O Acre passou, então, a pertencer ao Brasil em troca de algumas compensações econômicas que incluíram terra e dinheiro. Em reconhecimento pela superior qualidade de sua ação diplomática, a capital do antigo território e hoje estado do Acre, foi batizada de Rio Branco, em sua homenagem.

Somadas essas conquistas, o barão foi responsável pela preservação de nada menos que novecentos mil quilômetros quadrados do território nacional, área superior a 10% da que hoje dispomos, e equivalente à soma territorial das duas maiores nações europeias. Não estranha que Ruy Barbosa haja considerado o barão o "Deus Terminus de nossas fronteiras".

Além dessas vitórias maiúsculas, o barão reconheceu e valorizou a necessidade do vizinho Uruguai, relativamente ao uso condominial pelos dois países, da lagoa Mirim e do rio Jaguarão, como canais de navegação, sem qualquer prejuízo para o Brasil. Como agradecimento, o Uruguai rebatizou como Rio Branco a antiga cidade de Pueblo Artigas, pertencente ao departamento de Cerro Largo, vizinha da cidade brasileira de Jaguarão.

Tão notáveis são os feitos do barão em favor do Brasil que a ele se poderia aplicar o aforismo anatemático de Madame de Sévigné, segundo o qual "Há serviços tão grandes e tão importantes que só a ingratidão os pode pagar".

Muito antes de consolidar-se a percepção de sua vocação maior, o jovem Paranhos dedicou-se à literatura, debutando em letra de fôrma aos 18 anos, na revista *Popular*, ao publicar uma biografia do comandante da imperatriz. Três anos mais tarde, na revista *L'Ilustration*, escreveu sobre a Guerra do Paraguai, defendendo os interesses do seu país. Aos 23 anos atuou como professor no Colégio Pedro II, em substituição a Joaquim Manuel de Macedo, ensinando as disciplinas de corografia e história do Brasil; deu início à sua carreira política como promotor de Justiça e deputado. Vinte anos depois de exercer as funções de redator de *A Nação*, colaborou, do exterior, com o *Jornal do Brasil*, já sob o regime republicano.

Como autoexilado na Europa, representou o Brasil como cônsul-geral, em Liverpool, a partir de 1876. Em 1900, representou o Brasil na Alemanha como ministro acreditado. De 1902 até à morte, foi ministro das Relações Exteriores do Brasil, ao longo do governo dos presidentes

Rodrigues Alves, Afonso Pena, Nilo Peçanha e Hermes da Fonseca, que não aceitou o seu pedido de demissão, em razão dos seus severos problemas renais.

Ninguém, ao seu tempo, angariou tamanha unanimidade nacional. Por isso, seu nome foi sugerido para a sucessão presidencial de 1910. Declinou por não ter sido possível o consenso para uma candidatura de unidade nacional. Ao morrer, era também presidente do Instituto Histórico e Geográfico Brasileiro, função que exercia desde 1907.

Monarquista convicto, continuou a assinar como Rio Branco, mesmo depois de proclamada a República, quando extintos os títulos de nobreza, em fidelidade às suas crenças e em homenagem ao pai visconde e senador que muito amava.

Como sua morte, já aguardada, se deu na abertura do Carnaval de 1912, foi interrompida e adiada a realização da festa momesca, em face da comoção nacional expressa na intensidade das homenagens que lhe foram prestadas no Rio de Janeiro.

Em editoriais e artigos de fundo, todos os grandes orgãos da imprensa brasileira lamentaram o desaparecimento daquele que foi o maior de nossos diplomatas, através de cuja ação patriótica o Brasil alargou seus horizontes territoriais. O seu nome figura, sem favor, entre os maiores benfeitores da pátria.

Foi o segundo ocupante da cadeira 34 da Academia Brasileira de Letras, em substituição a João Manuel Pereira da Silva.

O simplório e enigmático barão contrastava sua excepcional organização intelectual com uma aparência externa bonacheirona que tangenciava o relaxamento. Sem falar na impressão de caótica desordem do seu ambiente de trabalho.

Segundo um dos filhos, "durante muito tempo seu travesseiro foi um velho paletó, que meteu a socos numa fronha. A luz era de velas postas em gargalos de garrafas de cerveja". E num outro trecho, ressaltando a prodigiosa memória do pai que o "servia fielmente na massa de livros e documentos, em que sempre vivia", escreveu: "Ali, na grande sala que lhe servia ao mesmo tempo de quarto de dormir e de gabinete de trabalho, durante cerca de nove anos, ele chegou a ter quatorze mesas, redondas ou quadradas, de dimensões diferentes, às vezes mesmo do tipo de cozinha."

Nada disso obliterava a percepção geral de que a insopitável vocação do estadista sobrenadava as contingências do cidadão comum.

O romancista Domingos Olímpio, autor de *Luzia Homem*, com a insuspeição dos desafetos, registrou, de modo lapidar: "No fim de alguns meses ele escrevia entre montanhas de papel, tendo no centro um vale cheio de frascos de tinta e goma, tinteiros, maços de cigarros, caixas de fósforo, o relógio de ouro com vidro maculado de pingos negros e no meio dessa desordem, como piedosa lembrança, o rosário da veneranda mãe, morta em Paris. O aspecto do aposento correspondia ao da mesa. Livros por toda parte, sobre móveis, no chão, atirados ao acaso, abertos, retorcidos, esparramados e marcados com outros menores ou longas tiras de maços de jornais intactos. Muitos dias esse pandemônio não se varria, porque era preciso que a vassoura não profanasse aquela desarrumação sagrada. E a toda hora que ali se penetrasse divisava-se a bela calva emergindo lustrosa dos montes de papel e envolta em nimbo de fumaça do interminável cigarro. O almoço esfriava esquecido sobre uma pequena mesa vizinha e os criados, que acudiam sempre assustados ou ousavam entrar para remover a louça ou fazer qualquer outro serviço, contemplavam pasmos aquele homem extraordinário e incansável."

Do pai, o barão herdou inquebrantável noção de dever e responsabilidade cívica, como nesse episódio em que testemunhou o visconde escrever para parlamentares amigos, concitando-os a não perder a votação da Lei do Ventre Livre: "A minha netinha já está no céu. Não se incomodem com o enterro do anjinho. O que lhes peço é que não faltem à Câmara."

Sempre que entrava em jogo o interesse do Brasil, o barão "se deitava tarde", na expressão de um observador estrangeiro.

Segundo avaliação póstuma do historiador Oliveira Lima "as qualidades do Barão do Rio Branco eram muitas e notáveis. Sua inteligência era direta, lúcida e vigorosa; sua maneira de proceder é que nem sempre correspondia a esse traçado firme, pelo menos aparentemente, pois que no fundo era sempre uma a sua diretriz e ninguém possuiu maior continuidade, nem maior firmeza nos propósitos. Se a sua alma tinha refolhos, a sua inteligência era toda banhada de luz. A análise de sua mentalidade refletida, e em que os impulsos, os generosos e os não generosos, eram cuidadosamente sopitados ao sabor das conveniências públicas – porque nele o interesse pessoal se confundia com o público, assim como sua personalidade mergulhava toda na nacionalidade – incidia sobre todos os aspectos de uma questão, do mesmo modo que o seu tino previa todas as soluções de um problema. Esgotava por assim dizer qualquer assunto, e isto lhe era tanto mais fácil – já não falando de sua faculdade essencial de pronta assimilação – quanto o seu espírito era o que havia de menos dispersivo".

Apesar da gloriosa ascensão que conheceu a partir dos 57 anos, quando retornou ao Brasil para ocupar o Ministério das Relações Exteriores, então Ministério dos Estrangeiros, tornando-se a figura central da política brasileira, até a morte, aos 67 anos, não perdeu a simplicidade do homem forjado na luta permanente contra todo tipo de adversidade, característica que levou a escritora Maria Amália Vaz de Carvalho a observar: "era encantadora a sua modéstia; não se dava ares; não tinha o tom de superioridade que torna insuportáveis os grandes homens".

Na opinião do famoso internacionalista John Bassett Moore, o barão foi "a mais completa combinação de erudito e estadista que conheci".

O tímido Euclides da Cunha, por sua vez, já consagrado pela publicação de *Os sertões*, não escondia a reverência quase religiosa que nutria pelo barão, como ao confessar que "ele franqueia-me a máxima intimidade – e não há meio de eu poder considerá-lo sem as proporções anormais de homem superior à sua época".

Inimigos o barão os teve em grande cópia e, não raro, ferozes. Em lugar do confronto direto, optou quase sempre por ajudar o decurso do tempo na tarefa de anulá-los, ou ignorá-los, quando não fosse possível cooptá-los para suas causas. Do filólogo Carlos de Laet, por exemplo, chamado por Nabuco, com muita razão, de "a bolsa de veneno", ficou o registro deste maledicente e rancoroso comentário: "Conheci-o boêmio, no bom sentido da palavra. O pai fizera-o deputado geral e redator de uma folha política: e ele nem falava nem escrevia."

A esposa de um dos seus adversários espalhou que a divisa do barão, que serviu durante três governos sucessivos, era "Do Ministério para o cemitério". Acertou em cheio.

Luís Viana Filho, em sua obra magistral sobre o barão, demonstra à saciedade que a sua vida triunfante foi a resultante da combinação feliz entre a perseverança do historiador e a vocação superior do diplomata.

BIBLIOGRAFIA

Álvaro Lins. *Rio Branco: Biografia*, 1965.
Luís Cláudio Villafañe G. Santos. *O Evangelho do barão*, 2012.
Luís Viana Filho. *A vida do Barão do Rio Branco*, 1958.

CASTRO ALVES
(1847-1871)

"Ai, minha triste fronte, aonde as multidões lançaram misturadas glórias e maldições."

O POETA ANTÔNIO FREDERICO DE CASTRO ALVES NASCEU A 14 DE março de 1847, na fazenda Cabaceiras, na Bahia, a pouco mais de cem quilômetros de Salvador, onde faleceu a 6 de julho de 1871. Castro Alves, Cecéu para os íntimos, foi um jovem precocemente entusiasmado pelas grandes causas da liberdade e da justiça. Nenhuma poesia exerceu no Brasil tão grande influência política e social quanto a sua. É, sob todos os aspectos, notável a obra que esta estrela de primeira grandeza nos deixou na curta existência de 24 anos, 3 meses e 22 dias. Além de ser inquestionavelmente o maior poeta brasileiro de todos os tempos, é visto por muitos como o grande poeta da língua portuguesa e das Américas.

Órfão de mãe aos 12 anos, aos 16 foi reprovado em geometria, em sua primeira tentativa de ingressar na Faculdade de Direito do Recife. Seria aprovado no ano seguinte, já aureolado com o prestígio de seus dotes poéticos e declamatórios. No poema "Meu segredo", escrito aos 16 anos, enigmaticamente oferecido à Senhora D, provavelmente, a atriz Eugênia Câmara, que lhe traria fascínio, decepções e, por via oblíqua, a morte, definiu as estrelas que no "céu cintilam lânguidas", como "pérolas soltas de um colar sem fio". Ninguém, nem antes, nem depois dele, conseguiu dizer nada tão belo sobre as estrelas.

É desse momento sua primeira hemoptise denunciadora da tuberculose que viria a matá-lo, em parceria com a paixão pela atriz portuguesa Eugênia Câmara que, depois de corresponder-lhe, durante algum tempo, culminou por esnobá-lo, fato que o abateu emocionalmente, facilitando a progressão da doença.

A premonição de sua morte precoce manifestou-a, aos 17 anos, no poema "Mocidade e Morte":

> Eu sinto em mim o borbulhar do gênio,
> Vejo além um futuro radiante:
> Avante! – brada-me o talento n'alma
> E o eco ao longe me repete – avante! –
> O futuro.. o futuro.. no seu seio...
> Entre louros e bênçãos dorme a glória!
> Após um nome do universo n'alma,
> Um – nome escrito no Panteon da história.
>
> E a mesma voz repete funerária: –
> Teu Panteon – a pedra mortuária!

A amputação do pé esquerdo, em junho de 1869, gangrenado, na altura do tornozelo, em consequência de um acidental tiro por ele mesmo disparado, em novembro de 1868, durante uma caçada numa fazenda ao redor de São Paulo, para cuja Faculdade de Direito se transferira, consolidou o avanço letal da enfermidade. Seu estado de saúde foi ainda mais agravado pelo diabetes que impediu a cicatrização do pé ferido interagindo, ainda negativamente, com a tuberculose. Observe-se que Castro Alves nunca teve o menor interesse na carreira jurídica. Cursava-a por ser este o caminho inelutável de quem não quisesse fazer medicina, as duas possibilidades universitárias do Brasil de então.

Elegante, pálido, olhos grandes e vivazes, voz poderosa, cabeleira basta e negra, bigodes bem cuidados, sua personalidade arrebatadora se impunha à admiração dos homens e à paixão das mulheres, como foi descrito pelos seus vários biógrafos, dentre os quais Afrânio Peixoto, Pedro Calmon e Jorge Amado, meio a uma das mais vastas bibliografias existentes sobre um poeta de língua portuguesa. Corre solta a lenda de que, consciente da própria beleza, costumava dizer, feitos os últimos retoques diante do espelho: "Maridos e pais de família, guardem suas esposas e filhas porque D. Juan vai sair às ruas." É considerado pela quase unanimidade da crítica como o mais inspirado de todos os poetas de nosso idioma, não apenas pela grandiloquência do estro hiperbólico, pela sensibilidade e beleza formal, como pela profundidade, amplitude e atualidade da sua exuberante e inconfundível poética. Acrescente-se que nenhum poeta da língua portuguesa incorporou à sua poesia tanta erudição apropriada, e nenhum pôde rivalizar com ele nem no ritmo alucinante, nem na riqueza vocabular dos versos. Em sua poesia amorosa, Castro Alves valorizou a sensualidade e o erotismo, as paixões tórridas, a melancolia e não raro o tédio, ao tempo em que flertava com a morte, ora atraindo-a, ora repudiando-a com veemência. Há quem veja no poema "Boa-noite" a matriz da poesia sensual que o sucedeu. Com Castro Alves, a poesia romântica no Brasil, a um só tempo, evoluiu, amadureceu, alcançou a plenitude e morreu. Antes dele, a poesia romântica pecava pelo excesso de idealização do amor e do patriotismo ufanista.

A importância de Castro Alves na vida do Brasil não se restringe ao superior significado de sua presença em nosso panorama literário. Afirma-se, do mesmo modo, pela defesa que fez dos oprimidos, como os povos colonizados, os judeus e os escravos, ao denunciar, como ninguém, a insensibilidade, o egoísmo e a violência dos exploradores de todos os tempos, como os colonizadores e os senhores de escravos. Vestiu os valores morais com a roupagem dos deuses, ao recorrer, vezes sem conta, à linguagem olímpica, através de palavras como águia, falcão, condor, sol, céu, mar, estrelas, abismo, infinito, feitores, escravos, senhores, chibata, grilhões, ferros, aguilhões. Fugindo do indianismo dominante, em sua poesia condoreira, rica de hipérboles e metáforas, seus temas centrais foram a libertação dos escravos e a defesa da República, que só seria proclamada dezoito anos depois de sua morte precoce. Até hoje não se construiu um símile em favor da democracia comparável à sua repetida conclamação: "A praça, a praça é do povo como o céu é do condor." É por isso que se diz que Castro Alves é, no Brasil, a encarnação da República e da democracia. Assoalhou corajosamente o luxo da Igreja ao concitar as massas: "Quebre-se o cetro do papa, faça-se dele uma cruz; a púrpura sirva ao povo pra cobrir os ombros nus."

Não há poema que se compare ao seu "Ahasverus e o gênio" para exprimir a indignidade e injustiça das perseguições, ao longo da história, sofridas pelo povo judeu, o "eterno viajor de eterna senda, espantado a fugir de tenda em tenda, fugindo embalde à vingadora voz!"

Mais do que o poeta grego Hesíodo que viveu no século VIII a. C., Castro Alves merece o título com que passou a ser também conhecido pela posteridade: Poeta dos Escravos. De fato, quem poderia rivalizar com ele na luta que empreendeu para extinguir a escravidão dos negros, violentamente arrancados da família e da terra mãe, o continente africano? Do conjunto de sua obra contra a escravatura, avultam os poemas épicos "Vozes D'África" (1868) e "Navio Negreiro" (1868). Quem conhece, em qualquer idioma, clamores alegóricos tão convincentes, expressivos e altissonantes contra a escravidão, como os expressos na voz do continente africano?

> DEUS! Ó Deus, onde estás que não respondes?
> Em que mundo, em qu'estrela tu t'escondes
>   Embuçado nos céus?
> Há dois mil anos te mandei meu grito,
> Que embalde desde então corre o infinito...
>   Onde estás, Senhor Deus?...

Magnífica apóstrofe, soberba prosopopeia em que a África denuncia sua desgraça e recorre à misericórdia divina para fazer cessar a exploração milenária que sofre dos outros continentes, inclusive do Novo

Mundo que, apesar de "talhado para as grandezas, para crescer, criar, subir", seguia o mau exemplo da Europa, "sempre Europa, a gloriosa, a mulher deslumbrante e caprichosa, rainha e cortesã".

>   Minhas irmãs são belas, são ditosas...
>   Dorme a Ásia nas sombras voluptuosas
>   Dos haréns do Sultão.
>   (......................................)
>   Mas eu, Senhor!... Eu triste, abandonada
>   em meio das areias esgarrada,
>   Perdida marcho em vão!
>   Se choro... bebe o pranto a areia ardente;
>   Talvez... p'ra que meu pranto, ó Deus clemente!
>   Não descubras no chão...
>   (......................................)
>   Basta, Senhor! De teu potente braço
>   Role através dos astros e do espaço
>   Perdão p'ra os crimes meus!...
>   Há dois mil anos... eu soluço um grito...
>   Escuta o brado meu lá no infinito,
>   Meu Deus! Senhor, meu Deus!!...

Além do caráter acentuadamente político, "O Navio Negreiro" é um dos maiores poemas do romantismo brasileiro. Enquanto poetas como Gonçalves Dias tomaram o índio como herói, Castro Alves tomou o negro, que, consoante os valores da época, era legalmente considerado objeto patrimonial, inteiramente destituído de apelo estético ou emocional, insusceptível, portanto, de elevação mítica.

O índio, por outro lado, já vinha embalado há mais de um século no prestígio do bom selvagem, que levou Rousseau a cunhar a conhecida expressão, hoje de validade inteiramente questionada: "Todo homem nasce bom; a sociedade o corrompe", que tanto alimentou o movimento que desembocou na Revolução Francesa, como tão bem exposto por Afonso Arinos de Melo Franco, no seu antológico livro de 1937, *O índio brasileiro e a Revolução Francesa*. Era o índio, portanto, herói de fácil forja, valorizado no imaginário popular pelo clássico de 1826 de James Fenimore Cooper, *O último dos moicanos*, e pelos não menos clássicos *O Guarani* e *Iracema*, de José de Alencar, respectivamente, de 1857 e 1865. *Ubirajara* só viria a lume em 1874, quando o genial poeta já havia falecido. Do alto do seu proverbial talento, Castro Alves ultrapassa a temática dominante no romantismo: pessimismo, angústia, solidão, individualismo, melancolia, frustração e morte, e agrega a luta política pela redenção dos oprimidos. "O Navio Negreiro", desdobrado em seis cantos, é a máxima expressão dessa vertente romântica.

Vejamos algumas estrofes:

(......................................)
'Stamos em pleno mar... Dois infinitos
Ali se estreitam num abraço insano
Azuis, dourados, plácidos, sublimes...
Qual dos dois é o céu? qual o oceano?...

'Stamos em pleno mar... Abrindo as velas
Ao quente arfar das virações marinhas,
Veleiro brigue corre à flor dos mares,
Como roçam na vaga as andorinhas...

Donde vem? onde vai? Das naus errantes
Quem sabe o rumo se é tão grande o espaço?
Neste Saara os corcéis o pó levantam,
Galopam, voam, mas não deixam traço.

Bem feliz quem ali pode nest'hora
Sentir deste painel a majestade!
Embaixo – o mar... em cima – o firmamento...
E no mar e no céu – a imensidade!

Oh! que doce harmonia traz-me a brisa!
Que música suave ao longe soa!
Meu Deus! como é sublime um canto ardente
Pelas vagas sem fim boiando à toa!

Homens do mar! Ó rudes marinheiros,
Tostados pelo sol dos quatro mundos!
Crianças que a procela acalentara
No berço destes pélagos profundos!...
(..)

Albatroz! Albatroz! águia do oceano,
Tu, que dormes das nuvens entre as gazas,
Sacode as penas, Leviatã do espaço!
Albatroz! Albatroz! dá-me estas asas...

II

(..)
O Inglês – marinheiro frio,
Que ao nascer no mar se achou –
(Porque a Inglaterra é um navio,
Que Deus na Mancha ancorou),
Rijo entoa pátrias glórias,
Lembrando orgulhoso histórias
De Nelson e de Aboukir.
O Francês – predestinado –
Canta os louros do passado
E os loureiros do porvir...

Os marinheiros Helenos,
Que a vaga iônia criou,
Belos piratas morenos
Do mar que Ulisses cortou,
Homens que Fídias talhara,

Vão cantando em noite clara
Versos que Homero gemeu...
...Nautas de todas as plagas!
Vós sabeis achar nas vagas
As melodias do céu...

III

Desce o espaço imenso, ó águia do oceano!
Desce mais, inda mais...não pode olhar humano
Como o teu mergulhar no brigue voador.
Mas que vejo eu ali...Que quadro de amarguras!
Que cena funeral!...Que tétricas figuras!...
Que cena infame e vil!... Meu Deus! Meu Deus! Que horror!

IV

Era um sonho dantesco...o tombadilho
Que das luzernas avermelha o brilho,
    Em sangue a se banhar.
Tinir de ferros... estalar do açoite...
Legiões de homens negros como a noite,
    Horrendos a dançar...

Negras mulheres, suspendendo às tetas
Magras crianças, cujas bocas pretas
    Rega o sangue das mães:
Outras moças... mas nuas, espantadas,
No turbilhão de espectros arrastadas,
    Em ânsia e mágoa vãs!

E ri-se a orquestra, irônica, estridente...
E da ronda fantástica a serpente
    Faz doudas espirais...

Se o velho arqueja... se no chão resvala,
Ouvem-se gritos... o chicote estala.
  E voam mais e mais...

Presa nos elos de uma só cadeia,
A multidão faminta cambaleia,
E chora e dança ali!
(..)
Um de raiva delira, outro enlouquece...
Outro, que de martírios embrutece,
  Cantando, geme e ri!

No entanto o capitão manda a manobra,
E após, fitando o céu que se desdobra,
  Tão puro sobre o mar,
Diz do fumo entre os densos nevoeiros:
"Vibrai rijo o chicote, marinheiros!
Fazei-os mais dançar!..."

E ri-se a orquestra irônica, estridente...
E da ronda fantástica a serpente
  Faz doudas espirais!
Qual num sonho dantesco as sombras voam...
Gritos, ais, maldições, preces ressoam!
E ri-se Satanás!...

V

Senhor Deus dos desgraçados!
Dizei-me vós, Senhor Deus!
Se é loucura... se é verdade
Tanto horror perante os céus...
Ó mar, por que não apagas
Co'a esponja de tuas vagas
De teu manto este borrão?...

Astros! noite! tempestades!
Rolai das imensidades!
Varrei os mares, tufão!...

Quem são estes desgraçados,
Que não encontram em vós,
Mais que o rir calmo da turba
Que excita a fúria do algoz?
Quem são? ...Se a estrela se cala,
Se a vaga à pressa resvala
Como um cúmplice fugaz,
Perante a noite confusa...
Dize-o tu, severa musa,
Musa libérrima, audaz!

São os filhos do deserto
Onde a terra esposa a luz.
Onde vive em campo aberto
A tribo dos homens nus...
São os guerreiros ousados,
Que como os tigres mosqueados
Combatem na solidão.
Homens simples, fortes, bravos...
Hoje míseros escravos
Sem luz, sem ar, sem razão...

São mulheres desgraçadas
Como Agar o foi também,
Que sedentas, alquebradas,
De longe... bem longe vêm...
Trazendo com tíbios passos,
Filhos e algemas nos braços,
N'alma, lágrimas e fel.
Como Agar sofrendo tanto
Que nem o leite do pranto
Têm que dar para Ismael...

(............................)

Depois o areal extenso...
Depois, o oceano de pó...
Depois no horizonte imenso
Desertos... desertos só...
E a fome, o cansaço, a sede...
Ai! quanto infeliz que cede,
E cai p'ra não mais s'erguer!...
Vaga um lugar na cadeia,
Mas o chacal sobre a areia
Acha um corpo que roer...

Ontem a Serra Leoa,
A guerra, a caça ao leão,
O sono dormido à toa
Sob as tendas d'amplidão...
Hoje... o porão negro, fundo,
Infecto, apertado, imundo,
Tendo a peste por jaguar...
E o sono sempre cortado
Pelo arranco de um finado,
E o baque de um corpo ao mar...

Ontem plena liberdade,
A vontade por poder...
Hoje... cúm'lo de maldade
Nem são livres p'ra morrer...
Prende-os a mesma corrente
– Férrea, lúgubre serpente –
Nas roscas da escravidão.
E assim roubados à morte,
Dança a lúgubre coorte
Ao som do açoute... Irrisão!...

Senhor Deus dos desgraçados!
Dizei-me vós, Senhor Deus,
Se eu deliro... ou se é verdade
Tanto horror perante os céus?!...
Ó mar, por que não apagas
Co'a esponja de tuas vagas
Do teu manto este borrão?
Astros! noites! tempestades!
Rolai das imensidades!
Varrei os mares, tufão!...

VI

E existe um povo que a bandeira empresta
P'ra cobrir tanta infâmia e cobardia!...
E deixa-a transformar-se nessa festa
Em manto impuro de bacante fria!...
Meu Deus! meu Deus! mas que bandeira é esta,
Que impudente na gávea tripudia?
Silêncio! Musa... chora, chora tanto
Que o pavilhão se lave no teu pranto!...

Auriverde pendão de minha terra,
Que a brisa do Brasil beija e balança,
Estandarte que a luz do sol encerra
E as promessas divinas da esperança...
Tu que, da liberdade após a guerra,
Foste hasteado dos heróis na lança
Antes te houvessem roto na batalha,
Que servires a um povo de mortalha!...

Fatalidade atroz que a mente esmaga!
Extingue nesta hora o brigue imundo
O trilho que Colombo abriu na vaga,
Como um íris no pélago profundo!

> Mas é infâmia demais!...Da etérea plaga
> Levantai-vos, heróis do Novo Mundo...
> Andrada! arranca esse pendão dos ares!
> Colombo! fecha a porta dos teus mares!

Os assuntos mais sensíveis aos indivíduos e aos povos compuseram o objeto de seu processo criativo, com predominância do amor, da liberdade, da justiça, do saber, materializado no velho e bom livro:

> Oh! bendito, o que semeia,
> livros, livros a mancheias
> e manda o povo pensar.
> O livro caindo n'alma
> é germe que faz a palma,
> é chuva que faz o mar.

Conta-se que, certa vez, perguntado sobre como andava a poesia condoreira no mundo, Victor Hugo, criador do estilo, teria respondido: "Poesia condoreira? Pelo que sei só há dois poetas condoreiros no mundo: eu e um garoto que vive no Brasil."

Pablo Neruda, por seu turno, poeta chileno ganhador do Nobel, num poema intitulado "Castro Alves do Brasil", constante de sua obra *Canto geral*, disse que paralelamente ao canto dedicado às flores, às águas, à formosura das mulheres, Castro Alves conseguiu, ao bater "em portas até então fechadas, que a liberdade entrasse". Dirigindo-se a Castro Alves, arrematou Neruda: "Tua voz uniu-se à eterna e alta voz dos homens. Cantaste bem. Cantaste como se deve cantar."

O crítico literário Ronald de Carvalho chancela a opinião de muitos que consideram o poema "O hóspede" o momento mais sublime do lirismo da língua portuguesa. Nele Castro Alves exprime o sentimento que em vão nutria por ele Leonídia Fraga, sua musa infeliz que enlouqueceu de amor e morreu cinquenta e seis anos depois de sua morte, agarrada a uma pequena trouxa onde guardava os poemas que Céceu, amigo adorado desde a infância, escreveu para ela.

Falando por ela, disse o poeta:

"Onde vais estrangeiro! Por que deixas
O solitário albergue do deserto?
O que buscas além dos horizontes?
Por que transpor o píncaro dos montes,
Quando podes achar o amor tão perto?...

"Pálido moço! Um dia tu chegaste
De outros climas, de terras bem distantes...
Era noite!... A tormenta além rugia...
Nos abetos da serra a ventania
Tinha gemidos longos, delirantes.

"Uma buzina restrugiu no vale,
Junto aos barrancos onde geme o rio...
De teu cavalo o galopar soava,
E o teu cão ululando replicava
Aos surdos roncos do travão bravio."

"Entraste! A loura chama do brasido
Lambia um velho cedro crepitante,
Eras tão triste ao lume da fogueira...
Que eu derramei a lágrima primeira
Quando enxuguei teu manto gotejante!

"Onde vais, estrangeiro? Por que deixas
Esta infeliz, misérrima cabana?
Inda as aves te afagam do arvoredo...
Se quiseres... as flores do silvedo
Verás inda nas tranças da serrana.

"Queres voltar a este país maldito
Onde a alegria e o riso te deixaram?
Eu não sei tua história... mas que importa?...
...Boia em teus olhos a esperança morta
Que as mulheres de lá te apunhalaram.

"Não partas, não! Aqui todos te querem!
Minhas aves amigas te conhecem.
Quando à tardinha volves da colina
Sem receio da longa carabina
De lajedo em lajedo as corças descem!

"Teu cavalo nitrindo na savana
Lambe as úmidas gramas em meus dedos,
Quando a fanfarra tocas na montanha,
A matilha dos ecos te acompanha
Ladrando pela ponta dos penedos.

Mais adiante, conclui:
(......................................)

"Talvez tenhas além servos e amantes,
Um palácio em lugar de uma choupana,
E aqui só tens uma guitarra e um beijo,
E o fogo ardente de ideal desejo
Nos seios virgens da infeliz serrana!..."

No entanto Ele partiu!... Seu vulto ao longe
Escondeu-se onde a vista não alcança...
... Mas não penseis que o triste forasteiro
Foi procurar nos lares do estrangeiro
O fantasma sequer de uma esperança!...

Para exaltar o significado da Independência do Brasil, cuja batalha final se deu na Bahia, em 1823, Castro Alves escreveu desde a primeira fase de sua adolescência cinco poemas para celebrar o momentoso evento, tendo alcançado, finalmente, na "Ode ao Dous de Julho" a perfeição perseguida. Ressalte-se que, ao longo do século XIX, só a fé em Deus superava o sentimento de orgulho dos baianos pela consolidação da Independência brasileira nas batalhas de Cabrito e Pirajá. Esse sentimento explica por que tantos autores como Amélia Rodrigues, Ladislau dos Santos Titara, Francisco Moniz Barreto, Agrário de Menezes, Franklin Dória, Xavier Marques, Guilherme Baldoíno Embiruçu Camacã, Junqueira Freire, Álvaro Reis e muitos outros tenham produzido textos e poemas para exaltar a magna data.

Impossível não se emocionar com "Ode ao Dous de Julho", memorável poema heroico, de beleza sem rival em nossa língua, com seu festival de imagens, alegorias, tropos, metáforas e hipérboles. Ouçamo-lo um pouco:

>Era no Dous de Julho! A pugna imensa
>Travara-se nos cerros da Bahia...
>O anjo da morte pálido cosia
>uma vasta mortalha em Pirajá.
>"Neste lençol tão largo, tão extenso,
>"Como um pedaço roto do infinito...
>O mundo perguntava erguendo um grito:
>"Qual dos gigantes morto rolará?"...
>
>Debruçados do céu... a noite e os astros
>Seguiam da peleja o incerto fado...
>Era a tocha – o fuzil avermelhado!
>Era o circo de Roma – o vasto chão!
>Por palmas – o troar da artilharia!
>Por feras – os canhões negros rugiam,
>Por atletas – dois povos se batiam,
>Enorme anfiteatro – era a amplidão!
>(......................................)

> Mas quando a branca estrela matutina
> Surgiu do espaço... e as brisas forasteiras
> No verde leque das gentis palmeiras
> Foram cantar os hinos do arrebol,
> Lá do campo deserto da batalha
> Uma voz se elevou clara e divina:
> Eras tu – liberdade peregrina!
> Esposa do porvir – noiva do sol!
>
> Eras tu que, com os dedos ensopados
> No sangue, dos avós mortos na guerra,
> Livre sagravas a Colúmbia terra,
> Sagravas livre a nova geração!
> Tu que erguias, subida na pirâmide,
> Formada pelos mortos de Cabrito,
> Um pedaço de gládio – no infinito...
> Um trapo de bandeira – n'amplidão!

Foi no belo salão nobre da bicentenária sede da Associação Comercial da Bahia que Castro Alves declamou pela última vez, a 10 de fevereiro de 1871, cinco meses antes de morrer.

Se é lícito aos brasileiros, em geral, dividir as glórias de nossa Independência entre o Sete de Setembro de 1822 e o Dous de Julho de 1823, data da última e definitiva batalha que libertou o Brasil do jugo português, para os baianos o Dous de Julho é a data máxima de sua história. Daí a irresignabilidade dos setores mais esclarecidos da sociedade com a mudança do nome do aeroporto de Salvador, de Dous de Julho para deputado Luís Eduardo Magalhães. O absurdo se configura a partir do entendimento de que nenhuma pessoa pode competir em importância com a maior data no calendário histórico de um povo. Castro Alves e Ruy Barbosa continuam a estremecer em suas tumbas diante de tamanho sacrilégio. É por atos irrefletidos como este que, a cada dia que passa, rebaixam-se os políticos brasileiros no apreço popular.

BIBLIOGRAFIA

Afrânio Peixoto. *Castro Alves: Obra completa*, 1976.

Alceu Amoroso Lima. "O maior poeta", in *Estudos literários*, edição organizada por Afrânio Coutinho com assistência do autor, 1966.

Aramis Ribeiro Costa. "Amores e musas de Castro Alves", in *Revista da Academia de Letras da Bahia*, nº 46, 2004.

Edison Carneiro. *Castro Alves, ensaio de compreensão*, 1937.

_____. *Castro Alves: uma interpretação política*, 1958.

Edivaldo M. Boaventura. *Castro Alves, um parque para o poeta*, 2005.

_____. *Estudos sobre Castro Alves*, 1996.

Euclides da Cunha. *Castro Alves e seu tempo*, 1907.

Eugênio Gomes. *Castro Alves e o sertão*, 1953.

Jorge amado. *ABC de Castro Alves*, 1941.

Lizir Arcanjo Alves. *O 2 de julho na Bahia, Antologia poética*, 2011.

Pedro Calmon. *A vida e amores de Castro Alves*, 1935.

Ruy Barbosa. *Decenário de Castro Alves*, 1881.

JOAQUIM NABUCO
(1849-1910)

O JORNALISTA, JURISTA, HISTORIADOR, POLÍTICO, DIPLOMATA E GRANDE orador Joaquim Aurélio Barreto Nabuco de Araújo nasceu em Recife, a 19 de agosto de 1849, e faleceu em Washington, a 17 de janeiro de 1910, aos 60 anos, 4 meses e 28 dias. Seus pais foram Ana Benigna de Sá Barreto Nabuco de Araújo e o jurista baiano e senador do Império José Tomaz Nabuco de Araújo Filho, sobre quem escreveu a festejada obra *Um estadista do Império*.

Do seu casamento com Evelina Torres Soares Ribeiro, nasceram: Maurício, que, como o pai, foi embaixador do Brasil nos Estados Unidos; Joaquim, que, como sacerdote católico, chegou a ser monsenhor e protonotário no Vaticano; Carolina, conhecida escritora; Mariana e José Tomaz.

Como tantos outros intelectuais do seu tempo, sob a liderança de Machado de Assis, foi um dos fundadores da Academia Brasileira de Letras, tendo sido o primeiro ocupante da cadeira que tem como patrono o poeta bissexto, o também pernambucano Maciel Monteiro. Foi ainda Joaquim Nabuco poeta e memorialista. O apreço de Machado de Assis por ele era tamanho que mantinha o seu retrato na parede de sua casa. A copiosa correspondência que trocaram está publicada, bem como a correspondência com outros luminares do seu tempo, a exemplo de Ruy Barbosa.

Sua vocação política desabrochou na Faculdade de Direito do Largo de São Francisco, em São Paulo, quando dirigiu o Centro Acadêmico.

O fato de ter sido educado no seio de uma poderosa família escravocrata conferia grande autoridade e força à sua pregação abolicionista, servida por excepcional oratória. Além disso, sua condição de monarquista respaldava sua postura abolicionista. Pregava ele que a escravidão era a causa matriz de ponderável parcela dos males nacionais, devendo sua abolição preceder qualquer mudança de natureza política. Com essa postura, ele antecedeu a aplicação do conteúdo da lição contida na encíclica de Leão XIII, *De Rerum Novarum*, ao dar sinais de avanço social, sob iniciativa monárquica, como meio de esvaziar o discurso dos advogados da República, que se posicionavam como corifeus das medidas modernizadoras da sociedade brasileira. Sustentava a superioridade do gradualismo sobre a rutura como meio de alcançar as mudanças, razão pela qual essas deveriam se processar no âmbito do Parlamento, ainda que as discussões sobre os valores humanísticos, inspiradoras do voto parlamentar, devessem ser processadas no espaço social. Como o maior nome a defender a Monarquia, um Estado confessional que tinha como oficial a religião católica, sua crítica à postura omissa da Igreja, invectivada por ele como "a mais vergonhosa possível", diante da chaga da escravidão, conferia-lhe enorme prestígio. Apostrofava: "A Igreja Católica, apesar do seu imenso poderio em um país ainda em grande parte fanatizado por ela, nunca elevou no Brasil a voz em favor da emancipação."

Acrescente-se que, ao lado de Ruy, seu velho amigo desde os primeiros anos do curso de direito, dois meses e meio, apenas, mais moço do que ele, Nabuco defendia a liberdade religiosa, bem como a separação entre o Estado e as religiões e, como consequência natural, o laicato do ensino público.

Segundo o antropólogo Roberto DaMatta, "Nabuco foi o primeiro homem público a perceber o peso cultural da escravidão. Era autêntico. Frequentava o Quilombo do Leblon, comia comidas populares".

O discurso que proferiu na Câmara dos Deputados, em 15 de maio de 1879, quando ainda não completara 30 anos, sobre educação pública e sobre a separação entre Estado e religião, contém este trecho primoroso, em resposta a um aparte: "A Igreja Católica foi grande no passado, quando era o cristianismo; quando nascia no meio de uma sociedade corrompida, quando tinha como esperança a conversão dos bárbaros, que se agitavam às portas do Império minado pelo egoísmo, corrompido pelo cesarismo, moralmente degradado pela escravidão. A Igreja Católica foi grande quando tinha que esconder-se nas catacumbas, quando era perseguida. Mas, desde que Constantino dividiu com ela o império do mundo, desde que de perseguida ela passou a sentar-se no trono e a vestir a púrpura dos césares, desde que, ao contrário das palavras do seu divino fundador que disse: – O meu reino não é deste mundo –, ela não teve outra religião senão a política, outra ambição senão o governo, a Igreja tem sido a mais constante perseguidora do espírito de liberdade, a dominadora das consciências, até que se tornou inimiga irreconciliável da expansão científica e da liberdade intelectual do nosso século!" E, ao perorar, usa sua vocação diplomática para preservar o prestígio de quem critica para construir e não para demolir, de quem quer preservar a autoridade do catolicismo como religião e proscrever a submissão do catolicismo ao jogo da política: "Não sou inimigo da Igreja Católica. Basta ter ela favorecido a expansão das artes, ter sido o fator que foi na história, ser a Igreja da grande maioria dos brasileiros e da nossa raça, para não me constituir em seu adversário. Quando o catolicismo se refugia na alma de cada um, eu o respeito; é uma religião da consciência, é um grande sentimento da humanidade. Mas do que sou inimigo é desse catolicismo político, desse catolicismo que se alia a todos os governos absolutos, é desse catolicismo que em toda parte dá combate à civilização e quer fazê-la retroceder."

Paradoxalmente, no mesmo ano de 2009, em que foi aprovada a lei nº 11.946 que institui o ano de 2010 como Ano Nacional Joaquim Nabuco, em razão do transcurso do 1º centenário de sua morte, foi aprovado um acordo entre o Brasil e o Vaticano que admite a possibilidade de ensino religioso nas escolas públicas, em ostensiva oposição ao pensamento de Nabuco.

Duas semanas antes dessa imorredoura lição sobre a importância da laicidade do Estado, Nabuco proferiu, em 29 de abril de 1879, no momento em que se debatia a Reforma Constitucional, um discurso que ainda hoje figura como um marco do espírito flexível que deve orientar as constituições: "A nossa constituição não é imagem dessas catedrais góticas, edificadas a muito custo e que representam no meio da nossa civilização adiantada, no meio da atividade febril do nosso tempo, épocas de passividade e de inação; a nossa constituição é, pelo contrário, de formação natural, é uma dessas formações como a do solo onde camadas sucessivas se depositam; onde a vida penetra por toda parte, sujeita ao eterno movimento, e onde os erros que passam ficam sepultados sob as verdades que nascem..." ..."A nossa constituição não é uma barreira levantada no nosso caminho, não são as tábuas da lei recebidas do legislador divino e nas quais não se pode tocar porque estão protegidas pelos raios e trovões... Não, senhores..." ..."A nossa constituição é um grande maquinismo liberal, e um mecanismo servido de todos os órgãos de locomoção e de progresso, é um organismo vivo que caminha, e adapta-se às funções diversas que em cada época tem necessariamente que produzir..." ..."Senhores, era o partido conservador que devia tomar as dores pela constituição e desejar que ela fosse o monumento de uma língua morta, uma espécie de Talmude, cujos artigos pudessem ser opostos uns aos outros pelos intérpretes oficiais."

É preciso dar mais provas do talento do Nabuco jurista?

Como deputado, fundou, em 1878, a Sociedade Brasileira Antiescravidão. Seu papel em favor da Abolição, finalmente consolidada, em 1888, é unanimemente considerado como dos mais importantes.

Inconformado com o fim da Monarquia, afastou-se da atividade política, momentaneamente. Em face, porém, do reconhecimento do seu grande valor, o governo republicano enviou-o como embaixador para os Estados Unidos, onde serviu de 1905 até à morte. Paralelamente a tudo o que fez, o melhor do seu tempo era dedicado à literatura. Tanto que nos Estados Unidos divulgou *Os Lusíadas*, através da publicação de três conferências que sobre o tema proferiu: *"The Lusiads as the Epic of Love"*; *"The Place of Camões in Litterature"* e *"Camões: the lyric Poet"*. Num só ano, 1908, foi agraciado com o doutorado *honoris causa*, em letras, pela Universidade de Yale; proferiu a aula de encerramento oficial da Universidade de Chicago e a de abertura do ano acadêmico da Universidade de Wisconsin.

Antes de se transferir para os Estados Unidos, morou vários anos na Inglaterra e na França, onde presidiu, em 1906, a conferência Pan-Americana.

A produção intelectual de Nabuco, publicada ao longo de sua vida, foi reunida, pela primeira vez, sob o título *Obras completas*, em quatorze volumes, sob a coordenação do professor Celso Cunha e trazida a lume entre 1947-1949. São as seguintes suas obras:

Camões e os Lusíadas (1872); *L'Amour est Dieu* – poesias líricas (1874); *O Abolicionismo* (1883); *Campanha abolicionista no Recife* – 1885; *O erro do imperador* – história (1886); *Escravos* – poesia (1886); *Por que continuo a ser monarquista* (1890); *Balmaceda* – biografia (1895); *O dever dos monarquistas* (1895); *A intervenção estrangeira durante a revolta* – história diplomática (1896); *Um estadista do Império* – biografia, 3 tomos (1897-1899); *Minha formação* – memórias (1900); *Escritos e discursos literários* (1901); *Pensées detachées et souvenirs* (1906); *Discursos e conferências nos Estados Unidos* – tradução do inglês de Artur Bomilcar (1911).

BIBLIOGRAFIA

Luís Viana Filho. *A vida de Joaquim Nabuco*, 1952.
Luís Viana Filho. *Ruy & Nabuco*, 1949.

RUY BARBOSA
(1849-1923)

Ruy nasceu na Bahia, a 5 de novembro de 1849. Cursou Direito em Recife e São Paulo, daí seguindo para o Rio, onde residiu até a morte, a 1º de março de 1923. Seu sepultamento foi o mais concorrido de que se tem notícia no país. O sentimento dominante era o de que se sepultava um semideus, tamanho o prestígio de que desfrutava. João Mangabeira, representando a Câmara dos Deputados e a Bahia, repetiu, no elogio fúnebre a Ruy, as palavras de Henrique III, diante do corpo do Duque de Guise, aumentado pela rigidez cadavérica: "Morto parece ainda maior que vivo."

Do casamento com a estremecida esposa Maria Augusta Viana Bandeira, Ruy teve cinco filhos: Maria Adélia, Alfredo Ruy, Francisco, João e Maria Luisa Vitória.

De todos os nomes constantes da relação deste livro, Ruy é a mais consagradora unanimidade. A revista *Época*, em 2006, decidiu pelo seu nome como o maior brasileiro de todos os tempos, quando, pelo voto de cinquenta intelectuais, registrou-se um empate entre Ruy e Machado de Assis. Ele é visto como o ícone máximo da erudição, da cultura e da inteligência nacionais, o maior conhecedor do direito, o grande formulador da política multilateral brasileira, bem como o maior defensor da liberdade, além de chefe de família exemplar. São poucos, de fato, os brasileiros que a ele comparados não pareçam pequenos. Alguns chegam ao extremo de afirmar que ele foi "um aborto da natureza", metáfora hiperbólica para expressar a excepcionalidade do seu brilho verbal, coragem moral e saber poliédrico. No domínio do nosso idioma, dos fastos da história, da literatura, da filosofia e no vasto conhecimento de todos os ramos do direito, sua presença traz a marca indelével do gênio. Seu colossal conhecimento e suas ações em favor do aprimoramento de nossas instituições estão presentes nos textos que nos legou em sua atuação como advogado, conferencista, articulista, parecerista, epistológrafo, moralista, político e diplomata. O produto desse labor incessante ocupa mais de cem volumes.

Observe-se, a título de marcante singularidade, que, não obstante essa exuberante produção, Ruy nunca se sentou para escrever um livro, trabalho que exige planejamento, tempo para reflexão e pesquisa. De toda sua incomum operosidade o que mais se aproximou da rotina própria para escrever um livro foi a tradução que fez, do alemão para o português, em 1877, aos 27 anos, de *O papa e o concílio*, trabalho que o catapultou, pela qualidade da linguagem, para o mundo das letras.

Sua vasta obra resultou dos seus afazeres diários, em cada um dos mencionados campos a que se dedicou. Em outras palavras: Ruy produziu sua obra ciclópica, literalmente, no joelho, atendendo as demandas do aqui e do agora. Essa peculiaridade, raramente mencionada, serve para facilitar o dimensionamento de sua inigualável genialidade. Até onde sabemos, ninguém realizou tamanho feito, em qualquer época, em qualquer idioma, em qualquer lugar. Descartem-se, de plano, as potenciais alusões a casos como o de Sócrates e Jesus Cristo que nada escreveram, porque a natureza do trabalho dessas figuras venerandas em nada se assemelha ao desenvolvido por Ruy, salvo como formadores de opinião.

Como orador, não há quem o iguale, como se pode ver dos inúmeros discursos que proferiu nas mais diversas situações. Infelizmente, sua incomparável "Oração aos Moços", dirigida aos bacharelandos em direito por São Paulo, em 1921, não foi lida por ele na cerimônia de formatura em que seria paraninfo. Impedido de comparecer por motivos de saúde, teve seu discurso famoso lido pelo professor Reinaldo Porchat.

Quando o Brasil e/ou ou a língua portuguesa se impuserem ao interesse do mundo, a exemplo do inglês, do francês, do espanhol e do alemão, Ruy será proclamado o maior orador da humanidade em todos os tempos, acima de Demóstenes ou de Cícero, como repetia a toda hora o historiador e humanista baiano Altamirando Requião, ele próprio orador brilhante, após empreender estudos comparativos a respeito dos grandes do gênero. À idêntica conclusão chegaram inúmeras personalidades cultas, dentro e fora do Brasil, a exemplo dos delegados das nações presentes à segunda conferência internacional da paz em Haia, a que Ruy compareceu, representando o Brasil, em 1907, sobretudo a partir do momento em que reagiu à arrogância do representante russo, Frederico de Martens. A repercussão do seu desempenho ganhou mundo, não só pela originalidade das teses defendidas, sobretudo a igualdade do voto das nações nas cortes internacionais, independentemente do tamanho, e pelo domínio que revelou das questões discutidas, iluminadas pela vastidão e consistência de sua cultura geral, como pelo conhecimento que demonstrou do inglês e do francês, idiomas oficiais dos megaeventos. Algum tempo depois, disse com regozijo, ao evocar aqueles momentos: "Vi todas as nações do mundo reunidas, e aprendi a não me envergonhar da minha!"

É do reconhecimento geral que todo escrito de Ruy traz a marca das construções definitivas, tanto pela exuberância da forma, quanto pela abrangência e profundidade dos argumentos expendidos.

Em Ruy tudo exubera: o filólogo, o orador, o advogado, o jurista, o diplomata, o pedagogo, o jornalista, o estadista, o apóstolo da liberdade, o moralista, o artista da palavra. Aos que lhe negavam sensibilidade poética respondeu com a oração de despedida que proferiu, em nome da Academia Brasileira de Letras, à saída do esquife de Machado de Assis, em 1908, considerada uma das páginas mais sublimes da língua portuguesa.

Acrescente-se que Ruy pautou sua vida por inquebrantável retidão na conduta privada como na pública, além de exibir reconhecida coragem moral em sua ação como advogado e político eminente, a ponto de levar o famoso senador gaúcho, Pinheiro Machado, a dizer que "no extraordinário baiano a coragem é superior ao próprio talento".

Explicam-se, pois, com facilidade, as razões que o levaram a ser considerado a personalidade mais influente do país, ao longo dos pouco mais de cinquenta anos que compreenderam sua vida adulta, tendo a palavra oral e escrita como instrumento de sua superior afirmação. É natural que seja o patrono dos advogados brasileiros.

Sua capacidade de trabalhar era verdadeiramente espantosa. Deixava preocupados e boquiabertos parentes e amigos ao varar sucessivas madrugadas, na preparação de textos, com pouquíssimo tempo dedicado ao descanso. Sua produtividade surpreenderia os usuários de processadores de textos nos dias atuais.

Conta Luís Viana Filho, o maior biógrafo do Águia de Haia – apelido que lhe pespegou o jornalista inglês William Stead, ao fim da magna conferência – que, procurado inopinadamente por um cliente em sua residência, Ruy pediu-lhe para aguardar, enquanto concluía trabalho urgente. Poltroneado no gabinete, o cliente testemunhou, emocionado, o tique-taque incessante do datilografar do grande tribuno. Ao final, o cliente observou, admirado: "Conselheiro, ao longo de hora e meia, o senhor escreveu ininterruptamente sem lançar fora uma página sequer!", ao que Ruy caçoou: "Quem enche a cesta com papel é o Nabuco." Referia-se Ruy ao seu querido amigo, o pernambucano Joaquim Nabuco, um dos nomes presentes nesta seletiva. Tanto o fraternal motejo não interferiu na sólida amizade que os unia que, pouco tempo depois, Nabuco devolveu com a costumeira elegância o afável insulto, referindo-se ao estilo rebuscado de Ruy, num misto de elogio e crítica: "Ninguém sabe o diamante que ele nos revelaria, se tivesse a coragem de cortar sem piedade a montanha de luz cuja grandeza tem ofuscado a República, e de reduzi-la a uma pequena pedra."

Da proverbial memória de Ruy, contam-se prodígios. Era capaz de localizar, sem o menor titubeio, em sua biblioteca de trinta mil volumes, em seu palacete à rua São Clemente, no Rio de Janeiro, o livro que queria e nele a citação precisa, o texto lido e anotado dez, vinte ou quarenta anos antes.

A respeitada e temida superioridade intelectual de Ruy era de evidência solar, em qualquer das arenas em que pelejava. Como exemplo do seu talento oceânico, pincemos do inesgotável repertório de suas contendas e feitos, a acrimoniosa polêmica filológica que travou com o seu antigo mestre Ernesto Carneiro Ribeiro, dez anos mais velho, a propósito da redação do Código Civil.

A verdade é que Ruy, então senador, ficou ressentido com o governo Campos Sales (1898-1902) por não ter sido ele o escolhido para redigir o Código Civil Brasileiro, em substituição às Ordenações Filipinas que há três séculos vigiam em Portugal e no Brasil. O escolhido foi o jurista cearense Clóvis Beviláqua, dez anos mais jovem do que Ruy. Uma vez aprovado na Câmara, o projeto foi enviado ao Senado, sendo Ruy o presidente da Comissão a quem caberia dar o parecer final. Como não encontrou o que condenar na parte substantiva do projeto, Ruy concentrou suas críticas na qualidade do texto, cuja redação estivera a cargo de Carneiro Ribeiro que, aos 63 anos de idade, era considerado a maior autoridade em língua portuguesa, com obras publicadas e aplaudidas em todos os países que falavam a "última flor do Lácio, inculta e bela".

Às críticas iniciais de Ruy, Carneiro Ribeiro respondeu com um texto que ficou conhecido como "Ligeiras impressões". Não demorou para Ruy voltar à rinha com sua famosa "Réplica", em 600 páginas de talento e erudição filológica como nunca antes se vira. A esse respeito, escreveu Luís Viana Filho:

> "A verdade é que o país estava maravilhado. Habituara-se a admirar o jurista, o orador, e entusiasmar-se com o jornalista, mas espantava-se diante desse aspecto inédito daquela inteligência

privilegiada, cujos profundos conhecimentos da língua eram ignorados. Aqueles temas áridos de filologia, manejados pela pena do escritor, tornavam-se atraentes e, entre as classes mais ou menos cultas, foram bem poucos os que não acompanharam a contenda com interesse.

Dois anos e meio depois, Carneiro Ribeiro compareceu com a famosa "Tréplica", em 886 sólidas páginas. As peças que compõem o conjunto dessa histórica polêmica perfazem o mais rico manancial de conhecimentos gramaticais e de regras de estilo já produzidos sobre um idioma. É oportuno assinalar que, contrariamente ao que se pode supor à primeira impressão, lê-se com o maior deleite o total de 1.500 páginas nascidas dessa guerra vernacular.

Assinale-se que a língua portuguesa era apenas o instrumento de trabalho de Ruy, não era o objeto de sua dedicação exclusiva, como era para Carneiro Ribeiro. Mesmo assim, estiveram ambos à altura um do outro, ainda que o lapso de tempo para Ruy comparecer à liça fosse sensivelmente menor do que o requerido por Carneiro Ribeiro, como se depreende das datas em que suas respectivas produções vieram a lume. Até porque, paralelamente à douta querela, Ruy tinha que se desincumbir de seus inúmeros afazeres como parlamentar, advogado, jornalista e conferencista.

Ruy foi tão grande que, mesmo quando avaliado pelo diapasão demolidor do mais implacável dos seus críticos, Raimundo Magalhães Júnior, escritor de inegáveis méritos, no livro *Ruy, o homem e o mito*, o que resta de positivo seria suficiente para fazer dele uma estrela de primeira grandeza no cenário mundial. É pelo conjunto dessas razões que se construiu em torno do seu nome a mais ampla bibliografia que uma personalidade já inspirou no Brasil, como não há quem o supere no número de ruas, praças, avenidas, cidades, prédios, monumentos e entidades com o seu nome.

A carreira de Ruy como legislador foi igualmente portentosa. Em 1877, aos 28 anos, foi eleito deputado provincial pela Bahia e no ano seguinte deputado ao parlamento imperial, a partir de onde deu grande visibilidade à luta pelo fim da escravidão.

Em 1881, foi o redator do texto final da reforma eleitoral e nos dois anos seguintes redigiu o texto da reforma da legislação relativa ao ensino jurídico, considerado um dos mais importantes da história do ensino do direito no Brasil, ao redefinir e ampliar o significado da formação jurídica como pilar básico da construção da consciência cívica dos povos.

Nos últimos anos do Império, dirigiu o *Diário de Notícias*, jornal que usou para defender sua firme crença na adoção do sistema federativo como o meio mais adequado para atender as necessidades de uma sociedade heterogênea e de dimensões continentais como o Brasil. Contrariado pelo *statu quo* em suas aspirações federalistas, Ruy passou a se opor ao último gabinete imperial, chefiado pelo conservador Visconde de Ouro Preto, convertendo-se em defensor da República. Foi quando cunhou o demolidor slogan segundo o qual uma vez que a Monarquia não queria a Federação, que fosse proclamada a República para viabilizá-la. Não deu outra: pouco tempo depois ocorreu o 15 de novembro de 1889.

Recorde-se que Ruy sustentava a superioridade da Monarquia parlamentar sobre todas as outras formas de governo. Admirador da Monarquia inglesa, disse que "sob a mais estável das Coroas, é a mais estável das Repúblicas". Subentende-se, pois, que o Império poderia ter tido vida mais longa não fosse pela reação conservadora de Ouro Preto. O futuro, aliás, se encarregou de demonstrar que o Brasil não melhorou, como se esperava, com a proclamação da República. Em abono da tese de Ruy, observe-se que países como o Japão, Austrália, Nova Zelândia, Inglaterra, Canadá, Suécia, Noruega, Dinamarca, Holanda, Bélgica e Espanha, incluídos entre os mais desenvolvidos do mundo, são todos Monarquias parlamentares.

Uma vez proclamada a República, iniciaram-se os trabalhos que resultaram na Constituição de 1891. A contribuição de Ruy foi notável, para dizer o mínimo. A ele coube a revisão dos vários projetos enviados à Constituinte por uma comissão formada por cinco republicanos históricos. Sua incoercível formação democrática impregnou o texto constitucional de forte espírito liberal, do que resultou um sistema de governo representativo, federativo e presidencial, apesar de ser ele parlamentarista. A constituição norte-americana foi o modelo adotado por Ruy, já que a constituição suíça, excelente para um país populacional e territorialmente pequeno, não serviria para um gigante das dimensões brasileiras, conforme pensava. A experiência francesa foi também descartada, em face da instabilidade experimentada pela França na busca do seu modelo ideal.

A exemplo da americana, a constituição de 1891 aboliu os privilégios de classe, separou o Estado da Igreja Católica, adotou o modelo descentralizador, o *habeas corpus*, a liberdade de associação, a inviolabilidade do domicílio, o tribunal do júri e o controle incidental da constitucionalidade dos atos praticados pelo governo.

Uma vez empossado, o novo governo deu mostras de sua disposição de se afastar das práticas requeridas pelo estado de direito, consoante o novo texto constitucional. Ao reagir com invariável coerência e bravura, Ruy percebeu que sua vida corria perigo. Cedendo às ponderações de amigos e da família, deixou o Brasil seguindo para Buenos Aires, onde tomou um navio para Lisboa, daí seguindo, sucessivamente, para Paris e Londres, onde permaneceu em 1894-1895. Ao retornar, elege-se senador pelo estado natal, a Bahia, em nome do qual cumpriu sucessivos mandatos na Câmara Alta.

Em 1910, concorre à presidência da República, sendo derrotado, "a bico de pena", pelo marechal Hermes da Fonseca, que representava o movimento de militarização do governo. A famosa "campanha civilista" que Ruy liderou constituiu o primeiro movimento de mobilização da opinião pública nacional.

Nas eleições presidenciais de 1914, recusa o convite para nova candidatura. Nesse mesmo ano, não obstante ter aderido à causa da República e votado a favor do exílio de Pedro II, indo ao encontro do desejo da nação, proferiu no Senado o discurso que resultou na permissão do traslado para o Brasil dos restos mortais do imperador, conforme explicamos no verbete dedicado ao monarca. Foi nesse discurso que ele, de modo devastador e profético, proferiu suas palavras mais conhecidas: "De tanto ver triunfar as nulidades; de tanto ver prosperar a desonra; de tanto ver crescer a injustiça; de tanto ver agigantarem-se os poderes nas mãos dos maus, o homem chega a desanimar-se da virtude, a rir-se da honra e a ter vergonha de ser honesto." Referia-se à queda do padrão de conduta dos republicanos. Ruy mal sabia que não passava de pecadilhos de convento o que praticavam os maus políticos do seu tempo em comparação com a esbórnia que sucederia o golpe militar de 1964.

Em 1916, ao representar o Brasil no centenário de Independência da Argentina, proferiu o célebre discurso sobre o conceito de neutralidade nas relações internacionais, peça que serviu de base para nosso rompimento com a Alemanha, pouco tempo depois.

Em 1919, volta a disputar a presidência, após recusar o convite do grande presidente Rodrigues Alves para representar o Brasil na Conferência da Paz em Versalhes.

Desiludido, com a saúde declinante, abandona a política, em 1920, logo depois de participar como oposicionista do processo sucessório baiano.

Não obstante a precariedade dos meios de comunicação do seu tempo, o nome de Ruy chegava aos mais longínquos rincões da pátria, graças à repercussão de seus artigos, de seu trabalho parlamentar e de sua atuação como advogado, na defesa, sobretudo, dos perseguidos políticos nos governos de Floriano Peixoto e Hermes da Fonseca. Disputavam-se lugares nas galerias do Senado para ouvi-lo falar.

O mais amplo conhecimento de seu pensamento filosófico e político se deu através das "Cartas da Inglaterra", monumento de perfeição literária, como ficou conhecida a correspondência que do exílio enviava ao *Jornal do Comércio*. Foi nessa época que se antecipou ao romancista francês Émile Zola, na defesa do capitão Dreyfus, vítima, para ele, de preconceitos antissemíticos.

Ruy é, de longe, o mais citado e um dos brasileiros mais biografados. Segundo o cientista político Bolívar Lamounier, a maior conquista de

Ruy foi "a construção da esfera pública, a organização política e institucional do país, a promoção da civilidade e da transparência nos embates políticos", a mais do empenho "em acelerar o aprendizado político da nação, e em promover o entendimento de que não há democracia sem moderação, sem lealdade às regras do jogo, sem o reconhecimento mútuo de sua legitimidade pelas partes, e sem um sincero empenho no aperfeiçoamento das engrenagens do regime".

Uma prova de sua antevisão foi o funesto diagnóstico que fez do marxismo, em 1921, com estas palavras em brasa: "Esta filosofia da miséria, proclamada em nome dos direitos do trabalho, uma vez executada, não faria senão inaugurar, em vez da supremacia do trabalho, a organização da miséria."

Pouco antes, na "Oração aos Moços," já sustentara, aperfeiçoando o conceito aristotélico, que "A regra da igualdade não consiste, senão, em quinhoar desigualmente aos desiguais na medida em que se desigualam; pois que tratar a iguais com desigualdade ou a desiguais com igualdade seria desigualdade flagrante e não igualdade real".

Nada há que melhor defina o maior dos brasileiros do que o cognome que se soma ao Águia de Haia: Paladino da Liberdade e do Direito.

Não obstante seu imensurável valor intelectual e moral, Ruy perdeu duas eleições para presidir o Brasil. Por aí se vê que, ontem como hoje, só como exceção, cabe dizer que o povo sabe votar.

De tanto ver triunfar as nulidades, de tanto ver prosperar a desonra, de tanto ver crescer a injustiça, de tanto ver agigantarem-se os poderes nas mãos dos maus, o homem chega a desanimar da virtude, a rir-se da honra, a ter vergonha de ser honesto. (Senado Federal, RJ. *Obras completas*, Ruy Barbosa, v. 41, t. 3, 1914, p. 86)

> – Dilatai a fraternidade cristã, e chegareis das afeições individuais às solidariedades coletivas, da família à nação, da nação à humanidade.
> *Coletânea literária*, p. 211.

– Eu não troco a justiça pela soberba. Eu não deixo o direito pela força. Eu não esqueço a fraternidade pela tolerância. Eu não substituo a fé pela superstição, a realidade pelo ídolo.
O Partido Republicano Conservador, p. 61.
– A esperança é o mais tenaz dos sentimentos humanos: o náufrago, o condenado, o moribundo aferram-se-lhe convulsivamente aos últimos rebentos ressequidos.
A Ditadura de 1893, IV, p. 207.
– Maior que a tristeza de não haver vencido é a vergonha de não ter lutado! – O homem, reconciliando-se com a fé, que se lhe esmorecia, sente-se ajoelhado ao céu no fundo misterioso de si mesmo.
– *A grande guerra*, p. 12.
– Em cada processo, com o escritor, comparece a juízo a própria liberdade.
A imprensa, III, p. 111.
– Se os fracos não têm a força das armas, que se armem com a força do seu direito, com a afirmação do seu direito, entregando-se por ele a todos os sacrifícios necessários para que o mundo não lhes desconheça o caráter de entidades dignas de existência na comunhão internacional.
A revogação da neutralidade brasileira, p. 33.
– A existência do elemento servil é a maior das abominações.
Coletânea literária, p. 28.
– Toda a capacidade dos nossos estadistas se esvai na intriga, na astúcia, na cabala, na vingança, na inveja, na condescendência com o abuso, na salvação das aparências, no desleixo do futuro.
Colunas de fogo, p. 79.
– Na paz ou na guerra, portanto, nada coloca o Exército acima da nação, nada lhe confere o privilégio de governar.
Contra o militarismo, 1ª série, p. 131.
– O espírito da fidelidade e da honra vela constantemente, como a estrela da manhã da tarde, sobre essas regiões onde a força e o desinteresse, o patriotismo e a bravura, a tradição e a confiança assentaram o seu reservatório sagrado.
Discurso e conferências, p. 226.

– A soberania da força não pode ter limites senão na força.
Discurso e conferências, p. 377.
– O Exército não é um órgão da soberania, nem um poder. É o grande instrumento da lei e do governo na defesa nacional.
Ditadura e República, p. 138.
– Nenhum povo que se governe, toleraria a substituição da soberania nacional pela soberania da espada.
Ditadura e República, p. 143.
– Embora acabe eu, a minha fé não acabará; porque é a fé na verdade, que se libra acima dos interesses caducos, a fé invencível.
Elogios e orações, p. 161.
– Os que ousam ser leais à sua fé, são cobertos até de ridículo.
Novos discurso e conferências, p. 194.
– A espada não é a ordem, mas a opressão; não é a tranquilidade, mas o terror; não é a disciplina, mas a anarquia; não é a moralidade, mas a corrupção; não é a economia mas a bancarrota.
Novos discursos e conferências, p. 317.
– Outrora se amilhavam asnos, porcos e galinhas. Hoje em dia há galinheiros, pocilgas e estrebarias oficiais, onde se amilham escritores.
O *dever da verdade*, p. 23.
– Não há outro meio de atalhar o arbítrio, senão dar contornos definidos e inequívocos à condição que o limita.
Coletânea jurídica, p. 35.
– Sem o senso moral, a audácia é a alavanca das grandes aventuras.
Colunas de fogo, p. 65.
– Quanto maior o bem, maior o mal que da sua inversão procede.
A imprensa e o dever da verdade, ??.
– É preciso ser forte e consequente no bem, para não o ver degenerar em males inesperados.
Ditadura e República, p. 45.
– Só o bem neste mundo é durável, e o bem, politicamente, é todo justiça e liberdade, formas soberanas da autoridade e do direito, da inteligência e do progresso.
O Partido Republicano Conservador, p. 46.

– No culto dos grandes homens não pode entrar a adulação.
E. eleitoral aos estados de Bahia e Minas, p. 120.
– O ensino, como a justiça, como a administração, prospera e vive muito mais realmente da verdade e moralidade, com que se pratica, do que das grandes inovações e belas reformas que se lhe consagrem.
lataforma de 1910, p. 37.

BIBLIOGRAFIA

AUGUSTO ZIMMERMANN. "Ruy Barbosa, o 'Águia de Haia': um breve estudo em homenagem ao centenário de sua participação na segunda conferência da paz em Haia," 2007.
BOLÍVAR LAMOUNIER. *Ruy Barbosa*, 1999.
LUÍS VIANA FILHO. *A vida de Ruy Barbosa*, 1941.
RUBEM NOGUEIRA. *Ruy Barbosa, contemporâneo do futuro*, 1978.

MARECHAL RONDON
(1865 – 1958)

CÂNDIDO MARIANO DA SILVA RONDON NASCEU A 5 DE MAIO DE 1865, no povoado Santo Antônio do Leverger, e faleceu no Rio, a 19 de janeiro de 1958. Ele e o Barão do Rio Branco são duas faces de uma mesma moeda, representando a efígie do barão a integridade do território brasileiro dos nossos dias e a de Rondon a integração das populações sertanejas do noroeste do país no espírito de uma única nação brasileira, respeitadas as naturais limitações que o conceito de nacionalidade envolve.

Coincidentemente, Rondon nasceu no ano em que começou a Guerra do Paraguai (1865), a partir da invasão do sul do estado do Mato Grosso pelas tropas de Solano Lopes. De tal modo essa região era isolada dos centros de decisão nacionais, que os nossos comandantes militares só tomaram conhecimento da ocupação de nosso território por tropas estrangeiras seis semanas depois de consumada, fato que precipitou a guerra de cinco anos com a vizinha nação guarani (1865-1870). Na fase inicial da guerra, os paraguaios bloquearam o acesso das tropas brasileiras ao rio Paraguai, patenteando, assim, o isolamento do Oeste brasileiro. As notícias do campo de batalha levavam duas semanas para chegar à capital. Quando se deu a proclamação da República, já em 1889, os moradores de Cuiabá só ficaram sabendo um mês depois. Ao iniciar-se a guerra com o Paraguai, havia em todo o vasto território brasileiro apenas 64 km de linhas telegráficas, números que apesar de subirem a 18.340 km, em 1888, não contemplavam os estados de Goiás, Mato Grosso e Amazonas, os dois últimos com milhares de quilômetros de fronteira.

Os créditos de Rondon perante o Brasil se desdobram em três vertentes: 1) consolidação do domínio territorial do Noroeste brasileiro; 2) integração de sua população ao espírito de nacionalidade; e 3) proteção às populações autóctones ou indígenas.

O instrumento de que se serviu para realizar sua odisseia foi a famosa Comissão de Linhas Telegráficas Estratégicas de Mato Grosso ao Amazonas, mais conhecida por Comissão Rondon ou pela sigla CLTE-MTA. O propósito inicial da Comissão desdobrava-se em duas medidas: a) interligar povoações e fortificações no Mato Grosso para facilitar a mobilização de tropas em caso de guerra; b) proteger as fronteiras do Brasil. A esses objetivos Rondon acresceu o seu ideário positivista, como veremos adiante.

Apoiada por uns e criticada por outros, a sobrevivência da "Comissão" só foi possível graças ao competente lobby que seus membros realizaram no sentido de magnificar, perante a opinião pública nacional, o "heroico" trabalho que o seu líder, Cândido Rondon, realizava em favor do desbravamento e integração do Brasil, e de proteção das indefesas populações indígenas.

A precoce orfandade de Rondon – perdeu o pai, descendente dos índios Guaná, aos 5 meses, e a mãe, descendente dos índios Terena e Bororo, aos 2 anos – levou-o a morar com um tio em Cuiabá, onde concluiu o curso normal aos 17 anos. O Exército era o único meio, naqueles rincões bravios, para jovens pobres como ele avançar nos estudos. No Rio de Janeiro, cursou a Academia Militar e a Escola Superior de Guerra, graduando-se em engenharia militar, em 1890, aos 25 anos.

As origens territoriais e étnicas de Rondon, somadas ao propósito do governo de ocupar, de fato, tão vasta, desconhecida quanto exposta região do país, certamente influíram decisivamente na escolha do seu nome para servir em seus pagos, já agora como respeitável oficial do Exército. Compreende-se por que Rondon não teve que disputar com ninguém a indicação para servir naqueles inóspitos longes da pátria, onde a certeza do desconforto e do isolamento se mesclava com os riscos constantes de doenças e de agressões, oriundas da flora e da fauna, exuberantes em sua sufocante integridade natural. Só a título de ilustração, mais de quatro mil quilômetros separam o litoral brasileiro de nossas fronteiras orientais, carentes do mínimo de infraestrutura para atender as necessidades humanas. Por um dos dois trajetos, então existentes, tomava-se o trem no Rio de Janeiro e chegava-se à cidade mineira de Araguari, daí seguindo em marcha que cruzava o estado de Goiás, alcançando São Lourenço, no Mato Grosso, cinquenta e oito dias depois da partida do Rio. A outra rota implicava "imenso desvio fluvial", com o navio saindo do Rio no sentido do Atlântico-Sul, até penetrar os rios Paraná e Paraguai, avançando para o Norte. Antes de chegar a Mato Grosso, portanto, passava-se pelo Uruguai, Argentina e Paraguai, percurso que consumia o mesmo tempo do Rio ao Japão.

Para que se tenha uma ideia de como era frouxo o sentimento de brasilidade, no início do século XX, o Exército brasileiro, em 1914, quando recrutava moradores locais para enfrentar insurgentes milenaristas em Santa Catarina, em guerra cruenta, recorreu ao rico proprietário de terras Francisco Pires. Diante da corriqueira solenidade de hasteamento da bandeira e execução do Hino Nacional, Francisco Pires, boquiaberto, confessou estar vivendo pela primeira vez aquela cerimônia. Observe-se que a Proclamação da República se dera vinte e cinco anos antes, e um típico representante de nossa aristocracia rural não conhecia nem a bandeira nem o hino do seu país!

A personalidade de Rondon, perante a nação, se formou a partir do amálgama de duas características contraditórias que o acompanharam por toda a vida: militar e pacifista. De um militar espera-se a disposição permanente para entrar em conflito quando este se fizer necessário. Rondon, porém, depois de uma curta fase inicial em que chegou a recorrer à força para punir subordinados e impor sua autoridade, pautou toda a sua vida pela mais rigorosa observância de uma atitude contemporizadora, tendo a concórdia como fio condutor e objetivo maior. A utopia positivista a que Rondon aderiu preconizava a eliminação de exércitos. Acreditava ele, como o mestre do positivismo, Benjamin Constant, seu professor na Escola Militar, que, com o progresso, seriam "recolhidas ao museu da história as armas que se empregam como elemento de destruição". Aos que criticavam sua visão, por excessivamente utópica, respondia lembrando que houve tempo em que a abolição da escravatura parecia aos pessimistas um sonho irrealizável. A partir dessa vertente emocional e moral nasceu sua atitude protetora dos índios, expressa no slogan famoso: "Morrer se necessário for; matar nunca." Quando guiou o ex-presidente dos Estados Unidos, Theodor Roosevelt, em famosa, sofrida e perigosa excursão exploratória do rio da Dúvida, em 1914, um remador da expedição, por motivo fútil, matou um companheiro. Roosevelt, que por deferência do governo brasileiro, era o chefe da expedição, entendeu que o assassino deveria ser executado ali mesmo, já que naquele ambiente de grandes dificuldades e total isolamento os imperativos situacionais de sobrevivência deveriam prevalecer sobre as leis do país, concebidas para viger em contextos previsíveis. Rondon fez prevalecer seu entendimento de que o homicida deveria ser mantido vivo para ser julgado ao fim da excursão. Os desentendimentos havidos com Roosevelt foram tamanhos e tão numerosos que o seu filho Kermit Roosevelt, integrante da excursão, que, como seu famoso pai, quase morre de malária, durante a expedição, observou em seu diário que "estava a ponto de matar o rebanho inteiro (dos animais de carga) e todos os membros da expedição". Toda essa insatisfação se instalou, não obstante haver Rondon restringido o acesso dos brasileiros aos alimentos que escasseavam, "para que continuassem a ser concedidas a nossos hóspedes todas as regalias de então", conforme anotou em seu relatório.

Todd Diacon, biógrafo de Rondon, observou que "os insetos e as doenças estarreceram os americanos. Nuvens de pragas exasperavam os homens. Borrachudos, abelhas-lambe-suor e marimbondos picavam-nos por cima dos chapéus e das luvas. Carrapatos cobriam-lhes as roupas. Formigões de três centímetros de comprimento tinham uma ferroada parecida com a de um escorpião pequeno. Multidões de formigas devoravam roupas e calçados". O autor acrescenta, às fontes de tormento, fungos, mutucas, bichos-de-pé, ancilostomose, cobras, escorpiões e as temíveis tocandiras, formigas negras que podem alcançar três centímetros de comprimento, de picada tão dolorosa que os índios as usavam em rituais de iniciação. O próprio Roosevelt anotou com espírito: "Ora eu varava um arbusto e assanhava um ninho de vespas, que revidavam com gana, ora, sem querer, eu pisava num destacamento de formigas carnívoras em caçada, quando não, ao tropeçar, me agarrava a um galho e derramava uma chuva de formigas-brasa; e em meio a todas, sobressaiu a picada de uma formiga gigante, doída como a das abelhas, que me atormentou por horas." Explica-se por que nos noventa e nove dias que durou a expedição Roosevelt tenha perdido 20 quilos.

Depois de muito sofrimento e das perdas de inúmeras vidas, ao longo de anos de observação, os médicos da Comissão concluíram que a melhor profilaxia contra a malária, naqueles confins, consistia no uso regular de mosquiteiros e na aplicação de doses diárias de quinino.

A fidelidade que Rondon prestou desde sempre ao ideário de preservação da vida, como desbravador dos sertões e como indianista, já seria suficiente, por si só, para ter o seu nome inscrito nesta numericamente reduzida galeria de personalidades marcantes do Brasil. Explica-se por que em 1957, um ano antes de sua morte, teve o seu nome indicado para o Nobel da Paz, pelo Explorer's Club de Nova York.

Para que se compreenda a personalidade de Rondon, bem como o papel que desempenhou na vida brasileira, convivendo com críticos ferozes e admiradores incondicionais, é indispensável conhecer a influência que sobre ele exerceu o pensamento positivista do francês Auguste Comte, considerado o pai da sociologia (1798-1857), tão presente nos movimentos que desembocaram no fim da escravatura e na proclamação da República. Este irrequieto e genial pensador concluiu, aos 21 anos, que "Tudo é relativo. Eis o único princípio absoluto". Aos 24, concebeu a "Lei dos três estados", segundo a qual todas as concepções humanas passam por três fases sucessivas: a teológica, a metafísica e a positiva, numa velocidade proporcional à dos fenômenos correspondentes.

No estado teológico, em face de sua incapacidade de compreender os fenômenos naturais, os homens recorrem à intervenção dos espíritos para explicá-los. Ao longo desse estado, sucedem-se três fases: a fetichista, a politeísta e a monoteísta. No período fetichista, seres sobrenaturais seriam os responsáveis por todos os fenômenos. No politeísta, para cada conjunto de fenômenos haveria um diferente deus, enquanto no monoteísmo, derradeiro período do estado teológico, apenas um Deus responderia por todas as ações providenciais.

Na fase metafísica, os homens já começam a estudar os fenômenos naturais, tentando compreendê-los e explicá-los, por via racional, a partir da identificação de suas causas, daí passando para a fase positivista quando a explicação dos fatos da natureza passou ao domínio das ciências, compostas de leis naturais. Alguns indivíduos, superiormente dotados, descobririam essas leis que passariam a guiar toda a humanidade numa só direção. Daí para a formulação e criação da Religião da Humanidade foi apenas um passo.

As ideias positivistas de Auguste Comte ganharam relevo entre nós, a partir de 1876, quando o filósofo e matemático Teixeira Mendes juntou-se ao filósofo Miguel Lemos e ao coronel Benjamin Constant para fundar a Sociedade Positivista do Brasil, seguindo-se a fundação, em 1881, por Miguel Lemos, da Igreja Positivista do Brasil, até hoje atuante, ainda que em proporções mínimas, na cidade do Rio de Janeiro, à rua Benjamin Constant, no bairro da Glória, onde se ergue o Templo da Humanidade, em cujas portas se inscreveu o lema de Comte que proclama: "O Amor por princípio, a Ordem por base e o Progresso por fim." Antes de fundá-la, Miguel Lemos foi a Paris com o propósito de estudar a nova religião. Sempre que se encontrava no Rio de Janeiro,

Cândido Mariano da Silva Rondon frequentava-a, assiduamente. O declínio da influência do pensamento positivista, em face dos crescentes desentendimentos entre os fundadores, não arrefeceu a crença de Rondon na utopia da paz universal, mediante a integração da família, com a pátria e a humanidade. Essa crença perdurou até o fim de sua vida. Para ele, Augusto Comte era "o mais sábio dos filósofos".

Nossa bandeira, originariamente concebida para ser uma cópia servil da americana, apenas com as cores invertidas, é de autoria de Teixeira Mendes que, através do ministro da Agricultura, Demétrio Ribeiro, também positivista, como sinal de continuidade da sociedade brasileira, preservou as cores verde e amarela da bandeira do Império, substituiu o brasão imperial pela esfera armilar, e nela inscreveu o dístico comteano "Ordem e Progresso". Ser positivista no Brasil, no último quartel do século XIX, era passaporte para o acesso às mais cobiçadas profissões, como o magistério, a medicina, a engenharia e a carreira militar.

Com o propósito de expandir a presença do Estado no Noroeste remoto e facilitar o escoamento da produção de borracha natural da Amazônia, então no auge de sua demanda, o presidente Afonso Pena (1906-1909) atribuiu aos militares a missão de assegurar a presença do Estado no sertão. O trabalho do engenheiro militar Rondon consistia na construção de uma infraestrutura de estradas e linhas telegráficas ligando as regiões remotas ao litoral do país, atividade a que se dedicou com apaixonada exclusividade ao longo de trinta anos em que revelou notável vigor físico e viveu grandes aventuras, inclusive a partir de 1927 quando, aos 62 anos de idade, começou a difícil tarefa de inspecionar as fronteiras internacionais do Brasil e fazer seu levantamento topográfico, cumprindo a pé, em lombo de burro ou em pequenas canoas, parte substancial dos 40 mil quilômetros do vai e vem do percurso que compreendeu a odisseia dessa travessia.

Para Rondon e seus companheiros, a grande nação brasileira seria edificada em paralelo à consolidação do ideário positivista, desejo que encerrava invencível contradição, uma vez que o positivismo ensinava que a ideia corrente de "nação" impedia a unificação da espécie humana numa só família e a criação do que denominavam "humanidade", estágio em que, inclusive, os Exércitos deixariam de existir, por absolutamente supérfluos.

A presença nessas áreas desgarradas dos olhos da nação de contingente militar que chegou, em certos momentos, a seiscentos praças, agitou sua vida econômica e social, pela aquisição de produtos locais, pelo ensino dos valores nacionais e respeito às populações indígenas, postura que levou ao enfrentamento da reação da autoridade abusiva de grandes proprietários de terras, travestidos de despóticos coronéis, no esforço de criar e unificar o sentimento de brasilidade, com discursos patrióticos, regular hasteamento da bandeira e celebrações cívicas. O número de baixas era, habitualmente, enorme, chegando a abater mais da metade da tropa, que, na média dos vários contingentes que integraram a Comissão representava nada menos de 5% de todo o Exército brasileiro, baixas provocadas, sobretudo, por doenças, sendo a malária endêmica a principal delas. Enquanto uma autoridade da área de saúde pública afirmava que a malária acometia de 80% a 90% dos trabalhadores na Amazônia, o festejado sanitarista pioneiro, Carlos Chagas, integrante desta plêiade de personalidades marcantes do Brasil, atestava, em 1911, que a morte colhia, todos os anos, entre 30% e 40% de todos os seringueiros da região, vítimas "da tradição de insalubridade que faz da Amazônia uma terra inabitável". Ressaltou, ainda, que "na Amazônia até doenças comuns apresentam sintomas novos e desnorteantes". Num vilarejo que visitou, dos novecentos habitantes, quatrocentos morreram nos primeiros seis meses daquele ano. Oswaldo Cruz, também partícipe da galeria de que cuidamos neste trabalho, por sua vez, dizia que na Amazônia predominavam "as mais precárias condições de vida humana, talvez sem paralelo em todo o mundo". O genial Euclides da Cunha não deixou por menos. Em artigos e conferências, descreveu a região como poderoso inimigo de quem nela penetrasse. Lugar fértil, mas pré-histórico e perigoso, segundo ele. E arrematou, hiperbólico: "A

Amazônia é uma página contemporânea e inédita do Gênese." Alberto Rangel, com um romance intitulado *Inferno verde*, foi quem primeiro fixou, em letra de forma, a imagem impressionante da Amazônia.

Os dois parasitas causadores da malária no Brasil são o *oium vivax*, que provoca recidivas a intervalos de um ano, e não é fatal. Rondon era portador dessa espécie. O outro parasita é o *plasmodiumfalciparum*, causador de insuficiência renal, convulsões, confusão mental, coma e morte, se não for tratado adequada e tempestivamente. No início de 2010, pesquisas revelaram que a morte do jovem faraó Tutancâmon, que viveu há vinte e três séculos, foi ocasionada por esse parasita, e não por concussão cerebral, como se supôs ao ser descoberta sua múmia em 1922.

A maior porção dos integrantes da Comissão era representada por pobres, analfabetos, soldados insubordinados, grandes desordeiros e criminosos. Num episódio extremo, cem marinheiros que se insurgiram contra os castigos corporais que lhes eram infligidos, no episódio que ficou conhecido como a Revolta da Chibata, em 1910, foram enviados para trabalhar na implantação do telégrafo, sob o comando de Rondon, em Santo Antônio do Madeira. Aprisionados e transportados no porão do navio *Satélite*, os marinheiros se amotinaram na costa da Bahia, tendo os líderes sido executados pelo comandante. Ao chegarem ao destino, quarenta e um dias depois da partida do Rio, o oficial da Comissão Rondon, designado para recebê-los, os descreveu como "esqueléticos escravos fugidos", uma vez que eram negros em sua grande maioria. Inteiramente desafeitos à vida na floresta e depauperados pelos maus-tratos de que foram vítimas ao longo da penosa travessia, esses homens acabaram dizimados "pela bala ou pela malária", conforme candente carta-denúncia que o empregado da Comissão, Belfort de Oliveira, enviou a Ruy Barbosa.

As mortes provocadas por ataques indígenas ou por tocaias de jagunços, a serviço dos grandes proprietários, representavam pequena fração dos casos fatais. Não estranha que fosse tão elevado o número de desertores, fato que demandava constante perda de tempo e grande esforço no empenho de localizá-los e puni-los. A maioria deles, porém, se perdia de vista para sempre. Pelas anotações em seu diário, observa-se que Rondon sentia mais intensamente a morte de cães e animais de carga do que a perda de membros das expedições. Explica-se: ao contrário dos homens, os cães e as mulas não desertavam. Os percentuais de deserções eram muito altos. Em 1912, 10% dos seus soldados desertaram, um bom desempenho quando comparado à deserção de cinquenta e sete em um contingente de cento e cinquenta e quatro soldados, entre junho e dezembro de 1907, perfazendo o elevadíssimo percentual de 37%. O oficial responsável assim pôs a questão: "É visível o descontentamento dos soldados e o terror que lhes infunde a lembrança de que podem ficar sem alimentação neste deserto." A maioria dos que não se entregavam sucumbia à fome, às doenças e ao desespero.

O próprio Rondon, acometido de malária crônica, padeceu longos e sofridos sezões, e escapou por pouco da morte, aos 42 anos, por uma flecha envenenada, disparada pelos índios nambiquara. Da indignação inicial provocada por aquele inesperado ataque, Rondon evoluiu para consolidar a fraterna compreensão de sua missão integradora dos diferentes brasis e catequética dos aborígenes, mediante a priorização da convivência harmônica sobre a conquista pela força. Na sequência do atentado e da iminente possibilidade de sua renovação, disse Rondon a seus soldados: "Ainda mesmo que alguém da expedição seja ferido pelos guerreiros de Juruena, nenhuma represália deve ser movida contra os atacantes." Posteriormente, comentando a negativa reação da soldadesca ao seu pacifismo, disse Rondon: "Esta teoria contrastava com os sentimentos belicosos dos nossos soldados, tropeiros e vaqueiros, para quem os índios se nivelavam aos animais ferozes, suscetíveis de destruição." Nas recomendações aos seus oficiais e às tropas encontram-se conselhos como estes, datados de 15 de agosto de 1912: "a guarda e a proteção das famílias e das tribos que periodicamente nos visitam... de cada funcionário espero na delicadeza e pureza dos seus sentimentos de patriota e de homem o desempenho da nobre função de cavalheiro, tomando a si a defesa da mulher indígena, da sua pura inocência, contra a grosseria e a brutalidade masculinas". Rondon interpretou vários ataques indígenas a trabalhadores nas estações telegráficas, alguns com vítimas fatais, como legítima reação dos índios a abusos praticados contra sua integridade e interesses.

Em discurso pronunciado em 1940, aos 75 anos, Rondon elencou os princípios que orientavam sua conduta diante das populações aborígenes:

1. Não afastar os índios do seu habitat, pois conhecemos o efeito desastroso desse afastamento.
2. Não forçá-los a trabalhos e respeitar sua organização tribal.
3. Criar-lhes, pelo exemplo e pelo fornecimento de coisas úteis, novas necessidades.
4. Induzi-los, por meios suasórios, aos trabalhos do seu agrado e que lhes forneçam recursos para a compra dos artigos correspondentes às suas novas necessidades.
5. Revelar-lhes, pelo ensino livre e adequado, novos horizontes de vida, selecionando os mais capazes para guias do seu povo.
6. Ter em vista, quanto aos trabalhos, o regime gregário de atividade indígena, não só na execução, mas, sobretudo, na distribuição dos produtos, o que impedirá toda tentativa de loteamento.

Rondon tinha claro que o propósito de seu trabalho era o de promover o desenvolvimento dos estados da Amazônia, do Brasil desconhecido, império dos vales fluviais, das altas florestas e dos impenetráveis charravascais, para "torná-los produtivos e submetê-los à nossa atividade, aproximá-los de nós, (...) estender até os mais recônditos confins dessa terra enorme a ação civilizadora do homem – eis a elevada meta de uma política sadia e diligente que tenha a compreensão nítida das necessidades primordiais do desenvolvimento material da pátria".

Os que criticam a sistemática "autopromoção de Rondon e seu time", realizada através dos membros da Comissão e dele próprio, em centenas de palestras, diários pessoais e de campanha, relatórios e livros publicados, muito eficazes no empenho de evidenciar as conquistas dos sertanistas, sobretudo do seu líder maior, parecem não levar em conta que, para realizar o seu trabalho, Rondon necessitava de alguns ingredientes poderosos com que neutralizar as ofensivas clericais, particularmente oriundas da Igreja Católica, e o inconformismo dos militaristas diante do pacifismo do seu ideário positivista que pregava a eliminação dos exércitos e a substituição de todas as igrejas pela racionalidade científica do positivismo. As hostilidades atingiram o clímax quando membros da Comissão criticaram a influência da Igreja Católica e de seus dirigentes nos assuntos políticos do Brasil. Como fonte adicional de resistência à continuidade e ao oneroso financiamento dos trabalhos da Comissão, o advento da radiocomunicação, em 1915, condenou a linha telegráfica à obsolescência, mesmo antes de sua inauguração, desvigorando a força do discurso positivista que apontava o telégrafo como a chave do progresso brasileiro. De fato, o declínio do significado da função da linha tornou-se evidente. De 5.320 telegramas particulares e 22.774 telegramas oficiais operados pela linha telegráfica até 1921, em todo o ano de 1924 a estação Presidente Hermes enviou apenas trinta e oito telegramas e recebeu quinze, enquanto a estação Parecis, a mais próxima de Cuiabá, enviou oitenta e três telegramas particulares e recebeu apenas vinte e um. Em contrapartida, vozes altissonantes defendiam com paixão o trabalho de Rondon e de sua Comissão, como neste trecho de autoria do oficial do Exército Severo dos Santos, no jornal carioca *A Rua*, edição de 18 de julho de 1916: "Esses trabalhos (da Comissão) honram certamente muito mais o Exército brasileiro que todos os combates do Paraguai e ficarão como um saldo nos descontos que merece pelos erros e crimes de Canudos, do Rio Grande ou do Contestado." É compreensível que muitos vissem o coronel positivista Rondon, mais como positivista do que como coronel.

Tudo leva a crer que o ambiente de exacerbado maniqueísmo que se formou em torno de Rondon (seria ele herói ou cabotino?) tenha comprometido a formação de um juízo equilibrado a respeito da qualidade do trabalho da Comissão, pelos excessos de crítica ou de louvação desmedida.

A partir de sua reforma (aposentadoria militar), em 1930, Rondon passou a dedicar-se, com inaudito interesse, como presidente, ao Conselho Nacional de Proteção aos Índios. Foi graças à sua influência que se criou o Dia do Índio. Durante décadas que se alongaram para muito depois de sua morte, a ação de Rondon foi elogiada pelo mundo acadêmico e por colegas de trabalho, contribuindo para o aumento do seu prestígio dentro e fora do Brasil. Seu nome, onde quer que fosse pronunciado, ecoava como símbolo de uma política humanitária de convivência com as populações autóctones, em contraste com o clima de violência existente em outros países, notadamente nos Estados Unidos, onde predominaram políticas de confronto e extermínio. Recorde-se a macabra observação do general Sheridan, equivocadamente atribuída ao general Custer: "Índio bom é índio morto."

A partir de fins do século XX, surgiram, entre intelectuais brasileiros, vozes dissonantes que questionam o trabalho de Rondon como defensor dos índios. A maioria desses estudiosos, antropólogos vinculados à Universidade Federal do Rio de Janeiro, sustenta que o trabalho de Rondon objetivou a expansão do Estado brasileiro e não a assistência aos índios. A análise desses argumentos, porém, escapa ao propósito deste trabalho.

O que constitui fato indiscutível é que a polêmica sobre a qualidade do trabalho de Rondon, em favor da integração do Brasil e da catequese das populações indígenas, ao longo de sua vida e depois de sua morte, só faz aumentar a percepção coletiva sobre o significado de sua biografia para o povo brasileiro. Alguns viram no trabalho de Rondon a construção de um caminho que permitisse ao povo brasileiro o encontro consigo próprio, libertando-se do dilema que se expressava no entendimento segundo o qual "ser moderno era ser branco e europeu, mas a maioria dos brasileiros não era nem uma coisa nem outra", nas palavras do historiador e brazilianista Marshall C. Eakin. Sua memória tem presença solar no território nacional, através das inúmeras homenagens a ele tributadas, com o seu nome batizando cidades, escolas, hospitais, ruas, edifícios públicos e privados, monumentos, incluindo sua efígie estampada numa nota de mil cruzeiros, na década de 1980, e até mesmo empreendimentos privados de que são exemplos duas usinas produtoras de energia, no município de Pimenta Bueno, no estado que leva o seu nome, Rondônia, a que a empresa Eletrogóes denominou UTE Rondon II e UHE Rondon II, com 24 e 73,5 mgwts de potência, respectivamente.

O que não se pode negar é que Rondon foi grande, tanto para os que o idolatram quanto para os que o difamam.

BIBLIOGRAFIA

CANDICE MILLARD. *The River of Doubt: Theodore Roosevelt's darkest journey*, 2005.
DARCY RIBEIRO. *O indigenista Rondon*, 1958.
EDILBERTO COUTINHO. *Rondon, o civilizador da última fronteira*, 1975.
ELIAS DOS SANTOS BIGIO. *Cândido Rondon: a integração nacional*, 2000.
ESTHER DE VIVEIROS. *Rondon conta a sua vida*, 1958.
IVAN LINS. *História do positivismo no Brasil*, 1964.
TODD A. DIACON. *Rondon*, 2006.
THEODORE ROOSEVELT. *Nas selvas do Brasil*, 1976.
THOMAS SKIDMORE. *Black into White: race and nationality in Brazilian thought*, 1993.

EUCLIDES DA CUNHA
(1866-1909)

EUCLIDES RODRIGUES PIMENTA DA CUNHA NASCEU E MORREU NO RIO de Janeiro, respectivamente, a 20 de janeiro de 1866 e a 15 de agosto de 1909, aos 43 anos, 6 meses e 25 dias, assassinado por Dilermando de Assis, seu comborço, isto é, amante da esposa, Ana. O preciso local do seu nascimento era denominado Arraial de Santa Rita do Rio Negro, rebatizado como Euclidelândia, município de Cantagalo, Rio de Janeiro.

O uso sinérgico que Euclides fez dos conhecimentos de sociologia, literatura – prosa e verso –, jornalismo, história, geografia, geologia e engenharia transformou-o num dos maiores escritores da língua portuguesa. Na realidade, não são poucos os críticos que o consideram um gênio literário, a partir, sobretudo, do monumental *Os sertões*, de fama mundial.

Euclides compõe com Getúlio Vargas e Luís Carlos Prestes a tríade das grandes personalidades trágicas do Brasil. Certamente, essa faceta dolorosa de sua vida contribui para o incessante e crescente interesse sobre tudo o que lhe respeita.

Sua vocação para feitos memoráveis se manifestou desde cedo, ao lançar a espada de cadete aos pés do ministro da Guerra, Tomás Coelho, que se encontrava em visita ao quartel. Agiu sob a inspiração dos princípios republicanos inoculados em seu espírito pelo coronel Benjamin

Constant, seu professor e líder nacional do pensamento positivista que grassava no país. Ao perdão pelo temerário gesto, atribuído pela direção da escola à "fadiga por excesso de estudo", preferiu reiterar suas convicções republicanas e pôr fim à iniciante e promissora carreira militar, em 1888.

Logo passou a defender a República no jornal *A Província de São Paulo*. Esse jornal mudaria de nome e passaria a chamar-se *Estado de São Paulo*, o *Estadão* de nossos dias. Uma vez proclamada a República, foi reintegrado ao Exército e promovido, ingressando na Escola Superior de Guerra, de onde saiu como primeiro-tenente e bacharel em matemáticas e ciências físicas e naturais. Casou-se, em 1890, com Ana Emília Ribeiro, filha de Frederico Sólon de Sampaio Ribeiro, um dos líderes do movimento republicano vitorioso.

Aos três e meio, ao perder a mãe Eudóxia Moreira da Cunha, vítima de tuberculose, ele e a irmãzinha Adélia, de apenas 1 ano, foram morar com a tia Laura em São Fidélis.

Seu pai, Manuel Rodrigues Pimenta da Cunha, em 1875, teve o poema "À morte de Castro Alves" publicado na segunda edição de *Espumas flutuantes*, do poeta baiano, falecido, aos 24 anos, em 1871.

Em 1877, aos 11 anos, Euclides vai morar em Salvador, com a avó paterna, ali frequentando o famoso Colégio da Bahia, onde estudaram Castro Alves e Ruy Barbosa. De regresso ao Rio, em 1879, completa o curso primário no Colégio Caldeira. Em 1880, matricula-se, sucessivamente, nos Colégios Anglo-Americano, Vitório da Costa e Menezes Dória, onde realiza o curso médio. Em 1883, transfere-se para o Colégio Aquino, onde escreve os primeiros poemas, reunindo-os sob o título de *Ondas*, e publica no jornal da escola, *O Democrata*, o primeiro artigo, em 1884. Em 1885, depois de cursar o primeiro ano da Escola Politécnica, interrompe os estudos por falta de dinheiro. No ano seguinte, matricula-se na Escola Militar, da Praia Vermelha, no Rio, porque, além da gratuidade acadêmica e de oferecer cama e mesa, a escola pagava um soldo aos seus alunos. Tem como mestre o líder do positivismo no

Brasil, Benjamin Constant. Cândido Rondon, um dos cinquenta nomes que integram esta lista, foi seu colega na Praia Vermelha. Em 1887, aos 21 anos, colabora com a revista *Família Acadêmica*. Enfermo, baixa à enfermaria e tira uma licença de dois meses para tratamento de saúde. Em 1888, sob o falso pretexto de incapacidade física, desliga-se do Exército, em consequência do ato de indisciplina, por ter lançado seu sabre de cadete aos pés do ministro da Guerra, o conselheiro Tomás Coelho, integrante do último gabinete conservador da Monarquia. Com o artigo "A Pátria e a Dinastia", estreia no jornal *A Província de São Paulo*, no dia 20 de dezembro.

Em 1889, proclamada a República, com o apoio do futuro sogro, major Sólon Ribeiro, retorna à Escola Militar. Quando conheceu a filha de Solon, Ana Emília, com quem se casaria no ano seguinte, deixou-lhe a seguinte mensagem: "Entrei aqui com a imagem da República e parto com a sua imagem." Como poderia o jovem par saber que aquele flerte desembocaria em tragédia?

Muito cedo, Euclides afastou-se do positivismo bem como se desencantou com os métodos dos governantes republicanos.

Em 1891, conclui o curso na Escola Superior de Guerra, tira um mês de férias para tratamento de saúde e viaja, com a mulher, para a Fazenda Trindade, de propriedade do seu pai, no interior de São Paulo, quando morre a filha Eudóxia, recém-nascida. Em 1892, promovido a tenente, realiza estágio na Estrada de Ferro Central do Brasil. Antes, porém, Floriano Peixoto, em reconhecimento de sua bravura, manda chamá-lo e quando o vê fardado, diz: "Você veio com ar de guerra. Não precisaria fardar-se. Você entra aqui como amigo e não como soldado. Escolha o posto que quiser", ao que Euclides, alma cândida, retrucou: "Desejo o que a lei prevê para recém-formados: um ano de estágio na Estrada de Ferro Central do Brasil." Foi nomeado, também, professor auxiliar da Escola Militar no Rio. Em 1893, nasce seu primeiro filho varão, Sólon Ribeiro da Cunha, que morreria vitimado por uma emboscada no Acre, em 1916. Neste mesmo ano de 1893, *O Estado de São*

Paulo recusa-se a publicar o artigo que Euclides escreveu com críticas ao governo do marechal Floriano Peixoto. Acometido de pneumonia, interrompe a colaboração jornalística e retorna ao trabalho na ferrovia Central do Brasil.

Em 1894, como consequência da Revolta da Armada, iniciada no início de setembro, seu sogro foi preso. Audaz como sempre, Euclides interpela Floriano, que silencia. Deixa a esposa com o filho Sólon, na fazenda do pai, e vai servir na diretoria de obras militares. Foi transferido para a cidade de Campanha, para construir um quartel, em Minas Gerais, como punição pela publicação de duas cartas de protesto contra a execução sumária de presos políticos, pedida pelo senador cearense João Cordeiro, florianista. As cartas levaram o sugestivo título de "A Dinamite". De sua estada em Campanha, são as anotações que fez no livro *Teoria do socialismo*, de Oliveira Martins.

Em 1895, tuberculoso crônico, licencia-se do Exército, indo dedicar-se à agricultura, na fazenda do pai, mas não conseguiu adaptar-se à vida do campo. Prefere trabalhar como engenheiro-auxiliar na diretoria de obras de São Paulo. Nasce seu segundo filho varão, o desditoso Euclides Ribeiro da Cunha Filho, apelidado de Quindinho, que viria a ser assassinado pelo mesmo Dilermando, que lhe matara o pai. Em 1896, contrariando o sogro, pede reforma do Exército, no posto de tenente, para entregar-se à engenharia civil, indo trabalhar na Central do Brasil. Em 1897, volta a escrever n'*O Estado de São Paulo*, a convite de Júlio de Mesquita, sendo designado para cobrir, como correspondente, a 4ª Expedição contra o místico Antônio Conselheiro, encastelado em Canudos, na Bahia, o que faz entre 7 de agosto e 1º de outubro. Antes de partir para Canudos, já havia escrito o conhecido texto sob o título de "A nossa Vendeia" em que compara Canudos com a região da Bretanha francesa Vendée, e o jagunço nordestino com o insurreto *"chouan"*, logo depois que a tropa de 1.500 homens, sob o comando do coronel Moreira César, foi inteiramente destroçada pelos conselheiristas. Segundo pensava, entre a rebelião francesa e a brasileira havia, em comum, o propósito de restaurar a Monarquia. Nos artigos que regularmente enviava ao *Estado de São Paulo*, Euclides reiterava sua confiança na vitória das tropas do governo sobre os conselheiristas.

Presente ao campo de batalha, onde chega a 16 de setembro, acompanha toda a movimentação de tropas, anota tudo o que vê e ouve, expressões populares e regionais, copia diários da soldadesca, transcreve poemas populares e profecias apocalípticas, com ênfase especial sobre Canudos e o Conselheiro. Quase sempre acompanhado do jornalista Alfredo Silva, inspirado no espírito inquisidor de Spix e Martius, deambula à volta do acampamento, desenha de diferentes ângulos a cidade e as elevações que contornam o campo de batalha, anota as mudanças climáticas, observa as plantas e minerais da região. Enriquecido com tantos dados, no dia 19 de setembro, escreve a primeira reportagem. Espanto geral: Antonio Conselheiro morre no dia 22 de setembro, vítima de estilhaços de granada que provocaram incontrolável disenteria.

O intenso contato com a miséria estrutural dos moradores da região, acrescido do testemunho do cruel e covarde genocídio, operou uma mudança radical do seu modo de ver o conflito. Tanto que em janeiro de 1902, quando já concluída a redação de *Os sertões*, escreveu a um amigo sobre o conteúdo do seu livro: "Serei um vingador e terei desempenhado um grande papel na vida: o de advogado dos pobres sertanejos assassinados por uma sociedade pulha e sanguinária."

Euclides adotou um jaguncinho debilitado pela doença, chamado Ludgero, que entrega ao amigo e educador Gabriel Prestes, em São Paulo, que o criou e lhe deu o sobrenome.

Com acessos de febre, Euclides deixa o campo da luta, quatro dias antes do final da guerra, profundamente chocado, pela visão dos infelizes penitentes, maltrapilhos e feridos, esparramados no chão.

De volta a Salvador, em 13 de outubro de 1897, aí permanece alguns dias, seguindo, depois, para o Rio de Janeiro e São Paulo. Vencidos os quatro meses de licença, para cuidar da saúde, segue para Descalvado, onde começa a escrever *Os sertões*. Euclides contava 31 anos.

Em 1898, reassume suas funções na Superintendência de Obras Públicas de São Paulo. Começa a publicar, em *O Estado*, trechos de *Os sertões*. A ponte recém-construída em São José do Rio Pardo, São Paulo, parcialmente sob sua fiscalização, rui, obrigando-o a comparecer ao local para avaliar as causas do sinistro. A perspectiva de demora nos trabalhos de recuperação levou o escritor a mudar-se para São José do Rio Pardo, aí permanecendo até 1901. No meio-tempo, faz conferências sobre temas por ele observados no agreste baiano, como o clima e a importância da construção de açudes para mitigar os efeitos das estiagens do Nordeste brasileiro. O prefeito de Rio Pardo, Francisco Escobar, amigo e admirador de Euclides, cria-lhe meios para facilitar a redação de *Os sertões*, pois uma parcela substancial do livro foi escrita naquela cidade. Em maio de 1900, finaliza a primeira parte de sua grande obra. Nesse mesmo ano, recebe a notícia da morte do sogro, o então general Sólon Ribeiro.

Em 1901, concluídos os trabalhos da ponte, Euclides foi nomeado chefe do 5º Distrito de Obras Públicas, sediado em São Carlos do Pinhal, no estado de São Paulo. Aí, aos 35 anos, conclui *Os sertões*, um clássico da literatura universal, em todos os tempos. Da primeira edição de 1.200 exemplares, pagou do próprio bolso à editora Laemmert, metade do custo, no valor de um conto e quinhentos mil réis, correspondente a dois meses do seu salário. É quando nasce o terceiro filho, Manuel Afonso Ribeiro da Cunha, o único dos filhos que deixaria descendência.

Depois de exaustivas revisões, o grande livro chega às livrarias, sob o título *Os sertões (Campanha de Canudos)*, em dezembro de 1902, dividindo a opinião da crítica. Como confessou o autor, o vasto material reunido consumiu cinco anos para ser escrito, "nos raros intervalos de folga de uma carreira fatigante".

Euclides contava, então, 36 anos e 11 meses de idade.

Independentemente do talento literário de Euclides, o que mais atrai n'*Os sertões* advém do seu rompimento com as ideias preconcebidas a respeito das motivações da guerra, vista inicialmente por ele como resultante do engenho de monarquistas saudosos, empenhados no propósito de restaurar o velho regime.

Do mergulho que fez no estudo da problemática saiu com a percepção de que aquela sociedade de párias, entregue ao deus-dará, nada tinha em comum com a sociedade litorânea que a via através de lentes que a distorciam, impedindo sua compreensão. Consolidou-se em seu espírito o desejo de fazer um retrato verdadeiro do interior do Brasil.

Os sertões está dividido em três partes: "A terra", "O homem" e "A luta". A terra explica a geologia, a hidrografia, a fauna e a flora do Nordeste. "O homem" descreve a vida, os costumes e a religiosidade das pessoas, enquanto "A luta" narra a epopeia dos sertanejos fiéis ao líder beato Antônio Conselheiro, em sua heroica resistência às quatro expedições enviadas para conjurar o perigo que ameaçava a República, segundo o pensamento oficial.

Pouco mais de dois meses decorridos do lançamento, o livro se esgota. A essa altura já fazia anotações para escrever novo trabalho, agora sobre a rebelião da Marinha, em 1893 e 1894, no Rio, por ele combatida, como oficial do Exército. A crescente repercussão de *Os sertões* elege-o para ocupar a cadeira nº 7 da Academia Brasileira de Letras, que tem Castro Alves como patrono, em 21 de setembro de 1903, sucedendo a Valentim Magalhães. A posse, porém, só ocorreria três anos e três meses depois, a 18 de dezembro de 1906. Ao crítico literário Sílvio Romero coube o discurso de recepção.

Ainda em 1903, Euclides muda-se para Lorena, para continuar trabalhando como engenheiro, quando é eleito sócio correspondente do Instituto Histórico e Geográfico Brasileiro.

Convidado a participar de uma expedição exploratória do rio Purus, suspende a redação do novo livro, vende os direitos autorais da segunda edição de *Os sertões* ao editor Massow, e demite-se da Superintendência de Obras Públicas.

Com o prestígio intelectual nas alturas, opina sobre tudo de importância que ocorre no país, publicando artigos sobre os conflitos de fronteira; criticando o envio de tropas para o Alto Purus; e defendendo uma solução diplomática para a questão do Acre. Propõe uma "guerra dos cem anos" contra as secas do Nordeste, mediante a exploração da região em bases tecnocientíficas, a construção de poços, açudes e estradas de ferro e a transposição das águas do rio São Francisco para as regiões afetadas pela estiagem, a exemplo do que os chineses haviam feito há milênios.

Pouco tempo decorrido desde que começou a trabalhar na Comissão de Saneamento de Santos, rompe com a diretoria e se demite. Desempregado, retoma a colaboração com o jornal *O Estado de São Paulo*, acumulando tal atividade com a produção de textos para *O País*, do Rio. Com as finanças depauperadas, vende na bacia das almas os direitos de *Os sertões* para a editora Laemmert. O todo-poderoso Barão do Rio Branco, seu admirador, nomeia-o chefe da Comissão Mista Brasileiro-Peruana de Reconhecimento do Alto Purus, com o objetivo de definir as fronteiras entre o Brasil e o Peru. A partida para Manaus se dá no dia 13 de dezembro de 1904. Daí a um mês, Euclides completaria 39 anos.

A difícil expedição, feita preponderantemente a barco, com alguns trechos percorridos a pé, cobriria 6.400 km, ao longo de um ano inteiro, já que o embarque de volta para o Rio dar-se-ia no dia 18 de dezembro de 1905. Durante a viagem, escreveu *Judas-Ahasverus*, certamente influenciado pela poesia "Ahasverus e o Gênio", de Castro Alves, texto em que aprofundou sua abordagem de temas filosóficos e poéticos.

Dessa experiência resultou sua obra póstuma, *À margem da história*, em que denuncia a exploração dos seringueiros. O ensaio *Peru versus Bolívia*, publicado em 1907, também nasceu desses estudos de limites. Durante sua ausência, a Laemmert lança a terceira edição de *Os sertões*.

Debilitado pela malária, Euclides, ao chegar a casa, aos 40 anos, depara-se com a esposa Ana, grávida. Não é difícil imaginar a intensidade do seu desesperado sofrimento. O pai era o cadete Dilermando de Assis. Uma semana depois de nascido, Mauro morre de debilidade congênita. Ana confessará, mais tarde, haver ingerido medicação abortiva e que Euclides a impedira de amamentar.

Na tentativa de mitigar a dor que o consome, Euclides mergulha no trabalho. O Barão do Rio Branco, seu admirador, convida-o para adido. Elabora a documentação necessária à construção da estrada de ferro Madeira-Mamoré. A Imprensa Nacional publica "Notas complementares do comissário brasileiro" sobre a história e a geografia do Purus, texto incluído no "Relatório da Comissão Mista Brasileiro-Peruana de Reconhecimento do Alto Purus". Recusa indicação para fiscalizar a construção da ferrovia Madeira-Mamoré. O *Jornal do Commercio* publica *Peru versus Bolívia*. Começa a escrever *Um paraíso perdido*, livro sobre a Amazônia, que não concluiu. Os originais se perderam. Toma posse, finalmente, na Academia Brasileira de Letras.

O presidente Prudente de Morais nomeia-o adido militar do ministro da Guerra, marechal Carlos Machado Bittencourt.

Torna-se sócio correspondente do Instituto Histórico e Geográfico de São Paulo.

Em 1907, a Livraria Chardron, do Porto, em Portugal, publica seu novo livro *Contrastes e confrontos*, composto de artigos e pequenos ensaios. *Peru versus Bolívia* também veio a lume nesse ano. A esposa Ana dá à luz Luís Ribeiro da Cunha, que Euclides registra como seu filho. Quando alcança a maioridade, Luís adota o sobrenome Assis, do seu pai biológico, Dilermando de Assis. Em agosto, Euclides profere na Faculdade de Direito de São Paulo a conhecida conferência sob o título de "Castro Alves e seu Tempo."

O ano de 1908 foi particularmente rico de ocorrências na vida de Euclides. Prefacia o livro de Vicente de Carvalho, *Poemas e canções*; diz o que pensa sobre poesia moderna, em *Antes dos versos*; publica a crônica "A Última Visita," tendo como tema a surpreendente homenagem de um estudante desconhecido a Machado de Assis no leito de morte; sucede, por breve tempo, Machado na presidência da Academia, passando-a, em seguida, a Ruy Barbosa, e se inscreve para concorrer à Cátedra de Lógica no Colégio Pedro II, visando uma estabilidade financeira até então desconhecida.

Apesar de ter ficado em segundo lugar no concurso, é nomeado para a Cátedra, por interferência do presidente da República, Nilo Peçanha, do Barão do Rio Branco, ministro dos Estrangeiros, e do colega de Academia, o escritor Coelho Neto. Não chegou a dar aulas. O filósofo Farias Brito, primeiro colocado no concurso, com a morte de Euclides, ocupou a cátedra.

Antes de morrer, como último ato ligado à vida intelectual, entrega ao editor Lello & Irmão, os originais de *À margem da história*.

No dia 15 de agosto de 1909, um domingo, Euclides é baleado e morto numa troca de tiros com os irmãos Dinorah e Dilermando de Assis. Três dias antes, no largo da Carioca, no Rio, informado por amigos, quase à meia-noite, Euclides flagrara, imprecara e apedrejara a mulher, o filho Sólon, de 17 anos, e o cadete Dilermando, 21, que desfilavam felizes, de braços dados, depois de assistirem a serão musical no Teatro Lírico, na rua do Ouvidor.

A humilhação pública de Euclides, desde há muito apodado de "corno convencido", em face da relação aberta da mulher com o jovem cadete, levou-o ao paroxismo emocional. Para Ana, porém, havia quatro anos que o seu casamento com Euclides acabara, já que sua decisão de juntar-se a Dilermando não tinha volta, de que eram prova os dois filhos que tivera com o jovem cadete, dezessete anos mais jovem do que ela. Ao sobrevivente adulterino, inteiramente diverso dos irmãos, Euclides se referia como "a espiga de milho no meio do cafezal".

Fora do juízo, Euclides decidiu que matar ou morrer seria preferível ao estado de afrontoso sofrimento em que vivia.

O ato final que teve como palco a casa de nº 214, na rua Piedade, na Estrada Real de Santa Cruz, foi assim recomposto pelo conhecimento, imaginação e poder descritivo de Oleone Coelho Fontes, especialista em Euclides da Cunha e na Guerra de Canudos, a partir do momento em que o infeliz autor de *Os sertões* chega à porta da casa onde se encontravam o filho, a mulher e o amante Dilermando:

> "O casarão tinha as portas cerradas, enfiou o sobretudo e o guarda-chuva no gradil do portão. Bateu palmas. Surgiu um rosto na janela, era Dinorah, irmão do seu comborço que, de modo gentil e respeitoso, abriu a porta para o ilustre acadêmico, engenheiro militar e escritor, doutor Euclides da Cunha. Mal pisou na soleira, indagou, com firmeza: 'Minha mulher! – Meu filho!' Já na sala, escutou a resposta negativa de que nenhum dos dois se encontrava. Descontrolado, sem muito discernimento dos seus atos, carecendo de controle sobre impulsos assassinos, com incontida ânsia de vingar-se, sacou do 32 e marchou para a primeira porta existente no corredor à direita de quem entra. Foi agarrado pelo aspirante naval Dinorah, na tentativa de desarmá-lo. O invasor voltou-se para o irmão do desafeto e acionou o gatilho, atingindo-o de raspão. Dinorah tratou de refugiar-se, a toda, no quarto, quando foi alvejado pela segunda vez, na nuca, por trás, com gravidade. Forte estampido partiu da arma de Dilermando, através da porta entreaberta do aposento onde se achava. Mesmo sendo um atirador de elite, errou o alvo. Travou-se confronto à queima-roupa, até que o Smith & Wesson empunhado pelo agressor, ferido no braço e no corpo, falhou, não deflagrou a última bala. Ensanguentado, mancando, tentou Euclides escapar para a rua. Dilermando saiu em perseguição. Ao descer o invasor os três degraus da soleira da porta e chegar ao pequeno jardim, o adversário no encalço, insultando-o, recebeu Euclides um tiro certeiro, no pulmão direito. Antes ouvira de seu algoz: 'Espera, cachorro!' O tiro fatal fora deflagrado de cima para baixo, a uma distância de mais ou menos cinco metros. A vítima tombou de bruços, na presença, àquela altura, de aglomeração de curiosos."

Carregado para o interior da casa, foi posto na cama do seu matador. Suas últimas palavras teriam sido: ao filho Sólon: "Perdoo-te!"; a Dilermando: "Odeio-te"; à Ana: "Honra... Perdoo-te!"

Quando o médico chegou, Euclides da Cunha estava morto.

Dinorah, irmão de Dilermando, goleiro do Botafogo, foi baleado com um tiro na nuca, que o tornou paraplégico. De crise em crise, acabou cometendo suicídio nas águas do Guaíba, em Porto Alegre.

O médico-legista e polígrafo Afrânio Peixoto, que assinou o atestado de óbito de Euclides, foi o seu sucessor na Academia Brasileira de Letras, onde seu corpo foi velado sob grande consternação popular.

Tragédia sobre tragédia, alguns anos depois de absolvido, por legítima defesa, pela morte de Euclides, o segundo-tenente Dilermando de Assis mata o aspirante naval Euclides da Cunha Filho, o Quidinho, em um cartório de órfãos no centro do Rio. Aos 22 anos, Quidinho tentou materializar o propósito de vingar a morte do pai. Dilermando é novamente absolvido, pelo mesmo veredicto. Nesse mesmo ano, Ana Emília, já com Assis no sobrenome, perde o filho Sólon, aos 24 anos, numa emboscada no Acre.

Pode haver dúvida sobre ser o casal Ana e Euclides o maior símbolo da tragédia pessoal e familiar, no Brasil, em todos os tempos?

A cidade de São José do Rio Pardo passou a ser turisticamente conhecida como "O berço de *Os sertões*." Anualmente, de 9 a 15 de agosto, aí se realiza a Semana Euclidiana, frequentada pelo crescente fã-clube do grande escritor. Também São Carlos, onde Euclides viveu entre 1901 e 1903, lá concluindo a redação do seu *magnum opus* em 1902, faz, todos os anos, a Semana Euclidiana. Entre os idiomas para os quais *Os sertões* foi traduzido, encontram-se o alemão, o inglês, o dinamarquês, o francês, o espanhol, o holandês, o sueco, o italiano e o chinês.

Marco precursor da literatura sociológica e do modernismo no Brasil, o prestígio de *Os sertões* não para de crescer. Quanto a Euclides, os que conhecem sua história não se cansam de relê-la, sempre na esperança vã de que ele pudesse ter saído ileso da tragédia da Piedade. Para maior glória de nossa literatura.

BIBLIOGRAFIA

Adelino Brandão. *Paraíso perdido: Euclides da Cunha, vida e obra*, 1996.
Euclides da Cunha. *Os sertões*, 2002.
Oleone Coelho Fontes. *Euclides da Cunha e a Bahia*, 2009.
Olímpio de Souza Andrade. *História e interpretação de* Os sertões, 1966.
Roberto Ventura. *Retrato interrompido da vida de Euclides da Cunha*, 2003.
Sylvio Rabello. *Euclides da Cunha*, 1966.

OSWALDO CRUZ
(1872-1917)

OSWALDO GONÇALVES CRUZ FOI UM GRANDE CIENTISTA BRASILEIRO QUE alcançou notabilidade em sua curta vida de 44 anos, 6 meses e 6 dias, como médico, bacteriologista, epidemiologista e sanitarista. Foi pioneiro no estudo de doenças tropicais e fundador da medicina experimental, em nosso país.

Para que se possa compreender o significado de sua vida para a saúde dos brasileiros, importa saber o que se pensava sobre a peste na virada do século XIX para o XX. Nessa época, o ancestral medo da peste era sentimento profundamente arraigado na alma das pessoas, que conheciam as histórias de sofrimento dela advindas desde tempos imemoriais, com intervalos irregulares, de anos, decênios e até de séculos.

Já no século VI de nossa era, uma pandemia de peste se abateu sobre o mundo romano, compreendendo o que é hoje a Europa Continental, dizimando parcela expressiva das populações atingidas. No século XIV, a peste matou entre um quarto e um terço de toda a população europeia. A macroepidemia do século XIX teve início na China, de onde se alastrou por toda a parte, inclusive para o Novo Mundo, transportada em navios cargueiros para o Paraguai, Argentina e Brasil, através dos movimentados portos do Rio de Janeiro e de Santos, aonde chegou em 1899.

Antes de desembarcar no Brasil, o vírus da peste havia sido sucessivamente identificado pelo suíço Alexander Yersin, do Instituto Pasteur, e pelo japonês Shibasaburo Kitasato, discípulo de Robert Koch, ensejando o desenvolvimento, com sucesso, de vacinas experimentais.

Único filho varão do casal carioca Amália Taborda de Bulhões e do médico Bento Gonçalves Cruz, Oswaldo nasceu a 5 de agosto de 1872, na cidade de São Luis do Paraitinga, Vale do Paraíba, serra da Mantiqueira, litoral norte de São Paulo, de onde, aos 5 anos, saiu para morar no Rio, com a irmã Amália, acompanhando a mudança dos pais. Outra irmã, Eugênia, morreu na primeira infância. Mais três irmãs nasceriam no Rio: Alice, Hortênsia e Noemi.

Naturalmente ensimesmado, sua vocação para os estudos despontou muito cedo, ao ingressar na Faculdade de Medicina aos 15 anos, como cedo iniciara-se no exercício de uma vida autônoma, aprendendo desde a primeira infância a cuidar de si. Aos 7 anos de idade, foi subitamente retirado da sala de aula, pela mãe. A professora ficou muito preocupada porque supôs tratar-se de coisa grave envolvendo a família do conceituado dr. Bento. Logo depois, porém, tudo se esclareceu: Oswaldo fora levado para arrumar a cama que deixara em desalinho. Do pai herdou a força de caráter, a tenacidade e a dedicação aos pacientes. Com a mãe aprendeu a ler aos 5 anos e a ser disciplinado. A disciplina doméstica era singularmente severa, com ênfase especial sobre o intenso e regular regime de estudos diários, enquanto, para seu sofrimento, ouvia o alarido dos colegas nos folguedos da idade.

Julgada na perspectiva de hoje, a severidade disciplinar imposta ao menino Oswaldo seria condenada como psicologicamente imprópria para o seu saudável desenvolvimento. A exemplo do que ocorreu com Beethoven, que só não sucumbiu aos excessos paternos porque a música era sua primeira e invencível vocação, Oswaldo adaptou-se aos rigores do pai porque, decididamente, a entrega às demandas do estudo e da pesquisa vieram ao encontro de sua vocação maior.

Antes de doutorar-se, em 1892, aos 20 anos, com a tese "A veiculação pelas águas," publicou, na *Revista Brasil Médico*, dois artigos sobre microbiologia. No ano da formatura, pranteia a perda do pai. Concluído o curso médico, desposa a namoradinha de infância, Emília da Fonseca, de família abastada, permanentemente encantada com o quixotismo do jovem companheiro que, com uma terminologia esotérica, anunciava a disposição de acabar com certas doenças endêmicas, como fizera Pasteur na França.

Em 1895, dos trezentos e quarenta marinheiros da fragata italiana *Lombardia* que desembarcaram no Rio, duzentos e quarenta contraíram a febre amarela, dos quais centro e quarenta e quatro morreram, incluindo o comandante. Fatos como esse contribuíam para a propagação da imagem internacional do Brasil como "um vasto hospital".

Aos 24 anos de idade, em 1896, deixa a família no Rio e segue para Paris, com todas as despesas custeadas pelo sogro. Inicialmente, estuda medicina legal com os mestres Ollier e Vilbert, até que, no ano seguinte, consegue estagiar no Instituto Pasteur, dirigido pelo dr. Émile Roux, descobridor do soro antidiftérico, seu orientador, ao lado do dr. Ellie Metchnikoff. Foi aí que conheceu os maiores cientistas da época.

Seu prestígio como pesquisador se consolidou junto ao dr. Roux quando superou o sábio alemão, Hater, ao demonstrar as propriedades venenosas do rícino. Nas folgas do trabalho de pesquisa, entrega-se à leitura dos grandes autores franceses. Junta-se ao dr. Roux e a outros cientistas no apoio à denúncia de Émile Zola e Anatole France do ato antissemita do Estado francês ao acusar e condenar o capitão Dreyfus por crime de espionagem. Recusa o insistente convite do dr. Roux para permanecer no Instituto, com o argumento de que precisa ajudar o Brasil a vencer os males endêmicos que afligem seu povo.

Ao desembarcar no Rio, de regresso da Europa, mal teve tempo de abraçar e beijar a mulher. Logo segue para Santos onde se depara com devastadora epidemia, com centenas de doentes agonizando, esparramados, ao longo das calçadas. Os pacientes que fogem para o interior levam consigo os germes do mal, logo diagnosticado como sendo a peste bubônica ou peste negra. Oswaldo Cruz identificou um navio do Oriente Médio, como o portador da peste, do qual desembarcaram pessoas e ratos contaminados. Sem saber o que fazer, as autoridades pedem ao Instituto Pasteur que envie um dos seus melhores técnicos para orientar o combate do mal. Recebem como resposta que ninguém mais qualificado do que o brasileiro Oswaldo Cruz, que é imediatamente convidado, juntamente com Adolpho Lutz e Vital Brazil, para debelar a peste. Não demoraria para Emílio Ribas e Carlos Chagas se juntarem à equipe. Urgia impedir que a peste chegasse à capital, Rio de Janeiro.

Como primeiro passo, Oswaldo Cruz percebeu a imperiosa necessidade de fabricar-se no Brasil o soro recomendado, de modo a eliminar a dependência dos demorados processos requeridos pelas importações. Havia, porém, um sério problema a superar. Dos membros da equipe, só Oswaldo havia estagiado na seção de soros do Instituto Pasteur, quando seu interesse se voltava para o preparo da antitoxina diftérica. Tanto em relação à vacina quanto ao soro, os dados disponíveis na escassa literatura careciam de detalhes precisos que permitissem seu preparo fora dos laboratórios produtores.

Mesmo com tais limitações, Oswaldo Cruz foi, em seguida, convidado a assumir a direção técnica do Instituto Soroterápico Municipal, criado, em maio de 1900, na fazenda Manguinhos, nos arredores do Rio, para fabricar o soro antipestoso. Inicialmente, o espaço físico do novo Instituto era de uma pobreza franciscana: a mesa de reunião era uma porta velha apoiada em barricas e caixotes, servindo de cadeiras. O Instituto Butantan seria criado em janeiro de 1901. Ambos os centros de pesquisa passariam a gozar de amplo prestígio dentro e fora do Brasil.

A partir do bacilo que isolara em Santos, e, criativamente, aperfeiçoando e adaptando os métodos conhecidos, Oswaldo conseguiu que o recém-criado Instituto, seis meses, apenas, decorridos de sua fundação, começasse a produzir uma vacina e um soro rapidamente reconhecidos pelos luminares europeus da epidemiologia como dos mais eficazes. O novo medicamento ganhou espaços generosos nas revistas especializadas e o nome de Oswaldo Cruz ganhou mundo.

No Rio, a peste foi vencida rapidamente, graças à aplicação do soro e à caça aos ratos, comprados, vivos ou mortos, a 300 réis a cabeça, por sugestão de Oswaldo Cruz.

Curiosamente, o primeiro trabalho veiculado como originário do Instituto de Manguinhos não versou sobre a peste, intitulando-se "Contribuição para o estudo dos culicídeos do Rio de Janeiro". Nele, foi revelado o inconformismo de Oswaldo Cruz com o projeto de uma instituição destinada, apenas, ao fabrico de soros e vacinas. Oswaldo já sabia que em novembro de 1898 pesquisadores italianos haviam identificado os mosquitos anofelinos como os transmissores da malária. O trabalho prioritário do Instituto, portanto, era identificar a versão brasileira desses mosquitos, o *Anopheles Lutzi*, presente do Amazonas ao Rio Grande do Sul, como na Bolívia, Paraguai e Argentina.

Essa publicação inaugural do Instituto dá início a uma série de estudos da entomologia médica por pesquisadores brasileiros, todos eles realizados no Instituto de Manguinhos, quando ganharam evidência nomes como os de Carlos Chagas, Arthur Neiva e Antônio Peryassú, que figuram na base da reputação do Brasil como centro formador de bons entomologistas e acarologistas.

O prestígio científico do Instituto tornou-o alvo do interesse da juventude estudiosa que, fugindo do ramerrão da literatura médica dominante, batia às suas portas, sequiosa de poder avançar nas áreas de sua predileção como imunologia, bacteriologia, hematologia, protozoologia, virologia e helmintologia. Entre os nomes que estiveram sob a orientação de Oswaldo Cruz, dentro e fora do Instituto, além dos já mencionados, destacam-se os de Ezequiel Dias, Antônio Cardoso Fontes, Eduardo Rabello, Paulo Parreiras Horta, Henrique de Beaurepaire Aragão, Affonso MacDowell, Henrique da Rocha Lima, Raul de Almeida Magalhães, José Gomes de Faria, Alcides Godoy e Arthur Moses, para nos restringirmos aos autores de algumas das vinte três e teses produzidas entre 1901 e 1910. Somando-se a essa produção cerca de cento e vinte publicações originais em jornais e revistas brasileiras e estrangeiras do maior conceito, torna-se inegável o incomparável papel inovador da medicina brasileira desempenhado por Oswaldo Cruz. Para que se tenha uma ideia do seu envolvimento com os estudos de ponta, a biblioteca do Instituto por ele dirigido assinava mais de quatrocentas e vinte publicações especializadas.

Dois anos mais tarde, promovido a diretor-geral, Oswaldo ampliou as atividades do Instituto para a pesquisa básica e aplicada, bem como para a formação de recursos humanos. Era chegado o momento de dotá-lo de uma estrutura física à altura de sua alta missão. Para isso, encomenda um projeto arquitetônico de porte: um edifício em forma de castelo, com quatro andares, ladeado por dois torreões, equipado com relógio elétrico, balanças de precisão, aquecimento para as estufas de secagem de vidros, termômetros em cada estufa, água destilada por corrente de ar comprimido, e tudo o mais reputado essencial à excelência das pesquisas.

Os protestos da oposição no Parlamento, contra a obra "faraônica", repercutem na imprensa. Acuado, o ministro da Justiça autoriza a suspensão das obras. Oswaldo Cruz reage: "Senhor ministro, um centro de pesquisa da importância do Instituto Soroterápico precisa de instalações adequadas. Se as obras forem interrompidas, aceite minha demissão." O ministro recua, o prédio é construído, e lá continua, mais de um século depois de sua inauguração, imponente, como ponto de referência na Avenida Brasil, a antiga Fazenda de Manguinhos.

Apoiado em sua consciência profissional, Oswaldo Cruz, como diretor-geral de Saúde Pública, nomeado pelo ministro da Justiça José Joaquim Seabra, por ordem do presidente Rodrigues Alves, com mão de ferro, coordenou as campanhas de erradicação da varíola no Rio de Janeiro, e dos focos de insetos transmissores de doenças tropicais, além, obviamente, da febre amarela. O presidente conheceu a têmpera do famoso esculápio no dia seguinte à sua nomeação, ao entregar o cargo, porque fora nomeado outrem que não o seu indicado para secretariar o projeto. O presidente recua e homologa o nome escolhido por Oswaldo Cruz.

Em 1903, já diretor-geral de Saúde Pública, fez do Instituto o ponto de apoio para suas campanhas em defesa do saneamento básico. O primeiro inimigo eleito para ser derrotado foi a febre amarela, provocadora de vômito negro e letal, cuja elevada mortalidade conferiu ao Rio o macabro título de "túmulo de estrangeiros". Urgia neutralizar o *stegomia fasciata*, o mosquito que, ao picar a vítima, inocula-lhe o gérmen da doença. Nada menos de 4 mil imigrantes contavam como vítimas fatais, entre 1897 e 1906. O combate à febre amarela era dificultado pela crença equivocada, inclusive da maioria dos médicos, de que a transmissão da doença se dava através de meios como as roupas, o sangue, o suor e outras secreções dos enfermos, enquanto ele sabia que era através de um mosquito que se alastrava em águas estagnadas. O ineficaz método tradicional das desinfecções foi substituído pela polícia sanitária e pelas brigadas mata-mosquitos, autorizadas a destruir os focos de insetos e o caldo de cultura das águas estagnadas com o uso de petróleo. Essa prática, tão corriqueira e até reclamada pela população, hoje em dia, foi objeto à época de indignada reação popular, com o apoio de algumas das mais altas vozes da República, como a de Ruy Barbosa, que consideravam as medidas saneadoras intoleráveis restrições às liberdades individuais. Do contingente de 1.200 homens solicitados ao presidente, Oswaldo teve que se arranjar com apenas oitenta e cinco, sob o comando operacional do dr. Carneiro de Mendonça, que de casa em casa, saíam eliminando os focos. Irreverentes, os cariocas os apodam de "mata-mosquitos," denominação que ganhou a posteridade. Oswaldo Cruz, por seu turno, foi alcunhado "czar dos mosquitos." Alguns moradores, indignados com a "invasão" dos seus lares, recorrem à justiça, que lhes assegura o direito de recusar o saneamento dos seus lares. Oswaldo comparece às audiências e sustenta que basta uma casa sem sanear para que a endemia volte a matar dezenas de pessoas diariamente. O Supremo decide que não cabe o remédio do *habeas corpus* em tais casos, em que o interesse coletivo se sobrepõe ao individual.

Seguiu-se a vitória contra a peste bubônica, através do extermínio dos focos das ratazanas portadoras das pulgas transmissoras da doença. A varíola seria o terceiro inimigo a ser vencido, embora houvesse superposição de fases no ataque aos três males.

Com sólidos argumentos, Oswaldo Cruz convenceu o presidente Rodrigues Alves a tornar a vacinação obrigatória, fato que resultou na rebelião de populares e da Escola Militar, no episódio que passou à posteridade como a "Revolta da vacina". O presidente, impressionado com a firmeza de convicção do cientista, declarou a amigos: "É impossível que esse moço não tenha razão."

Literalmente, os processos inovadores de Oswaldo Cruz colocaram-no no olho do furacão.

Ele estava certo ao propor medidas consideradas radicais pelos conservadores, para não dizer ignorantes em matéria de políticas sanitárias, porque o convívio com a sujeira era cultural. Os dados levantados apontavam o Rio como uma das metrópoles mais sujas do mundo. Nos 14.772 prédios vistoriados, a Saúde Pública eliminou 2.328 focos de larvas, limpou 17.744 ralos e 2.091 calhas e telhados. Lavou 11.550, entre caixas automáticas e registros, 3.370 caixas d'água, 173 sarjetas, retirou 6.559 baldes de lixo acumulado no quintal das casas, e muito mais. A vitória final, porém, estava próxima porque, enquanto no primeiro semestre de 1903 houve, no Rio, 469 óbitos por febre amarela, no primeiro semestre de 1904, registraram-se, apenas, 39.

Em 1904, a reação contra Oswaldo Cruz atingiu o clímax, quando tentou realizar a vacinação geral, como meio de vencer a varíola recrudescente. Ele pugna junto à Comissão de Saúde Pública da Câmara pela obrigatoriedade da vacina. Enquanto o assunto é discutido, vacina 50 mil pessoas entre maio e julho. Os jornais reagiram de modo contundente, tachando-o de "inimigo do povo". Um dos argumentos de maior peso contra a obrigatoriedade decorria da exposição da coxa das mulheres ao pico da agulha indiscreta. Sob inspiração de deputados e senadores, foi organizada uma liga contra a vacinação obrigatória que evoluiu para uma rebelião popular, sufocada pelo governo. Numa dessas manifestações raivosas de cunho populista, todos os lampiões da iluminação pública foram quebrados, no episódio que ficou conhecido como "quebra-lampião". Oswaldo e família escapam pelos fundos da casa, fugindo da malta ensandecida. Mais uma vez, a ignorância se impõe ao saber: para não cair, Rodrigues Alves revoga a obrigatoriedade. Ao vociferar asneirento do populacho, Oswaldo Cruz reagiu didático: "Quem não quer vacinar-se poderá ser infectado. E, ao sê-lo, transmitirá a doença a quem não deseja adoecer. Se colidir com o bem comum, aí sim! A liberdade individual converte-se em tirania." O peso do seu argumento não parava de ganhar adeptos, e terminaria conquistando, com o tempo, pela persuasão, a espontânea adesão das pessoas.

Em 1905, a serviço do governo, Oswaldo segue para o Norte, e em 1906, para o Sul. Em ambas as excursões, o propósito foi o de treinar as equipes sanitárias locais para realizar o enfrentamento da febre amarela, da varíola e da peste bubônica.

Em 1907, a febre amarela estava erradicada no Rio de Janeiro. Coroando essa vitória, foi outorgada a Oswaldo Cruz a medalha de ouro no XIV Congresso Internacional de Higiene e Demografia, em Berlim. A partir dessa premiação, cientistas renomados como Stanislas von Prowazek, Gustav Giemsa e Max Hartmann manifestaram interesse em trabalhar nos laboratórios de Manguinhos, ali colaborando em estudos sobre citologia, varíola, soro antidiftérico, espiroquetose, ciliados, amebas, triconinfas, hemogregarinas e outros protozoários. O impacto da premiação do Instituto não parou aí. O projeto que transformava o Instituto Soroterápico Federal em Instituto de Patologia Experimental, há muito tempo aguardando pauta no Congresso, foi rapidamente aprovado e sancionado pelo presidente Afonso Pena. Nesse momento, o Instituto foi oficialmente rebatizado como Instituto Oswaldo Cruz.

Nesse mesmo ano de 1907, a esquadra americana que singrava o Atlântico para atingir o Pacífico, contornando o cabo Horn, incumbe o seu embaixador de saber de Oswaldo Cruz sobre os riscos dos seus 18 mil marinheiros terem o mesmo destino dos marinheiros do *Lombardia* que pereceram em 1895, ao descerem no porto do Rio. Oswaldo dá-lhe sua palavra de cientista de que a segurança era completa. De fato, a esquadra desembarcou, frequentou ruas, praias, morros e jardins do Rio, sem que houvesse uma única baixa. O Brasil aparecia aos olhos do mundo, liberto do antigo labéu de "vasto hospital". Nem tudo, porém, foram flores naquele remoto 1907. Oswaldo Cruz sofreu a primeira de uma série de crises de insuficiência renal que viria a matá-lo, dez anos mais tarde.

Em 1908, agora sob o governo de Afonso Pena, a varíola volta a atacar. A opinião pública esclarecida soma sua voz à de Oswaldo Cruz, e concita as pessoas a se submeterem à vacinação, uma vez que estava provado que só morria quem não fosse vacinado.

O Curso de Aplicação, ministrado pelo Instituto, foi o primeiro de pós-graduação numa escola brasileira, verdadeira inovação no panorama científico nacional. Durante dois anos, eram ensinados e praticados métodos de investigação e experimentação em microscopia, microbiologia, imunologia, física e química biológica e parasitologia *lato sensu*.

Com um desenvolvimento científico equiparável ao que existia de mais avançado à época, em 1909 o Instituto Oswaldo Cruz havia assumido as tarefas que hoje caracterizam a moderna Universidade: ensino, pesquisa e extensão. E, para melhor assegurar a difusão do conhecimento gerado em seus laboratórios, pôs em circulação, a partir de 1909 as *Memórias do Instituto Oswaldo Cruz*, atualmente o mais antigo periódico biomédico da América Latina.

Aos 37 anos, Oswaldo Cruz deixou a direção da Saúde Pública para cuidar, com exclusividade, do Instituto que passou a ter o seu nome.

Em 1910, é convocado para melhorar as condições sanitárias da obra de construção da estrada de ferro Madeira-Mamoré, na Amazônia, onde se depara com a malária endêmica. Prescreve aos doentes doses maciças de quinino, consoante as pesquisas de Carlos Chagas e Artur Neiva. De lá segue para Belém do Pará, onde o quadro é de febre amarela. A população, já esclarecida pela experiência carioca, adere, com entusiasmo, a todas as medidas erradicantes do mal.

Em 1911, a Exposição Internacional de Higiene, realizada em Dresden, na Alemanha, conferiu um diploma de honra ao Instituto Oswaldo Cruz.

Em 1912, Oswaldo Cruz vai comandar o saneamento do vale amazônico, com a importante participação de Carlos Chagas. Nesse mesmo ano, é eleito para a Academia Brasileira de Letras, e toma posse em 1913, na vaga do poeta parnasiano Raimundo Correia, autor dos antológicos sonetos "As Pombas" e "Mal Secreto". No discurso de recepção a ele, o polígrafo Afrânio Peixoto disse que a obra científica de Oswaldo Cruz "valia por uma congregação, porque é o preceptor de muitas gerações". E mais adiante: "Vós sois como os grandes poetas que não fazem versos; nem sempre estes têm poesia, e ela sobeja na vossa vida e na vossa obra."

Em 1914, a França lhe concede sua mais alta comenda, a Legião de Honra, pela aplicação de suas descobertas nas colônias francesas no continente africano.

Em 1915, aos 43 anos, em face da precariedade de sua saúde – sofria de hiperazotemia, caracterizada por excesso de ureia no sangue – deixa o Instituto Oswaldo Cruz e muda-se para Petrópolis, inicialmente, com o propósito de repousar, cuidando de flores. O filho, temente que o tédio viesse a acabrunhá-lo, convence-o a concorrer às eleições para prefeito do município recém-criado. Vence o pleito e assume o posto em 18 de agosto de 1916, anunciando um vasto programa de urbanização. Interesses privados contrariados levantam-se contra ele. Cansado de tanta lida, renuncia à realização de seus ambiciosos projetos para a cidade. Em 11 de fevereiro de 1917, a morte, por insuficiência renal, interrompe sua fecunda existência. Seus restos mortais repousam no mesmo túmulo do pai e da mãe, morta em 1922, ano em que o Brasil celebrou o quinquagésimo aniversário de nascimento do mais festejado médico cientista brasileiro.

Os próprios companheiros de Oswaldo Cruz não lhe pouparam loas ao reconhecerem a superioridade do seu concurso sobre os demais, no combate aos grandes males que afligiam o Brasil. Henrique de Figueiredo de Vasconcellos, que o substituiu no Instituto Oswaldo Cruz, bacteriologista de ponta, igualmente treinado no Instituto Pasteur, disse no elogio fúnebre a seu antecessor:

> "Suas qualidades morais tornaram-no um vencedor. Só uma envergadura especial como a sua poderia dar cabo da tarefa naquelas condições. Tudo teve de fazer, desde o preparo do material à parte técnica, dando-nos um exemplo admirável de tenacidade e esforço. Foi a sua energia manifestada entre sorrisos, foi a sua exigência pedindo habilmente por favor, foram as suas qualidades de trabalhador infatigável, que fizeram dele o triunfador inesquecível. Não mandava, apenas; trabalhava, ultrapassando a todos e a tudo com seu grande amor à ciência."

De seu testamento constaram estes singelos pedidos:

- Evite a minha família a cena penosa de vestir meu corpo; bastará envolvê-lo num lençol.
- Também não faça convites para o meu funeral, nem quero missa de sétimo dia.
- A minha família não deve vestir-se de preto. O luto está nos corações, nunca nas roupas. Além do mais, em nosso clima, roupas pretas são anti-higiênicas.

A morte é fenômeno fisiológico, naturalíssimo, ao qual nada escapa. A minha família não deve prolongar a amargura pela minha ausência. É preciso que nos conformemos com os ditames da natureza. Que passeiem, que se divirtam, que procurem teatros, festas, viagens, que ajudem o tempo na benfazeja obra de fazer esquecer.

Se no tempo em que Oswaldo Cruz viveu, o Brasil fosse um país de prestígio internacional, ele, como Carlos Chagas, teria recebido o Nobel de Medicina.

BIBLIOGRAFIA

Egídio Sales Guerra. *Oswaldo Cruz*, 1940.
Moacyr Scliar. *Oswaldo Cruz*, 1996.
Nora Brito. *Oswaldo Cruz: a construção de um mito na ciência brasileira*, 1995.

SANTOS DUMONT
(1873-1932)

Alberto Santos Dumont nasceu em Palmira, Minas Gerais, a 20 de julho de 1873, e morreu em Guarujá, São Paulo, a 23 de julho de 1932, três dias, portanto, depois de completar 59 anos.

Com muita razão, é considerado, por todos os brasileiros e por grande número de nações, o Pai da Aviação.

Santos Dumont foi o sexto de oito filhos – três homens e cinco mulheres –, do casal Francisca de Paula Santos e Henrique Dumont, ele graduado em engenharia pela Escola Central de Artes e Manufaturas de Paris. Por ordem de nascimento, os filhos de Francisca com Henrique foram batizados como: Henrique dos Santos Dumont, Maria Rosalina Dumont Vilares, Virgínia Dumont Vilares, Luís dos Santos Dumont, Gabriela, Alberto Santos Dumont, Sofia e Francisca.

Ao contornar a Torre Eiffel, em 1901, aos 28 anos, a bordo do seu dirigível nº 6, sob o testemunho de uma multidão, da mídia, de especialistas e de observadores oficiais de vários países, além do Prêmio Deutsch, conquistou imediata fama mundial que perdura. A mais desse notável feito, foi ele quem primeiro decolou em um avião equipado com motor a gasolina, em 23 de outubro de 1906, no Campo de Bagatelle, nos arredores de Paris. Pouco importa que o trajeto percorrido, apenas 60 metros, seja o mais curto da história, e que a altura do voo, entre 2 e

3 metros, tenha sido tão baixo. A histórica experiência, a bordo do *Ave de Rapina (Oiseau de Proie)*, foi sucedida por novo voo, menos de um mês depois, a 12 de novembro, já agora cobrindo um percurso de 220 metros, a uma altura de 6 metros, a bordo do *Oiseau de Proie III*. Ambos os voos figuram na história da Aeronáutica da França como os primeiros realizados por um aparelho mais pesado do que o ar, coincidindo com a primeira demonstração pública da decolagem de um objeto, por seus próprios meios e sem a necessidade de uma rampa de lançamento.

A existência de outros nomes, como os irmãos Wright, nos Estados Unidos, e Clément Ader, na França, disputanto com Dumont o laurel do pioneirismo, não foi suficiente para afetar o excepcional prestígio do seu nome como um dos brasileiros mais aclamados pela realização de feito tão memorável. O voo dos irmãos Wright, apesar de mais completo, porque mais longo e mais bem controlado, se deu dois anos depois do voo de Santos Dumont, enquanto a experiência de Clément Ader, realizada em 1890, se realizou sob segredo militar e só veio a ser divulgada muitos anos decorridos.

A verdade é que a decolagem autopropelida do *14-Bis* de Dumont foi realizada à luz do dia, sob o testemunho das forças mais atuantes da Cidade Luz.

A família Dumont, em 1874, saiu de Palmira e foi morar em Valença, no estado do Rio. Foi aí, junto à estação ferroviária, que o pequeno Santos Dumont deu início ao gosto pelo desenho aeronáutico e engenhos mecânicos que a vida inteira viriam ocupar sua imaginação. Cinco anos mais tarde, em 1879, os Dumont se mudam para Ribeirão Preto, onde adquiriram a Fazenda Arindeúva, de mil e duzentos alqueires, logo conhecida como Fazenda Dumont, notabilizada pela sua elevada produção agrícola. Os anos nela vividos Santos Dumont evocou saudoso:

> Vivi ali uma vida livre, indispensável para formar o temperamento e o gosto pela aventura. Desde a infância eu tinha uma

grande queda por coisas mecânicas e, como todos os que possuem ou pensam possuir uma vocação, eu cultivava a minha com cuidado e paixão. Eu sempre brincava de imaginar e construir pequenos engenhos mecânicos, que me distraíam e me valiam grande consideração na família. Minha maior alegria era me ocupar das instalações mecânicas do meu pai. Esse era o meu departamento, o que me deixava muito orgulhoso.

Sua atração pela tecnologia era visível. De fato, a vocação do menino Alberto já se evidenciava aos 7 anos, ao conduzir os locomóveis da fazenda, e aos 12 apresentava o mesmo desempenho dos adultos como maquinista das locomotivas.

Mas foi a leitura das obras de Júlio Verne que incendiou sua imaginação, levando-o ao desejo de voar, como lembraria mais tarde:

> Com o Capitão Nemo e seus convidados, explorei as profundidades do oceano, nesse precursor do submarino, o *Nautilus*. Com Fileas Fogg fiz em oitenta dias a volta ao mundo. Na Ilha a hélice e na Casa a vapor, minha credulidade de menino saudou com entusiástico acolhimento o triunfo definitivo do automobilismo, que nessa ocasião não tinha ainda nome. Com Heitor Servadoc naveguei pelo espaço.

Através dos livros de Wilfrid de Fonvielle e Camille Flammarion aprendeu sobre tudo até então realizado mundo afora em matéria de conquistar o espaço. Escolheu a França para viver, trabalhar e estudar ao saber que naquele país o balão a hidrogênio fora inventado, as maiores aeronaves construídas e realizados os primeiros voos.

Em suas primeiras incursões como inventor, dedicou-se a construir pipas e pequenos aeroplanos acionados pela liberação de molas presas por borrachas retorcidas. Aguardava em estado de êxtase a festa de São João para preparar e soltar balões multicores, em papel e seda, acompanhando-os com o olhar até perdê-los de vista.

Sua primeira viagem à Europa ocorreu quando tinha 18 anos, em 1891. Depois de melhorar o domínio da língua inglesa, em Londres, seguiu para a França onde logo se engajou com uma trupe para escalar os quase 4.808 do monte Branco, ponto culminante da Europa Ocidental. Gostou do ar que respirou naquelas alturas.

O contacto com a cultura europeia estimulou-o a conquistar o mundo. Com o consentimento paterno, regressou à França em 1892 para dedicar-se ao nascente automobilismo, cursando, paralelamente, o técnico-científico. Dois anos mais tarde, viajaria aos Estados Unidos, detendo-se em Nova York, Boston e Chicago.

Em 1897, aos 24 anos, o jovem Alberto Santos Dumont era um homem rico, com a fortuna que herdara do pai. Na França, contratou os melhores aeronautas para o ensinarem a pilotar balões. De tal sorte se dedicou à sua paixão, que em 1900 ele já havia construído nove balões, dois dos quais passaram à história da navegação aérea: o *Brazil* e o *Amérique*. O *Brazil*, lançado ao ar em 4 de julho de 1898, o *Independence Day* dos americanos, foi a menor das aeronaves até aquele momento construída. Inflado a hidrogêneo, tinha, apenas, 118m³. O *Amérique* conquistou o 4º lugar numa competição aérea, denominada Taça dos Aeronautas, no dia 13 de junho de 1899. A classificação era obtida com o menor tempo consumido para percorrer 325 km a partir do ponto de decolagem.

Aperfeiçoar a dirigibilidade do balonismo passou a ser a aspiração obsessiva de Santos Dumont. Com esse propósito, desenhou vários modelos de dirigíveis alongados, com leme e motores a gasolina. O primeiro deles foi o *N-1*, com 25m de comprimento e 180m³, que se rompeu, por erro de manobra na decolagem, no dia 18 de setembro de 1898. Feitos os reparos, o dirigível decolou e fez todas as manobras. Um defeito na bomba de ar, quando se encontrava a 400m do solo, provocou a dobragem dos panos, fazendo com que o dirigível baixasse rapidamente. Dumont, assim, descreveu o acidente:

A descida efetuava-se com a velocidade de 4 a 5m. Ter-me-ia sido fatal, se eu não tivesse tido a presença de espírito de dizer aos passantes espontaneamente suspensos ao cabo pendente como um verdadeiro cacho humano, que puxassem o cabo na direção oposta à do vento. Graças a essa manobra, diminuiu a velocidade da queda, evitando assim a maior violência do choque. Variei desse modo o meu divertimento: subi num balão e desci numa pipa.

Observe-se que o motor usado no dirigível foi adaptado por Santos Dumont para uma potência de 3,5 cavalos, a partir de um motor de 1,5 cavalos. A criativa operação foi abandonada, posteriormente, por aquecer com muita rapidez.

O *N-2* foi construído no ano seguinte, com o mesmo comprimento, mas com uma cubagem de 200m^3. Um pequeno ventilador de alumínio foi acrescido para impedir a deformação ocorrida com o primeiro balão. Na hora marcada para a decolagem, a 11 de maio de 1899, uma chuva inesperada encharcou o balão, tornando-o excessivamente pesado. Por isso, a demonstração foi feita com o dirigível preso por cordas. Decisão sábia, porque depois de pequenas manobras, a aeronave adernou sobre as árvores próximas, pela ação conjunta do vento e da contração do hidrogênio.

O balão *N-3*, inflável com gás de iluminação, de formato alongado, tinha 20m de comprimento e diâmetro de 7,5m, compreendendo 500m^3. A cesta ou plataforma de carga ou passageiros foi a mesma das aeronaves anteriores. No meio da tarde do dia 13 de novembro de 1899, data prevista para o fim do mundo, segundo alguns astrólogos, Dumont decolou e contornou a Torre Eiffel, daí seguindo para o Parque dos Príncipes, avançando até o campo de Bagatelle, nas proximidades de Longchamps e aterrisou no local onde o *N-1* caíra no ano anterior. O modo como evocou esse momento é autoexplicativo de seu entusiasmo:

> A partir desse dia, não guardei mais a menor dúvida a respeito do sucesso da minha invenção. Reconheci que iria, para toda a

vida, dedicar-me à construção de aeronaves. Precisava ter minha oficina, minha garagem aeronáutica, meu aparelho gerador de hidrogênio e um encanamento, que comunicasse minha instalação com os condutos do gás iluminante.

Do pensamento à ação, Dumont mandou erguer um hangar com as dimensões que lhe pareciam ideais. A estrutura, concluída em 1900, tinha 30m de comprimento, 11 de altura e 7 de largura. Nessa altura, Dumont deparou-se com um grande estímulo: o Prêmio Deutsch de 100.000 francos, oferecido pelo judeu Henri Deutsch de La Meurthe, magnata do petróleo, a quem criasse, até 1905, uma máquina voadora capaz de percorrer, em segurança e sem escalas, em meia hora, a distância que separa o parque de Saint Cloud, em Longchamps, da Torre Eiffel, aterrissando no ponto da decolagem, após contornar o já famoso monumento. A distância total do percurso era de 11km. A velocidade média exigida era, portanto, 22km/h, um recorde para a época.

Em 1º de agosto o dirigível *N-4*, concebido para ser mais veloz do que os anteriores, estava pronto. Seu desempenho, porém, não estava à altura do novo desafio, apesar dos seus 29m de comprimento, 5,6m de diâmetro, cubagem de 420m e uma série de implementos que melhoraram significativamente a dirigibilidade, como ficou comprovado na série de voos realizados nos meses de agosto e setembro de 1900. Em 19 de setembro, sob testemunho entusiástico de cientistas e de membros do Congresso Internacional de Aeronautas, ele experimentou uma hélice aérea, movida por motor a petróleo, arremetendo várias vezes contra o vento.

O ano de 1901 encontrou Dumont trabalhando obstinada e incansavelmente na perseguição de seu obsessivo desejo de voar. Para o fim específico de participar de torneios aéreos, ele concluiu a construção do balão esférico *Fatum*, com o qual voou em janeiro, março e junho, quando experimentou um aparelho chamado termosfera, destinado ao controle das altitudes, inventado pelo aeronauta francês Emmanuel Aimé.

De olho no Prêmio Deutsch, Dumont concebeu e concluiu em julho de 1901 o *N-5*, com motor de 16 cavalos a vapor, cubagem de 550mts, comprimento de 36m e diâmetro de 6,5m.

No dia 13 de julho de 1901, precisamente uma semana antes de completar 28 anos, Santos Dumont realizou o trajeto fixado, mas estourou o tempo em dez minutos. Em 8 de agosto, ao realizar nova tentativa, o balão explodiu, mas ele, milagrosamente, saiu incólume.

O grande dia, porém, foi o 19 de outubro de 1901, quando a bordo do *N-6*, com motor de 20 cavalos e 622m de cubagem, ele cumpriu o trajeto no tempo previsto e ganhou o cobiçado prêmio, então elevado para 129.000 francos, logo repartido entre membros de sua equipe e os pobres de Paris.

Sua fama internacional, como o maior aeronauta do mundo e o inventor do dirigível, foi instantânea. Seu prestígio era o de um pop star, aplaudido e aclamado em todas as publicações e em todos os idiomas. Sua agenda de compromissos era a de um poderoso chefe de Estado. Sua correspondência, de tão volumosa, tornou-se irrespondível. Convites choviam de toda parte. O presidente do Brasil, Campos Salles, além de um prêmio em dinheiro, do mesmo valor do Deutsch, mandou cunhar uma medalha de ouro, nela inscrevendo uma paráfrase aos versos de Camões: "Por céus nunca dantes navegados." Três meses depois do seu memorável feito, em janeiro de 1902, Alberto I, príncipe de Mônaco, convidou-o a continuar suas experiências no principado mediterrâneo, oferecendo-lhe tudo de que necessitasse em matéria de conforto e segurança. Em abril, visitou os laboratórios de Thomas Edison, em Nova York, e foi recebido pelo presidente Theodore Roosevelt, na Casa Branca.

Vencida a lua de mel com a glória, nosso herói continuou sua faina, na busca do aprimoramento tecnológico de seu engenho voador.

O *N-7*, de 1.260m^3 e motor de 46 cavalos a vapor, concebido para ser uma aeronave de corrida, testado e aprovado na França, em maio de 1904, foi destruído, no mês seguinte, durante uma exposição em Saint

Louis, Estados Unidos, por um ato de sabotagem cuja autoria não foi identificada. O *N-8*, cópia do *N-6*, foi encomendado por um colecionador americano, de nome Boyce. O *N-9*, um dirigível de passeio, também foi vendido ao colecionador Boyce. No *N-10*, com 60 cavalos a vapor e cubagem de 2.010m, cabiam várias pessoas. Apesar de alguns voos que fez, não chegou a ser terminado. O *N-11*, uma cópia reduzida do *N-10*, foi vendido a um colecionador norte-americano não identificado, em 1904. O *N-12*, cópia do *N-9*, foi comprado pelo colecionador Boyce. Por último, o luxuoso *N-13*, balão duplo de ar quente e hidrogênio, com 2.000m de cubagem, foi destruído por uma tempestade, antes mesmo de entrar em uso, em dezembro de 1904.

Foi em 1904 que o relojoeiro Louis Cartier criou, a pedido de Santos Dumont, o primeiro relógio de pulso para que pudesse consultar as horas com mais facilidade quando estivesse voando. Até hoje, a joalheria Cartier segue com a linha de relógios Santos.

Santos Dumont não era a única pessoa dominada pelo desejo de voar. Aeronautas de vários países dedicavam-se com afinco ao mesmo ofício. Para estimulá-los ainda mais, surgiram vários prêmios focados em diferentes desafios.

Observe-se que todas essas experiências envolviam aparelhos enquadrados na categoria genérica dos mais leves do que o ar. Vocacionado para aceitar desafios, Santos Dumont resolveu se dedicar ao esforço de descobrir um meio que ensejasse o voo tripulado do mais pesado do que o ar. Estava inteiramente familiarizado com todas as experiências embrionárias conduzidas a respeito, em diferentes épocas e países. Ele próprio vinha acumulando fracassos em tentativas, convenientemente mantidas em sigilo.

Em maio de 1905, ao assistir aos irmãos Dufaux experimentando um protótipo de helicóptero, e, no mês seguinte, a Gabriel Voisin voar a 17m de altura, a 40km/h, ao longo de 150m, pilotando um hidroplanador, rebocado por uma lancha, Dumont sentiu que estava próximo do seu sonhado objetivo.

Inicialmente, Dumont ficou dividido entre perseguir o helicóptero ou o avião. Depois de dedicar os seis primeiros meses de 1906 a construir um helicóptero, desistiu ao se deparar com o mau rendimento das correias de transmissão. Foi quando optou pela construção de um aparelho híbrido, um avião conjugado a um balão de hidrogênio, com o propósito de reduzir o peso para facilitar a decolagem. A esse protótipo denominou *14-bis*.

O singular aeródino foi levado ao conhecimento público no dia 19 de julho, vésperas do seu 33º aniversário, quando foi advertido pelo admirador e entusiasta da aviação, capitão Ferdinand Ferber, sobre os riscos do seu novo modelo. De fato, ao mesmo tempo em que facilitava a decolagem, o balão dificultava, por excessivo arrasto, o avanço do avião propriamente dito. Uma vez eliminado o aeróstato, o biplano foi batizado pela imprensa como *Oiseau de Proie* (Ave de Rapina), cujo desenho foi inspirado pelo hidroplanador de Gabriel Voisin. O *14-bis* tinha 4m de altura, 12 de envergadura, superfície alar de 50m e pesava 205kg. A hélice era movida por um motor de 24 cavalos e o trem de pouso tinha duas rodas. O piloto ficava em pé, numa cesta, localizada entre as asas.

No dia 29 de julho, o *Oiseau de Proie* foi içado a uma torre de 13 m, em sua propriedade em Neuilly. A 60 m havia outra torre mais baixa, com, apenas, 6m de altura. De uma a outra, o aparelho deslizou, suspenso por um fio de aço. Dumont queria sentir como se comportaria o centro de gravidade, lugar onde ficaria o piloto.

Febrilmente, Dumont seguia testando e corrigindo os problemas identificados. Quando os problemas emergentes pareciam superados, o pequeno avião correu sobre a pista de grama, mas não conseguiu decolar. Estávamos no fim de agosto. Era imperativo aumentar a potência do motor. Entre os dias 4 e 7 de setembro, com um motor de 50 cavalos a vapor, o aparelho alcançou a velocidade de 35km/h e quase decolou. Em novas tentativas, no dia 13, o avião deu um salto e ao cair teve danificadas a hélice e a cauda. Apesar de tudo, houve júbilo, porque houve progresso.

No dia 23 de outubro, Santos Dumont compareceu a Bagatelle com o *Oiseau de Proie II*, uma versão do original modificado, com o tecido inteiramente envernizado e sem a roda traseira, para reduzir o atrito e a passagem do vento, como meio de aumentar a sustentação. Nas manobras matinais, a hélice partiu-se, sendo imediatamente reparada. Às 16:45, uma multidão de curiosos viu quando Santos Dumont ligou o motor, fazendo girar a hélice. O *Oiseau de Proie II* avançou rapidamente sobre a pista de grama, decolando 100m adiante, alcançando 3m de altura, por seis segundos, e aterrissando a 60m do ponto de decolagem. Estava comprovada, ainda que embrionariamente, a possibilidade de voo de objetos mais pesados do que o ar. Afinal de contas, homem e máquina se sustentaram no espaço com o uso exclusivo dos recursos do aparelho, sem a ajuda de rampas, catapultas, declives ou ventos.

Daquela conquista inicial aos superjatos de hoje há, apenas, uma diferença de grau.

Magnetizada, a multidão irrompeu em aplausos delirantes, invadiu a pista e transportou nosso herói em triunfo. Também os juízes da prova, mesmerizados, não cronometraram o tempo da prova, em prejuízo do registro oficial do recorde. Nem por isso Santos Dumont deixou de receber o Prêmio Archdeacon.

Dumont não descansou sobre os louros. Sabia o quanto de aperfeiçoamento sua descoberta carecia. Logo cuidou de melhorar o aparelho, introduzindo entre as asas duas superfícies octogonais, à guisa de ailerons, para controlar a direção do voo. O novo aparelho foi denominado *Oiseau de Proie III*, com o qual a 12 de novembro de 1906, entre uma avaria e outra, devidamente corrigidas, fez seis voos, o mais longo deles de 82,60, iniciado às 16:09. Novo recorde. Ao fim da tarde, contra o vento, voou 220m, ganhando o Prêmio do Aeroclube da França. Os voos pilotados por Dumont foram os primeiros registrados em filme por uma empresa cinematográfica, a Pathé.

O incansável Dumont construiu ainda o *N-15*, o *N-16*, o *N-17* e o *N-18*, este último um deslizador aquático. Insatisfeito com os resultados obtidos, Santos Dumont partiu para os modelos a que denominou *Demoiselles*.

Quando em 25 de julho de 1909 Louis Blériot cruzou de avião o Canal da Mancha, o imperador da Alemanha, Guilherme II, fez uma declaração que correu mundo: "A Inglaterra não é mais uma ilha." Inspirado nessa declaração, Dumont enviou a seu amigo Blériot a seguinte mensagem: "Esta transformação da geografia é uma vitória da navegação aérea sobre a navegação marítima. Um dia, talvez, graças a você, o avião atravessará o Atlântico." A resposta de Blériot não se fez esperar: "Eu não fiz mais do que segui-lo e imitá-lo. Seu nome para os aviadores é uma bandeira. Você é o nosso líder."

A propósito, o brasileiro João Ribeiro de Barros foi o primeiro aviador das Américas a cruzar o Atlântico, sem apoio naval e sem escalas, em 1927.

Acometido precocemente de esclerose múltipla, Santos Dumont encerrou seus experimentos em 1910, aos 37 anos, e passou a levar vida reclusa.

O Aeroclube da França prestou a Dumont duas expressivas homenagens, através de dois monumentos. O primeiro, em 1910, erguido no campo de Bagatelle, onde voara com o *Oiseau de Proie*, e o segundo, em 1913, em Saint Cloud, uma imponente estátua de Ícaro, para celebrar o voo com o dirigível Nº 6, em 1901.

Dias depois, o desenhista Georges Goursat publicou na revista *L'Illustration* o seguinte texto:

> Esse soberbo gênio de formas atléticas, de grave perfil, que mantém abertas nas amarras dos braços as suas asas, rudemente empunhadas como dois escudos, simboliza nobremente a grande obra de Santos Dumont: ele evocaria de uma maneira bem inexata o pequeno grande homem simples, ágil e risonho, que ele é em realidade. Vestido com um casaco e com uma calça muito curta sempre arregaçada, coberto com chapéu mole cujos bordos estão em contrapartida sempre rebatidos, ele nada tem de

monumental. O que o distingue é o gosto pela simplificação das formas geométricas, e tudo no seu aspecto denota este caráter. Tem paixão pelos instrumentos de precisão. Sobre a sua mesa de trabalho estão instaladas pequenas máquinas de precisão, verdadeiras joias da mecânica, que não lhe servem para nada e estão lá somente para o prazer de tê-las como bibelôs. Ali se vê, ao lado de um barômetro e de um microscópio do último modelo, um cronômetro de marinha, na sua caixa de mogno. Até mesmo no terraço de sua vila ergue-se um esplêndido telescópio, com o qual ele se dá à fantasia de inspecionar o céu. Tem horror a toda complicação, a toda cerimônia, a todo fausto. Assim, que rude e deliciosa provação para a sua modéstia, esta inauguração! Há treze anos eu o conheço; foi a primeira vez que o vi de cartola e sobrecasaca. E, mesmo para essa única circunstância – suprema concessão aos costumes –, suas calças corretamente esticadas cobriam as espantadas botinas. Ao pé de seu próprio monumento, vestido de herói oficial, enternecido de constrangimento e falta de jeito, ele me pareceu como uma espécie de mártir da glória.

Sem dúvida, uma bela e consagradora avaliação do gênio Dumont, agora aos 40 anos de idade.

Em 1922, Dumont mandaria erguer uma réplica desse Ícaro de Saint Cloud, no cemitério São João Batista, no Rio de Janeiro, para encimar o túmulo dos seus pais e o seu próprio.

Quando os aeroplanos começaram a ser usados na 1ª Grande Guerra, nos combates aéreos, Santos Dumont, que vivia em Trouville, na França, já abatido pela doença, e dedicado aos estudos de astronomia, foi denunciado pelos vizinhos e preso como espião dos alemães. Esclarecido o equívoco, o governo francês desculpou-se, formalmente.

Com o agravamento do seu estado de saúde, decidiu voltar ao Brasil, tendo, antes, em 1915, participado de um congresso científico nos Estados Unidos, destinado a estudar o avião como meio de intensificar as relações interamericanas. Qual não foi sua decepção ao saber que as Forças Armadas estadunidenses produziam dezesseis aviões por dia, para fins militares.

No Brasil, escolheu Petrópolis para viver, onde projetou e construiu uma casa com várias peculiaridades, que veio a ser seu museu. Aí residiu até 1922, quando retornou à França, a convite de amigos. A partir de então, dividiu seu tempo entre vários endereços, em Paris, São Paulo, Rio de Janeiro, Petrópolis e em sua cidade natal, na Fazenda Cabangu.

Coube a ele condecorar Anésia Pinheiro Machado pela façanha de pilotar um avião no trecho Rio-São Paulo, como parte dos festejos pelo centenário da Independência, em 1922.

Em janeiro de 1926, apelou para a Liga das Nações, no sentido de impedir o uso da aviação para fins bélicos, oferecendo um prêmio de dez mil francos para quem escrevesse o melhor trabalho a respeito do seu propósito. Essa atitude, nitidamente pacifista, conflita com várias iniciativas que ele tomou, no sentido de pressionar o Brasil para fortalecer sua força militar aérea.

Ainda em 1926, criou um pequeno motor para ajudar os esquiadores a subir as montanhas de gelo. Sua criação foi experimentada pela campeã francesa de esquiação. Alquebrado, hospitaliza-se no sanatório Valmont-sur-Territet, na Suíça.

Ao ser convidado, em maio de 1927, para presidir o banquete em homenagem a Charles Lindbergh, pela travessia do Atlântico, declinou do convite, por razões de saúde. Depois de algum tempo convalescendo em Glion, na Suíça, volta à França.

Por ironia do destino, o hidroavião escalado para sobrevoar o navio *Cap. Arcona*, dando a Dumont as boas-vindas pelo seu retorno ao Brasil, em 1928, perde o controle e mergulha nas águas da Guanabara, matando todos os seus ocupantes, figurando entre as vítimas grandes nomes da engenharia brasileira. O hidroavião fora batizado com o seu nome!

Profundamente abatido, decide retornar a Paris, onde, em junho de 1930, foi condecorado pelo Aeroclube da França com a comenda de Grande Oficial da Legião de Honra da França.

No ano seguinte, internou-se em casas de saúde no Sul da França, onde o ex-prefeito do Rio, Antônio Prado Júnior, exilado pela revolução de 1930, o encontrou gravemente enfermo. Informada do seu estado, a família de Dumont trouxe-o de volta ao Brasil. Depois de buscar a cura em Araxá, em Minas, Rio e São Paulo, Dumont vai para o Guarujá, hospedando-se no Hotel La Plage, em maio de 1932. Um ano antes, em junho de 1931, fora eleito para ocupar a cadeira 38 da Academia Brasileira de Letras, na sucessão de Graça Aranha. Morreria sem tomar posse.

Durante a revolução constitucionalista de 1932, nascida da rebelião de São Paulo contra o governo Vargas, a força aérea bombardeou o Campo de Marte, em São Paulo. Como Guarujá se encontrava no raio de sobrevoo, imagina-se que, deprimido, Santos Dumont tenha se aproveitado da momentânea ausência do sobrinho que lhe fazia companhia, e suicidou-se, por enforcamento, no banheiro do Grand Hôtel de la Plage, na cidade do Guarujá, em São Paulo. Nunca se esclareceu se usou como corda uma gravata ou o cinto do roupão. Ele estava com 59 anos e 3 dias. Seu coração está exposto no museu da Aeronáutica no Campo dos Afonsos.

Decreto de 31 de julho de 1932 alterou o nome do município de Palmira, em Minas, para Santos Dumont, enquanto lei federal de julho de 1936 declarou a data de 23 de outubro Dia do Aviador, em homenagem ao primeiro voo realizado em 1906. Nesse mesmo ano, o primeiro aeroporto do Rio foi batizado como Santos Dumont. Em 1947, Dumont recebeu, por força de lei, o posto honorário de tenente-brigadeiro. Em 1956, o Correio Brasileiro e o Correio Uruguaio lançaram selos comemorativos do cinquentenário do voo pioneiro do mais pesado do que o ar, enquanto sua casa natal foi transformada em Museu Casa Natal de Santos Dumont. Em 1959, lei federal lhe outorgou o posto de marechal do ar. Em 1976, a União Astronômica Internacional fez dele o único brasileiro a ter uma cratera lunar com o seu nome. Em 1984, Dumont tornou-se Patrono da Aeronáutica Brasileira. Em outubro de 1997, Bill Clinton, presidente dos Estados Unidos, país que defende os irmãos Wright como os Pais da Aviação, em discurso no Itamaraty, referiu-se a Santos Dumont como o Pai da Aviação.

São incontáveis as homenagens a Dumont, no Brasil e mundo afora, a exemplo de países como a Bolívia e a França, que lançaram selos em sua homenagem.

Finalmente, a 26 de julho de 2006, o nome de Santos Dumont foi incluído no *Livro de Aço dos Heróis Nacionais*, guardado no Panteão da Pátria, em Brasília.

BIBLIOGRAFIA

Aluízio Napoleão. *Santos Dumont e a conquista do ar*, 1997.
Gondin da Fonseca. *Santos Dumont*, 1956.
Raul de Polillo. *Santos Dumont gênio*, 1950.
Salvador Nogueira. *Conexão Wright – Santos Dumont: a verdadeira história da invenção do avião*, 2006.
Santos Dumont. *Eu naveguei pelo ar*, 2001.

CARLOS CHAGAS
(1878-1934)

CARLOS JUSTINIANO RIBEIRO CHAGAS NASCEU NO DIA 9 DE JULHO DE 1878, na Fazenda Bom Retiro, no município de Oliveira – Minas Gerais –, onde seus antepassados portugueses se instalaram, e faleceu, vítima de infarto, a 8 de novembro de 1934, no Rio de Janeiro, aos 56 anos e quatro meses. Seus pais foram José Justiniano Chagas e Mariana Cândida Ribeiro de Castro Chagas. Órfão do pai, que era cafeicultor, aos 4 anos de idade, ficou sob os cuidados maternos, juntamente com os irmãos Maria Rita, José, morto aos 3 anos, Marieta e Serafim. A família deixa a Fazenda Bom Retiro e passa a morar na Fazenda Boa Vista, também de sua propriedade, nas proximidades de Juiz de Fora, já, à época, importante município mineiro.

Três tios maternos, Cícero e Olegário – advogados –, e Carlos – médico –, despertaram nele o gosto pelos estudos. Impressionado, porém, pelo trabalho desenvolvido pelo tio homônimo, à frente de uma casa de saúde, fixou, desde cedo, o desejo de seguir a carreira médica. Aos 8 anos, já alfabetizado, seguiu para Itu, em São Paulo, matriculando-se no Colégio São Luís, sob a direção dos jesuítas, de onde foge, aos 10 anos, para ajudar a mãe na defesa da propriedade contra a temida ameaça de invasão por escravos recém-alforriados. Em punição pela fuga, o menino Carlos Chagas foi expulso da escola. Ao concluir o curso secundário, cedeu aos apelos da mãe e seguiu para Ouro Preto com o fim de fazer os preparatórios para a Escola de Engenharia de Minas. Em lugar dos estudos, dedicou-se à vida boêmia e foi reprovado no vestibular. Aos 16 anos, reprovado e adoentado, volta para o berço natal, em Oliveira.

Como "Deus escreve certo por linhas tortas", segundo o refrão popular, a boemia em Ouro Preto, de mescla com a reprovação e a doença, revelou-se providencial para o futuro do jovem Carlos Chagas e para a medicina brasileira, porque foi durante a cura no torrão natal que o tio Carlos, médico, convenceu o sobrinho a abraçar a medicina. Com esse propósito, foi para São Paulo, onde realizou os preparatórios, de lá seguindo, em 1897, para cursar a Faculdade de Medicina no Rio de Janeiro, onde o tio Carlos trabalhava.

O ambiente acadêmico na Faculdade era de intensa agitação com o desenvolvimento das práticas e das pesquisas do famoso cientista francês Louis Pasteur, considerado o pai da microbiologia. Dois professores foram de decisiva importância nessa fase inicial dos estudos de Carlos Chagas, como ao longo de toda a sua vitoriosa carreira: Miguel Couto, com quem aprendeu os princípios e a prática da clínica moderna, e com quem estreitaria amizade, e Francisco Fajardo, a quem coube iniciá-lo nos estudos das doenças tropicais, particularmente a malária, de notável importância para sua carreira. Em síntese: com Miguel Couto aprendeu a clinicar, e com Francisco Fajardo, a pesquisar.

Uma vez concluído o curso médico, aos 24 anos, Chagas apresenta-se a Oswaldo Cruz, no então Instituto Soroterápico Federal, na Fazenda de Manguinhos, portando uma carta do mestre Miguel Couto, com o pedido de vaga para elaborar a tese obrigatoriamente prévia ao exercício da medicina. Esse foi o primeiro encontro de uma amizade e parceria científica que fariam história.

Sob a orientação de Oswaldo, Carlos Chagas escolhe como objeto de sua tese o ciclo evolutivo da malária na corrente sanguínea. Em face do tema escolhido, aceita o convite do mestre para coordenar o combate à malária em Itatinga, interior paulista, onde trabalhadores das docas de Santos, afetados pela doença, ameaçavam paralisar a construção de uma represa. Com a intuição que não pode faltar aos grandes descobridores, coloca em prática o entendimento de que diante da impossibilidade de implantar ações saneadoras de largo alcance, era indispensável concentrar as medidas de saneamento nas áreas onde viviam as pessoas e os mosquitos infectados pelo parasito da malária. Em cinco meses, o surto da doença foi debelado com o recurso a um processo que serviu de base ao combate da doença no mundo inteiro.

Um ano depois, estava concluído o trabalho a que deu o nome de *Estudo Hematológico do Impaludismo*. No ano seguinte, em 1904, recusou o convite de Oswaldo Cruz para trabalhar como médico do Instituto, preferindo atuar como clínico no Hospital Jurujuba, em Niterói, e pesquisar em seu laboratório particular no Rio, onde desposou Íris Lobo, com quem teve os filhos Evandro, em 1905, e Carlos Filho, em 1910. Ambos seriam médicos, como o pai.

Em março de 1906, transfere-se com armas e bagagens para o Instituto Soroterápico de Manguinhos, sendo indicado, com Arthur Neiva, para organizar o saneamento da Baixada Fluminense, área locada para fornecer água ao Rio de Janeiro. O sucesso da missão confirmou sua teoria partilhada com Oswaldo Cruz sobre a infecção domiciliar da malária.

Em junho de 1907, Chagas seguiu para Lassance, cidade mineira, localizada na bacia do São Francisco, aí permanecendo por dois anos, instalado num vagão de trem, para combater um surto de malária entre os trabalhadores que construíam um ramal de estrada de ferro da Central do Brasil. Foi durante esse tempo que ele estudou os hábitos dos anofelinos, mosquitos transmissores da malária, examinando o sangue dos animais picados à procura dos parasitas. Bingo! Identificou uma nova espécie de protozoário no sangue de um sagui a que batizou como *Trypanosoma minasensis*. Enquanto isso, alguém lhe deu conta da presença de um inseto hematófago nas habitações rurais, conhecido como barbeiro, caracterizado pelo hábito de sugar o sangue das pessoas durante a noite. O inseto foi reconhecido como pertencente à espécie *Triatoma infestans*.

Chagas percebeu a presença nos seus intestinos de outros *Trypanosoma minasensis*, numa fase já evoluída. Em razão da precariedade do seu laboratório em Lassance, enviou alguns barbeiros para Oswaldo Cruz, com a recomendação de alimentá-los em saguis. Um mês decorrido, veio a resposta: havia tripanossomos no sangue dos macaquinhos.

Quando Chagas voltou ao Rio, para dar continuidade à pesquisa, descobriu que os *Trypanosoma* presentes no sangue dos animais não eram do tipo *minasensis*, mas de uma nova espécie, a que denominou de *Trypanosoma cruzi*, mais tarde rebatizado *Schizotrypanum cruzi*, em homenagem ao mestre Oswaldo Cruz.

De retorno a Lassance, Chagas partiu do pressuposto de que o parasita poderia ser nocivo aos animais, em geral, e aos humanos, em particular, tendo em vista a presença do barbeiro onde quer que houvesse gente.

Seguindo a intuição, Chagas recolheu sangue de um gato infectado, em 14 de fevereiro de 1909, e dois meses mais tarde, em 23 de abril, descobriu a presença do *Trypanosoma*, em Berenice, uma garotinha de 3 anos, com quadro anêmico e febril. Esse foi o segundo tripanossoma descoberto, causador da nova doença tripanossomíase americana. O primeiro causava a doença do sono ou tripanossomíase africana, transmitida pela mosca tsé-tsé. Em Berenice, Chagas identificou, também, a presença de parasitas no cérebro e no miocárdio, causa, supunha, de algumas manifestações clínicas em pessoas afetadas.

Fechando com chave de ouro seus estudos sobre o ciclo da nova doença, Chagas descreveu vinte e sete casos agudos do mal e fez mais de uma centena de autópsias em pacientes que sofriam da doença de forma crônica. A partir do vetor – o barbeiro –, chegou ao agente causador – o *Trypanosoma cruzi* –, ao reservatório doméstico – o gato –, e à doença nos humanos, a partir de Berenice, passando por outras pessoas, e concluindo com as múltiplas autópsias. Meio a tantos notáveis acertos, como acontece em estudos pioneiros, houve alguns equívocos posteriormente corrigidos, como foi o caso do anúncio precipitado de que o bócio era um sintoma da tripanossomíase americana.

A descoberta da doença foi publicada na revista *O Brasil Médico* em 22 de abril de 1909. Para corrobar o achado, Oswaldo Cruz comunicou à Academia Nacional de Medicina a ida de uma comissão a Lassance para testemunhar o trabalho realizado. Por sugestão de Miguel Couto, a nova enfermidade deveria chamar-se Doença de Chagas, contra a proposta de Carlos Chagas que a denominou tripanossomíase americana.

As revistas científicas europeias repercutiram a descoberta, particularmente na França e Alemanha, tendo em vista que a tripanossomíase africana vinha matando os nacionais desses países em sua ação imperialista no continente negro. E em agosto do mesmo ano, veio a lume o primeiro número da *Revista do Instituto de Manguinhos*, trazendo uma cobertura completa do ciclo evolutivo da Doença de Chagas e do protozoário que a ocasiona. Em março de 1910, antes de completar 32 anos, Carlos Chagas era promovido a chefe de serviço do Instituto. Em outubro, a Academia Nacional de Medicina, ao reconhecer, formalmente, a descoberta do jovem cientista, tornou-o membro honorário da entidade, tendo em vista a inexistência de vagas a serem preenchidas. Na solenidade de posse, Carlos Chagas proferiu a primeira palestra sobre a nova doença.

Em 1911, em Dresden, durante a Exposição Internacional de Higiene e Demografia, o pavilhão brasileiro recebeu grande público para inteirar-se da doença. É verdade que os estudos sobre a moléstia, com vistas ao combate de seus males, continuaram muito depois da morte do seu genial descobridor, particularmente no município mineiro de Bambuí.

Dando seguimento ao programa de investigar e diagnosticar os problemas médicos do país, o Instituto Oswaldo Cruz organizou excursões científicas pelo interior dos estados. Para minorar os efeitos da crise do extrativismo da borracha na Amazônia, em 1912, o governo central financiou o Instituto para avaliar as condições de salubridade do vale do rio Amazonas, com vistas à elaboração de um programa de adequada exploração dos seus recursos naturais. Com mais dois cientistas e um fotógrafo, Chagas liderou uma equipe que visitou as populações ribeirinhas dos rios Negro, Solimões e Purus, com atenção especial dedicada às condições residenciais, abastecimento d'água, esgoto, alimentação e assistência médica, sem falar na atenção dispensada à malária e a outras epidemias. Para isso, novos parasitas foram procurados em plantas, insetos, animais terrestres e peixes.

A expedição encerrou os trabalhos em março de 1913 e só em outubro os resultados foram apresentados por Chagas, na Conferência Nacional da Borracha, organizada pelo Senado Federal no Rio de Janeiro. A conferência de Chagas, somada ao relatório escrito por Oswaldo Cruz e encaminhado ao Ministério da Agricultura, permitiu a formação de um diagnóstico do estado de penúria de toda ordem, acentuado pela ausência de saneamento, em que viviam as populações do Brasil remoto. Essa expedição fortaleceu as advertências desde algum tempo formuladas pelo marechal Rondon em seu trabalho de implantação das linhas telegráficas e de valorização do papel das populações rurais como agentes econômicos e sentinelas avançadas da pátria.

Quando a gripe espanhola deu as caras no Brasil, em 1918, Oswaldo Cruz já estava morto desde o ano anterior. Em 14 de fevereiro de 1917, três dias após a morte de Oswaldo Cruz, Carlos Chagas foi nomeado para dirigir o Instituto que levava o nome do ilustre morto, onde manteve as diretrizes do fundador, muito à semelhança do Instituto Pasteur em que se inspirara. Aí, além da autonomia administrativa e financeira, pesquisa e ensino andavam de mãos dadas, inclusive na fabricação de produtos medicinais e veterinários. Na área da pesquisa, deu continuidade ao trabalho de estudo, controle e combate às epidemias que assolavam a zona rural, criando, para esse fim, um hospital nas dependências do Instituto a que deu o nome de Hospital Oswaldo Cruz. Em 1942, esse hospital foi rebatizado com o nome de Hospital Evandro Chagas, em homenagem ao primogênito de Carlos Chagas.

Dos seiscentos mil da população carioca, quatrocentos mil contraíram tuberculose, dos quais onze mil pessoas pereceram por falta de higiene, saneamento básico e assistência médica. O presidente Wenceslau

Braz apelou para Carlos Chagas assumir a coordenação da megacrise. Para agravar as coisas, Chagas, a mulher e os dois filhos do casal estavam acometidos da doença. Mesmo assim, criou, ao longo da cidade, vinte e sete pontos para atendimento da população, abriu cinco hospitais em caráter de emergência, distribuiu cartazes e panfletos, orientando a população, e convocou, em nome do juramento a Hipócrates, todos os médicos a participarem do grande e imperativo mutirão salvador. Adicionalmente, fez do estudo da doença, suas causas e terapêutica, o foco do trabalho de pesquisa do Instituto Oswaldo Cruz.

A gestão de Carlos Chagas em favor do desenvolvimento científico do país foi verdadeiramente notável. Montou setores científicos independentes, dividindo-os, racionalmente, por áreas de conhecimento, de modo a conferir nitidez à divisão dos trabalhos realizados: fisiologia, protozoologia, anatomia, zoologia, bacteriologia, micologia e química aplicada. Quanto ao ensino, o Instituto seguiu ampliando as especializações.

Chagas entendia que a medicina se sustentava na articulação entre ensino e pesquisa, e na ênfase ao estudo das doenças regionais. No caso brasileiro, as doenças tropicais seriam o foco, de modo a assegurar a formação de pessoal médico capacitado a lidar com as moléstias e com as questões sanitárias causais. Em consequência de sua reivindicação, em 1925, foram criadas a especialização em Higiene e Saúde Pública e a cadeira de Doenças Tropicais, na Faculdade de Medicina do Rio de Janeiro.

Na produção de medicamentos, Chagas diversificou os produtos e estimulou o comércio para aumentar a renda do Instituto, de capital importância para manutenção e ampliação do seu escopo. Uma seção especial foi criada para produzir os remédios necessários ao combate pelo governo das endemias, a exemplo do sulfato de quinina, fundamental no tratamento da malária. Na década de 1920, o Instituto foi chamado a fazer o controle de qualidade dos medicamentos consumidos no Brasil, os fabricados dentro e fora do país. A fabricação da vacina antivaríola veio em seguida, com a incorporação do Instituto Vacinogênio Municipal.

A centralização operacional que introduziu nas atividades sanitárias, a partir de 1921, em substituição à prática descentralizada do DNSP, se originou da percepção da imaturidade científica dos estados e municípios, na erradicação das epidemias rurais, particularmente a malária, a ancilostomose e a tripanossomíase americana, ou Doença de Chagas. Como parte da uniformização procedimental, Chagas incluiu as medidas relacionadas à higiene pública.

Em 1923, Chagas fundou a Escola de Enfermagem Anna Nery, como desdobramento do Serviço de Enfermagem Sanitária, criado com recursos oriundos da Fundação Rockfeller. A prática dos primeiros profissionais da enfermagem era realizada no Hospital São Francisco de Assis, também fundado por Carlos Chagas, prioritariamente com esse fim.

O curso de Higiene e Saúde Pública veio em seguida, com emprego previamente garantido aos graduados. Como diretor do DNSP, Chagas representou o Brasil no Comitê de Higiene da Liga das Nações, entidade precursora da Organização Mundial de Saúde.

O aumento, porém, das atividades do Instituto culminou em problemas financeiros, agravados pela depressão de 1929, com repercussão no seu desempenho tecnológico. A partir do Estado Novo e ao longo da ditadura Vargas, o Instituto foi perdendo autonomia para o voluntarismo estatal. Ao morrer, em 1934, Carlos Chagas testemunhou com desgosto a decadência da instituição modelar criada pelo gênio de Oswaldo Cruz e implementada por ele.

Seu nome é consagrado como luminar da medicina – clínico e pesquisador –, com ênfase na saúde pública e na bacteriologia, campos em que exceliu ao estudar a malária, ao descrever, do princípio ao fim, a tripanossomíase americana, infecção que ficou conhecida como a Doença de Chagas, e como descobridor do protozoário *Trypanosoma cruzi*. Carlos Chagas é o único cientista, na história da medicina, a ter realizado a façanha de descrever, integralmente, em todas as suas fases, uma doença infecciosa: o patógeno, o vetor da doença, os hospedeiros, as manifestações clínicas e a epidemiologia. Merecem destaque, ainda, seu combate à leptospirose e às doenças venéreas, além da continuidade que deu aos trabalhos do Instituto Oswaldo Cruz, inclusive como seu diretor. Foi também o idealizador do Centro Internacional de Leprologia.

Entre as várias láureas que recebeu, destacam-se a de membro honorário da Academia Brasileira de Medicina e as de doutor *honoris causa* das universidades de Harvard, Paris, Lima e Bruxelas. Recebeu, ainda, diplomas da Universidade Nacional de Buenos Aires, da Universidade de Hamburgo, da Cruz Vermelha da Alemanha. Integrou algumas das mais conceituadas entidades médicas e científicas do mundo, em países como Estados Unidos, Holanda, Inglaterra, Argentina, Itália, Portugal, Espanha, Romênia. Além disso, recebeu duas indicações para o Nobel de Medicina e Fisiologia. Se tivesse nascido num país do Primeiro Mundo, teria, certamente, recebido a máxima láurea. Carlos Chagas tem sido alvo de inúmeras homenagens. Um município do estado de Minas Gerais leva o seu nome. Sua efígie continua compondo cédulas de várias moedas brasileiras. Uma herma na Praia de Botafogo, no Rio, foi erguida em sua memória, de autoria do escultor Modestino Kanto.

Todd A. Diacon, em seu livro sobre Rondon, declarou: "Médicos e cientistas como Oswaldo Cruz e Carlos Chagas tiveram papel fundamental na construção da nação, pois empenharam-se em aprimorar a nação melhorando a saúde dos cidadãos. Convictos de que os brasileiros não estavam condenados à perpétua inferioridade racial, argumentaram que, na verdade, os problemas da nação eram o atraso, a pobreza e a natureza enfermiça de sua população, decorrentes de doenças que poderiam ser erradicadas. Os brasileiros não eram inerentemente inferiores, apesar do que afirmavam os intelectuais europeus. Eram, isto sim, doentes, de modo que, para as autoridades sanitárias, as doenças tornaram-se 'o problema crucial para a construção da nacionalidade'".

Segundo Oswaldo Cruz e Carlos Chagas, a melhoria da saúde da nação exigia ações firmes, centralizadas e coordenadas pelo governo federal, tendo em vista que o acentuado federalismo da República Velha conduziu a frágeis programas de saúde, em que os recursos, além de escassos, eram mal aplicados. Graças ao que testemunharam em suas expedições sanitaristas, Cruz e Chagas reivindicaram a criação de um serviço federal de saúde pública, finalmente implantado em 1919.

No plano da produção acadêmica, além de conferências e artigos, Carlos Chagas, em seus 56 anos e 4 meses de vida, deixou extensa e qualificada bibliografia:

Estudo hematológico do impaludismo, trabalho de tese para doutorado, Rio de Janeiro, 1903.
Nova espécie de tripanossoma humano, boletim da Société de Pathologie Exotique, Paris, 1909.
Nova tripanossomíase humana, Memórias do Instituto Oswaldo Cruz, Rio de Janeiro, 1909.
As formas do novo tripanossoma, 1913. *Revisão do ciclo de vida do tripanossoma cruzi*, nota suplementar, Rio de Janeiro, 1913.
Processos patogênicos da tripanossomíase americana, Memórias do Instituto Oswaldo Cruz, Rio de Janeiro, 1916.
Tripanossomíase americana: estudo do parasita e sua transmissão, The Chicago Medical Recorder, Chicago, 1921.
Tripanossomíase americana (doença de Chagas), Berlim, 1925.
Aspectos evolutivos do Trypanosoma cruzi *e do inseto transmissor*, notas da Société Biologique, Paris, 1928.
Alterações decorrentes da Doença de Chagas, Paris, 1928.

BIBLIOGRAFIA

Carlos Chagas Filho. *Meu pai*,1993.
Moacyr Scliar. *Oswaldo Cruz & Carlos Chagas: o nascimento da ciência no Brasil*, 2002.

MONTEIRO LOBATO
(1882-1948)

José Renato Monteiro Lobato nasceu em Taubaté no dia 18 de abril de 1882 e morreu na cidade de São Paulo a 4 de julho de 1948. Além de grande editor e tradutor, ele foi um dos mais influentes escritores brasileiros do século XX. Metade de sua obra literária é composta de livros infantis, campo em que seu prestígio é indisputável, sendo *Reinações de Narizinho*, *Caçadas de Pedrinho* e *O Picapau Amarelo* os mais festejados. À exceção de um conhecido livro pioneiro sobre o petróleo e o romance *O presidente negro*, a outra metade de sua obra é composta de contos, artigos, crônicas, prefácios e cartas.

Filho de José Bento Marcondes Lobato e Olímpia Augusta, que moravam na zona rural, foi sua mãe quem o alfabetizou, seguida de um professor particular. Sua familiaridade com os livros começou muito cedo, graças à excelente biblioteca de seu avô, o Visconde de Tremembé. Leu tudo que nela havia, em português, para crianças, experiência que estimulou sua precoce iniciação como escritor, ao colaborar para os pequenos jornais das escolas que frequentou. Foi constrangido que vestiu sua primeira calça comprida, aos 12 anos, mas foi com desembaraço que pediu para acrescentar Bento ao prenome, para justificar, como tendo sido gravada em seu nome, a bengala que recebeu de presente do pai, com as iniciais J.B. Monteiro Lobato, passando a chamar-se

José Bento Renato Monteiro Lobato. É verdade que o Renato foi posto de lado. Pouco antes de completar 15 anos, foi reprovado nos exames do curso preparatório, em São Paulo, tendo que retornar a Taubaté, onde caprichou nos estudos, para, finalmente, ser aprovado no fim do mesmo ano. No intervalo entre os dois exames, assinou suas colaborações na imprensa mirim com os pseudôminos alternados de Josben e Nhô Dito. Nas longas cartas que de São Paulo escreveu à família, bem como nos textos que produzia para os jornalecos *O Patriota* e a *Pátria*, já era perceptível o talento literário daquele voraz jovem leitor, também admirado como desenhista e caricaturista remunerado. Aos 16 anos, perdeu o pai, por congestão pulmonar, e aos 17, a mãe, vitimada por uma depressão profunda. Com a mudança definitiva para a Pauliceia, internou-se, como estudante, no Instituto Ciências e Letras. Data desse período o início de sua participação nas sessões do Grêmio Literário Álvares de Azevedo, de sua escola.

O sonho acalentado, desde muito cedo, de cursar a Faculdade de Belas-Artes foi torpedeado pelo avô que o queria como sucessor na administração dos negócios da família. O curso de direito, na tradicional Faculdade do Largo de São Francisco, foi a opção. Seus textos, disputados por diferentes publicações estudantis, credenciaram-no a discursar na solenidade de inauguração da Arcádia Acadêmica sobre o tema "Ontem e Hoje". A opinião dominante era a de que, além de qualidade literária, o jovem Lobato era detentor de muito bom gosto e de um sutil "espírito à francesa", servidos por inexcedível "humor inglês". Pouco tempo depois, foi eleito presidente da 'Arcádia', passando a escrever sobre teatro no jornal *Onze de Agosto*, experiência que desembocaria na criação, em 1903, de *O Cenáculo*. A conquista do primeiro lugar, num concurso de contos, aumentou-lhe o prestígio, enquanto sua informalidade e proverbial franqueza grangeavam-lhe, simultaneamente, respeitosa admiração e ressentidas restrições.

Tão logo diplomado bacharel em direito, em 1904, regressou a Taubaté, onde, paralelamente ao exercício interino da promotoria local, desenvolveu planos para instalar, em sociedade, uma fábrica de geleias. Corria o ano de 1905 quando conheceu Maria Pureza da Natividade, a Purezinha, com quem se casaria em 28 de março de 1908, em Areias, onde exercia, desde 1907, o cargo de promotor público efetivo. Marta, a primogênita, nasceu, precisamente, um ano depois, quando o irrequieto Lobato, para superar a rotina de Areias, pensou em abrir um estabelecimento de secos e molhados. Mudou de ideia, no ano seguinte, 1910, associando-se a um negócio ligado à estrada de ferro, quando nasceu o filho Edgar.

De uma presença constante em orgãos da imprensa regional, como a *Tribuna de Santos*, a *Gazeta de Notícias* do Rio de Janeiro e a revista *Fon-Fon*, através de artigos, caricaturas e desenhos, Lobato passou a colaborar com o jornal *O Estado de São Paulo*, com traduções do *Weekly Times* e de grandes obras da literatura universal. Todavia, sua notória insatisfação com o ramerrão da vida interiorana, agravada com o desempenho medíocre dos negócios, instigava-o a mudar-se para a capital. A morte do avô, o Visconde de Tremembé, em 1911, tornando-o herdeiro da Fazenda Buquira, fê-lo para aí mudar-se, com a família, quando modernizou a lavoura e o criatório, com cujos lucros montou uma escola em Taubaté, confiada à gestão de um cunhado.

Guilherme, o terceiro filho, nasceu em 1912. Continuamente insatisfeito com a vida que levava, agora, na fazenda, Lobato concebe a exploração de um negócio no Viaduto do Chá, na capital, em sociedade com o amigo Ricardo Gonçalves. Mais uma vez não leva adiante o projeto.

O início da fama se deu com a publicação pelo *Estadão*, em novembro de 1914, de uma indignada carta de Lobato, protestando contra as absurdas queimadas praticadas pelos caboclos na região de sua fazenda Buquira. A surpreendente qualidade do texto levou o jornal a publicá-la, sob a forma de longo artigo, em um dos seus suplementos mais valorizados, com o título de "A Velha Praga". Em seguida, às vésperas do Natal, o *Estadão* publica o conto "Urupês", que trouxe a lume um de seus personagens mais famosos, o Jeca Tatu. A caracterização do trabalhador rural como preguiçoso e indolente gerou enorme polêmica. A soma dos dois episódios o colocou sob os holofotes do mundo político e literário, embora seu envolvimento com a política nessa fase tenha sido uma nuvem passageira.

Rute, a quarta e última filha, nasceu em fevereiro de 1916, quando se sentia realizado pela contribuição que iniciara com a *Revista do Brasil*, publicação recente, de cunho nacionalista. Uma geada que castigou sua atividade agropecuária foi a gota d´água que o levou a vender a fazenda e a mudar-se com a família para São Paulo, decidido a ser um "escritor-jornalista". Aos 34 anos, tem início uma fase de intensa atividade na vida do fazendeiro-advogado-jornalista, decidido a ser escritor. Funda a revista *Paraíba*, em Caçapava, e inicia uma grande pesquisa sobre o saci-pererê entre os leitores de *O Estado de São Paulo*, em 1917, a que deu o título de "Mitologia Brasílica – Inquérito sobre o Saci-Pererê". Várias versões do mito foram narradas pelos leitores, resultando, no ano seguinte, no livro: *Saci-Pererê – resultado de um inquérito*. O Saci, popularizado por Lobato, continua com forte presença no folclore brasileiro, sendo personalizado pela TV numa figura de carne e osso, com sensível impacto no imaginário popular, sobretudo junto às populações rurais que lhe atribuem todo tipo de estripulias para apoquentar as pessoas. Em 2005, o 31 de outubro foi instituído como o Dia do Saci. A Seção de Instrução Especial da Academia Militar das Agulhas Negras tem o Saci como símbolo, enquanto o Sport Club Internacional, do Rio Grande do Sul, o tem como mascote.

Em 1918, Lobato, impressionado com a queima dos cafezais paulistas, escreveu no *Estadão* a crônica "A Grande Geada", que marcou época. Esse foi o ano dos 4 G, porque além da histórica geada, houve greves, a Grande Guerra e a Gripe Espanhola. Lobato, como todos os editorialistas de *O Estado de S. Paulo*, acabou contraindo a gripe espanhola. Mesmo doente, escreveu editoriais como nunca, para cobrir a ausência dos colegas enfermos. Em dezembro, publicou a conhecida crítica, intitulada "Paranoia ou Mistificação", contra a exposição da pintora Anita Malfatti, embora admitisse que ela tinha talento, fato que viria servir de argumento para a Semana da Arte Moderna, de 1922. A demonização inicial de Lobato, apontado como um reacionário empedernido, sobretudo pelos modernistas, foi abrandando com o passar do tempo, à proporção que se adensava a percepção de que o objeto de sua condenação era o excesso de ismos: cubismo, dadaísmo, surrealismo, futurismo com que o espírito de colonizado de certos brasileiros se submetia a novos processos de europeização de nossa cultura, a exemplo do que ocorrera com nossos acadêmicos em passado recente. Lobato pugnava por uma arte brasileira, verdadeiramente autóctone, nascida de nossas raízes. Entre os modernistas, porém, havia os que o admiravam, como Oswald de Andrade, que não lhe regateava elogios. Ainda em 1918, de colaborador da *Revista do Brasil*, Lobato passou a proprietário, atraindo novos talentos, bem como pessoas famosas. Sua identificação como intelectual, engajado na causa do nacionalismo, correu mundo e aumentou, com o passar do tempo, em razão da incorporação do tema às suas criações, de ordem ficcional, ensaística ou simplesmente panfletária. Sua crítica dos costumes, carregada de sarcasmo, às vezes explícito, às vezes caricatural, agregava ao seu texto um sopro de humanidade e brasileirismo. Em suas mãos, a *Revista do Brasil* cresceu, vindo a constituir o embrião de uma empresa editorial, aberta aos novos escritores e aos modernistas.

Como editor, Lobato foi pioneiro de algumas políticas inovadoras. Consoante sua sensibilidade de marqueteiro, dizia que "livro é sobremesa: tem que ser posto debaixo do nariz do freguês". A partir dessa visão, criou a Editora Monteiro Lobato & Cia., depois chamada Companhia Editora Nacional, que veio a público com a obra *O problema vital*, um conjunto de artigos sobre a saúde pública, e *O Saci-Pererê: resultado de um inquérito*. Os livros passaram a ser encarados pela editora como objeto de consumo de massa, razão pela qual as capas e a composição gráfica mereceram atenção especial, contrariamente à conservadora concepção como artigos insusceptíveis de artifícios promocionais. Mais ainda: criou políticas de distribuição, novidade na época, com vendedores autônomos e distribuidores espalhados por todo o país. Não temia o lançamento de estreantes, a exemplo da senhora Leandro Dupré, com o sucesso *Éramos seis*. Traduziu muitos livros e editou obras importantes como *A luta pelo petróleo*, de Essad Bey, para a qual fez a introdução, falando do petróleo no Brasil. Seguiu-se a publicação de *Urupês*, enorme sucesso editorial, que dividiu a opinião pública quanto à imagem indolente, miserável e descolorida do caipira ou tabaréu. Ruy Barbosa, perfilando-se ao lado de Lobato, denunciou, na campanha presidencial de 1919, o estado de abandono em que vivia o trabalhador do campo. Na esteira do momentoso êxito, lançou, sucessivamente, *Cidades mortas* e *Ideias de Jeca Tatu*. Em 1920, seu conto "Os faroleiros" foi argumento de um filme dos cineastas pioneiros Miguel Milano e Antônio Leite, vindo, em seguida, *Negrinha e a menina do narizinho arrebitado*, primeira obra infantil, onde aparece Lúcia, a popular Narizinho do bestseller *Sítio do Picapau Amarelo*, lançado para o Natal de 1920.

Em mais um ineditismo, a Editora Monteiro Lobato anuncia a distribuição gratuita, nas escolas, de 500 exemplares de *A menina do narizinho arrebitado*, obra que Lobato escreveu, atendendo a pedido de Washington Luís, a quem admirava. A repercussão entre o leitorado infantil conduziu às *Fábulas de Narizinho*, e a *O Saci*, ambos de 1921. Animado pela crescente receptividade ao seu nome nos meios intelectuais, pensou em concorrer à Academia Brasileira de Letras, na vaga aberta com a morte de Pedro Lessa – primeiro afrodescendente a ocupar uma cadeira no Supremo Tribunal Federal, tendo sido responsável pelo voto que assegurou a legitimidade do *habeas corpus* –, desistindo por não se dispor a fazer a via-crúcis para pedir votos a cada um dos acadêmicos. Em 1922, publica *O Marquês de Rabicó*, e em 1924, *A caçada da onça*, *O noivado de Narizinho*, *Jeca Tatuzinho* e *O garimpeiro do rio das Garças*.

A essa altura, Lobato era um homem realizado, com a perfeita integração entre suas atividades como escritor e empresário, valendo-se ambas de sua original aptidão para o desenho e a caricatura. Por isso, passou a dedicar todo o tempo à bem-sucedida editora, transferindo a gestão da *Revista do Brasil* para Sérgio Millet e Paulo Prado. O crescimento das tiragens, para atender à crescente demanda, levou-o a importar novas impressoras dos Estados Unidos e da Europa. Como nem tudo são flores, em qualquer dimensão da vida, sobreveio um racionamento energético, oriundo de longa estiagem, que reduziu o fornecimento de energia a duas vezes por semana, seguido de uma desvalorização da moeda e suspensão do redesconto de títulos, pelo Banco do Brasil, impostos pelo presidente Artur Bernardes, que levaram o escritor-empresário a beijar a lona com um pedido de autofalência,em julho de 1925. Mas o sonho não morreu com a empresa. Lobato mudou-se para o Rio de Janeiro, onde criou, em sociedade com Octalles Marcondes, a Companhia Editora Nacional, valorizada, desde o nascimento, com o já consagrado selo do seu nome. Começando com as traduções de Hans Staden e Jean de Léry e outras importantes obras, todas caprichadamente impressas, deu continuidade à literatura infantil, centrado nos personagens Narizinho, Dona Benta, Pedrinho, Tia Nastácia, o sabugo de milho Visconde de Sabugosa, e a boneca de pano Emília.

Inspirado em seu intenso nacionalismo, Lobato desenvolveu personagens ligados à cultura brasileira, resgatando costumes rurais e lendas do nosso folclore, enriquecendo-os com sua fértil imaginação, ao mesclá-los com tipos populares da literatura universal, da mitologia e dos quadrinhos das revistas e do cinema, num sincretismo apaixonante. De permeio, criou, também pioneiramente, a literatura paradidática, tornando fácil e agradável, por via indireta, o aprendizado das matérias curriculares.

Em 1926, aos 44 anos, lançou os livros *O presidente negro* e *How Henry Ford is Regarded in Brazil*, e resolveu concorrer à vaga aberta na ABL, com a morte do jurista e ministro do Supremo, João Luís Alves, sendo derrotado por Aníbal Freire da Fonseca. O jornalista Múcio Leão chegou a lamentar que esse "escritor de talento fosse duas vezes repelido". Ao novo presidente Washington Luís, empossado no dia 15 de novembro, enviou uma carta defendendo a necessidade de valorização da indústria editorial. O presidente, que o admirava, nomeou-o adido comercial nos Estados Unidos.

Em 1927, Lobato mudou-se para Nova York, deixando a editora sob a direção do sócio, Octalles Marcondes Ferreira. Dos Estados Unidos, escreve corroborando o acerto do slogan de Washington Luís, para quem "governar é abrir estradas", apoiado no argumento de que foi com numerosas e boas vias de transporte terrestre – estradas de rodagem e de ferro –, que o Colosso do Norte se agigantou. Entusiasmado com o progresso material norte-americano, passou a acompanhar suas inovações tecnológicas, pressionando o governo brasileiro a fomentar a criação de atividades semelhantes. Para lidar com a questão do petróleo e do ferro, planejou a fundação da Tupy Publishing Company. Aproveitou a estada em Manhattan para escrever, *em 1927, Mr. Slang e o Brasil* e *As aventuras de Hans Staden;* em 1928, *As aventuras do príncipe, O Gato Félix* e *A cara de coruja;* em 1929, *O circo de escavalinho* e, em 1930, *A pena de papagaio.* As obras infantis dessa época foram reunidas num único volume, intitulado *Reinações de Narizinho,* em 1931.

Em 1928, entusiasmado com a visita que fez à Ford e à General Motors, organizou uma empresa brasileira para produzir aço, usando um processo denominado Smith. Com essa iniciativa, Lobato acreditava que faria fortuna. Não teve dúvidas: investiu o que pôde na Bolsa de Nova York e perdeu tudo o que tinha, tragado pela depressão de 1929. Para pagar os empréstimos contraídos para investir na Bolsa, a solução encontrada foi a venda de suas ações na Companhia Editora Nacional. Ao retornar a São Paulo, em 1931, passou a pregar que o progresso do Brasil dependia da exploração do ferro, do petróleo e da implantação de um moderno sistema viário, para assegurar o escoamento da produção entre as regiões. De nada adiantou o apoio entusiasmado que deu a Júlio Prestes, candidato à sucessão de Washington, que, como governador de São Paulo, havia iniciado um programa de exploração petrolífera, porque a Revolução de 1930, liderada por Getúlio Vargas, impediu sua posse, daí nascendo sua manifesta antipatia ao caudilho gaúcho.

A forte vocação de Lobato para o protagonismo empresarial levou-o a criar a Companhia Petróleos do Brasil, cuja rápida subscrição acionária estimulou a criação de novas empresas, como a Companhia Petróleo Nacional, a Companhia Petrolífera Brasileira e a Companhia de Petróleo Cruzeiro do Sul, além da mais importante entre todas, a Companhia Mato-Grossense de Petróleo, criada em 1938, para explorar o ouro negro na fronteira com a Bolívia, que já havia encontrado petróleo em seu território. Com essa postura proativa, Lobato contrariou fortes interesses estabelecidos. A luta de David contra Golias que encetou terminaria por empobrecê-lo e desiludi-lo. O propalado mito de que não havia petróleo no Brasil era o carro-chefe dos que queriam desestimular a apropriação dessa riqueza pelos brasileiros. Ontem, como hoje, relativamente ao pré-sal, Lobato acreditava que só a adequada exploração do petróleo seria capaz de satisfazer as necessidades básicas do povo brasileiro. Enquanto sustentava esse desigual confronto com forças poderosíssimas, assegurava o pão de cada dia com os parcos direitos autorais de seus livros infantis e com os proventos auferidos com primorosas traduções de clássicos da literatura universal, como *O livro da selva*, de Kipling, *O doutor negro*, de Conan Doyle, *Caninos brancos* e *A filha da neve*, de Jack London.

No livro *América*, de 1932, publicou o seu pensamento sobre a contenda que sustentava. Em 1933, publicou *História do mundo para crianças*, e, no ano seguinte, *Na antevéspera* e *Emília no país da gramática*, no último dos quais propôs uma revisão de nossas regras gramaticais. Não demorou muito para que *História do mundo para crianças* viesse a sofer cerrada perseguição da Igreja, sob a liderança do padre Sales Brasil, que publicou um libelo contra Lobato com o panfletário título de "A literatura infantil de Monteiro Lobato ou comunismo para crianças."

Ao aceitar o convite para ingressar na Academia de Letras de São Paulo, em 1936, apresentou a plataforma de sua campanha em livro com o título de *O escândalo do petróleo*, em que acusava o governo de "não perfurar e não deixar que se perfure". O sucesso do livro, com o esgotamento de sucessivas edições, em curtíssimo prazo, levou o governo Vargas a proibir sua venda e a apreendê-lo. Sempre inovador, criou uma agência de notícias, a União Jornalística Brasileira, que vivia de redigir e distribuir notícias para os jornais.

Em 1939, ainda sob o impacto da morte do terceiro filho, Guilherme, aos 27 anos, escreveu ao ministro da Agricultura, que abrira um inquérito sobre o petróleo. Na sequência, recusou o convite de Vargas para assumir o Ministério da Propaganda, além de fazer pesadas críticas à política brasileira de petróleo, em carta a ele dirigida, num tom considerado tão desrespeitoso que foi preso, sob a acusação de tramar a desmoralização do Conselho Nacional do Petróleo, à época presidido pelo general Horta Barbosa, o mesmo que viria a se converter num dos maiores líderes nacionalistas, a partir da adesão à linha de pensamento do autor do *Sítio do Picapau Amarelo*. A condenação de Lobato a seis meses de cadeia foi reduzida a três, como resultado de intensa campanha movida por intelectuais, cumprida de março a junho de 1941, quando contava 59 anos. As restrições que a ele fazia a ditadura continuavam implacáveis, levando, agora, a incorporar à sua pregação a denúncia dos maus-tratos e da tortura praticados pelos orgãos de repressão do Estado Novo. Por conspiração ou ironia do destino, o nome do local onde, pela vez primeira, descobriu-se petróleo é Lobato, na região suburbana de Salvador, quando era ministro da Agricultura, pasta a quem era afeta a responsabilidade de prospectar petróleo, o mesmo Fernando de Souza Costa que, como secretário do governador Júlio Prestes, de São Paulo, iniciara a busca do precioso combustível.

Mal se recobrava da morte do filho Guilherme, três anos antes, meio às lutas travadas contra o Estado Novo, sobrevém a morte de Edgar, em 1942, o mais velho dos varões, aos 32 anos.

O amigo Caio Prado Júnior, rico intelectual de esquerda, funda, com outros escritores, a Editora Brasiliense, em novembro de 1943, e propõe editar suas obras completas. Lobato está no auge do prestígio, quando recusa convite para concorrer a uma cadeira na Academia Brasileira de Letras, ao tempo em que integra a delegação paulista ao I Congresso Brasileiro de Escritores, reunido em São Paulo. Ao fim dos trabalhos, foi divulgada uma declaração de princípios, exigindo legalidade democrática como garantia da completa liberdade de expressão de pensamento e redemocratização do país. Após o longo período de isolamento imposto pela censura do Estado Novo, Lobato concede entrevista ao *Diário de São Paulo*, que teve grande repercussão. A essa altura, com as companhias liquidadas, e sob o guante de forte censura, aprofundou as relações com os comunistas, iniciadas na prisão, sendo convidado para compor a chapa de candidatos do partido vermelho, uma vez restaurado o ambiente democrático. Enquanto isso, *Narizinho* é lançado na Itália e, logo depois, a Rádio Globo transforma em radionovela *A menina do narizinho arrebitado*. Em junho de 1945, a embaixada americana no Rio de Janeiro encaminha a Walt Disney sugestão para incorporar temas e personagens da obra infantil de Lobato, em futuras produções de seu estúdio, ao mesmo tempo em que o escritor se torna diretor do Instituto Cultural Brasil–União Soviética, sendo, logo depois, obrigado a afastar-se para operar um cisto no pulmão. Em julho de 1945, recuperando-se da intervenção cirúrgica, Lobato envia uma saudação a Prestes, que a leu num comício realizado no estádio do Pacaembu. Adoentado, acompanha o processo de redemocratização que culminou com o fim da ditadura do Estado Novo e a queda de Getúlio Vargas em 29 de outubro. Errou ao expressar pessimismo nas possibilidades de vitória de Eurico Gaspar Dutra, nas eleições presidenciais.

Em 1946, antes de mudar-se para a Argentina, *"atraído pelos belos e gordos bifes, pelo magnífico pão branco e fugindo da escassez que assolava o Brasil"*, associou-se à Editora Brasiliense, que já providenciara a edição de suas obras completas em espanhol, também em treze volumes. Enquanto em setembro, no Brasil, nova Constituição entrava em vigor, em outubro, na Argentina, Lobato, com Manuel Barreiro, Miguel Pilato e Ramon Prieto, funda a Editorial Acteon, que lança *Las 12 hazañas de Hercules*. Em 1947, a Brasiliense publica a segunda série das obras completas de sua literatura infantil, em dezessete volumes, e sua última tradução, a do livro *O problema econômico de Cuba*, enquanto a Editorial Vitória lança *Zé Brasil*, livro em que Lobato reelaborou o personagem Jeca Tatu, apresentando-o, agora, como um trabalhador sem terra, esmagado pelo latifúndio concentrador. Em Buenos Aires, a Editorial Codex lança, como novidade, vários livros de armar, com textos de Lobato; a Acteon, *La nueva Argentina*, com o pseudônimo de Miguel P. Garcia, a respeito do plano quinquenal de Peron, e a Americalee traz a lume vinte e três títulos infantis, além de uma nova edição de *Urupês*, traduzido pelo sócio Ramon Prieto, com o selo da El Ateneo. Em maio de 1947, ao voltar ao Brasil, classifica o governo de Dutra como "Estado Novíssimo, no qual a Constituição seria pendurada num ganchinho no quarto dos badulaques". Seu desencanto com esse governo cresceu com a proibição do Partido Comunista, fato que o levou a escrever a parábola de protesto, "O rei vesgo", lida e aclamada, em grande comício no Vale do Anhangabaú, em 18 de junho. Em agosto, muda-se para um apartamento no mesmo prédio da Editora Brasiliense, cedido por Caio Prado Júnior. Em dezembro, vai a Salvador para assistir à opereta *Narizinho arrebitado*, de Adroaldo Ribeiro Costa. O novo libreto que Lobato escreveu para o espetáculo foi o último de sua criação infantil.

Em abril de 1948, sofreu o primeiro espasmo vascular que afetou os seus movimentos. Mesmo doente, escreveu os folhetos "De quem é o Petróleo na Bahia" e "Georgismo e Comunismo", para serem publicados na revista *Fundamentos*, ainda em fase de criação. Em 1º de junho, participa do lançamento, pela Editora Brasiliense, da revista *Fundamentos*, ostensivamente ligada ao Partido Comunista, na ilegalidade desde o ano anterior, seguindo a orientação de que "a tese nacionalista é a única compatível com a dignidade nacional". Em 2 de julho de 1948,

Lobato concede a Murilo Antunes Alves, da Rádio Record, sua última entrevista, em que defendeu a campanha do Petróleo é Nosso. Dois dias depois, às 4 horas da madrugada, de 4 de julho, José Bento Renato Monteiro Lobato morre, vítima de um segundo espasmo, aos 66 anos, 2 meses e 16 dias. Saindo do velório na Biblioteca Municipal, o féretro foi acompanhado por grande multidão, até a sepultura, no terreno 2, da quadra 25, do cemitério da Consolação.

O Brasil tomou conhecimento de sua morte pela voz de Heron Domingues, no *Repórter Esso:* "E agora uma notícia que entristece a todos: Acaba de falecer o grande escritor patrício Monteiro Lobato!"

Em 1996, os herdeiros de Monteiro Lobato sugeriram à Editora Brasiliense, até então a única detentora dos direitos sobre as obras, conforme acordo assinado entre Lobato e Caio Prado Júnior, em 1945, a adaptação dos livros às demandas dos tempos atuais, relativamente às ilustrações e à paginação. A Editora não concordou, e a questão foi parar nos tribunais. Só em setembro de 2007, chegou-se a um acordo, ficando a Editora Globo com os direitos exclusivos sobre a obra lobatiana, até 2018, quando, decorridos setenta anos da morte do autor, passará, automaticamente, a domínio público.

A coleção *Sítio do Picapau Amarelo* tem a seguinte cronologia:

- 1921 – *O Saci*
- 1922 – *Fábulas*
- 1927 – *As aventuras de Hans Staden*
- 1930 – *Peter Pan*
- 1931 – *Reinações de Narizinho*
- 1932 – *Viagem ao céu*
- 1933 – *Caçadas de Pedrinho*
- 1933 – *História do mundo para as crianças*
- 1934 – *Emília no país da gramática*
- 1935 – *Aritmética da Emília*
- 1935 – *Geografia de Dona Benta*

- 1935 – *História das invenções*
- 1936 – *Dom Quixote das crianças*
- 1936 – *Memórias da Emília*
- 1937 – *Serões de Dona Benta*
- 1937 – *O poço do Visconde*
- 1937 – *Histórias de Tia Nastácia*
- 1939 – *O Picapau Amarelo*
- 1939 – *O minotauro*
- 1941 – *A reforma da natureza*
- 1942 – *A chave do tamanho*
- 1944 – *Os doze trabalhos de Hércules* (dois volumes)
- 1947 – *Histórias diversas*

Alguns de seus outros livros infantis foram incluídos, posteriormente, nos livros da série *O Sítio do Picapau Amarelo*. Os primeiros foram compilados no volume *Reinações de Narizinho*, de 1931, em catálogo que permanece até os dias atuais:

- 1920 – *A menina do narizinho arrebitado*
- 1921 – *Fábulas de Narizinho*
- 1921 – *Narizinho arrebitado* (incluído em *Reinações de Narizinho*)
- 1922 – *O marquês de Rabicó* (incluído em *Reinações de Narizinho*)
- 1924 – *A caçada da onça*
- 1924 – *Jeca Tatuzinho*
- 1924 – *O noivado de Narizinho* (incluído em *Reinações de Narizinho*, com o nome de *O casamento de Narizinho*)
- 1928 – *Aventuras do príncipe* (incluído em *Reinações de Narizinho*)
- 1928 – *O Gato Félix* (incluído em *Reinações de Narizinho*)
- 1928 – *A cara de coruja* (incluído em *Reinações de Narizinho*)
- 1929 – *O irmão de Pinóquio* (incluído em *Reinações de Narizinho*)
- 1929 – *O circo de escavalinho* (incluído em *Reinações de Narizinho*, com o nome *O circo de cavalinhos*)

- 1930 – *A pena de papagaio* (incluído em *Reinações de Narizinho*)
- 1931 – *O pó de pirlimpimpim* (incluído em *Reinações de Narizinho*)
- 1933 – *Novas reinações de Narizinho*
- 1938 – *O museu da Emília* (peça de teatro, incluída no livro *Histórias diversas*)

Sua literatura adulta compreende:

- *O Saci-Pererê: resultado de um inquérito* (1918)
- *Urupês* (1918)
- *Problema vital* (1918)
- *Cidades mortas* (1919)
- *Ideias de Jeca Tatu* (1919)
- *Negrinha* (1920)
- *A onda verde* (1921)
- *O macaco que se fez homem* (1923)
- *Mundo da lua* (1923)
- *Contos escolhidos* (1923)
- *O garimpeiro do rio das Garças* (1924)
- *O choque* (1926)
- *Mr. Slang e o Brasil* (1927)
- *Ferro* (1931)
- *América* (1932)
- *Na antevéspera* (1933)
- *Contos leves* (1935)
- *O escândalo do petróleo* (1936)
- *Contos pesados* (1940)
- *O espanto das gentes* (1941)
- *Urupês, outros contos e coisas* (1943)
- *A barca de Gleyre* (1944)
- *Zé Brasil* (1947)
- *Prefácios e entrevistas* (1947)

- *Literatura do minarete* (1948)
- *Conferências, artigos e crônicas* (1948)
- *Cartas escolhidas* (1948)
- *Críticas e outras notas* (1948)
- *Cartas de amor* (1948)

BIBLIOGRAFIA

EDGAR CAVALHEIRO. *Monteiro Lobato – Vida e obra*, 2 volumes, 1955.

MARISA LAJOLO E JOÃO LUÍS CECCANTINI (ORG.) *Monteiro Lobato livro a livro (Obra infantil)*, 2009.

PADRE SALES BRASIL. *A literatura infantil de Monteiro Lobato ou comunismo para crianças*, 1957.

GETÚLIO VARGAS
(1882-1954)

GETÚLIO DORNELLES VARGAS NASCEU EM SÃO BORJA, NO RIO GRANDE DO Sul, a 19 de abril de 1882, no dia seguinte ao nascimento de Monteiro Lobato, e suicidou-se no Rio de Janeiro a 24 de agosto de 1954. Viveu, portanto, 72 anos, 4 meses e 5 dias. Recorde-se que até às vésperas do seu centenário, quando se aferiu o livro de registro do seu batismo, na Paróquia de São Francisco de Borja, supunha-se que ele teria nascido em 1883. Foi o presidente que governou o Brasil por mais tempo, dezoito anos, somados os dois períodos de governo: de 1930 a 1945, e entre 1951 e 1954. No período que vai de 1937 a 1945, denominado Estado Novo, sob inspiração da ditadura que Salazar implantara em Portugal, em 1933, com o mesmo nome, Getúlio governou como ditador. O nacionalismo e o populismo foram as características dominantes do seu estilo de governar. Afável no trato com as pessoas, ele não permitia intimidades, de tal modo zelava pela liturgia dos cargos que ocupou. Tancredo Neves deporia em 1984: "Eu nunca vi ninguém chegar perto do doutor Getúlio e se permitir uma certa intimidade. Nunca vi ninguém que tivesse tanto sentido de poder, da dignidade do poder, como o doutor Getúlio. Aquilo vinha naturalmente dele"... "Se alguém contar a vocês que alguma pessoa chegou perto do doutor Getúlio e contou uma piada, ou se permitiu um tapinha nas costas dele, ou outra liberdade maior, estará mentindo. Irradiava um respeito que mantinha todo mundo à distância."

Lei federal outorgou a Getúlio o título de Patrono dos Trabalhadores Brasileiros. Em setembro de 2010, o nome de Getúlio foi inscrito no Livro dos Heróis da Pátria, por lei sancionada pelo presidente Lula. Numa eleição realizada pelo jornal *Folha de S. Paulo*, junto a duzentas personalidades de relevo na vida brasileira, ele foi considerado o Maior Brasileiro de Todos os Tempos. Ocupou a cadeira 37 da Academia Brasileira de Letras.

Getúlio Vargas assumiu a presidência (*chefia do Governo Provisório*) em 1930, como líder de um movimento que derrubou Washington Luís, o 13º e último presidente da República Velha. Ficou como Chefe do Governo Provisório até 1934, quando foi promulgada nova constituição que previa eleições em 1938. Continuou à frente do Governo Constitucional como presidente eleito pela Assembleia Nacional Constituinte, até 10 de novembro de 1937, quando, alegando um suposto plano para comunizar o país, e com expressivo apoio popular, deu um golpe, fechou o Congresso e implantou o Estado Novo, com base numa nova constituição imposta, que recebeu dos Diários Associados de Assis Chateaubriand a afrontosa denominação de "polaca" – em ambígua referência ao antidemocrático estatuto constitucional polonês ou às prostitutas polonesas que, à época, faziam vida no Brasil –, passando a governar com poderes ditatoriais. O DIP (Departamento de Imprensa e Propaganda) foi usado como instrumento de controle dos movimentos sociais, a partir do aumento do aparelho estatal e da censura aos jornais, revistas, rádios, teatro, cinema, música e sindicatos. O DIP criou para ele o título de "O Pai dos Pobres", tomado de empréstimo da Bíblia, livro de Jó-29:16. Os mais próximos tratavam-no por "Dr. Getúlio", e no geral era referido como "Getúlio" e não "Vargas". Daí sua corrente política ser conhecida como "getulismo" e os seus seguidores como "getulistas". Como ditador, até 1945, Getúlio foi implacável com os adversários, sendo o mais cruel dos seus atos a entrega da mulher do líder comunista Luis Carlos Prestes, a alemã Olga Benário, para morrer nas masmorras do nazismo de Hitler.

Vargas é festejado como o maior líder político do Brasil Republicano, sendo a ele associadas algumas das mais importantes conquistas sociais e econômicas, como a criação do IBGE, em 1938, a Justiça do Trabalho, em 1939, a instituição do salário-mínimo, a Consolidação das Leis Trabalhistas, a obrigatoriedade da carteira profissional-assinada pelo empregador, a semana de trabalho de 48 horas e férias remuneradas, além de importantes investimentos na área de infraestrutura, como a criação da Companhia Siderúrgica Nacional, em 1940, a Companhia Vale do Rio Doce, em 1942, e a Hidrelétrica do Vale do São Francisco, em 1945, quando foi apeado do poder por um golpe militar, inspirado na aragem democrática do pós-guerra.

Depois de um período de grande relutância, em que esteve de namoro com o nazifascismo de Hitler e Mussolini, Vargas cedeu à enorme pressão popular, indignada com o bombardeio de vinte e dois navios brasileiros, resultando na morte de centenas de pessoas, e declarou guerra ao Eixo.

Cinco anos mais tarde, em 1950, depois de um longo recolhimento em sua estância de São Borja, transformada em centro de peregrinação de políticos que buscavam seu apoio, Vargas disputa as eleições presidenciais e vence, derrotando o candidato da UDN, União Democrática Nacional, brigadeiro Eduardo Gomes. Toma posse a 31 de janeiro de 1951. A lei 2004, que criou a Petrobras, foi a grande conquista desse seu período final de governo, interrompido por sua morte trágica. A dramaticidade do suicídio com um tiro no coração, no Palácio do Catete, nas Laranjeiras, somada à carta testamento com frases que enterneceram, indignaram e levantaram a nação – "deixo a vida para entrar na história" –, elevou-o perante as massas ao patamar de semideus, status que sobreviveu por décadas. Apesar da polêmica em torno das causas imediatas do seu suicídio, é fora de dúvidas que se houvesse, à época, como há hoje, a prática de aferir, através de pesquisas, o que pensa a população sobre os governos e seus dirigentes, provavelmente Vargas não teria recorrido ao suicídio, porque ficaria sabendo que o julgamento popular a seu respeito diferia acentuadamente do externado pela grande mídia e pelos políticos da oposição. As mais graves acusações contra ele e seu governo levantadas seriam um quase nada diante do festival de escândalos que de modo crescente foram protagonizados por vários dos seus sucessores.

Mais de meio século depois de sua morte, dois partidos políticos ainda disputam sua herança: o PDT – Partido Democrático Trabalhista e o PTB – Partido Trabalhista Brasileiro.

Getúlio nasceu do casamento de Manuel do Nascimento Vargas, que lutou na Guerra do Paraguai, com Cândida Francisca Dornelles Vargas, pessoas originárias de tradicional família da zona rural, na fronteira com a Argentina. Seus antepassados vieram do arquipélago dos Açores, como a maioria dos primeiros povoadores do Rio Grande do Sul, de origem lusitana.

O gaúcho Pinheiro Machado, famoso político da República Velha, é apontado como o primeiro a perceber o talento de Getúlio para a política, ao comentar para o seu pai: "Vargas, esse guri vai muito longe!"

Depois de cursar o primário em sua terra natal, Getúlio e os irmãos foram estudar em Ouro Preto, Minas Gerais. Em 7 de junho de 1897, morreu o estudante paulista Carlos de Almeida Prado Júnior, em consequência de uma briga na qual se envolveram os irmãos de Getúlio, episódio que precipitou o retorno dos irmãos Vargas para o Rio Grande. No ano seguinte, Getúlio se alista como soldado da guarnição militar de São Borja. Dois anos mais tarde, legalmente aos 17 anos, mas, de fato, aos 18, ingressa na Escola Preparatória e de Tática de Rio Pardo, município gaúcho, de onde se transfere para Porto Alegre, a fim de concluir o serviço militar. Aí conheceu os cadetes da Escola Militar, Pedro Aurélio de Góis Monteiro e Eurico Gaspar Dutra, personalidades com quem tão intensamente interagiria em sua escalada. Em 1902, com a patente de sargento, Getúlio participou da Coluna Expedicionária do

Sul, com base em Corumbá, durante a disputa com a Bolívia pela posse do Acre.

A experiência militar de Getúlio, ainda que pequena, somada aos relatos que ouviu do pai sobre a Guerra do Paraguai despertaram nele singular interesse pelas Forças Armadas, seus problemas, suas limitações e a importância de equipá-las, discipliná-las e modernizá-las. Para chegar ao poder, usou-as, politicamente. Uma vez no poder, porém, neutralizou-as, isolando-as da política.

Graduado em direito, em 1907, exerceu, inicialmente, as funções de promotor público, em Porto Alegre, retornando, pouco tempo depois, a São Borja para dedicar-se à advocacia. Consoante a tendência da época, aderiu filosoficamente ao positivismo comteano e politicamente ao castilhismo, segundo o fundador Júlio Prates de Castilho, em cujos funerais, em 1903, discursou como representante da Juventude Castilhista, grupo que contava com jovens membros que se destacariam na Revolução de 30, como João Neves da Fontoura e Joaquim Maurício Cardoso.

Em 1909, é eleito deputado estadual pelo Partido Republicano Riograndense. Em 1910, Getúlio desposa Darcy Lima Sarmanho, com quem teria cinco filhos: Lutero, Getúlio, morto na infância, Alzira, Jandira e Manuel, o Maneco, que cometeu suicídio. O casamento conciliou as famílias de partidos rivais. Enquanto a família de Darcy era maragato, a de Getúlio era chimango. Em 1913 foi reeleito, renunciando ao segundo mandato, logo depois de empossado, em protesto pelos excessos mandonistas de Borges de Medeiros, o então presidente provincial, correspondente ao governador de hoje, considerado o maior coronel da política regional brasileira, em todos os tempos. Em 1917, volta a eleger-se para a Assembleia Legislativa, renovando o feito em 1919 e 1921.

Em 1923, aos 41 anos, foi eleito para a Câmara Federal, pelo PRR, – Partido Republicano Rio-Grandense, na vaga aberta com a morte do deputado Rafael Cabeda, tornando-se o líder da bancada gaúcha. Em 1924, aprovou o envio de tropas gaúchas em apoio ao presidente Artur

Bernardes, contra a chamada Revolta Paulista. Na ocasião, criticou os revoltosos pelo que mais tarde não hesitaria em fazer em favor de suas vastas e ilimitadas ambições, ao perorar, categórico: "Já passou a época dos motins de quartéis e das empreitadas caudilhescas, venham de onde vierem." Essa declarada crença não impediu que ao chegar ao poder, em 1930, tenha anistiado todos os envolvidos em movimentos contestatórios na década de 1920, para o que justificou, com sua proverbial sensibilidade para compreender o clima político e emocional do momento: "A missão social e política de meu governo não foi ideada pelo arbítrio de um homem, nem por interesses de um grupo; foi-me imposta, a mim e aos que comigo colaboram, pelos interesses da vida nacional, e pelos próprios anseios da consciência coletiva!"

Em 15 de novembro de 1926, assumiu o Ministério da Fazenda, no governo de Washington Luís, para fazer a reforma monetária e cambial, o que ocorreu um mês depois da posse, criando, simultaneamente, o Instituto de Previdência dos Funcionários Públicos da União. Deixou o cargo em 17 de dezembro de 1927 para concorrer ao governo do seu estado, sendo eleito para o período de janeiro de 1928 a janeiro de 1933. João Neves da Fontoura foi o seu vice. Estava proscrito o reinado de trinta anos de Borges de Medeiros.

Quando Getúlio deixou o Ministério, Washington Luís lhe agradeceu nestes termos: "A honestidade de vossos propósitos, a probidade de vossa conduta, a retidão de vossos desígnios fazem esperar que, de vossa parte e de vosso governo, o Rio Grande do Sul continuará a prosperar, moral, intelectual e materialmente."

Getúlio, porém, deixaria o governo gaúcho para candidatar-se à Presidência da República, a partir de feroz oposição ao governo federal, com denúncias de corrupção eleitoral e com as bandeiras do voto secreto e do voto feminino, sem prejuízo da manutenção de bom relacionamento com Washington Luís, postura que lhe rendeu verbas federais que resultaram em melhoramentos para o porto de Pelotas e a criação da Varig. Seu pacífico acolhimento de vitórias do Partido Libertador em vários municípios gaúchos grangeou-lhe simpatias gerais. O irrequieto e jovem líder dos Diários Associados, Assis Chateaubriand, teceu loas ao seu governo, chegando a dizer que seu modo de governar era próprio de um estadista, sobretudo pelo seu papel conciliador entre partidos tradicionalmente rivais. Esses comentários despertaram a atenção do país, deixando Getúlio nas nuvens.

A eleição para escolha do sucessor do presidente Washington Luís estava prevista para março de 1930, com posse em 15 de novembro. Como na República Velha vigorava a política do café com leite, com base na qual mineiros e paulistas se alternavam no poder, era chegada a vez de Minas. Diante das dificuldades para o encontro de um nome mineiro consensual, Washington Luís decidiu apoiar Júlio Prestes, governador de São Paulo, à época chamado de presidente, pertencente a sua agremiação, o Partido Republicano Paulista. Em 29 de março de 1929, o jornal americano *The New York Times* deu conta do apoio de cafeicultores paulistas ao nome de Júlio Prestes, estando Minas Gerais dividida, em face do desencontro de suas lideranças sobre o mineiro a ser escolhido. Recorde-se que, à época, o café respondia por 70% das exportações brasileiras. Quebrando o compromisso de só tratar da questão sucessória a partir de setembro, o governador mineiro, Antônio Carlos Ribeiro de Andrada, envia uma carta a Washington Luís, em julho de 1929, apontando o nome do gaúcho Getúlio Vargas para presidir o país, entre 1930 e 1934. Um trecho da carta dizia: "Com o objetivo sincero de colaborar para uma solução conciliatória e de justiça, julguei acertado orientar-me na direção do nome do doutor Getúlio Vargas, por ser o de um político que se tem destacado no apoio firme e na completa solidariedade à política e à administração de V. Excia." O objetivo era construir o consenso sobre um nome oriundo de um terceiro estado, que não Minas e São Paulo, a exemplo do que ocorrera em 1918 com o paraibano Epitácio Pessoa.

Inconformado com a "conciliatória" proposta mineira, Washington Luís deflagrou o processo sucessório, buscando o apoio da maioria dos então vinte estados brasileiros para o seu candidato paulista Júlio

Prestes de Albuquerque. Dos vinte estados, três resistiram ao apelo de Washington Luís: Minas Gerais, segundo maior produtor de café, o Rio Grande do Sul e a Paraíba. Estava criado o impasse que desembocaria na Revolução de 30, de nada adiantando a publicação pelo presidente da República das cartas que recebeu dos governadores de Minas e do Rio Grande para provar que ele não estava impondo o nome de Júlio Prestes à sua sucessão. Era o fim da política do café com leite e o início de um longo período de instabilidade, só interrompido com a eleição de Fernando Henrique Cardoso, em 1994.

Os três estados insubmissos, Minas, Rio Grande do Sul e Paraíba, formaram a Aliança Liberal, centro político da resistência, que contava ainda com as facções dissidentes nos dezessete estados que seguiam a liderança de Washington Luís no apoio a Júlio Prestes, inclusive do Partido Democrático de São Paulo, nascido, em 1926, de uma dissidência do PRP de Prestes e de Washington Luís. Em agosto de 1929, as bancadas de Minas e do Rio Grande formalizaram, na Câmara dos Deputados, o afastamento da base do governo. Em setembro, a Aliança Liberal lança, formalmente, os nomes de Getúlio e de João Pessoa Cavalcanti de Albuquerque, presidente (governador) da Paraíba, para concorrerem às eleições presidenciais. Levantando a audiência, Antônio Carlos Andrada disse a frase que ficou famosa: "Façamos serenamente a revolução, antes que o povo a faça pela violência."

Em outubro, os dezessete estados lançam Júlio Prestes à presidência, tendo o presidente (governador) da Bahia, Vital Soares, como seu vice. Em dezembro, frustradas todas as tentativas de entendimento, os contendores firmaram um acordo em que a Aliança Liberal se comprometia a apoiar Júlio Prestes, em caso de derrota. Em troca, a União não apoiaria no Rio Grande do Sul os adversários de Getúlio, que, aliás, não os tinha, tendo em vista a diplomática vitória conquistada, ao unir, em torno do seu nome, os diferentes grupos rivais. Em 2 de janeiro de 1930, no texto da Plataforma da Aliança Liberal, lido por Getúlio, na Esplanada do Castelo, no Rio de Janeiro, constava o seguinte:

Não se pode negar a existência da Questão Social no Brasil como um dos problemas que terão de ser encarados com seriedade pelos poderes públicos. O pouco que possuímos, em matéria de legislação social, não é aplicado ou só o é em parte mínima, esporadicamente, apesar dos compromissos que assumimos a respeito, como signatários do Tratado de Versalhes.

E falando aos produtores de café:

> A valorização do café, como se fazia, teve tríplice efeito negativo: diminuiu o consumo, fez surgir sucedâneos e intensificou a concorrência, que, se era precária antes do plano brasileiro, este a converteu em opulenta fonte de ganho. **Foram, com efeito, os produtores estrangeiros e não os nossos, paradoxalmente, os beneficiários da valorização que aqui se pôs em prática.** (O destaque é nosso.)

As classes médias urbanas e os profissionais liberais apoiavam a Aliança, e entre os nomes de maior expressão destacavam-se os de José Américo de Almeida, Osvaldo Aranha, João Neves da Fontoura, Virgílio Alvim de Melo Franco, Afrânio de Melo Franco, Júlio de Mesquita Filho, Plínio Barreto, Pedro Ernesto e Lindolfo Collor. A jovem oficialidade brasileira, movida a patriotismo, num movimento que ficou conhecido como o tenentismo, era entusiasta da Aliança. Nele despontaram nomes como os de Cordeiro de Farias, Eduardo Gomes, Antônio Siqueira Campos, Juarez Távora, Luis Carlos Prestes, Filinto Müller, Juracy Magalhães, Agildo Barata, Jurandir Bizarria Mamede, Ernani do Amaral Peixoto, que viria a ser genro de Getúlio, ao desposar a filha Alzira, e muitos mais. Em suas memórias, o marechal Cordeiro de Farias registrou orgulhoso que, apesar de minoritários nas Forças Armadas, os tenentes fizeram a Revolução de 30.

A derrota de três estados contra dezessete era resultado facilmente previsível, como apregoavam em versos e trovas os cantadores populares, Brasil afora, expectativa que não contribuiu para aumentar a violência característica das campanhas, durante a República Velha, com a exceção de alguns episódios, dos quais o mais marcante ficou conhecido como o Atentado de Montes Claros, quando, nessa cidade mineira, três semanas antes das eleições de 1º de março, aliancistas dissolveram à bala uma passeata de prestistas, fazendo dezenove vítimas, sendo cinco fatais. Entre os feridos se encontrava o vice-presidente da República, Fernando de Melo Viana, atingido por três balas no pescoço, enquanto seu secretário particular, o dr. Rafael Fleury da Rocha, tombou no local. Um pouco antes, no Rio, um deputado pernambucano, prestista, fora assassinado, no recinto da Câmara, por um deputado gaúcho, aliancista. Uma semana antes das eleições, num comício pró-Aliança, em São Paulo, um delegado de polícia foi abatido a tiros.

Concluída a apuração dos votos, em maio de 1930, das eleições realizadas num sábado de Carnaval, 1º de março, Júlio Prestes saiu vencedor com 1.091.709 votos, contra 742.797 atribuídos a Getúlio. Iniciou-se, então, um infindável rol de denúncias de irregularidades, de parte a parte, ocorridas durante o pleito e sua apuração. Quebrando a unidade entre os aliancistas, o velho coronel Borges de Medeiros, em 19 de março, antes mesmo de concluída a apuração, reconhece a vitória de Prestes, argumentando que "fraude houve de Norte a Sul, inclusive aqui mesmo". O "aqui" a que ele se referia era o Rio Grande do Sul.

O caso mais sério ocorreu no centro de Belo Horizonte, na rua Espírito Santo, onde, a 3 de abril, uma das vítimas de Montes Claros comandou um tiroteio contra aliancistas, deixando vários feridos. Tropas federais foram enviadas para manter a segurança pública na capital de Minas. Em clima de grande tensão, o Congresso Nacional proclama, em 22 de maio, a eleição de Júlio Prestes e Vital Soares. Júlio Prestes viaja aos Estados Unidos, onde se torna o primeiro brasileiro a sair na capa da *Time Magazine*, sendo recebido pelo chefe do Executivo americano, Herbert Hoover, como o novo presidente, a quem declarou que o Brasil nunca se converteria numa ditadura. Ao retornar, foi recebido, no dia 6 de agosto, por uma multidão de adeptos, em São Paulo.

A recusa da Aliança Liberal em aceitar a vitória de Prestes estimulou o crescendo das denúncias de irregularidades no pleito, inclusive a de estar Washington Luís a serviço de um coronel do sertão da Paraíba, José Pereira Lima, segundo José Américo de Almeida, de formação antirrepublicana. O pedido de intervenção federal no estado foi recusado pelo governo da União. A calma só voltou a reinar na Paraíba quando as tropas de José Pereira Lima depuseram as armas perante o Exército brasileiro, em agosto de 1930.

Os membros da Aliança Liberal iniciaram pesada conspiração baseada no Rio Grande e em Minas, com o propósito de impedir a posse de Júlio Prestes, em 15 de novembro. Do Nordeste, o tenente Juarez Távora planejava a revolução, quando, a 10 de maio, chegou a desalentadora notícia da morte do tenente Antônio Siqueira Campos, excelente articulador político, num acidente aéreo sobre o rio da Prata. A pública adesão de Luis Carlos Prestes ao comunismo, anunciada em 29 de maio de 1930, agravou o desalento dos rebeldes. Para preencher o vazio criado com duas perdas tão notáveis, assumiu o comando secreto da revolução o tenente-coronel Pedro Aurélio de Góis Monteiro. Mesmo sem clamar por revolução, Getúlio continua denunciando como viciadas as eleições perdidas. Em 18 de julho, o jornal prestista de Belo Horizonte, a *Folha da Noite*, foi empastelado por um grupo de aliancistas que acusava o governador Antônio Carlos de omisso e covarde, e pedia a revolução imediata. Começava a se esboçar o temor de Antônio Carlos de Andrada de que, se a crise não fosse resolvida pela diplomacia, sê-lo-ia pela violência fora do controle da Aliança Liberal. O cenário pegou fogo com o assassinato, em Recife, do governador da Paraíba, João Pessoa, por um inimigo pessoal, o advogado João Duarte Dantas, pertencente à família inimiga do governador, no dia 26 de julho de 1930. Como causa imediata do assassínio, aponta-se a invasão do escritório de João Dantas, no dia 10 de julho, o arrombamento de seu cofre e a retirada dele da correspondência erótica que trocava com a amante, a jovem e bela professora e poetisa de 25 anos, Anayde Beiriz, conhecida nos círculos íntimos como "a pantera dos olhos dormentes". Anayde era uma mulher avançada para o seu tempo. O escândalo oriundo da publicidade da correspondência armou a mão de João Dantas contra todas as precauções. Tomado de ódio apoplético, João Dantas, que há algum tempo deixara o Recife, em razão das brigas de sua família com o governador, acompanhado de um cunhado, Augusto Caldas, dirigiu-se à Confeitaria Glória, onde sabia que João Pessoa se encontrava com amigos. Em nome da honra, disparou dois tiros contra o peito do inerme governador, dizendo: "Eu sou João Dantas, a quem tanto humilhaste e maltrataste!" Oficialmente, João Dantas cometeu suicídio. O mais provável, porém, é que tenha sido espancado e morto na casa de detenção, em 3 de outubro. Anayde foi encontrada morta, por envenenamento, em 22 de outubro de 1930, em Recife, para onde se mudara depois da morte de João Pessoa. O seu corpo foi sepultado como indigente no Cemitério de Santo Amaro. Mais um suposto suicídio.

Esse episódio, inteiramente à margem da eleição de Júlio Prestes, foi o estopim que detonou a mobilização militar dos seguidores de Getúlio e da Aliança Liberal.

Por motivação, sem dúvida, política, o corpo de João Pessoa, que normalmente seria sepultado em sua terra, foi embarcado, em navio, para o Rio, no dia 31 de julho, sendo enterrado no dia 18 de agosto. Não é difícil imaginar a exploração política que a Aliança Liberal fez do episódio: um governador de estado, friamente assassinado, no apogeu dos seus 52 anos, quando confraternizava com amigos, numa confeitaria, na mansidão vesperal, vítima da sanha irresponsável dos prestistas, empenhados em destruir a nascente democracia brasileira! Washington Luís e Júlio Prestes eram, naturalmente, apontados como os responsáveis pelo clima de insegurança que dominava o país, sustentavam os aliancistas em toda parte, inclusive no interior das igrejas. As escaramuças se sucediam. Em Recife, houve grande troca de tiros. No

Largo de São Francisco, em São Paulo, no dia 17 de agosto, quando os estudantes homenageavam João Pessoa, houve um tiroteio que resultou em vinte feridos e um óbito. Abúlico, o presidente Washington Luís não esboçava qualquer reação ou simples defesa das graves acusações a ele imputadas.

Em 7 de setembro de 1930, Antônio Carlos passa o governo de Minas Gerais a Olegário Maciel, lance importante, porque Maciel era propenso à revolução. Curiosamente, foi ele o único governador a continuar no cargo depois da Revolução de 30. O comando revolucionário decidiu, em 25 de setembro de 1930, que a revolução começaria em 3 de outubro, às 17 horas, sem o risco de novos adiamentos. Na data aprazada, Osvaldo Aranha e Flores da Cunha dão início à revolução, ao tomarem de assalto o quartel-general da 3ª Região Militar, fazendo as primeiras vítimas fatais do conflito. Precisamente nesse dia, como está registrado, Getúlio deu início ao seu famoso diário, com estas palavras que terminam em autoprofecia:

> Quatro e meia. A hora se aproxima. Examino-me e sinto-me com o espírito tranquilo de quem joga um lance decisivo porque não encontrou outra saída. A minha vida não me interessa e sim a responsabilidade de um ato que decide o destino da coletividade. Mas esta queria a luta, pelo menos nos seus elementos mais sadios, vigorosos e altivos. Não terei depois uma grande decepção? Como se torna revolucionário um governo cuja função é manter a lei e a ordem? E se perdermos? Eu serei depois apontado como o responsável, por despeito, por ambição, quem sabe? Sinto que só o sacrifício da vida poderá resgatar o erro de um fracasso!!

A revolução se espraiou, Brasil afora. De passagem para São Paulo, as tropas gaúchas tomaram a ilha de Santa Catarina, sem derrubar o governo. Em Minas Gerais, houve uma inesperada resistência, com a recusa do 12º Regimento de Infantaria em aceitar o golpe. Os tenentes depuseram oito governos estaduais nordestinos, registrando-se resistência na Bahia e em Pernambuco. O governo pernambucano caiu em 8 de outubro, depois de cento e cinquenta mortes. No dia 10 de outubro, Getúlio dirige-se de trem, de Porto Alegre ao Rio de Janeiro, deixando o governo do estado com Osvaldo Aranha, fato que levou o vice-presidente da província, João Neves da Fontoura, a renunciar ao posto, em reação à afronta.

Ao fim de duas semanas, o movimento dominara parte do Nordeste e do Sul do país. Solidários ao governo central, mantinham-se os estados da Bahia, São Paulo, Rio de Janeiro, e todos os das regiões Norte e Centro-Oeste. Só viriam a car ao fim da revolução. A grande batalha de Itararé não ocorreu porque às vésperas do seu aguardado e temido início, Washington Luís foi deposto por um golpe militar aplicado por alguns dos seus generais, vinte e dois dias antes do termo do seu mandato, expirável no dia 15 de novembro. Os generais golpistas passaram a responder pelo governo através de uma Junta Militar Provisória. Nessa mesma data, 24 de outubro, Osvaldo Aranha foi enviado ao Rio para negociar a transferência do poder da Junta para Getúlio, fato que ocorreu às 15 horas do dia 3 de novembro, tendo Getúlio, que contava 48 anos, 6 meses e 15 dias de idade, comparecido, vestindo, pela última vez, fardamento militar. Era o fim da República Velha. Enquanto Getúlio discursava, expondo as dezessete metas a serem cumpridas pelo Governo Provisório, que ele passava a chefiar, os soldados gaúchos, consoante prometeram, amarravam os seus cavalos no obelisco da Avenida Central, para simbolizar o fim vitorioso da Revolução de 30. Ironizando o gesto fanfarrão, Lamartine Babo compôs e Almirante cantou a marchinha intitulada "O barbado foi-se", que dizia: "O Rio Grande, sem correr o menor risco, amarrou, por telegrama, o cavalo no obelisco."

Em consequência de furibunda euforia, foram empastelados vários jornais que apoiavam o governo deposto, constitucionalmente eleito, tais como *O Paiz*, inteiramente destruído pelo fogo, *A Crítica*, *A Folha da Manhã* (atual *Folha de São Paulo*), *A Noite*, o *Correio Paulistano*, *A Plateia*, a *Gazeta de Notícias*. As polícias do Rio e de São Paulo nada fizeram para conter os atos de intolerável violência, porque já se encontravam prontas para servir aos novos senhores, ainda que desservindo a democracia. Washington Luís, Júlio Prestes, Otávio Mangabeira e muitos outros políticos, fiéis ao governo deposto, foram presos ou exilados. Washington Luís só retornaria ao Brasil em 1947, dois anos depois da deposição de Vargas.

Getúlio, com plenos poderes, governou com o título de chefe do Governo Provisório, porque os revolucionários não aceitavam o título presidente da República. O primeiro governo provisório fora o de Deodoro da Fonseca, de transição entre a Monarquia e a República. Getúlio governava através de decretos que sempre começavam com a frase: "O chefe do Governo Provisório da República dos Estados Unidos do Brasil, considerando que:" O decreto de nº 19.398, de 11 de novembro de 1930, que regulamentou o funcionamento do Governo Provisório, essencialmente:

1. Confirmou a dissolução do Congresso Nacional, dos congressos estaduais e das câmaras municipais.
2. Suspendeu as garantias constitucionais da Constituição de 1891, excetuado o *habeas corpus* nos casos de crimes comuns.
3. Validou todos os atos da Junta Militar Provisória.
4. Autorizou o chefe do Governo Provisório a nomear e exonerar, a seu exclusivo critério, interventores para substituir os presidentes (governadores) estaduais.
5. Excluiu da apreciação judicial os atos do Governo Provisório e os atos dos interventores federais nos estados. A atuação dos interventores seria disciplinada pelo "Código dos Interventores".
6. Instituiu o Conselho Nacional Consultivo, presidido por Getúlio, apelidado de Gabinete Negro, com o fim de definir os rumos da revolução, sobrepondo-se às decisões do gabinete ministerial.
7. Criou a Justiça Revolucionária e o Tribunal Especial, destinados a processar e julgar os crimes políticos, funcionais e outros a serem discriminados na lei de sua organização.

O propósito dessa justiça e desse tribunal era intimidar e investigar os atos dos políticos leais à República Velha. É verdade que em 1932 esses orgãos foram extintos, sem uma condenação sequer, por nada haverem encontrado de irregular, conforme o próprio Getúlio deixou registrado nas anotações que fez em seu diário, no dia 4 de dezembro de 1932. Foi daí que nasceu a expressão que ganhou mundo: "Os honrados políticos da República Velha."

Como na definição feliz de Lord Acton, "todo poder tende a corromper, e o poder absoluto a corromper, absolutamente", Getúlio passou para a reserva militar todos os oficiais que cumpriram o dever constitucional de guardar fidelidade ao governo deposto, incluídos aqueles sobre cuja vassalagem ao novo governo comportasse a menor dúvida. Em 1931, seis ministros do Supremo que permaneceram leais à Constituição contra o golpe foram compulsoriamente aposentados, e o número de ministros da Suprema Corte reduzido de quinze para onze, número que perdura.

O cearense Juarez Távora, além de ministro, foi nomeado, por um decreto secreto, chefe da Delegacia do Norte, com poderes soberanos sobre todos os interventores do Nordeste brasileiro. Por isso recebeu o apelido de vice-rei do Norte.

A tranquilidade do governo provisório só foi turbada quando tenentes radicais destruíram, em 25 de fevereiro de 1932, o jornal *Diário Carioca*, que fazia oposição a Getúlio, o qual não permitiu que se punissem os agressores. Os jornais do Rio deixaram de circular por dois dias em solidariedade ao coirmão empastelado. Inconformados com tal permissividade, exoneraram-se os ministros Lindolfo Collor e Joaquim Maurício Cardoso, do Trabalho e da Justiça, respectivamente. O chefe de polícia do Rio, João Batista Luzardo, tomou a mesma decisão, e denunciou o envolvimento do Governo Provisório no atentado ao *Diário Carioca*. João Neves da Fontoura, o ressentido ex-vice-presidente do Rio Grande, a quem Getúlio preteriu na passagem do cargo de governador, também rompeu com o velho amigo desde os tempos da Escola Militar.

Getúlio logo percebeu a necessidade de se libertar da influência dos tenentes, conquanto a presença deles nos estados continuasse dominante, apesar do despreparo da maioria para governar, com poucas exceções, sendo a de Juracy Magalhães, na Bahia, a mais notável. Do tenentismo e do tenente João Alberto Lins de Barros, pernambucano que governou São Paulo nos anos de 1930 e 1931, vejamos o que disse o bravo João Cabanas, um dos tenentes que chefiaram as revoluções de 1924 e 1930, no seu livro de memórias *Fariseus da Revolução*:

> João Alberto serve como exemplo. Se, como militar, merece respeito, como homem público não faz jus ao menor elogio. Colocado, por inexplicáveis manobras e por circunstâncias ainda não esclarecidas, na chefia do mais importante estado do Brasil, revelou-se de uma extraordinária, de uma admirável incompetência, criando, em um só ano de governo, um dos mais trágicos confusionismos de que há memória na vida política do Brasil, dando também origem a um grave impasse econômico (déficit de 100.000 contos), e à mais profunda impopularidade contra a "Revolução de Outubro" e por ter provocado no povo paulista, um estado de alma equívoco e perigoso. Nossa história não registra outro período de fracasso tão completo como o do tenentismo inexperiente!

Com efeito, os estudiosos entendem, majoritariamente, que o maior erro político de Getúlio foi entregar São Paulo aos tenentes.

Desde o começo, ficou evidente o conflito do Governo Provisório com a esquerda do movimento revolucionário. Já em janeiro de 1931, foi descoberto um plano subversivo nos sindicatos do Rio e de Santos. Entre os presos se encontrava o jovem estudante Carlos Lacerda, que ainda não completara 17 anos. Entre os aliados da primeira hora, os de mais difícil convivência, eram o general Flores da Cunha, interventor e mais tarde governador do Rio Grande do Sul, e o ex-governador (presidente) mineiro Antônio Carlos Ribeiro de Andrada. Com uma milícia bem armada, treinada para combater São Paulo, no início da revolução, Flores da Cunha só parou de interferir em tudo o que acontecia no país, quando o Estado Novo, em 1937, empurrou-o para o exílio no Uruguai. Antônio Carlos, apodado por Getúlio em seu diário de "a velha raposa", depois de presidir a Assembleia Nacional Constituinte, de 1933 a 1934, e a Câmara dos Deputados, de 1934 a 1937, foi derrotado por Pedro Aleixo, com o apoio de Getúlio, em sua tentativa de reeleger-se presidente da Câmara. Com o advento do Estado Novo, Antônio Carlos recolheu-se à vida privada. Juarez Távora foi cada vez mais reduzido a papéis burocráticos. Juracy Magalhães, fiel a princípio, renunciou ao governo baiano e voltou aos quartéis em 1937, irresignado com a implantação do Estado Novo. Carlos de Lima Cavalcanti, líder da revolução em Pernambuco, foi deposto do cargo de governador, quando da instauração do Estado Novo, por haver apoiado Antônio Carlos Andrada, contra a posição de Getúlio, em seu propósito de continuar presidindo a Câmara. Entre os que permaneceram fiéis, do princípio ao fim, contavam-se os generais Góis Monteiro e Eurico Gaspar Dutra, ministro da Guerra de 1936 a 1945, o capitão Filinto Müller, chefe da polícia do Rio de 1933 a 1942, e o já agora coronel João Alberto que, com Góis Monteiro, fazia as vontades do ditador, como integrante secreto de um novo "Gabinete Negro", criado para enquadrar os interventores, como Getúlio revelaria em seu diário.

Os conflitos do Governo Provisório com São Paulo levaram à curta revolução paulista que durou, apenas, oitenta e três dias, estendendo-se de 9 de julho a 2 de outubro de 1932. Os conflitos com Minas – agravados nos noventa e sete dias de discussão infrutífera para chegar-se ao consenso sobre quem seria o substituto do governador Olegário Maciel, que morreu ao fim do terceiro ano de mandato, ficando Gustavo Capanema, interinamente, no posto, uma vez que o vice Pedro Marques de Almeida renunciara para ser prefeito de Juiz de Fora, em 1931 – levaram Getúlio a escolher o desconhecido deputado federal Benedito Valadares, jornalista e ex-prefeito de sua cidade natal, Pará de Minas, por ser nome equidistante das forças em disputa. O espertíssimo Benedito ficaria no cargo até 1945. Foi nessa época que surgiu a conhecida expressão: "Será o Benedito?" Juscelino e Tancredo foram as mais importantes crias políticas de Benedito. Em Goiás, o médico Pedro Ludovico Teixeira, que construiu a nova capital, Goiânia, em 1933, ocupou o governo de 1930 a 1945. Manuel Ribas governou o Paraná de 1932 a 1945. Minas, Goiás e Paraná foram os estados de maior estabilidade política durante o Estado Novo.

A Revolução Constitucionalista de 1932 começou quando o Partido Republicano Paulista e o Partido Democrático, apoiadores da Revolução de 30, aliaram-se num movimento denominado Frente Única por São Paulo Unido, em fevereiro de 1932, para exigir, além do fim da ditadura e uma nova constituição, restauradora dos direitos democráticos assegurados na Constituição de 1891, e revogados pelo golpe de 30, a nomeação de um civil paulista como interventor federal em São Paulo. O estopim foi a morte de cinco estudantes por partidários do getulismo, no centro de São Paulo. O apoio ao movimento eclodiu em vários pontos do país, contando com lideranças que participaram ativamente da Revolução de 30. Atribui-se o suicídio de Santos Dumont, no dia 23 de julho, ao fato de haver testemunhado, do leito hospitalar, a utilização da aviação para fins bélicos. Ao general Góis Monteiro coube o comando das tropas federais contra São Paulo. Uma vez vitorioso, Getúlio faz as pazes com São Paulo e nomeia como interventor o paulista Armando Sales de Oliveira.

A posteridade reconheceu que Getúlio cumpriu os principais pontos programáticos da Revolução de 30: anistiou todos os acusados de crimes políticos, incluídos os que participaram do levante do Forte de Copacabana, em 1922; os revolucionários de 1924 e os que integraram a Coluna Prestes; criou os Ministérios do Trabalho, Indústria e Comércio, da Educação e Saúde Pública; aprovou o primeiro Código Eleitoral, que instituiu o voto obrigatório e secreto, o voto feminino e a Justiça Eleitoral, fator de redução das fraudes nas eleições, e ampliou os direitos trabalhistas; criou a Ordem dos Advogados do Brasil; reduziu o número de feriados nacionais de doze para seis; criou o Correio Aéreo Militar, transformado nos Correios de hoje, e o Departamento Nacional de Aviação Civil; disciplinou o ensino superior e criou o Conselho Nacional do Café; inaugurou o horário de verão; reduziu a jornada de trabalho a 48 horas semanais; fundou o Instituto Nacional do Açúcar e do Álcool; instituiu o Código Florestal, o Código das Águas e criou o IBGE; regulamentou a sindicalização das classes patronais e operárias; restabeleceu as relações entre o Estado e a Igreja Católica; estendeu às mulheres a isonomia salarial; instituiu a Lei de Proteção aos Animais. Essas medidas deram início ao processo de modernização do Estado brasileiro.

Em 16 de julho de 1934, foi promulgada nova constituição que contou com o concurso da primeira parlamentar brasileira, Carlota Pereira de Queirós, e com os primeiros deputados classistas. A nova carta anistiou todos os possíveis delitos políticos praticados até então. Acostumado a não dar satisfação dos seus atos, logo Getúlio sentiu o desconforto de governar com uma constituição democrática. "É impossível governar com ela", dizia na intimidade dos amigos, referindo-se ao caráter inflacionário das exigências sociais nela contidas, que inviabilizariam o orçamento do governo e das empresas, bem como ao excessivo liberalismo que impedia o combate à subversão. No discurso que proferiu em 1940, ao ensejo dos dez anos da Revolução de 30, disse Getúlio sobre a carta de 1934:

> Uma constitucionalização apressada, fora de tempo, apresentada como panaceia de todos os males, traduziu-se numa organização política feita ao sabor de influências pessoais e partidarismo faccioso, divorciada das realidades existentes. Repetia os erros da Constituição de 1891 e agravava-os com dispositivos de pura invenção jurídica, alguns retrógrados e outros acenando a ideologias exóticas. Os acontecimentos incumbiram-se de atestar-lhe a precoce inadaptação!

A Comissão do Itamaraty, criada por Getúlio para assegurar a centralização do poder na nova carta, foi atropelada pela dinâmica dos fatos, durante a Constituinte de 1933-1934. Alguma coisa se conseguiu: os Senados estaduais foram nela proscritos, para sempre. Na eleição presidencial que se seguiu, Getúlio obteve cento e setenta e três votos contra cinquenta e nove dados a Borges de Medeiros, que contou com os votos paulistas, para contrariedade do interventor Armando de Sales. Getúlio deveria cumprir o novo mandato, iniciado em 20 de julho, até 3 de maio de 1938, inexistente, então, a figura do vice-presidente. Nos estados, de amplíssima maioria getulista, os interventores foram eleitos governadores pelas respectivas Assembleias Legislativas.

Em 1935, foram criadas a *Voz do Brasil* e a Lei de Segurança Nacional, para possibilitar mais efetivo combate à subversão da ordem pública. Nesse mesmo ano, Getúlio lançou, em João Monlevade, Minas Gerais, a pedra fundamental da Companhia Siderúrgica Belgo-Mineira. A esse tempo, cresceu a radicalização ideológica da Ação Integralista Brasileira, sob a liderança de Plínio Salgado, e da ANL – Aliança Nacional Libertadora, sob domínio do PCB, subordinado a Moscou. A proscrição da ANL e a prisão de alguns dos seus líderes, determinadas por Getúlio, precipitaram a Intentona Comunista, com a tomada do quartel do 21º BC, pelo revolucionário baiano Giocondo Dias, em 23 de novembro de 1935, movimento que rapidamente se expandiu por várias cidades. No fim do ano, a Constituição sofreu emendas para instrumentar o Estado em sua ação repressiva à subversão. Em 1936, as polícias estaduais, proibidas de terem artilharia, aviação e carro de combate, passaram ao comando do Exército. Getúlio criou, também, o Tribunal de Segurança Nacional para julgar os membros da Intentona Comunista. Com o crescendo da instabilidade política, Getúlio passou a conceber o Estado Novo. Em setembro de 1937, três meses antes das eleições presidenciais marcadas para janeiro de 1938, com as candidaturas nas ruas de Armando Sales de Oliveira, do paraibano José Américo de Almeida e de Plínio Salgado, Getúlio denunciou um suposto plano comunista, o Plano Cohen, para tomar o poder. O factoide foi atribuído ao capitão Olímpio Mourão Filho, o mesmo que deflagrou, de Minas Gerais, a Revolução de 1964. Em 1956, porém, já coronel, Mourão Filho provou a ausência de responsabilidade a ele imputada.

Em 10 de novembro de 1937, com um manifesto à nação, previamente combinado com os chefes militares, Getúlio deu um golpe de Estado e lançou, em cadeia de rádio, um manifesto que anunciava o Estado Novo, com o propósito de "reajustar o organismo político às necessidades econômicas do país". Uma maior participação do governo na atividade econômica era a pedra de toque. Disse ele: "É a necessidade que faz a lei: tanto mais complexa se torna a vida no momento que passa, tanto maior há de ser a intervenção do Estado no domínio da atividade privada", até porque "a riqueza de cada um, a cultura, a alegria não são apenas bens pessoais: representam reservas de vitalidade social, que devem ser aproveitadas para fortalecer a ação de Estado." O Congresso Nacional foi fechado, os partidos políticos extintos e uma constituição ditatorial, a *polaca*, foi promulgada, conferindo poderes absolutos ao ditador. O novo Legislativo, nela previsto, nunca foi instalado, bem como o plebiscito nunca foi convocado. Em lugar de eleitos, todos os postos do Executivo eram de livre preenchimento pelo ditador. Os estados membros não teriam qualquer símbolo regional, inclusive bandeira. A censura à imprensa, exercida através do DIP – Departamento de Imprensa e Propaganda –, era completa. Os ministros da Fazenda, Guerra, Marinha e Educação compunham o que hoje se denomina "núcleo duro" do governo, permanecendo no posto até o fim do Estado Novo, em 1945. A única reação armada ocorreu em 8 de maio de 1938, no episódio conhecido como Levante Integralista, quando o Palácio do Catete, de pouca segurança aparente, foi atacado pelos seguidores de Plínio Salgado. A partir daí, Getúlio criou uma guarda pessoal a que o povo apelidou de "Guarda Negra".

Como acontece com quase todas as ditaduras, nunca se conseguiu provar o envolvimento direto de Getúlio nos atos de violência e tortura praticados em seu governo, embora abundem denúncias nesse sentido.

No plano operacional, o Estado Novo foi um período fecundo na vida brasileira. Mencione-se, a título de exemplo, a criação do Ministério da Aeronáutica, da Força Aérea Brasileira, do Conselho Nacional do Petróleo, do Departamento Administrativo do Serviço Público, da Companhia Siderúrgica Nacional, da Companhia Nacional de Álcalis, da Companhia Vale do Rio Doce, do Instituto de Resseguros do Brasil, da Companhia Hidrelétrica do São Francisco, do Conselho Federal do Comércio Exterior, da Lei da Sociedade Anônima, da Fábrica Nacional de Motores, do Conselho Nacional do Petróleo e da Estrada de Ferro Central do Brasil. A tentativa, porém, de criar uma indústria aeronáutica não vingou. A Fábrica de Aviões de Lagoa Santa, em Minas Gerais, criada em 1933, chegou a produzir alguns aviões modelo T-6, mas depois de enfrentar dificuldades de ordem técnica, durante a Segunda Guerra, terminou fechando as portas, em 1951. A construção da sede do Ministério da Educação e Saúde, no Rio, um marco da arquitetura moderna no Brasil, projeto inspirado no traço do arquiteto franco-suíço Le Corbusier, de autoria de Lúcio Costa e Carlos Leão, contou com a participação do jovem arquiteto Oscar Niemeyer. O Código de Justiça Militar e o Código Brasileiro do Ar, para regular o transporte aéreo, vigorante até 1966, também foram criados no Estado Novo. A produção do gasogênio foi estimulada para contornar a escassez de petróleo e derivados, durante a guerra. Em Lobato, periferia de Salvador, na Bahia, pela primeira vez, foi extraído petróleo no Brasil. Uma conquista que aos olhos da posteridade pode parecer estranhável foi a presença de Lampião, no Nordeste, último líder do cangaço, morto no dia 8 de julho de 1938. Para combatê-lo, foi construída a primeira estrada ligando o Centro-Sul ao Nordeste, a Rio–Bahia, até Feira de Santana. De Feira a Fortaleza, foi construída a Transnordestina, posteriormente denominada BR-116. Essas estradas também facilitaram a migração de nordestinos para o Centro-Sul, nos conhecidos paus de arara. Até então, o transporte Norte-Sul era feito em navios, dos quais o *Ita* foi o mais famoso, como ficou imortalizado na canção de Dorival Caymmi: "Peguei o Ita no Norte, e fui pro Rio morar, adeus meu pai, minha mãe, adeus Belém do Pará." O presidente Itamar Franco recebeu o seu prenome em homenagem ao mar e ao navio em que nasceu, quando sua mãe, grávida, nele viajava entre o Nordeste e o Rio, em julho de 1931. Além da Consolidação das Leis do Trabalho e da instituição do salário-mínimo, foram promulgados o Código Penal e o Código de Processo Civil; o Código de Minas, substituído, em 1967, pelo Código de Mineração; a Lei de Falências, que vigorou até 2005; e o Código Nacional de Trânsito Brasileiro.

Em 1942, foi criado o território de Fernando de Noronha. Em 1943, o Território Federal do Guaporé, atual Rondônia, o Território Federal do Rio Branco, atual Roraima, e o Território Federal do Amapá. Foram também criados os territórios federais do Iguaçu e de Ponta Porã, que não vingaram. O fator motivacional para a criação desses territórios foi a visita de Getúlio ao Centro-Oeste do Brasil, quando, segundo revelou em seu diário, ficou impressionado com o vazio populacional da nossa hinterlândia. Para ele, o Brasil Central era "uma vasta solidão inaproveitada". O norte do Paraná foi povoado através de um projeto de colonização feito pela iniciativa privada. O sul do atual Mato Grosso do Sul teve grande expansão de sua atividade agrícola. A Baixada Fluminense foi saneada. A ocupação da Amazônia, por brasileiros, foi incentivada, especialmente pelos oriundos do Nordeste do Brasil, para extrair o látex, valioso produto de exportação para os Estados Unidos, em razão das dificuldades que Tio Sam passou a experimentar, criadas pela Segunda Guerra, para receber suprimento a partir do Sudeste asiático. Esses migrantes ficaram conhecidos como os "Soldados da borracha".

No dia seguinte à eclosão da Segunda Guerra, 2 de setembro de 1939, Getúlio decretou a neutralidade do Brasil:

> Artigo 1º: O Governo do Brasil abster-se-á de qualquer ato que, direta ou indiretamente, facilite, auxilie ou hostilize a ação dos beligerantes. Não permitirá também que os nacionais ou estrangeiros, residentes no país, pratiquem ato algum que possa ser considerado incompatível com os deveres de neutralidade do Brasil.

Só depois que submarinos alemães e italianos afundaram dezenas de navios brasileiros, provocando 1.691 náufragos e 1.074 mortes, foi que Getúlio, sob grande pressão popular, declarou guerra ao Eixo, em 31 de agosto de 1942, culminando na construção de bases aéreas aliadas no Nordeste brasileiro. A partir de julho de 1944, 25 mil pracinhas da FEB – Força Expedicionária Brasileira –, foram enviados para combater os alemães em solo italiano. Desse contingente, 454 morreram e foram sepultados no cemitério de Pistoia, cidade italiana da região da Toscana. O símbolo da FEB passaria a ser uma cobra fumando, para glosar a anterior afirmação de Getúlio, segundo a qual "É mais fácil uma cobra fumar do que o Brasil entrar na guerra."

Em 24 de outubro de 1943, ao ensejo das festas do 13º aniversário da Revolução de 30, foi divulgado o Manifesto dos Mineiros, primeiro protesto organizado contra o Estado Novo, escrito e assinado por advogados de Minas Gerais, entre os quais, Bilac Pinto, Pedro Aleixo e Magalhães Pinto. A famosa entrevista que o político e escritor modernista José Américo de Almeida deu ao jornalista Carlos Lacerda, publicada no *Correio da Manhã*, assinalou o fim da censura à imprensa e evidenciou a debilitação do Estado Novo. Em abril de 1945, quando o mundo livre já prelibava a vitória dos aliados, Getúlio, ávido por ganhar a opinião pública esclarecida, decretou a anistia para todos os acusados de crimes políticos praticados a partir da promulgação da Constituição de 1934. Finda a guerra, em 8 de maio, Getúlio cede à pressão e libera a criação de partidos políticos. Os adeptos de Getúlio renovam o apelo ao "queremismo", simbolizando os slogans "Queremos Getúlio" e "Constituinte com Getúlio", num derradeiro esforço para permitir que o grande caudilho se candidatasse à sua própria sucessão. Não deu. Getúlio foi deposto a 29 de outubro de 1945 por um movimento militar que contou com a decisiva participação de ex-tenentes da Revolução de 30, como Cordeiro de Farias, Góis Monteiro, Juracy Magalhães e Ernesto Geisel. Antevendo o fim iminente, Getúlio dissera, ao discursar no concorrido comício do Dia do Trabalho:

A qualquer observador de bom-senso não escapa a evidência do progresso que alcançamos no curto prazo de quinze anos. Éramos, antes de 1930, um país fraco, dividido, ameaçado na sua unidade, retardado cultural e economicamente, e somos hoje uma nação forte e respeitada, desfrutando de crédito e tratada de igual para igual no concerto das potências mundiais!

Conta-se que ao perceber que não havia lugar para ditaduras no pós-guerra, Getúlio resolveu buscar apoio militar para concorrer à presidência, pelo voto popular. Com esse fim, perguntou ao seu ministro da Guerra, o general Eurico Dutra: "General, o que o senhor pensa de fazermos eleições para escolha do presidente da República?" O esperto Dutra teria respondido: "Aceito, sim." E terminou sendo eleito o sucessor de Vargas!

O pretexto para a queda de Getúlio foi a nomeação do seu irmão, Benjamin Vargas, para chefe da poderosa polícia do Rio de Janeiro, em substituição ao coronel João Alberto, ex-interventor em São Paulo, que se opunha às manifestações públicas de apoio ao "queremismo". Até a posse do eleito, o presidente do Supremo Tribunal Federal, José Linhares, respondeu pela chefia do governo, durante três meses, por não haver vice-presidente na Constituição de 1937. Dutra tomou posse em 31 de janeiro de 1946. Getúlio ganhou total imunidade, com esta simples frase de apoio: "Vote em Dutra." Apesar de considerar Dutra um traidor, Getúlio, a contragosto, o apoiou, cedendo aos argumentos do amigo Hugo Borghi, que o convenceu da necessidade de derrotar o verdadeiro inimigo, o candidato da UDN – União Democrática Nacional – brigadeiro Eduardo Gomes, que, se eleito, destruiria toda a sua obra, além de bani-lo do país, diferentemente de Dutra, integrante do Ministério desde os primeiros momentos do seu governo.

Uma frase infeliz proferida por Eduardo Gomes, no Theatro Municipal do Rio, em 19 de novembro, atacando Getúlio, ter-lhe-ia tirado muitos votos: "Não necessito dos votos dessa malta de desocupados que apoia o ditador para eleger-me presidente da República!" Enganara-se.

Para a Assembleia Nacional Constituinte de 1946, Getúlio elegeu-se senador pelo Rio Grande do Sul e por São Paulo, e deputado federal por sete estados, concorrendo pelo PTB – Partido Trabalhista Brasileiro, conforme era permitido pela legislação. Apesar de toda essa representatividade sem precedentes, ele foi o único parlamentar que não assinou a Constituição de 1946. Como senador pelo Rio Grande do Sul, exerceu o mandato por um ano, quando fez vários pronunciamentos exaltando seus feitos à testa do Executivo, e críticas a Dutra, sendo, também, alvo de forte represália. Em seguida, recolheu-se às suas estâncias Itu e Santos Reis, pagos de sua infância, em São Borja. Entre os que mais o assediaram para retornar à política, estavam Hugo Borghi, o jornalista Samuel Wainer e Ademar de Barros, com quem se reconciliara, depois do conflito que resultou em sua exoneração da interventoria em São Paulo, em 1941.

Em 1950, ano de eleições, era evidente o retorno de Getúlio. Sob sua foto, um jornal publicou uma frase de João Neves da Fontoura: "Se o cavalo passar encilhado, ele monta!" Ele estava certo. Ao aceitar a candidatura, disse Getúlio, em Parnaíba: "Recebi de vós, como de tantos outros pontos distantes do país, apelos para lançar-me nesta campanha que mobiliza o povo brasileiro na defesa dos direitos à liberdade e à vida!" Na convenção do PTB que o lançou candidato, disse em tom conciliatório: "Se vencer, governarei sem ódios, prevenções ou reservas, sentimentos que nunca influíram nas minhas decisões, promovendo sinceramente a conciliação entre os nossos compatriotas e estimulando a cooperação entre todas as forças da opinião pública!" Ao longo dos cinquenta e dois dias de campanha, entre 9 de agosto e 30 de setembro de 1950, ao discursar em setenta e sete cidades das diferentes regiões do Brasil, lembrava o que já havia realizado naquela área, concluindo, sedutoramente populista: "Se for eleito a 3 de outubro, no ato da posse, o povo subirá comigo as escadas do Catete. E comigo ficará no governo!" Em 1º de junho, disse o inquieto Carlos Lacerda, entre provocador e profético, na *Tribuna da Imprensa*: "O senhor Getúlio Vargas, senador, não deve ser candidato à presidência; candidato, não deve ser eleito; eleito, não deve tomar posse; empossado, devemos recorrer à revolução para impedi-lo de governar." Com essa frase de Lacerda, tomada de empréstimo a Artur Bernardes, Getúlio não teria como saber que terminaria bebendo do mesmo veneno que a Aliança Liberal prescrevera, em 1930, para Júlio Prestes, último presidente eleito, nascido no estado de São Paulo.

Artur Bernardes, no discurso de posse no Senado Federal, em 1927, ao relembrar sua eleição presidencial de 1922, dissera: "Não estará ainda na memória de todos o que fora a penúltima campanha presidencial? Nela se afirmava que o candidato não seria eleito; eleito não seria reconhecido, não tomaria posse, não transporia os umbrais do Palácio do Catete!" Essa instabilidade política só desapareceu nos governos de Fernando Henrique Cardoso e de Lula. Sobre esse permanente drama, Getúlio comentou: "No Brasil não basta vencer a eleição. É preciso ganhar a posse!"

De modo a assegurar sua vitória nas eleições de 3 de outubro de 1950, data aniversária da Revolução de 30, Getúlio manobrou para que o PSD, partido que ajudara a criar, lançasse o mineiro Cristiano Machado, como seu candidato, para dividir os votos da oposição, representada, sobretudo, mais uma vez, pelo brigadeiro Eduardo Gomes. O apoio do governador de São Paulo, Ademar de Barros, de olho nas eleições de 1955, foi de crucial importância para sua vitória, ao lhe dar um milhão de votos, pouco mais de 25% de sua votação total. Durante a campanha, parte substancial do PSD abandonou Cristiano Machado, para apoiar Getúlio. Desse episódio nasceu o verbo *cristianizar*, significando sacrificar um candidato em favor de outro. Getúlio recebeu 3.849.040 votos contra 2.342.384 do brigadeiro Eduardo Gomes e 1.697.193 de Cristiano Machado. Segundo depoimento de João Batista Luzardo, publicado no livro *Dutra e a democratização de 45*, de Osvaldo Trigueiro do Vale, foi Dutra quem garantiu a posse de Getúlio, ao bloquear o avanço de movimentos conspiratórios. Disse Luzardo:

Havia uma corrente dentro do Exército que não queria empossar o Getúlio. Mas foi Dutra que mandou dizer, lá na minha estância em Santa Fé, em São Pedro, que ele ficasse tranquilo, pois, na presidência, ele cumpriria a constituição até o último dia de seu mandato, e passaria o governo a Getúlio, eleito pelo povo!

A volta de Getúlio foi cantada em prosa e verso, inclusive na marchinha de 1951, de Haroldo Lobo e Marino Pinto, na voz de Francisco Alves: "Bota o retrato do velho outra vez, / Bota no mesmo lugar, / O sorriso do velhinho, / faz a gente trabalhar."

Eleito pelo voto popular, Getúlio passou a desvestir-se da roupagem de ditador e passou a assumir a postura de democrata, a ponto de haver declarado ao seu ministro da Justiça, Tancredo Neves: "Fui ditador porque as contigências do país me levaram à ditadura, mas quero ser um presidente constitucional dentro dos parâmetros fixados pela Constituição."

O último mandato de Getúlio, iniciado em 31 de janeiro de 1951, deveria findar-se em 31 de janeiro de 1956. Na composição do seu governo, reconciliou-se com os antigos aliados da Revolução de 30. A previsão pessimista de Carlos Lacerda se confirmava desde os primeiros momentos, até que o Manifesto dos Coronéis, que se insurgiram contra a concessão de um aumento de 100% do salário-mínimo, veio evidenciar as fragilidades do governo, apesar de medidas importantes, como a criação do BNDE, do Banco do Nordeste, da Petrobras e do monopólio da exploração do petróleo, da Cacex, do seguro agrário, da Usina Hidrelétrica de Paulo Afonso, do início da rodovia Fernão Dias, ligando São Paulo a Belo Horizonte.

O barco político do velho e populista caudilho começava a pegar água com a enxurrada de denúncias de corrupção, a ponto de reconhecer que seu governo estava sentado em "um mar de lama". O caso mais grave de corrupção, as relações do governo com a *Última Hora*, jornal de propriedade do amigo Samuel Wainer, foi objeto de uma ruidosa CPI – Comissão Parlamentar de Inquérito, formada para apurar a denúncia de que o Banco do Brasil repassava recursos ao jornal em troca de apoio a Getúlio.

As coisas saíram de controle quando, na madrugada de 5 de agosto de 1954, um atentado matou a tiros o major da FAB – Força Aérea Brasileira, Rubens Florentino Vaz, em frente ao prédio onde morava o jornalista e ex-deputado federal da UDN Carlos Lacerda, um dos mais ásperos críticos de Getúlio. Lacerda, a quem o major Vaz, designado pela oficialidade da Aeronáutica, dava proteção, saiu ferido no pé.

O atentado foi atribuído a membros da guarda pessoal de Getúlio, a velha "Guarda Negra", criada em maio de 1938. Ao tomar conhecimento do atentado contra Carlos Lacerda na rua Tonelero, Getúlio, interpretando a gravidade do ocorrido, disse: "Carlos Lacerda levou um tiro no pé. Eu levei dois tiros nas costas!" Três dias depois do atentado, a Guarda Negra foi extinta.

O visível abatimento que Getúlio passou a exibir era objeto de preocupação generalizada entre os familiares e amigos. Em suas memórias, Juscelino Kubitschek observou com acuidade: "Todos nós, que tínhamos acesso ao palácio, constatamos, porém, que, após essa última crise política, uma sensível modificação se operava no comportamento de Getúlio Vargas. O homem alegre e comunicativo de antes havia se transformado num misantropo. A imagem, que passara a refletir, era de um solitário amargurado, abismado na sua misantropia sem confidentes, e que, com as mãos cruzadas nas costas – postura que lhe era característica –, vagava pelos salões do palácio, num típico alheamento de sonâmbulo. Entre os amigos, esta pergunta era obrigatória: 'Que há com o presidente?'"

Os rocambolescos lances ligados à apuração do atentado e à perseguição dos atiradores, que teriam agido sob o mando de Gregório Fortunato, guarda-costas de Getúlio, a quem dedicava canina lealdade, culminaram numa pressão sem precedentes para que o velho Gegê renunciasse ou, ao menos, se licenciasse da presidência, como lhe sugeriram os ministros com quem esteve reunido na noite do dia 23 de agosto, uma segunda-feira. Antes da reunião ministerial, Getúlio escreveu em seu diário:

Já que o ministério não chegou a uma conclusão, eu vou decidir: determino que os ministros militares mantenham a ordem pública. Se a ordem for mantida, entrarei com pedido de licença. Em caso contrário, os revoltosos encontrarão aqui o meu cadáver.

Concluída a reunião da noite de 23 de agosto, o Palácio do Catete emitiu a seguinte nota: "Deliberou o presidente Getúlio Vargas... entrar em licença, desde que seja mantida a ordem e os poderes constituídos..., em caso contrário, persistirá inabalável no propósito de defender suas prerrogativas constitucionais, com sacrifício, se necessário, de sua própria vida."

Cansado da vida e desiludido dos homens, com o ânimo inteiramente derruído, Getúlio decidiu sair "da vida para entrar na história", com um tiro no peito, na madrugada de 23 para 24 de agosto de 1954.

BIBLIOGRAFIA

Barbosa Lima Sobrinho. *A verdade sobre a Revolução de Outubro – 1930*, 1975.
Fernando Jorge. *Getúlio Vargas e seu tempo*, 1986.
Fernando Melo. *João Dantas: uma biografia*, 2002.
Getúlio Vargas. *Diário*, 1997.
Hugo Borghi. *A força de um destino*, 1995.
Juscelino Kubitschek. *A escalada política – Meu caminho para Brasília*, 1976.
Lira Neto. *Getulio – Dos anos de formação à conquista do poder (1882-1930)*, 2012.
  Getúlio – Do governo provisório à ditadura do Estado Novo (1930-1945), 2013.
Osvaldo Cordeiro de Farias. *Meio século de combate* (Diálogo com Aspásia Camargo e Walder de Góis), 1981.
Sérgio Buarque de Gusmão. *O Brasil que Getúlio sonhou*, 2004.

HEITOR VILLA-LOBOS
(1887-1959)

NASCEU E MORREU NO RIO DE JANEIRO, DE CÂNCER, RESPECTIVAMENTE, a 5 de março de 1887 e 17 de novembro de 1959. Viveu, portanto, 72 anos, 8 meses e 12 dias. Seus pais, Noêmia e Raul Villa-Lobos, pertenciam ao patronato urbano, sendo ele funcionário da Biblioteca Nacional e músico amador. Graças a essa vinculação paterna ao mundo da música, o jovem Heitor inicia-se muito cedo nos estudos de teoria musical, solfejo, prática do clarinete e do violoncelo, este último instrumento a partir da adaptação que o pai fez de uma viola. A formação musical de Heitor Villa-Lobos foi sensivelmente influenciada pelos saraus musicais realizados aos sábados, em sua casa, com a presença de grandes instrumentistas e cantores que se revezavam até a madrugada. Quando sua tia Zizinha lhe deu a conhecer os *Prelúdios e Fugas do Cravo bem temperado* de J. S. Bach, não tinha como saber que, enquanto estimulava a excepcional vocação musical do sobrinho, lançava, também, as sementes das nove *Bachianas brasileiras*, escritas entre 1930 e 1945, que viriam a ser o *magnum opus* do nosso mais consagrado compositor, aclamado internacionalmente pela fusão original que fez da música popular e folclórica com a erudita.

Ao falecer, aos 36 anos, em 1899, vítima de varíola, o pai Raul deixou sua numerosa família em dificuldades financeiras, que só foram aliviadas quando o Senado federal, de que era ex-funcionário, adquiriu sua biblioteca, rica de obras valiosas.

O acervo de 3.700 correspondências do compositor, digitalizadas e disponíveis no Museu Villa-Lobos, no Rio, ampliou sensivelmente o conhecimento dessa personalidade marcante na vida do país.

As referências mais antigas da vida de nosso maior compositor datam de 1903, quando aperfeiçoa a técnica de violoncelo com Breno Niemberg e atua como intérprete em clubes e teatros, daí passando a integrar pequenas orquestras dedicadas a animar as sessões do iniciante cinema mudo.

Heitor declarou que detestava o Instituto Nacional de Música que frequentou durante algum tempo, em 1907 – quando teve aulas de harmonia com Frederico Nascimento –, porque sentia "mais prazer em absorver o folclore que passava sob suas janelas do que ouvir o arrazoar dos explicadores". Ao concluir seu curso de humanidades, Heitor matriculou-se na Escola de Medicina, cedendo às pressões maternas, onde cursou, apenas, o primeiro ano.

O Brasil do tempo da infância de Villa-Lobos era um país culturalmente adiantado. Afinal de contas, o Império português aqui se instalou, garbosamente, usufruindo as elites dirigentes de luxos semelhantes aos das Cortes europeias, até 1889, quando D. Pedro II foi deposto pelas forças republicanas. Teatros de ópera, conservatórios e sociedades de concertos abundavam. Praticava-se a boa música em toda parte. As melhores óperas portuguesas eram interpretadas no Brasil, como as dos irmãos Marcos e Simão, por negros e mestiços educados num conservatório fundado pelos jesuítas. O exemplo maior era dado pelo próprio imperador que, além de praticar a música, fomentava as artes através de ativo mecenato. O prestígio cultural do Brasil era tamanho que Richard Wagner emprestou a um cônsul brasileiro a partitura da ópera *Tristão e Isolda* para ser exibida no Rio. Carlos Gomes(1836-1896), iniciador do nacionalismo musical brasileiro, sentia-se mais à vontade no Scala de Milão do que nos ambientes indígenas cantados por José de Alencar e por ele também imortalizados na ópera *O Guarani*.

Os biógrafos de Heitor Villa-Lobos costumam creditar ao pecúlio auferido com a venda do acervo bibliográfico do pai os fundos que financiaram as visitas que fez a vários estados brasileiros, para beber nas mais autênticas fontes musicais populares, como as modas caipiras, os tocadores de viola e outros, divulgados no mundo inteiro através de suas composições. Sempre animado pelo propósito de assimilar as manifestações folclóricas, percorreu todas as regiões do país, como músico ambulante e eventual trabalhador rural, demorando-se na Região Norte. Esse precoce contato com o mundo tropical amazônico – virtual ou real, não se sabe ao certo –, revelou-se de grande importância para o desenvolvimento de sua obra, daí resultando sua fixação no indigenismo. Ao longo dessa peregrinação pelo Brasil, entre 1905 e 1912, com alguns intervalos, recolheu mais de mil temas que catalogava com sinais que representavam o ritmo e a unidade de tempo. Depois de ouvir a repetição das canções, escrevia as notas sobre os sinais. Mais tarde, lembraria: "Quando procurei formar a minha cultura, guiado pelo meu próprio instinto e tirocínio, verifiquei que só poderia chegar a uma conclusão de saber consciente, pesquisando, estudando obras que, à primeira vista, nada tinham de musicais. Assim, o meu primeiro livro foi o mapa do Brasil."

Quando retorna ao Rio, depara-se com uma missa em sua memória, mandada celebrar por sua mãe que o dera por morto, em razão do longo silêncio. Logo conhece a pianista Lucília Guimarães, com quem se casa, no ano seguinte, aos 26 anos.

Uma vez recolhido à tranquilidade doméstica, avança em seu autodidatismo, aprofundando os estudos das obras dos grandes mestres.

A essa altura da vida, Villa-Lobos vive intensamente os mais variados gêneros musicais. A partir de 1915, passa a apresentar-se como compositor em sucessivos concertos no Rio, sendo duramente criticado pela "excessiva modernidade" de sua música. Chegam a dizer que "seu grande talento está transviado, julgando haver possibilidade de fazer desaparecer o belo para das suas cinzas surgir o império do absurdo". A reação ao caráter inovador de suas criações leva instrumentistas a se recusarem a tocá-las, por considerá-las carregadas de dissonâncias. Com firme serenidade, responde aos seus críticos: "Não escrevo dissonante para ser moderno. De maneira nenhuma. O que escrevo é consequência cósmica dos estudos que fiz, da síntese a que cheguei para espelhar uma natureza como a do Brasil. Prossegui confrontando esses meus estudos com obras estrangeiras, e procurei um ponto de apoio para firmar o personalismo e a inalterabilidade das minhas ideias."

Recorde-se que o Brasil daqueles anos vivia o clima de fermentação inovadora que desembocaria na Semana de Arte Moderna de 1922, movimento revolucionário liderado por Oswald e Mário de Andrade, que se apoiava em três pilares: a) direito contínuo à pesquisa estética; b) estabilização de uma consciência criadora; e c) atualização do conhecimento artístico brasileiro.

Aos 30 anos, Villa-Lobos trava conhecimento com Darius Milhaud, músico vanguardeiro francês que, indiretamente, ensejaria, dois anos mais tarde, seu encontro com o famoso pianista Arthur Rubinstein (1887-1982), que viria a desempenhar papel de fundamental significado para a projeção mundial do seu nome. O precoce Rubinstein, polonês de nascimento, começou a tocar aos 3 anos e aos 6 estreou em público. Viveu na Europa até 1940, quando se mudou com armas e bagagens para os Estados Unidos, fugindo à perseguição nazista. O início da duradoura amizade entre os dois, porém, foi um tanto tumultuário. Se não, vejamos:

De passagem pelo Rio, em 1919, vindo de Buenos Aires, Rubinstein vai ao Cine Odeon onde Villa-Lobos executa algumas de suas composições. Durante o intervalo, Rubinstein dirige-se a ele para cumprimentá-lo, e ouve essas palavras grosseiras: *"Vous êtes un virtuose, vous ne pouvez pas comprendre ma musique."* (O senhor é um virtuoso (grande instrumentista), não tem como compreender minha música).

Às oito da manhã, do dia seguinte, Villa-Lobos bate à porta do quarto de Rubinstein, no Palace Hotel, acompanhado de uma dezena de músicos. Como trabalhavam à tarde e durante a noite, o concerto teria que ser realizado àquela hora.

Em outra ocasião, ao tomar conhecimento das dificuldades financeiras de Villa-Lobos, Rubinstein adquire dele, por bom preço, o manuscrito autografado da *Sonata para violoncelo* em nome de um imaginário colecionador. Anos mais tarde, Villa-Lobos encontra o manuscrito na casa do pianista amigo. Ambos tinham a mesma idade.

Em 1919, o nome de Villa-Lobos já se espraiara pelo Sul do continente, ao dar concertos no Uruguai e na Argentina, atendendo a convite da Sociedade Wagneriana de Buenos Aires. O *Quarteto de Cordas nº 2* foi muito elogiado pela crítica especializada.

Sem dúvida, o prestígio, apesar de reticente, de que já desfrutava no Brasil, contribuiu para o destaque que obteve ao participar, em 1922, da Semana de Arte Moderna, em São Paulo, apresentando, dentre outras obras, as *Danças características africanas*. Sem dinheiro para custear sua locomoção do Rio para São Paulo –, durante alguns anos voltou a se apresentar em antessalas de cinema e em confeitarias para sobreviver – a presença de Villa-Lobos foi financiada por alguns dos seus admiradores. A esse tempo, Villa vivia o paradoxo de ser aclamado nos grandes centros internacionais, enquanto parcela ponderável da intelectualidade brasileira classificava sua obra como aberrante, em parte, por incapacidade de compreender o seu significado, e, em parte, ainda maior, porque mordida por inveja do seu sucesso no exterior, quando compositores consagrados como Stravinsky e Ravel, e maestros como Leopold Stokowski colocavam o seu trabalho no patamar mais alto da poesia e da música.

Nesse mesmo ano de 1922, Villa-Lobos dirige a orquestra que executa a 3ª e a 4ª Sinfonias, *Guerra* e *Vitória*, para o rei Alberto da Bélgica, a rainha e comitiva, em visita ao Brasil. Entusiasmado, o monarca belga agracia Villa-Lobos com a "Cruz de São Leopoldo", que a recusou por haver sido a comenda estendida ao cozinheiro e ao chefe da guarda do palácio real. Muito provavelmente, a altaneria de Villa-Lobos se inspirava em Beethoven, primeiro compositor a não aceitar ser tratado como serviçal, de acordo com a tradição, que não poupou, sequer, Mozart, que entrava pela área de serviço, comia e dormia com os criados.

Em meados de 1923, viaja à Europa, rumo a Paris, levando na bagagem sua já alentada obra. Em menos de um ano, mercê de grande talento e independência de espírito, conquista o meio musical francês e europeu, graças, inclusive, às importantes apresentações de Rubinstein, figura de proa nos meios artísticos, de sua aplaudida *Prole do bebê*. A famosa cantora Vera Janacópulos interpreta suas canções. Brasileiros ricos, como Olívia Penteado e Arnaldo Guinle, ajudam-no com as despesas de instalações residenciais. Perante Guinle, confidenciou, amargo: "Não tive o justo reconhecimento em meu próprio país."

Paris passa a ser sua segunda cidade. Aos domingos e feriados, tendo a feijoada brasileira como *pièce de résistence*, recebe personalidades influentes, como Léger, Picasso, Florent Schmitt, Varèse, Stokowski e outros. Enquanto o jornal *Liberté* considera Villa-Lobos uma personalidade forte e atraente, autor de uma obra musical expressiva de avançado modernismo, alguns dos maiores intelectuais franceses, sob a liderança de André Breton, lançam o Manifesto Surrealista e a revista *Revolução Surrealista*. Enquanto Paul Éluard revoluciona a poesia, Picasso introduz o cubismo e Jean Cocteau propõe o uso de nova linguagem para o cinema. Villa-Lobos diverte os amigos, troçando do romantismo: "Quando estive na floresta, os índios tinham esquecido o seu folclore, de que só os papagaios tinham lembrança. Foi através deles que recolhi algumas coisas."

Menos de um ano depois dessa visita, retorna a São Paulo. Na saudação de boas-vindas, Manuel Bandeira blasonou: "Villa-Lobos acaba de chegar de Paris. Quem chega de Paris espera-se que chegue cheio de Paris. Entretanto, Villa-Lobos chegou cheio de Villa-Lobos." Desenvolve, então, em São Paulo, com apoio oficial, o projeto Caravana Artística que, por via ferroviária, percorreu dezenas de cidades paulistas.

Em 1927 volta a Paris, aí permanecendo até 1930, quando, já consagrado na Europa, pela apresentação de suas obras, por si mesmo, à testa das mais prestigiadas orquestras europeias, inclusive a Sinfônica portuguesa, e por grandes regentes, retorna ao Brasil, deparando-se com a Revolução em São Paulo, estado em que enceta novas caravanas musicais, com o propósito de interiorizar o gosto pela boa música.

De São Paulo segue para o Rio, a convite do secretário de Educação, Anísio Teixeira, e em 1932, é nomeado superintendente de Educação Musical e Artística. Ao optar pela promoção de grandes concentrações orfeônicas em estádios esportivos, com o apoio pessoal do presidente Vargas, escolheu o canto coral como o meio mais eficaz para atrair a juventude brasileira para o mundo da música. Suas concentrações orfeônicas chegaram a reunir quarenta mil jovens, como aconteceu no estádio do Vasco da Gama. Sobre esse evento, escreveu Carlos Drummond de Andrade: "Quem o viu um dia comandando o coro de 40.000 vozes adolescentes, no estádio do Vasco da Gama, não pode esquecê-lo nunca. Era a fúria organizando-se em ritmo, tornando-se melodia e criando a comunhão mais generosa, ardente e purificadora que seria possível conceber."

Em 1932, compôs o *Guia prático*, antologia folclórica, publicado, igualmente, em versão para piano. Seu método pedagógico convivia, sem traumas, com a inquietude própria dos moços, com seus gritos, palmas e bater de pés, durante os ensaios.

Aos 45 anos de idade, a obra de Villa-Lobos já era reconhecida como um rico acervo da cultura e das artes brasileiras. A partir da suíte *Prole do bebê* (1918-1926) e depois as *Cirandas*, suas composições vinham empolgando a Europa e os Estados Unidos, na execução de grandes pianistas, entre os quais Arthur Rubinstein. Nas *Bachianas brasileiras*, a parte mais conhecida de sua vasta obra, mundo afora, inspiradas em suas viagens ao interior do país, Villa-Lobos funde modulações de Bach com os contracantos de nosso folclore.

Em 1936, aos 49 anos, casa-se pela segunda vez, agora com a jovem professora de música Arminda Neves de Almeida, de 24 anos, pivô do fim do primeiro casamento de vinte anos com Lucília Guimarães, com quem não teve filhos, em razão de uma doença venérea, contraída na juventude, que o esterilizou. O motivo alegado por Villa-Lobos para a separação não o enobrece. Além de não reconhecer a importante colaboração de Lucília, ao corrigir os erros técnicos cometidos por ele nas peças para piano, queria que ela negasse qualquer participação no seu trabalho, por entender que o conhecimento desse fato pudesse comprometer sua imagem como criador: "Você deixa muita gente mal-informada sobre meu verdadeiro valor artístico – não só técnico, como cultural e moral" – registrou com azedume, enquanto se derramava em elogios para a nova mulher: "O mais feliz dos artistas é aquele que possui uma linda, boa e inteligente companheira, a lhe consagrar toda a sua obra. Assim sou eu."

Em 1942, criou o Conservatório Nacional de Canto Orfeônico. Nesse seu esforço para a popularização da música erudita, Villa-Lobos antecipou-se em cinquenta anos aos concertos do maestro Isaac Karabtchevsky, em parceria com a Rede Globo de televisão.

Em 1943, foi-lhe outorgado o título de doutor *honoris causa*, em música, pelas universidades de Los Angeles e Nova York.

Em 1944, aceitando o convite do maestro norte-americano Werner Janssen, fez a primeira de várias turnês pelos Estados Unidos. Em 1945, a Orquestra Sinfônica de Boston promove um concerto, exclusivamente, com suas obras, assistido por gente como Cole Porter, Duke Ellington, Arturo Toscanini, Claudio Arrau. Nesse tempo, alterna-se entre Paris e Nova York. Foi nesse período de numerosas apresentações no exterior que conheceu a tão desejada tranquilidade financeira, apesar de pouco executado no Brasil. É nessa época que cria e preside a Academia de Música Brasileira, quando é total sua dedicação às composições para quarteto de cordas, a exemplo de Beethoven. Em 1947, ganha o prêmio do Instituto Brasileiro de Educação, Ciência e Cultura. Em 1948, com a saúde abalada, segue para os Estados Unidos – onde sua ópera *Malazarte* estreia nesse mesmo ano –, a fim de se submeter a uma cirurgia para remoção de um câncer na bexiga.Em 1952, Villa-Lobos muda-se, em Paris, para o Hotel Bedford, à rua de l'Arcade, nº 17, último exemplar, ainda em operação, da hotelaria suíça, na Cidade Luz. Aí Villa-Lobos viveu até 1959. Nesse mesmo hotel, o imperador Pedro II passou seus últimos dias, aí morrendo, em 1891. No frontispício do hotel há placas alusivas aos dois eventos.

Em 1954, visitou Israel, atendendo convite oficial. Dessa visita resultou a composição *A odisseia de uma raça*. No ano seguinte, retorna, mais uma vez, a Paris, para dirigir um programa da Orquestra Nacional, inteiramente composto por obras de sua lavra. O crítico René Dumesnil dispara no *Le Monde*: "Um concerto de Villa-Lobos é sempre algo de saboroso, explosivo e poderoso..."

Em 1959, já enfermo, deixa Paris e vem morrer no Brasil.

Parece não haver dúvidas de que o genial Villa-Lobos, que viveu o suficiente para testemunhar e auferir os louros de sua glória, é a maior expressão de nossa música.

BIBLIOGRAFIA

ANDRÉ DINIZ. *Almanaque do choro; a história do chorinho, o que ouvir, o que ler, onde curtir*, 2003.
BRUNO KIEFER. *Villa-Lobos e o modernismo na música brasileira*, 1986.
LUIZ PAULO HORTA. *Heitor Villa-Lobos*, 1986.
MANUEL NEGWER. *Villa-Lobos, O florescimento da música*, 2009.
RICARDO CRAVO ALBIN. *O livro de ouro da MPB; a história de nossa música popular de sua origem até hoje*, 2003.
VASCO MARIZ. *A música clássica brasileira*, 2002.
VASCO MARIZ. *Villa-Lobos, O homem e a obra*, 2005.

PASTINHA-BIMBA
(1889-1981) - (1899-1974)

COMO EXCEÇÃO, RESOLVEMOS ARROLAR OS NOMES DOS MESTRES PASTINHA e Bimba, como se fossem apenas um, de tal modo se somam e se integram, como faces de uma mesma moeda ou irmãos siameses, na origem da construção do alcance universal da capoeira. De fato, sem a capoeira de Angola, cultivada por mestre Pastinha, não teria como surgir a dissidência representada pela capoeira regional, desenvolvida por mestre Bimba. Diante da impossibilidade de escolher um, com a inevitável exclusão do outro, optamos pela excepcionalidade do recurso de colocar ambos nesta galeria de personalidades marcantes do Brasil. Graças às diferenças existentes entre os dois, a capoeira saiu da marginalidade social e do estado da Bahia para ganhar o mundo.

Vicente Joaquim Ferreira Pastinha, o mestre Pastinha, nasceu a 5 de abril de 1889 e morreu a 13 de novembro de 1981. Viveu, portanto, 92 anos, 7 meses e 8 dias. O título de mestre nada tem a ver com graduação universitária, mas com o domínio da arte do jogo e com a conduta diante da vida. Não basta, portanto, saber lutar, jogar ou dançar capoeira para que alguém seja considerado mestre. É preciso agir com cavalheirismo em casa, no trabalho, na rua. É preciso ser um mestre da vida e por ela graduado, como ensina o historiador Jaime Sodré, o contramestre Bonito. Segundo mestre Nenel, filho de Bimba: "Não há meio de formar um mestre. São oferecidas aos alunos as condições para isso, mas esse título é um reconhecimento vindo da sociedade." Os mestres, na realidade, surgiram para avalizar a ação civilizadora da capoeira, em oposição à imagem marginal construída por maus capoeiras. O termo *capoeira* designa, além da luta, o próprio praticante do esporte. Observe-se, porém, que, invariavelmente, o capoeirista se orienta pela conduta adotada pelo mestre discípulo que é o seu modelo.

João Pequeno de Pastinha confessa: "Ele pediu para eu tomar conta da capoeira para o nome dele não desaparecer." É provável que o receio do desaparecimento do seu nome adviesse do abandono a que foi relegado o seu discípulo e concorrente, mestre Bimba, obrigado a mudar-se, no fim da vida, para Goiânia, para não recorrer à mendicância em sua terra natal, Salvador, cujas autoridades não tiveram o mínimo de sensibilidade para proteger na velhice o legendário criador da capoeira regional, omissão que também o alcançava em cheio. Pastinha aprendeu capoeira a partir dos 10 anos, quando um africano de nome Benedito ensinou-lhe a defender-se, depois que assistiu à sova que levou de outro menino. Estudou música e pintura na Escola de Aprendizes de Marinheiro, que cursou dos 12 aos 20 anos, atividades que exerceu a vida inteira, mesclando-as com as rodas de capoeira e dominó.

Naquela época, não havendo qualquer formalidade ou rigor didático, a capoeira era ensinada de modo rudimentar, predominando o cuidado de guardar os segredos dos movimentos e dos golpes, conforme ensinaram os velhos mestres, como os da Ladeira de Pedra, do bairro da Liberdade, onde surgiu o primeiro centro de capoeira Angola na Bahia. O Conjunto de Capoeira de Angola Conceição da Praia seria o embrião do Centro Nacional de Capoeira de Origem Angola, localizado na Ladeira de Pedra, mais tarde Centro Esportivo de Capoeira Angola, transferido para o "Pelourinho 19", e também conhecido como Academia do Pastinha, relacionado entre os desordeiros da Sé. Mais tarde, apareceriam angoleiros famosos como os mestres Caiçara, Canjiquinha, Cobrinha Verde, Bola Sete, Nô, Papo Amarelo, Paulo dos

Anjos, Waldemar, Curió, João Grande e João Pequeno – pró-mestres de Pastinha –, Mário Bom Cabrito, e os do Grupo Angola Pelourinho. Bimba, discípulo de Bentinho e de Paquete, durante 14 anos, ensinou capoeira Angola.

Pastinha era uma pessoa polida. Com voz mansa e corpo ágil, pregou, desde cedo, a compreensão da importância do desenvolvimento harmônico do corpo e da mente. O ensino da capoeira deveria seguir esse preceito. O autocontrole, ao lado da destreza corporal, seria o elemento básico definidor de um exercício superior da capoeira. O calculado disfarce das intenções, intensificado pela ginga – o vai e vem do corpo bamboleante –, é indispensável para desestruturar a linha de raciocínio do oponente, vulnerando-o. O toque de leve na parte do corpo que poderia ser atingida, seguido de um sorriso emblemático do pensamento "poderia ter te ferrado, camará", corresponderia a um gol na prática futebolística, tudo de acordo com o melhor *fair play* e as regras do cavalheirismo. "Eu venço quando o seu corpo não tem mais respostas para as minhas perguntas", ensinava, explicando o momento da vitória. Discípulo de Pastinha não provoca brigas, mas reage à altura das agressões sofridas. A partir dos ensinamentos básicos, de conhecimento geral, cada um agrega ao jogo características próprias, em função de sua elasticidade, altura, peso, força, agilidade etc. Pastinha pregava a tradição, o jogo matreiro, carregado de malícia, estilo que passou a ser conhecido como Angola. É referido como um mestre da cultura africana, um pensador da capoeira. Seu estilo continua tendo seguidores por todo o Brasil. Para ele, o trabalho físico e mental seria imprescindível para que o talento e a criatividade florescessem. Fundou a primeira escola de capoeira de Angola, o Centro Esportivo de Capoeira Angola, no Pelourinho, Bahia, em 1941. Durante décadas, dedicou-se ao ensino da capoeira e, mesmo quando completamente cego, não deixou de comparecer às rodas, para dar aos discípulos uma orientação, um conselho. Com um guarda-chuva permanentemente à mão, com chuva ou com sol, a roupa imaculadamente branca, amava a ordem. Seus alunos, todos empossados em livro de ata, e portadores de carteirinha de afiliação à sua Academia, não podiam jogar capoeira descalços ou sem camisa, e eram advertidos para se manterem limpos ao fim de cada roda. "Bom capoeirista não cai", ensinava a lição que o compositor Tom Zé, seu aluno, aprendeu. Torcedor do Ypiranga Futebol Clube, cognominado "O mais querido", homenageava o clube do coração vestindo suas cores, camisa amarela e calça preta de tergal. Pastinha mantinha com os discípulos uma relação de grande empatia, aconselhando-os não apenas na prática da capoeira, como nas coisas da vida e nos cuidados com a saúde. Sua fidelidade a esses princípios não arrefeceu sequer no fim da vida, quando continuava a frequentar a Academia, corrigindo o ritmo dos instrumentos e os movimentos dos alunos pelos vultos divisados ou entrevistos.

Dois anos antes de sua morte, o jornal *A Tarde* fez uma reportagem com a seguinte manchete: "Mestre Pastinha tenta reviver, na miséria, o seu passado de glórias." O texto falava do pouco conhecimento existente sobre a reabertura da Academia do nonagenário mestre, no número 51 da rua Gregório de Matos, no Pelourinho, onde antigos alunos se reuniam às terças, quintas e domingos, a partir das 17 horas, para cantar e jogar capoeira, entre os quais sua mulher Maria Amélia, João Grande, João Pequeno, Ângelo Romero, Valdino e Papo Amarelo, os mais antigos discípulos do mestre. A esposa queixou-se: "A Academia ainda não tem alunos, porque todo mundo que aparece só quer ter aula de graça. Promessas há muitas."

A eventual generosidade dos amigos que fez ao longo da vida, se mitigou, um pouco, o ressentimento contra a sociedade baiana que lhe deu as costas, como fez com Bimba, não impediu que recorresse aos cuidados do abrigo D. Pedro II, onde faleceu. O grande mestre Pastinha, um dos maiores produtores de cultura popular do Brasil, pagou um preço muito alto por ignorar o que ensina o sábio brocardo: "Só três coisas podem valer a um homem na velhice: um cão, uma esposa velha e uma conta bancária."

MESTRE BIMBA
(1899, 1900-1974)

MANOEL DOS REIS MACHADO, O MESTRE BIMBA, O REI NEGRO, símbolo de resistência afrodescendente, criador da luta regional baiana, posteriormente rebatizada capoeira regional, nasceu a 23 de novembro de 1899, ou de 1900, no bairro do Engenho Velho de Brotas, em Salvador, e morreu em Goiânia, a 5 de fevereiro de 1974, tendo vivido 73 ou 74 anos, 2 meses e 13 dias, 18 ou 17 a menos do que o mestre Pastinha. Em 20 de julho de 1978, seus restos mortais foram trasladados para Salvador. Teve como pais Maria Martinha do Bonfim e Luiz Cândido Machado, campeão de batuque. A Universidade Federal da Bahia concedeu-lhe, *post-mortem*, o doutorado *honoris causa*. Em vida, seu momento mais alto, em 1953, foi o encontro com o presidente Getúlio Vargas, no Palácio da Aclamação, em Salvador, sede do governo estadual, que o encheu de orgulho ao dizer: "A capoeira é o único esporte verdadeiramente nacional." Getúlio via na "retórica do corpo" um instrumento para sua popularidade.

Bimba, na linguagem popular, significa pênis de criança ou pênis pequeno. Quando a mãe do futuro mestre estava grávida dele, apostou com a enfermeira que seria uma menina, contra o palpite da parteira, que acreditava tratar-se de um menino. Tão logo identificado o sexo do nascituro, a parteira gritou em triunfo: "Ganhei a aposta. O cabra tem bimba e cacho." E como Bimba é conhecido, sendo raros os que sabem o seu nome de batismo. Entre os íntimos, tinha também o apelido de Três Pancadas, significando o máximo de golpes que seus adversários suportavam antes de caírem. Aos 12 anos, iniciou-se na capoeira com o mestre Bentinho, empregado da Cia. de Navegação Baiana, na Estrada das Boiadas. Aos 18, começou a dar aulas no bairro onde nasceu, quando ainda não havia escolas de capoeira e o jogo era praticado em rodas, nas esquinas, nos largos, sob a cobertura dos armazéns e no mato, segundo suas próprias palavras. O slogan "Bimba é bamba", que ficou por toda a vida, surgiu quando do seu desempenho em lutas com praticantes de artes marciais. Quase todos os seus primeiros alunos, negros e mulatos, eram pobres. Entre os jovens da burguesia a quem deu aulas, nos quintais ou varandas de suas casas, viriam a destacar-se o futuro desembargador e professor de direito Décio de Souza Seabra, o jornalista Joaquim de Araujo Lima, futuro governador do território do Guaporé, e o médico Otto Alencar, que governaria a Bahia. Muitos outros expoentes aprenderam na sua academia, situada nas proximidades do Terreiro de Jesus, no baixo meretrício, denominado Buraco Doce.

Ao perceber que a capoeira de Angola, como luta, estava perdendo terreno para as lutas estrangeiras, como o boxe, o caratê, o judô, o kung-fu e o jiu-jítsu, e, como consequência, o apelo popular e cultural, mestre Bimba diminuiu a ritualidade predominante nas rodas de Angola e criou novos golpes, para torná-la mais competitiva, misturando elementos da capoeira tradicional com o batuque, daí nascendo uma terceira modalidade, com movimentos mais rápidos e acompanhamento musical. Por iniciativa de Bimba, o berimbau substituiu a viola nas rodas de capoeira. Bimba explicava que o maior diferencial da capoeira regional era sua sequência de ensino, em que, além de passar movimentos básicos para o iniciante, havia parceria e autoconfiança.

Em 1946, foi feita a primeira apresentação pública de capoeira, sob a forma de espetáculo. Depois do êxito dessa experiência piloto, Bimba começou a fazer exibições com dia e hora marcados. Algo que era antes impensável para qualquer capoeirista, agora era realidade: ganhar dinheiro de forma honesta com sua arte. Daquele passo inicial, a aceitação da capoeira foi se espraiando até alcançar dezenas de países, 150, em 2010, sendo bem estruturada em substancial parte deles.

A emergência da capoeira regional gerou uma grande polêmica. "Fiz a capoeira regional. Enquanto estudava e praticava a de Angola, fui inventando e aperfeiçoando novos golpes. Em 1928, eu criei a regional, que é o batuque misturado com a Angola com mais golpes, uma verdadeira luta, boa para o corpo e para a mente." As inovações introduzidas por mestre Bimba foram consideradas por alguns como uma descaracterização das tradições da luta. Os capoeiristas da época se dividiram. Alguns consideravam as mudanças muito radicais. A discussão sobre o que seja a "verdadeira capoeira" e que mudanças poderiam ser feitas sem comprometer sua autenticidade original continua. A realidade é que as inovações aportadas por mestre Bimba restauraram o perdido interesse pela capoeira, levando à sistematização de suas ideias e à formulação de seu método de ensino, em torno dos cinquenta e dois golpes que compõem a regional. Discussões à margem, a aprovação do público foi imediata. O nome de mestre Bimba, sempre presente na mídia, conquistou o Brasil, graças à aceitação generalizada de sua criação.

Mestre Bimba criou a sequência, um conjunto de oito movimentos previsíveis, à guisa de golpes, cuja ordem de execução deve ser seguida, rigorosamente, de modo a permitir ao oponente livrar-se e contra-atacar, perfazendo no seu conjunto, até o último, a saída, um bailado que encanta pela graça da ginga, dos simulacros de ataques e defesas magistrais. Quando o aluno passa a dominar a sequência, submete-se à breve solenidade do batismo, em que um aluno já formado, chamado de padrinho, faz a sequência com o afilhado. A sequência é composta de meia-lua, martelo, defesa negativa, bênção, gancho, armada, aú, rasteira e saída. Outros dos golpes mais conhecidos são pontapé, joelhada, rabo de arraia, cabeçada, balão, queixada, meia-lua de compasso, godeme e boca de calça. Desse momento esportivo, costumam nascer amizades duradouras como a que une, desde 1962, o autor ao seu padrinho Lourenço Mueller, doutor em urbanismo. Do casamento do meu filho Jô com sua filha Gabriela nasceram os gêmeos Maria Eduarda e Daniel, Duda e Dan, nossos amados netos.

Mestre Bimba introduziu, também, a formatura, solenidade festiva, com eventual direito a medalha de honra ao mérito, realizada uma ou duas vezes ao ano. A compenetração e o júbilo dos novos formandos, não raro, rivalizavam com a alegria sentida pelos que concluiriam o curso universitário. Depois de formado, o aluno ainda poderia especializar-se, passando ao curso de armas até chegar a mestre. A cada nível correspondia uma cor: os graduados ganhavam um lenço de seda azul; os especializados recebiam o lenço vermelho; os que cursaram armas, o amarelo, e o mestre recebia o lenço branco. Explica-se a seda pela sua propriedade de fazer deslizar a lâmina da navalha, embotando-a, quando lançada sobre a parte protegida com o lenço. A introdução da violência no jogo da capoeira levantou pesadas críticas a mestre Bimba, acusado por alguns de embranquecer a luta, contra o pensamento de outros, como o doutorando Jaime Sodré, que sustentam que, na realidade, ele "enegreceu o branco".

O alvará de 9/7/1930 autorizou o funcionamento de sua Academia, a primeira da história desse jogo-dança-luta, aberta em 1932 com o nome de Centro de Cultura Física e Regional, que não parou de ascender no panorama das artes marciais. Em 1939, Bimba foi convidado a dar aulas no CPOR – Centro de Preparação de Oficiais da Reserva. Sua segunda Academia seria inaugurada em 1942. Aos poucos, vai se apresentando em diferentes pontos do país. Excelente lutador, seu foco na luta como instrumento educacional foi de grande valia para tirar a capoeira da marginalidade. As regras a serem observadas pelos capoeiras, incluíam: não beber, e não fumar, porque a bebida e o fumo afetam o desempenho e a consciência do capoeira; evitar demonstrações de todas as técnicas, porque a surpresa é a principal arma da luta; praticar os fundamentos todos os dias; não dispersar durante as aulas; manter o corpo relaxado e o mais próximo possível do adversário; sempre tirar boas notas na escola.

Em 1949, Bimba foi a São Paulo com seus alunos e realizou uma série de exibições com lutadores de outras modalidades.

Alto, forte, carismático, o ex-estivador, mestre Bimba, se dava a regalias muçulmanas em matéria de mulher, chegando a ter quatro, simultaneamente, todas cientes entre si. Seu modo de ver a capoeira diferia do de mestre Pastinha. Ele agregou à capoeira golpes mais altos, mais ágeis e mais contundentes. A capoeira, em sua visão, era uma luta com grande poder defensivo e ofensivo, conquanto preservasse no plano ideológico o argumento de que só devesse ser usada como meio de defesa, restringindo-se o ataque para situações dotadas de motivação nobre ou legítima. Apesar de desaconselhar brigas, que considerava "coisa de otário", advertia continuamente sobre a manutenção de um estado de alerta contra potenciais inimigos, de modo a evitar surpresas. Para sair dessas situações, concebeu a "emboscada". Exímio lutador, detestava provocações e desordens. Era dono de surpreendente inteligência que revelou no modo como inovou o jogo, bem como na invariável postura de educador, sempre disposto a dar conselhos, recheando-os com lições e ditos da sabedoria popular, a começar pelos doze filhos cuja educação acompanhava com interesse. Nalvinha, uma das filhas, lembra que "a melhor recordação que tenho é da nossa infância, quando chegava do trabalho e brincava com a gente", enquanto o filho Manoel Nascimento Machado, o mestre Nenel, diz que "Guardo a lembrança de um pai muito carinhoso".

Antes de mudar-se para Goiânia, cedendo ao convite do aluno Oswaldo Souza, mestre Bimba vendeu sua Academia ao mais famoso dos seus discípulos, o mestre Vermelho 27, ruivo, funcionário da Petrobras, sob o verdadeiro nome de José Carlos Andrade Bittencourt, apaixonado por capoeira. O 27 foi acrescido ao nome de guerra Vermelho, para distingui-lo de um xará, capoeirista de Angola. Para dar continuidade ao trabalho do mestre, Vermelho contou com a colaboração de vários capoeiras, entre os quais mestre Boa Gente, Ferro Velho, Vermelho Boxel, mestre Bahia e mestre Bando. Outros capoeiristas vieram se somar ao esforço para evitar o fechamento da Academia, como Itapoan, Saci e Carlos Sena. Mestre Vermelho viria a falecer a 18 de maio de 1996, aos 60 anos, por insuficiência respiratória. Também antes de partir, Bimba formou sua última turma, chamada formatura do adeus. Deixou a Bahia dizendo: "Não voltarei mais aqui, nunca fui lembrado pelos poderes públicos; se não gozar nada em Goiânia, vou gozar do cemitério." Uma vez em Goiânia, logo percebeu o erro da mudança. Goiânia não correspondeu às suas expectativas. Na Bahia, pelo menos, tinha família e amigos. Não querendo dar aos adversários o gosto de vê-lo retornar com "o rabo entre as pernas", decidiu ficar. Ainda veio duas vezes a Salvador, a passeio, dizendo aos amigos que estava tudo bem. A esposa Nair confessou, à época: "Ele foi enganado. Não volta porque é orgulhoso." A 5 de fevereiro de 1974, mestre Bimba sucumbiu à grande e definitiva emboscada, contra a qual não há defesa possível. Como os seus ancestrais, arrancados à força dos seus pagos para a escravidão nas Américas, morreu de banzo. Transladar os restos mortais de Goiânia para Salvador foi difícil, mas os seus alunos achavam que o lugar dele era a Bahia: "Ídolo não se pertence, pertence ao seu público." Em 1978, operou-se o traslado.

Bimba e Pastinha são considerados os maiores nomes da história da capoeira em todo o mundo.

O universo da capoeira é porta aberta para a diversidade. Símbolo e um dos elementos mais fortes da cultura afro-brasileira, a capoeira permeia, desde há muito, todos os segmentos sociais, econômicos, étnicos e religiosos. Ainda que não haja qualquer registro que possa assegurar que a capoeira veio da África, é inegável que ela nasceu da interação de escravos procedentes de vários países e línguas do continente negro, antes rivais, entre si, que se caldearam, formando uma sinérgica cultura africana no Brasil, numa convergência imposta pela escravidão. Por volta de 1538, foram trazidos para a Bahia os primeiros escravos africanos, a maior parte de Angola, Benguela e Luanda, sendo que o mais antigo documento a respeito é a carta de Duarte Coelho a D. João III, de 1542, na qual solicita o envio de mais escravos.

Em Angola, os negros lutavam com cabeçadas e pontapés na denominada "luta das zebras", meio de disputar as meninas das suas tribos para torná-las suas esposas.

Sem armas, recorriam às danças guerreiras como meio de luta. A capoeira teria nascido, assim, da necessidade de preservar a vida, pela utilização dos golpes usados pelos animais em suas lutas, como o coice, a marrada e o bote – o golpe súbito e inesperado, apanhando o inimigo de surpresa. A mescla com brincadeiras e rituais adviria da observação das cerimônias tradicionais. Da utilização dos espaços abertos nas matas – capoeiras –, para praticar o jogo, veio o nome famoso.

Incontestável é que a capoeira foi desenvolvida por escravos no Brasil, sendo, portanto, genuinamente brasileira. Os registros mais antigos datam o aparecimento da capoeira entre os anos de 1578 e 1632, forjada como instrumento de libertação do guante opressor dos senhores de escravos, sendo, por isso, contemporânea dos primeiros quilombos. Só como concessão ideológica pode-se aceitar que o Quilombo dos Palmares, que reuniu entre 25 e 50 mil pessoas, e foi desestruturado em 1694, tenha sido o berço da capoeira. O que parece certo é que o Quilombo dos Palmares foi o local onde os negros mais praticaram a capoeira no século XVII. A capoeira seria um meio de os negros fortalecerem seus vínculos e transmitirem sua cultura, já que, frequentemente, eram originários de países diversos e falando diferentes línguas, prática comum aos senhores de escravos, como meio de reduzir o risco de rebeliões. Mesmo os que ainda eram escravos nas lavouras de cana-de-açúcar, praticavam a capoeira nas senzalas, às escondidas. Para não levantar suspeitas, eles uniram os movimentos à música, fingindo que estavam dançando.

A proximidade das grandes cidades de Salvador, Rio ou Recife, porém, permitiu que aquela inocente brincadeira original evoluísse para a elegante arte marcial em que veio a se constituir, conforme defende o escritor Waldeloir Rego, em seu clássico ensaio etnográfico-sociológico sobre o assunto: "Sem dúvida, ela nasceu no meio rural, com a luta pela liberdade, porém, a malícia é urbana." Só não é possível afirmar, com segurança, se a capoeira teve início em Salvador ou no Rio de Janeiro, ou, o que é provável, se ocorreu, simultaneamente, nas duas cidades, concorrendo, ainda, para tal, a cidade do Recife.

Segundo o historiador Carlos Eugênio Líbano Soares, os vinte e três anos compreendidos entre a chegada da família real, em 1808, e a abdicação de Pedro I, em 1831, foram marcados por dezenas de revoluções dos negros, movimentos que integraram o que se denominou o "terror da capoeira", em Salvador, sobretudo, no Rio. Nesse período surgiram alguns capoeiras famosos. Em reação, o intendente geral de polícia do Rio baixou portaria, em março de 1826, punindo com prisão e cem açoites quem fosse apanhado jogando capoeira. Na outra ponta, registra-se a participação de capoeiras na luta pela conquista da Independência definitiva do Brasil, em território baiano, em 1823. Do mesmo modo, no Rio, em 1828, os capoeiras se destacaram na luta contra os batalhões de mercenários alemães e irlandeses que colocaram a população em pânico. Em janeiro de 1833, a Câmara Municipal de São Paulo baixou portaria punindo com prisão de três dias e multa de um a três mil réis quem praticasse a capoeira em lugar público. Se o infrator fosse cativo, seria preso por vinte e quatro horas e receberia de vinte e cinco a cinquenta açoites, sem pena pecuniária. A conhecida tela de Johan Moritz Rugendas, *Jogar capoeira ou danse de la guerre*, de 1835, é tida como o primeiro registro visual da capoeira. Nela, figuram dois negros em posição de luta e um terceiro, sentado, segura com as pernas um atabaque. Fazendo a roda, mulheres e homens negros assistem à luta.

Em 1809, foi criada a Guarda Real de Polícia, cuja direção foi confiada ao major Miguel Nunes Vidigal, célebre perseguidor dos capoeiristas, paradoxalmente, ele próprio um grande capoeirista, temido pela agilidade e força dos pontapés e cabeçadas, somando enorme habilidade no manuseio da faca e da navalha. As monumentais surras e suplícios que infligia aos capoeiras eram batizados por ele como "ceia dos camarões". Aí está um rico tema para estudo dos psicanalistas. Morreu em 1853 no posto de marechal de campo e Cavaleiro da Imperial Ordem do Cruzeiro. Certamente, o primeiro capoeirista a obter tão grande honraria. Trata-se do mesmo Major Vidigal, personagem do romance *Memórias de um sargento de milícias*, o conhecido clássico de Manoel Antônio de Almeida.

Com a abolição da escravatura, muitos escravos foram lançados ao desemprego nas grandes cidades. Os que sabiam jogar capoeira ganhavam alguns trocados, com exibições improvisadas nas praças públicas. Outros, porém, valeram-se dessa habilidade para roubar. Os delinquentes brancos aprenderam a luta como instrumento de "trabalho". A ação marginal desses bandos cresceu tanto que a prática da capoeira em praça pública mereceu tratamento no novo Código Penal de 1890, assim redigido:

"Art. 402 – Fazer nas ruas e praças públicas exercícios de agilidade e destreza corporal, conhecidos pela denominação capoeiragem; andar em carreiras, com armas ou instrumentos capazes de produzir lesão corporal, promovendo tumulto ou desordens, ameaçando pessoa certa ou incerta, ou incutindo temor de algum mal: Pena: De prisão celular de dois meses a seis meses.

Parágrafo Único – É considerada circunstância agravante pertencer o capoeira a alguma banda ou malta. Aos chefes se imporá pena em dobro.

Art. 403 – No caso de reincidência será aplicada ao capoeira, no grau máximo a pena do art. 400.

Parágrafo Único – Se for estrangeiro, será deportado depois de cumprida a pena.

Art. 404 – Se nesses exercícios de capoeiragem perpetrar homicídio, praticar alguma lesão corporal, ultrajar o pudor público e particular, perturbar a ordem, a tranquilidade ou segurança pública ou for encontrado com armas, incorrerá cumulativamente nas penas cominadas para tais crimes."

Para que se tenha ideia da conta em que eram tidos os capoeiras, da data da Proclamação da República, 15 de novembro de 1889, a 13 de janeiro de 1890, dois meses, portanto, foram presos, no Rio de Janeiro, cento e dez capoeiras, número que em termos relativos à população da época representaria um contingente de prisões muitas vezes superior à totalidade dos traficantes presos no Brasil, em 2010, inclusive durante o Tropa de Elite 3, em novembro, quando o Rio foi posto em chamas pela bandidagem inconformada com a subida aos morros das UPPs – Unidades de Polícia Pacificadora. Observe-se que, daquele total de capoeiristas, 32,7% eram brancos, 30% negros e 37,3% de outras etnias. À exceção de dois, todos tinham profissão definida, e 18,1% eram nascidos no exterior. As idades oscilavam entre 18 e 41 anos. Acrescente-se uma curiosidade anotada pela historiadora Marieta Borges Lins e Silva. Presos deportados para a ilha de Fernando de Noronha davam entrada na prisão com o nome propositadamente trocado, para, uma vez libertos, não terem ficha suja. Assim, João passava-se por Pedro. Quando vinha a ordem de soltura para João, o presídio não tinha como cumpri-la porque não havia nenhum João como prisioneiro. Supunha-se, então, que João morrera, fugira ou fora comido pelos tubarões. Pedro, por sua vez, como nunca foi julgado, não recebia alvará de soltura. Por isso, prisões temporárias se converteram, de fato, em perpétuas.

Como se sabe, ao estigmatizar a sua prática, a repressão inibiu, momentaneamente, o jogo da capoeira, que mergulhou, fingindo-se de morta, para emergir adiante, revigorada, e conquistar o mundo. Na realidade, não era a capoeira em si o alvo da danação, mas os seus praticantes de má conduta. A verdade é que, nem todo praticante de capoeira era malfeitor, conquanto todo malfeitor fosse capoeirista.

A capoeira não se confunde com o candomblé, não obstante os estreitos liames culturais com a religião africana. A mútua proteção, derivada da marginalização de ambos, constituiu um forte pacto de sobrevivência. Enquanto os capoeiristas davam proteção física aos terreiros de candomblé, os pais e mães de santo "fechavam o corpo" dos capoeiristas. O exemplo máximo desse "fechamento" é fornecido pelo legendário capoeirista Besouro Mangangá, protegido por forças sobrenaturais, personagem do filme premiado *Besouro*. Ainda hoje, cantam as rodas de capoeira: "Besouro Mangangá era homem de corpo fechado/Bala não matava e navalha não lhe feria/ Sentado ao pé da cruz enquanto a polícia o seguia/ desapareceu enquanto o tenente dizia/ cadê o Besouro/ cadê o Besouro/cadê o Besouro/ chamado cordão de ouro." O dentista e historiador Édio Souza, no livro de memórias *Com os pés no massapé*, de 2008, produziu sobre o saveirista Besouro, como ele nascido em Santo Amaro da Purificação, uma crônica antológica.

Mutá Imê, o mais alto sacerdote do Terreiro de Mutalambô ye Kaiongo, no bairro de Cajazeiras, em Salvador, acrescenta um argumento que evidencia essa aproximação entre a capoeira e o candomblé: "A forma como é feita a roda da capoeira, os cantos que, em muitos casos, falam de caboclos e o respeito à hierarquia são sinais dessa proximidade."

Discute-se muito acaloradamente a regulamentação da capoeira como esporte, em razão dos rigores formais para o seu ensino. Os que advogam a preservação da informalidade original temem que se passe a exigir diploma universitário em educação física, para o seu magistério, rompendo com a matriz, em prejuízo da espontaneidade do seu primitivismo, fonte maior do fascínio que exerce sobre as pessoas. A inclusão da capoeira como esporte olímpico submete-se à mesma polêmica. Conciliatoriamente, há os que defendem o concurso das duas modalidades, a formal e a informal, como ocorre com a prática do jornalismo.

O respeito ao próximo, o acolhimento e a camaradagem são lugares-comuns entre os capoeiristas. O paraplégico Luís Carlos Leite Elpídio, o contramestre Bucha, diz que "a capoeira iguala todo mundo". Desde quando, aos 11 anos, começou a jogar capoeira, nunca mais parou.

Hoje, aos 40 anos, continua dando aulas de capoeira, impressionando os que imaginavam ser este um esporte insusceptível de ser praticado por portadores de necessidades especiais. Os pequeninos que o frequentam imitam seus movimentos à perfeição, mesmo os que têm deficiência auditiva, que, estimulados, passam, até, a tocar instrumentos. A capoeira melhora o rendimento escolar dessas crianças com *handicap*, acelerando sua socialização, a autoestima e o desenvolvimento muscular.

Aristides Pupo Mercês, o mestre Aristides, ensina a essas crianças, desde que abriu sua Academia em Ondina, na cidade do Salvador, em 1972. Edilson Souza de Freitas, o professor Fumaça, criou na Espanha, onde mora desde 2005, a Associação de Capoeira Arte Brasileira, através da qual ensina a meninos portadores da síndrome de Down, vinculada à ONG Adfama, dedicada a crianças especiais. Começa brincando de roda, correr, agachar e estirar as pernas, usando bolas e música, antes de chegar aos movimentos requeridos pela capoeira. Também trabalha com jovens drogados, obtendo como resultado a recuperação da metade dos viciados. Diz ele que a capoeira desenvolve a "vontade de viver". O Grupo de Capoeira Regional Tempo, com Antônio Rodrigues Nogueira, o mestre Toni, trabalha com crianças carentes, que recebem aulas junto com crianças das classes mais ricas. "De uniforme, não há como perceber quem é quem", diz Hermes Viana, filho do mestre Toni. Segundo o historiador Frederico Abreu, desde o século XIX, brancos, incluindo nobres, delegados, artistas e estrangeiros, praticavam capoeira às escondidas. Um século depois, estudantes de medicina da Escola Médica do Terreiro de Jesus ajudaram a vencer o preconceito. O pai da namorada do estudante de medicina Otto Alencar, apelidado Mistério, mais tarde governador da Bahia, mandou a filha acabar com o namoro quando soube que ele jogava capoeira. O médico Eraldo Moura Costa, o Medicina, também seduzido pelo canto do berimbau, praticava de manhã e à noite. O pioneiro entre os médicos, apaixonadamente dedicados à capoeira, é Ângelo Augusto Decânio Filho, o mestre Decânio, autor do livro *A herança de Mestre Bimba*.

A lei 10.639/03 estabeleceu o ensino da História da África e Cultura Afro-Brasileira, modificada pela lei 11.645/08 para incluir a História e Cultura Indígenas. Em 2008, o IPHAN – Instituto do Patrimônio Histórico e Artístico Nacional reconheceu a capoeira como Patrimônio Imaterial da Cultura Brasileira.

A partir do pós-guerra, a capoeira não parou de crescer, tendo conquistado presença no cinema, no teatro, na música, na literatura, nas artes plásticas, em histórias em quadrinhos e na televisão. O filme *Besouro* fantasia as possibilidades mágicas da capoeira, como no premiadíssimo *O tigre e o dragão*. As mais antigas representações da capoeira datam de 1821, com o pintor alemão Johann Rugendas. Mais tarde vieram o francês Jean-Baptiste Debret e o inglês Augustus Earle. Nos primeiros tempos da fotografia, a documentação da capoeira era prejudicada pela ilegalidade de sua prática, o que levava os capoeiras a não permitir fotos por receio de serem apresentadas como prova do crime. De proibida no Brasil a ícone da cultura brasileira, presente na prática de vários povos do mundo ocidental, a capoeira fez uma longa viagem.

Depois de muitas discussões, na década de 1980, para fixar as origens da capoeira como africana ou brasileira, predominou o entendimento de que é o produto de um mosaico de danças originadas de vários países africanos, com diversas finalidades, como para celebrar a colheita ou convocar para a guerra. A capoeira pode ser vista como um toque de reunir da diáspora africana. Segundo o professor Carlos Eugênio Líbano Soares, doutor em história da UFBA e autor do livro *A capoeira escrava e outras tradições rebeldes no Rio de Janeiro, 1808-1850:* "A prática da capoeira é uma recombinação de várias práticas, algo que aconteceu seguidamente nas Américas e que é resultado de alianças interétnicas." Os escravos, oriundos dos diversos países africanos, aportavam, inicialmente, na capital do império luso, Salvador, antes de seguirem para o destino final, em outros estados brasileiros.

Do século XVIII datam os primeiros registros da prática de capoeira no Brasil, segundo Líbano, ainda que com características distintas do modo como hoje é praticada, sendo a ausência de acompanhamento musical a mais saliente delas. O que permanece é o seu caráter exclusivamente urbano, não tendo respaldo histórico a fantasiosa referência como arma de luta nos quilombos. Sua origem urbana, em Salvador, decorre da possibilidade de livrar-se rapidamente de um agressor nas ruas estreitas da cidade. A partir de meados do século XIX, até as primeiras décadas do XX, grupos de capoeiristas se reuniam formando as temidas "maltas" em diferentes áreas da cidade, não raro contratadas por políticos para instalarem a desordem nos arraiais dos adversários, desfazendo desfiles e reuniões políticas. O uso frequente dessas maltas pelos monarquistas contra os republicanos, nos últimos vinte anos do Império, explica a criminalização da prática da capoeira, em espaços públicos, pelo código penal de 1890, na sequência da proclamação. Desgraçadamente, o grande Ruy cometeu o monumental equívoco de mandar queimar toda a documentação existente sobre a escravatura, em 1890, quando era ministro da Fazenda do Marechal Deodoro. Com o gesto insensato, Ruy queria apagar da memória do Brasil a vergonha da escravidão.

A capoeira lúdica, esvaziada do seu caráter ofensivo, foi resgatada por Getúlio Vargas, no início da década de 1930, e erigida a símbolo nacional. Era um modo de Vargas alcançar o adensamento de sua popularidade entre as massas, como lembra o antropólogo Roberto Albergaria. Do ponto de vista legal, só em 1943, com o novo Código Penal, é que a capoeira, sem qualquer tipo de restrição, foi descriminada. Foi nesse momento que a benfazeja ação dos mestres Bimba e Pastinha se fez sentir, ao elevarem o status do ensino em suas Academias pela introdução de método e disciplina. Da Bahia, a capoeira se espraiou pelo Brasil antes de ganhar o mundo, sendo praticada em graus variáveis de intensidade em mais de cento e cinquenta países, em dezesseis dos quais de modo bastante estruturado, com Academias e professores e mestres independentes, pessoal profissionalizado, como esporte cada vez mais difundido e aceito. A mestra de capoeira, doutora em sociologia e diretora do Ceao — Centro de Estudos Afro-Orientais, da UFBA, Paula Barreto, explica, como causa desse dinamismo que: "Não é um projeto estatal, por exemplo, mas uma rede de relações que foi sendo tecida pelos próprios grupos através da formação de discípulos. Os mestres viajam porque há um discípulo que veio e aqui aprendeu a capoeira. O curioso, porém, é que nenhum deles se aventura sozinho. Há toda uma rede de solidariedade." Salienta o antropólogo Jocélio Teles dos Santos, coordenador do programa de pós-graduação em Estudos Étnicos e Africanos da UFBA, que, graças à reação dos grupos de capoeira, desfez-se a ameaça que impendia sobre o esporte de vir a ser apropriado pela burocracia oficial em sua pretensão de reduzi-la, não raro adulterando-a, a meros espetáculos turísticos. Protegida por ONGs e reconhecida como patrimônio imaterial do povo brasileiro pelo Sphan, a capoeira está salva.

Acredita-se que a utilização de instrumentos musicais na roda de capoeira tenha derivado do desejo de preservação da cultura nativa africana, induzindo o uso do canto como meio de animar a luta ou o jogo. "A música dita o clima que vai dominar na roda e é o contato com a ancestralidade", diz o mestre Moraes, Pedro Moraes Trindade, do Grupo de Capoeira Angola Pelourinho. Segundo o contramestre Bonito, o doutorando em história social Jaime Sodré, "O jogo era escondido e os instrumentos disfarçavam a prática da luta, dando a aparência de dança". Gradualmente, foram introduzidos o berimbau, o pandeiro, o atabaque, o reco-reco, o agogô e o caxixi. O berimbau, trazido pelos povos de língua banto, passou a ser o símbolo que comanda o ritmo do jogo. No livro *Viagem pitoresca e histórica ao Brasil*, de Jean-Baptiste Debret publicado no século XIX, e em uma gravura de Joachim C. Guillobel, o berimbau aparece sendo usado fora das rodas de capoeira, por um cego pedinte e por um vendedor ambulante. Enquanto a capoeira de Angola usa três variedades do berimbau, a regional usa, apenas, uma.

A partir da década de 1970, iniciou-se a participação feminina nas rodas de capoeira. As mulheres deveriam masculinizar-se para entrar, segundo a historiadora Rosângela Costa Araujo, mestra Janja, com mestrado e doutorado em capoeira, criadora, em 1995, do Instituto Nzinga de Estudos da Capoeira Angola e Tradições Educativas Banto do Brasil. "Uma se chamava Maria Doze Homens e outra Pau de Barraca para, de algum modo, deixarem de ser mulheres." A redução da violência, proposta por Pastinha, facilitou a participação das mulheres. A capoeira deixou de ser exclusividade dos valentões. Pastinha insistia que não se devia ensinar a capoeira de modo agressivo. Com efeito, a minoria feminina de praticantes e de mestres não para de crescer. Há registros da escassa presença da mulher em rodas de capoeira, em 1878. No início do século XX, destacaram-se as conhecidas Catu, Rosa Palmeirão, Angélica Endiabrada, Chicão e Salomé. O comediógrafo e jornalista Plácido de Abreu Morais (1857-1894), português de nascimento, bom capoeirista, escreveu em 1886 o romance *Os capoeiras*, em que apresenta, na abertura, um extenso glossário do jargão da capoeira, de gritante atualidade, não obstante decorridos mais de cento e vinte anos. Apesar do pioneirismo de Plácido de Abreu em escrever sobre capoeira, coube ao poeta e historiador Alexandre Mello Moraes Filho (1844-1919) a iniciativa de propor, com engenho e arte, o reconhecimento da capoeira como luta nacional. *O cortiço*, de Aluísio Azevedo, com o mulato Firmo como capoeira, só sairia em 1890. Machado de Assis e Sílvio Romero também falaram dos capoeiras.

Criadores como Pierre Verger, Carybé e Jorge Amado muito contribuíram com suas obras para a valorização da capoeira, bem como filmes como a *Grande Feira, Barravento* e *O pagador de promessas*. O cinema americano, como em *Resident Evil* e *Street Fight*, vem usando a capoeira, em razão de sua plasticidade. Na música, a capoeira aparece em grande estilo em "Domingo no Parque", de Gilberto Gil, no Festival de 1967, enquanto a canção "Lapinha", de Baden Powell, ganhou a I Bienal do Samba, de 1969. A letra falava de Besouro. Vinícius de Moraes, Ary Barroso, Carlinhos Brown e Caetano também se renderam à capoeira. Maria Bethânia, de parceria com Paulo César Pinheiro, produziu o CD *Capoeira de Besouro*, integrado pelas quatorze canções escritas para a peça

Besouro, Cordão de Ouro, vencedora do Prêmio Shell 2008. Na obra de Jorge Amado, os heroicos capoeiristas só são mortos pelas costas. Besouro foi eventrado enquanto dormia.

O calendário da luta pelo reconhecimento da capoeira como esporte ou luta nacional afro-brasileira remonta a 1907, com um trabalho de autoria desconhecida, assinado com as iniciais O. D. C., significando Ofereço, Dedico, Consagro, e intitulado Guia da Capoeira ou Ginástica Brasileira. Só em 1928, porém, Annibal Burlamaqui, apelidado Zuma, publicaria *Ginástica nacional − Capoeiragem − Metodizada e regrada*, resultado da primeira codificação desportiva da capoeira, impressionante, ainda hoje, pelos avanços e regras que aportou, distinguindo a capoeira como luta e como ginástica. Segundo o livro, a área de competição seria um círculo com 2m de raio, e nele foram definidos os critérios de empate e desempate, o uniforme, a relação dos golpes e contragolpes, três dos quais de sua autoria, a posição base, a ginga, chegando aos exercícios de aquecimento dos contendores. Em verdade, Burlamaqui adaptou à capoeira as regras do boxe. Explica-se pela questão cronológica por que Annibal Burlamaqui, o Zuma, seja o patrono da capoeira desportiva. O Centro de Cultura Física e Capoeira Regional, do mestre Bimba, é de 1932, seguindo-se o registro oficial, em 1937. Em abril de 1941, Getúlio Vargas regulamentou as práticas esportivas, passando a capoeira, como luta, a integrar a Confederação Brasileira de Pugilismo, através do Departamento Nacional de Luta Brasileira. Data daí o primeiro reconhecimento da capoeira como prática esportiva. Em 1942, o Ministério da Marinha, por sua Divisão de Educação Física, conduziu um inquérito para identificar o melhor meio para elaborar um método de ensino da capoeira. O livro de Inezil Penna Marinho, *Subsídios para o estudo da metodologia do treinamento da capoeiragem*, muito influenciado pelo amigo Burlamaqui, a quem admirava, foi publicado em 1945. Em 1966, o oficial da Marinha Lamartine Pereira da Costa, diplomado em educação física e instrutor chefe de educação física da sua arma, publica o clássico *Capoeiragem − A arte da defesa pessoal brasileira*. Em 1968, vem a lume o livro de Waldeloir Costa Rego, *Capoeira Angola-Ensaio socio-*

etnográfico, considerado um dos mais importantes na matéria. Em 1º de janeiro de 1973, entra em vigor o Regulamento Técnico da Capoeira, oficializando-a como esporte nacional brasileiro, seguindo-se o registro de várias associações de capoeira em São Paulo, no Rio, na Bahia, no Paraná, em Minas e Sergipe. Em 20 de julho de 1984, fundou-se a FCERJ – Federação de Capoeira do Estado do Rio de Janeiro. A Linc – Liga Niteroiense de Capoeira foi fundada em 21 de abril de 1989 e a CBC – Confederação Brasileira de Capoeira, em outubro de 1992. Em 13 de maio de 1995, foi fundada a FCDRJ – Federação de Capoeira Desportiva do Estado do Rio de Janeiro, seguida da Liga Carioca de Capoeira. Como consequência de toda essa regulamentação, surgiram as profissões de árbitro, técnico, preparador físico, massagista, chefe de delegação, ritmista e mesário.

A lista dos trabalhos sobre capoeira, incluindo dissertações e teses acadêmicas, é quilométrica. Em graus variados, a arte negra é praticada em quase todos os municípios brasileiros e em cerca de cento e cinquenta países. A leveza e beleza coreográfica da capoeira são insuperáveis, e teve razão Getúlio Vargas ao reconhecer, na década de 1930, que a capoeira era o único esporte verdadeiramente nacional. Seria preciso dizer mais, para justificar as presenças dos mestres Pastinha e Bimba entre as cinquenta personalidades mais marcantes do Brasil?

Acresça-se, que do mesmo modo que a música e a dança, o brasileiro herdou dos africanos um bamboleante movimento do corpo que alcança sua expressão máxima na ginga da capoeira. A realização das Olimpíadas no Brasil, em 2016, representa oportunidade única para a inclusão da capoeira na categoria de esporte olímpico.

BIBLIOGRAFIA

Ângelo Augusto Decânio Filho. *A herança de Mestre Bimba*, 1997.
A Tarde, edição de 20 de novembro de 2010.

CARLOS EUGÊNIO LÍBANO SOARES. *A capoeira escrava e outras tradições rebeldes no Rio de Janeiro, 1808-1850,* 2002.
HÉLIO CAMPOS. *Capoeira na Universidade: uma trajetória de resistência,* 2001.
LAMARTINE PEREIRA DA COSTA. *Capoeiragem,* 1966.
NESTOR CAPOEIRA. *Capoeira: pequeno manual do jogador,* 2006.
WALDELOIR REGO. *Capoeira Angola,* 1968.

PONTES DE MIRANDA
(1892-1979)

O ADVOGADO, JURISTA, PROFESSOR, ENSAÍSTA, FILÓSOFO, FÍSICO, MATEMÁtico, sociólogo, psicólogo, jornalista, magistrado, poeta, linguista, poliglota e diplomata Francisco Cavalcanti Pontes de Miranda nasceu em Maceió, a 23 de abril de 1892, e morreu no Rio de Janeiro, a 22 de dezembro de 1979, aos 87 anos e 8 meses. A infância passou-a no Engenho do Mutange, de propriedade da família. Aos 12 anos, já escrevia poesias para um jornal de Maceió. Graças à influência de uma tia, declinou do estudo da matemática, para a qual revelava acentuado pendor, para estudar direito. Ao bacharelar-se pela Faculdade de Direito do Recife, em 1911, aos 19 anos, recebeu elogios de Ruy Barbosa pelo *Ensaio de psicologia jurídica*. Foi premiado duas vezes pela Academia Brasileira de Letras pelas obras *A sabedoria dos instintos,* em 1921, e *Introdução à sociologia geral,* 1925, com o prêmio Láurea de Erudição. A mesma Academia que tão cedo o consagrou, feriu-o, profundamente, em duas ocasiões. A primeira foi em 1926, aos 34 anos de idade, quando perdeu a disputa pela cadeira 33 – vaga com a morte de Domício da Gama –, para o grande médico obstetra Fernando Augusto Ribeiro Magalhães, autor de importantes obras no campo da medicina. A segunda, em 1977, quando, para sua má sorte, a concorrente era Rachel de Queirós para ocupar a cadeira nº 5, vaga com a morte de Cândido Mota Filho. Naquele momento, a pressão para que mulheres pudessem pertencer à Academia era muito forte. Não deu outra. Deu Rachel de Queirós.

A obra que o projetou nacionalmente, como jurista, foi *O sistema de ciência positiva do direito*, de 1922, inicialmente, em dois volumes, nas primeiras edições, e, em quatro, nas últimas. Reconhecida como de grande valor jusfilosófico, muitos a consideram a mais importante obra de Pontes de Miranda, publicada por ocasião das festas do 1º centenário da Independência, quando ele tinha, apenas, 30 anos. Nela, Pontes desenvolveu sua teoria dos círculos sociais. Segundo ele, a diferença entre as leis físicas e as leis jurídicas é, apenas, de grau, não se esgotando a ciência do direito nas evidências empíricas das civilizações. O método histórico não é o único de que se vale, nem os valores jurídicos esgotam seu objeto. Para ele, a ciência jurídica é também ciência da natureza, ao estudar realidades físico-psíquicas, forças sociais e processos biológicos da vida em comum.

No prefácio, escreveu o autor:

> Ao Brasil, na comemoração do centenário de sua independência política, este tributo de dez anos de esforço e de sacrifício que até então lhe pôde dar o mais humilde dos seus filhos, empenhado em conciliar o amor da pátria com o amor da humanidade e movido pelo intuito de concorrer para que se lhe guiem os destinos no sentido das leis sociais e das verdades científicas.

Da bibliografia consultada, constam 1.618 fontes. A obra teve grande repercussão, dentro e fora do Brasil. No banquete de lançamento, Clóvis Beviláqua, o consagrado autor do Código Civil, já aos 63 anos, declarou que Pontes de Miranda era "um verdadeiro mestre do direito". Cartas laudatórias foram enviadas por autores como o alemão Ernest Zitelmann e Roscoe Pound, da Universidade de Harvard. Do físico-matemático Joseph Petzoldt, precursor de Einstein, Pontes de Miranda recebeu uma longa carta, contendo o seguinte trecho:

Destes-me grande alegria ao receber vossa obra assombrosa. Expresso-vos, por isso, o meu mais profundo agradecimento. Estou surpreso, não só de haverdes perlustrado a extraordinária abundância da literatura científica dos domínios mais diferentes, como também difíceis, como o da teoria da relatividade, e fico muito contente de poder manifestar-vos toda minha maior simpatia pelo que concerne ao vosso ponto de vista biológico. Mui particularmente, estou de acordo com terdes feito fundamento da vossa teoria o princípio da determinação única (*Eindeutigkeit*) e da estabilidade.

O seu *Tratado de Direito Privado*, concluído em 1970, com 30 mil páginas, distribuídas em sessenta volumes, é a mais extensa obra do gênero já escrita em qualquer parte do mundo, em qualquer tempo. De sua obra monumental, compreensiva de 144 volumes, nada menos de 128 são vinculadas ao direito, campo em que foi no Brasil, com muitos corpos à frente do segundo colocado, o mais destacado cultor. Suas obras inaugurais, *À margem do direito*, de 1912, e *A moral do futuro*, de 1913, publicadas quando ele tinha 20 e 21 anos, respectivamente, foram elogiadas por Clóvis Beviláqua, Ruy Barbosa e pelo crítico literário José Veríssimo.

Professor honorário de algumas das mais importantes universidades do país, ele foi também desembargador do antigo Tribunal de Apelação do Distrito Federal, e embaixador do Brasil na Colômbia.

Sua obra, pela excepcional riqueza, contribuiu de modo inegável para colocar o Brasil no contexto universal do pensamento jurídico. A filosofia, a sociologia e a lógica foram instrumentos de que se valeu para alargar o campo de influência do direito. Declaradamente aberto à influência alemã, introduziu novas concepções e novos métodos na abordagem do direito no Brasil, na Teoria Geral do Direito, no Direito Constitucional, no Direito Civil, no Direito Internacional Privado, no Direito Comercial, no Direito Processual Civil e na Filosofia do Direito. Explica-se por que continua a ser, décadas depois de sua morte, o jurista mais citado do Brasil, como doutrinador ou parecerista, tanto por advogados quanto por juízes, na fundamentação dos seus argumentos de competência ou de autoridade. Sua vasta biblioteca e fichários, com mais de 100 mil títulos, passaram a integrar o acervo do Supremo Tribunal Federal. Desde a década de 1990, pouco mais de 10 anos decorridos de sua morte, suas obras vêm sendo objeto de atualização por várias editoras.

Essa figura exponencial de nossa intelectualidade só conseguiu ingressar na Academia Brasileira de Letras nove meses antes de morrer, obtendo vinte votos, contra dezesseis dados à escritora paulista Dinah Silveira de Queirós, na disputa pela cadeira nº 7, que tem Castro Alves como patrono e ocupantes Valentim Magalhães, Euclides da Cunha, Afrânio Peixoto, Afonso Pena e seu antecessor imediato, o baiano Hermes Lima. Dinah viria a ser sua sucessora. Ao elegê-lo, a Academia saltou uma fogueira. Seria difícil explicar à posteridade que um nome como o seu não a tivesse integrado. Além de ser o jurista mais completo do país, Pontes de Miranda criou e ressuscitou palavras e expressões sepultas como "membridade", "denúncia cheia" e "denúncia vazia".

Pontes era poliglota. Além do inglês, francês, alemão, espanhol e italiano, lia grego e latim. Em 1924, foi juiz de órfãos e desembargador do Tribunal de Apelação e presidente das Câmaras de Apelação até 1939. Foi também ministro plenipotenciário de 1ª classe. Participou de dezenas de comitês e comissões regulatórias, dentro e fora do Brasil, proferiu centenas de conferências, emitiu incontáveis pareceres jurídicos, e foi professor *honoris causa* de várias instituições de ensino, no Brasil e no exterior. Foi embaixador em Bogotá, em 1940-1941. Chefiou a Delegação do Governo Brasileiro à XXVI Conferência Internacional do Trabalho, em Nova York, em 1941. Representou o Brasil em congressos jurídicos no exterior. Recebeu prêmios e várias comendas de nações estrangeiras pela sua notabilidade jurídica. Integrou Academias de Letras e Jurídicas, a mais de institutos de advogados de vários estados.

Além de consagrado humanista, Pontes de Miranda empenhava-se por ampliar o conhecimento básico que possuía de cada uma das diferentes ciências. Entre os nomes que integraram o universo dos seus seguidores, destaca-se Djacir Menezes, autor, em 1934, da obra *A teoria científica do direito de Pontes de Miranda*, que teve ampla repercussão, tendo sido traduzida para o espanhol. Ralph Waldo Emerson, Nietzsche e Henri Bergson foram os pensadores que mais influíram na formação intelectual de sua juventude. De Emerson herdou o individualismo moral. De Bergson herdou a epistemologia baseada na consciência das conexões existentes entre a vida orgânica, social e psíquica, como deixou evidente em suas obras *A sabedoria dos instintos* e *A sabedoria da inteligência*, de 1923. Para ele, a filosofia deve servir como instrumento de libertação do homem e de passaporte para a conquista da felicidade, através da serenidade de espírito conquistada pelo domínio sobre si mesmo. De Nietzsche recebeu o estímulo para perseguir o conhecimento verdadeiro que subjaz às verdades aparentes expressas na arrogante presunção das pseudoverdades. A introdução, no Brasil, do neopositivismo resultou dos questionamentos que levantou relativamente ao realismo e ao idealismo. Quando Einstein esteve no Brasil, em 1925, Pontes de Miranda, que com ele mantinha correspondência, se encontrava entre os poucos brasileiros – quatro ou cinco –, que compreendiam a Teoria da Relatividade, como demonstrara num artigo intitulado "Espaço-Tempo-Matéria", em coautoria com Manuel Amoroso Costa, apresentado, no ano anterior, num Congresso Internacional de Filosofia, realizado em Nápoles. O físico Caparelli, da Universidade de Pisa, atesta que Einstein não se convenceu dos argumentos de Pontes de Miranda relativamente às implicações metafísicas da Teoria da Relatividade.

O Pontes de Miranda sociólogo procurava ser inteiramente fiel aos princípios da objetividade científica reclamados pela neutralidade axiológica. O livro *À margem da História da República*, de 1924, organizado por Vicente Licínio Cardoso, coloca Pontes Miranda ao lado dos maiores sociólogos do Brasil, como Oliveira Vianna e Alceu Amoroso Lima. A sua obra, *Introdução à sociologia geral*, premiada, em 1924, pela Academia Brasileira de Letras, chama a atenção pela autonomia conceptual com que foi escrita. Pioneiramente, leciona:

O sociólogo vê, observa e procura a visão mais objetiva, que lhe seja possível, das coisas da vida. Não se instala no interior das correntes, nem dos fatos, não participa deles, não os vive. Certamente, como homem, os fatos sociais também nele se passam, mas isso não impede a objetividade da exploração, não o obriga a versões subjetivas dos acontecimentos. Como cientista, nenhum dos contemporâneos que se colocam dentro dos movimentos pode dizer que ele é um deles, se bem que seja movimento social a própria propagação dos estudos psicológicos. Posto que cada vez mais se consiga em tal caminho de objetivismo, nenhuma escola sociológica apresenta as precauções e o método que se reivindicam para a orientação dada à nossa obra.

O estudo que fez em *História e prática do* habeas corpus é pioneiro em abordar esse instituto na ótica do Direito Comparado. Seu apego aos valores da liberdade levou-o a recusar o convite de Getúlio Vargas para representar o Brasil como embaixador na Alemanha nazista. Segundo pensava, o Estado perde a razão de ser quando se afasta das liberdades democráticas em função da qual ganha legitimidade e autoridade. O próprio capitalismo perderia a legitimidade ao transigir em questões de liberdade. Evidentemente, esse modo de pensar era condicionado pelo empenho das consciências livres, mundo afora, em resistir ao avanço liberticida de Hitler. Para se manterem de pé – sustentava Pontes –, os pilares da liberdade dependem da segurança constitucional de cinco direitos fundamentais: direito à subsistência, direito ao trabalho, direito à educação, direito à assistência e o direito de alimentar um ideal, como expôs no livro de 1933 *Os novos direitos do homem*. Seguindo esse preceito, o Estado se orientaria para o socialismo de um modo que prescinde de qualquer movimento catastrofista. Fora desse rumo, a revolução seria inevitável. Uma República, para ser estável, deveria ser socialista, e não apenas um sistema político que tivesse no seu seio, dentre outros, um partido socialista.

Pontes de Miranda era, a um só tempo, epicurista e hedonista. Os prazeres mundanos foram um componente essencial de sua longa e fecunda existência: as recepções festivas, o convívio social com pessoas elegantes, poderosas, bonitas e cultas, a mesa farta, o bom vinho, a culinária requintada ou a mais simples, de boa qualidade. Foi assíduo frequentador da boate Hipopotamus e do Clube Caiçaras, à margem da Lagoa Rodrigo de Feitas, no Rio de Janeiro. Apreciava a boa música, da popular à erudita. Nele, pensamento e conduta se fundiam num rico amálgama existencial. O método, a disciplina e uma acentuada noção de prioridade tornaram legendária sua produtividade, bem como sua intolerância com os impontuais. Cultivava a sabedoria sobre a erudição. Bibliófilo, deliciava-se entre os livros e todos os símbolos do saber. Sua casa era um museu de medalhas e condecorações. Uma das últimas homenagens que recebeu foi a medalha Andrés Bello – cunhada em nome do poeta, filósofo, estadista e jurista venezuelano, considerado o primeiro humanista da América –, das mãos do presidente da Venezuela Carlos Andrés Pérez, quando de sua visita ao Brasil, em novembro de 1977.

Ao morrer, de infarto do miocárdio, às 7:30 do dia 22 de dezembro de 1979, deixou viúva a sra. Amnéris, cinco filhas, seis netos e uma bisneta. Sobre a morte, Pontes de Miranda deixou a seguinte reflexão:

> A morte cria outras grandezas,
> porque a morte não faz iguais – desfaz.
> Não nivela – destrói.
> Todos deixam de ser,
> e ainda assim (suprema ironia),
> nem todos deixam de ser a mesma coisa;
> uns deixam de ser grandes – outros, pequenos.

Vale a pena conhecer os títulos das obras deste que foi, sem dúvida, o mais profuso produtor de livros jurídicos em todos os tempos:

1. *A ação rescisória contra as sentenças*
2. *A ação rescisória*
3. *À margem do direito: ensaios de psicologia jurídica*

4. *A moral do futuro*

5. *A sabedoria da inteligência: teses e antíteses*

6. *A sabedoria dos instintos*

7. *Anarquismo, comunismo, socialismo*

8. *Ao rés da vida*

9. *Begriff Des Wertes Und Soziale Anpassung (Conceito de valor e adaptação social)*

10. *Betrachtungen, Moderne Welt (Reflexões, mundo moderno)*

11. *Brasilien, Rechtsvergleichendes Handwörterbuch, Herausgegeben Von Dr. Franz Schlegelberger (Pequeno manual de Direito Comparado publicado pelo doutor Franz Schlegelperger)*

12. *Centro de inércia e valores sociais de estabilidade*

13. *Ciência do direito*

14. *Comentários à Constituição da República dos Estados Unidos do Brasil*

15. *Comentários à Constituição de 10 de novembro de 1937, 3 vols.*

16. *Comentários à Constituição de 1946*

17. *Comentários à Constituição de 1967 / Comentários à Constituição de 1967 com a Emenda nº 1 de 1969*

18. *Comentários ao Código de Processo Civil*

19. *Conceito e importância da* Unitas Actus *no direito brasileiro*

20. *Condições exigidas a uma boa teoria do tetemismo*

21. *Da promessa de recompensa*

22. *Das obrigações por atos ilícitos*

23. *Democracia, liberdade, igualdade*

24. *Dez anos de pareceres*

25. *Die Zivilgesetze Der Gegenwart (As leis civis da atualidade)*

26. *Direito à assistência*

27. *Direito à educação*

28. *Direito à subsistência e direito ao trabalho*

29. *Direito cambiário*

30. *Direito Civil: exposição técnica e sistemática do Código Civil brasileiro*

31. *Direitos das obrigações*

32. *Direito de Família: exposição técnica e sistemática do Código Civil brasileiro*

33. *Direitos minerais sobre minas conhecidas antes de 1934*
34. *Dos títulos ao portador, Manual do Código Civil Brasileiro*
35. *Embargos, prejulgados e revista no Direito Processual Brasileiro*
36. *Epikure der Weisheit (Epicurismo da sabedoria)*
37. *Escala de valores de estabilidade*
38. *Estado da Guanabara: consequências jurídicas da mudança da capital da República para Brasília*
39. *Estudos sobre o Novo Código de Processo Civil*
40. *Fontes e evolução do direito brasileiro*
41. *Fontes e evolução do direito civil brasileiro*
42. *Garra, mão e dedo*
43. *História e prática do arresto ou embargo*
44. *História prática do* habeas corpus
45. *Inércia da matéria social no* Discours de la Méthode *de Descartes*
46. *Inscrição da estrela interior*
47. *Introdução à política científica ou os fundamentos da ciência positiva do direito*
48. *Introdução à sociologia geral*
49. *Kant e a cultura geral*
50. *La Conception du Droit International Privé d'Après la Doctrine et la Pratique au Brèsil*
51. *La Créantion et la Personnalité des Personnes Juridiques en Droit International*
52. *Locação de imóveis e prorrogação*
53. *Los Principios e Leyes de Simetria en Sociologia*
54. *Método de análise sociopsicológica*
55. *Nacionalidade de origem e naturalização no direito brasileiro*
56. *Natura Giuridica della Decisione di Incostituzionalità*
57. *Nota prévia sobre uma lei da evolução social*
58. *O acesso à cultura como direito de todos*
59. *O diálogo do livro e do desenho*
60. *O problema fundamental do conhecimento*
61. *O sábio e o artista*
62. *Obras literárias, prosa e poesia*

63. Os fundamentos atuais do Direito Constitucional
64. Os novos direitos do homem
65. Penetração, poemas
66. Poèmes et Chansons
67. Preliminares para a Revisão Constitucional, em À margem da História da República
68. Princípio da relatividade gnosiológica e objetiva
69. Questões forenses
70. Rechtsgefuhl und Begriff des Rechts (Sentimento e conceito de Direito)
71. Rechtssicherheit Und Innerliche Ordnung (Segurança jurídica e ordem interna)
72. Sistema de ciência positiva do direito
73. Sociologia estética
74. Subjektiismus Und Voluntarismus Im Recht (Subjetivismo e voluntarismo no Direito)
75. Teoria das provas e sua aplicação ao atos civis
76. Tratado das ações
77. Tratado de ação rescisória
78. Tratado de ação rescisória das sentenças e de outras decisões
79. Tratado de Direito Cambiário
80. Tratado de Direito de Família
81. Tratado de Direito Internacional Privado
82. Tratado de Direito Predial
83. Tratado de Direito Privado
84. Tratado dos testamentos
85. Uberwachung Der Banken, Auslandsrechdsrecht, Blätter Fur Industrie Ind Handel
86. Unidade e pluralidade de tutela
87. Unsymmetrie Und Liebespaar (Dissimetria e casal de amantes)
88. Utopia e realidade

ASSIS CHATEAUBRIAND
(1892-1968)

Francisco de Assis Chateaubriand Bandeira de Melo nasceu a 4 de outubro de 1892, em Umbuzeiro, na Paraíba, e morreu em São Paulo, a 4 de abril de 1968, tendo vivido exatos 75 anos e 6 meses. Personalidade poliédrica, destacou-se como empresário, jornalista, mecenas e político.

De gago, tímido e analfabeto, que vadiava sem peias pelo adusto sertão da Paraíba, Assis Chateaubriand transformou-se no magnata das comunicações e o segundo homem mais poderoso do Brasil entre o final dos anos de 1930 e começo dos anos de 1960. Independentemente das graves e frequentes acusações que sofreu como charlatão, picareta, chantagista e ladrão, é universal o reconhecimento do seu talento como empreendedor ousado, inovador, criativo. Foi notável o trabalho pioneiro que realizou para popularizar o transporte aéreo no Brasil. A criação do Masp, o maior museu do Hemisfério Sul, constitui a mais extraordinária saga individual em favor da cultura, em qualquer lugar e tempo. Graças ao seu arrojo e visão, e apoiado no poder de suas empresas, construiu o acervo do grande museu, comprando quadros em leilões, coleções particulares e galerias, inicialmente, com dinheiro da elite paulista e, ao final, com dinheiro público. Além disso, pugnou pelo desenvolvimento do turismo, pela erradicação do analfabetismo, contra a devastação das florestas, pelo desenvolvimento da cultura do algodão, de cafés finos, do açúcar, por melhor aproveitamento de nosso potencial hidrelétrico, pelo patrocínio da pesquisa científica, pela implantação de postos de puericultura, quinhentos dos quais ajudou a criar, pela abertura de museus. Apaixonado e bastante ligado às populações indígenas, visitava-as, amiúde, defendendo-as e dizendo-se delas descendente. Foi por isso que deu às suas emissoras de rádio e televisão nomes indígenas. Numa palavra: outras considerações à parte, Chateaubriand lutava pela valorização do Brasil.

Inegavelmente, a mais importante de suas conquistas foi o lançamento da televisão no Brasil. O poder da "máquina subversiva", como ele a chamava, fez de seu pioneirismo, em São Paulo, no Rio, e depois em todo o Brasil, a sua maior fonte de prestígio.

Tão logo alfabetizado, Chateaubriand se encantou pela leitura. Aos 13 anos perdeu o pai. Como desde a superação da gagueira, aprendeu a usar as dificuldades como trampolim, estreou aos 15 anos na *Gazeta do Norte*, daí passando a colaborar com o *Jornal Pequeno*, já estudante de direito, para ser advogado, como o pai, e com o *Diário de Pernambuco*, jornal em que, de arma em punho, passou uma noite sitiado pela multidão inconformada com a indesejada eleição, a bico de pena, do seu proprietário, Francisco de Assis Rosa e Silva. Aos 20 anos, foi promovido a redator-chefe do jornal que defendeu com unhas e dentes. Poucos anos depois de formado, mudou-se para o Rio de Janeiro, em 1917, começando por advogar contra o futuro presidente Epitácio Pessoa e a colaborar com o *Correio da Manhã*, passando, em seguida, para o *Jornal do Brasil*, rapidamente assumindo a chefia da redação.

Em 1920, deixa a chefia da redação do *JB* e vai para a Europa como correspondente do *La Nación*, de Buenos Aires. Em 1927, levanta junto a bancos, cafeicultores e industriais os recursos para fundar a revista *O Cruzeiro*, líder absoluta entre 1930 e 1960. Em 1929, adquire o jornal *O Estado de Minas*. Em fins de 1957, deixa o Senado para servir como embaixador na Inglaterra, lá permanecendo entre 1958 e 1960. Dotado de inegável talento como escritor, integrou a Academia Brasileira de Letras, ocupando a cadeira 37, vaga com a morte de Getúlio, em

1954. O grosso dos seus escritos encontra-se disperso em 11.870 artigos assinados. Em forma de livro, escreveu: *Em defesa de Oliveira Lima; Terra desumana; Um professor de energia, Pedro Lessa;* e *Alemanha, impressões de viagem.* "Em toda a minha vida, tenho sido apenas um repórter", dizia ele, com falsa modéstia.

Como magnata das comunicações, a abrangência territorial e populacional de suas empresas jornalísticas foi sem rival na América Latina. No auge de sua força, os Diários Associados de Chatô, como ficou conhecido, reuniram mais de cem unidades, incluindo trinta e quatro jornais, dezoito revistas, inclusive *O Cruzeiro* e *A Cigarra,* trinta e seis emissoras de rádio, dezoito estações de televisão e uma agência de notícias. Tão odiado quanto temido, era considerado o Cidadão Kane brasileiro, pelo poder e pelo descompromisso com os valores éticos, a ponto de chantagear pessoas físicas e jurídicas para alcançar seus propósitos, sobretudo para obter verbas publicitárias para seus veículos de comunicação. Seus inimigos diziam ser ele "um chantagista que agiu como um intruso no jogo de poder da classe dominante". O industrial Francisco Matarazzo Jr., à época, o maior empresário brasileiro, figura entre suas vítimas mais conspícuas. A aliança por vezes tumultuada que fez com Getúlio Vargas foi a plataforma de lançamento de suas vastas ambições. A verdade, porém, manda reconhecer que ninguém mais do que Chateaubriand merece ser reconhecido como o lançador das bases da moderna imprensa brasileira e da formação de uma cultura de massa.

Amante das artes, criou o Masp – Museu de Arte de São Paulo, em 1947. A partir da sensibilidade que revelou, ao ouvir os conselhos do italiano Pietro Maria Bardi, grande conhecedor de arte europeia, o Masp ganhou proporções superiores ao projeto original. O primeiro canal de TV do país, a TV Tupi, de São Paulo, foi por ele inaugurado em 1950. Entre 1952 e 1957, foi senador da República, representando, sucessivamente, a Paraíba e o Maranhão, em eleições rocambolescas.

Filho de Maria Carmem Guedes Gondim Bandeira de Melo e de Francisco José Bandeira de Melo, recebeu na pia batismal o nome de

Francisco de Assis, por haver nascido no dia do santo da devoção de sua mãe. O Chateaubriand adveio da ilimitada admiração que o pai nutria pelo autor de *O gênio do cristianismo*, o francês François-René de Chateaubriand. Muito antes do nascimento de Chatô, seu pai batizou uma escola que comprara em São João do Cariri com o nome do festejado poeta e pensador, daí advindo a alcunha de José do Chateaubriand, convertido, com o correr do tempo, em José Chateaubriand. Decidiu repassar aos filhos o sobrenome famoso.

Aos 25 anos, já no Rio de Janeiro, escreveu para o *Correio da Manhã*, o mesmo jornal que, três anos mais tarde, em 1920, publicaria as impressões de viagem que acabara de fazer à Europa.

Oficialmente, Chateaubriand casou-se apenas uma vez, com Maria Henriqueta Barroso do Amaral, com quem teve um filho, Fernando. Com duas outras mulheres, teve os filhos Gilberto e Teresa.

Aos 32 anos, assume a direção de *O Jornal*, "órgão líder dos Diários Associados", comprando-o, em seguida, com recursos alegadamente oriundos de honorários advocatícios, pagos por alguns barões do café. Na verdade, ele entrou com, apenas, 100 contos de réis e o seu amigo Alexander Mackenzie, superintendente da Light, sócio oculto, entrou com 5.700 contos. Em lugar de artigos anódinos, colocou reportagens vibrantes. A receita funcionou tão bem que logo novos títulos viriam se somar ao primeiro, a exemplo do *Diário de Pernambuco*, o mais antigo da América Latina, e do *Jornal do Comércio*, o mais antigo do Rio de Janeiro. Com a compra do *Diário da Noite*, em São Paulo, Chatô passou a liderar a mídia nas principais capitais do país. Mais do que um bom começo, era a consagração na metrópole do atarracado nordestino a quem a gagueira só permitiu alfabetizar-se depois dos 10 anos, graças à drástica iniciativa do talentoso avô, ao lhe prescrever, inspirado na experiência de Demóstenes, exitoso receituário heterodoxo.

Além do seu grande talento, o rápido sucesso de Chateaubriand se deveu a circunstâncias do momento sociopolítico brasileiro. O início de sua arrancada, na década de 1920, coincidiu com os estertores da

República Velha, construída à imagem e semelhança da elite agrária de São Paulo, acossada, então, pela emergente burguesia urbana, oriunda das regiões periféricas do Brasil, que teve em Vargas o seu vitorioso intérprete e timoneiro. A ascensão de Vargas ao poder, em 1930, marcou a diminuição da força do liberalismo, substituída por um aumento do intervencionismo estatal na vida econômica. Somando-se às oportunidades abertas pela crise de 1929, a Segunda Guerra Mundial ensejou um surto de desenvolvimento industrial urbano, promotor da transferência do poder econômico das áreas rurais para as grandes cidades.

Alinhado com a direção dos ventos políticos, Chateaubriand apoiou a Revolução de 30 e se fez, aos olhos da nação, o símbolo máximo da mobilidade social dos oriundos da planície. Em 1932, em consequência do apoio que deu à Revolução Constitucionalista de São Paulo, conheceu breve exílio. A vida inteira, impressionou a opinião pública com o alardeio do contraste entre sua origem modesta e as alturas que alcançou. "Sou filho dessa mesma hirta paisagem, donde meses e meses do ano a água e a verdura desertam", costumava dizer.

O pragmatismo de Chateaubriand, na conquista de suas metas, não respeitava limites. Quando queria agradar, atribuía ao diabo virtudes divinas. No outro extremo, a melhor das criaturas poderia ser convertida, de um dia para o outro, no gênio do mal. Quando Francisco Matarazzo, cansado de ser insultado pelos jornais de Chatô, ameaçou "resolver a questão à moda napolitana: '"pé no peito e navalha na garganta"', recebeu de volta: "Responderei com métodos paraibanos, usando a peixeira para cortar mais embaixo." Essa irreverência era uma marca registrada de sua personalidade. Quando, em 1965, o presidente Castelo Branco mandou-lhe um recado para não mais publicar manifestações contrárias a seu governo, respondeu da cadeira de rodas: "Diga ao presidente para não vir com conversa. Para dar ordens dentro dos Diários Associados, tem que assumir nossa folha de pagamento." Nem Ruy Barbosa, nem Rubem Braga, para ficarmos em dois RBs, escaparam do seu vilipêndio.

Sua personalidade contumeliosa se equilibrava entre a ofensa a uns e a lisonja a outros, tudo dentro de rigoroso cálculo de interesses. A facilidade com que iniciava uma contenda era a mesma com que se recompunha com o adversário de ontem, como aconteceu com o industrial Francisco Matarazzo de quem veio a tornar-se comensal e amigo do peito. Algumas das amizades que consolidou revelaram-se muito convenientes ao seu projeto de poder político e econômico, a exemplo de Alexander Mackenzie, presidente da São Paulo Tramway, Light and Power Company, poderoso truste canadense, do empresário americano Percival Farquhar e de Getúlio Vargas.

O voluntarismo de Chatô, muito apropriadamente cognominado o Rei do Brasil, na melhor de suas biografias, da lavra do escritor mineiro Fernando Morais, não tinha limites. Durante o Estado Novo, moveu céus e terra para ficar com a guarda da filha Teresa, que, por lei, cabia à mãe, de quem se separou. Convencido da legitimidade do sentimento segundo o qual "Se a lei é contra mim, vamos ter que mudar a lei", com a decidida colaboração do nosso maior penalista, Nelson Hungria, levou Getúlio a alterar a legislação vigente, por decreto, de modo a que pudesse ficar com a filha. Fato único na história do Brasil, como únicos foram os episódios de suas eleições para o Senado, uma pela Paraíba, em 1952, e a outra pelo Maranhão, em 1955.

Não obstante integrar a nova burguesia nacional, Assis Chateaubriand era francamente defensor da participação do capital estrangeiro em nosso desenvolvimento econômico, postura que lhe valeu os apodos de "entreguista" e "lacaio do imperialismo", pespegados pelo patrulhamento ideológico da esquerda. A vigorosa campanha que encetou contra a nascente Petrobras condenou-o, perante os nacionalistas, à danação eterna.

Do ponto de vista empresarial, Chateaubriand destacou-se pela atitude receptiva à modernização de tudo, inclusive dos Diários Associados. Foi o primeiro na América Latina a importar a máquina multicor, a rotativa mais moderna da época. A utilização dos serviços fotográficos da Wide World Photo, que ensejava a transmissão de fotos do exterior, com velocidade muito superior aos meios tradicionais, foi outra marcante inovação. Toda essa modernização repercutia favoravelmente sobre os anunciantes, particularmente, as empresas estrangeiras, conscientes da importância da veiculação dos seus produtos de modo a impactar o ânimo do consumidor. Essa percepção, tão cediça na sociedade de consumo em que vivemos hoje, era, na época, ousada novidade. Grandes empresas como a General Electric e a Toddy, em face desse diferencial oferecido, só anunciavam nos Associados e com grande assiduidade. Aproveitando a onda, Chateaubriand foi quebrando tabus, passando a anunciar produtos até então fora da mídia como cheques bancários, consultórios médicos e, para escândalo de muitos, o modess, absorvente feminino. Anúncios que hoje fazem parte do cotidiano da infância soariam aos ouvidos da pudicícia hipócrita da época, como obscenidade explícita.

A sensibilidade de Assis Chateaubriand para descobrir talentos tornou-se legendária. A galeria de jovens que começaram com ele e conquistaram renome no país, como líderes exponenciais em suas respectivas áreas, é verdadeiramente gigantesca. Cândido Portinari, Anita Malfatti, Millôr Fernandes, Di Cavalcanti, Graça Aranha e Carlos Lacerda são alguns desses nomes. Atento aos avanços dos meios eletrônicos de comunicação, Chatô foi gradualmente mudando a ênfase do seu interesse do jornal para o rádio e a televisão. Em 1950, cria, em São Paulo, em caráter pioneiro, a TV Tupi. Iniciativa que deixou o país de joelhos! Explica-se: o Brasil foi o 4º país a implantar televisão, atrás, apenas, dos Estados Unidos, Inglaterra e França. A técnica usada para levantar recursos foi a mesma de sempre: pediu a ajuda de grandes empresários e empresas, como os Pignatari, o Moinho Santista, a Companhia Antártica Paulista, a Sul América de Seguros. Chateaubriand reembolsava-os, no todo ou em parte, com espaço publicitário nos veículos de sua rede.

No dia da inauguração de Brasília, lança o jornal *Correio Braziliense* e a TV Brasília. O nome *Correio Braziliense* foi originalmente usado por

Hipólito José da Costa, pioneiro da imprensa entre nós, para editar, em Londres, um jornal com esse nome que era transportado de navio para o Brasil. O jornal circulou no Brasil e em Portugal, entre 1808 e 1822. Atolados em dívidas, coincidindo com o AVC que o vitimou, os jornais dos Diários Associados foram perdendo credibilidade ao substituírem reportagens por matérias pagas, sem outro critério que não o de satisfazer as urgentes necessidades de caixa. Esse declínio repercutiu direta e intensamente no plano de aquisições para enriquecimento do Masp.

A trombose que deixou Assis Chateaubriand tetraplégico, em 1960, não interrompeu sua atividade laboral, ainda que a fala tivesse sido reduzida a rudimentares balbucios, traduzidos por uma assistente que o acompanhava em seus frequentes deslocamentos, Brasil afora, para receber honrarias, visitar suas empresas ou proferir conferências, com a ajuda de terceiros. O ator Lima Duarte foi um deles. Uma máquina de datilografia adaptada a suas necessidades permitiu que escrevesse até às vésperas de morrer, o que veio a ocorrer em 1968. Pietro Maria Bardi, amigo e mentor em assuntos de arte, explicou, com espírito, a razão de encontrar-se o corpo de Chatô, na sala do velório, entre duas grandes pinturas: um cardeal de Velazquez e um nu de Renoir. Segundo ele, as telas simbolizavam as três coisas que Chatô mais amou na vida: o poder, a arte e a nudez feminina. Diante do seu corpo, desfilaram milhares de pessoas. Independentemente de amá-lo ou odiá-lo, todos admiravam sua personalidade única.

Ao morrer, o grande império de comunicação que criou já se encontrava em acentuado declínio. Seu crepúsculo coincidiu com o alvorecer das Organizações Globo, de Roberto Marinho. Legou os Diários Associados a um condomínio composto por vinte e dois funcionários. No seu conjunto, o que restou dos Associados ainda correspondia ao 6º maior grupo na área das comunicações no Brasil, em 2012, quando, dos quinze jornais que restaram, cinco lideravam em suas respectivas e importantes praças. A luta pelo comando do espólio transformou-se numa das mais ruidosas e complexas disputas judiciais nos tribunais brasileiros.

A personalidade exuberante e multímoda de Assis Chateaubriand permitiu-lhe realizar coisas notáveis, como a Campanha Nacional da Aviação, com o propósito de popularizar o tráfego aéreo, sob o slogan "Deem asas ao Brasil", da qual resultou a criação da maioria dos atuais aeroclubes existentes no país e a aquisição de cerca de 1.000 pequenas aeronaves, destinadas à formação de pilotos. O apoio que recebeu do presidente Vargas, através do ministro da Aeronáutica, Joaquim Pedro Salgado Filho, foi fundamental para o grande sucesso dessa importantíssima iniciativa.

A fundação do Masp – Museu de Arte de São Paulo, em 1947, já é reconhecida como a mais duradoura das obras deixadas por Assis Chateaubriand. Vale a pena um retrospecto, *à vol d'oiseau*, desse memorável episódio.

Inicialmente, Chateaubriand pensou em construir o sonhado museu no Rio. Terminou optando por São Paulo por entender que a capital paulista oferecia melhores possibilidades ao esforço de arrecadação dos fundos necessários à aquisição do acervo. Além disso, era indispensável contar com um especialista no comércio de artes, num padrão inexistente no Brasil.

Ao fim da Segunda Grande Guerra, a cidade de São Paulo, no plano cultural, se situava muitos pontos abaixo da capital federal, o Rio de Janeiro. O evento cultural mais importante que sediou continuava a ser a Semana de Arte Moderna de 1922. Apesar de o Rio de Janeiro, capital da República, continuar sendo o mais importante centro cultural, político e financeiro do país, o estado de São Paulo já era líder nacional na produção de bens de consumo, tendo à frente a sua capital, que, cada vez mais atraía investimentos industriais, contribuindo para que sua crescente população perdesse os traços dominantes de fisionomia provinciana. No geral, o Brasil vivia na década de 1940, um período de intensa vivacidade econômica e política. Foi nesse clima que Chatô conheceu Pietro Bardi.

O italiano Pietro Maria Bardi, jornalista, historiador, crítico e colecionador de arte, nascido em 1900, deixou a Itália, para vir morar no

Brasil, tão logo desposou a segunda mulher, Lina (Achillina, nascida em 1914) Bo, em 1946. A opção pelo Brasil resultou da boa impressão que colheu do país quando aqui esteve em 1933, aos 33 anos, de passagem para Buenos Aires, aonde levou uma exposição de arte. O contraste entre um Brasil jovem e promissor e uma Europa abalada pela guerra fez a diferença. No porão alugado de um cargueiro, o casal Bardi trouxe, com sua grande biblioteca, uma coleção de objetos de arte para ser exposta em diferentes cidades brasileiras. Na exposição inaugural de suas peças, a que deu o nome de Exposição de Pintura Italiana Antiga, conheceu Assis Chateaubriand que, impressionado com seus conhecimentos e espírito aventureiro, convidou Pietro Bardi para montarem juntos um grande museu, desde havia muito idealizado. Na presença de personalidades como Lúcio Costa, Oscar Niemeyer, Rocha Miranda e Burle Marx, Bardi discorreu sobre o momento excepcionalmente favorável para a aquisição de grandes coleções particulares na Europa, em razão da debacle geral provocada pela guerra recém-finda. Além disso, ponderou que em lugar do nome sugerido por Chateaubriand – Museu de Arte Antiga e Moderna –, seria preferível a simples denominação de Museu de Arte, em face da impropriedade genérica de se fazer distinção entre as diferentes artes. Autorizado a viajar ao Velho Continente, de lá Bardi informava de coleções que estavam sendo vendidas a preço de banana. O esforço e a audácia mobilizados por Chatô, ao longo de vários anos, para levantar os recursos necessários à aquisição do fabuloso acervo, incluiu, até, o "achaque cívico", consistente na publicação dos nomes dos potenciais beneméritos doadores, muitos dos quais só tomavam conhecimento de sua benemerência pelos jornais. E ai de quem se furtasse a contribuir! Logo seria escrachado pelos jornais da rede associada.

Em 1947, Chateaubriand aproveitou a ocasião do desembarque no Brasil da obra *Autorretrato com barba nascente* de Rembrandt, para fundamentar o patriótico maquiavelismo de sua conduta e obter os fundos de que o museu carecia:

O gosto pelas coisas belas não é um privilégio das elites. De onde, entretanto, tirar recursos para levar a arte ao povo? Adotei como minha uma técnica de indiscutível eficiência para reeducar a burguesia: anunciar para breve o fim do mundo burguês, que sucumbirá aos ataques soviéticos. Apresento, contudo, a única hipótese de salvação, que é o fortalecimento das células burguesas. Uma das formas de fortalecê-las é doar Renoirs, Cézannes e Grecos ao Museu de Arte. O que significa que enfrentar os bolcheviques pode custar a cada um dos senhores modestos 50 mil dólares!

Até o poder público queria ficar bem perante Chateaubriand. O próprio Senado doou ao museu os recursos para aquisição dos famosos quatro retratos das filhas de Luis XV, pintados por Jean-Marc Nattier para decorar Versalhes. A Câmara Municipal de São Paulo bancou os recursos para a aquisição de uma rara pintura de Andrea Mantegna.

Ao final, o Masp passou a sediar a maior coleção de arte ocidental em toda a América Latina, e de pintura europeia do século XIX, em todo o Hemisfério Sul. Além de grande coleção de arte brasileira, do século XVII aos dias atuais, possui conjuntos de artes africana e asiática, artes decorativas e artigos arqueológicos e outros que se destacam por sua importância artística e histórica, como o conjunto de antiguidades egípcias, etruscas e greco-romanas e outros artefatos de culturas pré-colombianas e da arte medieval europeia, totalizando mais de 8 mil peças. Desse universo, destaca-se a seção referente às pinturas, esculturas, desenhos, gravuras e artes decorativas europeias, do século XIII aos dias atuais. As obras francesas constituem, ao lado das italianas, o principal núcleo do acervo, seguidas pelas escolas espanhola, portuguesa, flamenga, holandesa, inglesa e alemã. Também merecem destaque os conjuntos de artes norte e latino-americanas.

Como nomes estelares, dentre muitos outros, podemos mencionar Modigliani, expoente do modernismo, com seis telas, Renoir, Delacroix, Manet, Cézanne, Monet, Degas, Gauguin, Van Gogh, Toulouse-Lautrec, Pablo Picasso, Miró, Chagall, Diego Velazquez, El Greco, Salvador

Dalí, Rodin e os portugueses Domingos Sequeira, José Malhoa, José Júlio de Souza Pinto e Columbano Bordalo Pinheiro. Como interessante curiosidade há um interior de Winston Churchill, adquirido por Chatô em um leilão, na Inglaterra, de peças do estadista inglês.

O acervo do Masp de antiguidades egípcias, gregas, itálicas, italiotas e romanas merece destaque, pela raridade e qualidade da origem. São provenientes das mais importantes civilizações que floresceram no mediterrâneo oriental e ocidental.

Embora numericamente reduzida, a coleção de arte asiática do Masp cobre um amplo período histórico, desde o século III a.C. ao século XX.

É de surpreendente qualidade artística a coleção do Masp de artefatos africanos, de uso ritual e cotidiano. Em sua grande maioria, são objetos cerimoniais usados nas sociedades tribais do Centro-Oeste Africano, situadas em países como Mali, Serra Leoa, Guiné, Alto Volta, Libéria, Costa do Marfim, Nigéria, Camarões e Gabão, além do Congo, Gana e Zaire.

Não obstante seu caráter geral, voltado para a arte internacional, é grande o acervo de criações brasileiras. Aí se encontram raros exemplares desde os registros pictóricos de Frans Post no século XVII, passando pela estatuária barroca do Aleijadinho, até as mais recentes manifestações contemporâneas. Do século XIX, destacam-se Facchinetti, Vítor Meireles, Pedro Américo, Almeida Júnior, João Batista Castagneto, Benedito Calixto, Pedro Weingärtner, Rodolfo Amoedo, Henrique Bernardelli, Belmiro de Almeida, Alfred Andersen, Pedro Alexandrino, Antônio Parreiras, João Batista da Costa, Eliseu Visconti, Oscar Pereira da Silva e Artur Timóteo da Costa. Do período modernista, o museu conta com a presença dos principais artistas e fases, a exemplo de Ernesto de Fiori, Vicente do Rego Monteiro, John Graz, Lasar Segall, Oswaldo Goeldi, Guignard, Anita Malfatti, Alfredo Volpi, Samson Flexor, Pancetti, Tomie Ohtake, Arcângelo Ianelli, Manabu Mabe, Brecheret, Bruno Giorgi, Di Cavalcanti, Flávio de Carvalho e várias obras de Cândido Portinari.

A arte americana está representada por artefatos pré-colombianos, originários do Equador, Honduras e Estados Unidos, além de autores modernistas como o uruguaio Joaquim Torres García, os mexicanos Diego Rivera, David Siqueiros e Mari Carmen Hernandéz, e os americanos Andy Warhol, Charles E. Burchfield, Alexander Calder e Jim Dine.

O Masp possui, também, uma rica biblioteca. Seu acervo, especializado em arquitetura, história da arte, fotografia, design, artes plásticas e temas afins, é composto de 60.000 volumes, entre os quais se acham raridades, como o *Trattato della Pittura* de Leonardo da Vinci, edição de 1792, e *Le Fabbriche e I Disegni*, de Andrea Palladio, edição de 1796.

A saga de aquisição do acervo ocorreu, sobretudo, entre 1947 e 1960. Bardi, ex-proprietário de galerias em Milão e Roma, conhecia, como poucos, o mercado europeu de artes. Morto em 1999, aos 99 anos, permaneceu à frente do museu que criou, de 1947 a 1996. Com a morte da mulher, Lina, em 1992, publicou seu 50º e último livro, a *História do Masp*. Costumava jactar-se do acerto do diagnóstico que dele fez Chatô, tão logo o conheceu: "Sim, sou um aventureiro."

Em 1967, Chatô doou as primeiras cento e vinte peças para integrar o acervo do Museu de Artes Assis Chateaubriand, em Campina Grande, Paraíba. Acompanhou, desde o início, em 1958, a construção da majestosa sede do Masp na Avenida Paulista, conforme o arrojado projeto arquitetônico de Lina Bo Bardi. A concessão do terreno onde foi construído o museu foi obtida numa troca de interesses com Ademar de Barros, então candidato a prefeito de São Paulo. Pela cobertura que lhe dariam os Diários Associados, Ademar se comprometeu a doar o terreno, se fosse eleito. E foi. Chateaubriand morreu, porém, sete meses antes da inauguração, ocorrida em 8 de novembro de 1968, não tendo podido ouvir o elogio que, de viva voz, lhe dirigiu a oradora da solenidade, Elizabeth II, rainha da Inglaterra, ao dizer:

> É, para mim, motivo de especial satisfação inaugurar este magnífico Museu de Arte. A sua beleza, simplicidade e a perícia com

que foi construído tornam-no mais um impressionante exemplo do espírito de iniciativa dos paulistas. Sinto-me feliz também em pensar que ele abrigará uma coleção de quadros de um dos mais ativos e generosos embaixadores que jamais foram à Corte de St. James: o dr. Assis Chateaubriand. Lembro-me muito bem de seu espírito e estuante personalidade e todos sentimos, profundamente, que ele não esteja mais aqui conosco neste dia. Aos paulistas desejamos, meu marido e eu, felicidades e prosperidade. É com grande prazer que declaro inaugurado este museu.

Nos anos seguintes à sua criação, em 1947, o Museu passou a oferecer cursos sobre história da arte, mostras de artistas nacionais e estrangeiros de todas as correntes, manifestações de teatro, música e cinema, transformando-se em um ponto de encontro de artistas, estudantes e intelectuais, de um modo geral. Ao abrigar tão diversas manifestações culturais, o Masp inaugurava o conceito de espaço museológico multidisciplinar, sendo um dos pioneiros a assumir o perfil de centro cultural, no modelo adotado, décadas mais tarde, pelo Centro Georges Pompidou, em Paris.

Enquanto o museu se entregava a essas atividades didáticas, seu acervo aumentava. Respaldado pela influência dos Diários Associados, Chatô desenvolveu um eficiente sistema para levantar os fundos tão necessários à aquisição de novas coleções. Compensava os doadores com anúncios de suas empresas nos veículos da rede associada, rádios, jornais e televisão, além da concessão pública de títulos de mecenato, seguida de nababescas recepções, no próprio museu, em casas particulares ou em praça pública, como ocorreu, em Salvador, quando da chegada da obra *O Escolar*, de Van Gogh, recepcionada por um grande desfile de estudantes nas ruas da capital baiana. O irrequieto e criativo Chatô incorporou, ainda, ao arsenal de medidas para levantar fundos, a perspectiva de eventual alta nos preços no mercado internacional de arte. Em face da possibilidade da valorização iminente de um determinado tipo de pintura, Chatô, com a orientação de Pietro Bardi, comprava na baixa para vender na alta. O lucro seria aplicado na aquisição de novas peças homogeneizadas com o acervo existente.

Em 1950, três anos depois de fundado, o Museu passou a contar com mais três andares do Edifício Guilherme Guinle. O novo espaço foi inaugurado pelo presidente Dutra, com a presença do megaempresário americano Nelson Rockefeller e do cineasta Georges Clouzot. Na década então iniciada, Chatô, apoiado no extraordinário conhecimento de Pietro Bardi sobre o mundo das artes, autorizou a internacionalização da presença do Masp. O projeto de enviar estudantes latino-americanos a Florença, para se especializarem em história da arte, foi interrompido porque o museu, para pagar dívidas, viu-se compelido a vender a magnífica residência que Chatô adquirira em Fiesole, nos arredores do berço do renascimento, a Villa Benivieni, que pertencera a Alexander Mackenzie, segundo primeiro-ministro do Canadá, morto no ofício, em 1878. Que santa audácia!

A internacionalização do museu, que a partir de 1953, tornou-se factível, pela dimensão e qualidade do acervo, correspondia, também, ao desejo de Chatô e de Bardi de responder às insinuações de parte da imprensa brasileira de que estavam criando um museu de obras falsas ou de fachada, destituídas de real valor. Ficaram felizes quando o Louvre lhes assegurou a possibilidade de sediar a mostra em Paris.

A mostra de cem pinturas do Masp, no Musée de l'Orangerie, que foi inaugurada pelo presidente da França, Vincent Auriol, teve grande afluência de visitantes, sendo um sucesso superior às expectativas mais otimistas. Depois de Paris, dos vários museus europeus que solicitaram a exposição, Bardi atendeu, apenas, aos de Bruxelas, Utrecht, Berna, Londres, Dusseldorf e Milão, depois do que a mostra foi acolhida, nos Estados Unidos, pelo Metropolitan Museum, de Nova York e pelo Toledo Museum of Art, de Ohio, daí retornando ao Brasil, quatro anos depois de iniciada a vitoriosa excursão.

Animados com o reconhecimento internacional da qualidade do Masp, Chatô e Bardi decidiram comprar mais obras, assumindo vultosos compromissos com duas renomadas galerias de arte, a Wildenstein e a Knoedler. Para efetuar o pagamento, Chateaubriand solicitou a David Rockefeller um empréstimo de 5 milhões de dólares, dando as obras como garantia. Só a primeira parcela foi paga. Enquanto a Galeria Knoedler requereu à justiça norte-americana o sequestro das obras, a Wildenstein recusou-se a seguir o mesmo caminho, alegando: "Somos criadores e não liquidantes de museus." Anos mais tarde, o Masp correspondeu ao gesto elegante de Georges Wildenstein, que também foi representante comercial de Pablo Picasso, homenageando-o, postumamente, ao batizar com o seu nome a pinacoteca.

Diante da iminência do confisco das obras, Chateaubriand recorreu ao presidente Juscelino, que autorizou a Caixa Econômica Federal a conceder o empréstimo, ficando, porém, com o penhor das obras. Os crônicos problemas financeiros da instituição tornaram essa dívida impagável. Caberia ao futuro ministro da Fazenda, Delfim Netto, resolver a questão, usando recursos da Loteria Esportiva, legalmente destinados à cultura.

Com a morte de Chateaubriand, os recursos minguaram ainda mais, ficando o enriquecimento do acervo condicionado a doações de artistas, empresas e colecionadores particulares.

O Masp continua desempenhando o seu papel tanto como um dos maiores centros produtores de cultura do país – pioneiro, no gênero, no continente americano –, como pela sua acolhida às diferentes tendências artísticas do pós-guerra.

A posteridade, sem dúvida, assegura a Assis Chateaubriand um dos lugares de maior destaque na galeria dos grandes brasileiros.

BIBLIOGRAFIA

ABELARDO ROMERO. *Chatô. A Verdade como anedota*, 1969.
FERNANDO MORAIS. *Chatô, – O rei do Brasil*, 1994.
PIETRO MARIA BARDI. *História do Masp*, 1992.

LUÍS CARLOS PRESTES
(1898-1990)

Luís Carlos Prestes nasceu em Porto Alegre, Rio Grande do Sul, no dia 3 de janeiro de 1898 e morreu no Rio de Janeiro a 7 de março de 1990. Dos 92 anos que viveu, 50 foram passados na prisão, no exílio ou como foragido. Um recorde mundial. Figura legendária, pelo espírito público e desprendimento pessoal, forma com Getúlio Vargas e Euclides da Cunha a tríade mais trágica entre os grandes nomes do Brasil no século XX. Ele era capitão quando desertou do Exército brasileiro para se entregar à causa socialista, vindo a tornar-se o maior líder comunista do Brasil em todos os tempos.

Foram seus pais Leocádia Felizardo Prestes, uma mulher avançada e culta, e Antônio Pereira Prestes, militar e ativo republicano, na juventude. Numa época em que as mulheres não trabalhavam, Leocádia foi ser professora de uma escola pública. O próprio Prestes admitia ter recebido grande influência dela na sua formação. "Coragem e grande dignidade humana seriam traços marcantes da personalidade de Leocádia Prestes", escreveria mais tarde a neta Anita. Desde criança, Prestes já demonstrava retidão de caráter, coragem, liderança e maturidade. Melhor aluno de sua época no Colégio Militar do Rio de Janeiro, para onde se mudaram os pais em 1904, e na Escola Militar do Realengo, hoje Academia Militar das Agulhas Negras, formou-se engenheiro-militar em 1920, aos 22 anos. Dois anos depois já era capitão do Exército, quando participa das reuniões preparatórias do levante de 5 de julho de 1922 no Rio de Janeiro, de cujas ações não chegou a tomar parte ativa, por se encontrar acamado com febre tifoide. Após o fracasso do movimento, Prestes foi punido com a transferência para o Rio Grande do Sul, onde deveria inspecionar a construção de quartéis do 1º Batalhão Ferroviário de Santo Ângelo.

Foi de lá, do quartel de Santo Ângelo, que teve início a Marcha da Coluna Prestes, na madrugada de 29 de outubro, sob o comando do capitão Prestes e do tenente Mário Portela Fagundes. O objetivo dos insurrectos era derrubar o governo de Artur Bernardes, que dava suporte "à estrutura oligárquica" do país, e fazer as reformas políticas e sociais, com a convocação de uma Assembleia Constituinte e a implantação do voto secreto. Convém lembrar que naquela época predominava a "política do café com leite", segundo a qual cafeicultores de São Paulo e pecuaristas de Minas Gerais se alternavam para decidir quem comandaria a nação.

Aos poucos, a coorte insurrecta foi crescendo com rebelados oriundos de vários pontos da região Sul. Em novembro, algumas rebeliões foram sufocadas pelas tropas do governo, chefiadas pelo marechal Rondon, levando muitos oficiais rebelados a abandonarem a causa revolucionária. Um punhado de bravos, composto de cerca de 1.500 homens, entre soldados e civis, insuficientemente armados, permaneceu leal à causa e acampou em São Luiz Gonzaga. Em dezembro, o governo, com um contingente de 14 mil homens, formou em torno dos revoltosos um cerco a que denominou de "anel de ferro", cujo espetacular rompimento deu imediata fama à Coluna Prestes, que rumou para a Foz do Iguaçu. Os rebelados paulistas, que se juntaram a Prestes, no Paraná, eram comandados por Miguel Costa. A Coluna, ao longo de 27 meses, percorreu 25.000km, em treze estados, até alcançar o interior da Bolívia, em fevereiro de 1927, sem sofrer derrota para as forças legalistas que a perseguiam, palmo a palmo. Sem perspectivas de vitória definitiva, pela falta de adesão popular urbana, muitos revolucionários optaram por outros caminhos.

Anita, filha de Prestes, explicaria, em seu conhecido livro, *Luiz Carlos Prestes – patriota, revolucionário, comunista*, as razões do êxito: "O governo adotava a 'guerra de posição' – a única tática que os militares brasileiros conheciam e que, de acordo com o modelo dos combates travados durante a Primeira Guerra Mundial, consistia em ocupar posições, abrindo trincheiras e permanecendo na defensiva, à espera do inimigo. Ou, então, quando as posições inimigas estavam localizadas, definia-se o objetivo geográfico para onde se devia marchar, com a meta de cercar o adversário". "Prestes, assessorado por Portela, põe então em prática a 'guerra de movimento', uma espécie de luta de guerrilhas." Essa guerra de movimento, como era chamada a tática usada para enfrentar um inimigo mais numeroso, convencional e mais bem armado, foi depois estudada por muitos revolucionários, como Mao Tsé tung e Che Guevara. Afinal de contas, em cinquenta e três batalhas, sem perder uma, sequer, vencendo dezoito generais, a Coluna se tornou conhecida e temida, admirada e idealizada no imaginário popular por seus feitos heroicos. Num deles, na localidade catarinense de Maria Preta, a Coluna passou pelo meio das tropas do Exército durante a noite, deixando os soldados lutando entre si até o amanhecer. Por tudo isso, a Coluna passou a ser chamada, também, de "Coluna Invicta". Ao fim da epopeia, a tropa foi reduzida à metade, vitimados que foram seus membros por doenças, cansaço e combates.

Os estudiosos desse marcante episódio de nossa história avaliam que a liderança de Prestes e o sucesso de suas ações não resultaram, apenas, do destemor afortunado. O inegável talento militar dele e de Portela foi servido por um longo e paciente trabalho de preparação de quadros. Durante os quase dois anos em que esteve no comando do 1º Batalhão Ferroviário, Prestes introduziu um novo tipo de instrução militar e de relacionamento com a tropa. Além de abolir os tradicionais castigos corporais, preocupou-se com a qualidade da alimentação, contratando cozinheiro e padeiro. Mais ainda: conciliou as atividades e o tempo da tropa de maneira que todos pudessem estudar, receber aulas de educação física e instrução militar, além de trabalharem na construção da linha férrea que ligaria Santo Ângelo a Giruá (RS). Integrando o corpo magisterial, Prestes criou três escolas: uma para alfabetização e duas de primeiro e segundo graus. Cada soldado alfabetizado ensinaria um analfabeto a ler, de tal modo que em três meses o analfabetismo foi erradicado. Na grande festa organizada para a entrega dos diplomas, todos autografaram uma bandeira do Brasil, com dedicatória a Prestes a quem o memorável feito acarretou enorme prestígio político. Nesse momento, foi procurado por Astrojildo Pereira, secretário-geral do Partido Comunista Brasileiro, que o convidou para firmar uma aliança entre "o proletariado revolucionário, sob a influência do PCB, e as massas populares, especialmente as massas camponesas, sob a influência da Coluna e de seu comandante". Prestes não aceitou a proposta. Foi, também, nesse encontro que recebeu informações mais detalhadas sobre o marxismo-leninismo, a Revolução Russa, o movimento comunista e a União Soviética.

Prestes, logo apelidado de "Cavaleiro da Esperança", ao homiziar-se em território boliviano, com seus seguidores, passou a estudar o marxismo, corrente de pensamento até então desconhecida por ele, em busca de explicações para o ambiente de atraso que encontrara no interior do Brasil. Concluiu que problemas tão sérios não podiam ser resolvidos com medidas cosméticas, como uma simples mudança de pessoas no comando do país.

Da Bolívia, Prestes seguiu para a Argentina, onde manteve contato com os comunistas locais Rodolfo Ghioldi e Abraham Guralski, dirigente da Internacional Comunista. Ao retornar, clandestinamente, a Porto Alegre, em 1930, mantém dois encontros com Getúlio Vargas, de quem recusou o convite para comandar a Revolução em vias de iniciar-se, apoiada na aliança entre os tenentistas e as oligarquias dissidentes. Foi de tal modo firme sua recusa que Getúlio lhe disse: "O senhor tem a eloquência da convicção."

A filha Anita explica:

> Às vésperas do movimento armado de 1930, o Cavaleiro da Esperança tornava público seu famoso "Manifesto de Maio"... Luís Carlos Prestes apresentava um programa de transformações revolucionárias de caráter democrático, antilatifundiário e anti-imperialista... Era uma proposta inspirada diretamente nos documentos do Partido Comunista do Brasil e da Internacional Comunista, com os quais Prestes mantinha contato desde o início do seu exílio. O Cavaleiro da Esperança tornava-se comunista sem ter sido ainda aceito pelo PCB.

Em 1931, muda-se com armas e bagagem para a União Soviética, onde começou trabalhando como engenheiro, enquanto aprofundava seus conhecimentos em marxismo-leninismo.

Só em 1934, é aceito para integrar os quadros do Partido Comunista Brasileiro, por pressão do Partido Comunista da União Soviética, a que passou a pertencer como membro da comissão executiva da Internacional Comunista. Para a difícil tarefa de voltar ao Brasil, de modo clandestino, em dezembro de 1934, a Internacional Comunista designou a militante Olga Gutmann Benário, para acompanhá-lo como se fosse esposa, mas, na realidade, desempenhando o papel de guarda-costas. Olga, jovem comunista alemã, de origem judaica, nascida em Munique, de família de classe média, iniciada desde a adolescência nas atividades do partido, mudou-se para Berlim como meio de fugir do conflito ideológico com o pai, que era membro ativo do Partido Social Democrata. Foi presa no mesmo dia que Otto Braun, acusados ambos de alta traição à pátria. Menor de idade, ela foi logo libertada, e planejou com companheiros um bem-sucedido assalto à prisão para libertar o namorado Braun. Em seguida, fogem para a União Soviética, onde receberam treinamento especial, na Escola Lenin. Ela, já considerada "quadro" valioso, passou a ser instrutora da Seção Juvenil da Internacional Comunista. Em 1931, separa-se de Braun, e passa a responder, sucessiva e alternadamente, pelos codinomes de "Frida Leuschner", "Ana Baum de Revidor", "Olga Sinek", "Maria Bergner Vilar" e "Zarkovich".

Como se sabe, a atuação de Olga, como esposa de Prestes, foi fundamental para que, via Estados Unidos, Argentina e Uruguai, pudesse entrar no Brasil. O que foi concebido como um disfarce virou realidade: a experiente Olga e o até então, sexualmente virgem, Prestes, como ele declarou, formaram um casal.

A esse tempo, Moscou criara em Montevidéu, em caráter clandestino, o Secretariado Latino-Americano para aproximar de Moscou as organizações comunistas da América Latina. Olga e Prestes recebiam apoio financeiro e logístico através dessa organização. Com o posterior fracasso da Intentona Comunista e a descoberta daquela central de operações, em 1935, o Uruguai rompeu relações com a União Soviética.

A missão de Prestes seria comandar uma revolução armada no Brasil, a partir de instruções emanadas de Moscou. O programa internacional da época, conforme decidido no VI Congresso da Internacional Comunista, previa a formação de frentes de esquerda em países do Terceiro Mundo, com o propósito de democratizar a política interna e atuar contra o imperialismo americano. Até a chegada de Prestes a Moscou, a Internacional Comunista não acreditava na possibilidade de uma revolução vermelha no Brasil. O perfil de Prestes, porém, aparentemente ideal para liderar a revolução, venceu essa resistência, graças aos exageros do Partido Comunista Brasileiro sobre a extensão da sua influência e capacidade revolucionária. Essa perspectiva otimista revelou-se inteiramente equivocada, como veremos.

Ao chegarem ao Brasil, depois de peripécias rocambolescas, em abril de 1935, Olga e Prestes desembarcam de um hidroavião em Florianópolis, seguindo de táxi até São Paulo. Viajaram com os nomes de Maria Bergner Vilar e Antônio Vilar, um casal português. Prestes é, imediatamente, aclamado presidente de honra da ANL – Aliança Nacional Libertadora, movimento de índole antifascista e anti-imperialista que reunia a jovem oficialidade socialista e comunista do Exército

– insatisfeita com os rumos do governo Vargas –, além de católicos e democratas. O lema da ANL – "Pão, Terra e Liberdade" – mobilizou grandes contingentes populares no país. Em menos de três meses e meio de vida legal, a ANL fundou 1.600 núcleos em todo o território nacional, atingindo, só no Rio, 50 mil inscritos. O integralismo, liderado por Plínio Salgado, era o seu alvo mais visível.

A partir da ampliação dessa importante base de apoio, Prestes acreditou que seria possível articular a derrubada de Vargas e assumir o poder. Pela equipe que formou para organizar a insurreição, pode-se ter uma ideia da candidez de Prestes, em certos assuntos. Integravam-na: Inês Tulchniska, Abraham Gurasky "Pierre", o alemão Arthur Ernst Ewert (que seria mais conhecido no Brasil pelo seu codinome de Harry Berger), sua esposa alemã de origem polonesa Elise Saborovsky, o belga Leon Jan Jolles Vallée, Boris Kraevsky, o argentino Rodolfo José Ghioldi, Carmen de Alfaya, a própria Olga Benário, Johann de Graaf, Helena Kruger, Pavel Vladimirovich Stuchevski, Sofia Semionova Stuchskaia, Amleto Locatelli, "Marga", Mendel Mirochevski, Steban Peano, Maria Banejas, o norte-americano Victor Allen Baron, Marcos Youbman, "Carmen". Pavel Vladimirovich Stuchevski, que chefiava o aparelho do *Komintern* no Rio de Janeiro, coordenava as atividades de sete brasileiros de menor projeção dentro da Organização. Como se vê, o movimento era marcadamente internacional.

Em julho de 1935, Prestes divulga um manifesto incendiário, apelando para os sentimentos nacionalistas da classes média, exigindo "todo o poder" à ANL e a derrubada do governo Vargas. A reação do governo, declarando a ilegalidade da ANL, não impediu Prestes de continuar organizando o que seria a revolução ou o golpe que passaria a ser conhecido como Intentona Comunista. Os preparativos caminhavam quando, em novembro, um levante armado estourou na cidade de Natal, fora do script e por fatores locais. Prestes ordenou, então, que a insurreição fosse estendida ao resto do país. Apenas algumas unidades militares do Recife e Rio de Janeiro se levantaram. O governo logo controlou a situação e desencadeou forte repressão. Muitos líderes comunistas são presos, alguns deles amigos de Olga e Prestes, como o casal de alemães Artur e Elise Ewert, conhecida como Sabo. Ambos seriam torturados pela polícia brasileira, sob o comando de Filinto Müller, que só viria a morrer em 1973, num acidente aéreo nos arredores de Paris. Artur Ewert perderia a sanidade mental no processo.

No início de 1936, apurada a suspeita de que houve delação do movimento, os rebelados concluíram que a traidora era a jovem Elvira Cupelo Colônio, alcunhada "Elza Fernandes", namorada do então secretário-geral do Partido Comunista do Brasil (PCB), Antonio Maciel Bonfim – o "Miranda". Prestes ordena ao 'tribunal vermelho" sua execução, por recear que, sob eventual tortura, ela pudesse ampliar a delação, comprometendo mais camaradas. Como a condenação pendia de execução, em razão da resistência de um dos membros do "tribunal", Prestes escreveu aos correligionários o seguinte comunicado: "Fui dolorosamente surpreendido pela falta de resolução e vacilação de vocês. Assim não se pode dirigir o Partido do Proletariado, da classe revolucionária."… "Por que modificar a decisão a respeito da 'garota'? Que tem a ver uma coisa com a outra? Há ou não há traição por parte dela? É ou não é ela perigosíssima ao partido?"… "Com plena consciência de minha responsabilidade, desde os primeiros instantes tenho dado a vocês minha opinião quanto ao que fazer com ela. Em minha carta de 16, sou categórico e nada mais tenho a acrescentar…" …"Uma tal linguagem não é digna dos chefes do nosso partido, porque é a linguagem dos medrosos, incapazes de uma decisão, temerosos ante a responsabilidade. Ou bem que vocês concordam com as medidas extremas e neste caso já as deviam ter resolutamente posto em prática, ou então discordam mas não defendem como devem tal opinião."Elvira Colônio foi estrangulada. O corpo foi enterrado no quintal da casa da rua Mauá Bastos, nº 48-A, na Estrada do Camboatá, Rio de Janeiro. Mais tarde, ficou provado que a condenação à morte de "Elza" foi um trágico engano. O jornalista William Waack, que pesquisou nos arquivos do regime soviético, sustenta que Olga não se opôs à decisão, com base nas informações de um ex-agente soviético, responsável pelas operações subterrâneas no Rio. Waack conclui: "Prestes e Olga eram soldados do partido, e a esses soldados não se admitiam crises de consciência."

Durante alguns meses, Prestes e Olga conseguiram ainda viver na clandestinidade, sendo, finalmente, presos em março de 1936. Segundo a filha Anita: "Graças à coragem de Olga, que o protegeu com seu próprio corpo, não conseguiram matá-lo no ato da prisão, conforme as ordens expedidas pelo então chefe da polícia, o capitão Filinto Müller."

Olga, levada para a Casa de Detenção, foi lançada numa cela com mais de dez mulheres, algumas já conhecidas suas. Logo após saber que está grávida, sofre a ameaça de deportação para a Alemanha, já sob o governo de Hitler, o que seria o seu fim, sendo judia e comunista. Prestes perde a patente de capitão e inicia o cumprimento de uma pena de prisão de quarenta e sete anos, dos quais cumpriria, apenas, nove, de 1936 a 1945, a maior parte do tempo incomunicável e em péssimas condições. Seu advogado, Sobral Pinto, utiliza a lei de proteção aos animais, promulgada pelo próprio Vargas em 1934, para defender Prestes – biologicamente um animal – dos maus-tratos a que era submetido na prisão. A mãe e uma irmã de Prestes, respectivamente, dona Leocádia e Lígia, iniciam na Europa um movimento pela libertação do casal. Olga é julgada segundo o formalismo da ordem constitucional que prevê atendimento ao pedido de extradição da Alemanha. Do ponto de vista legal, portanto, a extradição tinha amparo. O advogado de defesa pediu um indulto, argumentando que a extradição era ilegal porque Olga estava grávida e sua extradição significava colocar o filho de um brasileiro sob o poder de um governo estrangeiro, sem falar nos aspectos humanitários de mandar uma jovem futura mãe de 28 anos para um campo de concentração, que apesar de ainda não serem campos de extermínio, eram famigerados centros de crueldade. Não obstante, o STF aprovou o pedido de extradição. Como Vargas não decretou o indulto, Olga foi deportada para a Alemanha, juntamente com a amiga Sabo. Apesar de ter sido tomada de acordo com a letra da lei, aquela decisão do Supremo tem sido muito criticada, como o fez, em 1998, o então presidente do Supremo, ministro Celso de Mello: "O STF cometeu erros, este foi um deles, porque permitiu a entrega de uma pessoa a um regime totalitário como o nazista, uma mulher que estava grávida."

Após a decisão que chocou a opinião pública, Olga foi embarcada para a Europa, sob os protestos do capitão do cargueiro alemão, *La Coruña*, por violação do Direito Marítimo Internacional, porque ela já se encontrava grávida de sete meses. Ao aportar na Alemanha, em outubro de 1936, a Gestapo rapidamente a resgatou. Apesar de não haver qualquer acusação contra Olga, uma vez que o assalto à prisão de Moabit já prescrevera, ela foi detida, extrajudicialmente, por tempo indeterminado, conforme previsto na legislação autoritária nazista. Olga foi levada para Barnimstrasse, a temida prisão de mulheres da Gestapo, onde nasceu a filha, Anita Leocádia, que ficou em poder da mãe até o fim da amamentação, sendo, depois, confiada à avó, dona Leocádia, como resultado da campanha internacional dirigida por Lígia Prestes e pela própria dona Leocádia, que morreria no exílio no México. De Barnimstrasse, Olga foi transferida para o campo de concentração de Lichtenburg, e um ano depois, em 1939, para o campo de concentração de Ravensbruck, onde as prisioneiras eram tratadas como escravas e usadas como cobaias em experiências médicas. Mesmo diante da adversidade extrema, Olga encontrou energias e motivação para dar aulas de história e ginástica como meio de promover a resistência e a solidariedade entre as prisioneiras. Com a Grande Guerra em curso, não havia opinião pública a quem recorrer para evitar que Olga viesse compor as estatísticas dos exterminados. Transferida para o campo de extermínio de Berburg, Olga, que, em vão, esperou ser libertada por Stalin, numa troca de prisioneiros políticos, entre a Rússia e a Alemanha, consoante o Pacto Molotov-Ribbentrop, morreu em 1942, aos 34 anos de idade. De acordo com as pesquisas de William Waack, de nada adiantaria a Olga ter retornado a Moscou, porque todos os comunistas estrangeiros que retornaram à União Soviética, depois de fracassarem na Intentona de 1935, foram eliminados nos expurgos russos de 1936-1938.

Em 1943, o PCB realiza, na serra da Mantiqueira, uma conferência que o reorganiza, e elege, pela primeira vez, Prestes seu secretário-geral, apesar de ainda continuar preso.

Finda a guerra, a memória de Olga, em estilos, tempos e ritmos diferentes, seria cultuada na Alemanha e no Brasil, como símbolo da mulher, cidadã e mãe que morre na defesa de seus ideais. Olga Benário Prestes é nome de rua na antiga Berlim Oriental e em mais seis cidades alemãs. Sua efígie figura em moedas e selos, além de seu nome haver batizado centenas de escolas, creches, ruas e praças em cidades que pertenciam à antiga República Democrática Alemã. No Brasil, Olga Benário também é nome de logradouros públicos em várias cidades, incluindo São Paulo. Em 2008, em comemoração dos 100 anos de Olga, Anita Prestes, sua filha, e o meio-irmão Luís Carlos foram inaugurar uma "pedra de tropeço" que homenageia as vítimas do holocausto, no último endereço de sua mãe em Berlim.

Na contramão das versões em livros e filmes que conferem a Olga uma dimensão romântica, heroica e quase épica, o jornalista William Waack critica a criação do mito por falta de apoio histórico e por ter sido construído para atender os interesse políticos do regime comunista da Alemanha Oriental.

Com o lançamento do livro *O Cavaleiro da Esperança*, em 1944, de Jorge Amado, o prestígio de Prestes passou a assumir proporções épicas, em face do seu despojamento pessoal, diante do sentimento de dever perante a pátria. Em 1945, o poeta comunista chileno, Pablo Neruda, ganhador do Nobel em literatura, leu, para a audiência do estádio do Pacaembu, o poema que dedicou a Prestes, a quem chamava de "Claro Capitão" e constante do livro *Canto geral*, que denuncia a exploração dos povos do continente pelas nações centrais. Começou Neruda: "Quantas coisas quisera hoje dizer, brasileiros…"

A aragem democrática que varreu o mundo, com o fim da Segunda Grande Guerra, chegou ao Brasil, derrubou o Estado Novo, anistiou os condenados políticos e ensejou a eleição de Prestes ao Senado

– o mais votado da história da República –, e de quatorze deputados federais, entre os quais Jorge Amado, por São Paulo, Carlos Marighela, pela Bahia, João Amazonas, pelo Rio, o mais votado do país, com 18.379 votos, e o sindicalista Claudino Silva, único constituinte negro, também pelo Rio de Janeiro. Prestes foi o líder de toda essa bancada na Assembleia Constituinte de 1946, acumulando tal tarefa com a secretaria-geral do PCB. No ano seguinte, porém, o registro do partido seria cassado e Prestes retornaria à clandestinidade, tendo o jornalista baiano João Falcão como responsável por mantê-lo fora do alcance do aparelho repressor.

Recorde-se que, durante a Constituinte, Prestes fechou questão a favor da emenda de autoria do deputado carioca Miguel Couto Filho, que proibia "a entrada no país de imigrantes japoneses de qualquer idade e de qualquer procedência". Seguia, certamente, instruções de Moscou. Em 1950, negou-se a apoiar qualquer candidato nas eleições que reconduziram Vargas ao poder, quando assinou o Manifesto do PCB, de 1º de agosto de 1950, onde fazia um apelo irrealista à derrubada do governo, considerado de "traição nacional", através da "luta armada pela libertação nacional", para conquistar um "governo revolucionário". Fez oposição ao novo governo Vargas, e após o suicídio do caudilho, em agosto de 1954, apoiou a eleição de Juscelino Kubitscheck.

Em 1951, aos 53 anos, unira-se à pernambucana Maria, já mãe de dois filhos, com quem viveria até à morte, e com quem teria sete filhos: João, Rosa, Ermelinda, Luís Carlos, Zoia, Mariana e Yuri.

Em 1958, Prestes teve revogada sua prisão, o que lhe permitiu apresentar-se publicamente, embora o partido continuasse na ilegalidade, e, diferentemente de 1950, propôs um "governo nacionalista e democrático", com os comunistas participando do processo eleitoral.

Em 1960, os comunistas realizam o 5º Congresso do Partido, em que são reafirmadas as principais teses presentes na "Declaração de Março" de 1958. Apesar dos equívocos da estratégia, os comunistas participam das lutas do movimento operário e democrático a favor das "reformas de base" e, em particular, da Reforma Agrária, alcançando importantes vitórias nos anos que se estendem até o golpe militar de abril de 1964, que cassou os direitos políticos de muitos, inclusive de Prestes. Às dificuldades geradas pelo novo regime ditatorial se somaram problemas internos do PCB, quando vários dirigentes e militantes abandonaram o partido para ingressar na desigual luta armada contra os militares. Realista, Prestes defendeu a formação de uma frente democrática, em lugar da suicida opção da luta armada. No Congresso realizado em 1967, na clandestinidade, as divergências de Prestes com a maioria do Comitê Central haviam começado a se explicitar. Ao perceber que a maioria da direção do PCB não aceitava rever sua linha estratégica, aferrada que estava à defesa de interesses corporativos, enveredando pelo caminho da acomodação e do abandono da luta pelo socialismo no país, Prestes decide romper com o Comitê Central.

Em junho de 1966, num processo conduzido pela 2ª Auditoria do Exército de São Paulo, Prestes fora condenado, à revelia, a quinze anos de prisão, acusado de tentar reorganizar o PCB.

Com a promulgação do AI-5, em 13 de dezembro de 1968, aumentou a repressão aos grupos de contestação ao regime. Esse mesmo ato suspendeu importantes garantias constitucionais relativas às liberdades individuais, conferindo ao Poder Executivo proeminência sobre os poderes Legislativo e Judiciário. A luta total movida pela ditadura contra todas as gradações de esquerda levaria o Comitê Central a mandar Prestes para novo exílio, em 1971, pois sua segurança estava ameaçada. Partiu então de São Paulo com destino à Argentina, via Rio Grande do Sul. De Buenos Aires, tomou um avião até Paris, viajando em seguida para Moscou. Sua fuga, segundo Saulo Ramos, teria sido facilitada pelo aparelho repressor que recebeu, em troca, anotações com os nomes de pessoas envolvidas com a subversão, para serem processadas e condenadas, como aconteceu com o líder revolucionário Giocondo Dias. Mais uma vez, exilou-se na União Soviética, agora por oito anos, só retornando ao Brasil com a Anistia de 1979.

Voltou anistiado ao Brasil, em 1979, quando já se manifestavam sérias divergências no interior do PCB, que acabaram levando ao seu afastamento da secretaria-geral e, em seguida, à sua saída do partido que dirigira por mais de trinta anos. Os companheiros de partido decidiram afastá-lo da direção, por considerarem suas orientações superadas e excessivamente rígidas, incapazes de atuar com eficácia nos novos tempos, demandantes de flexibilidade.

A filha, Anita, descreveu o seu retorno: "Em outubro de 1979, com a conquista da anistia, Prestes, após oito anos de exílio forçado, regressa à pátria. No aeroporto internacional do Rio de Janeiro é recebido com grande entusiasmo por mais de 10 mil pessoas." E sobre a continuidade de sua presença:

> Em março de 1980, o veterano combatente comunista torna pública sua "Carta aos Comunistas", em que oficializa seu rompimento com a política "oportunista de direita" imposta pela direção do PCB, denunciando a postura adotada pelo Comitê Central, de abandono da luta pelos objetivos revolucionários e socialistas que deveriam nortear o Partido Comunista. A partir de então, Prestes desenvolve intensa atividade de esclarecimento e propaganda de seus ideais revolucionários.

Insistentemente assediado por grupos e personalidades de esquerda para que liderasse um novo partido revolucionário, Prestes, pacientemente, explicava que esse partido surgiria das lutas de nosso povo e dos quadros que delas resultassem. Dizia também que a melhor contribuição que um comunista poderia dar para o surgimento desse partido era o estudo do marxismo, aliado à organização do povo e à luta de massas. Na sua "Carta aos Comunistas", lançou as bases de uma estratégia revolucionária que já seria socialista, ao propor uma Frente anti-imperialista, antimonopolista e antilatifundiária. Após o rompimento com o Comitê Central do PCB, Prestes desenvolve intensa atividade política. Incansável, encontrou sempre tempo e energia para falar a jovens e a trabalhadores, em todos os cantos do país. Emprestou seu nome e prestígio para eleger vários candidatos a cargos legislativos, mas nem todos retribuíram com dignidade revolucionária o apoio recebido. Em colisão aberta com o comitê central, lança a "Carta aos Comunistas" em que propõe uma política de enfrentamento ao regime, paralelamente à reconstrução do movimento comunista brasileiro. Em 1982, com vários seguidores, deixa o PCB e ingressa no PDT, defendendo o calote da dívida externa e a eleição de Leonel Brizola para presidente da República.

Com base em trabalhos produzidos por estudiosos da economia e da sociedade brasileira da década de 1970, Prestes compreendeu que não havia mais lugar para a conquista de um capitalismo autônomo no país, conforme a linha estratégica do PCB, aprovada em Congressos. Gradativamente, foi se afastando da antiga crença de que a conquista do poder podia prescindir do voto, como ocorreu em 1935, para defender o voto popular como instrumento hábil para alcançar as mudanças até chegar ao socialismo. Agindo sem se filiar a qualquer partido, passou a militar em diversas causas, apoiando, em 1989, a candidatura de Leonel Brizola à presidência da República.

Em janeiro de 1990, Luís Carlos Prestes, por insuficiência renal e desidratação, foi internado numa clínica no Rio, segundo foi divulgado pela imprensa. Seu precário estado de saúde agravou-se no início de março, quando voltou a ser internado. Faleceu no dia 7 de março de 1990. Ironia da vida: na data de sua morte, a Justiça Eleitoral concedeu o registro definitivo ao PCB. Seu enterro foi acompanhado por uma multidão. Prestes que, segundo Romain Rolland,

> entrou vivo no Panteon da História, deixou um legado de esperança: "Eu sou otimista quanto ao futuro do socialismo no Brasil. Já temos uma classe operária numerosa, com um nível de consciência elevado. O que falta é organizá-la. Organizada, a classe operária será uma força invencível, que poderá levar o país ao socialismo. Não posso calcular um prazo para que isto aconteça.

Depende do surgimento de um partido revolucionário, que tenha uma concepção justa da revolução brasileira, com base na realidade nacional e não na abstração.

Segundo Anita Prestes, "A posterior descaracterização do PCB como partido revolucionário e sua conhecida desagregação no início dos anos de 1990 mostrariam que Prestes tinha razão ao combater as ilusões então existentes quanto às possibilidades de regeneração daquela direção do PCB."

Em 1998, o Brasil celebrou o centenário de nascimento de Luís Carlos Prestes, num momento em que o comunismo, sepultado desde a queda do Muro de Berlim e do desmoronamento da União Soviética, passou a ser encarado como uma onda ideológica que passou, provavelmente, para nunca mais voltar.

BIBLIOGRAFIA

ANITA LEOCÁDIA PRESTES. *Luís Carlos Prestes – patriota, revolucionário, comunista*, 2006.
FERNANDO MORAIS. *Olga*, 1994.
JOÃO FALCÃO. *O Partido Comunista que eu conheci – 20 anos de clandestinidade*, 2000.
JOÃO FALCÃO. *Valeu a pena*, 2009.
JORGE AMADO. *O Cavaleiro da Esperança*, 1980.
MARIA PRESTES. *Prestes, meu companheiro: 40 anos ao lado de Prestes*, 1992.
MARCOS VINÍCIUS BANDEIRA DE MENEZES. *Estratégias e táticas da revolução brasileira*: *Prestes versus o Comitê Central do PCB*, 2002.
PABLO NERUDA. *Canto geral*, 1984.
WILLIAM WAACK. *Camaradas, nos arquivos secretos de Moscou*, 1993.

GILBERTO FREYRE
(1900-1987)

GILBERTO DE MELLO FREYRE NASCEU NO RECIFE, NA ANTIGA ESTRADA dos Aflitos, hoje avenida Rosa e Silva, a 15 de março de 1900, do casamento do catedrático de economia política, professor e juiz de direito Alfredo Freyre com Francisca de Mello Freyre. Faleceu na madrugada de 18 de julho de 1987, data aniversária da esposa Madalena.

A infância passou-a em diferentes casas-grandes de engenhos de amigos e parentes, em sucessivas temporadas de férias na praia de Boa Viagem. Ele menciona, como sua mais antiga recordação, a fuga, aos 6 anos de idade, para a cidade de Olinda por ele chamada de "a materna Olinda". Sobre a antiga capital do estado, escreveria, aos 39 anos, um *Guia prático, histórico e sentimental*, seguindo o padrão do livro que, aos 34 anos, escrevera sobre o Recife. Para tranquilidade de muitos jovens pais, preocupados com os níveis de inteligência dos filhos, Gilberto Freyre experimentou dificuldades para aprender a ler e a escrever, conquanto revelasse gosto especial para o desenho. Só começou a cursar o jardim de infância com 8 anos. Sua avó materna, que morreu quando ele tinha 9 anos, proporcionando-lhe a primeira experiência com a morte, mimava-o muito por supô-lo retardado, em face de seu atraso escolar, comparativamente aos meninos de sua idade. Há quem veja na enorme imaginação que exibiria em todo seu processo criativo, tanto cientíco quanto literário, uma derivação da precoce dedicação ao desenho, como fuga das mencionadas dificuldades para alfabetizar-se. Enquanto o paisagista Telles Júnior foi incumbido de ensinar-lhe os segredos do desenho, o inglês Mr. Williams ensinou-o a ler e a escrever na língua de Shakespeare, antes de dominar a de Camões.

O primeiro livro que leu foi o romance *Gulliver's Travels* de Jonathan Swift. Em 1913, dá as primeiras aulas no colégio, quando lê autores brasileiros como José de Alencar, Machado de Assis, Gonçalves Dias e Castro Alves, e estrangeiros como Victor Hugo, Emerson, Longfellow, Shakespeare, Milton, César, Virgílio, Camões e Goethe. Aos 14 anos, começou a dar aulas de latim, que aprendeu com o pai, no colégio onde estudava, conseguindo ler os clássicos no original. Além disso, organiza a sociedade literária escolar e dirige o jornalzinho *O Lábaro* onde publica os primeiros textos. Aos 15 anos, toma aulas de francês com madame Meunieur e lê muito. Aos 16, conhece a Paraíba, onde profere conferência sobre "Spencer e o problema da educação no Brasil". Antes de ingressar na faculdade, já havia lido os grandes nomes da literatura universal, a maioria nos respectivos idiomas originais.

Gilberto Freyre cresceu sob a influência ambivalente do pai, livre-pensador, agnóstico, e da mãe, católica praticante. Essa dupla influência conduziu-o a certo misticismo que o levou a pensar em ser missionário na Amazônia, a ponto de praticar, pregando o evangelho na Igreja Batista e em bairros pobres do Recife. Dois anos antes de morrer, confessaria, em entrevista à socióloga Élide Rugai Bastos:

> Meu pai era correto sem excesso de corretismo. Nele o que não havia era imaginação. Nem sensibilidade à beleza da natureza e das criações da arte. Sou de uma família inteira de gente de pouca imaginação. Mãe, neste particular, um tanto acima da média, embora não muito acima. Avós, neste particular, medíocres. Bisavós, antepassados, colaterais, todos medíocres, embora homens e mulheres de caráter: alguns dos homens, bravos.

Em 1917, escolhido como orador, na conclusão do curso de ciências e letras, convida o historiador Oliveira Lima para paraninfar a solenidade, dando início a uma frutuosa relação que durou toda a vida. Além de prefaciar várias obras de Oliveira Lima, Gilberto escreveria o livro *Oliveira Lima, Dom Quixote Gordo* para celebrar seu centenário. Aos 18 anos, Gilberto vai cursar a Baylor University, em Waco, no Texas, na qual conquistou, em 1920, o grau de bacharel em artes, e na Columbia University, em Nova York, onde concluiu o curso de mestrado em ciências sociais, em 1922. Dos Estados Unidos, envia artigos para o *Diário de Pernambuco* em que revela agudo senso crítico, ao analisar o *"American way of life"* que, ontem como hoje, impressiona a tantos. A abrangência temática dos seus estudos sociais, para os quais se sentia vocacionado, aí encontrou terreno fértil. Esse foi, também, um período de conhecimento de marcantes personalidades internacionais no campo da inteligência, como os poetas William Butler Yeats, Rabindranath Tagore, Amy Lowell e Vachel Lindsay, os escritores Carl van Doren e Louis Mencken, o antropólogo Franz Boas, o sociólogo Franklin Henry Giddings, o economista Edwin Robert Anderson Seligman, além do presidente Calvin Coolidge e do megaempresário Nelson Rockefeller. Boas e Giddings foram suas maiores influências e Ruth Benedict a personalidade de sua geração que mais admirava.

Os primeiros textos escritos por Gilberto Freyre, em inglês, como aluno da Baylor University, impressionaram vivamente o professor Joseph Armstrong, que percebeu seu potencial para escrever na língua inglesa, a exemplo do ucraniano-polonês Joseph Konrad, nascido Józef Teodor Konrad Korzeniowski, e lhe sugeriu naturalizar-se americano, como meio, inclusive, de receber a Rhodes Scholarship, cobiçada bolsa de estudos para cursar a Oxford University. Gilberto declinou do convite. Como registrou em *Tempo morto e outros tempos*, seu desejo era o de escrever em português: "Hei de criar um estilo", escreveu, antecipando sua vocação para o ensaio. "Talvez a continuação dos meus primeiros esforços de ressurreição de um passado brasileiro mais íntimo (*l'histoire intime... roman vrai*, como dizem os Goncourt) até esse passado tornar-se carne. Vida. Superação de tempo."

As visitas que então fez ao parque industrial do *New York Times* e aos matadouros da Armour e da Swift impressionaram-no vivamente. Da vida boêmia em Greenwich Village falou com emoção em seu livro de memórias.

De Nova York, Gilberto segue para a Europa, ainda em 1922, passando por Paris, Berlim, Munique, Nuremberg, Londres e Oxford, encantando-se, especialmente, com Paris e Oxford, onde, convidado a falar sobre donjuanismo, surpreendeu a todos, ao desenvolver o raciocínio segundo o qual as relações sexuais entre o colonizador português e as nativas das terras conquistadas obedeciam ao sacro propósito de convertê-las ao cristianismo!

Em sua viagem de regresso ao Brasil, foi conhecer Portugal, onde manteve contato com algumas das mais proeminentes figuras intelectuais do país, a exemplo de João Lúcio de Azevedo, Fidelino de Figueiredo, Eugênio de Castro, Joaquim de Carvalho e Antônio Sardinha. Ao chegar ao Brasil, em fins de 1923, Gilberto, aos 23 anos, já contabilizava cinco anos de experiência existencial e intelectual fora do Brasil, período em que, fugindo à prática habitual dos que vão estudar no exterior, dedicou-se, intensamente, ao estudo de problemas brasileiros, como declarou no prefácio da primeira edição de *Casa-Grande & Senzala*, figurando a miscigenação racial como o que mais despertou sua atenção de dedicado e insaciável aprendiz. Àquela época, o Brasil não tinha a menor noção do que fosse mestrado. Sérios mesmos, pensava-se, eram os cursos de direito, medicina e engenharia. Tanto que as pessoas lhe indagavam: "Que diabos você foi fazer no exterior, com o dinheiro do seu pai?" Em contraponto a essas palavras de esmorecimento, Gilberto se apoiava no conselho que lhe deu o iconoclástico jornalista americano Louis Henry Mencken: "Deixe esta história de universidade e vá para a Europa e tenha os seus contatos culturais livres. Você já não será um autodidata, porque já tem uma formação universitária, mas não continue, não faça da sua tese de mestre uma de PhD. Esse negócio de Phdeísmo – já ele dizia àquela época – é uma deformação da cultura americana, como o foi por algum tempo da cultura alemã. Cria especialistas num mundo necessitado de generalistas."

Sua impressão, ao chegar de volta à pátria, foi a de que o Brasil, em geral, e Pernambuco, em particular, regrediram durante sua ausência. "Eu cheguei a amar Nuremberg por causa de seus arcos", disse, lamentando a destruição dos arcos medievais do Recife, única cidade brasileira a possuí-los, provocada por um surto míope de modernização urbana. Além dos arcos, igrejas e sobrados coloniais foram postos abaixo, com venerandas árvores centenárias que calavam fundo na afetividade dos habitantes da Veneza Brasileira. Em lugar de ceder à tendência de achar bonito tudo o que se originava das capitais do mundo mais avançado, Gilberto Freyre passou a exercer uma espécie de pedagogia sociológica, pregando incessantemente a necessidade de se buscar modelos de vida compatíveis com nossas peculiaridades culturais e ecológicas, na maneira de comer, vestir, morar e viver, de um modo geral, numa espécie de antecipação operacional do conceito de "redução sociológica" que, trinta anos depois, seria desenvolvido pelo sociólogo baiano Alberto Guerreiro Ramos. Essa pregação inovadora do jovem intelectual era ainda acrescida do seu heterodoxo modo de vestir-se, prático e simples, conforme se habituara na convivência com a juventude americana. Os políticos, intelectuais e burgueses do Recife logo perceberam que naquela postura iconosclástica do jovem inovador havia algo com força suficiente para impor-se aos novos tempos. Ao insurgir-se de modo tão frontal contra os valores cultivados pelo *status quo* dominante na conservadora Recife dos anos 1920, não é difícil imaginar a reação que sofreu.

Meio à maioria conservadora, a verdadeira *intelligentsia* brasileira e, sobretudo, a pernambucana, souberam compreender o jovem Gilberto e o acolheram com simpatia. Sua influência foi enorme, tanto nos intelectuais de sua geração – como José Lins do Rêgo, Olívio Montenegro, Sylvio Rabello, Anibal Fernandes, Luís Jardim – como entre os mais velhos, a exemplo do então vice-presidente da República, e depois governador de Pernambuco Estácio de Albuquerque Coimbra, e do catedrático de Direito Internacional na Faculdade de Direito de Recife e poeta Odilon Nestor de Barros Ribeiro, em cuja residência reuniu uma equipe multidisciplinar, integrada por profissionais liberais, comprometidos com a preservação dos valores regionais, ameaçados pelo rolo compressor modernista, para criar o Centro Regionalista do Nordeste. Em 1925, Gilberto foi escolhido como orador oficial nas celebrações do centenário de nascimento do imperador D. Pedro II, conferência que inaugurou o ciclo de suas biografias psicológicas, enriquecido com os perfis de Euclides da Cunha, Manuel Bandeira e Graça Aranha, além de outras personalidades do mundo intelectual e político. Nesse mesmo ano, transcorreu, também, o centenário do *Diário de Pernambuco*, o decano da imprensa na América Latina. Convidado para coordenar os festejos, Gilberto publicou o *Livro do Nordeste*, considerado o ponto culminante das celebrações, primeiro trabalho de natureza pluridisciplinar e transregional no Brasil.

Em 1926, em sua primeira viagem ao Rio, Gilberto conhece, entre outros, Manuel Bandeira, Jayme Ovalle, o jornalista Pedro Dantas, pseudônimo de Prudente de Moraes Neto, Rodrigo Mello Franco de Andrade, Heitor Villa-Lobos, Sérgio Buarque de Holanda e o embaixador do México no Brasil, o escritor Alfonso Reyes. Em incursões boêmias pelas escolas de samba, conhece os compositores Pixinguinha, Donga e Patrício.

Na viagem de regresso ao Recife, desembarca em Salvador, cidade que o fascina por sua diversidade cultural e racial, notável caldo de cultura para o desenvolvimento das reflexões que o instigavam desde a adolescência. Essa experiência inspirou-o a escrever o longo poema "Bahia de todos os santos e de quase todos os pecados", considerado por Manuel Bandeira um dos mais "saborosos" do ciclo das cidades brasileiras. Ainda em 1926, retorna aos Estados Unidos como representante do *Diário de Pernambuco* no Congresso Pan-Americano de Jornalismo, enquanto o vice-presidente da República Estácio de Alburquerque Coimbra é eleito governador de Pernambuco, de quem passou a ser secretário particular, acumulando esta com as funções de diretor do jornal *A Província*, revelando-se eficiente jornalista, ao abordar aspectos da cidade desconhecidos do público, incentivando, ainda, caricaturas, e incorporando a colaboração de nomes de grande prestígio, como Ribeiro Couto e Manuel Bandeira.

O já proverbial dinamismo intelectual de Gilberto Freyre tornava-o alvo dos mais diferentes convites, como o que aceitou do sociólogo Antonio Carneiro Leão, renovador do ensino em Pernambuco, então diretor da Escola Normal, para aí ministrar um curso de sociologia. As alunas ficaram encantadas com as pesquisas que passaram a fazer, tendo as próprias famílias e os vizinhos de ruas e bairros como objeto de seus estudos. Essa experiência é considerada a primeira do gênero, no campo da sociologia antropológica no Brasil.

O fim da década de 1920 coincidiu com a revolução de outubro de 1930, que depôs o governador Estácio de Albuquerque Coimbra, levando-o a exilar-se em Portugal. Ainda que não se opusesse ao espírito do movimento revolucionário, Gilberto, solidário, o acompanhou.

Tão logo desembarcou em Lisboa, depois de passar pela Bahia, quando soube que a casa dos seus pais, no Recife, havia sido inteiramente saqueada pelos "revolucionários", e conhecer Dacar, no Senegal, inicia as pesquisas e estudos para escrever *Casa-Grande & Senzala*, em cujo prefácio evocaria: "Em outubro de 1930 ocorreu-me a aventura do exílio. Levou-me primeiro à Bahia; depois a Portugal, com escala pela África. O tipo de viagem ideal para os estudos e as preocupações que este ensaio reflete." Numa entrevista que deu nos últimos anos de vida, explicou:

> Toda a ciência antropológica que eu tinha dentro de mim teria que servir para um futuro livro, que eu ainda não sabia como seria. Lá pelas tantas, o navio em que viajávamos para o exílio

aportou em Dacar, no Senegal, e, apesar das dificuldades, fiquei deliciado com a oportunidade de conhecer o local. Pedi então a alguns pesquisadores franceses para fazer umas excursões, de modo que pudesse entrar em contato direto com as sociedades tribais africanas dessa área. Alguns nativos já falavam francês, mas muita gente ainda andava nua e só falava dialetos, pois os colonizadores estavam, de certa forma, tentando respeitar costumes tribais. Tomei muitas notas, mas não sabia para quê. Chegando depois a Lisboa, frequentei arquivos, o Museu Etnológico e a Biblioteca Nacional, sempre fazendo anotações sem saber exatamente o que faria com elas. Lá pelas tantas, para minha completa surpresa, recebi um comunicado da embaixada brasileira dando conta de um cabograma da Universidade de Stanford, que me remetia certa quantia em dinheiro e um convite para tornar-me professor visitante da instituição, com regalias extraordinárias. Eu tinha 30 anos, vejam só, e deveria dar um curso de graduação e outro de pós-graduação. Lá chegando, encontrei um geólogo que eu havia ajudado tempos antes, traduzindo-lhe um texto sobre a geologia do Brasil. Acho que foi por influência dele que fui convidado. Era um grande *scholar*, cientista e humanista, que possuía talvez a maior coleção brasiliana fora do Brasil. Parecia que ela estava à minha espera. Eu seria seu verdadeiro desvirginador. Metido ali é que me veio a ideia de *Casa-Grande & Senzala*.

Confessou haver passado fome em Lisboa.

No começo de 1931, Gilberto Freyre iniciou a redação de *Casa-Grande & Senzala*, primeira parte do projeto maior da *História da sociedade patriarcal no Brasil*. A conclusão dar-se-ia em 1933, no Recife. No interregno, esteve na Universidade de Stanford, na Califórnia, para orientar cursos sobre a escravidão, retornando ao Brasil através do Sul escravista para aprender com o que sobreviveu da monocultura patriarcal e escravocrata norte-americana. De regresso ao Rio de Janeiro, continua a pesquisar e a escrever *Casa-Grande & Senzala*. Recusa convites para trabalhar no novo governo brasileiro. José Américo de Almeida, autor de *A bagaceira*, vivia, então, com grandes dificuldades financeiras, hospedando-se em casas de amigos e em pensões baratas. Estimulado por Rodrigo Mello Franco de Andrade, GF contrata, com o poeta e então editor Augusto Frederico Schmidt, a publicação do livro por 500 mil réis mensais, que recebe com atrasos constantes. Em seu póstumo livro de memórias – *De menino a homem* –, GF narra a quase perda de grande parte dos originais do livro que foram milagrosamente resgatados por um marinheiro, quando a professora Paes Barreto, que os transportara de vapor, involuntariamente deixou-os cair no mar, ao desembarcar no Rio. Sem falar nas negaças do gordo e talentoso editor Schmidt. GF regressa ao Recife, onde continua a escrever na casa do irmão Ulysses.

O lançamento de *Casa-Grande & Senzala*, em dezembro de 1933, constituiu um momento excepcional em nossa história editorial, por representar um marco novo na historiografia, como destacou o historiador José Honório Rodrigues. Nas palavras do próprio Freyre,

> *Casa-Grande & Senzala* é a primeira parte de uma vasta obra sobre a sociedade patriarcal no Brasil. Em *Casa-Grande & Senzala* são estudadas as características gerais da colonização portuguesa, visando a formação de uma sociedade, agrária na estrutura, escravocrata na técnica de exploração econômica e híbrida em sua composição étnica e cultural. Há capítulos específicos sobre os antecedentes e predisposições do povo português como colonizador de áreas tropicais e sobre as contribuições do indígena e do escravo negro. ... Considerada de modo geral, a formação brasileira tem sido, na verdade, como já salientamos às primeiras páginas deste ensaio, um processo de equilíbrio de antagonismos. Antagonismos de economia e de cultura. A cultura europeia e a indígena. A europeia e a africana. A africana e a indígena. A economia agrária e a pastoril. A agrária e a mineira. O católico e o herege. O jesuíta e o fazendeiro. O bandeirante e o senhor de engenho. O paulista e o emboaba. O pernambucano e o mascate. O grande proprietário e o pária. O bacharel e o analfabeto.

Mas predominando sobre todos os antagonismos, o mais geral e o mais profundo: o senhor e o escravo.

Segundo mais tarde declararia, *Casa-Grande&Senzala* é uma obra autobiográfica. Uma autobiografia coletiva. Daí haver formulado o conceito de sociologia genética.

Até então, de um modo geral, a história dos povos consistia na narrativa dos episódios grandiosos, suas guerras nacionais, rebeliões internas, a alternância de reis, ditadores ou líderes democráticos no poder, como exaustivamente registrado em logradouros públicos e obras de arte, pinturas, esculturas e grandes monumentos. Pode-se dizer que GF inaugurou uma temática nova, abordada de pontos de vista até então ignorados no Brasil, ao transformar o cotidiano em objeto de interesse para a ciência social. Temas como a sexualidade familiar – que de tão endogâmica seria quase incestuosa –, a influência da escravatura na cultura nacional, os hábitos alimentares, as diferentes etnias. Foi ele quem trouxe para o Brasil a antropologia cultural, desenvolvida nos Estados Unidos no início do século XX. A ele, mais do que a qualquer outro, as ciências sociais no Brasil devem o alargamento de sua temática, passando a abranger a condição da mulher, as minorias sexuais, o espaço doméstico, família e parentesco. Polêmica é o que não falta em suas incursões pioneiras. Seu próprio estilo literário, como ele mesmo reconhecia, foi marcado pela "revolução sociolinguística" presente no imagismo dos países de língua inglesa. Foi ele quem trouxe a palavra *empatia* para a linguagem socioantropológica, como nos lembra a antropóloga Fátima Quintas.

A partir de seus conhecimentos no campo das ciências sociais, particularmente da sociologia e da antropologia, Gilberto deteve-se na análise interativa de um conjunto de fatos que de ordinário passavam ao largo da atenção dos estudiosos da vida dos povos, não obstante serem tradicionalmente objeto do interesse dos autores de trabalhos de ficção, cronistas, contistas e romancistas. A história oral, documentos particulares, anúncios de jornais e registros aparentemente secundários em arquivos públicos e privados integravam o objeto da atenção do Gênio de Apipucos, como mais tarde viria a ser chamado. Suas análises detalhadas das relações entre as pessoas, seu infatigável destrinchar de traços culturais, suas tentativas de delimitar as relações entre o físico, o biológico e o meio ambiente, sempre interpretadas à luz da vivência humana, constituem a força de seus livros, tanto ou mais que suas "visões" encantatórias. Somando-se a essa enorme capacidade analítica, capaz de identificar expressivas interações entre episódios aparentemente autônomos, seu proverbial cosmopolitismo levou-o a beber em várias fontes, na história e na antropologia britânicas, na história e na escola sociológica francesas e no pensamento social e filosófico alemão, além da ciência social norte-americana, produzindo, assim, um perfil singular. Era inegável sua intimidade com autores como Lamarck, Darwin, Spencer, Marx, Simmel, Weber, Boas, Giddings, William Thomas, Park, Dewey, Mencken, Bergson, Oliveira Lima, Euclides da Cunha, Roquette-Pinto, entre outros, habilitando-o a criticar, adaptar e inovar.

Agregando-se a tudo isso uma poderosa imaginação e um vigoroso estilo literário, tem-se o receituário seguido para a produção de uma obra que é uma referência nos estudos originais brasileiros, com repercussão internacional. É por isso que a compreensão dos seus ensinamentos não pode ser tarefa solitária de profissionais de domínios isolados. A complexidade de seu pensamento requer o concurso coletivo de vários ramos do conhecimento, compondo uma rede multidisciplinar, com abordagem transversal das ciências, em geral, com predomínio da antropologia, sociologia, história e geografia. GF perseguiu o que todo intelectual almeja: contribuir na construção de uma "nova era do desenvolvimento humano". Daí sua crítica implacável aos que se arvoram a donos do saber, estribados na irrefletida ventriloquia que, segundo ele, caracterizava a maior parte do magistério.

A crítica acolheu com entusiasmo crescente e duradouro *Casa-Grande & Senzala*, considerada um marco nos estudos sociológicos no Brasil. No início, porém, segundo o próprio GF, ninguém no Recife, inclusive o seu pai, leu o livro. Do Rio, chegavam as estimulantes palavras de Manuel Bandeira, Rodrigo de Mello Franco de Andrade, Prudente de Moraes e do editor Schmidt. Logo depois, Agripino Grieco, Afonso Arinos de Mello Franco, João Ribeiro, Roquette-Pinto, Pedro Dantas e Lúcia Miguel Pereira não regatearam encômios. Manuel Bandeira dedicou ao livro um poema consagrador. O respeitado mestre João Ribeiro classificou-o como uma obra de orientação metapolítica. Sustentava não ser possível planejar o futuro do Brasil sem levar em conta os múltiplos fatores geográficos, étnicos e culturais que condicionaram seu desenvolvimento, do início da colonização ao presente, exatamente como Gilberto pensava.

Ao ser publicado em inglês, francês, espanhol, alemão, italiano, húngaro e polonês, a crítica foi laudatória ao *magnum opus* de Freyre. Vejamos o que disse Roland Barthes, o renovador da crítica e dos estudos semióticos:

> Há em Freyre um sentido obsessional da substância, da matéria palpável, do objeto... ...que é, afinal, a qualidade específica de todos os grandes historiadores... ...se pensarmos na espantosa mistificação em que se constitui o conceito de raça, nas mentiras e nos crimes em que esta palavra, cá e lá, ainda não cessou de contestar, reconheceremos que este livro de ciência e de inteligência é também um livro de coragem e de combate. Introduzir a explicação no mito é, para o intelectual, a única maneira eficaz de militar.

O legendário historiador Fernand Braudel, ao prefaciar a edição italiana, sob o título *Padroni e Schiavi*, disse:

> Percorrer os livros de Gilberto Freyre é um prazer concreto, físico, como quem viaja num sonho pelos países tropicais e luxuriosos do Le Douanier Rousseau. Mas é também um prazer intelectual de qualidade excepcionalmente rara. Mais que uma obra de arte,

o livro de Freyre é uma revolução, uma vitória do amor dos homens pelos seus semelhantes.

Ainda que tenha alcançado o estrelato com *Casa-Grande & Senzala*, a precocidade intelectual de Gilberto Freyre, já divisada desde os primeiros estudos em Recife, fora proclamada quando da produção dos seus primeiros estudos nas universidades americanas que cursou a partir dos 18 anos e quando, graduado, retornou ao Brasil, publicando assiduamente artigos na imprensa nordestina e na *Revista do Brasil*, a convite de Monteiro Lobato, então influente editor, que logo se encantou com o seu talento.

Com a publicação de *Sobrados e mucambos*, em 1936, dedicado ao estudo da decadência do patriarcado rural e da emergência do desenvolvimento urbano, o grande projeto ganhou o segundo volume, do qual disse Gilberto:

> Em *Sobrados e mucambos* o autor estuda a decadência do patriarcado rural e o desenvolvimento do urbano, salientando conflitos e conciliações entre o engenho e a praça, a casa e a rua, o pai e o filho, a mulher e o homem, o sobrado e o mucambo, o brasileiro e o europeu, o Oriente e o Ocidente, as relações entre raça, classe e região, o comportamento do escravo diante do animal e da máquina, a ascensão do bacharel e do mulato e concluindo com um capítulo sobre a sistemática da miscigenação no Brasil patriarcal e semipatriarcal.

Em 1939, o historiador Lewis Hanke publica em Nova York o livro *Gilberto Freyre, vida y obra*, quando o brasileiro contava apenas 39 anos. Sem dúvida, mais um recorde.

Em 1959, viria a lume o terceiro volume da série, *Ordem e progresso*, produto de uma pesquisa com os brasileiros que viveram a Abolição e o advento da República, matrizes, a seu ver, do Brasil moderno. O projeto seria concluído com o livro *Jazigos e covas rasas*, que não chegou a ser escrito. Nele, Gilberto interpretaria os ritos de sepultamento dos mortos no Brasil patriarcal e semipatriarcal.

Uma das conclusões a que Gilberto chegou, ao estudar a formação da família brasileira sob o regime da economia patriarcal, foi a de que a colonização portuguesa resultou na mais conveniente para o Brasil, por ser o homem português aberto à diversidade étnico-cultural e detentor de larga experiência em regiões tropicais. Ao longo de toda a sua vida, ele submeteu esta conclusão ao crivo de sucessivos testes em foros internacionais. Dessa incessante reflexão nasceram os conceitos de tropicalismo e lusotropicalismo, presentes nos livros de 1953 *Aventura e rotina*, e em *Um brasileiro em terras portuguesas*. No livro *New World in the Tropics*, editado em Nova York em 1959, ampliação de *Brazil, An Interpretation*, de 1945, Gilberto Freyre apresentou ao mundo o Brasil antropológico, situado nos trópicos, étnica e culturalmente miscigenado. Posteriormente, o conceito de lusotropicalismo foi ampliado para permitir o cruzamento da antropologia com a ecologia, de modo a ensejar o estudo das relações simbióticas entre homens e valores europeus, culturais e naturais, e homens e valores tropicais, culturais e naturais. Nessa linha de pensamento, publicou, em 1961, *O luso e o trópico*, e em 1962, *Arte, ciência e trópico; Homem, cultura e trópico* e *O Brasil em face das Áfricas negras e mestiças*. Em 1964, publicou *A Amazônia brasileira e uma possível lusotropicologia*.

Essas questões levaram Gilberto a promover a criação de um Seminário de Tropicologia, em diferentes ocasiões, até 1987, ano de sua morte, abrangendo questões relacionadas à educação, saúde, higiene, economia, agricultura, engenharia, urbanismo, arquitetura, comunicações, artes e letras, contando com a participação de figuras exponenciais como Roberto Burle Marx, Flávio de Carvalho, Henrique Mindlin, Afonso Arinos de Melo Franco, José Leite Lopes, Antonio Houaiss, Pietro Maria Bardi, Carlos Chagas Filho, Aloísio Magalhães, Rachel de Queiroz, Miguel Reale e o teatrólogo Eugène Ionesco.

O reconhecimento internacional da autoridade antropológica de Gilberto Freyre era tal que, por duas vezes, a Organização das Nações Unidas lhe pediu pareceres sobre os conflitos raciais na União Sul-

Africana, em 1954 e 1966, quando seu trabalho *Race mixture and cultural interpenetration* foi apresentado no seminário sobre Direitos Humanos e *Apartheid*, realizado em Brasília.

A década de 1940 foi singularmente rica para Gilberto Freyre. A começar pela aquisição de um sobrado quase em ruínas no bairro de Apipucos, no Recife. Tão logo restaurado, foi morar nele com a jovem paraibana Maria Magdalena Guedes Pereira, com quem se casou em 1941. Continuaria, assim, a viver como sempre viveu: em sobrados, em casas-grandes.

A passagem de Gilberto pela política foi breve, mas frutuosa. Sua intensa participação na campanha presidencial do brigadeiro Eduardo Gomes, em 1945, foi decisiva para sua eleição para a constituinte de 1946. O mundo estudantil, vivamente agitado pela morte do estudante de direito Demócrito de Souza Filho, atingido por tiro da polícia militar, no dia 3 de março, quando se encontrava ao lado de Gilberto Freyre, que discursava, apoiou-o com entusiasmo. Gilberto sustentou sempre a crença de que o tiro visava-o.

Seus pronunciamentos durante os trabalhos constituintes foram reunidos no livro *Quase política*. Segundo Bento Munhoz da Rocha, historiador e governador do Paraná, "Gilberto na tribuna significa silêncio no plenário, de onde sumia o zum-zum das conversas de grupo. Ele era o sociólogo na correnteza política". Foi dele a iniciativa de criação do Instituto Joaquim Nabuco, depois transformado em fundação, destinado ao estudo antropológico das condições de vida dos trabalhadores rurais do Norte e Nordeste do Brasil. Lamentou não conquistar a reeleição, caminho para a realização do seu confessado desejo de governar Pernambuco ou Recife.

No plano educacional, sua atuação foi desde cedo facilitada pela identidade de pensamento com Anísio Teixeira, o maior educador brasileiro, que, como diretor do Inep, o convidou para dirigir o Centro Regional de Pesquisas Educacionais do Recife, onde realizou inestimáveis estudos e pesquisas no campo da educação e das ciências sociais, depois do convite para dar aulas na recém-fundada Universidade do Distrito Federal, em 1935. Juntos, Anísio e Gilberto lutaram por uma política educacional sensível à diversidade regional do Brasil. Ambos, da mesma idade, beneficiaram-se do alargamento dos seus horizontes proporcionado pelo acesso a boas universidades americanas. Segundo Gilberto Freyre,

> Anísio deslocou-se até o Recife para me convidar a assumir a cadeira de sociologia. Do nosso encontro resultou a criação da primeira cadeira de antropologia sociocultural no Brasil, precedida na América Latina apenas pela que Manuel Gamio, também discípulo de Boas, fundara antes no México. Inauguramos também a cadeira de sociologia, e começou uma grande fase para mim. Anísio me deu todo o apoio, e tive estudantes magníficos, como Hélio Beltrão, Lúcia Miguel Pereira e Heloísa Alberto Torres. Na universidade, me vi cercado por vários outros professores, digamos assim, "baianos", quer dizer, cheios de flama oratória, como o próprio Hermes Lima. Houve certa relutância em me aceitar porque eu dava aulas em tom de conversa, mas não mudei meu estilo. A mocidade acabou aderindo a mim, o que foi uma das grandes vitórias que tive na vida. Em cada aula, os estudantes já tinham podido consultar a gravação da anterior, o que propiciava muita conversa, com inteira liberdade de ideias. As fitas dessas discussões travadas em sala me serviram muito para a elaboração do livro *Sociologia*, introdução ao estudo dos seus princípios, que foi muito perseguido pelo patrulhamento ideológico submarxista. Eu digo sub porque tive com marxistas diálogos ricos e produtivos e, entre eles, houve gente inteiramente solidária comigo, como, por exemplo, Astrojildo Pereira.

Em 1973, com *Além do apenas moderno*, com "sugestões em torno de possíveis futuros do homem, em geral, e do homem brasileiro, em particular", sagrava-se pioneiro do conceito de pós-modernidade. Dez anos depois, voltaria ao tema com o livro *Insurgências e ressurgências atuais*, em que reflete sobre "cruzamento de sins e nãos num mundo em transição."

Ao desenho, seu meio de expressão anterior à alfabetização, Gilberto deu continuidade na pintura, sendo os temas preferidos vinculados ao passado brasileiro, como senhores e senhoras de engenho, brancos, negros, mestiços e velhos sobrados, fixados em aquarelas, óleos sobre telas e a lápis de cor. Seu interesse pela pintura, manifestado desde muito cedo, acompanhou-o por toda a vida, como se pode ver nos artigos de jornal dos anos 1920 e no ensaio sobre pintores nordestinos, incluído no *Livro do Nordeste* e reproduzido em *Região e tradição*.

Como escritor, o reconhecimento do valor de Gilberto Freyre é virtualmente unânime. Estimulado pela consagração da qualidade superior do estilo romanesco que imprimiu às suas obras de caráter científico, com marcante influência sobre o romance nordestino, como reconheceu José Américo de Almeida, autor de *A bagaceira*, obra pioneira no romance moderno, Freyre escreveu alguns contos e o romance *O outro amor do dr. Paulo*, recebidos com aplausos dentro e fora do Brasil, tornando-se objeto da tese "A imaginação do real: uma leitura da ficção de Gilberto Freyre", defendida por Edilberto Coutinho, em 1983, na Universidade do Rio de Janeiro. Na poesia, além do longo poema "Bahia de Todos os Santos e de Quase Todos os Pecados", louvado por Manuel Bandeira, ele escreveu vários outros inspirados em lugares como Apipucos, Heidelberg, Évora e Salamanca e outros tantos dedicados a Magdalena, reunidos nos livros *Talvez poesia* e *Poesia reunida*. Em janeiro de 1974, já no Recife, depois de longa hospitalização em São Paulo, GF publicou uma crônica em que exprimia a felicidade de rever Apipucos, com as formas e as cores de suas casas e de seus arvoredos, o canto dos pássaros, o aroma do sítio ecológico, o ruído da cadeira de balanço. O jornalista Ricardo Noblat retratou para a posteridade, na revista *Playboy*, a mais famosa mansão do Recife:

> Povoam-na antiquíssimos e pesados móveis de jacarandá, telas das melhores fases de Di Cavalcanti, Vicente do Rego Monteiro, Pancetti, Cícero Dias e Lula Cardoso Ayres. E também uma preciosa coleção de objetos artísticos de diversos países que Gilberto

já visitou. Esse magnífico acervo já foi visto e tocado por visitantes como Aldous Huxley, John dos Passos, Roberto Rosselini, Robert Kennedy, Albert Camus e Arnold Toynbee, entre outros.

Amante dos espetáculos, da convivência e das homenagens, Gilberto Freyre celebrou em grande estilo, dentro e fora do Brasil, o decurso dos seus 80 anos. Não há precedentes, até então, de um intelectual brasileiro ter sido alvo de tantas honrarias.

Em 18 de julho de 1987, retornava à casa de Apipucos sem poder ouvir nem ver. O coração parara de bater às quatro horas da manhã daquele sábado, no Hospital Português do Recife, onde permanecera internado por semanas. Sua morte repercutiu no mundo, como no *New York Times* e no jornal *ABC*, de Madri, onde o filósofo Julian Marias publicou um artigo sob o título "Adiós a un brasileño universal".

As relações entre Gilberto Freyre e os meios intelectuais brasileiros no campo das ciências sociais nunca foram uniformes. Oscilam entre o embevecimento mais completo e severas restrições acadêmicas que consideravam e ainda consideram sua obra ciclópica carente de rigor científico, sem prejuízo do reconhecimento do seu valor ensaístico e literário. Os sociólogos da USP, Universidade de São Paulo, com Fernando de Azevedo e Florestan Fernandes, à frente, lideram a oposição de reservas, apesar da manutenção de relações amistosas e construtivas, como a registrada na correspondência que mantiveram com Gilberto Freyre, alternadas com momentos de esfriamento. Gilberto ironizava as restrições sofridas, atribuindo-as ao viés esquerdizante dos uspianos. Com Sérgio Buarque de Holanda o relacionamento também flutuou entre a proximidade e o distanciamento.

Como a compreender o inevitável caráter polêmico de sua obra científica, disse ele no prefácio do livro de 1968, *Como e por que sou e não sou sociólogo*:

> Não sou nem pretendo ser sociólogo. Mais do que sociólogo creio ser antropólogo. Também me considero um tanto historiador e,

até, um pouco pensador. Mas o que principalmente sou creio que é escritor. Escritor – que me perdoem os literatos, a pretensão e os beletristas, a audácia – literário. E ao lado do sociólogo reconheço haver em mim um antissociólogo. Nas páginas que se seguem não procuro explicar tais contradições: apenas constatá-las. Aceito-as em vez de me envergonhar delas. Aceito sua coexistência.

Sua aberta oposição à União Soviética e aos comunistas não impediu relações cordiais com autores marxistas, como Astrojildo Pereira e Caio Prado Júnior. Suas relações com o salazarismo estimulavam a má vontade das esquerdas. É verdade que seu firme combate ao nazismo lhe permitia justificar-se como defensor da liberdade, independentemente de filiações ideológicas. O seu cosmopolitismo intelectual e existencial beneficiou-se de um autodidatismo que lhe permitiu um nível assombroso de leituras e de incontáveis viagens de estudos e observações, mundo afora, ao longo da vida. A amplitude dos seus interesses impediu sua caracterização como um especialista, prisioneiro das limitações acadêmicas. O culto dessa inclinação explica o valor que atribuía à obra de Marcel Proust, sobretudo pela importância dada ao tema da memória e das emoções. Como a comprovar sua abertura a tudo o que é humano, confessou experiências homossexuais, de que teria desistido por não lhe parecerem satisfatórias.

Cabe, no entanto, a Freyre um lugar de particular destaque, devido à ousadia de sua interpretação do Brasil e dos brasileiros. Até 1930, o que havia de mais avançado eram os estudos, ligados ao grupo da Universidade de Colúmbia, com Margaret Mead e Ruth Benedict à frente, que tinham, como referência principal, sociedades tribais, tradicionais e de pequena escala, como os nativos da Nova Guiné e índios norte-americanos. Só mais tarde, essas notáveis pensadoras tomariam como tema o Japão e a sociedade norte-americana, respectivamente.

É inegável a vocação de viajor de GF no campo das ideias.

Em vida, como depois de morto, Gilberto Freyre foi o intelectual brasileiro mais aplaudido dentro e fora do Brasil, apesar do caráter polêmico de sua obra científica.

Coube a Fernando Henrique Cardoso, em conferência proferida em 2010, protegido, tanto quanto possível, dos extremos a que podem conduzir as paixões, fazer a síntese mais abrangente do verdadeiro significado do papel de Gilberto Freyre, como intelectual, no Brasil e no mundo. Do saldo largamente positivo que fica da inteligente análise de FHC, Gilberto, de onde estiver, não terá do que se arrepender da permanente admiração que expressou pelo sociólogo presidente, trinta e um anos mais jovem do que ele.

Vejamos algumas opiniões, Brasil e mundo afora, sobre o Gênio de Apipucos:

> Se se constituisse a biblioteca dum novo humanismo, o livro do sr. Gilberto Freyre (*Casa-grande & Senzala*) teria nele um alto lugar, com a juventude eterna e triunfante. ANDRÉ ROUSSEAU

> Só um autor, simultaneamente, pensador, escritor e sábio, poderia escrever sociologia, sem incorrer no vício fundamental do suposto livro didático, que é o de não conseguir ser útil, por assim dizer, senão aos que já conheçam satisfatoriamente o assunto. ANÍSIO TEIXEIRA

> Nossa arte manter-se-á fiel à realidade através do lastro tradicional, ou não se manterá de modo nenhum. E nunca será demais lembrar que foi o movimento dirigido por Gilberto Freyre o primeiro a anunciar profeticamente esta verdade. ARIANO SUASSUNA

> O crítico ou historiador literário que procure reconstituir o itinerário do romance brasileiro contemporâneo terá forçosamente, sob pena de incorrer em omissão imperdoável, de ressaltar, ao lado do labor realizado pelos ficcionistas propriamente ditos, o papel desempenhado por um escritor, nesse tempo mais aplaudi-

do como sociólogo que como o grande inventor de estilo, dessa entidade de características tão nítidas e pessoais que é o estilo Gilberto Freyre. EDUARDO PORTELLA

Se il lettore vorrà sapere come – con la prima ondata di urbanesimo – si frantumerà questo paesaggio primitivo, dovrà leggere Sobrados e mucambos, quella migrazione di padroni e di schiavi verso la città brasiliana del Sette e Ottocento, verso le curiosità, le indiscrezioni, la modernità della via, una migrazione di ieri, eppure già cosí lontana nel tempo, degli anni in cui Pedro II fanciullo era il prototipo dei giovani intellettuali brasiliani. E il lettore italiano pensera probabilmente alla migrazione della nobiltà terriera verso le inquiete città dell'Italia del Trecento... Vi sono mille possibilità per sognare in queste pagine vivaci di Gilberto Freyre, fatte per il piacere di vedere e di comprendere, a condizione, però, di essere attenti, di sentirsi migliori.
FERNAND BRAUDEL

A obra de Gilberto Freyre interessa especialmente aos arquitetos por duas razões de igual importância. Uma delas está no conhecimento profundo da gente e do meio, na penetração psicológica e sociológica que lhes pode advir do estudo desse escritor. A outra se relaciona diretamente a um problema – ou melhor, a um aspecto – fundamental da arquitetura moderna no Brasil: o regionalismo, a busca de valores característicos não só do país em si, como de cada uma das suas várias regiões.
HENRIQUE E. MINDLIN

E então apareceu *Casa-Grande & Senzala*. Saíamos do terreno da ficção, da pura criação literária, agora abria-se um novo caminho para o estudo, para a ciência. Foi uma explosão, um fato novo, alguma coisa como ainda não possuíamos e houve de imediato uma consciência de que crescêramos e estávamos mais capazes. Quem não viveu aquele tempo não pode realmente imaginar sua beleza. Como um deslumbramento. Assisti e participei desses acontecimentos, posso dar testemunho. O livro de Gilberto foi fundamental para toda a transformação sofrida no país, verdadeira alavanca. O abalo produzido na opinião pública por *Casa-Grande & Senzala* foi decisivo. Uma época começava no Brasil, o aparecimento de tal livro era a melhor das provas. Jorge Amado

Gilberto Freyre caça a verdade ao vivo com sua visão segura e a coragem intelectual que confirma a coragem pessoal. Nas suas mãos a História torna-se tão sensível que se dramatiza. E, sem embargo dessa paixão, professa tanta imparcialidade, perante o fato e a ideia, que, não raro, se deixa levar submisso na torrente, até apreender a observação real. José Américo de Almeida

Embora algumas criaturas excepcionais hajam conseguido derrubar obstáculos ou manhosamente os contornar, tem toda a razão Gilberto Freyre quando lamenta a ausência de mulheres na direção da sociedade, afirmando que "da falta de feminilidade de processos – na política, na literatura, no ensino, na assistência social, noutras zonas de atividade – ressentiu-se a vida brasileira, através do esplendor e principalmente do declínio do sistema patriarcal". Lúcia Miguel Pereira

Ah, puissent-ils, les Brésiliens, comprendre leur bonheur. Puissent-ils ne pas troquer cette liberté d'allures, cet accord, cette intimité simplement renouée, sans tractations procédurières, avec leurs pères, ceux qui les ont engendrés, ceux qui ont déposé en eux tant de sentiments instinctifs et profonds, tant de façons d'être et d'agir toujours vivantes – puissent-ils ne pas troquer ces bienfaits contre les pédantes règles d'une histoire de vieux, fiers paradoxalement de leurs artères cassantes et de leur sclérose. D'une histoire pour diplomates fatigués – une histoire de pauvres diables qui se donnent l'illusion d'être quelque chose en morigénant Philippe II, en redressant Louis XIV, en corrigeant Napoléon. Mais en oubliant de chercher l'Homme, qui pourtant vit en eux. – Et de tout coeur, pour cette dernière leçon qui n'est pas la moindre: merci à Gilberto Freyre, et bonne chance à son livre! Lucien Febvre

Aliás para Freyre não existem fronteiras rígidas entre a região da poesia e a região da ciência. Da ciência criadora, como ele precisa, aquela ciência como que apocalíptica e quixotesca, tantas vezes tão próxima do ridículo e do obscuro, que é a mais alta das ciências. MANUEL BANDEIRA

Felizmente o Brasil futuro não vai ser o que os velhos historiadores disseram e os de hoje repetem. Vai ser o que Gilberto Freyre disser. A grande vingança dos gênios é essa. MONTEIRO LOBATO

Na obra numerosa de Gilberto Freyre, na qual, em muitos casos, ele soube melhor do que ninguém discernir e interpretar os aspectos mais característicos de nossa formação social, não poderia faltar a apreciação das influências inglesas e francesas sobre a vida, a paisagem e a cultura do Brasil. Tema fascinante, não apenas no estudo de gente como a nossa, de contornos menos nítidos e de maior receptividade a influxos externos, mas de povos de fisionomia marcada por traços peculiares a uma sólida e antiga estruturação social. OCTÁVIO TARQUÍNIO DE SOUSA

O mundo não tem conhecido muitos exemplos de escritores como Gilberto Freyre, escritores cujas vidas se integrem na de seu país e a nutram, comunicando-lhe sua maneira de sentir, de ver, e desfrutando essa alegria de identificar, em tantos aspectos da época em que vive, a sua marca inconfundível. OSMAN LINS

O que o Brasil e os brasileiros devem a Gilberto Freyre poderia ser definido como tomada de consciência histórica. Através da interpretação gilbertiana o Brasil "reconhece-se" e foi "reconhecido" pelo mundo, o que é, por sua vez, um fato decisivo, uma data na história brasileira. OTTO MARIA CARPEAUX

Prêmios e títulos

• Prêmio da Sociedade Filipe d'Oliveira, Rio, 1934
• Prêmio Anisfield-Wolf, USA, 1957

- Prêmio de Excelência Literária, da Academia Paulista de Letras, 1961
- Prêmio Machado de Assis, da Academia Brasileira de Letras (conjunto de obras), 1962
- Prêmio Moinho Santista de "Ciências Sociais em Geral", 1964
- Prêmio Aspen, do Instituto Aspen, USA, 1967
- Prêmio Internacional La Madonnina, Itália, 1969
- Sir – "Cavaleiro Comandante do Império Britânico", distinção conferida pela Rainha da Inglaterra, 1971
- Medalha Joaquim Nabuco, Assembleia Legislativa do Estado de Pernambuco, 1972
- Troféu Novo Mundo, por "obras notáveis em Sociologia e História", São Paulo; Troféu Diários Associados, por maior distinção atual em Artes Plásticas"; Prêmio Jabuti, da Câmara Brasileira do Livro, 1973
- Vencedor do Prêmio Esso, em 2005
- Medalha de Ouro José Vasconcelos, Frente de Afirmación Hispanista de México, 1974
- Educador do Ano, Sindicato dos Professores do Ensino Primário e Secundário em Pernambuco e Associação dos Professores do Ensino Oficial, 1974
- Medalha Massangana, Instituto Joaquim Nabuco de Pesquisas Sociais, 1974
- Grã-cruz Andrés Bello da Venezuela, 1978
- Grã-cruz da Ordem do Mérito dos Guararapes do Estado de Pernambuco, 1978
- Prêmio Brasília de Literatura para Conjunto de Obras, Fundação Cultural do Distrito Federal, 1979
- Prêmio Moinho Recife, 1980
- Medalha da Ordem do Ipiranga do Estado de São Paulo, 1980
- Medalha Biblioteca Nacional, 1984
- Grã-cruz de D. Alfonso, El Sabio, Espanha, 1983

- Grã-cruz de Santiago da Espada, Portugal, 1983
- Grã-cruz da Ordem do Mérito Capibaribe da Cidade do Recife, 1985
- Grande Oficial da Legião de Honra, França, 2008

BIBLIOGRAFIA

CLARISSA DINIZ E GLEYCE HEITOR. *Gilberto Freyre, Pensamento crítico*, 2010.
ENRIQUETA LARRETA E GUILLERMO GIUCCI. *Gilberto Freyre, uma biografia cultural*, 2007.
FERNANDO HENRIQUE CARDOSO. "Conferência sobre Gilberto Freyre", na Flip (Festa Literária Internacional de Paraty), em agosto de 2010.
GILBERTO FREYRE. *Casa-Grande & Senzala*, 1933.
_____. *Sobrados e mucambos*, 1936.
_____. *Ordem e progresso*, 1959.
_____. *New World in the Tropics*, 1959.
_____. *O luso e o trópico*, 1962.
_____. *O Brasil em face das Áfricas negras e mestiças*, 1962.
_____. *De menino a homem*, 2010.

ANÍSIO TEIXEIRA
(1900-1971)

"Só existirá democracia no Brasil no dia em que se montar no país a máquina que prepara as democracias. Essa máquina é a da escola pública." ANÍSIO TEIXEIRA

O RECONHECIMENTO DA IMPORTÂNCIA DO TRABALHO DE ANÍSIO TEIXEIRA na vida brasileira não para de crescer. Acima do que fez paira o que pregou com desassombro e incomparável lucidez. E note-se que fez muito ou, melhor dizendo, ninguém fez tanto quanto ele em favor da educação no Brasil, desde a Escola Parque na Bahia, passando pela Universidade do Distrito Federal, pelo Instituto Nacional de Estudos Pedagógicos e seu Centro de Pesquisas, pela Campanha Nacional de Aperfeiçoamento de Pessoal de Ensino Superior, até a criação da Universidade de Brasília.

Anísio Spínola Teixeira nasceu na cidade de Caetité, na Bahia, a 12 de julho de 1900, e faleceu no Rio de Janeiro, a 11 de março de 1971, ao despencar no poço de um elevador, na Praia de Botafogo, segundo a versão oficial, quatro meses e um dia antes de completar 71 anos. Quando muitos suspeitavam que tivesse sido sequestrado pelos orgãos de repressão da ditadura reinante no país, seu corpo foi localizado a partir do momento em que, entrando em decomposição, foi denunciado pelo odor. Um fim trágico e imerecido para uma das mais doces e fecundas personalidades do Brasil de todos os tempos.

As especulações em torno de sua morte não conduziram a qualquer conclusão segura. Por iniciativa de Hermes Lima, Anísio se candidatara a uma vaga na Academia Brasileira de Letras, em razão do que deu início ao périplo de visitas protocolares aos imortais eleitores. Ao dirigir-se ao apartamento do lexicógrafo Aurélio Buarque de Holanda Ferreira, Anísio desapareceu. Ao investigar seu paradeiro, depois que Aurélio ligou para saber por que não comparecera ao almoço agendado, a família ficou momentaneamente aliviada ao ser informada pelos militares de que ele estava detido, embora não se soubesse onde, apesar de incessantes buscas, interrompidas quando, dois dias depois, seu corpo foi encontrado.

O terceiro filho de Anísio, o psiquiatra Carlos Antônio Teixeira, não tem dúvidas de que o pai foi assassinado. É dele a cronologia que segue.

"Dia 11 de março: Pela manhã, Anísio vai para a FGV, em Botafogo, como vinha sendo sua rotina, devendo na hora do almoço ir ao encontro de Aurélio Buarque de Holanda, com quem agendara esse compromisso no Morro da Viúva. Minha mãe é informada pelo próprio Aurélio, no início da tarde, de que meu pai não compareceu.

12.3.1971: Após as mais diversas buscas em hospitais e delegacias, vem a informação de Abgar Renault que, segundo contatos mantidos com o Ministério da Guerra, através do general Syzeno Sarmento, meu pai teria sido preso pela Aeronáutica. O local seria informado no dia seguinte.

13.3.1971: Telefonema no fim da manhã, da delegacia da rua Bambina, em Botafogo, informa que o corpo de um oficial da Marinha foi encontrado portando os documentos de Anísio Teixeira, tendo sido encaminhado ao IML. Amigos médicos decidem comparecer ao IML para acompanhar a autópsia: professor Domingos de Paola, titular de Anatomia Patológica da UFRJ; professor Clementino Fraga Filho, titular de Clínica Médica, da UFRJ; professor Deolindo Couto, titular de Neurologia da UFRJ e o crítico literário e acadêmico Afrânio Coutinho. A descrição da autópsia, segundo esses amigos presentes: "Instrumento cilíndrico, provavelmente madeira, os dois traumatismos seriam incompatíveis de terem ocorrido concomitantemente, tal a violência (intensidade) do trauma craniano e do trauma supraclavicular." No momento em que o laudo se encaminhava para inviabilizar a hipótese de acidente, entram na sala os peritos que tinham procedido a perícia do local, que acabou sendo feita na ausência do corpo.

14.3.1971: Sepultado à tarde no Cemitério São João Batista, túmulo 19.679, quadra C.

O jornal *Última Hora*, na edição de 15 de março de 1971, demonstra de modo convincente que o corpo de Anísio não caiu no poço do elevador, mas foi transportado para o local onde foi encontrado.

Dois meses antes da morte, Anísio filosofou em carta ao grande amigo Fernando de Azevedo: 'Por mais que busquemos aceitar a morte, ela nos chega sempre como algo de imprevisto e terrível, talvez devido a seu caráter definitivo: a vida é permanente transição, interrompida por estes sobressaltos bruscos de morte."

Depois de sua morte, a ditadura ainda se manteria por mais quatorze anos, período em que a intolerância reinante, a exemplo do que tentou com outros brasileiros, como Juscelino Kubitschek e Oscar Niemeyer, cuidou de apagar o nome de Anísio da memória nacional, razão pela qual foi relegado ao olvido. Finda a ditadura, porém, seu nome foi gradativamente resgatado, até o ápice de ter sua efígie impressa na cédula de mil cruzeiros reais, vigente desde o lançamento a 1º de outubro de 1993, até julho de 1994, quando foi substituída pelo real. O seu centenário foi festejado em todas as escolas do país que têm apreço pela educação, como valor supremo, e o 12 de julho, em sua terra natal, Caetité, passou a ser feriado.

A casa em que nasceu o grande educador sedia a Fundação Anísio Teixeira, dirigida pela filha Babi – Anna Cristina Teixeira Monteiro de Barros, viúva do notável político e intelectual Artur da Távola, com biblioteca, museu, teatro e biblioteca móvel. No Rio, há o Centro Educacional Anísio Teixeira, uma escola particular de ensino fundamental e médio, com proposta pedagógica afinada com o pensamento do educador. Além disso, é cada vez maior o número de ruas, praças, edifícios e escolas com o nome do notável mestre.

O nome de Anísio Teixeira é emblemático da filosofia da educação no Brasil, de tal modo teimam em se manter atuais os mesmos problemas desafiadores responsáveis pelos seus penares e sua glória póstuma, ainda que em vida merecesse o louvor unânime das cabeças mais coroadas da inteligência brasileira. Embora, quase sempre, tenha atuado, como administrador público, em diferentes áreas da educação, extrai-se de sua obra uma completa concepção pedagógica, do homem, da sociedade e dos conhecimentos que importam para a formulação de uma filosofia da educação, de um modo tão intenso que marcou o campo educacional brasileiro, entre 1924 e 1971, ano de sua morte.

O desafio a que Anísio dedicou o melhor de suas forças e inteligência permanece gritantemente atual, porque as mudanças sofridas pela sociedade moderna passaram a exigir um nível de qualidade do ensino muito superior ao reclamado à sua época. Como filósofo da educação, Anísio inaugurou no Brasil a compreensão do significado da interação dos ambientes econômico, social, político e cultural atuando sobre o homem em geral, e os jovens discentes, em particular. Disse ele que "era fácil demonstrar como todos os pressupostos em que a escola se baseava foram alterados pela nova ordem de coisas e pelo novo espírito de nossa civilização."

Os projetos de Anísio tinham, em comum, o serem democráticos, desafiadores e inovadores, o suficiente para suscitar as mais fortes reações dos setores conservadores da sociedade, particularmente certas denominações religiosas, e do governo. Ninguém sofreu, tanto quanto Anísio, a resistência tenaz das retrógradas elites brasileiras, às suas mudanças propostas. A práxis autoritária reinante não suportava a ideia, hoje cediça, de estender a qualquer do povo as mesmas possibilidades de acesso à educação, tradicionalmente reservada às classes dominantes. Entre os mais destacados marcos das dificuldades que enfrentou, podemos mencionar a Escola Parque na Bahia; a Universidade do Distrito Federal; o Inep (Instituto Nacional de Estudos Pedagógicos) e seu Centro de Pesquisas (CBPE). Mais tarde viria a batalha pela aprovação da Lei de Diretrizes e Bases da Educação. A Universidade de Brasília, com Darcy Ribeiro, em 1960, uma retomada da frustrada Universidade do Distrito Federal de 1935, se não ofereceu dificuldades maiores quando de sua implantação, suscitou, a partir do golpe de 1964, a intervenção militar que a desbaratou. A maldição da nova universidade, porém, foi decretada quando de suas críticas à proposta de reforma universitária, de 1968, encabeçada pelos militares. Agora, Anísio, que já lutava contra os conservadores e a Igreja Católica, viu levantar contra si a iracúndia das baionetas caladas.

Depois de cursar a escola dos jesuítas, em sua cidade natal, e o secundário, em Salvador, no Colégio Antônio Vieira, também dos jesuítas, teve, aos 16 anos, seu valor reconhecido por Teodoro Sampaio, que o convidou para fazer uma palestra no Instituto Geográfico e Histórico. Segundo Luis Viana Filho, cada professor do secundário, encantado com a cintilante inteligência de Anísio, queria atraí-lo para sua área, a exemplo do padre Meyer, professor de química, que se dizia impressionado pelo pendor do menino de Caetité pela sua disciplina, bem como o padre Zimmermann, que o queria dedicado à física e à matemática. O naturalista padre Torrend nele identificou vocação darwiniana para observar a natureza, enquanto o padre Ferreira queria vê-lo brilhar no mundo das letras. O padre Cabral, antes de todos, não abria mão de fazê-lo jesuíta. De fato, até graduar-se pela Faculdade de Direito do Rio de Janeiro, em 1922, uma das poucas opções para a realização de curso superior, Anísio viveu sob a influência dos jesuítas, participando do Círculo Católico de Estudos, como congregado mariano e assíduo membro da Liga da Comunhão Frequente. A realização do curso de direito, no Rio, teve o dedo do pai, que pensava, assim, contribuir para que desistisse da carreira religiosa, destino que seguiu sua irmã por alguns anos.

Anísio Teixeira notabilizar-se-ia como refinado escritor e, sem dúvida, o maior educador do continente americano, na medida em que teve a força de ânimo necessária para materializar as lições do seu grande mestre, o educador-filósofo norte-americano John Dewey (1859-1952), a quem reverenciou ao longo de toda a vida. Como escritor, Anísio alternava a espirituosidade de Machado de Assis, com a poética aridez de Graciliano Ramos e a proverbial concisão do civilista Orlando Gomes.

Declare-se, de plano, que não cabe buscar comparações entre Anísio e importantes educadores, como Darcy Ribeiro e Paulo Freire. Ambos vestiam fraldas quando o jovem Anísio Teixeira já era consagrado como o maior nome da educação no Brasil, merecendo o aplauso unânime, inclusive de personalidades solares, como Monteiro Lobato, Alceu Amoroso Lima, Fernando de Azevedo, Otávio Mangabeira, Hermes Lima, Nestor Duarte, Florestan Fernandes, Afrânio Peixoto, Josué Montello e Luis Viana Filho.

Havia entre Anísio e Darcy o reconhecimento mútuo do valor intelectual pairando acima da relação de trabalho. Quando se conheceram, no Inep, Darcy ficou perplexo ao ouvir Anísio dizer que não tinha compromissos com as próprias ideias. Alegrou-se, porém, ao compreender que Anísio, apenas, expressava sua profissão de fé antidogmática, alguém permanentemente aberto a mudanças, toda vez que se convencesse de uma solução ou ideia melhor do que a esposada. A grande competência em educação do "mestre Anísio", como ele o chamava carinhosamente, sempre foi respeitada por Darcy, desde a época em que fora convidado por ele para coordenar as pesquisas no CBPE. Na verdade, a versatilidade intelectual e o estilo extrovertido de Darcy, sua paixão pela antropologia e as pesquisas em sociologia e educação combinavam com a lucidez intelectual, o estilo técnico e a timidez de Anísio. Parece ter havido entre ambos uma espécie de divisão de trabalho tácita: Anísio cuidaria da elaboração do projeto e Darcy da condução política do processo, embora Darcy tivesse dado, também, uma contribuição importante ao próprio projeto.

Por muito pouco, Anísio não se engajou na vida clerical, entregando-se à causa jesuítica. Para tanto contou muito a firme reação do pai, o médico Deocleciano Pires Teixeira, chefe político no município de Caetité, que queria vê-lo brilhando na política, mantendo a boa tradição familiar que já contava com nomes de peso como Aristides e Joaquim Spínola, o último presidente do Tribunal de Justiça da Bahia e fundador da *Revista dos Tribunais*. Mais tarde, o pensador católico Alceu Amoroso Lima, o Tristão de Ataíde, resumiria o conflito: "O jovem baiano, discípulo do padre Cabral e dos jesuítas do Colégio Antônio Vieira, cansado da disciplina escolástica e dos argumentos de autoridade, descrente do próprio molinismo, descobria a liberdade e trocava a religião pela educação."

Observe-se, a título de curiosidade, que o médico-coronel Deocleciano casou-se, sucessivamente, com três irmãs, sendo Anísio filho do último casamento com Anna Spínola Teixeira. Enquanto não se decidia sobre o que fazer da vida, Anísio sentiu-se fortemente pressionado por duas forças antagônicas: de um lado, o padre Luiz Gonzaga Cabral que, identificando nele insuperável vocação religiosa, queria vê-lo na Ordem dos Jesuítas; do outro, o pai, entusiasmado pela atividade política, sonhava vê-lo comandando os destinos do estado. Do convívio com os jesuítas Anísio recordaria agradecido: "Desde cedo, por felicidade minha, fui atirado para a atmosfera sadia dos seus colégios. E porque os jesuítas eram meus mestres e meus educadores, estimei-os e estimei-os muito, com esta estima incondicional e forte que se tributa aos pais." Disse mais: "Durante os doze ou quatorze anos de discípulo dos jesuítas, entre 1911 e 1923, tive a experiência dos ardentes conflitos religiosos, participando, com paixão, da formação intelectual e religiosa que me proporcionavam os padres. Rendi-me ao catolicismo e fiz mesmo projeto de entrar para a Companhia de Jesus. Cristão-novo, vivi ardentemente meu sonho loyoliano, durante todo o curso acadêmico, em que fui destacado congregado mariano na Bahia e depois no Rio."

Personagem central na história da educação no Brasil, da década de 1920 até a morte, com dez anos de interregno, a partir de 1935, quando foi afastado pelo Estado Novo, Anísio foi o pioneiro, no Brasil, no reconhecimento da importância da educação para o desenvolvimento das pessoas e dos povos. Para que se tenha uma noção de quão avançados foram suas ideias e o seu trabalho para a vida brasileira, ainda hoje a maioria dos políticos não se deu conta de que distribuição de renda e redução das desigualdades, tão presentes no discurso dos populistas, serão sempre uma quimera, enquanto não houver a generalizada introjeção do entendimento de que a educação é o caminho mais curto entre a pobreza e a prosperidade, o atraso e o desenvolvimento. Além de defender o fim da educação, tradicionalmente tida como privilégio de poucos, e o acesso a ela de todas as camadas da população, Anísio foi mais longe: pensou em todas as fases do processo educacional, desde a formação continuada do magistério, passando pela definição do conteúdo da grade escolar, até a qualidade do espaço físico, tudo isso compondo o universo do conceito da Escola Nova, que tinha como princípio a ênfase no desenvolvimento do intelecto e na capacidade de julgamento, em detrimento da memorização, visão materializada na Escola Parque, em regime de tempo integral. Por essa proposição inovadora e profundamente humanística, Anísio sofreu todo tipo de resistência, culminando por ser acoimado de comunista, apesar de não haver nada em sua rica biografia que pudesse conduzir a enquadramento tão falso quanto prejudicial à sua paz social e familiar. Mais ainda: enquanto os conservadores brasileiros o acoimavam de comunista, os Estados Unidos, sob a égide do macarthismo, mantiveram as portas de suas melhores universidades abertas ao magistério do genial baiano.

Anísio começou por reformar o sistema educacional da Bahia, dois anos, apenas, depois de formado, convidado que foi pelo governador Góes Calmon, por indicação de Hermes Lima, futuro escritor e jurista notável, além de primeiro-ministro no governo parlamentar de João Goulart. O governador Góes Calmon ficou tão impressionado com o jovem de 23 anos, que o levou para almoçar no palacete que leva o seu nome, hoje sede da Academia de Letras da Bahia. Foi nesse momento que Anísio optou definitivamente pela vida laica. Causou-lhe grande impressão o livro de Omer Buyse, *Méthodes américaines d'éducation* (1908), em que o autor defende um novo modo de encarar a educação, fato que o levou a uma criativa inquietação e a uma revisão intelectuais, que balançaram suas antigas concepções filosóficas e pedagógicas, sobretudo no que diz respeito à defesa que fazia do sistema educacional europeu.

Para conhecer mais do seu novo ofício, viaja à Europa, em 1925, onde permaneceu por quatro meses, estudando os sistemas educacionais da Espanha, Itália, França e Bélgica, experiência de grande valia na implementação de algumas reformas que introduziu no ensino em seu estado, como a ampliação da oferta de vagas escolares, inclusive a reabertura da Escola Normal, em Caetité, fechada desde 1901, e a formação de professores. Observe-se que, na década de 1920, como produto, em grande medida, da interação dos seus líderes, surgiram movimentos reformistas da educação em diferentes pontos do Brasil, a exemplo de Lourenço Filho, no Ceará, em 1923; Anísio, na Bahia, em 1925; Francisco Campos e Mário Casassanta, em Minas, em 1927; Fernando de Azevedo, no Rio, em 1928; e Lisímaco da Costa, no Paraná, ao fim da década. As duas últimas décadas do século XIX e as duas primeiras do XX foram muito ricas em formulações teóricas e práticas no campo da educação. Nomes como John Dewey, William James, Freud, Ellen Key, Kropotkin, Francisco Ferrer, Lay, Maria Montessori, Decroly, Holf-Oberkurch, Meumann, Otto, Claparède e Bovet, Ferrière e Freinet aportaram novas e enriquecedoras visões ao secular ramerrame das práticas educacionais.

Em 1927, Anísio viaja aos Estados Unidos, para conhecer a organização educacional americana, de lá retornando a Salvador, demitindo-se, no ano seguinte, porque o novo governador, Vital Soares, não concordava com suas ideias sobre educação. Em sua gestão, as matrículas no ensino primário subiram de 47 para 79 mil alunos, e as despesas com o ensino de 4% para 12% da receita estadual. Sobre os resultados alcançados, escreveria em 1928:

> O interesse pela instrução é uma realidade à vista de todos. As menores localidades estão aprendendo a ter orgulho pelas suas

coisas de ensino e a se porfiar nas conquistas de educação. A construção dos prédios escolares pelos municípios com auxílio do estado, a solicitação de localização de escolas, o interesse local pelo bom mestre, a fiscalização exercida por patriotismo, o estímulo do professor para se aperfeiçoar e progredir são alguns exemplos demonstrativos desse largo, verdadeiro interesse que está a percorrer todo o estado nas coisas de educação.

Aproveita que está desempregado, para, em 1928, retornar aos Estados Unidos, em bolsa de estudos do Teacher´s College da Universidade de Columbia, para fazer pós-graduação, obtendo o título de Master of Arts, quando trava conhecimento com o filósofo-educador John Dewey, por cuja obra se apaixona. Dewey era um progressista social. Via a educação como um processo de recriação ou reconstrução do educando por meio da experimentação. Propunha a educação *em* e *para* o educando.

Influenciado por essas novas visões, Anísio conclui pela supremacia de uma teoria educacional indissociável do conhecimento prático, desempenhando o ambiente social papel fundamental no aprendizado, uma vez que a escola, como a família, já não educava como no passado.

Anísio via a educação a partir de cinco ângulos:

a) A educação como um direito. Para ele a educação era um bem integrante da formação do ser humano, um direito inalienável e irrenunciável. Sendo dever do estado, formula em seu livro *Educação é um direito* uma teoria democrática de educação comum, pública, e elabora um plano estruturante e financiador de sistemas estaduais de ensino, a partir de sua experiência como secretário de Educação e Saúde da Bahia.

b) A educação não é um privilégio. Para Anísio, a educação era dever do estado: "A consciência da necessidade da escola, tão difícil de criar em outras épocas, chegou-nos, assim, de imprevisto, total e sôfrega, a exigir, a impor a ampliação das facilidades escolares. Não podemos ludibriar essa consciência. O dever do governo –

dever democrático, dever constitucional, dever imprescritível – é o de oferecer ao brasileiro uma escola primária capaz de lhe dar a formação fundamental indispensável ao seu trabalho comum, uma escola média capaz de atender à variedade de suas aptidões e das ocupações diversificadas de nível médio, e uma escola superior capaz de lhe dar a mais alta cultura e, ao mesmo tempo, a mais delicada especialização. Todos sabemos quanto estamos longe dessas metas, mas o desafio do desenvolvimento brasileiro é o de atingi-las, no mais curto prazo possível, sob pena de perecermos ao peso do nosso próprio progresso."

c) A educação de base deve ser geral e humanista. Segundo pensava, a educação não podia prescindir da participação da sociedade nem dos movimentos que nela ocorrem, razão por que deve ser geral e abrangente. Por isso, sustentou que: "...a educação formal é parte do contexto cultural da sociedade, atuando como expressão de sua continuidade e desenvolvimento. Quando a sociedade, sempre de algum modo em mudança, ou evolução, sofre uma intensificação ou aceleramento desse processo, o fator educação, refletindo a mudança, atua como força de resistência ou de renovação, concorrendo para dificultar ou facilitar o processo de readaptação social inerente à função característica da educação, dentro do processo cultural".

d) A escola pública é a máquina que prepara a democracia. Anísio via a escola pública como um instrumento imprescindível, apesar de reconhecer o fosso não raro existente entre o desejável e o factível. Disse a respeito: "Proclamamos a compulsoriedade da escola. Deixamo-la a cargo dos estados, o que foi sábio. Mas não a procuramos enraizar na comunidade local. Os municípios ficaram com uma competência supletiva. Pobres e sem recursos, criaram uma escola marginal. E a situação, hoje, é a que se vê. Escolas estaduais administradas à distância, não de todo más, alienadas, porém, do espírito local e dependentes em tudo e por tudo do poder central do estado. Enquanto as escolas eram poucas, o estado ainda lhes dava a devida atenção. Com o crescimento do sistema escolar e a expansão das demais obrigações do estado, vem-se tornando, cada vez mais difícil, ao estado, administrar a sua escola. Ante o imediatismo de certas necessidades materiais do progresso geral de cada unidade, a escola vem sendo relegada no plano geral de governo e, por outro lado, o tipo de centralização administrativa excessivamente compacto, estabelecido pelos governos estaduais, impede a atenção individual às escolas, o que leva a administrá-las como se fossem unidades de um exército uniforme e homogêneo, espalhado por todo o território." (Esse raciocínio lapidar conduziu à municipalização do ensino básico.)

e) O professor tem de ser capacitado democraticamente. Para Anísio, a capacitação e a permanente reciclagem do professor são vitais para a eficácia do processo educacional. Sobre o tema, declarou: "O magistério constitui uma das profissões em que a formação nunca se encerra, devendo o professor, terminado o curso regular, continuar pela prática e tirocínio o seu desenvolvimento... Hoje, além dessa prática e desse tirocínio... procura-se dar ao professor estágios, cursos e seminários destinados a apressar e sistematizar as conquistas que somente uma muito longa prática, e aos mais capazes, poderia dar. É o chamado *training in service*, educação no cargo em expansão em todas as profissões de natureza, simultaneamente científica e artística."

A educação deveria, para Anísio, apoiar-se em três pilares: o jogo, compreendendo recreação e educação física; o trabalho, incluindo exercícios práticos e certas atividades, como marcenaria e corte e costura; e o estudo teórico, propriamente dito. Essa pedagogia da Escola Nova incluía a noção de que o discente deveria aprender construindo o conhecimento, numa atitude proativa, em lugar da passividade tradicional diante do *magister dixit*.

Observe-se a identidade existente entre o pensamento de Anísio e a mais nova concepção da educação da Unesco para o terceiro milênio: "aprender a conhecer"; "aprender a fazer"; "aprender a viver juntos"; "aprender a ser" que, pensados na sua interação e interdependência, fundamentam-se numa concepção de totalidade dialética do sujeito.

Para que se tenha uma ideia de como ainda nos encontramos distanciados das atualíssimas lições de Anísio, já àquela época ele pregava que todo professor deveria ter curso universitário. Enquanto nos encontramos longe disso, países como a Finlândia e a Coreia do Sul contam com 100% dos professores com mestrado, para ensinar aos alunos mais tenros.

Ainda nos Estados Unidos, em 1929, Anísio escreveu que, de sua experiência americana, acima do progresso material, o que lhe tocou a sensibilidade foi "a grande tradição nacional de democracia que permite a cada indivíduo evolver do direito de ter um voto para o direito de ter uma oportunidade para, na medida de suas forças, se encontrar plenamente no campo econômico ou no campo social".

De volta ao Brasil, dedicado à tradução de dois livros de Dewey, recebeu convite do prefeito Pedro Ernesto, em 1931, para dirigir a educação no Rio de Janeiro, capital da República, no mesmo posto que ocupava na Bahia: diretoria da Instrução Pública, em cujo mandato instituiu a integração da Rede Municipal de Educação, indo do fundamental à universidade. De tudo o que realizou nesse período, a criação da Universidade do Distrito Federal, cujo primeiro reitor foi Afrânio Peixoto, resultou a mais polêmica.

Da luta travada entre os conservadores que queriam preservar a educação como privilégio e a proposta de Anísio, nasceu, em 1932, o Manifesto dos Pioneiros da Escola Nova, redigido por Fernando de Azevedo, a maior expressão da sociologia educacional do país, e assinado pelas figuras de maior relevo na República. O foco do manifesto era a defesa da escola pública, laica e obrigatória. Isso que hoje é assunto corriqueiro, à época, soava como estrepitoso escândalo aos ouvidos moucos dos conservadores, liderados pela Igreja Católica. Enquanto a disputa se desdobrava nos bastidores, Anísio logrou fundar a Universidade do Distrito Federal, para o que teve todo apoio do prefeito Pedro Ernesto, em 1934, um ano depois da fundação da Universidade de São Paulo. Um dos seus objetivos era alcançar níveis semelhantes aos das melhores universidades do mundo, buscando "promover e estimular a cultura de modo a concorrer para o aperfeiçoamento da comunidade brasileira; encorajar a pesquisa científica, literária e artística; propagar o conhecimento da ciência e das artes pelo ensino regular de suas escolas e por seus cursos de extensão; formar profissionais e técnicos nos vários ramos de atividade que suas escolas comportassem; prover a formação do magistério em todos os seus graus."

No discurso de inauguração, disse Anísio:

> A universidade é, pois, na sociedade moderna, uma das instituições características e indispensáveis, sem a qual não chega a existir um povo. Aqueles que não as têm também não têm existência autônoma, vivendo tão somente como um reflexo dos demais. A história de todos os países que floresceram e se desenvolveram é a história da sua cultura e a história de sua cultura é, hoje, a história das suas universidades. Trata-se de manter uma atmosfera de saber para preparar o homem que o serve e o desenvolve. Trata-se de conservar o saber vivo e não morto, nos livros ou no empirismo das práticas não intelectualizadas. Trata-se de formular intelectualmente a experiência humana, sempre renovada, para que a mesma se torne consciente e progressiva. Não cooperamos, não colaboramos, não nos solidarizamos com os companheiros, nem em ação, nem em pensamento, porque cada um de nós é o centro do universo. ...É esse isolamento que a universidade virá destruir. A universidade socializa a cultura, socializando os meios de adquiri-la. Dedicada à cultura e à liberdade, a Universidade do Distrito Federal nasce sob um signo sagrado, que a fará trabalhar e lutar por um Brasil de amanhã, fiel às grandes tradições liberais e humanas do Brasil de ontem.

Estudiosos concluem que o conteúdo curricular da nova universidade refletia o perfil intelectual de Anísio, forjado no humanismo jesuítico fundido com a influência sofrida nos estudos de pós-graduação na Universidade de Columbia.

Mais tarde, a Universidade do Distrito Federal seria transformada na Faculdade Nacional de Filosofia da Universidade do Brasil, que teve como seu grande reitor o historiador Pedro Calmon, um dos maiores polígrafos brasileiros de todos os tempos.

Ainda em 1930, o amigo e admirador Nestor Duarte tomara a cunhada Emília Telles Ferreira pelo braço e a apresentou a Anísio: "Apresento-lhe sua futura esposa." Dito e feito. Do casamento, em 1932, nasceram os quatro filhos: Ana Marta, Ana Cristina, Carlos Antônio e José Maurício, o último precocemente desaparecido em acidente de carro, em 14 de novembro de 1962, episódio que mudaria para sempre a vida de Anísio e Emilinha.

Considerado suspeito pelo Estado Novo getulista de envolvimento com a Intentona Comunista de 1935, Anísio deixa a vida pública, esclarece e repele a suspeição:

> Não sendo político e sim educador, sou, por doutrina, adverso a movimentos de violência, cuja eficácia contesto e sempre contestei. Toda a minha obra, de pensamento e de ação, aí está para ser examinada e investigada, exame e investigação que solicito, para que se lhe descubram outras tendências e outra significação, senão as de reconhecer que o progresso entre os homens provém de uma ação inteligente e enérgica, mas pacífica. Se, porém, os educadores, os que descreem da violência e acreditam que só as ideias e o seu livre cultivo e debate é que operam, pacificamente, as transformações necessárias, se até esses são suspeitados e feridos e malsinados nos seus esforços, que alternativa se abre para a pacificação e a conciliação dos espíritos?

Mais tarde, avaliaria o seu trabalho de cinco anos à frente da educação no Distrito Federal:

> Procurei, durante perto de cinco anos, elevar a educação à categoria do maior problema político brasileiro, dar-lhe base técnica e científica, fazê-la encarnar os ideais da República e da democracia, distribuí-la por todos na sua base elementar e aos mais capazes nos níveis secundários e superiores, e inspirar-lhe o propósito de ser adequada, prática e eficiente, em vez de acadêmica, verbal e abstrata. Esta luta encerrou-se em 1936 com a onda reacionária que então submergiu o país. Os nossos insignificantes progressos democráticos pareceram perigosos, e um obscurantismo que se julgaria impossível entre nós determinou um retorno de 180 graus na roda do leme nacional.

Decepcionado, Anísio retorna aos seus pagos, residindo na fazenda Gurutuba, e passando a dedicar-se à mineração, negócio da família, de 1935 a 1945. Em 1939, a ditadura Vargas fecha a Universidade do DF, responsável pela mudança do ensino superior brasileiro. Anos depois, Darcy Ribeiro diria sobre esse episódio: "Filha querida de Anísio, foi fechada e banidos seus professores, os mais brilhantes que o Brasil já teve."

A correspondência com alguns amigos diletos, como Monteiro Lobato, Afrânio Peixoto e Fernando de Azevedo, era seu único contato com a metrópole, nesse período de reclusão voluntária. Com o passar dos anos, Anísio foi identificando motivações para encontrar nesse estilo de vida rural, tão diferente do burburinho intelectual a que se acostumara, encantos para ser feliz, superando a impressão restringente que transmitiu ao irmão Nelson quando, recém-formado, exerceu na terra natal as funções de promotor interino: "O sertão é para meses de repouso, não para o grande depósito que é a vida... Acostume-se a estar sempre combatendo por alguma causa." É verdade que Caetité foi cognominada no século XVIII "A Corte do Sertão", prestígio decorrente do desenvolvimento da cultura do algodão. Em seu livro sobre Anísio, Luis Viana Filho lembra que os sábios Spix e Martius encontraram aí um exímio latinista. Em paralelo à vida empresarial, Anísio vai traduzindo várias obras de autores de língua inglesa, enquanto escreve o livro *Educação para a democracia*.

Logo depois do fim da guerra, Anísio foi convidado por Julien Huxley, consagrado cientista, irmão de Aldous Huxley e neto de Thomas Huxley, parceiro e animador de Charles Darwin, no desenvolvimento da teoria evolucionista, para ter assento na Unesco – Organização das Nações Unidas para a Educação, Ciência e Cultura. Era o reconhecimento internacional de seu grande valor e o início do período de maior visibilidade nacional e internacional de sua carreira. Transbordante de alegria, escreveu ao amigo Monteiro Lobato: "Depois de dez anos de enxotamento no Brasil, ver-me suspenso pelo Huxley e feito conselheiro de uma universidade do mundo é francamente milagre de conto da carochinha." Carlos Lacerda, então, redator do *Correio da Manhã*, aproveitou o ensejo para desancar o Estado Novo:

> Os melhores homens deste país, ao que parece, são aqui atirados pela janela, com uma desenvoltura, uma inocência realmente espantosa. O mais recente caso, e dos mais dramáticos, é o de Anísio Teixeira. Quase um menino quando voltou ao Brasil, de volta das lições de John Dewey, o admirável filósofo da educação democrática, esse baianinho miúdo e franzino recebeu o encargo de dirigir a instrução pública do Distrito Federal. Em meio às mais duras incompreensões pôs de pé o Departamento de Educação que depois o Estado Novo levou anos a destruir metodicamente com sadismo e com fúria. Para não ser preso como comunista, o educador teve de voltar à sua terra natal, a Bahia, onde se refugiou no comércio como única atividade permitida. Pôs-se a exportar manganês o admirável ensaísta da *Educação para a democracia*... O defenestrado Anísio Teixeira teria sido no entanto uma das vozes a serem ouvidas na reorganização do Brasil, se realmente o governo agora estivesse pensando em reorganizá-lo... Ontem, durante a sessão da Assembleia, recebemos a notícia de que Anísio Teixeira foi convidado para Conselheiro de Educação da Organização Educacional e Científica da ONU, sediada em Londres, para onde deverá seguir, em começo de julho próximo, o mestre brasileiro. Eis no que dá o costume nacional da defenestração. O

Brasil atirou pela janela mais esse excepcional homem de ideias e de ação. Ia passando um transeunte sôfrego, à procura de guias, de organizadores, de mentores espirituais para uma época atribulada e confusa e agarrou o brasileiro miúdo, franzino e admirável. Esse transeunte era o Mundo.

Logo ficou patente a frustração de Julien Huxley como de Anísio Teixeira, diante da incapacidade da ordem internacional para compreender o papel da educação na redenção dos povos. Coincidindo com esse desânimo, Anísio deparou-se com o magnífico dilema de escolher entre explorar as maiores reservas de manganês do mundo, na serra do Navio, no Amapá, ou atender o convite do novo governador da Bahia, Otávio Mangabeira, um dos maiores líderes liberais do país, para ocupar a Secretaria de Educação e Saúde, com carta branca para fazer o que quisesse. Era a primeira vez que Anísio recebia um convite acompanhado de tanta liberdade de ação. Dessa experiência, o episódio mais marcante, sem dúvida, foi a fundação da Escola Parque – Centro Educacional Carneiro Ribeiro, em tempo integral, no populoso e pobre bairro da Liberdade, modelo para os futuros Cieps de Darcy Ribeiro, da década de 1980 em diante; Ciacs do governo federal, na década de 1990; os Colégios Modelo, da Bahia, e as dezenas de CEUs – Centros Unificados, de São Paulo, nos primeiros anos do Terceiro Milênio. Ao desistir do bilhete premiado, embutido na exploração das reservas de manganês da serra do Navio, Anísio jogou pela janela a possibilidade real de se transformar num dos homens mais ricos do Brasil, como reconheceu em carta dirigida de Nova York ao fraternal amigo Paulo Duarte.

O Centro Popular de Educação Carneiro Ribeiro foi criado como um modelo para a universalização da educação integral do homem comum. O gênio de Anísio dividiu a escola em dois setores: o de instrução, correspondente à escola tradicional, destinado ao aprendizado da leitura, escrita, aritmética, ciências físicas e sociais; e o da educação propriamente dita, ou escola ativa, destinado ao aprendizado de atividades socializantes, as artes, trabalhos manuais, educação física e artes industriais. No discurso de inauguração, ensinou Anísio:

> É contra essa tendência à simplificação destrutiva que se levanta este Centro Popular de Educação. Desejamos dar, de novo, à escola primária o seu dia letivo completo. Desejamos dar-lhe os seus cinco anos de curso. E desejamos dar-lhe seu programa completo de leitura, aritmética e escrita, e mais ciências físicas e sociais, e mais artes industriais, desenho, música, dança e educação física. Além disso, desejamos que a escola eduque, forme hábitos, forme atitudes, cultive inspirações, prepare realmente a criança para a sua civilização, esta civilização tão difícil e complexa por estar em mutação permanente. E além disso desejamos que a escola dê saúde e alimente a criança, visto não ser possível educá-la no grau de desnutrição e abandono em que vive.

Ao espírito míope dos seus opositores, Anísio não passava de ingênuo utopista, quando o que pregava era tudo que o Brasil deveria ter feito para evitarmos o pântano moral e os níveis brutais de violência em que fomos lançados por não compreendermos o papel redentor da educação. Às críticas, reagia com modéstia: "Sou apenas um republicano que acredita na constituição do seu país. A campanha que se faz contra mim é, sobretudo, uma campanha contra a constituição e a República." O pior é que o tempo passa e a educação continua descurada, seus pósteros usam a educação como argumento corretamente político, sem a convicção necessária para fazer dela efetiva prioridade, prenúncio de que os males que nos inquietam hoje tendem a nos assombrar no futuro próximo. Vejamos, ainda, o que aduzia para justificar a Escola Parque, uma vez que, segundo pensava,

> excetuados os filhos de famílias abastadas, toda as crianças podiam ser consideradas abandonadas, pois, se tinham pais, não tinham lares em que pudessem ser educadas, e se aparentemente tinham escolas, na realidade não as tinham, pois as mesmas ha-

viam passado a simples casas em que as crianças eram recebidas por sessões de poucas horas, para um ensino deficiente e improvisado. No mínimo as crianças brasileiras que logram frequentar escolas estão abandonadas em metade do dia. E este abandono é o bastante para desfazer o que por acaso tenha feito a escola na sua sessão matinal ou vespertina. Para remediar isto, sempre me pareceu que devíamos voltar à escola de tempo integral.

Mais adiante, advertiu:

Tudo isso poderá parecer absurdo, entretanto, muito mais absurdo será marcharmos para o caos, para a desagregação e para o desaparecimento. E de nada menos estamos ameaçados. Os que estão, como cassandras, a anunciar e esperar catástrofes e subversão, irão fazer as escolas que deixamos de fazer para a vitória do seu regime. Se o nosso, o democrático, deve sobreviver, deveremos aparelhá-lo com o sistema educativo forte e eficaz que lhe pode dar essa sobrevivência.

E, com a visão do estadista:

Se uma sociedade como a brasileira, em que se encontram ingredientes tão incendiáveis como os das suas desigualdades e iniquidades sociais, entra em mudança e agitação acelerada, sacudida por movimentos e forças econômicas e sociais que não podemos controlar, está claro que a mais elementar prudência nos manda ver e examinar as molas e instituições em que se funda essa sociedade para reforçá-las ou melhorá-las, a fim de que as suas estruturas não se rompam ao impacto produzido pela rapidez na transformação social.

Que se poderia dizer de mais atual? Respondendo aos que inquinavam de caro o seu projeto, dizia: "É custoso e caro porque são custosos e caros os objetivos que visa. Não se pode fazer educação barata, como não se pode fazer guerra barata. Se é a nossa defesa que estamos construindo, o seu preço nunca será demasiado caro, pois não há preço para a sobrevivência." Esse diagnóstico de 1950 é hoje de gritante atualidade. Na Bahia do terceiro milênio, o Cesa, Centro Educacional Santo Antônio, escola para alunos carentes, mantida pelas Obras Sociais Irmã Dulce, no município de Simões Filho, com oitocentos alunos, é a única que segue o modelo da Escola Parque. O que não deixa de ser uma ironia, uma vez que o estado natal de Anísio é um dos mais atrasados do país em matéria de ensino público básico e fundamental.

Ao fazer um balanço de sua ação como secretário da Educação, disse Anísio do governo de Otávio Mangabeira, em carta ao jornalista Odorico Tavares:

> Mas que prazer e que alegria trabalhar, como trabalhamos, em um governo notável pelo que fez e realizou de palpável e concreto, mas sobretudo, excepcional pelo que realizou de invisível: a justiça, a liberdade e a confiança! Foi este clima que tornou o período Otávio Mangabeira na Bahia um dos grandes períodos de governo em qualquer parte da terra. Todos os "Deuses invisíveis da Cidade", como os chama Ferrero, desceram sobre a Bahia e, por quatro anos, fomos um dos pontos civilizados e felizes do globo. Saímos cansados, mas alegres.

Nos anos de 1950, foi convidado a dirigir o Inep – Instituto Nacional de Estudos Pedagógicos, órgão que no governo de Fernando Henrique Cardoso foi rebatizado como Instituto Nacional de Estudos e Pesquisas Educacionais Anísio Teixeira. Criou, também a Capes – Campanha Nacional de Aperfeiçoamento de Pessoal de Nível Superior, em julho de 1951, de que foi o primeiro dirigente, nomeado por Getúlio Vargas, a quem era diretamente subordinado, até o golpe de 1964, quando a Capes passou a integrar o organograma do Ministério da Educação.

Em 1952, quando da celebração dos vinte anos do Manifesto dos Pioneiros, escreveu:

Não se pode negar que de 1932 para cá houve certo progresso na área de consenso de opinião, e também, talvez, na compreensão da dificuldade de reformar, mas, ao mesmo tempo, e, quiçá como consequência, uma visível hesitação, senão inibição diante da tarefa a realizar. Como o importante é muito difícil, tocou-se a fazer o acessório, o não importante, o apenas extraordinário, deixando-se o trabalho de base para...quando for possível. Ora, isso é tudo que há de mais perigoso. Cada vez será mais difícil a reconstrução, se perdemos assim de vista os problemas fundamentais.

Uma das formas de crítica sofrida pela Escola Parque era a recorrente arguição de que se tratava de projeto próprio para as áreas rurais e não para o ambiente urbano. Anísio aproveitou o ensejo de uma carta de agradecimento que escreveu ao cronista Rubem Braga para corrigir o equívoco interpretativo:

> Se lhe sobrasse tempo para ler coisas ainda mais fastidiosas do que *Educação não é privilégio* teria podido ver que essa escola de tempo integral não é a escola do campo mas a da cidade, ...sobretudo a da cidade moderna, onde a criança já não poderá ter nenhuma experiência integrada e harmoniosa senão na escola, todos os outros seus espaços vitais – o do apartamento, o da rua, o do clube, o do cinema – sendo parciais, fragmentários e contraditórios... No campo seria o contrário; a escola poderia ser de tempo parcial, como você pensa, pois a grande e boa educação da criança já se faz pela sua vida simples, mas integrada, responsável, construtiva e, sobretudo, incrivelmente digna, pelo trabalho e pelas relações humanas diretas, sérias e completas. Ah, meu caro Rubem, se soubesse quanto penso como você com relação à nossa criança rural! Vou a tão longe que as dúvidas que me assaltam são maiores que as suas. ...Sabe, meu caro Rubem, quanto é difícil pensar claro em nosso país. Como o nosso progresso se fez por acaso, julgamos poder continuar a progredir por acaso. A realidade, porém, não é que progredimos por acaso, mas que progredimos até ontem, lentamente, e o progresso len-

to toma conta de si mesmo e acaba por se harmonizar. Mas, o progresso rápido de hoje não tem tempo para esse ajustamento. Todo progresso é um tumulto e uma deslocação e, se se faz muito acelerado, destrói mais do que constrói, e daí ser necessário um esforço substancial na quantidade da educação do indivíduo para suportá-lo e corrigi-lo.

O Memorial dos Bispos, em março de 1958, sob a liderança do cardeal Vicente Scherer, veio coroar o movimento conservador que via a escola pública como de inspiração socialista. Pela voz de Carlos Lacerda, defensor de Anísio, em passado recente, os conservadores pediram sua cabeça. A reação não se fez esperar. Em toda parte pipocavam manifestações de solidariedade à escola pública e à manutenção de Anísio no Inep. Os festejados jornalistas Rubem Braga e Joel Silveira deram voz ao movimento de reação que empolgou os meios intelectuais, a ponto de, mais uma vez, confiarem a Fernando de Azevedo a redação de novo manifesto, um quarto de século depois do Manifesto Pioneiro de 1932. Entre os signatários do Manifesto dos Educadores, como ficou conhecido, lá estariam, dentre outros, além dos óbvios Anísio e Fernando de Azevedo, Júlio de Mesquita Filho, Hermes Lima, Darcy Ribeiro, Cecília Meireles, Celso Kelly, Florestan Fernandes, Miguel Reale e o jovem sociólogo Fernando Henrique Cardoso. A maré montante da reação foi tamanha que Juscelino tentou negociar com Anísio, através de Augusto Frederico Schmidt, um pedido de exoneração em troca da embaixada que quisesse. Anísio declinou. Educação era seu carma e sua vocação. Ficou. Apesar de vitorioso, o episódio magoara-o. Na ocasião, Fernando de Azevedo declarou:

> Não é para a Rússia Soviética, mas para os Estados Unidos que ainda tem voltados os olhos e o pensamento. Ele continua a ser o grande perseguido das forças reacionárias, mobilizadas para lhe quebrar os pulsos e pô-lo fora de combate ou, por outras palavras, para alijá-lo dos postos de direção que, para ele, nunca foram senão de trabalho e de sacrifício.

Para celebrar os 60 anos do educador, amigos lançaram o livro *Anísio Teixeira, pensamento e ação*, com textos assinados por Carneiro Leão, Fernando de Azevedo, Jaime Abreu, Afrânio Coutinho, Gilberto Freyre, Gustavo Lessa, Hermes Lima, Lourenço Filho, Péricles Madureira, Juracy Silveira, Luiz Henrique Dias Tavares, Delgado de Carvalho e Darcy Ribeiro.

A morte do caçula José Maurício, aos 19 anos, em novembro de 1962, abateu profundamente o ânimo do casal Anísio-Emilinha, que não mais retornou ao apartamento onde moravam, transferindo-se para um sítio em Itaipava, adquirido como derivativo. A viagem que fizeram aos Estados Unidos, no início de 1963, se revelou útil para lhes levantar o ânimo, sendo coroada com o recebimento, por Anísio, da medalha de honra que lhe conferiu o Teacher's College, por onde se graduou em 1928. Não era para menos. O texto impresso na medalha dizia o seguinte, em inglês: *Mestre para seus alunos, seus colegas e seu país, cujo saber ilumina a educação em todas as Américas; líder nas escolas e universidades do Brasil, seu exemplo inspira os educadores mundo afora, homem que ama tanto o saber que devota a vida ao progresso e à melhoria das escolas. Para honrar seus serviços à causa da educação internacional, para assinalar quanto nos orgulhamos do antigo aluno que se distinguiu e para lhe expressar a elevada estima que lhe dedicamos, o Teacher's College lhe confere esta medalha por relevantes serviços.* No plano profissional era muito. Afinal de contas, da maior nação do mundo vinha o reconhecimento que sua terra lhe regateava. Insuficiente, porém, para cicatrizar a imensurável perda do filho.

A partir de 1963, Anísio acresceu a suas atribuições a assunção do reitorado da Universidade de Brasília que exerceu até o golpe militar de 1964, quando deixou o Brasil e foi ensinar em universidades americanas, Columbia, Nova York e California, como *visitingscholar*. A intensa atividade intelectual a que se dedicava nos Estados Unidos não evitou o enorme sentimento de frustração ao se perceber encarnando o mito de Sísifo, condenado a ver rolar montanha abaixo a *pedra* que com tanto esforço empurrara montanha acima. Em 1966, regressa ao Brasil, onde é julgado e absolvido pela ditadura, continuando a atuar como membro do Conselho Federal de Educação, enquanto prepara a tese "Mestres de amanhã", versando sobre o significado do contínuo aperfeiçoamento do educador na qualidade da educação ministrada, para apresentar ao Conselho Internacional de Educação, consoante o entendimento que assim exprimiu:

> Na educação comum do homem comum, os progressos são os mais modestos. O homem comum está caminhando para ser o escravo como o entendia Aristóteles, ou seja, o homem que está na sociedade mas não é da sociedade. O progresso científico está na sela e conduz o homem nenhum de nós sabe para onde... Ao alvorecer da vida do pensamento racional que deu origem à nossa civilização ocidental, os primeiros professores tiveram em Sócrates o seu mais significativo modelo. Nada menos podemos pedir hoje ao professor de amanhã. Os mestres do futuro terão de ser familiares dos métodos e conquistas da ciência e desde a escola primária iniciar a criança e depois o adolescente na arte sempre difícil e hoje extremamente complexa de pensar objetiva e cientificamente.

Anísio só não foi reitor da UNB desde sua fundação, porque não gostava da ideia de morar em Brasília. Chegou a dizer: "Eu gosto desta cidade; ela é bonita, limpa, pura, mas eu sinto que não faço parte dela." E numa antevisão do que viria a ocorrer: "Vai ser preciso muita coragem para lutar para que ela não seja violada, para que ela tenha lugar para todas as expressões de pensamento, para que ela nunca se encasule." Quando vinha à baila a questão da paternidade da Universidade de Brasília, Darcy Ribeiro comentava: "Acresce que, se devêssemos falar de pai fundador, uma outra vaga precisaria ser aberta para Anísio Teixeira, que foi quem mais contribuiu para que a Universidade de Brasília se concretizasse." Havia, porém, uma divergência entre eles: Anísio defendia "a tese de que a UNB deveria ser estruturada para operar como um grande centro de pós-graduação, destinado a preparar o magistério superior do país" e Darcy contra-argumentava que, "mesmo para funcionar como instituto de pós-graduação, era indispensável que se ministrasse também o ensino básico". Parece-nos que, neste ponto, Darcy tinha razão.

A reinauguração do campus da UNB com o nome de Darcy Ribeiro foi considerado por muitos como mais uma injustiça com Anísio Teixeira, sem nenhum demérito para Darcy que, dentre outras importantes contribuições para a educação brasileira, foi o autor da nova versão da Lei de Diretrizes e Bases da Educação, finalmente aprovada em 1996, dezoito anos depois de tramitação no Congresso. Sua atuação à frente do Instituto Nacional de Estudos Pedagógicos (Inep), pelo fato de ter valorizado a pesquisa educacional no país, chegou a ser considerada tão importante quanto a Semana da Arte Moderna ou a fundação da Universidade de São Paulo.

Anísio era um homem de pensamento e de ação, combinação rara. O jurista baiano Jayme Junqueira Ayres explicou essa aptidão de Anísio para executar o que pensava, dizendo que ele tinha o braço ligado ao cérebro. Anísio sintetizou, em sua obra, o que o liberalismo e o socialismo tinham de melhor para compor uma terceira via que contemplasse uma sociedade democrática e livre. Nesse contexto, a escola teria um papel fundamental na preparação do cidadão emergente dessa sociedade.

Vejamos, *a vol d'oiseau*, um pouco do seu vasto pensamento, expresso num estilo em que abundam ordem, beleza, luxo, calma e prazer, os mesmos ingredientes que encontrou mencionados por Baudelaire em *Invitation au Voyage*, que André Gide considerava os cinco postulados da Estética. Na oração de paraninfo às professoras do Colégio dos Perdões, na Bahia, disse, aos 28 anos:

> A grande aventura desse longo período de tateamento, de adivinhação, de dúvida, de esplendor de nossa adolescência, é a descoberta de nós mesmos. Debalde tentamos nos iludir no ardor de nosso entusiasmo. Não são as filosofias que nos fascinam. Nem

as afeições. Nem os jogos e os esportes. Nessa época turbulenta e formosa dos 18 anos, nós somos o nosso fim. É o romance de nossa adolescência que nos arrebata. Fala alto, dentro de nós, esse sentimento fundamental de que preexistimos a tudo que existe. Reinterpretamos toda a vida em função de nós mesmos. E à verdade que extrairmos dessa análise sincera e longa, é que tudo há de obedecer. Só a infidelidade, porém, uma continuada e consciente infidelidade a nós mesmos, à nossa lei, à nossa natureza, à nossa vocação, é que pode quebrar o quadro de nosso destino e fazê-lo banal e triste. A grandeza da vida dos heróis e dos santos não tem outro segredo senão o dessa intrépida fidelidade a si mesmos. Que me importa que a vida semeie de insídias o meu caminho ou que os homens espalhem surpresas venenosas na minha marcha, se eu levo e ouço em mim o meu sonho, a minha revelação, as minhas "vozes", como dizia Santa Joana d'Arc e se a elas só obedeço e sigo, como a regra permanente da minha vida?... Podem as contingências semear de tempestades a minha estrada ou fazê-la monótona e vazia como um deserto, eu não vivo na companhia das contingências, mas na companhia de mim mesmo. E onde eu estiver, arte e natureza, esperanças e sonhos, amigos e anjos e o próprio Deus não hão de estar nunca ausentes. Estudai constantemente essa alma tão fugidia e tão obscura, por vezes. Não julgueis nunca que a conheceis demais. As injustiças de incompreensão são as que mais doem. E quase nunca compreendemos as crianças. Queremos medi-las pelos nossos critérios. Queremos forçá-las aos nossos motivos. Mas nós estamos muito adiante na vida. E a criança se debate sozinha no caminho enquanto nós punimos a sua ignorância com a nossa irritação. Que as crianças que vos forem entregues nunca se sintam aterradas por esse isolamento, nem castigadas por não serem compreendidas.

Sobre sua crise de fé religiosa:

A notícia de minha ordenação apenas mostra que a Bahia custa a esquecer a legenda que uma vez lhe ensinaram. Creio que hei

de ser, sempre, na Bahia, uma vocação que falhou. Isso seria simplesmente cômico se não houvesse a pequenina tragédia ou coisa que o valha, no fato de realmente, mais do que essa pretensa vocação, eu estou a reconstituir toda a minha filosofia, dirigindo-a para caminhos que me afastarão provavelmente até do próprio catolicismo. O trabalho que vem passando a minha inteligência, desde a minha primeira viagem à América e o seu pragmatismo, ainda não está terminado. E sinceramente não sei até aonde me levará, no sentido de abandono de algumas e aquisição de outras concepções sobre a vida. Quem sabe se não encontrei motivos para uma reorganização mental, conservando as verdades que me pareciam absolutas? Estou com a minha filosofia em franco período reconstrutivo. Escrevo-lhe isto e não será necessário insistir que é assunto que não desejo ver discutido na Bahia. Estou a estudar, estou a aprender, estou a renovar alguns juízos, mas é desagradável a gente se ver discutido nesses assuntos. Sirva-lhe tudo apenas para lhe autorizar a continuar a desmentir o boato (de que se ordenara).
Eis algumas ideias de Anísio sobre democracia, educação e cultura.
"Democracia, essencialmente, é o modo de vida social em que cada indivíduo conta como uma pessoa."
"Há um preço definido a pagar pela vida, mas esse custo da vida sobe a alturas astronômicas quando escolhemos para essa vida o ideal mais alto... E se lhe pode ajudar o saber que um pobre-diabo como eu redescobre motivos de entusiasmo nos elementares e sadios deveres da família, colhendo nos olhos espantados e cândidos de uma criancinha de quinze dias, lições que já não encontrava em minha inteligência, aqui lhe deixo essa humilde confissão."
"Somos o país da amizade pessoal. Substituímos a estrutura ideológica coletiva da sociedade, a moralidade de ideias, a moralidade do interesse geral por uma base afetiva e sentimental. Como, pois, nessa sociedade, fazer qualquer coisa com ideias e por ideias? Como, pois, fazer o brasileiro compreender que as ideias tomadas a sério reformariam a vida? Como, pois, dar base racional à nossa extraordinária vida social de base puramente

afetiva? É esse o problema em que me debato hoje. É essa a dificuldade que me põe extraordinariamente modesto nas minhas perspectivas de ação social no Brasil."

"Todo o nosso passado, os nossos mais caros preconceitos, os nossos hábitos mais queridos, a nossa agradável vida paroquial, tudo isso se levanta contra o tumulto e a confusão de uma mudança profunda de cultura, como a que estamos sofrendo. Contudo, a mocidade está a aceitar esta mudança, é verdade que um tanto passivamente, mas sem nada que lembre a nossa inconformidade. A mudança, todos sabemos, é irreversível. Só conseguiremos restaurar-lhe a harmonia, se conseguirmos construir uma educação que a aceite, a ilumine e a conduza no sentido humano."

"Os meios modernos de comunicação fizeram do nosso planeta um pequenino planeta e dos seus habitantes, vizinhos uns dos outros. Por outro lado, as forças do desenvolvimento também nos aproximaram e criaram problemas comuns para o homem contemporâneo. Tudo está a indicar que não estamos longe de formas internacionais de governo."

"O nosso século se acha num páreo entre educação e catástrofe. Mais do que nunca são necessários investimentos na educação."

"Entramos na fase do desenvolvimento científico até certo ponto inesperado, levando-a na indústria à automação, na vida econômica a um grau espantoso de opulência e na vida política e social a um desenvolvimento dos meios de comunicação de tal extensão e vigor que os órgãos de informação e de recreação viram-se subitamente com o poder de condicionar mentalmente o indivíduo, transformando-o em um joguete das forças de propaganda e a algo de passivo no campo da recreação e do prazer. O desenvolvimento contemporâneo no campo dos processos de comunicação pode ser comparado à descoberta da imprensa."

"Não será espontaneamente que haveremos de sair da estrada do medo e da catástrofe para a da segurança e do razoável. Os professores e a escola – cada vez mais importantes na civilização voluntária e inteligente que estamos criando –, hão de ser os pioneiros nessa fronteira de progresso moral, que se terá de abrir de agora e por diante, na conquista do verdadeiro poder, não só material, mas humano, sobre a vida neste planeta."

"Em face da aspiração para todos e dessa profunda alteração da natureza do conhecimento e do saber (que deixou de ser a atividade de alguns para, em suas aplicações, se fazer necessidade de todos), a escola não mais poderia ser a instituição segregada e especializada de preparo de intelectuais ou 'escolásticos' e deveria transformar-se na agência de educação dos trabalhadores comuns, dos trabalhadores qualificados, dos trabalhadores especializados, em técnicas de toda a ordem, e dos trabalhadores da ciência nos seus aspectos de pesquisa, teoria e tecnologia. Essa 'educação comum' não é só um postulado democrático mas um postulado do novo conceito de conhecimento científico, que se tornou comum às atividades intelectuais e de trabalho... Entre nós, a despeito dessa evolução do conhecimento e das sociedades, as resistências aristocráticas da nossa história não permitiram que a escola pública, de educação comum, jamais se caracterizasse integralmente. Toda nossa educação se conservou seletiva e de elite."

"O mestre do amanhã reunirá as funções de preceptor e de sacerdote. Ele será o sal da terra, capaz de ensinar-nos, a despeito da complexidade e confusão modernas, a arte de vida pessoal em uma sociedade extremamente impessoal."

"Somente a educação e a cultura poderão salvar o homem moderno, e a batalha educacional será a grande batalha do dia de amanhã", capaz de "concretizar a revolução que não é o resultado de revoltas populares, mas consequência do progresso do conhecimento humano e do despertar das aspirações que a difusão pelos novos meios de comunicação gera, inevitavelmente. Nesta situação é que já se encontra o Brasil, cuja necessidade maior é a da preparação do homem para os novos deveres de produção da sua conjuntura atual e os direitos que decorrem daqueles deveres."

"Venham a ser eles, os mestres, aqui muito mais os iniciadores do método científico, nas escolas, do que os simples adaptadores das escolas das sociedades afluentes, já em pleno domínio da produção e do progresso científico. Cumpre-nos esforçar-nos para queimar etapas e construir a sociedade moderna com uma escola ajustada ao tipo de cultura que ela representa."

"Quanto mais vivo, mais percebo que a natureza humana não é boa nem má, mas que faz uma diferença enorme o confiarmo-nos nela ou o desconfiarmo-nos dela. Os latinos preferiram desconfiar e criaram com isto a confusão e a corrupção. Os anglo-saxônicos preferiram confiar e estabeleceram, no mundo, o que há de mais próximo de uma possível arte de governar homens, o que há de mais próximo de uma possível ordem humana."

"A universidade é, pois, na sociedade moderna, uma das instituições características e indispensáveis, sem a qual não chega a existir um povo. Aqueles que não as têm também não têm existência autônoma, vivendo tão somente como um reflexo dos demais."

"A história de todos os países que floresceram e se desenvolveram é a história da sua cultura e a história de sua cultura é, hoje, a história das suas universidades."

"Trata-se [na universidade] de manter uma atmosfera de saber para preparar o homem que o serve e o desenvolve. Trata-se de conservar o saber vivo e não morto, nos livros ou no empirismo das práticas não intelectualizadas. Trata-se de formular intelectualmente a experiência humana, sempre renovada, para que a mesma se torne consciente e progressiva."

"Não cooperamos, não colaboramos, não nos solidarizamos com os companheiros, nem em ação, nem em pensamento, porque cada um de nós é o centro do universo. (...) É esse isolamento que a universidade virá destruir. A universidade socializa a cultura, socializando os meios de adquiri-la."

"Dedicada à cultura e à liberdade, a Universidade do Distrito Federal nasce sob um signo sagrado, que a fará trabalhar e lutar por um Brasil de amanhã, fiel às grandes tradições liberais e humanas do Brasil de ontem."

"A universidade é, em essência, a reunião dos que sabem com os que desejam aprender."

"A universidade é, e deve ser, a mansão da liberdade."

"Na educação brasileira predomina ainda a fórmula arcaica do ensino pela 'exposição oral' e 'reprodução verbal' de conceitos e nomenclaturas, digeridos – até onde for possível digeri-los – 'pela simples compreensão', (...) as 'aulas' como instrumento didático e os 'exames' como meio de verificação daquilo que foi assimilado lamentavelmente ainda vigoram. Tomando notas ou simplesmente ouvindo, estudando a domicílio ou decorando, seguem os nossos alunos sob a ditadura de uma pedagogia medieval – vítimas duma pseudoeducação humanística, armazenando uma suposta cultura geral."

"Fora das escolas profissionais nenhuma outra escola brasileira escapou ao espírito de educação de uma 'elite', profundamente arraigado em nossa sociedade e agravado pelo preconceito contra o trabalho manual, herança da escravatura. O dever do governo – dever democrático, dever constitucional, dever imprescritível – é a criação de uma escola primária capaz de fornecer ao povo brasileiro uma formação indispensável a seu trabalhador comum. Precisamos de uma escola média que atenda às variedades e aptidões do brasileiro e uma escola superior onde a alta cultura e delicada especialização sejam conjugadas."

"Há educação e educação. Há educação que é treino, que é domesticação. E há educação que é formação do homem livre e sadio. Há educação para alguns, há educação para muitos e há educação para todos. A democracia é o regime da mais difícil das educações, a educação pela qual o homem, todos os homens e todas as mulheres aprendem a ser livres, bons e capazes. A educação faz-nos livres pelo conhecimento e pelo saber e iguais pela capacidade de desenvolver ao máximo os nossos poderes inatos. A justiça social, por excelência, da democracia consiste nessa conquista da igualdade de oportunidades pela educação."

"O essencial é que o conhecimento já não é apenas necessário para melhor compreender a vida, mas instrumental para o próprio trabalho, que se vai fazer cada vez mais científico e tecnicamente qualificado. A educação passa a ser fundamentalmente a educação para ensinar a trabalhar desde o nível primário ao superior. As formas de trabalho, sejam as de produção ou de serviço, passam todas a exigir treino escolar e saber de tipo intelectual e técnico."

"A educação visa dar a cada indivíduo o lugar na sociedade a que o destinem seus méritos e sua capacidade, sem qualquer restrição de ordem social, econômica ou de nascimento."

"No Brasil, aplaudem-nos, mas, no fundo, não nos aceitam."

"A liberdade de diversificação regional, o ajustamento e adaptação aos particularismos e às condições locais são elementos essenciais para o enriquecimento e a vida de uma cultura e, na extensão continental do Brasil, estas são as nossas esperanças de poder desenvolver uma cultura orgânica e vivaz e uma verdadeira civilização brasileira."

"Não é, na realidade, com as nossas tradições que nos devemos embriagar, mas com o futuro, o brilhante futuro que nos aguarda, se o soubermos preparar."

"Nos dias de hoje (1933), quando a ciência vai refazendo o mundo e a onda de transformação alcança as peças mais delicadas da existência humana, só quem vive à margem da vida, sem interesses, sem posição, sem amores e sem ódios, pode julgar que dispensa uma filosofia... À medida que se alargam os problemas comuns, mais vivamente sentida será a falta de uma filosofia que nos dê um programa de ação e de conduta."

"A experiência democrática só terá sido consumada quando, além do sistema educacional, estiverem organizados o sistema de pesquisa e o sistema de difusão dos conhecimentos. Os três existem, em germe, em nossas democracias ocidentais, mas não se pode dizer que estejam funcionando em condições verdadeiramente democráticas."

"Toda a nossa vigilância tem que ser exercida contra os que nos queiram desviar do regime democrático para nos lançar em aventuras de perigosa divisão das forças nacionais."

"O que importa, na cultura de um povo, é o atrito, a oposição, pois estes são os elementos de seu revigoramento e a vida de suas instituições e maneiras de ser."

"Toda verdadeira crise humana é uma crise de compreensão do presente, neste sentido de ponto de interseção entre o passado vivo e o futuro que vai nascer."

"A inconformidade do indivíduo é que marca o sentido da nossa hora e comanda a atitude de engajamento e compromisso do homem contemporâneo."

"Será preciso vir à América, conviver com o seu povo, frequentar as suas universidades, para se descer um pouco mais ao fundo dessa civilização e lobrigar o espírito que a anima. E a primeira surpresa que aguarda esse visitante despreconcebido e sincero será a de perceber o lugar secundário que ocupa na mentalidade americana a imprevista prosperidade econômica que o país desfruta... Para o americano, porém, a sua obra tem sentido mais dilatado e vivaz. A sua nação foi concebida em liberdade, na frase de Lincoln, e nela todos os homens haviam de ter direito à vida, à liberdade e à felicidade."

"O homem americano tem duas vidas: a de trabalho, impessoal e pública, e a pessoal, isolada e privada. Essa vida pessoal passou a ser a da família, mas não a grande e extensa família com sua riqueza de relações e de afetos, que tão bem conhecemos, e sim a da pequena família conjugal – marido, mulher e filhos até a adolescência, a viver juntos e segregados em apartamentos ou casas de subúrbio. O desaparecimento da comunidade 'tornada impessoal e anônima' –, e a vida pessoal reduzida aos limites da pequena família e dos poucos amigos privados, é algo de absolutamente novo. Deve ele viver numa comunhão humana invisível, que sente e percebe imaginativamente, graças ao jornal, ao rádio, à televisão, ao livro, que o informam por comunicação impessoal e parcial, pois não permite nem o diálogo, nem a conversação, nem a resposta. Quantos são suficientemente cultos para essa experiência? Está claro que sempre houve homens capazes disso. Sempre houve homens cuja sociedade foi a de todos os homens – os que já viveram, os que vivem e os que vão viver. Será que conseguiremos educar todos para se tornarem capazes disto? Esse me parece o problema da sociedade globalmente industrializada e hoje atirada ao consumo global."

"A escola pública universal e gratuita não é doutrina especificamente socialista, como não é socialista a doutrina dos sindicatos e do direito organizacional dos trabalhadores; antes são estes os pontos fundamentais por que se afirmou e possivelmente ainda se afirma a viabilidade do capitalismo ou o remédio e o freio para os desvios que o tornariam intolerável."

"Fins inaplicáveis não são fins, mas fantasias. Os fins são verdadeiramente fins, quando os conhecemos de tal modo que deles se desprendem os meios de sua realização. Os meios são frações de fins."

"Em linhas gerais, a filosofia da educação dominante é a mesma que nos veio da Europa e que ali começa agora a modificar-se sob o impacto das novas condições científicas e sociais e das formulações mais recentes da filosofia geral contemporânea. Também aqui, na medida em que nos fizermos autenticamente nacionais e tomarmos plena consciência de nossa experiência, iremos elaborando a mentalidade brasileira e com ela a nossa filosofia e a nossa educação."

"A universidade não é só a expressão do saber abstrato e sistematizado, e como tal universalizado, mas a expressão concreta da cultura da sociedade em que estiver inserida. Ela é a grande formuladora e transmissora da cultura brasileira. Por isso, a universidade deve ser profundamente nacional, mas intimamente ligada à grande fraternidade internacional do conhecimento e do saber."

"Os títulos universitários são simples presunções de saber, dependendo seu reconhecimento efetivo de exame de estado ou de exame das organizações profissionais reconhecidas."

"A diversificação é a condição de florescimento da cultura, e a uniformidade a condição de sua morte e petrificação."

"A escola é hoje uma perturbada fronteira da vida humana, debruçada sobre o futuro e embaraçada e aflita com as perplexidades do presente."

Numa antecipação do que seria o papel da internet, disse Anísio para alunos da Fundação Getúlio Vargas, poucos meses antes de morrer:

Chegará o dia em que, além do mercado, que é a dinâmica da procura e oferta, as nações desenvolvidas compreenderão que a cultura é riqueza fonte, riqueza matriz, que deve ser paga e promovida, como é a defesa nacional, por princípios diferentes dos do mercado e comércio. A biblioteca será, então, bem comum, como a água e a luz, e o microfilme, o recurso novo que a fará tão rica e abundante quanto a dos países desenvolvidos.

"O que me alegra são as confirmações que o homem me dá de ser inteligente. Por isso, são tão poucas as alegrias."

"Acho a vida uma longa, às vezes pungente e quase sempre excitante emoção."

"Como a escola visa formar o homem para o modo de vida democrático, toda ela deve procurar, desde o início, mostrar que o indivíduo, em si e por si, é somente necessidades e impotências; que só existe em função dos outros e por causa dos outros; que a sua ação é sempre uma transação com as coisas e pessoas e que saber é um conjunto de conceitos e operações destinados a atender àquelas necessidades, pela manipulação acertada e adequada das coisas e pela cooperação com os outros no trabalho que, hoje é sempre de grupo, cada um dependendo de todos e todos dependendo de cada um."

"O conceito social de educação significa que, cuide a escola de interesses vocacionais ou interesses especiais de qualquer sorte, ela não será educativa se não utilizar esses interesses como meios para a participação em todos os interesses da sociedade... Cultura ou utilitarismo serão ideais educativos quando constituírem processo para uma plena e generosa participação na vida social."

"As brigas, as divisões, os equívocos sobrevieram ao triunfo da ciência. Tudo que a economia da escassez criara para ensinar os homens a competir e trabalhar venceu, e o seu novo poder científico é, sobretudo, um poder mais terrível contra o homem, contra o outro homem... Todas as esperanças nascidas ainda com os gregos, de que o saber produziria a virtude, falharam. E o saber, pelo menos o que o homem conseguiu sobre a natureza, apenas o fez mais terrível em suas velhas paixões de domínio e onipotência.

E a razão continua escrava dessas paixões... E no momento, os jovens, os incrivelmente jovens americanos – há quem diga que a única tradição dos americanos é a juventude –, são hoje os mais poderosos da terra. E jovens em música fazem pop-art, bossa-nova e em política fazem guerra, que é um atributo de jovens. Velhos não fazem guerra, mas, infelizmente, pregam e insuflam a guerra para os jovens. Haverá, realmente, algo mais terrível nesta longa transição em que vivemos do que a guerra e a preparação para a guerra? Não é de enlouquecer ver-se a nação nascida apenas ontem, nos fins do século XVIII, num berço de esperanças, de fraternidade universal, e hoje a mais rica e poderosa nação do mundo, ensandecida na aventura inacreditável de policiar, dominar e parar o planeta ou então fazê-lo explodir?"

"Cada vez mais me convenço de que estamos em uma daquelas crises da cultura que não nos muda apenas hábitos, mas a própria alma, o próprio modo de ser. A passagem da Idade Média para a Idade Moderna foi uma dessas crises: a renascença foi antes o período intermediário. Agora, ao que penso, estamos no fim de outro, que começou com o século passado e está a se findar. A vantagem do período intermediário é que se pode viver misturado entre a cultura velha e a nova que se vem formando. Ao encerrar-se a transição, isso fica mais difícil. E aí é que estamos. O refúgio único é a vida privada. Mas esta faz-se cada vez mais difícil. O recurso nos países ricos é a fuga para o subúrbio, com a sua população pequena e homogênea pela seleção e discriminação social. Que antes era 'classe' hoje é 'subúrbio', é o pequeno grupo de vizinhos congeniais, em contato com o mundo pela eletrônica. (Observe-se que nem se sonhava com a internet.) O subúrbio é a réplica hoje do mosteiro medieval. É a maneira de escapar à metrópole que se faz a única forma de cidade. Sei que tudo isso é mudança, é transição, mas para algo imprevisto, para o formigueiro humano, extraordinariamente ativo, enérgico e organizado, mas formigueiro, com a sua grande vida 'orgânica' e coletiva, mas sem alma, sem o indivíduo, sem ideias nem fins, mas apenas meios, meios, meios."

"Não sei de contradição maior do que a dos regimes socialistas não chegarem a uma cultura socialista – cultura concebida como modo de pensar, sentir, agir e mudar, até atingir o reino da liberdade, que não é o de brigar, mas o de ser bom e feliz, que é o fim do homem: a boa sociedade e não a grande, ou espetacular, ou poderosa, ou infinitamente destrutiva. Vamos decidir isto neste fim de século, se não escolhermos a catástrofe final."

"Sou contra a educação como processo exclusivo de formação de uma elite, mantendo a grande maioria da população em estado de analfabetismo e ignorância.Revolta-me saber que dos cinco milhões que estão na escola, apenas 450.000 conseguem chegar à 4ª série, todos os demais ficando frustrados mentalmente e incapacitados para se integrarem em uma civilização industrial e alcançarem um padrão de vida de simples decência humana. Choca-me ver o desbarato dos recursos públicos para educação, dispensados em subvenções de toda natureza a atividades educacionais, sem nexo nem ordem, puramente paternalistas ou francamente eleitoreiras."

Alguma semelhança com o que acontece em nossos dias? Em carta de pesar a Fernando de Azevedo que perdera uma filha:

"Acompanho-o de todo o coração em sua imensa dor, que também sei compreender, por haver passado por experiência semelhante. Ajudou-me considerar a presença de José Maurício como a de um visitante. Chegou, nos aqueceu a vida com sua bondade e estranho senso de ausência em relação às transitoriedades da vida e partiu, alegre, quase sem se despedir... A isto a reflexão juntou que o sofrimento era nosso e não dele. Dele era o repouso, o definitivo repouso do Nirvana. Os orientais, parece-me, compreenderam melhor a vida e a morte: a provação e o descanso. Felizes os que partem!... embora seja terrível para os que ficam. Com a religião, ou sem religião, a realidade é todo esse impenetrável mistério, de que não há sair se não por essas pequenas frestas abertas no espírito humano." Ainda a Fernando de Azevedo, em carta de agradecimento, no ocaso da vida, ao registrar sua legítima amargura: "Antes de encerrá-la, pode crer que certas afirmações do seu trabalho constituíram, repito, o meu maior consolo, não digo alegria porque já me vou sentindo sem forças para essa suprema virtude."

"A realidade é que a velhice é um distanciar-se que nos vai, sem saber como, desprendendo das pessoas e das coisas. Não é bem desprendendo, é mais arrancando. Sentimos como se estivéssemos sendo arrancados de nossas raízes. E há, em tudo, um tal senso de irremediabilidade, que nada parece valer a pena..., nem notícia, nem carta, nem mesmo comunicado. E o silêncio fica tudo envolvendo e se fazendo cada vez maior. Tenho a impressão de que a mocidade é presença, uma presença universal, que não se importa com distância, nem com o tempo, uma segurança de presença, uma espécie de eternidade de presença. E a velhice é o oposto, uma eternidade de ausência e de silêncio."

"O perigo em que estamos é infelizmente sem precedentes. O homem talvez seja o mesmo. Mas, as suas armas, a sua força são diferentes e os seus erros de hoje podem, pela primeira vez na história, ser erros definitivos. Para o universo poderá ser isso acidentes insignificantes, mas sou humano e a destruição da espécie me horroriza demais para poder refugiar-me num futuro cósmico."

Dentro da pasta que estava ao lado do seu corpo, encontrava-se mais um dos seus textos lapidares sobre educação. Aqui vai um pequeno excerto desse manuscrito, demonstrativo de sua visão dialética: "Com efeito, todo o presente modo de pensar do homem é modo de pensar em termos de mudança. A essência do método científico está em sua posição de juízo suspenso. Tudo que fazemos se funda em hipóteses, sujeitas obviamente a mudanças. Tais mudanças decorrem de novos conhecimentos, os novos conhecimentos decorrem de novas experiências e tais novas experiências do fluxo ininterrupto de mudanças..."

E o que dele pensavam os contemporâneos? Vejamos a carta que Monteiro Lobato enviou ao grande sociólogo Fernando de Azevedo, apresentando-lhe Anísio: "Fernando, Ao receberes esta, para! Bota para fora qualquer senador que te esteja aporrinhando. Solta o pessoal da sala e atende o apresentado, pois ele é o nosso grande Anísio Teixeira, a inteligência mais brilhante e o maior coração que já encontrei nestes últimos anos de minha vida. O Anísio viu, sentiu e compreendeu a América e aí te dirá o que realmente significa esse fenômeno novo no mundo. Ouve-o, adora-o como todos os que o conhecemos o adoramos e torna-te amigo dele como me tornei, como nos tornamos eu e você. Bem sabes que há uma certa irmandade no mundo e que é desses irmãos, quando se encontram, reconhecerem-se. Adeus. Estou escrevendo a galope, a bordo do navio que vai levando uma grande coisa para o Brasil: o Anísio lapidado pela América." E, noutro passo, escreveu-lhe Lobato, a propósito do Manifesto de 1932: "Comecei a ler o Manifesto. Comecei a não entender, e não ver ali o que desejava ver. Larguei-o. Pus-me a pensar – quem sabe está nalgum lugar do livro de Anísio o que não acho aqui – e lembrei-me de um livro sobre a educação progressiva, que me mandaste e que se extraviou no caos que é a minha mesa. Pus-me a procurá-lo, achei-o. E cá estou, Anísio, depois de lidas algumas páginas apenas, a procurar dar berros de entusiasmo, por uma coisa maravilhosa que é a sua inteligência lapidada pelos Deweys e Kilpatrics!... Eureca! Eureca! Você é o líder, Anísio! Você há de moldar o plano educacional brasileiro. Só você tem a inteligência bastante aguda para ver dentro do cipoal de coisas engolidas e não digeridas pelos nossos pedagogos reformadores... Eles não conhecem, senão de nomes, aqueles píncaros (Dewey & Co.) por cima dos quais você andou e donde pode descortinar a verdade moderna. Só você, que aperfeiçoou a visão e teve o supremo deslumbramento, pode neste país falar de educação!"

Fernando de Azevedo, recordando o primeiro encontro:

> "Monteiro Lobato viu Anísio Teixeira com olhos de ver e externou, por palavras calorosas, um julgamento definitivo. Tudo o que ele me disse foi tomando forma e vida na palestra que

tivemos naquela tarde inesquecível. Ganhei o dia ao ter a fortuna de conhecer de perto, o que só de nome conhecia, a figura admirável que tão profundamente o impressionara. Aquele homem, ainda moço, de constituição franzina e de aparente fragilidade física, bastou falar para se impor a todos os que o ouviam... Confesso haver tido logo o pressentimento de seu destino e do papel que lhe estava reservado na história da educação no país."

E, no texto "Anísio Teixeira ou a inteligência", por ocasião dos 60 anos do educador:

"O que ele é, antes de tudo, é um educador, é realmente o de pensar e debater o ofício a que se dedicou, e quando um indivíduo dispõe, para exercê-lo, da destreza de espírito, rapidez de raciocínio e capacidade de comunicação que Anísio Teixeira possui, não supreende o poder prestigioso que o acompanha, como uma sombra, por toda parte. Se tem sido, porém, da maior importância o seu papel de reformador de mentalidades e de estruturas, ele o tem exercido como um ministério, com zelo e desprendimento exemplares." No amigo "sempre às voltas com o demônio da inteligência", admirava "a inteligência viva, flexível e ágil, aliada a uma alta probidade intelectual", que tinha por "companheiras a modéstia e a desambição".

Cândido da Mota Filho recordou o primeiro encontro:

"Falou-me Anísio com desembaraço de um convicto, de um destemido que morava na modéstia de um tímido. E quando ele se foi, Fernando de Azevedo me perguntou: – O que você achou do Anísio? E eu respondi: – Foi o primeiro teórico que me impressionou, porque sempre tive medo dos teóricos e dos dogmáticos."

O professor José Silveira, pioneiro na luta antitabágica na América Latina, depôs em suas memórias:

"Trabalhar com Anísio Teixeira, não pelo seu ritmo de ação, desordenado e imprevisível, mas pela força e pelo estímulo que nos transmitiam o brilho do seu pensamento, a altura de suas ideias e a pureza de seus sentimentos, era ser premiado com momentos de infinitas compensações, num mundo em que harmoniosamente se entrelaçavam realizações e beleza. No exemplo de humildade, desprendimento, devoção à causa pública, havia gestos tão nobres e tão sublimes, capazes de sensibilizar e comover os mais frios e indiferentes."

Do conterrâneo Hermes Lima, seu colega de internato e nas desventuras da UDF e da UnB:

"Todos nós, seus colegas e contemporâneos, guardamos dele a impressão toda especial, inesquecível. Pequeno de estatura, magro, irrequieto, olhos muito vivos, e portador de comunicante jovialidade, estava ali o jovem que viria destacar-se em sua geração como o mais extraordinário valor humano que ela teria a revelar." "Na vida de Anísio, além da obra, a personalidade fascinava. (...) Era inesperado, intrépido no refletir, não raro imaginoso, heterodoxo por vocação, de um pensamento mais expressivo de sabedoria do que erudição... Nele patenteava-se a tendência a discernir, a explicar, predominando a nota de judiciosidade e atilamento iluminativo de sua palavra". "Anísio esteve sempre acima dos cargos que ocupou."

Hermes Lima testemunhou o amigo Péricles Madureira resumir de modo lapidar o que os amigos sentiam, ao deixar o cemitério, no dia 14 de março de 1971: "Agora temos de aprender a viver sem Anísio."
Segundo Jorge Amado:

"...Cidadão íntegro, puro, decente. Além de inteligentíssimo, dono de cultura invulgar, mestre incontestável no que se refere à educação, Anísio Teixeira foi um brasileiro raro. Tão extraordinário a ponto de ter sido alvo durante toda a vida de restrições, suspeitas, aleivosias, perseguições, misérias de todo o tipo com que os imundos o perseguiram – sobram imundos no Brasil. Tentaram de todas as maneiras impedir Anísio Teixeira de realizar sua missão civilizadora mas ele era irredutível e invencível. O que o Brasil de hoje possui de melhor e de maior deve-se em grande parte a este humanista baiano de grandeza universal..."

Na avaliação do seu melhor biógrafo, Luís Viana Filho:

"Anísio liderava o mundo educacional... Na verdade, não havia inteligência mais luminosa, inquieta, resplandecente. Nele, tudo exprimia o talento de um ser privilegiado... Deixou os cargos que ocupou sempre maiores do que eram antes... Era fulgurante."

Do presidente Juscelino:

"Do meu entendimento com o ministro Clóvis Salgado resultara a escolha do técnico que se incumbiria da tarefa: o professor Anísio Teixeira. Tratava-se de um idealista, profundo conhecedor das melhores técnicas educacionais, e de um intelectual dotado da visão universalista do papel que competia à juventude desempenhar em face dos desafios do mundo moderno. Só essas duas qualidades assegurariam de antemão a realização dos dois objetivos prioritários da universidade a ser criada: renovação de métodos e concepção de um ensino voltado para o futuro."

O genro Artur da Távola comentou, com espírito:

"Esse atleta da inteligência, padrão de racionalidade e lucidez, tinha medo do escuro, o único medo que nele vislumbrei em muitos anos de convivência íntima."

O romancista Josué Montello fez a mais completa síntese:

"Ninguém mais afetuoso e cordial. A voz mansa. Os gestos comedidos. O próprio físico de Anísio, miúdo, enxuto, com uma luz suave no olhar, sem nada de discursivo, ajudava-lhe a mansuetude. A inteligência de Anísio Teixeira, se se realizava esplendidamente no corpo a corpo com a folha de papel em branco, na reclusão de um gabinete de trabalho, era ainda mais viva, mais brilhante, mais luminosa, nas surpresas de um debate. Anísio, nessas ocasiões, não precisava pedir silêncio aos circunstantes. O silêncio vinha por si, abrindo espaço imediato à palavra do orador. A figura pequena, miúda mesmo, com algo de adolescente em seu todo franzino, como que atuava por explosões sucessivas. De repente, a propósito de um artigo de lei ou da conclusão de um parecer, Anísio levantava uma objeção. Do outro lado do plenário, o velho Almeida Júnior, sempre com o reparo ferino na ponta da língua, observava-o por cima dos óculos. Os demais companheiros redobravam de atenção... e Anísio a discorrer, possuído pelo seu assunto. Ele não meditava para falar: a própria fluência verbal era em si o ato de pensar, com a palavra gerando a frase ajustada à lógica de uma estupenda ordenação expositiva. Era como se estivéssemos diante da forja incandescente a abrir-se em faíscas. E tudo aquilo era novo, com a força da criação definitiva." ..."A educação era para ele mais um fim que um meio, mais um objetivo que um instrumento. Por isso amava discorrer sobre seus propósitos, na ampla formulação de arrojadas teorias... Sua fulguração raiava pela genialidade." E em outro passo: "Entre os mestres da educação nacional que prepararam, nos últimos quarenta anos, o advento do Brasil moderno, tinha Anísio uma posição preeminente. Não era um técnico como Lourenço Filho, nem um erudito do porte de Fernando de Azevedo. Mas um e outro não teriam a sua estatura como filósofo da educação. Nesse ponto é que ele se agigantava." "O que pude saber em matéria de educação, na fase correspondente ao início de minha maturidade, quando a filosofia da educação foi meu tema eletivo e obrigatório, devo-o, em grande parte, aos livros de Anísio e aos livros que ele me fez ler. O reencontro com ele, na mesma sala, no mesmo Conselho, na oportunidade excepcional de um convívio de companheiros, permitiu-me aprofundar a admiração pelo grande educador. Dei-lhe, em grande parte, o meu silêncio atento, em troca do seu ensinamento natural, e disso me desvaneço. Anísio trouxera dos Estados Unidos a missão do saber pragmático. Não aprendera por aprender e sim para realizar. E realizar com o sentido da diversidade e da unidade brasileira."

O historiador Pedro Calmon evocaria os tempos de faculdade:

"Alguns de nós eram endiabrados; ele era puro. Sonhávamos com a vida; ele sonhava com a eternidade. Queríamos ser urgentemente bacharéis. E ele jesuíta. Consultávamos obstinadamente o Código. Ele abismava-se na Suma Teológica de São Tomás de Aquino."

O poeta Godofredo Filho, seu colega de pensão em Salvador, testemunhou a disposição de Anísio para o trabalho:

"Terrível trabalhador, do estofo de Napoleão e do papa Alexandre VI... Reuníamo-nos com Anísio em dias não marcados da semana, prolongando seu jantar, de que muitos compartilhavam, pois que, apesar de sóbrio, tinha sempre convidados à mesa. E as dissertações, as polêmicas entravam não raro pela madrugada. Vez por outra, Anísio nos deixava galopando no dorso das palavras, e recolhia-se ao trabalho em que a manhã não raro o surpreendia."

O discípulo Darcy Ribeiro, que evoluiu de uma mútua antipatia com Anísio, para uma relação do maior respeito, declarou:

"...Anísio Teixeira é o pensador mais discutido, mais apoiado e mais combatido do Brasil. Ninguém como ele provoca a admiração de tantos. Ninguém é também tão negado e tem tantas vezes o seu pensamento deformado (...) Suas teses educacionais

se identificam tanto com os interesses nacionais e com a luta pela democratização de nossa sociedade que dificilmente se admitiria pudessem provocar tamanha reação num país republicano."
..."Anísio é aquele, entre os muito inteligentes que conheci, o mais inteligente e o mais cintilante de todos." Do exílio onde se encontrava, ao saber da morte do grande mestre, disse: "Uma luz apagou no Brasil; apagou-se sua inteligência mais luminosa."

A polivalente dra. Nilda Teves Ferreira depõe:

"Suas obras e seus conceitos continuam sendo ricas fontes de conhecimento e de inspiração para os que se preocupam com a educação e com o futuro do nosso país.Anísio deixou como herança um acervo que tem sido objeto de pesquisas, monografias e teses. Seus textos são revisitados com frequência como fonte primária para as investigações da história da educação brasileira, por estudiosos de variadas áreas do conhecimento."

O educador Marcos Cezar de Freitas sustenta que:

"A magnitude de Anísio Teixeira é própria de um pensador social dos mais profundos, que não perde em nada para Gilberto Freyre ou qualquer outro. (...) Ele precisa ser lembrado ao lado de historiadores como Sérgio Buarque de Holanda, sociólogos como Florestan Fernandes e antropólogos como Emilio Willems."

Se tivesse realizado o desejo de "viver no futuro, depois do ano 2000", Anísio Teixeira pouco, para não dizer nada, teria para alegrar-se do que o Brasil avançou em matéria de educação, comparativamente ao que deveria.

Dentre as obras que deixou, destacam-se:

Aspectos americanos de educação, de 1928, em que comenta a visita que fez a oito escolas nos Estados Unidos, ao órgão federal de Educação, à Associação Nacional de Educação e ao Departamento Estadual de Educação, no Sul. Destaca quatro características das escolas americanas: prédios grandes e apropriados; ensino prático; grade escolar flexível e variada; muita atividade estudantil extracurricular. Destaca a integração entre os métodos ativo e progressivo da educação americana com os métodos de precisão, rendimento e organização que comandam a indústria, o comércio e a burocracia, comparando tudo isso com as práticas brasileiras.

Educação progressiva: uma introdução à filosofia da educação, 1934. Apresenta os fundamentos teóricos da educação progressiva, suas diretrizes e os elementos necessários à sua aplicação. Enfatiza o inter-relacionamento entre educação e sociedade, analisando a ação dos processos educacionais sobre o indivíduo e seus desdobramentos na organização social. Focaliza, também, a necessidade de fundamentação filosófica da prática educacional, afirmando que o educador, "ao lado da informação e da técnica, deve possuir uma clara filosofia da vida humana e uma visão delicada e aguda da natureza do homem".

A educação e a crise brasileira, 1956. Diagnostica a crise educacional brasileira – seus padrões educacionais e culturais –, e compara os modelos históricos com os do momento. Avalia a inter-relação sociedade-educação, enfatizando a influência do meio social sobre a educação das pessoas. Propõe a reconstrução educacional do país, a partir da mudança da escola secundária e de uma boa gestão educacional. Descreve e comenta os debates em torno do projeto da Lei de Diretrizes e Bases da Educação.

Educação e o mundo moderno, 1977. Coletânea de trabalhos publicados entre 1953-1964, em que aborda os problemas do mundo moderno e propõe soluções dos pontos de vista filosófico, histórico e político a partir da educação. Destaca as bases da teoria lógica de Dewey, bem como os enfoques dedicados a promover uma cidadania adaptada aos clamores da democracia moderna.

Educação é um direito, 1996. Propõe o modo de estruturar e financiar os sistemas estaduais de ensino, a partir de sua experiência como secretário de Educação e Saúde da Bahia, facilitado pela implantação da Lei de Diretrizes e Bases. Aborda, ainda, a teoria e a prática da educação comum nos novos tempos.

Educação e universidade, 1998. Artigos sobre educação superior, em que, no primeiro texto, aborda vários aspectos da relação entre universidade, cultura e avanço social. Enfatiza o papel da universidade como um centro promotor do conhecimento como meio para o exercício da plena liberdade e combate ao isolamento tribal dos povos. No segundo texto, Anísio sustenta que os docentes deveriam ter formação superior, aptos para pesquisar e realizar os estudos mais avançados. No terceiro capítulo, nega a autonomia universitária como uma concessão do Estado, mas uma decorrência lógica da natureza de suas funções. No quarto texto, defende a diversidade temática como inerente à reflexão acadêmica. O quinto e último texto traz documentos sobre a reforma universitária na década de 1960 e apresenta um levantamento bibliográfico dos seus trabalhos sobre educação superior.

Educação no Brasil, 1969. Para resolver a recorrente crise educacional brasileira, propõe padrões autóctones de educação e cultura, a partir dos modelos históricos e dos vigorantes. Reitera pontos de vista já expostos em *A educação e a crise brasileira,* a exemplo da necessidade de transformar a escola secundária para a reconstrução educacional do país, e os debates em torno do projeto e da promulgação da Lei de Diretrizes e Bases de Educação. Discute as tarefas da universidade e a inquietação decorrente da reforma universitária. Aborda, ainda, a situação educacional em 1967, seis anos após a promulgação da LDB, e comenta as impressões nos vários setores atingidos pela lei. A segunda e terceira parte são estudos e palestras realizadas entre 1947 e 1967, com o propósito de despertar a consciência pública e profissional para os problemas da educação brasileira.

Educação não é privilégio, 1994. É o seu trabalho mais conhecido e aclamado, em que denuncia a necessidade de uma nova política educacional no país, capaz de estender a educação a todos, como meio de integrar a sociedade brasileira, pela universalização do acesso à verdadeira cidadania, exigência inegociável das sociedades democráticas. Apresenta procedimentos capazes de garantir a conciliação entre a integração dos três poderes com as inegáveis vantagens da descentralização.

*Educação para a democracia: introdução à administração educacional,*1997. Texto de 1936, detalhada exposição do que fez e pregou durante sua gestão na Secretaria de Educação do Distrito Federal, entre 1931-1935. Na primeira parte, aborda sua visão teórica da missão a cumprir. Na segunda e última, documenta e justifica o que fez, expondo os fundamentos e diretrizes do programa de reformas proposto, diagnosticando o problema da educação no país, mencionando as razões que o conduziram a defender a autonomia dos serviços de educação, e avalia os novos significados da moderna educação pré-escolar, elementar, rural, secundária, bem como a universidade. Descreve as dificuldades e as armadilhas do processo de implementação do programa educacional e apresenta as medidas adotadas na reforma administrativa, os planos de financiamento da educação e de prédios e aparelhamentos escolares, até a reorganização do ensino elementar, secundário e da formação docente.

Em marcha para a democracia: à margem dos Estados Unidos, 1934. Avalia o significado da civilização norte-americana, concentrando suas atenções sobre o espírito que a animaria. Enfatiza aspectos característicos e promissores da sociedade norte-americana, como sua prosperidade material e sua receptividade às mudanças, quando comparada às sociedades europeias. Sustenta que os americanos, mais do que outro povo, se ajustam às inovações que a nova ordem nascida do desenvolvimento científico exige, como se exprime através do seu incomparável pragmatismo. Resume as ideias de John Dewey e Walter Lippmann para a reorganização da teoria democrática. Conclui que a tarefa de dirigir a sociedade democrática seria eminentemente uma tarefa de educação do público.

Ensino superior no Brasil: análise e interpretação de sua evolução até 1969, 1989. Examina a evolução de nosso ensino superior, desde o período colonial até a reforma universitária dos anos 1960, com ênfase na tibieza para a implantação de um sistema de educação superior no país. Analisa a transplantação de uma cultura da metrópole para a colônia, a influência dos colégios jesuítas e as consequências da reforma pombalina. Avalia o papel de Coimbra na formação de nossas elites, bem como a ausência de sucedâneo quando da conquista da Independência, papel que as escolas profissionais isoladas que dominaram a organização do ensino superior até a década de 1960 nunca poderiam representar. Escrutina a legislação do ensino superior de 1964, para encontrar a medida em que a reestruturação do sistema poderia assegurar o controle e desenvolvimento da cultura nacional.

Pequena introdução à filosofia da educação: a escola progressiva ou a transformação da escola, 1968. Discute a relação entre escola e transformação social, os fundamentos da educação progressiva, as diretrizes e os processos dessa educação. Examina a contribuição da educação para a vida democrática, considerando especialmente a contribuição de Dewey.

Diálogo sobre a lógica do conhecimento, com Maurício Rocha e Silva. Diálogo epistolar entre Anísio Teixeira e Maurício Rocha e Silva sobre a criação científica e artística e a influência de ambas sobre a cultura moderna. O cientista e professor de medicina Rocha e Silva aponta a analogia existente entre as formas de criação científica e artística, apoiada na lógica da invenção, limitada à etapa de pesquisa, já que a metodologia científica representaria, segundo ele, uma etapa mecanicista no trabalho criador. Anísio sustenta que, a despeito de condições comuns às atividades criativas do cientista e do artista, não só as bases em que se apoiariam seriam diversas (empírica, no caso do cientista, intuitiva, no caso do artista), como o trabalho do cientista estaria fundamentalmente ligado ao curso do progresso, enquanto no domínio da arte não haveria progresso no mesmo sentido.

BIBLIOGRAFIA

Anísio Teixeira. *Educação não é privilégio*, 1994.
_____. *Educação progressiva, uma introdução à filosofia da educação*, 1934.
_____. *Educação para a democracia*, 1997.
_____. *A educação e a crise brasileira*.
Hermes Lima. *Anísio Teixeira, estadista da educação*, 1978.
Josaphat Marinho. *O educador da cidadania*, 2001.
Luiz Viana Filho. *Anísio Teixeira: A polêmica da educação*, 1990.

JUSCELINO KUBITSCHEK DE OLIVEIRA
(1902-1976)

JK NASCEU A 12 DE SETEMBRO DE 1902, EM DIAMANTINA, MINAS GERAIS, e morreu em acidente de automóvel, na rodovia Presidente Dutra, que liga as cidades do Rio de Janeiro e São Paulo, no trecho do município de Resende, pertencente ao estado do Rio, a 22 de agosto de 1976. Ele foi militar, médico e político, tendo sido prefeito de Belo Horizonte, de 1940 a 1945, e governador de Minas, de 1951 a 1955, antes, portanto, de ser presidente da República, entre 1956 e 1961, o primeiro a nascer no século XX e o último presidente mineiro, eleito pelo voto popular, até a eleição de Dilma Rousseff, em 31 de outubro de 2010.

Do seu casamento com Sarah Gomes de Lemos, em 1931, teve a filha Márcia e a adotiva Maria Estela. O maior dos seus feitos foi, certamente, promover a elevação da autoestima do povo brasileiro, ao tirar do papel o velho projeto de interiorização do progresso e integração do país, fazendo edificar a nova capital, Brasília, no Planalto Central, e gerir um período de notável desenvolvimento econômico, com estabilidade política, apesar das duras críticas que sofreu como agente inflacionário e facilitador da corrupção, através de obras superfaturadas. Recorde-se que a ideia de situar a capital do país no seu centro geográfico figurou nas constituições de 1891, 1934 e 1946.

Independentemente de qualquer juízo que se fizer a respeito de JK, é universal a simpatia que despertou e continua a despertar entre os brasileiros. Seu nome aparece ao lado de Getúlio como o mais amado pela posteridade. Na opinião do ex-presidente José Sarney, seu adversário, vinte e oito anos mais moço, Juscelino foi o maior presidente do Brasil, pelo conjunto dos seus atributos, tendo à frente sua habilidade política, realizações e respeito às instituições democráticas. Em 2001, a revista *Isto É* publicou o resultado de uma eleição em que JK foi apontado como o Brasileiro do Século.

Apelidado Nonô desde a mais tenra infância, foram seus pais o caixeiro-viajante João César de Oliveira e a professora Júlia Kubitschek, de ascendência checa e etnia cigana, fato que lhe confere a singularidade de ser o único presidente que se conhece, no mundo, com essa origem. A morte do pai, João César, deixou-o órfão aos 2 anos e 4 meses, dependente, exclusivamente, do salário de professora da mãe, para o sustento dela, dele e de sua irmãzinha Maria da Conceição, a Naná, um ano mais velha(1901-1966). Quando dos funerais de Naná, Juscelino veio do exterior, permanecendo em solo pátrio por 72 horas, sob vigilância do governo militar. Uma outra irmã, Eufrosina, viveu poucos meses. Juscelino se regozijava ao falar de sua semelhança com o pai, conforme depoimento da mãe e de outros familiares. A professora Júlia era neta de Jan Nepomusky Kubitschek, o "João Alemão", um imigrante católico, natural da Boêmia, que se estabeleceu no Brasil como marceneiro pelos idos do primeiro reinado. Dona Júlia morreu em 1971, cinco anos antes de JK, com mais de 90 anos. O seminário diocesano de Diamantina, dirigido pelos padres vicentinos, era a única e boa escola onde fazer o curso de humanidades, concluído antes de completar 15 anos. Em 1919, o Diário Oficial publicou um edital abrindo concurso para telegrafista, em Belo Horizonte. Juscelino viu aí a oportunidade de realizar seu antigo sonho de morar na capital com um emprego garantido, o que lhe ensejaria cursar a Faculdade de Medicina. Com 200 mil réis, que dona Júlia conseguiu através da venda de um colar de ouro herdado de sua mãe, única joia que possuía, viajou para Belo Horizonte. Após seis meses de espera, foi divulgado o resultado do concurso em que

Juscelino tirou o 19º lugar, entre os oitenta e nove candidatos. A nomeação, porém, só viria em maio de 1921. Enquanto esperava o resultado do concurso, Juscelino continuou estudando como autodidata, com grandes dificuldades de ordem material. Aprovado nos exames dos preparatórios, em dezembro de 1921, vê realizado o sonho de ingressar na Faculdade de Medicina da Universidade de Minas Gerais, em 1922, colando grau em 1927, tendo que trabalhar durante o dia, ao longo de todo o curso. O médico e memorialista Pedro Nava foi seu colega de turma. Em seu baile de formatura, dona Júlia foi apresentada a Sarah, filha de dona Luísa Negrão e Jaime Gomes de Souza Lemos, ex-senador mineiro.

Amante das serenatas e serestas, o jovem Nonô gostava muito de jogar futebol, tendo defendido, como atleta amador, o América, time mineiro de sua predileção.

Em 1928, foi nomeado professor assistente na Faculdade de Medicina de Minas Gerais, passando a trabalhar, também, como assistente do dr. Júlio Soares, seu futuro cunhado, na Clínica Cirúrgica da Santa Casa de Misericórdia de Belo Horizonte, e como sócio na clínica particular. Em abril de 1930, seguiu para Paris, onde foi aluno do dr. Maurice Chevassu, grande médico urologista, havendo, também, estagiado em Viena e Berlim. Ao regressar ao Brasil, em outubro de 1930, reassumiu as antigas funções, além do cargo de médico da Caixa Beneficente da Imprensa Oficial. Até então, nada indicava que viria a ceder ao canto de sereia da política. Em 1931, casa-se com Sarah Lemos. Em 1932, é convocado, com vários outros médicos e professores de medicina do estado, para a Força Pública, hoje, Polícia Militar de Minas Gerais, como capitão-médico, através de um convite de Gustavo Capanema, que na época era secretário do Interior e, em consequência, comandante da polícia. Este foi o primeiro passo para a mudança radical na vida do jovem JK. Quando estourou a Revolução Constitucionalista, em 9 de julho de 1932, Juscelino foi imediatamente convocado para o corpo médico que atuaria no front, contra as tropas paulistas. Durante essa breve revolução, que não durou quatro meses, Juscelino agregou bravura à competência cirúrgica. Atuou na cidade de Passa Quatro, situada no setor do Túnel da Mantiqueira, região onde os conflitos entre paulistas e mineiros foram mais acirrados por ser o limite entre os dois estados. Aí conheceu nomes com quem interagiria intensamente no futuro, como o coronel Eurico Gaspar Dutra e Benedito Valadares que, logo depois, nomeado interventor mineiro, o convidou para ocupar a chefia da Casa Civil do seu governo, em 1933, data do seu ingresso na política. Em 1934, Juscelino foi o mais votado deputado federal, eleito pelo Partido Progressista, fundado por revolucionários de 1930, exercendo o mandato até o fechamento do Congresso, em 1937, quando da implantação do Estado Novo por Getúlio Vargas. Nessa altura, é promovido a tenente-coronel-médico da Polícia Militar de Minas. Desencantado com a instabilidade da vida política, Juscelino retorna à atividade médica, com a intenção de fazê-lo em caráter definitivo. Ledo engano.

Em 1940, Benedito Valadares nomeia-o prefeito de Belo Horizonte. Ainda vacilante entre a medicina e a política, Juscelino manteve a prática médica até 1945 quando deixou a prefeitura e a medicina para eleger-se deputado federal à Assembleia Nacional Constituinte, pelo PSD – Partido Social Democrático, e a partir de então sua boa oratória passou a ter reconhecimento nacional. A frase, muito repetida pelos políticos, "Deus me poupou o sentimento do medo", é, originalmente, dele, tendo sido soprada pelo seu grande amigo, o poeta, escritor, diplomata e bem-sucedido homem de negócios, Augusto Frederico Schmidt. Seria, porém, como executivo e grande tocador de obras, que JK construiria sua reputação como notável empreendedor. Tanto que, ao deixar a prefeitura, foi apelidado de "Prefeito Furacão", em decorrência do rico legado como urbanizador da bacia da Pampulha, das avenidas Contorno e Amazonas, da pavimentação da avenida Afonso Pena, além da criação de novos bairros, quase tudo contando com o concurso daquele que viria a ser um amigo fraterno de toda a vida, o arquiteto Oscar Niemeyer. A cultura também mereceu a atenção de JK. Entre as suas realizações se incluem o Museu de Belo Horizonte, o Instituto de Belas-Artes e o

Curso de Extensão Musical. Iniciou a construção do Teatro Municipal, a criação da Orquestra Sinfônica, além do invariável apoio da prefeitura a várias iniciativas de natureza cultural, segundo seu desejo de despertar nas novas gerações o gosto pelas artes. As preocupações do prefeito Juscelino se estenderam às classes proletárias, materializando-se no fortalecimento dos programas de assistência social a elas dedicados. Além do apoio às instituições já existentes, Juscelino estimulou a criação de novas, para lhes assegurar assistência médica, hospitalar e dentária gratuita, alimentação barata, e outras facilidades destinadas a elevar o nível do seu bem-estar. A construção do Hospital Municipal no bairro da Lagoinha, com 306 leitos e instalações moderníssimas para a época, é exemplo conspícuo de sua política social. Os indigentes, por sua vez, eram tratados através de um convênio entre a prefeitura e a Santa Casa de Misericórdia. Pioneiro do bolsa-família, JK também desenvolveu um programa de restaurantes populares para facilitar a vida dos mais carentes.

Explica-se por que sua votação para a Câmara dos Deputados, em 1945, tenha sido consagradora, passo precursor de sua eleição para governador do estado, em 1950, ao derrotar o concunhado, Gabriel Passos, casado com a irmã de Sarah. Cumpriu o mandato de 31 de janeiro de 1951 a 31 de março de 1955, quando transmitiu o governo ao vice, Clóvis Salgado, a fim de se candidatar à presidência da República. Como governador, JK também fez nome. Criou a Cemig – Companhia Energética de Minas Gerais, construiu cinco usinas hidrelétricas e mais de três mil quilômetros de estradas, consoante o binômio que elegeu para governar: *Energia e Transporte*, e implantou a siderúrgica Mannesmann, inaugurada com a presença do presidente Vargas. Com a exceção de uma revolta contra o excesso de impostos, ocorrida em Uberaba, seu governo foi marcado pela paz e pela estabilidade. No plano educacional, elevou a matrícula dos alunos da rede pública de 680.000 para 1.100.000, ao final do seu governo.

Eleito presidente, com 3.077.411 votos, apenas 36% do eleitorado que compareceu às urnas, concorrendo por uma aliança formada entre o PSD e o PTB, que indicou João Goulart como seu vice, JK foi o primeiro presidente civil a concluir o mandato, desde Artur Bernardes. A votação de Juscelino superou a do segundo colocado, o general Juarez Távora, candidato da UDN, em 400 mil votos, e a do terceiro colocado, o ex-governador de São Paulo, Ademar de Barros, em 800 mil votos. O quarto colocado, Plínio Salgado, obteve pouco mais de 700 mil votos, tendo tirado de Juarez Távora os preciosos votos que poderiam tê-lo elegido. JK foi também o presidente eleito com o menor percentual de votos de todo o pós-guerra, condição que, imperiosamente, perdura desde quando a constituição de 1988 estabeleceu o segundo turno. Foi, ainda, o último presidente a tomar posse no Palácio do Catete, no Rio de Janeiro.

Os partidos derrotados tentaram anular as eleições, sobre o fundamento de que JK não obtivera a maioria absoluta dos votos. A posse de Juscelino e do vice-presidente João Goulart foi assegurada por um levante militar liderado pelo ministro da Guerra, general Henrique Duffles Teixeira Lott que, em 11 de novembro de 1955, depôs o então presidente interino da República, Carlos Luz, da UDN, de quem se temia a recusa de empossar os eleitos, assumindo o posto o presidente do Senado, Nereu Ramos, do PSD, que concluiu o mandato de Getúlio, período em que o Brasil permaneceu em estado de sítio, até a posse dos eleitos, em 31 de janeiro de 1956. Ao morrer Getúlio, Café Filho, seu vice, assumiu a presidência, em 24 de agosto de 1954, sendo deposto em 8 de novembro de 1955, quando foi substituído por Carlos Luz, presidente da Câmara, que ficou, apenas, três dias no posto.

De olho numa futura eleição, já que à época não era permitida a reeleição, Juscelino empolgou a nação com o slogan "Cinquenta anos em cinco", a partir do Plano de Metas, derivado do Plano Nacional de Desenvolvimento, promotor de uma acentuada aceleração do processo de industrialização, tendo a fabricação de automóveis como carro-chefe. As trinta e uma metas do plano se distribuíam em cinco grupos: energia, transporte, indústria de base, educação e a construção de Brasília. Do ângulo estratégico, o plano objetivava eliminar os pontos de estrangulamento, reduzindo o custo Brasil, para aumentar a competitividade de nossos produtos no exterior, substituindo importações, como meio de obter divisas para financiar o esforço de modernização tecnológica e melhoria de infraestrutura de transporte e de energia. Para isso, abriu a economia ao capital estrangeiro em investimentos de risco, desde que associados ao capital nacional, isentou de impostos de importação os equipamentos industriais e ampliou, com juros moderados, a oferta de crédito ao consumidor. Promoveu, ainda, a indústria naval, a expansão da indústria pesada, a construção de usinas siderúrgicas e de grandes usinas hidrelétricas, como a de Furnas, localizada em São João da Barra, e a Três Marias. Furnas formou um dos maiores lagos artificiais do mundo, o "Mar de Minas Gerais", que banha trinta e quatro municípios mineiros. Uniu as diferentes regiões, com a abertura de rodovias transregionais, tais como a Belém–Brasília, a Rodovia Régis Bittencourt, que liga o Sudeste ao Sul, concluiu a Fernão Dias, ligando São Paulo a Belo Horizonte, obra iniciada por Getúlio, a BR-364, que liga Cuiabá a Porto Velho e Rio Branco, ainda hoje funcionando como a coluna vertebral da economia dos estados do Acre e Rondônia. O governador do território de Rondônia, à época, Paulo Nunes Leal, em seu livro de memórias *O outro braço da cruz*, conta como conseguiu de JK a construção da BR:

> "Sr. presidente!
> – Diga, Paulo!
> – O sr. já ligou Brasília ao Centro-Sul, ao Nordeste e a Belém. Por que o sr. não faz o outro braço da cruz, ligando Brasília ao Acre?
> – Uai, Paulo! E pode?
> – Pode, sr. presidente! Mas é negócio pra homem!
> – Então, vai ser!"

Uma crítica recorrentemente feita a JK é a de ter priorizado o transporte rodoviário, em detrimento de outros meios, para favorecer a indústria automobilística, o que teria resultado no aumento da importação dos derivados do petróleo, gasolina e óleo diesel. JK conseguiu reduzir o impacto dessa crítica ao inaugurar a **Refinaria Duque de Caxias**, com capacidade de cobrir o déficit de refino, dando ao Brasil autossuficiência na produção de derivados de petróleo, ficando a importação restrita ao petróleo em estado bruto. Depois de JK, o lobby da indústria automobilística continuou a "dar as cartas e jogar de mão", mantendo a primazia do rodoviário sobre os demais meios de transporte, apesar de o velho slogan de Washington Luís, "governar é abrir estradas", tê-lo levado a receber de seus adversários a alcunha de "General de estrada de Bobagem". Para que se possa avaliar a diferença dos números macroeconômicos entre o Brasil do tempo de Juscelino e o do início do século XXI, a dívida externa brasileira alcançou 3,8 bilhões de dólares no final do governo JK, enquanto a interna atingiu 500 milhões de dólares. Em prejuízo de sua imagem, houve aumento da inflação, da concentração de renda e arrocho salarial, ocasionando um surto grevista nas cidades e na zona rural. De fato, a inflação, que em 1960 era de 25% ao ano, subiu para 43% em 1961, no governo de Jânio Quadros, 55% em 1962, e 81% em 1963, no governo de João Goulart. Roberto Campos, um dos coordenadores do Plano de Metas, advertira JK sobre o caráter inflacionário da construção de Brasília. Apesar dessa adversidade, a produção industrial cresceu na era JK em 80%, os lucros das empresas em 76%, enquanto os salários cresceram, apenas, 15%, apesar de o salário-mínimo ter sido um dos de maior poder de compra em todos os tempos.

O compromisso de construir Brasília foi assumido por JK, em 4 abril de 1955, em um comício na pequena Jataí, no estado de Goiás, ao responder ao estudante Antônio Soares Neto, o Toniquinho, que queria saber se ele cumpriria o mandamento constitucional relativo à construção da nova capital. Juscelino respondeu afirmativamente. O dispositivo em questão, da Constituição de 1946, dizia o seguinte:

Art 4º – A capital da União será transferida para o planalto central do país.

§ 1º – Promulgado este Ato, o presidente da República, dentro de sessenta dias, nomeará uma Comissão de técnicos de reconhecido valor para proceder ao estudo da localização da nova capital.

§ 2º – O estudo previsto no parágrafo antecedente será encaminhado ao Congresso Nacional, que deliberará a respeito, em lei especial, e estabelecerá o prazo para o início da delimitação da área a ser incorporada ao domínio da União.

§ 3º – Findos os trabalhos demarcatórios, o Congresso Nacional resolverá sobre a data da mudança da capital.

§ 4º – Efetuada a transferência, o atual Distrito Federal passará a constituir o Estado da Guanabara.

Em caráter meramente protocolar, o Congresso Nacional, supondo tratar-se de bravata de político em princípio de mandato, aprovou a Lei nº 2.874, sancionada por JK, em 19 de setembro de 1956, determinando a mudança da capital federal e criando a Companhia Urbanizadora da Nova Capital – Novacap.

Sob a liderança dos arquitetos Lúcio Costa e Oscar Niemeyer, as obras tiveram início em fevereiro de 1957. Centenas de máquinas e milhares de operários – os candangos – oriundos de todas as regiões do Brasil, sobretudo do Nordeste, trabalharam com intensidade, com vistas à inauguração em 21 de abril de 1960, dia consagrado à Inconfidência Mineira, 41 meses depois de iniciadas. Um recorde, apesar do épico desconforto dos que compareceram à festa inaugural, como ocorreu com o autor destas linhas.

Com exceção das empresas de energia hidrelétrica, JK praticamente não criou empresas estatais. A aquisição para a Marinha do Brasil do seu primeiro porta-aviões, o *Minas Gerais*, acarretou-lhe fortes críticas. Criou a Sudene – Superintendência de Desenvolvimento do Nordeste, para promover o desenvolvimento regional, e elevou a produção de petróleo. Rompeu com o FMI, por não aceitar a reforma cambial pedida por essa agência que interferiria, inviabilizando parte do seu programa de governo, particularmente a implantação de Brasília. O lançamento na bolsa de papéis do governo, com deságio na venda, que autorizou para obter o suplemento de fundos indispensáveis à consolidação de Brasília, foi apontado como fator de excessiva elevação da dívida pública, dificultando, sensivelmente, as futuras administrações.

Durante seu governo democrático, Juscelino revelou-se um hábil diplomata, qualidade importante para assegurar a estabilidade, mediante a incessante busca, com êxito, da conciliação entre setores divergentes da sociedade, enfatizando a importância da diversidade como elemento sinérgico, para alimentar de esperanças o coração dos brasileiros. Coerente com sua pregação no valor do diálogo como mecanismo eficaz para aplainar divergências, JK anistiou os militares revoltosos nos episódios de Jacareacanga, no Pará, em 1956, e Aragarças, em Goiás, em 1959, atitudes que mereceram aplausos de parcela expressiva da oposição abrigada na UDN, segmento partidário que ficou conhecido pejorativamente como "chapa-branca". Outro momento de crise ocorreu em novembro de 1956 quando autorizou a prisão domiciliar do general Juarez Távora, 2º colocado nas eleições presidenciais, por haver desobedecido a determinação presidencial que proibia a manifestação política de militares. O ministro da Guerra, marechal Lott, cumpriu, disciplinadamente a ordem do presidente, mas renunciou ao posto, em seguida, pelo desconforto de prender um dos seus pares de maior conceito. O diplomata JK conseguiu o imediato retorno do seu ministro da Guerra, e a crise se converteu em fator de consolidação do seu prestígio junto à classe armada. Aproveitando o embalo, JK fechou a "Frente de Novembro" e o "Clube da Lanterna", movimentos que lhe faziam oposição, sendo o irrequieto e brilhante Carlos Lacerda o seu mais temível adversário. Quando, anos depois, se reconciliaram na "Frente Ampla", movimento que os uniu contra a Revolução de 1964, JK confessou a Lacerda que teria caído se não lhe tivesse impedido o acesso à televisão.

No plano internacional, o estreitamento de relações com os Estados Unidos era a pedra de toque, por entender que essa aproximação fortaleceria a industrialização e protegeria a democracia brasileira contra o movimento dos que propugnavam por uma ditadura de esquerda, sob o mando de Moscou. A Operação Pan-Americana, que formulou, dependia, para sua efetiva implementação, do apoio dos Estados Unidos ao desenvolvimento da América do Sul, como meio de barrar o avanço do comunismo no continente americano.

A era JK coincidiu com uma série de eventos que provocava nos brasileiros um sentimento de marcante euforia. No esporte, a seleção brasileira de futebol foi campeã na Copa do Mundo de 1958, na Suécia; o peso-galo Éder Jofre foi campeão mundial de boxe; em 1959, a seleção brasileira de basquete masculina foi campeã mundial no Chile, e a tenista Maria Esther Bueno venceu os torneios de Wimbledon e do US Open. A música popular brasileira fazia sucesso no exterior, especialmente a bossa-nova, criada pelo baiano João Gilberto e implementada por nomes consagrados como Vinícius de Moraes e Tom Jobim. Brasília, antes mesmo de ser inaugurada, despertava o interesse de todo o mundo. O salário-mínimo era o maior da nossa história, em poder aquisitivo.

A posteridade encarregou-se de provar a falsidade das acusações que imputavam a Juscelino o enriquecimento ilícito a partir das gordas propinas que teria recebido, ao longo de suas sucessivas administrações, como prefeito, governador e, sobretudo, durante a construção de Brasília, a ponto de se haver espalhado o boato de que ele seria detentor da sétima maior fortuna do mundo. Foi desse ambiente carregado de grosseiros factoides que Jânio Quadros se valeu para usar da vassoura como símbolo do seu governo que haveria de varrer da administração pública o mar de lama de corrupção montado por JK. Uma vez fora do governo, JK respondeu a inquérito policial militar (IPM) durante o regime militar, acusado de corrupção e de ter apoio dos comunistas. Numa das audiências a que compareceu, o oficial que presidia o inquérito recusou-se a apertar sua mão. É verdade que os descendentes desse oficial medíocre, obsequioso diante dos abusos dos chefetes da ditadura, pedem a caridade de olvidar o seu nome, para menor opróbrio dele e da família, aos olhos da posteridade. A Panair do Brasil, suspeita de beneficiar-se, ilegitimamente, do transporte de materiais de construção para Brasília, quando ainda não havia ligação terrestre, foi perseguida e levada à falência pela ditadura militar.

O inventário de JK, aberto logo depois de sua morte, revelou o que os íntimos já sabiam: um patrimônio modesto, a ponto de Márcia, sua filha, ter precisado vender um apartamento para financiar sua campanha eleitoral à Câmara dos Deputados, em 1986. Como se vê, são poucos os políticos que leem na cartilha do imortal JK.

A multicarismática personalidade de JK é de natureza a inspirar a proliferação de mitos sobre sua vida pública e privada e sobre seus sentimentos e pensamentos. Dentre as muitas versões de supostos fatos, carentes de comprovação, consta a de que costumava dirigir perguntas ao médium Chico Xavier sobre que caminhos deveria percorrer. Católico confesso, tinha declaradas simpatias pelo espiritismo. O indulto que concedeu ao médium Zé Arigó, batizado José Pedro de Freitas, acusado de prática ilegal da medicina, alimentou a crença. A verdade é que Juscelino era amigo dos dois mais famosos espíritas brasileiros. Ele conheceu Arigó, que integrava o sindicato dos mineradores de Congonhas do Campo, na década de 1950, através de João Goulart. A amizade entre os dois, porém, se consolidou em 1958, quando Arigó foi preso por feitiçaria e prática ilegal da medicina, sendo indultado pelo presidente. Na década de 1960, Arigó, encarnando o espírito de Dr. Fritz, retribuiu a gentileza, curando Márcia Kubitschek de uma grave doença renal, sem examiná-la, e sem, sequer, saber de que se queixava, prescrevendo, como única medicação, um remédio natural, disponível na Alemanha. Márcia curou-se, inteiramente, daquele problema. A amizade entre os dois perdurou até a morte de Arigó, em 1971.

Juscelino conheceu Chico Xavier em 1956, mantendo com ele uma relação que foi além da amizade, ao estabelecer uma vinculação de natureza profissional que incluía permanente aconselhamento espiritual nos momentos mais tensos do exercício da presidência. Através de dois auxiliares, os coronéis Jofre Nellis e Nélio Cerqueira, espíritas e amigos de Chico Xavier, Juscelino enviava consultas sobre como resolver problemas vinculados à construção de Brasília. As questões eram postas em papéis distintos para corresponder aos diferentes espíritos que as respondessem por via mediúnica. As respostas objetivavam sempre elevar o ânimo e a motivação do presidente na condução da magna tarefa. Houve instantes em que as visitas dos coronéis a Chico Xavier tornaram-se semanais. Pouco antes da inauguração de Brasília, Chico Xavier visitou-a, acompanhado do jovem médium Waldo Vieira, nascido em 1932, internacionalmente reconhecido como o papa da projeciologia e da conscienciologia. Ambos receberam uma gravata retirada do armário de JK. A maçonaria, por sua vez, nunca admitiu que ele tenha integrado os seus quadros, como ainda se propala. A construção de Brasília teria sido inspirada numa cidade egípcia, já que Juscelino se acreditava representante do Deus-Sol, egípcio. Ao tomar conhecimento desses excessos de fantasia, JK estourava de rir.

Jânio Quadros derrotou o marechal Lott, candidato de Juscelino, nas eleições de 3 de outubro de 1960. A vitória da *vassoura* de Jânio sobre a *espada* de Lott foi facilitada pela *candidatura de protesto* de Ademar de Barros que, mais uma vez, ficou em terceiro lugar. Com quase 6 milhões de votos, representando 48% dos eleitores que compareceram às urnas, Jânio Quadros alcançou a maior votação recebida por um candidato, até aquele momento, em eleições no Brasil. O vice na chapa de Lott, João Goulart, se reelegeu, porque votava-se no vice, independentemente do voto dado ao presidente. Como já dissemos, ao passar a faixa presidencial para Jânio Quadros, em 31 de janeiro de 1961, Juscelino tornou-se o primeiro presidente civil desde Artur Bernardes, eleito pelo voto popular, a concluir o mandato nos termos da Constituição

Federal. Depois de JK, Fernando Henrique Cardoso viria a ser o primeiro presidente civil, eleito pelo voto popular, a cumprir integralmente o mandato.

JK deixou o governo em clima de euforia e com o sentimento de dever cumprido. Pouco antes de deixar a presidência, resumiu para um amigo sua grande satisfação interior e sua confiança no futuro, nos seguintes termos:

> Sinto-me satisfeito em poder proclamar que, na presidência da República, não faltei a um só dos compromissos que assumi como candidato. Mercê de Deus, em muitos setores realizei além do que prometi, fazendo o Brasil avançar, pelo menos, cinquenta anos de progresso em cinco anos de governo. Pude ainda, através da Operação Pan-Americana, despertar as esperanças e energias dos povos americanos para o objetivo comum de combater o subdesenvolvimento. E todo este esforço culminou no cumprimento da meta democrática, quando o nosso país apresentou ao mundo um admirável espetáculo de educação política, que me permite encerrar o mandato, num clima de paz, de ordem, de prosperidade e de respeito a todas as prerrogativas constitucionais. Sejam quais forem os rumos de minha vida pública, levarei comigo, ao deixar o honroso posto que me confiou a vontade popular, o firme propósito de continuar servindo ao Brasil com a mesma fé, o mesmo entusiasmo e a mesma confiança nos seus altos destinos!

Com a renúncia de Jânio, em agosto de 1961, sete meses depois da posse, assumiu o vice João Goulart, sob a condição imposta pelas Forças Armadas de governar sob o sistema parlamentarista, derrubado pouco tempo depois por um plebiscito que restaurou o presidencialismo. Nesse meio-tempo, Juscelino foi eleito senador pelo estado de Goiás em 1962. Seu propósito era concorrer à presidência, nas eleições marcadas para 3 de outubro de 1965. Sua pré-campanha eleitoral estava nas ruas desde que deixara o governo, com o slogan "JK-65", que seus admiradores exibiam na lapela ou nos vidros dos automóveis, com a promessa de que no seu próximo governo seria a vez da "Educação e da Agricultura" (5 anos de agricultura para 50 anos de fartura). Em 20 de março de 1964, o PSD lançou a candidatura de JK à presidência em 1965. Os outros candidatos naturais seriam Carlos Lacerda, pela UDN, e Leonel Brizola, pelo PTB. Deposto Jango, a Revolução ou Golpe de 31 de março de 1964 destruiu todos esses planos. Em 11 de abril de 1964, o Congresso Nacional homologou o nome do general Castelo Branco como presidente da República, tendo o velho amigo de Juscelino, do tempo do seminário em Diamantina, José Maria Alkmim, como vice. Senador por Goiás, Juscelino votou em Castelo Branco e em Alkmim. Acusado de corrupção e de ligações com os comunistas, JK teve os direitos políticos cassados, em 8 de junho de 1964, perdendo o mandato de senador por Goiás.

Escutou a notícia pelo rádio, logo depois de ser tranquilizado pelo presidente Castelo Branco de que nada teria a temer. A partir de então, passou a percorrer cidades dos Estados Unidos e da Europa, em um exílio voluntário, em busca de apoio da opinião pública internacional. Retornou ao Brasil, logo depois das eleições de 3 de outubro de 1965, em que dois dos seus aliados e adversários do governo Castelo Branco, Negrão de Lima e Israel Pinheiro, venceram as eleições, respectivamente, para governador da Guanabara e de Minas Gerais. Aconselhado por amigos, mais uma vez recolheu-se ao exílio voluntário, no exterior. Em 1967, porém, decidiu correr os riscos de ficar no Brasil, em caráter definitivo. Nessa altura, as conversas com Brizola e Lacerda para a formação de uma Frente Ampla de oposição ao regime militar eram do conhecimento público. Durante seu período no exterior, JK viveu dos honorários recebidos pelas palestras que proferiu em universidades da Europa e dos Estados Unidos. Ao retornar ao Brasil, fundou o Banco Denasa, nele permanecendo até 1975, quando optou por recolher-se à sua fazenda em Goiás. No ano anterior, 1974, fora eleito para a Academia Mineira de Letras. Candidato à Academia Brasileira de Letras, em 1975, foi derrotado pelo escritor goiano Bernardo Élis. Em estudo comparativo que fez entre o valor literário de Getúlio e de Juscelino, Josué Montello demonstrou a inequívoca superioridade de JK. Contra a vontade da ditadura reinante, porém, nem Machado de Assis ingressaria na casa que fundou. Em 1976, a União Brasileira de Escritores lhe conferiu o troféu Juca Pato, atendendo, simultaneamente aos seus méritos literários e em represália à ABL por recusar o seu nome, tendo em vista que as academias literárias abrigam, também, nomes exponenciais em domínios valorizados pela sociedade.

Decorrido o prazo de dez anos de sua cassação, JK pretendeu voltar à vida política. Sabedores de que ele era imbatível num pleito popular, os militares ameaçaram levar adiante as denúncias de corrupção, se ele tentasse concorrer a qualquer eleição. Desde a cassação, a censura chegou a ponto de retirar o seu nome como fundador de Brasília. As crianças aprendiam nos livros escolares que foi Lúcio Costa o fundador da nova capital. No ano que antecedeu a sua morte, a Rede Globo exibiu a novela *Escalada* da qual a construção de Brasília era parte. Para contornar a censura, que proibia qualquer referência a JK, o autor, Lauro César Muniz, apresentou as personagens assoviando a música "Peixe-Vivo", a ele fortemente associada, na percepção popular.

As circunstâncias de sua morte por acidente automobilístico, em 22 de agosto de1976, ainda são objeto de tanta discussão que em 1996 seu corpo foi exumado, na tentativa de pôr fim à polêmica. Com certeza, pode-se afirmar que aconteceu no quilômetro 328 da Rodovia Presidente Dutra, quando se encontrava em um automóvel Chevrolet Opala, com motorista, na altura da cidade fluminense de Resende, que colidiu com uma carreta que transportava gesso. O local do acidente passou a ser conhecido como Curva do JK, em substituição ao nome anterior Curva do Açougue. Seus funerais, em Brasília, foram acompanhados por comovida multidão que não parava de cantar a música

"Peixe-Vivo". Em 1981, inaugurou-se o Memorial JK, em Brasília, onde repousam seus restos mortais.

Nas comemorações dos 106 anos de nascimento de JK, o presidente Lula disse:

> "Qual seria o futuro se o ceticismo predominasse? Do chão de uma fábrica nasceu um presidente. É a evidência da semeadura generosa promovida pelo desassombro de JK."

JK é, sem dúvida, um dos maiores vultos da pátria.

BIBLIOGRAFIA

CARLOS LACERDA. *Depoimento*, 1977.
JOSUÉ MONTELLO. *O Juscelino Kubitschek de minhas recordações*, 1999.
JUSCELINO KUBITSCHEK. *Meu caminho para Brasília*, 1974.
JUSCELINO KUBITSCHEK. *Por que construí Brasília?*, 1975.
SERAFIM JARDIM. *Juscelino Kubitschek – Onde está a verdade?*, 1999.

CÂNDIDO PORTINARI
(1903-1962)

"A arte é o espelho da pátria. O país que não preserva os seus valores culturais jamais verá a imagem de sua própria alma."

CHOPIN

FILHO DE PAI E MÃE ITALIANOS, CÂNDIDO TORQUATO PORTINARI, UM DOS maiores pintores latino-americanos, nasceu no estado de São Paulo, numa fazenda, nas proximidades de Brodósqui, à época um vilarejo com 700 habitantes, no dia 29 de dezembro de 1903, e faleceu no Rio de Janeiro, a 6 de fevereiro de 1962, tendo vivido, portanto, 58 anos, 1 mês e 8 dias. Foi o segundo de doze filhos do casal Dominga Torquato e Baptista Portinari, ambos originários da região do Vêneto, que vieram para o Brasil atraídos pela lavoura do café, durante a grande imigração italiana, no final do século XIX, quando Brodowski (grafia antiga) não passava de uma parada para os trens embarcarem o café produzido na região e de ponto de passagem de retirantes em busca de trabalho. Eram famílias inteiras em estado de grande pobreza, experiência que marcou de maneira indelével o menino Cândido. Em 1947, ele recordaria:

"...pequenininha, duzentas casas brancas de um andar, no alto de um morro espiando para todos os lugares... lugar arenoso no meio da terra roxa cafeeira. Imenso céu azul circula o areal. Milhares de brancas nuvens viajam".

E mais adiante:

> "Desde menino tenho vivido o drama dos retirantes. Lembro-me da seca de 1915, as grandes levas, aquela miséria. Essas recordações, a que se acrescentam novos contatos com a gente aqui do interior de São Paulo, fazem os temas destes quadros. Como deixar de fixar aquilo que fez parte da minha vida, e a minha esperança de ver uma vida melhor para os homens que trabalham a terra?"

Portinari cresceu ouvindo histórias de lobisomem e almas do outro mundo, saci-pererê e mula sem cabeça, príncipes e princesas, montando cavalo a pelo, colhendo manga e admirando as meninas do povoado. O circo, as procissões, a banda de música, as pipas e o futebol eram as grandes e únicas atrações. Suas memórias são vivas e caras:

> Eram belas as manhãs frias na época da apanha do café e delicioso o canto dos carros de boi transportando as sacas da colheita. Quantas vezes adormecíamos sobre as sacas. A luz do sol parecia mais forte. Era somente para nós. Ia pela estrada afora o carro vagaroso, cantando. Dormíamos cheios de felicidades. Sonhávamos sempre, dormindo ou não. Nossa imaginação esvoaçava pelo firmamento. À noite, deitávamos na grama ao redor da igreja e de barriga para cima ficávamos vendo as estrelas e sonhando; um perguntava ao outro o que desejava ser – as respostas eram ambiciosas: um desejava ser rei, outro general, aquele dono de circo.

Ao longo de quarenta anos de atividade, produziu quase cinco mil obras, o que representa uma média de, aproximadamente, cento e vinte peças por ano, correspondendo a um trabalho a cada três dias. A média alcançada inclui tanto pequenos esboços quanto murais monumentais como *Guerra e Paz*, presenteado à ONU, e a *Chegada da Família Real ao Brasil*, permanentemente exposto no Salão Nobre da Associação Comercial da Bahia, em Salvador. Só um grande talento, que encontrou o leito de sua mais genuína vocação, poderia ser motivado para um ritmo de produção tão febril. Sua vasta criação representa uma síntese crítica dos mais diferentes aspectos da vida brasileira.

O chamamento da vocação para a pintura, identificada desde os primeiros desenhos em sala de aula, foi tão forte que abandonou a escola antes de completar o curso primário, para integrar, como ajudante, uma trupe de artistas italianos dedicada à pintura e restauração de igrejas. Portinari os ajudou, enchendo o fundo do altar de estrelas. Deliciava-se com misturar as tintas. Ainda cursando o primário, aos 10 anos, fez o retrato do compositor Carlos Gomes, seu primeiro trabalho documentado. Animado pelo convite da trupe, episódio que interpretou como o primeiro reconhecimento ostensivo do seu talento, segue para o Rio de Janeiro, aos 15 anos, para estudar na ENBA – Escola Nacional de Belas-Artes, onde logo passou a ser alvo da atenção de professores e dos meios de comunicação. Da partida de Brodósqui, registrou no seu diário:

> "Pena de deixar meus pais e meus irmãos." "O sol, a lua, as estrelas, as águas do rio, o vento, tudo ficaria lá e eu entraria no escuro"... "Saí correndo, tive tempo ainda de apanhar o trem em movimento. A última imagem que me ficou gravada na memória foi a de meu pai levantar-se para se despedir; ainda posso vê-lo: de capote escuro atravessando o largo da estação. Não teve tempo de me dizer nada."

A ENBA era o único centro existente no Brasil dedicado ao ensino das artes plásticas e da arquitetura. Segundo o historiador e crítico de arte, Carlos Cavalcanti, essa escola se caracterizava por uma "acelerada perda de atualidade, afastando-se da contemporaneidade europeia, malgrado o interesse na Europa, mas uma Europa do passado, preservada em museus e praças públicas". Os pintores brasileiros, segundo, ainda, Cavalcanti, "na maioria e por todo um século, tornaram-se herdeiros da missão [francesa] de 1816. São todos neoclássicos ou acadêmicos, com maiores ou menores acentos de personalidade. Realmente, não tivemos sequer, como prática generalizada, o impressionismo". Esse foi o caldo de cultura, subjugado ao mecenato oficial e pouco afeito ao exercício da liberdade, a que Portinari pertenceu nos oito anos que aí passou estudando. Suas recordações mais marcantes desse período vêm das aulas de desenho figurado com o professor Lucílio de Albuquerque, e das aulas dos professores Rodolfo Amoedo, Rodolfo Chamberlland e Baptista da Costa.

Coincidindo com o centenário da Independência, em 1922, realiza-se, em São Paulo, a Semana de Arte Moderna. A ideia era a de libertar a criatividade do país de sua histórica dependência de arquétipos importados de outras realidades. Por viver no Rio de Janeiro, o jovem Portinari não sentiu de imediato o impacto do movimento. Sua precocidade, porém, levou-o a participar de várias exposições importantes, ainda aos 20 anos de idade, tendo um retrato premiado com medalha de bronze. Seu nome começa a ser citado na imprensa. Animado com a repercussão do seu trabalho, em agosto de 1924, submete ao júri do Salão sete retratos e o quadro *Baile na roça*, sua obra inaugural com temática brasileira. O quadro é recusado, mas os retratos são aceitos. A mídia volta a destacar o seu talento. Em 1925, participa, com dois retratos, do Salão da Primavera, e o *Jornal do Brasil* publica sua primeira entrevista, onde diz:

"O alvo da minha pintura é o sentimento. Para mim, a técnica é meramente um meio. Porém, um meio indispensável." Nesse mesmo ano, ganha a pequena medalha de prata, na Exposição Geral de Belas-Artes, habilitando-se a concorrer ao ambicionado Prêmio de Viagem. Em paralelo à precoce badalação de que era alvo, data desse tempo o início do seu encantamento pelo marginal movimento modernista, apesar de criticar os "falsos modernistas", os que "não estudaram a essência e o processo acadêmico e rebelam-se contra ele, porque apresenta dificuldades, e não porque seja uma expressão de velhice ou cansaço". Em outro passo, declarou: "Arte brasileira só haverá quando os nossos artistas abandonarem completamente as tradições inúteis e se entregarem, com toda alma, à interpretação sincera do nosso meio."

Ao concorrer à medalha de ouro do Salão da ENBA, nos anos de 1926-27, o destaque alcançado por seus trabalhos não foi suficiente para a obtenção da tão desejada láurea, ficando, porém, com a grande medalha de prata. Segundo confessou, seu insucesso teria decorrido da incorporação às suas peças de elementos modernistas que escandalizaram os julgadores, leais ao academicismo. Para o Salão de 1928, porém, compareceu com uma tela adredemente acadêmica tradicional, um retrato do poeta Olegário Mariano, ganhando a cobiçada medalha e uma desejada viagem à Europa, onde permaneceu durante dois anos, em Paris, experiência que o encaminhou para o estilo que o consagraria. Sobre sua premiação, escreveu Manuel Bandeira:

> "Já concorreu mais de uma vez ao Prêmio de Viagem do Salão, mas foi sempre prejudicado pelas tendências modernizantes de sua técnica. Desta vez, fez maiores concessões ao espírito dominante na Escola, do que resultou apresentar trabalhos inferiores aos dos outros anos: isso lhe valeu o prêmio."

No embalo do sucesso, realizou no Palace Hotel do Rio de Janeiro sua primeira exposição individual, em 1929, com vinte e cinco retratos, embarcando, em seguida, para a Europa. Ao despedir-se, declara: "O que vou fazer é observar, pesquisar... Uma tela só, cem vezes raspada e cem vezes pintada só para o artista, em uma procura incessante de perfeição, vale mais, sem dúvida, do que uma centena de telas acabadas, feitas sobre fórmulas alheias, quase mecânicas, que o artista traga da Europa, como documentação de uma inútil operosidade."

Da França, escreve ao amigo Olegário Mariano: "Continuo a visitar os museus. Não tive ainda vontade de começar a trabalhar. Cada vez acredito mais nos antigos. Entretanto, há muitos modernos esplêndidos. Infelizmente, nós aí copiamos o que eles têm de mau." Pouco depois, escreve ao mesmo amigo, agora de Londres: "Estive hoje na National Gallery: vi coisas formidáveis. Parece-me melhor que o Louvre. Amanhã voltarei e talvez mude de opinião, mas não creio." De retorno a Paris, volta a escrever a Olegário: "Já comecei a trabalhar, mas no meu quarto, porque não consegui ainda ateliê (dentro de minhas posses). Há muitos: custam 'apenas' três a quatro mil francos. Contudo, não estou triste, porque não estou perdendo tempo: pela manhã vou ao Louvre ver aquela gente de perto e à tarde faço estudos. Não pretendo fazer quadros por enquanto. Estou cada vez mais antigo... Aprendo mais olhando um Ticiano, um Raphael, do que para o Salão do Outono todo."

O ano de 1930 foi pródigo para ele. Além do contato que travou com artistas de renome, como os pintores Van Dongen e Othon Friesz, participa da Exposition d'Art Brésilien com um retrato e uma naturezamorta, o que é muito pouco para o que dele se esperava. Do Brasil, preocupado, o amigo Vicente Leite o adverte: "Tem corrido por aqui que você está levando aí em Paris uma vida de verdadeiro desperdício de tempo, dinheiro e energias. Desejo ver-te de volta trazendo um quadro, um único quadro, porém, que possa ser adquirido para o nosso Museu e o qual os teus amigos possam apontar como uma obra que justifique o teu prêmio. Estou certo de que o farás porque para isto tens capacidade de talento e de caráter. Nas tuas noitadas de farras, lembra-te do Brasil, do Rio de Janeiro, de Brodósqui, dos teus, e não deixes Paris te vencer!". Agora é Portinari quem escreve à colega da ENBA, Rosalita Mendes de Almeida, delineando o Brasil que pretendia transpor para suas telas, texto que ficou conhecido como a Carta do Palaninho: "Palaninho é da minha terra, é de Brodósqui! Vim conhecer aqui o Palaninho, depois de ter visto tantos museus, tantos castelos e tanta gente civilizada. Aí no Brasil eu nunca pensei no Palaninho. Daqui fiquei vendo melhor a minha terra – fiquei vendo Brodósqui como ela é. Aqui não tenho vontade de fazer nada. Vou pintar o Palaninho, vou pintar aquela gente com aquela roupa e com aquela cor." Como se vê, a distância do Brasil levou-o a uma compreensão nova das raízes da problemática social brasileira, que incorporaria à sua obra.

Enquanto, no Brasil, começava o Governo Provisório, presidido por Vargas, coroando o venturoso ano de 1930, Portinari conheceu a uruguaia de 19 anos, Maria Martinelli, radicada com a família, em Paris, com quem retorna ao Brasil, em janeiro de 1931, e com quem viveria até à morte. A necessidade de prover o sustento do casal leva-o a um trabalho intenso, particularmente na pintura de retratos.

Portinari volta ao Brasil um novo artista. Em lugar do compromisso com os volumes e a tridimensionalidade, passa a valorizar a ideia e as cores da pintura. Gradualmente, os afrescos e murais vão substituindo as telas a óleo. A imprensa aprova as mudanças.

O ambiente cultural que encontrou no Brasil, como efeito das expectativas criadas pela Revolução de 30, apontava para um renascimento das artes. O Ministério da Educação e Saúde, recém-criado, estimula a renovação das instituições culturais e artísticas, a partir da Biblioteca Nacional, do Museu Histórico, da Escola Nacional de Belas-Artes e do Instituto de Música. O jovem e talentoso arquiteto Lúcio Costa, tão logo recebeu a missão de dirigir a ENBA, cria a Comissão Organizadora do Salão, e convida Portinari para integrá-la. Pioneiramente, o tradicional júri, encarregado de selecionar os trabalhos a serem expostos, é abolido, bem como a premiação dos melhores, vigorando a recepção de todos os trabalhos apresentados, representativos das mais diversas tendências. À XXXVIII Exposição Geral de Belas-Artes, chamada de Salão Revolucionário ou Salão Lúcio Costa, Portinari comparece com dezessete peças. Depois de visitar o Salão, Mário de Andrade, o mais notório porta-voz do movimento modernista, escreveu:

> De quem gosto de verdade é desse pintor Cândido Portinari, que fez aquele admirável *O Violinista*. Quem é? Vi então avançar para mim um rapaz baixo, claro, com olhos pequeninos de grande mobilidade, capazes de crescer luminosos de confiança e lealdade, como de diminuir, com um ar de ironia ou desconfiança. Era Cândido Portinari e desde então ficamos amigos. Minha vaidade é a de ter sido dos primeiros a descobrir o valor deste grande artista. Sua obra, ainda que muito cuidada, acurada na técnica e pouco afirmativa, obtinha então um respeito passivo e silencioso,

mais que uma verdadeira admiração. Por certo não passou por minha imaginação todo o variado e extraordinário caminho que Portinari iria percorrer em seguida, porém *O Violinista* já era uma obra por si mesma excepcional em nosso meio. Havia nela uma necessidade interior impossível de confundir-se com o prazer da novidade e as preocupações de originalidade. E depositei no pintor uma confiança sem reservas.

Portinari, também, opinou sobre o momentoso evento: "Foi um salão de verdade, o único realizado no Brasil sem protecionismo. Todo mundo expôs. Compareceram todas as escolas, desde as mais enferrujadas até às mais novas. Veio gente de todos os estados. O estrangeiro que desejasse se informar das artes plásticas do Brasil podia fazê-lo pelo Salão, ou melhor, pelo Salão Lúcio Costa."

Em sua primeira exposição individual, em 1932, depois de voltar de Paris, realizada no Palace Hotel, Portinari inaugura a temática brasileira em suas telas: cenas de infância, o circo, cirandas, todas carregadas de ingênuo lirismo. Sobre essa reaparição, Henrique Pongetti depôs:

> Cândido Portinari reaparece modificado. Depois do Portinari acadêmico, escondendo diabolicamente a sua personalidade para abiscoitar o prêmio de viagem; depois do Portinari revolucionário, influenciado pelos mestres modernos que traduziam melhor o seu horror à tacanhez professoral da Escola de Belas-Artes, o terceiro Portinari é o começo de alguma coisa séria e definitiva na pintura brasileira.

Também inspirado na novidade, Mário de Andrade declarou:

> É uma falha sensível essa ausência de arte social entre nós, a não ser que compreendamos como tal o diletantismo estético, tipicamente burguês, em que persistimos. Esperemos que, em exposições futuras, [nossos] pintores se resolvam a tomar posição qualificada, não apenas diante da natureza, mas da vida também.

A essa altura, com sua estuante inquietação de dar voz ao Brasil através da pintura, Portinari já era a própria encarnação de um pintor acadêmico que aderiu ao modernismo, razão pela qual passou a ser um polo de atração de um número crescente de intelectuais. Um deles, o festejado psicanalista Hélio Pelegrino, diria tempos depois:

> Cândido Portinari representou para nós, da geração mineira de 1945, mais do que o grande pintor admirado e reverenciado como um dos mestres da cultura brasileira. Ele foi, acima de tudo, um símbolo da modernidade, nítida linha divisória que, uma vez transposta, nos ajudou a respirar um largo hausto do pensamento universal aberto para o futuro. Portinari foi um dos nossos tacapes de luta.

Na mesma conexão, o crítico de arte Mário Pedrosa, que de admirador inicial se converteria em crítico feroz, diria, já definitivamente reconciliado, no dia da morte do artista:

> Portinari foi o aríete com que a arte tornou-se vitoriosa no Brasil. Nós todos, intelectuais e críticos, que o sustentávamos na sua luta e que o tínhamos como escudo da causa do modernismo contra o academismo, sempre vimos nele um porta-bandeira.

Sua primeira obra com temática social foi *Despejados*, de 1934, seguindo-se sua primeira exposição individual em São Paulo, com cinquenta trabalhos, que levou Mário de Andrade a confessar seu entusiasmo a Manuel Bandeira: "Parece que agora posso descansar. Portinari enfim abriu a exposição, que está realmente formidável! A impressão foi profundíssima, briga-se, discute-se muito entre a pintorzada daqui. E parece que *O Mestiço* vai ficar na Pinacoteca, estou contentíssimo!" Com efeito, a Pinacoteca do Estado de São Paulo, que adquiriu a tela, foi a primeira entidade pública a incluir o artista no seu acervo. Ao ser entrevistado sobre o caráter social de sua obra, disse Portinari: "Estou com os que acham que não há arte neutra. Mesmo sem nenhuma intenção do pintor, o quadro indica sempre um sentido social." E mais adiante, como a indicar os caminhos que percorreria:

> Quanto à pintura moderna, tende ela francamente para a pintura mural. Com isso, bem entendido, não quero afirmar que o quadro de cavalete perca o seu valor, pois a maneira de realizar não importa. No México e nos Estados Unidos já há muitos anos essa tendência é uma realidade, e noutros países se opera o mesmo movimento, que há de impor à pintura o seu sentido de massa. Naturalmente, no Brasil, país em formação, o artista não tem possibilidades. Tudo aqui está por fazer, havendo apenas alguns casos excepcionais. E a causa disso tudo é ainda o governo, que se obstina a não ter, como no México se observa, interesse direto pelas coisas da arte.

De fato, logo as colunas de arte começaram a apontar a presença latente da pintura mural em Portinari, e em 1935 ele foi contratado para ensinar pintura mural e de cavalete na recém-fundada Universidade do Distrito Federal/UDF, no Rio de Janeiro, então capital federal, em consonância com o espírito dominante de fundir teoria e prática, através das mais luminosas inteligências brasileiras, num clima de ampla liberdade intelectual entre alunos e mestres. Celso Kelly, diretor do Instituto de Arte da UDF, intermediário do convite feito a Portinari, depõe:

> Sua aula lembrava os grandes ateliês europeus. Em torno dele, os alunos se dispunham como se fossem uma família. Havia liberdade e respeito. Havia, sobretudo, admiração. Aquela figura moça, pequena, quase imberbe, simples e modesta, possuía a envergadura de um grande artista. Portinari vivia para seu ateliê... Os motivos 'feitos', 'bonitos', foram banidos. Era preciso fazer com que a beleza resultasse da técnica e não do assunto. Pretos, homens fortes, trabalhadores, mulatos, brancos, toda sorte de exemplares humanos, em atitudes de movimento (não em cadeiras de museu), eram os temas habituais.

A partir de 1935, quando recebeu o prêmio Carnegie, nos EUA, Portinari passou a ser o pintor brasileiro de maior projeção internacional. O Instituto Carnegie, de Pittsburgh, ao celebrar o centenário do nascimento de seu fundador, Andrew Carnegie, convidou, pela primeira vez, artistas sul-americanos, do Brasil, Argentina e Chile, para participarem da exposição que reuniu obras de vinte e um países. Portinari, um dos oito artistas brasileiros selecionados, enviou a tela *Café*. A crítica Emily Genauer, do *New York World-Telegram*, consagrou-o: "O *Café*, de Portinari, tela vasta de um forte sentimento de pintura mural, não somente é o melhor quadro do grupo dos expositores brasileiros, mas, em nossa opinião, um dos mais belos trabalhos entre todas as 365 telas expostas este ano." Portinari conquista a segunda menção honrosa, igual à obtida no ano anterior por Salvador Dalí e dois anos mais tarde por Oskar Kokoschka. A tela não pôde ser vendida porque já havia sido adquirida por Gustavo Capanema, ministro da Educação, para o Museu Nacional de Belas-Artes, antes de ser premiada.

Em 1936, Portinari continuou a produzir com o ânimo habitual. Para o Monumento Rodoviário da estrada Rio-São Paulo, executou quatro grandes painéis, ontem como hoje objeto de grande louvação. O ministro da Educação, Gustavo Capanema, convida-o para fazer os murais para a futura sede, no Rio, do recém-criado Ministério. O conhecido projeto, inspirado nas inovadoras proposições arquitetônicas de Le Corbusier, foi realizado por uma equipe de brilhantes arquitetos, entre os quais Oscar Niemeyer, liderada por Lúcio Costa. Portinari decide executar os murais em afresco, técnica pioneira no Brasil. Muitos anos depois, o crítico Mário Pedrosa, mais uma vez, deporia:

> Ele não chegou ao afresco por um simples incidente exterior, como se poderia pensar. Não foi o conhecimento dos murais de Rivera ou de seus êmulos no México que provocou no pintor brasileiro a ideia ou a vontade de fazer também pintura mural. Muita gente estranha à sua obra poderá pensar que o muralismo foi apenas um eco retardado do formidável movimento mexica-

no. Não o foi. Pela própria evolução interior de sua arte pode-se ver que foi, por assim dizer, organicamente, à medida que os problemas de técnica e de estética nele iam amadurecendo, que Portinari chegou diante do problema do mural. Foi como problema estético interior que pela primeira vez o abordou. Depois das figuras monumentais isoladas e do segundo *Café*, a experiência com o afresco se impunha naturalmente, como próximo passo. A possante figura em têmpera – a *Colona* –, feita em 1935 com o *Café*, do qual é um detalhe, mostra que Portinari queria o plástico monumental".

Portinari inicia os estudos dos afrescos, tendo, como colaboradores, vários dos seus alunos na Universidade do Distrito Federal, entre os quais o jovem italiano, de apenas, 18 anos, Enrico Bianco, recém-chegado ao Brasil. Impressionado com a solidez da formação do imberbe artista, como desenhista e pintor, Portinari contrata-o em regime de tempo integral, dando início a uma parceria que duraria toda a vida. É dele este depoimento:

> Conheci Portinari bastante bem, apesar de ele ser um homem bastante fechado. Devo-lhe a minha paixão pelo Brasil. Ele foi, por assim dizer, a ponte pela qual me foi possível atravessar da velha cultura europeia para a jovem e tropical cultura brasileira. Portinari era exatamente a síntese das duas, era um nobre florentino nascido no mato, um homem da esquerda que pintava operários vestidos com colete de brocado, e ainda assim era profundamente honesto.

Graciliano Ramos, retratado por Portinari, tão logo deixou a prisão, por fazer oposição ao governo de Vargas, declarou:

> Homem estranho, Portinari, homem de enorme exigência com a sua criação, indiferente ao gosto dos outros, capaz de gastar anos enriquecendo uma tela, descobrindo hoje um pormenor

razoável, suprimindo-o amanhã, severo, impiedoso. Dessa produção contínua e contínua destruição ficou o essencial, o que lhe pareceu essencial. Não é arte fácil; teve um longo caminho duro, impôs-se a custo nestes infelizes dias de logro e charlatanismo de poemas feitos em cinco minutos. E até nos espanta que artista assim, tão indisposto a transigências, haja alcançado em vida uma consagração. Devemos, porém, levar em conta as opiniões que não se manifestam porque seria feio discordar da crítica dos Estados Unidos. Embora considerem disforme o pé do cavador de enxada, cavalheiros prudentes o elogiam. Isto não tira nem põe. Insensível agora às lisonjas, como foi insensível aos ataques naqueles princípios ásperos, o trabalhador honesto continua a aperfeiçoar os seus meios de expressão, alheio às coisas que não lhe impressionem o olho agudo. Tudo sacrifica à ocupação que o domina, o tiraniza. Só assim poderá realizar obras que não lhe desagradam. Porque o seu público é ele mesmo. Naturalmente.

Todo o ano de 1938 foi consumido pela execução dos painéis do Ministério da Educação e Saúde, com suas centenas de estudos feitos a carvão, crayon, têmpera, guache e aquarela; desenhos para transporte em tamanho natural, entre os quais um de 5m x 4m, alusivo à catequese dos índios, que não foi aproveitado. O crítico de arte Antônio Bento diagnostica:

> Faltava ao Brasil uma pintura mural de caráter e de assunto nacionais, ligados aos temas históricos da nossa formação étnica ou da vida econômica e social do país. Essa obra está sendo atualmente realizada por Cândido Portinari, para o novo edifício do Ministério da Educação.

O sempre atento Mário de Andrade observa:

> Estou seguindo de perto esta obra em que Cândido Portinari vai lentamente, com uma honestidade absoluta, alcançando o que

quer. Portinari tem sofrido a obra que está criando, com uma intensidade de martírio. Não faz mal. Tudo nele, as irritações, as revoltas, as malquerenças, as irregularidades psicológicas são duma verdade solar, ele não plagia nem macaqueia os defeitos dos gênios. Em compensação está vivendo, vivendo e pensando a obra nascente com uma paternidade quase absurda, de tão ereta. Se a obra vai surgindo esplêndida, o espetáculo do artista não será talvez menos forte que a obra... Não estou longe de pensar que ela seja a mais útil, a mais exemplar aventura de arte que já se viveu no Brasil. E, como o talento ajuda a honestidade e a técnica, vai surgindo a obra formidável.

Em 1939, Portinari e Maria conhecem a jornalista americana Florence Horn, do grupo *Time-Life*, quando fazia reportagens sobre o Brasil, de acordo com o programa de aproximação dos Estados Unidos com os países da América do Sul. O programa cultural que integrava o projeto tinha como líder Nelson Rockefeller. Para exposição no pavilhão brasileiro da Feira Mundial de Nova York, cujo projeto arquitetônico foi da dupla Lúcio Costa e Oscar Niemeyer, Portinari concorreu com as telas *Jangadas do Nordeste*, *Cena gaúcha* e *Festa de São João*, quando três outros trabalhos seus já se encontravam nos Estados Unidos para serem fotografados para a revista *Fortune*. Ao ver os quadros, a direção do Museu de Arte Moderna de Nova York, o MoMA, manifesta o desejo inicial de incluir um deles na seguinte exposição Art in Our Time, e, depois, de adquiri-lo. Tratava-se do *Morro do Rio*. Florence Horn põe Portinari a par das boas-novas. A tela foi a única de um sul-americano a fazer parte dos maiores quadros dos séculos XIX e XX. Em seguida, o Museu River Side, em Nova York, montou uma exposição de arte contemporânea sul-americana, a primeira do gênero, realizada nos Estados Unidos. Nove países estiveram presentes com trezentas e quarenta e três obras. Para decepção dos organizadores e da mídia especializada, o Brasil não incluiu Portinari em sua representação. A revista *Time* bateu forte:

A decepção foi a seção brasileira, que parecia ter sido escolhida por um *barman* míope, e consistia quase que exclusivamente de pálidas imitações do academicismo europeu. Que uma arte nativa de vigor considerável está se formando no Brasil, os visitantes da Feira Internacional já perceberam, através dos murais do pavilhão brasileiro, pintados pelo popular e rechonchudo Cândido Portinari, do Rio de Janeiro. Não havia nada dele na mostra.

Parece não haver dúvidas de que a momentosa inveja despertada pelo proverbial talento de Portinari ocasionou a exclusão do seu nome.

Com a irrupção da guerra, em 1º de setembro, com a invasão da Polônia pelas tropas de Hitler, alastra-se o sentimento de insegurança sobre o futuro. Em tal clima, Florence Horn escreve a Portinari, manifestando o desejo de adquirir uma obra sua: "Nestes dias, quando o mundo todo parece feio, um bocado terrível, inseguro e irreal, quero investir em algo sólido, real e decente." Muito provavelmente, o ilustre filho de Brodósqui presenteou-a com um dos seus trabalhos.

Portinari fechou o ano de 1939 com chave de ouro: uma exposição no Museu Nacional de Belas-Artes, com duzentos e trinta e nove trabalhos, a maior de sua vida. Nada mau para quem se encontrava às vésperas de completar 36 anos.

O ano de 1940 pode ser considerado o grande marco das acaloradas discussões sobre a obra de Portinari, sobretudo, o quanto estaria ele comprometido, em caráter subliminar, com a promoção do governo ditatorial de Vargas. Logo após a *Revista Acadêmica*, voltada para a literatura, dedicar um número especial a ele, com a reprodução de muitas de suas obras e mais de quarenta depoimentos laudatórios ao seu trabalho, o semanário *Dom Casmurro* publicou um virulento artigo de Jorge Amado contra a homenagem, por considerar o artista garoto-propaganda do governo Vargas. Um ano antes, Carlos Drummond de Andrade, então chefe de gabinete do ministro da Educação, exprimira opinião diversa da de Jorge, ao escrever:

O meio artístico e o meio literário brasileiros vivem ainda em condições de estrito municipalismo. Temos uma política de arte, não temos uma arte. As discussões são apenas personalistas, não atingindo nunca os princípios teóricos, nem se aventurando ao exame das questões técnicas, que no mundo inteiro absorvem e apaixonam os estudiosos de cada ofício. Do tempo, recolhemos apenas a substância espessa e imediata, constituída pelos nossos afetos e antipatias individuais, pelos nossos interesses de grupo ou de mesa de café. Mas aquela parte do tempo, formada pelos eflúvios que sopram violentamente do mundo, trazendo ideais, motivos de criação e meditação, intimando-nos a refletir e interpretar a vida ou, artisticamente, nos suicidarmos, esta passa desapercebida ao geral da nossa literatura e dos nossos artistas. O governo tem procurado servir à arte e à inteligência no Brasil, interessando na feitura e na decoração de seus edifícios o maior número possível de bons artistas, como também chamando a colaborar na solução dos problemas culturais os escritores e cientistas mais eminentes da nossa terra. Não somente Portinari, mas também Lúcio Costa, Celso Antônio, Santa Rosa, Adriana Janacoupolos, Brecheret, Luis Jardim, Carlos Leão, Paulo Rossi, Oscar Niemeyer, Villa-Lobos, Francisco Mignone, Antônio de Sá Pereira, Lorenzo Fernandez, Mário de Andrade, Manuel Bandeira, Anibal Machado, Graciliano Ramos, Augusto Meyer, Marques Rebelo, João Alphonsus, Sérgio e Aurélio Buarque de Holanda, Onestaldo de Pennafort, Augusto Frederico Schmidt, Rodrigo Melo Franco de Andrade, Américo Facó, Rodolfo Garcia, Afonso de Taunay, Souza da Silveira, Cláudio Brandão, Antenor Nascentes, Gilberto Freyre, Rui Coutinho, Heloisa Alberto Torres, Arthur Ramos, Josué de Castro, Evandro e Carlos Chagas Filho, Emanuel Dias, Miguel Osório de Almeida, e dezenas e dezenas de outros, no momento, realizam obras ou põem as suas aptidões, em caráter permanente, ou para tarefas episódicas, a serviço do Ministério onde trabalho e que por isto mais diretamente observo. Poder-se-á chamar a isto "arte oficial", "literatura oficial", "ciência oficial?"

Desde então, até o fim de sua vida, e mesmo depois de morto, nunca cessou a discussão sobre o engajamento de Portinari nas intenções ideológicas dos governos. Em 1959, por exemplo, o poeta Ferreira Gullar, diria: "A pressa de nossa crítica incipiente em descobrir no Brasil um "mestre moderno" – taticamente explicável –, guindou-o à posição de "Picasso brasileiro", o que por outro lado muito favoreceu a ditadura necessitada de mostrar como o Estado Novo renovava tudo. São, pois, fenômenos ligados e interdependentes. Tudo isso explica, mas não justifica o equívoco. E hoje se vê claramente que o sr. Portinari não estava à altura do papel que foi levado, de boa vontade, a representar." Já na década de 1970, muitos anos depois da morte do artista, o mesmo Ferreira Gullar, voltaria a escrever:

> Se, ao morrer, em 1962, Cândido Portinari era um artista consagrado nacional e internacionalmente, para a nova geração de pintores surgida nos anos 1950, voltada para a arte não figurativa, a sua obra já se tornara coisa de museu. Por sua vez, a crítica que defendia as novas tendências artísticas, a partir da I Bienal de São Paulo, promovera uma espécie de revisão de sua obra, visando corrigir o que se considerava uma valorização exagerada do artista. Portinari se reduzira para alguns a uma espécie de equívoco da arte brasileira. Essa reação demolidora da crítica, se era uma contrapartida do "endeusamento" anterior, refletia, mais que isso, a necessidade dos teóricos da arte não figurativa de afastar o principal obstáculo que se interpunha em seu caminho... Mas Portinari está longe de ser um artista acadêmico disfarçado de moderno, como já se disse. Pelo contrário, o peso dessa formação, a par das inegáveis qualidades de sua pintura, situam-no como um momento específico de nossa arte, e de grande significação: é ele quem trava, palmo a palmo, a batalha pela superação da linguagem acadêmica na busca de uma linguagem moderna. Trava-a exatamente porque tem dentro de si, enraizada, a velha linguagem, e porque a sua visão artística não apontava para a eliminação do tema e sim para o seu aprofundamento. E disso resulta uma das qualidades de sua

arte: a intensidade dramática que se alimenta muito dessa elaboração custosa do desenho. As influências que sofreu são claras e indiscutíveis, mas estão a serviço de uma concepção própria, como se pode verificar nos desenhos. Constatam-se o esforço e a capacidade do artista para dar novas soluções à figura humana, para reinventar a linguagem narrativa da pintura. Um anacronismo? Não me parece. Foi antes uma demonstração de independência em face das concepções artísticas europeias, que ele não ignorava.

Aracy Amaral, em 1975, também, escreveu: "Dono de uma técnica de virtuose, Portinari captara a inclinação populista do governo estadonovista de Getúlio Vargas, transpondo para o mural, de forma monumental, o trabalhador brasileiro."

Depois de apontar vários erros na base das acusações de "oficialismo" feitas a Portinari, como o de que com as telas históricas *Tiradentes*, *Primeira Missa*, *Chegada de Dom João VI*, ele assumia o posto de "pintor oficial", quando essas obras foram pintadas antes do Estado Novo, e contratadas por clientes particulares, Annateresa Fabris, também da Universidade de São Paulo, em sua tese de 1977, "Portinari, Pintor Social", diz: "É necessário, portanto, dar novas dimensões ao 'fenômeno Portinari' para que sua obra possa ser devidamente julgada e apreciada, romper com a cristalização oficialista, que escamoteia datas e dados." Cita ela a tela *Café*, de 1934, que os críticos mencionam como consequência da estética oficial, esquecidos de que a atenção 'oficial' a Portinari foi posterior à consagração internacional do quadro, sem falar na ausência de uma "política estética" no governo Vargas. Após sólida argumentação, Annateresa Fabris arremata:

> O oficialismo, tão caro a certos setores da crítica, pode ser encarado sob uma dupla perspectiva: estética e ideológica, sem que, em nenhum dos dois casos, se perceba um compromisso de Portinari com o poder. Embora oficial, a política artística de Capanema não pode ser confundida com o oficialismo presidencial. A

obra de Portinari não é a exaltação do "modelo getulista", não representa o compromisso do artista com o poder, não "mascara" a realidade como querem um Oswald de Andrade ou um Frederico de Morais. Trabalhando para o governo, o artista desmascara os mitos do poder, integrando em sua expressão os marginalizados que, com a força de seu braço, constituem o esteio do desenvolvimento. Se não pinta figuras feias, acabrunhadas, numa sombria atmosfera de miséria (à exceção dos *Retirantes*, da década de 1940), é porque acredita na vitalidade do povo, na sua capacidade de gerar um futuro melhor. Símbolo inequívoco, a *Grande mão*, com sua carga de força e criatividade.

Nessa época, a pintura de Portinari também é intensamente criticada por suas deformações expressionistas. Ele é chamado, por alguns, de "pintor-dos-pés-grandes". No livro de memórias, *Chão de vida*, o embaixador Jayme de Barros recordou

> as críticas implacáveis feitas ao exagerado volume, à deformação aparentemente doentia dos pés dos trabalhadores, que faziam pensar em pés de leprosos. Arrepiava-se, então, ofendido, o patriotismo nacional. Acusava-se Portinari de transmitir imagens comprometedoras da vida humana no Brasil. Foi nessa ordem absurda de observações, lembro-me agora, que se chegou a sugerir fossem apagados alguns de seus murais do edifício do Ministério da Educação.

Na autobiografia, *Retalhos de minha vida de infância*, Portinari explicou essa incorporação da deformidade:

> Impressionavam-me os pés dos trabalhadores das fazendas de café. Pés disformes. Pés que podem contar uma história. Confundiam-se com as pedras e os espinhos. Pés semelhantes aos mapas: com montes e vales, vincos como rios. Quantas vezes, nas festas e bailes, no terreiro, que era oitenta centímetros mais alto que o chão, os

pés ficavam expostos e era divertimento de muitos apagar a brasa do cigarro nas brechas dos calcanhares sem que a pessoa sentisse. Pés sofridos com muitos e muitos quilômetros de marcha. Pés que só os santos têm. Sobre a terra, difícil era distingui-los. Os pés e a terra tinham a mesma moldagem variada. Raros tinham dez dedos, pelo menos dez unhas. Pés que inspiravam piedade e respeito. Agarrados ao solo, eram como os alicerces, muitas vezes suportavam apenas um corpo franzino e doente. Pés cheios de nós que expressavam alguma coisa de força, terríveis e pacientes.

Em julho de 1940, como desdobramento da Feira Mundial de Nova York do ano anterior, realizou-se no Museu Riverside, de Nova York, a *Latin American Exhibition of Fine Arts,* da qual Portinari participou com trinta e cinco peças. A exposição, itinerante, percorreu várias cidades americanas, até julho do ano seguinte. A repercussão na imprensa americana foi grande. A crítica de arte Doris Brian escreveu:

> A exposição poderia na realidade ser intitulada *Candido Portinari e Alguns outros pintores latino-americanos*, pois o pintor brasileiro, de primeira grandeza, domina completamente a mostra, eclipsando até os mexicanos, não apenas pelo número de trabalhos incluídos, mas pelo seu grande mérito. Poder-se-ia, talvez, chamar Portinari de uma espécie de Pieter Brueghel latino do século XX, já que, sem quaisquer derivações estilísticas, sua obra tem qualidades emocionais e estéticas semelhantes às do grande pintor flamengo.

Como se não bastasse, em outubro foi inaugurada no MoMA a exposição Portinari of Brazil. Doris Brian volta à cena: "Cândido Portinari, o festejado artista brasileiro, é submetido à prova de fogo de uma exposição individual no Museu de Arte Moderna. Uma expressão artística, extremamente original, emergiu dentre a pletora francófila ao sul do México." Em novembro, Portinari recebeu carta-convite para fazer pinturas murais para a Divisão Hispânica da Biblioteca do Congresso, em Washington.

Enquanto, no Brasil, se discutia o engajamento de sua arte ao Estado Novo, a University of Chicago Press lança, no início de 1941, o álbum *Portinari, His Life and Art*, e ele se dedica a pintar a *Capelinha da Nonna*, construída no jardim da casa de seus pais, para permitir à avó Pellegrina, com dificuldades de locomoção, assistir aos ofícios religiosos. Em seguida, a Howard University Gallery of Art, em Washington, D.C., integrante de uma universidade para negros, inaugura uma exposição de seus quadros, em consequência do convite formulado no ano anterior por Alonzo J. Aden, curador da galeria, nos seguintes termos: "Tenho certeza, já que estou a par de seus sentimentos profundos e de seu interesse por assuntos ligados à negritude, que esta mostra será deveras proveitosa tanto para nossos estudantes quanto para os amigos da cidade. Gostaria de expressar mais uma vez nossa gratidão pelo interesse incomum que o senhor demonstrou pela Galeria de Arte da Universidade de Howard." Os quadros foram expostos em Syracuse, Terre Haute, Kansas City, Minneapolis, San Francisco, Pittsburgh, St. Louis, Washington, Pittsfield, Grand Rapids, Newport, Indianapolis e Denver. No dia 7 de dezembro, com o ataque japonês a Pearl Harbour, no Havaí, os Estados Unidos declaram guerra ao Eixo.

Em 1942, o prestígio de Portinari se expande, dentro e fora do Brasil. Em janeiro inauguram-se os murais da Biblioteca do Congresso, em Washington. A revista *Time* comenta:

> O trabalho, um afresco, foi realizado em apenas sete semanas. O pintor Portinari se recusou terminantemente a ter uma plateia enquanto pintava, admitindo somente sua esposa, seu filho pequeno e seu irmão Loi. Declarou: 'bons vizinhos são bons vizinhos, mas arte é arte'.

O crítico Chandler de Brossard opinou:

> A obra de Portinari para a Fundação Hispânica na Biblioteca mostra ser ele não só um desenhista mais do que competente e

um colorista inteligente com grande facilidade de composição, como também um homem dotado de uma compreensão profundamente comovedora e intensamente direta da parte substancial da sociedade, o homem comum. Seus símbolos exalam a vibração da vida.

Nesse momento, indo a Nova York, para pintar o retrato da mãe de Nelson Rockefeller, Portinari vê, no MoMA, a tela *Guernica*, de Picasso, que tanto impacto produziria sobre sua pintura. De volta ao Brasil, passa três meses em Brodósqui, quando pretendia decorar a igreja de Santo Antônio, defronte à casa dos seus pais. Mário de Andrade desaconselha-o:

> Fiquei assombrado e entusiasmado com a sua ideia de fazer murais na igreja daí. Mas você não estará maluco, meu irmão? Quanto dinheiro você vai gastar nisso! Mas isso ainda não é o importante: eu receio é que você tenha dissabores com o povo e a padraria daí que, embora respeitem você, certamente não irão compreender e muito menos admirar o que você vai fazer. Conselho seguido: Portinari faz, apenas, uma tela, representando Santo Antônio e o Menino Jesus, para o altar da igreja. Em maio, Vera Kelsey publica nos Estados Unidos o livro infantil *Maria Rosa – every day fun and Carnival frolic with children in Brazil*, com 22 ilustrações de Portinari. Ao deixar Brodósqui pelo Rio, executa os painéis para a Rádio Tupi, inicialmente no Rio e depois em São Paulo, encomendados por Assis Chateaubriand. Os oito painéis de São Paulo constituem a Série *Bíblica*. Segundo Mário de Andrade, o tema religioso veio ao encontro do estado de espírito no qual se encontrava o pintor: "Muito místico, embora pouco religioso, o que iria dar ao artista a sua simbólica era sempre a Bíblia. Mas o Velho Testamento, mais generalizador, e não a grandeza particularista dos Evangelhos. Se é certo que preocupa o espírito de Cândido Portinari a situação angustiosa do mundo atual, com seus totalitarismos e suas guerras, e se é certo que foi essa solidariedade principal que determinou a simbologia dra-

mática dos quadros bíblicos, eu creio que vinha se ajuntar a isso a luta particular do artista, muito solicitado pelos 'donos da vida', o capitalismo, os elementos políticos oficiais e oficiosos, a aristocracia burguesa, que o adotavam, o cumulavam de encomendas e honras, ameaçando destruir a liberdade e a pureza da sua criação." Fortemente impressionado com a Série *Bíblica*, o ministro Capanema escreve a Portinari: "Guardo na retina a forte impressão de seu quadro *O Último Baluarte*, que considero uma obra da maior beleza. Sobre as pinturas para o edifício do Ministério da Educação, penso que não mudarei de ideia quanto aos temas. No salão de audiência, haverá os doze quadros dos ciclos de nossa vida econômica, ou melhor, dos aspectos fundamentais de nossa evolução econômica. Falta fazer o último – carnaúba –; mudar de lugar o da borracha, e fazer de novo um que se destruiu. No gabinete do ministro, a ideia que me ocorreu anteontem aí na sua casa parece a melhor: pintar Salomão no julgamento da disputa entre as duas mulheres. Você Leia a história no terceiro livro dos Reis, capítulo III, versículos 16-28. No salão de conferências, a melhor ideia ainda é a primeira: pintar num painel a primeira aula do Brasil (o jesuíta com os índios) e, noutro, uma aula de hoje (uma aula de canto). No salão de exposições, na grande parede do fundo, deverão ser pintadas cenas da vida infantil. Peço-lhe que faça os necessários estudos e perdoe desde já as minhas impertinências."

Quando da inauguração, em dezembro, da série *Os Músicos*, da Rádio Tupi do Rio, Assis Chateaubriand discursou:

> Grandezas e misérias do Brasil, sua sensibilidade, suas tragédias secretas, a contrarrevolta obscura das suas classes desafortunadas, o frenesi dos sambas, dos batuques, o desengonço do frevo, a melancolia, sem azedume, dos negros e dos mulatos, que a escravidão policiou, o cavalo-marinho e o africano, o enterro dos simples e dos humildes, o tocador de flauta e o malandro dos morros, em toda essa comédia humana a palheta de Portinari deita cores imortais. Seu estilo não tem sombra de artifício. Fatigados de tan-

to academismo, de tanta arte de repetição e de decadência, os brasileiros se volvem para a interpretação mágica desse operário da arte nacional autêntica, que é Portinari. Aqui ele está solto. Não teve governo, Capanema, admoestações estatais, nada, para o sufocar ou estrangular. Ficou por conta do demônio interior que o possui, e compôs estas fábulas que sobem pelas paredes acima como labaredas de fogo do gênio infernal que o devora. Portinari é o maior e mais fantástico pintor de negros que ainda viu a espécie humana. Ele sente a África com sua magia, os seus mistérios, a sua volúpia, como nenhum outro artista do pincel. É preciso ser florentino de sangue e de centelha como ele é, para produzir estas maravilhas murais que aí estão. O gênio puro e universal de Florença enterrou olhos, alma, coração nas raízes negras e amarelas do povo brasileiro, e veio, da Baixa do Sapateiro, do morro do Querosene, do *bas-fond* das duas cidades com esses diamantes negros que sacudiu a mancheias por ali além. Mas não foi só o negro e o mulato que ele viu. Viu também o jangadeiro e viu o gaúcho, isto é, viu o Norte e o Sul do Brasil, na serena unidade dos materiais que lhe alimentam a força com as suas peculiaridades e o seu rutilante colorido humano.

O ano de 1943 começou, para Portinari, com a conclusão da Série *Bíblica*, para a Rádio Tupi de São Paulo, em que cedeu à influência confessa de *Guernica* de Picasso, particularmente sobre *O Último Baluarte*. A historiadora da arte Annateresa Fabris avalia, quinze anos depois da morte do artista:

> A obra de Picasso traz para a expressão de Portinari uma influência que a crítica considera nociva, pois o teria desviado duma linguagem própria, já francamente exibida nos murais do Ministério da Educação e da Fundação Hispânica. O impacto de *Guernica* explode realmente na série para a Rádio Tupi de São Paulo. Portinari, nessas telas, se deixa levar por uma gesticulação intensa e, às vezes, um tanto teatral, não se deve ver nelas uma simples transposição da *Guernica*. Apesar de utilizar alguns achados pi-

cassianos, Portinari conserva seu sentido monumental, emprestando às suas figuras uma solidez rochosa, patente até mesmo na desarticulação. O caráter sólido de suas figuras é realçado pelo expressivo traço negro que parece conter seu transbordamento. Portinari cria um contraste proposital entre figura e fundo, chegando ao que se poderia chamar de "expressionismo cubista", gritando alto diante da dor do mundo, dilacerado pela guerra, e nesse grito acaba por perder muito daquele rigor clássico que caracterizara sua obra até então. *Guernica*, de fato, deve ser vista como um ponto de partida, uma sugestão e não a solução final por ele buscada. No grito de dor de Picasso, a emoção é contida pelo racionalismo da composição cubista. O grito de dor de Portinari parece não ter limites: o pintor deforma, desarticula suas figuras, transforma-as em gigantescos seres emblemáticos de gestos amplos e poderosos. Ao homem, impotente diante da dor, restam as lágrimas. Lágrimas petrificadas e mãos levantadas num gesto de súplica ou de maldição.

Por sua vez, o também historiador da arte Germain Bazin sustenta:

Criticar Portinari pela fascinação que durante alguns anos exerceu sobre ele a arte de Picasso é tudo ignorar sobre o processo de gestação de uma personalidade artística. Certas obras de Giovanni Bellini não foram outrora atribuídas a Mantegna? Ainda hoje não hesitamos diante de certos quadros, entre os nomes de Rubens e Van Dyck, de Giorgione e de Ticiano? Há, aliás, entre o temperamento do espanhol e do brasileiro um parentesco nativo que tornava fatal o seu encontro. Os dois, possuídos de um instinto de revolução permanente, impõem à sua arte um estado de metamorfose que não pode encontrar sua conclusão em mito nenhum.

Em junho, o Museu Nacional de Belas-Artes expõe cento e sessenta e oito obras de Portinari. Encerrada a exposição, ele escreve a Mário de Andrade:

A exposição foi vista, segundo os catálogos e gente do Museu, por 25 mil pessoas. Fui chamado de tudo, desde bosta até de gênio. Mas fora isso tudo, o que foi confortante no meio dessa Babel foi ver os meus velhos amigos comparecerem todos. Defendendo-me agressivamente em artigos assinados contra os ataques. Só faltaram você e o Mário Pedrosa, que se estivessem aqui então é que a coisa seria completa. Até o nosso Capanema, que foi tão atacado na outra exposição, esteve todo o tempo prestigiando com sua presença a exposição e por isto foi também nesta atacado. Enfim vale a pena trabalhar quando se conta com amigos dessa natureza.

Depois de expostos no Rio, os painéis da *Série Bíblica* seguiram para seu destino final em São Paulo. Durante a inauguração, falou a pintora Tarsila do Amaral:

> Tendo recebido uma delegação especial por parte dos pintores modernos de São Paulo para saudar o nosso glorioso Portinari, estou certa de que todos eles, embora com orientações diferentes, se acham solidários comigo nesta solenidade, que representa mais uma grande conquista da pintura moderna do nosso meio.

Nos três primeiros meses de 1944 que passou em Petrópolis, Portinari executa três painéis para a Capela Mayrink, no Rio de Janeiro, e dois painéis da Série *Retirantes*, além de começar os estudos para a igreja São Francisco de Assis, na Pampulha, em Belo Horizonte, projeto arquitetônico de Oscar Niemeyer. O escritor austríaco, radicado no Brasil, Otto Maria Carpeaux publica crônica sobre os painéis já concluídos da *Série Retirantes*:

> Portinari gosta de surpreender-nos. Triunfou com as massas pesadas dos quadros bíblicos; depois, consolou-se nos retratos de João Cândido (o filho); iluminou, depois, os sarcasmos do velho Machado (de Assis); de Brodósqui levou uma porção de pequenas paisagens, cenas folclóricas e cavalos furiosos. Quem sabia para

onde isso levaria? Uma tarde, soubemos: descobrimos no ateliê nova surpresa: um grande quadro de assunto social, representando uma família de retirantes, "Gente pobre", disse o mestre, e abandonou-nos às impressões subjetivas. Portinari é um homem emocionado. Emocionaram-no os homens e as mulheres do Brasil, trabalhadores e sofredores.

Nessa mesma linha, diria anos mais tarde o crítico Flávio de Aquino: "Na Série *Retirantes*, um artista nacional expressa pela primeira vez a tragédia do Nordeste brasileiro assolado pela seca." Em junho, apresenta-se no Rio o Original Ballet Russe. Comentando os cinco telões e os quarenta e cinco figurinos criados por Portinari, como cenários para os bailados de Iara, o colunista Marcos André diz em *O Globo*: "Uma série de cenas espantosas de beleza, diante das quais se desenrolará a tragédia dos retirantes. Os céus de Portinari já revelam a esperança e a angústia dos flagelados. As cenas por ele pintadas valem por um soberbo espetáculo." Em julho, uma edição especial de *Memórias póstumas de Brás Cubas*, de Machado de Assis, traz oitenta e oito ilustrações de Portinari, sendo sete águas-fortes originais e oitenta e um desenhos a nanquim, reproduzidos em clichês na Imprensa Nacional. Em outubro é inaugurada em Washington a exposição Paintings by Candido Portinari of Brazil, first anniversary exhibition. Sobre o evento, Alonzo J. Aden, diretor da The Barnett Aden Gallery, escreveu a Portinari: "Sua exposição trouxe muitos elogios para o senhor, e muitos amigos para nossa Galeria. Ficamos entusiasmadíssimos por ter a sra. Roosevelt como primeira visitante na noite da abertura. Ela ficou muito impressionada e prometeu ver os murais na Biblioteca do Congresso." Ainda em outubro, a respeito do mural *Jogos Infantis*, que Portinari concluiu para o Ministério da Educação, o jornalista Geraldo Ferraz escreveu o seguinte: "Durante muito tempo, naquela sala de espera, vereis este enorme painel, 14 metros por 6, e anos depois ireis vos habituando e então tudo o que Cândido Portinari ali reuniu vos falará claramente acerca da vossa, da minha, da nossa infância." Em novembro, a revista *Time* reproduz o quadro *Morro*, a pretexto da exposição

Art of the United Nations, no Instituto de Arte de Chicago. Ao final do ano, Portinari participa com a obra *Espantalho* na exposição Art in Progress, em celebração dos quinze anos da fundação do MoMA.

O ano de 1945 começou muito mal para Portinari: seu grande amigo e incentivador Mário de Andrade morre em fevereiro. Em compensação, a derrota do nazifascismo, já antecipada em prosa e verso, se materializa em 8 de maio, fato que compensou muitas dores individuais, mundo afora, com o consequente fortalecimento da democracia. No Brasil, como em toda parte, o Partido Comunista, ainda na clandestinidade, valorizado pela tenaz oposição ao governo Vargas e pelo papel desempenhado pela União Soviética para a vitória dos aliados, reclamou importante participação na condução dos destinos do país. A anistia e eleições livres encabeçaram as reivindicações. Artistas e intelectuais aderem em massa às ideias e propostas do Partido Comunista. Portinari, Jorge Amado, Caio Prado Júnior e outros integram as chapas comunistas nos diversos estados. Em junho, Portinari vai a Belo Horizonte para pintar o mural *São Francisco se Despojando das Vestes*, no altar da igreja da Pampulha. A união do projeto de Oscar Niemeyer com o tratamento dado por Portinari ao tema sacro causa indignação clerical, levando a Igreja Católica a aguardar quinze anos para consagrar o singular templo. Sua intensa atividade, contudo, não o impede de participar do processo eleitoral, como candidato:

> Confesso que foi grande a minha emoção ao saber da inclusão do meu nome na chapa do Partido Comunista. Se não se tratasse desse partido, de maneira nenhuma aceitaria. Você compreende, não tenho jeito para deputado, mas pertenço ao povo, com todos os seus defeitos e qualidades, por isso lutarei pelo partido do povo. Resolvi aceitar a inclusão do meu nome porque considero o Partido Comunista como a única grande muralha contra o fascismo e a reação, que tentam sobrenadar ao dilúvio a que foram arrastados pelos acontecimentos. É preciso haver uma mudança, o homem merece uma existência mais digna. Minha arma é a pintura.

Em novembro, o Tribunal Superior Eleitoral concede o registro do PCB, que volta à legalidade, dezoito anos depois de atuação clandestina. A 2 de dezembro, realizam-se as eleições. O PCB elege um senador, Luís Carlos Prestes, e quatorze deputados, entre os quais, porém, não se encontrava o nome de Portinari.

A exemplo dos anos anteriores, Portinari foi passar o verão de 1946 no berço natal, para recarregar as baterias de brasilidade. Os desenhos de crianças que aí realiza viriam a constituir a Série *Meninos de Brodósqui*. Em abril, embarca para Paris, que conhecera dezesseis anos antes, para expor oitenta e quatro de suas obras na Galeria Charpentier. O crítico Jean Cassou apresenta o catálogo e Germain Bazin escreve o prefácio. O poeta Louis Aragon declara, na abertura:

> Hoje em dia, quando em Paris, quando na França, recebemos um artista estrangeiro, e sentimos nele a expressão profunda, exata, humana, arrebatadora de sua nação, quando descobrimos nele um verdadeiro artista nacional, nós o acolhemos de maneira diferente do que faríamos em 1939, porque durante esses últimos anos aprendemos, à nossa custa, por experiência própria, o preço da Alma Nacional. É por isso que Portinari, que chegou hoje a Paris, foi recebido com mais emoção do que ele, na certa, esperava. Todos os que veem aqui essas telas tão essencialmente brasileiras, em que a vida do Brasil, em que o espírito de um povo que amamos sem conhecer verdadeiramente nos detalhes da vida cotidiana, se refletem de um modo tão intenso, então nós, franceses, sabemos que nos encontramos diante de homens que, como nós, podem amanhã estar sujeitos à morte, podem amanhã estar sujeitos à opressão e que, como nós, têm a dar ao mundo uma mensagem preciosa. Assim, aqui não consideramos Portinari como um estrangeiro; Portinari é, isso sim, um grande artista que fala a mesma língua que nós, esta língua que faz a grandeza dos franceses, dos brasileiros, dos homens; esta grande língua que não estanca diante de nada, de nenhuma consideração de escola e, no entanto, é rica de todos os ensinamentos dos mestres mo-

dernos, de toda a grande tradição da pintura. É valioso para nós que ele venha, deste modo, se exprimir em Paris, onde ajudará, certamente, até mesmo àqueles da Escola de Paris que frequentemente se julgam os donos do mundo, a vencerem suas pequenas apreensões, seus pequenos complexos e seu pudor.

A revista *L'Amour de l'Art* publica o seguinte texto de Jean Cassou: "A exposição que se realiza atualmente em Paris mostra a diversidade, a liberdade e a força de seu gênio. Portinari é certamente o maior pintor da América Latina e um dos maiores pintores contemporâneos." Do Rio, escreve Drummond:

> Você é a alegria e a honra do nosso tempo e da nossa geração. Não sei se saberia dizer-lhe isso pessoalmente, mas encho-me de coragem nesta carta para exprimir uma convicção que é de todos os seus companheiros, os quais se sentem elevados e explicados na sua obra. Sim, meu caro Candinho, foi em você que conseguimos a nossa expressão mais universal, e não apenas pela ressonância, mas pela natureza mesma de seu gênio criador, que ainda que permanecesse ignorado ou negado, nos salvaria para o futuro.

O crítico Michel Florisoone disse, na mesma revista *L'Amour de L'Art*:

> É uma solução terrivelmente humana e dramaticamente social da plástica do nosso tempo. Tem-se a impressão de que nele se salva a tradição, a tradição dos grandes ciclos de afrescos do *Quattrocento*, a tradição de Michelangelo, a tradição romântica e também a tradição romana, sem a qual a Renascença não teria sido mais do que um passatempo do espírito, mas por meios atuais, aqueles que em vão emprega Picasso, os que o surrealismo inventou. Com efeito, nossa escola contemporânea do Ocidente, diante do *Enterro na Rede*, da *Criança Morta*, das *Lavadeiras*, nos parece apenas com um laboratório. Com Portinari, eis que ela entra na vida.

Portinari é condecorado pelo governo francês com a Legião de Honra. O quadro *Criança Morta*, da Série *Retirantes*, é adquirido para o acervo do Museu de Arte Moderna de Paris. René Huyghe, conservador-chefe do Museu do Louvre, escreve a Portinari: "Sinto-me feliz de ver que Paris o colocou no lugar que é o seu, entre os grandes pintores do nosso tempo, feliz de ver que o governo ratificou, com este gesto, a escolha da opinião pública."

Ao fim da exposição, volta ao Brasil para participar das eleições, dessa vez como candidato ao Senado. Percorre muitas cidades de São Paulo. Meio à campanha eleitoral, recebe uma carta do escultor francês Auricoste: "Você é na certa a causa de uma discussão apaixonada que se abriu após o artigo de Garaudy em *Arts de France*, retomada por Aragon e Hervé, a respeito do realismo e da posição dos artistas e de seu engajamento. Que pena você não estar presente, caro Portinari, para tomar parte nestes debates." Em entrevista concedida ao crítico brasileiro Mário Barata, correspondente de *O Jornal*, em Paris, René Huyghe declarou: "Portinari é um dos maiores pintores de nosso tempo. Sua força é enorme. Na manhã em que vi o conjunto das suas telas tive tal choque emotivo que saí da Galeria Charpentier com uma verdadeira fadiga nervosa. Durante a tarde não consegui trabalhar. Estava realmente cansado." E em outro trecho:

> Salvo para os medíocres, não há influências. Sofrem-se as que se têm em si. Encontra-se o que se procurava. Para alguns críticos, Portinari é demasiado europeu. Isso se deve a que certos franceses não têm o hábito de reconhecer senão aquilo que já conhecem. Portinari é profundamente brasileiro. Não existem mais influências em Portinari que em qualquer pintor francês.

A atividade política consumiu os últimos dias do ano de 1946.

No dia 17 de janeiro de 1947, antevéspera das eleições, Portinari, como candidato ao Senado, declara sobre a questão do campesinato:

O quadro é tétrico e não é necessário ser comunista para senti-lo em toda sua plenitude. Aos homens honestos, aos brasileiros sinceros, aos patriotas de fato é que falo, para que analisem tal assunto com frieza. Que meditem sobre a responsabilidade que lhes pesa sobre os ombros e que, como nós, comunistas, tentem dar um paradeiro a isso que aí está.

Iniciadas as apurações, teve-se a impressão de que Portinari venceria. Terminou perdendo, por pouco, num pleito em que os indícios de fraude levaram o PCB a pedir a recontagem de votos. Mesmo que tivesse vencido, de nada adiantaria porque, em maio, o Tribunal Superior Eleitoral decidiu pelo cancelamento do registro do Partido Comunista Brasileiro. O fundamento para a cassação foi o de que o PCB era uma organização a serviço de Moscou. Em seguida ao fechamento do PCB, deu-se início à caça às bruxas. Foi instaurado inquérito para apurar as atividades da Escola do Povo, ligada ao partido. Portinari e Oscar Niemeyer estão entre os convocados para depor. Paralelamente a isso, inaugura-se a exposição Portinari of Brazil, na União Pan-americana, atual Organização dos Estados Americanos – OEA, em Washington. Portinari só voltaria a expor nos Estados Unidos doze anos mais tarde, como resultado do macarthismo, então operante na política americana e intolerante contra qualquer tipo de esquerdismo. Em seguida, Portinari viaja para a Argentina, onde é inaugurada, em Buenos Aires, no Salón Peuser, sua primeira exposição individual. Nicolás Guillén, poeta cubano, dedica-lhe um poema que termina com os versos:

> Asi con su mano dura,
> hecha de sangre y pintura
> sobre la tela
> sueña y fulgura
> un hombre de mano dura
> & Portinari lo consuela
> e si se enferma, lo cura

> al hombre de mano dura
> que está gritando en la tela
> hecho de sangre y pintura
> sueña y fulgura.

De Buenos Aires, parte da exposição segue para Montevidéu, a convite da Comissão Nacional de Belas-Artes. Aí, Portinari profere a conferência "Sentido Social da Arte", no Instituto Verdi. Ao chegar ao Rio, encontra a situação política tensa, cujo endurecimento, contra os comunistas, leva-o de volta ao Uruguai, por quase um ano, sem a família nuclear, com a companhia, apenas, da irmã Inês.

O ano de 1948 encontra-o no Uruguai, ativíssimo no ofício de pintor. Meio à sua produção uruguaia, exposta em abril, em Montevidéu, encontra-se o painel *Primeira Missa no Brasil*, encomendado pelo Banco Boavista do Rio de Janeiro. Reiniciam-se as bienais de Veneza, interrompidas pela guerra. O Brasil, pela primeira vez convidado a participar, não inclui Portinari em sua representação, fato que levanta muitos protestos, entre os quais o do crítico Mário Pedrosa: "A sua exclusão, pois, não é uma injustiça, é pior: um disparate. Terá a política, ou melhor, a polícia, participado dos trabalhos da Comissão? Na verdade, o Brasil não estará representado em Veneza." Em compensação, o crítico argentino Romero Brest, declara na revista *Ver y Estimar*, na crônica "Exaltação a Portinari": "Exalto-o porque pinta e desenha o que no seu mundo vive e morre, ainda que o amplie até o mundo dos outros; e o que dói com essa dor que não se extingue, na ferida sempre aberta da angústia, sua quaresma e sua salvação. E porque não se esgota no protesto viril e dispara rumo ao futuro num canto lírico de esperança."

De volta ao Brasil, Portinari ilustra com quatro águas-fortes originais e trinta e seis desenhos a nanquim uma edição especial de *O alienista*, de Machado de Assis. Mário Pedrosa publica artigo sobre a *Primeira Missa no Brasil* em que diz: "A missa de Portinari é um ato de conquista cultural, de plantação de semente na terra virgem. Aquilo tudo vem de fora; é um enxerto de civilização cristã em solo pagão. Eis por que não há índios." E mais adiante

> Ele não desce aqui até os tons supercarregados, sombrios, neutros de outras composições quase despidas de cores, no espírito de *Guernica*. Desta vez, solta as rédeas ao seu velho amor, seu amor italiano, verista, veneziano, às cores cantantes, aos belos tons altos e puros. Ninguém ignora as influências que Picasso exerceu sobre Portinari, como aliás continua a exercer sobre quase todos os artistas modernos mais moços da França aos Estados Unidos, da Alemanha à Itália. Este painel de Portinari é a demonstração final de que o nosso pintor não pertence à família picassiana. Aliás, esta foi sempre a nossa convicção.

Portinari dedica-se aos estudos do painel *Tiradentes*, para decorar o Colégio Cataguases, em Minas Gerais, projeto de Niemeyer, quando toma conhecimento dos ecos da exposição de 1946, em Paris, sob a forma da polêmica realismo *versus* abstracionismo. O crítico Antonio Bento escreveu:

> Sua (de Portinari) contribuição imediatamente reforçou a corrente figurativa, tendo Florisoone afirmado que sua exposição abrira um caminho novo. A pintura de Portinari fazia a plástica voltar aos grandes temas humanos, falando à inteligência e ao coração de todos. A observação foi justa, pois a Escola de Paris deixara de parte os temas eternos que sempre fizeram a grandeza da pintura. Marchara em novas direções, fazendo da natureza-morta o seu assunto mais importante. E procurava deliberadamente a pintura pura, que chegou ao seu extremo limite com a arte abstrata. A exposição de Portinari foi o ponto de partida para o debate encarniçado que começou no outono de 1946 e que ainda agora continua aceso em Paris.

Encerra o ano de 1948 com uma exposição retrospectiva no Masp – Museu de Arte de São Paulo, organizada por Pietro Maria Bardi. O catálogo contém textos de Bardi, Jean Cassou e Otto Maria Carpeaux. Assis Chateaubriand doa as obras *Enterro na Rede, Criança Morta* e *Retirantes*, da Série *Retirantes*, ao Masp.

Em 1949, Portinari inicia a execução do painel *Tiradentes*. Enquanto pinta o Mártir da Independência, seis dos oito painéis da Série *Os Músicos*, são consumidos pelo fogo que destruiu a sede da Rádio Tupi do Rio. Em seguida é convidado a participar, em Nova York, na Conferência Cultural e Científica para a Paz Mundial, mas não consegue o visto de entrada. Por sua participação na Escola do Povo, é intimado a comparecer à Polícia Central. É impedido, junto com outras pessoas, de embarcar para o México, onde se instalaria o Congresso Internacional da Paz. O pensador francês Roger Garaudy, mais um importante admirador a propagar o seu nome, vem ao Brasil, hospedando-se em sua casa. Em novembro, o painel *Tiradentes* é inaugurado no Colégio de Cataguases, depois de exposto no Rio e em São Paulo. Conhece aquele que se tornará seu mais fraternal amigo: o industrial e poeta italiano, Giuseppe Eugenio Luraghi, presidente da Alfa-Romeo.

Em fevereiro de 1950, embarca para a Itália, onde pela primeira vez visita Chiampo, no Vêneto, cidade de seu pai, em companhia do novo amigo Eugenio Luraghi. De passagem pela França, executa, no ateliê do pintor Francis Jourdain, o painel *Os Pescadores*, encomendado pelo banqueiro brasileiro Walther Moreira Salles. Pinta, ainda, *Navio Negreiro, O Balcão, Cabeça de Negrinha*, várias telas da Série *Galo*, além do *Retrato de Jayme de Barros*. Em junho, participa, pela primeira vez, da XXV Bienal de Veneza, com seis obras. A representação brasileira passa desapercebida pela crítica internacional, que concede todo o brilho aos mexicanos e belgas. Em compensação, o II Congresso Mundial dos Partidários da Paz, em Varsóvia, concede-lhe a medalha de ouro da paz, pela obra *Tiradentes*.

Com o retorno de Getúlio ao poder, em 1951, foi lançado o movimento de anistia ampla aos cidadãos presos ou perseguidos por "delito de opinião", entre os quais está Portinari. No plano artístico, o grande acontecimento do ano foi a inauguração da I Bienal de São Paulo, em outubro, que contou com dois mil trabalhos de pintura, escultura, arquitetura e gravura de artistas de dezenove países, entre os quais Picasso, Léger, Rouault, Giacometti, Pollock, Morandi, Magritte, Calder e Torres-Garcia. Entre os brasileiros, Portinari, Segall, Brecheret, Di Cavalcanti, Bruno Giorgi, Lívio Abramo, Maria Martins e Goeldi. O evento registrou o recorde de mais de cem mil visitantes. Portinari expôs em sala especial. Em seguida, Portinari participa do LVI Salão Nacional de Belas-Artes, no Rio de Janeiro, do qual esteve ausente desde 1932. Na Itália, o amigo Eugenio Luraghi lança a monografia "Portinari".

Em 1952, trabalha no painel *Chegada da Família Real Portuguesa à Bahia*, por encomenda do Banco da Bahia. Em Brodósqui, pinta um conjunto de obras sacras para a igreja matriz da cidade de Batatais, onde foi batizado, vizinha a seu vilarejo natal. Em agosto, ele, Segall e Di Cavalcanti recusam-se a participar da Bienal de Veneza, por entenderem que o espaço destinado ao Brasil era pequeno. Compensando à larga esse incidente, o secretário-geral da ONU, em outubro, anuncia a oferta do governo brasileiro, de dois painéis, a serem executados por Portinari, para a nova sede da entidade, em Nova York. O cartaz que fez para a reunião do Conselho Mundial da Paz, em Viena, antecipa o que serão os painéis *Guerra e Paz*. A revista *O Cruzeiro* começa a publicar o romance *Os Cangaceiros*, de José Lins do Rego, em capítulos semanais, com ilustrações de Portinari.

Em março de 1953, é inaugurada a decoração da igreja de Batatais. O povo da região acorre em massa para ver de perto a obra do filho ilustre. Aos que criticam a contradição entre o seu agnosticismo e sua pintura sacra, responde: "Pinto a dor, a alegria, o trabalho, a miséria, o meu povo, enfim. Eu não poderia, sem fugir à realidade, deixar de fazer quadros de fundo religioso." Em abril, aos 49 anos e 4 meses, Portinari apresenta seu primeiro problema grave de saúde, em razão do uso de determinadas tintas, enquanto volta a expor, individualmente, cem obras no MAM do Rio, depois de dez anos de sua última exposição na então capital federal. A conservadora sociedade carioca que dele se afastara, por questões ideológicas, volta a aplaudi-lo, entusiasticamente, comparecendo em massa. Em agosto, concluiu a segunda *Via Sacra*, para o conjunto da matriz de Batatais. Em dezembro, trinta e oito países participam da II Bienal no Museu de Arte Moderna de São Paulo. O conservador do Museu de Arte Moderna de Paris declara: "Esta Bienal superou todas as manifestações coletivas de arte moderna já realizadas no mundo." Na representação brasileira são premiados Volpi e Di Cavalcanti. Curiosamente, Portinari não participou do momentoso evento. Preferiu comemorar os 50 anos. Em artigo, José Lins do Rego exalta sua paixão pela pintura: "Deus entregou-lhe os pincéis. Se um dia lhe viessem dizer: 'Portinari, não há mais pintura', o rapaz de Brodósqui diria: 'Então vamos todos morrer.'" Ao entrevistá-lo, Vinícius de Moraes, perguntou: "Como você chegou à sua posição política?" Portinari responde: "Não pretendo entender de política. Minhas convicções, que são fundas, cheguei a elas por força da minha infância pobre, de minha vida de trabalho e luta, e porque sou um artista. Tenho pena dos que sofrem, e gostaria de ajudar a remediar a injustiça social existente. Qualquer artista consciente sente o mesmo."

Em fevereiro de 1954, em homenagem ao IV Centenário da cidade de São Paulo, Portinari inaugura exposição individual no Masp, apresentando, entre as mais de cem obras, as duas maquetes para os painéis da ONU. Os sinais crescentes da intoxicação obrigam-no a parar de pintar por algumas semanas. Ele se queixa: "Estou proibido de viver." Anos mais tarde, a escritora Dinah Silveira de Queiroz que, a esse tempo, o encontrou na rua, recordaria: "... seus olhos estavam rasos d'água. Se não me engano, foi no Castelo e ele vinha com sua Maria. Estava magro, abraçou-me profundamente e disse: 'Imagine! não posso mais pintar, estou proibido pelo médico'. Maria não deixou muito tempo para conversa: ele não deveria comover-se. Tive vontade de sair atrás dele e dizer: você já nos deu a obra mais grandiosa que um pintor pode oferecer à sua terra, já nos cumulou de uma riqueza que vai varar os tempos...". Para a XXVII Bienal de Veneza, Portinari apresentou quatro painéis da Série *Cenas Brasileiras*, criada para a nova sede da revista *O Cruzeiro*. Em outubro, expõe, em Varsóvia, ao lado de 140 artistas de 15 países, na mostra organizada pelo Comitê de Cooperação Cultural com o Estrangeiro, em favor da paz.

Em fevereiro de 1955, os estudos para execução dos dois painéis, *Guerra* e *Paz*, para a ONU, já se encontram adiantados. Portinari, no centro do debate que se trava no Brasil sobre arte abstrata e arte figurativa. Os adeptos do abstracionismo ascendente atacam-no. Anos depois da morte de Portinari, Carlos Drummond de Andrade diria:

> O "caso" Portinari não deve ser entendido à luz do conflito entre figurativos e abstratos. Sua posição dramática no contexto de uma época dramática foge a essa simplificação, e nela está a chave de sua arte. Não poderíamos situá-lo "de um lado", como pintor hostil ao outro lado, teimosamente apegado a experiências e soluções superadas por uma instável e contraditória vanguarda. A larga, porosa, patética humanidade de Portinari envolve suas pesquisas oficinais e suas preocupações estéticas numa ambiência de vida vivida e sentida ao máximo de tensão. Esse grande isolado só o é para resguardo do ofício. Mas seu ofício é fundir o sublime desinteresse a-histórico da arte à comunhão histórica, imediata, com os humilhados e os despossuídos, notadamente as crianças; e ainda com os animais e, finalmente, com estruturas inanimadas. A obra de Portinari atinge a beleza de um cântico auroral por sobre as misérias do mundo e, particularmente, de seu país; é testemunho e resgate.

Em março, saiu, em quatro línguas, o livro *Disegni di Portinari*, com introdução de Luraghi, contendo cento e doze obras. Em junho, é inaugurada a exposição Art in the 20th Century, no Museu de Arte de São Francisco, com quinhentas e trinta e sete obras, de vinte países. Portinari comparece com uma, *Espantalho*. Em julho, a III Bienal de São Paulo expõe cerca de duas mil obras de mais de trinta países. Portinari apresenta doze estudos, de grandes dimensões, para o painel *Guerra*. Portinari é agraciado com a medalha de ouro do International Fine Arts Council, de Nova York, como melhor pintor do ano, e em outubro inaugura o painel *Descobrimento do Brasil*, para o edifício do Banco Português, no Rio.

Em janeiro de 1956, nove meses depois de iniciados, Portinari conclui os painéis *Guerra* e *Paz*, com 14mx10m cada um, divididos em placas de 2,20m x 5m, com a colaboração de Enrico Bianco e Rosalina Leão. Ambos, realizados a óleo sobre madeira compensada naval. Em fevereiro, sob intenso interesse popular, o presidente Kubitschek inaugura a exposição dos painéis no Theatro Municipal do Rio de Janeiro, quando fez a entrega a Portinari da medalha de ouro que lhe fora concedida pelo International Fine Arts Council. Grupos de estudantes, operários, moças, velhos, pessoas do povo, uma grande massa que se renovava continuamente, durante todo o dia e pela noite adentro, lotou o Municipal. Sobre a obra, o historiador da arte Clarival do Prado Valladares escreveu:

> Em *Guerra*, contam-se seis vezes a figura materna com o filho morto ao colo, naquela imaginária da Piedade, e entre os quase setenta figurantes acham-se as faces dos *Retirantes* nordestinos. Portinari teve nos quatro cavaleiros do Apocalipse o seu ponto de partida para toda a *Guerra*, intemporal e ubíqua. E para a *Paz*, sua matéria-prima foi a memória da infância. Teriam sido, também, as Eumênides, de Ésquilo. Refere-se, pois, à terceira parte da trilogia de Ésquilo, *Oresteia*, quando as Fúrias concordam em se transformar em espíritos pacíficos que se chamaram Eumênides. Na verdade, Portinari nem de longe arremeda cenas ou personagens da mitologia ou da dramaturgia grega. Todos os figurantes de a *Paz* são meninos de Brodósqui, às vezes nas gangorras, como aparecem em várias de suas telas, outras em cambalhotas e piruetas, pulando carniça ou armando arapuca, moças que dançam e cantam, um coral de crianças de todas as raças, assim como nós, brasileiros,

noiva da roça na garupa do cavalo branco, o palhaço, a mulher carregando o cordeiro, dois cabritos que dançam bem no centro do painel como se fossem o núcleo da *Paz*, a égua e o potro e, na faixa de cima, bem lá em cima, camponeses plantando, camponeses colhendo, o espantalho, os batedores de arroz, homens, mulheres e meninos que cantam. Não há dúvida, só podem ser as Eumênides entre as moças e os meninos de Brodósqui.

O crítico Mário Pedrosa, a essa altura rompido com o artista, destoa do aplauso geral: "Para que alguém saiba o que Portinari quis dizer com os seus painéis, é preciso escrever títulos 'Guerra' e 'Paz' sob o painel respectivo."

Em junho, Portinari expõe em várias cidades de Israel cerca de duzentas peças, inclusive as maquetes de *Guerra* e *Paz*. Ao chegar a Jerusalém, é recebido pela cúpula do governo israelense. O jornal *Haboker* estampa: "É muito provável que esta exposição seja o acontecimento artístico mais importante jamais ocorrido em Israel. Esta é a primeira vez que um artista não judeu, entre os maiores de nossa geração, organiza uma grande exposição em Israel." A exposição percorre as cidades de Jerusalém, Tel-Aviv, Haifa e Ein-Harod. Durante sua permanência em Israel, Portinari inicia a preparação da Série *Israel*, que concluiria no ano seguinte. O tema seria a base do livro *Israel*, publicado na Itália, em 1959, sob a orientação do grande amigo Eugenio Luraghi. Ainda em 1956, realiza para a Editora José Olympio a Série *Dom Quixote*, constituída por vinte e dois desenhos a lápis de cor. A Solomon Guggenheim Foundation, de Nova York, premia-o pelos painéis *Guerra* e *Paz*.

Em março de 1957, a Embaixada do Brasil, em Paris, patrocina exposição individual de Portinari na Maison de la Pensée Française, com cento e trinta e seis obras, a maioria vinda das exposições em Israel. Ao mesmo tempo, o Solomon Guggenheim Museum, de Nova York, expõe o trabalho *Mulheres Chorando*, um dos estudos preliminares para o painel *Guerra*. Em abril, o ex-admirador Mário Pedrosa volta a atacar Portinari, a propósito, agora, da *Primeira Missa no Brasil*: "Não queremos anotar aqui, as lacunas dos conhecimentos de história pátria do pintor. Victor Meireles andou mais perto da realidade histórica do que Portinari, que baniu de sua missa os índios", comentário contraditório com o que dissera no passado e diria no futuro sobre a mesma obra, ao descrevê-la como "uma das realizações mais pujantes da arte brasileira de todos os tempos". Um caso típico de amor e ódio. De Paris, as obras seguem, em julho, para exposição em Munique. A crítica norte-americana Emily Genauer escreveu no *Herald Tribune Book Review*:

> Parece que a sede das Nações Unidas tem agora, afinal, murais dignos de sua alta finalidade e de sua brilhante arquitetura: os murais *Guerra* e *Paz*, do artista brasileiro Cândido Portinari, que serão oficialmente revelados na sexta-feira. Serão os primeiros trabalhos de expressão realmente artística a entrar na ONU. Portinari, que é o mais famoso dos pintores do Brasil e um dos maiores talentos do mundo, trouxe força e frescor a um tema tão angustioso e que se dissolve no banal, a despeito das inúmeras vezes em que já foi pintado.

Em setembro, os painéis *Guerra* e *Paz* são, oficialmente, doados à ONU. Em face do envolvimento de Portinari com o Partido Comunista, a sociedade americana, como um todo, inclusive a mídia, não prestigiou a solenidade. O autor, sequer, foi convidado. A auxiliar Rosalina Leão, que se encontrava em Nova York, contaria, anos mais tarde, sobre a cerimônia de que participou: "Não se achava presente nem um único membro da ONU a não ser o delegado-geral. Não estavam presentes um único crítico de arte, um único artista, um único jornalista. Não houve divulgação na imprensa. Não houve convites." O embaixador Jayme de Barros também deu seu depoimento: "Desejo esclarecer que cheguei a conseguir o visto para a viagem de Portinari a Nova York. Diante da omissão do secretário-geral das Nações Unidas em relação ao assunto, realmente delicado, vali-me da amizade com

Henry Cabot Lodge. Dias depois, ele me comunicou que tudo estava resolvido. Bastava que Portinari solicitasse o visto no Rio de Janeiro, declarando o motivo da viagem. Sua resposta foi imediata: só iria se oficialmente convidado. Assim era o homem." Em novembro, Portinari começou a escrever suas memórias, *Retalhos da minha vida de infância*, livro que interromperia em setembro de 1958, encerrando-o com o já citado relato dos últimos instantes que passou no vilarejo natal, quando o deixou, aos 15 anos.

Em janeiro de 1958, o MEC expõe projetos dos artistas que participam da construção de Brasília. Portinari comparece com as maquetes dos mosaicos para a capela do Palácio da Alvorada, que terminam por não serem executados. Muitos criticam o convite a Portinari, argumentando que sua pintura acadêmica nada tem a ver com o apregoado modernismo da nova capital. Portinari comenta:

"Há bastante tempo fiz, por solicitação de Oscar Niemeyer, maquetes de um mosaico para a capela presidencial e de um mural. O mosaico seria executado em Ravena, de onde me mandaram orçamento e prazo. Aqui acharam o prazo longo, meses, e propuseram que eu fizesse coisa mais simples, para ser executada aqui mesmo no Brasil. Não concordei. Ficou então combinado que eu faria somente o mural. Mas em vista da demora do pessoal de Brasília em decidir definitivamente o assunto e de compromissos que assumi antes, sou obrigado a já não aceitar nem esse trabalho. Creio que assim fica bem claro, para alívio de muitos, que não estou fazendo nenhum trabalho para este governo."

Em fevereiro, uma exposição das obras da Série *Israel* inaugura a Galleria Del Libraio, em Bolonha, Itália. É a primeira exposição individual de Portinari na terra dos pais. O crítico Renzo Biasion escreve:

"Pela primeira vez na Itália um dos maiores pintores da América e do mundo, Cândido Portinari, expõe um vigoroso conjunto de desenhos e têmperas. Uns trinta desenhos, alguns dos quais bastante complexos e importantes, e sete têmperas."

Citando Luraghi, conclui:

"Nestes dias de desorientação, de funambulismos e anemia, o exemplo da arte poderosa de Cândido Portinari, tão rica de significado, de matéria e de sólida técnica, chega a nós como um bom vento vivificante, a demonstrar-nos que a grande veia latina não se exauriu, mas, ao contrário, enriquecida de novos temas, continua viva, também pelo mérito de um filho de emigrantes que ainda acredita que a pintura seja um ofício sério, árduo e útil aos homens."

Em abril, Portinari participa com sua tela *Enterro na Rede*, da Série *Retirantes*, da Exposição Universal de Bruxelas, para figurar entre as cem obras primas do século. Em maio, é intimado a depor no Departamento Federal de Segurança Pública pelo trabalho desenvolvido na Escola do Povo, onde a polícia, apoiada em livros e textos ali encontrados, instruiu o processo. Em junho, é convidado especial da I Bienal Interamericana de Pintura e Gravura do Museu de Artes Plásticas do México, para integrar o júri de premiação da mostra. No único salão de honra dessa Bienal, sob grande aplauso do público mexicano, é inaugurada a exposição Portinari, em sua ausência. O crítico Enrique Fernandez G. escreve:

Agora, em 1958, este homem está no México, no Museu Nacional de Artes Plásticas, ocupando a sala de honra que lhe oferece um país de pintores. O que aí se exibe é uma bela seleção, cabalmente informativa. Basta para chegar ao fundo da compreensão. Da ternura à fúria, Portinari inteiro está presente: suas feras, seus enterros, suas travessuras, seus temas decorativos e também os descarnadamente humanos. Ninguém pode desprezar a oportunidade de vê-lo em abundância e magnificência no lugar de honra que ocupa merecidamente hoje no coração do México, circundado pelos muralistas mexicanos que, com ele, recriaram na arte o valor humano e introduziram no conceito artístico geral um critério neoamericano.

O processo da Escola do Povo ameaça de prisão Portinari, Oscar Niemeyer e outros. Sobre o assunto, Portinari declara ao jornal *Última Hora*: "Nada sei a respeito deste processo. Estou de malas prontas para viajar e não tenho tempo a perder com coisas ridículas." Após a estada europeia, o casal Portinari está de volta ao Rio. Ao desembarcar, Portinari declara: "Vou me dedicar à poesia!" Sua produção poética integrou o livro póstumo, *Poemas*, organizado por Manuel Bandeira. Em novembro, Portinari recebe duas mensagens que o sensibilizaram. A primeira, do México, vem assinada por dezenas de pintores e gravadores mexicanos:

> "Os abaixo-assinados, pintores e gravadores mexicanos, enviam fraternais saudações àquele que, por meio das formas e das cores, sente e exprime profundamente o tema e o faz com beleza e personalidade. Neste mundo tão cheio de *ismos* e imitadores, reconhecemos no senhor um pintor de grande envergadura. Receba nossas saudações do México. Desejamos que viva muitos anos para o bem da Arte Universal."

A outra, de Bruxelas, de Émile Langui, comunica que a exposição 50 Anos de Arte Moderna, na qual ele representou o Brasil, recebera a Estrela de Ouro, a mais alta distinção da Exposição Universal de Bruxelas de 1958, e o convida para ir recebê-la ao lado dos demais componentes da mostra.

Em abril de 1959, quinze anos depois de inaugurada, a igreja da Pampulha foi, finalmente, consagrada. Na Galeria Wildenstein, de Nova York, é inaugurada exposição individual de Portinari. Ainda em abril, vem a lume, na Itália, o livro *Israel*, editado e prefaciado por Eugenio Luraghi. Em maio, o Museu Nacional de Belas-Artes de Buenos Aires inaugura a exposição *Israel visto por Portinari*. A revista *Critério* publica artigo, assinado por R.B., que diz:

> Eugenio Luraghi conta que o encontrou antes de partir para a Palestina num estado de depressão em relação à labuta que se havia proposto em longos anos de trabalho artístico. A tal ponto Portinari se sentia ferido pela crise da arte figurativa em favor de uma arte abstrata que não o tocava, que estava prestes a abandonar os pincéis por acreditar que sua obra já não tinha mais objetivo e que sua missão estava concluída. 'Porém justamente em um momento difícil como este – escreve o crítico italiano –, o destino o põe entre os camponeses de Israel que lutam por um lugar ao sol e que, para assegurar o pão a multidões de crianças em multiplicação rápida e crescente, transformam arduamente a areia em trigo: a revelação desta nova epopeia o comove e torna a despertar seu entusiasmo natural. É como uma injeção de confiança que faz renascer nele o sentido de um dever que é necessário levar a cabo para contribuir com um esforço tão difícil e generoso da humanidade.' Estas palavras bem que possuem todo o sabor de um reencontro. Cândido Portinari teve seus olhos de pintor invariavelmente voltados para o drama humano. Em sua viagem a Israel, depois de dúvidas dilacerantes em relação a si mesmo, se reencontrou, e isto é uma sorte para a pintura de nossos dias, tão evasiva, tão dada às abstrações próprias de nosso tempo desumanizado.

Portinari é novamente alvo de intrigas que lhe atribuem declarações que nega, reiteradamente. Uma delas seria a decisão de não mais receber Luís Carlos Prestes, nem Jorge Amado, em face de sua alegada renegação do PCB, do qual, aliás, formalmente, nunca se desligou. Portinari reage em uma nota com um solene "Deixem-me em paz": "De uns tempos para cá, têm surgido boatos a meu respeito: recusa de minha parte em receber Prestes e Jorge Amado – ambos têm minha admiração, além disso, não há nenhum motivo para não os receber. Vivo quase isolado, trabalhando da manhã à noite, às vezes até as duas da manhã. Deixem-me em paz, por favor."

Anos depois da morte de Portinari, em reação a um movimento empenhado em minimizar sua importância artística, Clarival do Prado Valladares veio em sua defesa:

> Portinari participou da elite intelectual brasileira ao lado dos mais notáveis poetas, políticos, escritores, arquitetos, educadores e jornalistas, no período exato em que todos eles provocavam uma notável mudança na atitude estética e na cultura dos grandes centros brasileiros. De nenhum outro artista ou sábio, pintor ou escritor, recebemos um legado de transcendência lírica da nossa história comparável ao dele.

Em junho de 1959, começa a exposição itinerante Artistas Brasileiros na Europa, organizada pelo Museu de Arte Moderna do Rio de Janeiro. Portinari participa com *Dançarina Carajá*, *Cangaceiro* e *Morto*. Munique é a primeira cidade a recebê-la. Em agosto, o livro *Menino de engenho*, de José Lins do Rego, é ilustrado com trinta gravuras originais de Portinari. Em setembro, a V Bienal de São Paulo dedica sala especial a uma exposição retrospectiva de sua obra, com cento e trinta trabalhos. Ainda em setembro, o Museu de Arte Moderna de São Paulo organiza a participação brasileira na Exposição Internacional de Arte Sacra em Milão. Entre os vinte e quatro desenhos com que Portinari comparece está a *Via Sacra*, da Pampulha. Em outubro, a Casa da Amizade com os Povos Estrangeiros, de Moscou, promove uma exposição individual de Portinari, com setenta reproduções de originais.

Em 1960, Maria e Portinari terminam uma união de trinta anos, causando um estado de profunda prostração no artista. Se ele era o D. Quixote, ela era Sancho Pança. Ele, o sonho, ela, o feijão. Apesar de separados, Maria continua gerindo a agenda. Em março, Portinari participa com oito ilustrações da versão francesa do livro de Graham

Greene *O poder e a glória* (*La Puissance et la Gloire*). Brasília é inaugurada, em 21 de abril, dia de Tiradentes. Portinari morreria dois anos depois, levando a mágoa de sua exclusão entre tantos artistas que participaram da recém-criada capital. O nascimento de sua neta Denise, no dia 6 de maio, compensaria qualquer revés. Portinari escreveu: "Minha neta me libertará da solidão...", e faz uma poesia para ela:

> O dia veio vindo e chegou
> perto de mim e disse: alegra-te
> homem, já és avô. A lua te
> mostrará Denise, tua neta.

Portinari fará, em menos dos dois anos que lhe restam, dezesseis retratos de Denise e inúmeras poesias. Quando a neta completou um mês, escreveu:

> Hás de
> amar o sol e a lua, a
> poesia e as estrelas.
> Irás a Brodósqui onde
> o céu é maior. Todas as
> estrelas, vestidas de festa,
> aparecerão para te ver.

Em junho, o governo checo expõe, nas principais cidades do país, sessenta e uma de suas obras. No Rio de Janeiro, aproximam-se as eleições para governador. Carlos Drummond de Andrade, desencantado com o curso da política, verseja:

> O universo portinariano,
> se às vezes dói, sempre fulgura:
> entrelaça como num verso
> o que é humano ao que é pintura.

Em agosto, Portinari recebe carta da esposa do pintor mexicano Siqueiros, pedindo-lhe para interceder junto ao presidente do México, em favor da libertação do marido, preso por questões políticas. Portinari telegrafa ao presidente Adolfo Lopez Mateos, apelando pela libertação do grande pintor. Em outubro são inaugurados cinco painéis, na cidade de São Paulo, encomendados pelo Banco de Boston. Em dezembro sai o livro *Brasil, dipinti di Portinari*, organizado e prefaciado por Eugenio Luraghi.

O mal que o acometia desde 1954 recrudesce, com força, em 1961, impondo-lhe sucessivas recaídas. Mas os trabalhos continuam. Da Itália, Luraghi escreve: "Retomei o projeto de fazer uma exposição tua aqui em Milão. Ainda mais que eu espero conseguir a sala do Palácio Real, onde foi feita uma exposição de Picasso e outras mostras importantes: assim tu estarias dignamente representado." Em março, com o timbre da Editora Gallimard, *Terre Promise* e *Les Roses de Septembre*, de André Maurois, são publicados, cada um com quatro ilustrações de Portinari. Luraghi volta a escrever: "Lamento ouvir que estás doente e espero que possas recuperar-te o mais breve possível: como de costume, é necessário recomendar-te que não estiques demais a corda. De fato tens necessidade de repouso e deves, portanto, esperar para retomar tuas atividades quando estiveres completamente restabelecido." Em julho, a Galeria Bonino, no Rio de Janeiro, faz sua última exposição individual, em vida.

Em setembro, em razão do processo que responde, é obrigado a pedir licença à justiça para sair do Brasil. O lúcido juiz Célio de Rezende Teixeira, da 25ª Vara Criminal, sentencia: "Não me oponho ao pedido de quem na Europa somente contribuirá para elevar o conceito do nosso país. É lamentável que o artista seja forçado, por oposições que um dia serão superadas por todos nós, a fazer tal solicitação. Com o humilde pedido de desculpas desta Promotoria." Em outubro o inquérito é arquivado. Também em outubro viaja à França, onde reencontra o filho João Cândido, e vem à estampa o livro *Antologia poética* de Nicolás

Guillén, com sete ilustrações suas. Poesia, agora, é o tema de seu interesse dominante. Revisita inúmeros atrativos da cidade em que, trinta anos antes, mergulhou de corpo inteiro no mundo da arte. Visita, pela última vez, o Museu Jeu de Paume, um dos seus favoritos. Ao encontrar fechado, em Colmar, o museu que guardava o tríptico de Grunewald, depois de tentar, em vão, ver a obra pelas frestas e pelo buraco da fechadura, escreve o poema: "Grunewald":

>Morto mas ainda
>caminhando, quis te
>ver. Não importa
>se fecharam a entrada
>Não quiseram que te visse,
>maus ventos sopraram.
>Vi-te do buraco da luz
>Vi-te na asa do sol
>Vi-te no espaço como uma
>asa. Vi-te brincando com
>as crianças
>Vi o circo ao teu redor...
>Senti aqueles mesmos ventos
>dos subterrâneos que penetraste.
>Senti-os sob meus pés:
>povoados de assombrações
>querem escapulir da sombra.
>No dia de lua nova te
>levei a poeira vermelha do
>meu povoado, era só o que eu tinha.

Em 11 de novembro, Luraghi propõe ir a Paris encontrar-se com ele: "Por tudo o que tu me escreves, vejo que estás em um estado de alma muito abatido: mas tu superaste situações bem mais críticas na tua vida e conseguiste impor a tua arte em situações francamente trágicas. *Stai allegro e arrivederci fra poco tuo Eugenio.*" Ao se encontrarem, discutem a exposição em Milão, prevista para maio de 1962. A saúde de Portinari declina, como Luraghi acusou em sua carta natalina que já o encontrou no Brasil:

> "Causou-me verdadeira dor ver-te de cama em Paris e não ter podido ter-te comigo em Milão para um período de trabalho sereno." Portinari informa ao amigo que voltou a trabalhar. Recebe a resposta: "Estou contente porque recomeçaste a trabalhar com entusiasmo; que tenhas superado a crise de Paris."

Em 18 de janeiro de 1962, Luraghi reclama do silêncio: "Não tenho notícias tuas, penso que estarás trabalhando para a exposição." Quatro dias depois, volta a indagar: "Como vai o teu trabalho? Espero que tenhas recebido minhas cartas e, sobretudo, espero que estejas bem." Ao receber uma carta de Portinari, acusa: "Tenho a tua carta de 29 de janeiro. Estou desolado de saber que estás de novo doente pela intoxicação do chumbo. Antes de recomeçar a trabalhar deves absolutamente curar-te a fundo." Absorvido pelo afã de preparar a grande exposição de Milão, Portinari negligencia a saúde. Men Xavier da Silveira, amigo e médico, dirá, oito meses depois da morte do artista:

> "Em princípios de janeiro deste ano, teve uma pequena perda sanguínea. Recuperou-se rapidamente e, em poucos dias, voltava ao trabalho. Devia pintar ainda muitos quadros para a sua próxima mostra, em Milão. No domingo, 4 de fevereiro, como de hábito, fui por volta das vinte e três horas fazer-lhe uma visita. Encontrei-o deitado, enjoado e queixando-se dos mesmos sintomas da crise de 1954. Buscando as causas dessa última crise, eu e Maria Portinari descobrimos, em seu ateliê, que ele estava empregando, em seus três últimos quadros, os amarelos causadores da primeira intoxicação. Ele adquirira essas tintas na sua última viagem, esquecendo as recomendações que lhe tinham sido feitas há oito anos."

O escritor português José Cardoso Pires escreveu:

> Então já o veneno das tintas lhe tinha corrompido o sangue, e ele sabia-o. Era uma carcaça minúscula arrastada por um olhar urgente. De modo que, como certos animais de destino – uns avançando contra o sol que cega, outros subindo a contracorrente que os há de matar –, continuou em frente e à flor da tinta. O óxido das cores circulava nele como uma silicose de artesão, era o seu secreto respirar. E indo assim, em irmandade com a morte, eis por que foi um homem feliz, digno de tão enorme coragem.

Na noite de 5 para 6 de fevereiro, Portinari passou muito mal. Sua situação, agora, é crítica. Perto da meia-noite do dia 6, morre o grande artista. Segundo Antonio Callado:

> Às 11:40 da noite de 6 deste mês, na Casa de Saúde São José, do Rio, foi arriada a cabeceira de metal da cama do 206. Arriada à linha horizontal, à linha da morte. Nas mãos cruzadas daquele que acabava de morrer a irmã colocou o Crucifixo. Na Casa de Saúde e na vida das freiras era um acontecimento triste, mas de rotina. Para os demais que se achavam no quarto, era a morte de uma pessoa querida. Mas, para uns e outros, e, logo que a notícia circulou, para todos os brasileiros, aquele Crucifixo plantado como um ponto final impersonalizava o acontecimento. Não se tratava de mais um falecimento. Era Portinari morto. Aquelas mãos inúmeras vezes haviam pintado o Cristo que agora crescia delas. As mulheres de sua família, que choravam ao redor do seu leito, tinham servido de modelo às vias-sacras de Batatais e da Pampulha: a dor que ali sentiam, Portinari pressentira nelas, pintando-as ao pé da Cruz ou no caminho do Gólgota. Todos os que cercavam o leito já plano e quieto eram gente de Cândido Portinari: mesmo seu médico Men Xavier da Silveira, nos últimos instantes, não segurava mais o pulso do paciente, antes apertava nas suas mãos a mão do amigo. Mas apesar da pena e do desapontamento de ver morrer quem se quer bem, mesmo os

mais íntimos sentiam a coisa maior que acontecera ali. Sentiam que todo um povo ia debruçar-se sobre aquela vida iniciada 58 anos atrás na terra vermelha de Brodósqui e que ali se extinguia entre lençóis brancos.

Além de gente do povo e de intelectuais dos mais diferentes domínios, políticos de todas as tendências compareceram aos funerais, como Juscelino Kubitschek, Hermes Lima, representando o presidente João Goulart, Luís Carlos Prestes e Carlos Marighela, representando o PCB, o governador do estado, Carlos Lacerda, representações de órgãos de classe e da Assembleia Legislativa. O secretário-geral das Nações Unidas, U Thant, envia condolências ao presidente da República:

> "Profundamente emocionado pela notícia da morte de Cândido Portinari, solicito-vos aceitar e transmitir à sua família as mais profundas condolências. Os murais de Portinari, que ocupam lugar de honra na sede das Nações Unidas, dão aos objetivos da organização mundial sua mensagem edificante. Sua morte priva não só o Brasil, mas todo o mundo artístico de uma personalidade excepcional."

A imprensa portuguesa anuncia:

> "Morreu ontem uma figura da pintura mundial. Sua biografia e sua obra demonstram e espelham seu espírito e seu coração. Porque era grande, organizou-se contra ele a conspiração dos medíocres. O Brasil, honra lhe seja feita, lhe proporciona funerais nacionais, uma pátria enaltece o pintor que a enalteceu."

Callado descreve a procissão funérea:

> "Quando o esquife de Portinari saiu do Ministério, na manhã do dia 8, em carreta do Corpo de Bombeiros, dos edifícios envidraçados, do pátio do Palácio da Educação, das bancas de jornais,

dos cafés em súbito silêncio diante da Marcha Fúnebre e do Hino Nacional, voltaram-se para o cortejo milhares de caras irmãs das que aparecem nos *Morros*, nos *Músicos*, nos *Retirantes* de Portinari. Milhares de anônimas criaturas suas disseram adeus ao pintor, miraram uma última vez o claro e sutil feiticeiro que para sempre as aprisionou em losangos de luz e feixes de cor. Como se no espelho apagado da vida do artista ardesse num último lampejo tudo aquilo que refletira durante a vida. Ao meio-dia, Cândido Portinari desceu à terra do São João Batista levado por toda uma multidão."

O adeus poético coube a Carlos Drummond de Andrade, com o poema "Mão":

> Entre o cafezal e o sonho
> o garoto pinta uma estrela dourada
> na parede da capela,
> e nada mais resiste à mão pintora.
> A mão cresce e pinta
> o que não é para ser pintado mas sofrido.
> A mão está sempre compondo...
> ...o que escapou à fadiga da Criação
> e revê ensaios de formas
> A mão sabe a cor da cor...
> ...e com ela veste o nu e o invisível...
> ...Entre o sonho e o cafezal
> entre guerra e paz
> entre mártires, ofendidos,
> músicos, jangadas, pandorgas,
> entre os roceiros mecanizados de Israel,
> a memória de Giotto e o aroma primeiro do Brasil..
> ...Agora há uma verdade sem angústia
> mesmo no estar-angustiado.
> O que era dor é flor, conhecimento
> plástico do mundo.

> E por assim haver disposto o essencial,
> deixando o resto aos doutores de Bizâncio,
> bruscamente se cala
> e voa para nunca-mais
> a mão infinita
> a mão-de-olhos-azuis de Cândido Portinari.

A atenção despertada por Portinari transcendia o pintor, na medida em que operou como importante núcleo irradiador dos diversos interesses do Brasil do seu tempo, nos diferentes campos da arte, da cultura e da política. Mais de 95% de suas obras integram coleções particulares, razão pela qual são inacessíveis ao grande público.

Contemporâneos e pósteros se revezam no entusiasmo com que avaliam sua obra. Alceu de Amoroso Lima, o Tristão de Athaíde, disse: "Considero Portinari o maior pintor brasileiro de todos os tempos. Creio que nossa arte moderna poderá figurar no quadro da cultura universal ao menos com dois espíritos geniais: Villa-Lobos na música e Portinari na pintura." Para Manuel Bandeira, "Portinari não é só o maior pintor brasileiro de todos os tempos: é o exemplo único em todas as nossas artes da força do povo dominada pela disciplina do artista completo, pela ciência e pelo instinto infalível do belo. Diante destes choros, destes cavalos-marinhos, que falam ao mais profundo de minh'alma de brasileiro, me sinto em estado de absoluta inibição crítica. Tudo que posso fazer é admirar." O médico, esteta e historiador da arte Clarival do Prado Valladares fez a síntese mais abrangente:

> "Portinari participou da elite intelectual brasileira, ao lado dos mais consagrados poetas, escritores, arquitetos, educadores, jornalistas e políticos, no período exato em que todos eles provocavam uma notável mudança na atitude estética e na cultura dos grandes centros brasileiros. De nenhum outro artista ou sábio, pintor ou escritor, recebemos um legado de transcendência lírica de nossa história comparável ao dele. E se somarmos os seus

grandes murais – *A Descoberta da Terra*, *A Catequese*, *Os Bandeirantes* e *a Descoberta do Ouro*, para a Biblioteca do Congresso de Washington, a várias outras obras como, por exemplo, a *Primeira Missa*, o estudo para o painel *Padre Anchieta*, *Chegada de D. João VI*, *Navio Negreiro*, *Tiradentes*, *O Descobrimento do Brasil* e mais ainda, aos temas do políptico do Ministério da Educação e Saúde, denominado, na época, *Trabalho na Terra Brasileira* ou *Evolução Econômica*, ao famoso *Café* e à Série *Retirantes*, então estaremos em face de um acervo de pintura histórico-social de determinado povo e região que se poderá reconhecer como dos mais notáveis da história da pintura."

Em carta a Portinari, por ocasião do êxito de sua exposição em Paris, em 1946, escrevera Carlos Drummond de Andrade:

"Foi em você que conseguimos a nossa expressão mais universal, e não apenas pela ressonância, mas pela natureza mesma do seu gênio criador, que, ainda que permanecesse ignorado ou negado, nos salvaria para o futuro."

E Guilherme Figueredo:

"O menino Cândido Portinari saiu de minha terra com papel e cores em punho para a imensa aventura de pintar uma pátria. Pintá-la, não: criá-la de uma realidade ignorada, mostrá-la aos quatro cantos do mundo, contorcida, ofegante, opressa, inaugural, como a dizer-lhe: 'Somos assim'. ...Um dia, seremos apenas os farrapos de narrativa de nossa existência. E mãos ávidas, mãos sábias do futuro virão recompor o que fomos, virão surpreender-se de nós. E do pó que seremos, retirarão o que beberam aqueles olhos e o que se escapou por aqueles dedos. E saberão que neste lugar existimos, porque ele inventou a nossa eternidade."

O artista plástico Israel Pedrosa, depondo ao Projeto Portinari: "Nenhum outro pintor pintou mais um país do que Portinari pintou o seu."

Jorge Amado venceu eventuais divergências e se entregou à incontida admiração:

> "Cândido Portinari nos engrandeceu com sua obra de pintor. Foi um dos homens mais importantes do nosso tempo, pois de suas mãos nasceram a cor e a poesia, o drama e a esperança de nossa gente. Com seus pincéis, ele tocou fundo em nossa realidade. A terra e o povo brasileiros – camponeses, retirantes, crianças, santos e artistas de circo, os animais e a paisagem – são a matéria com que trabalhou e construiu sua obra imorredoura."

Péricles Madureira de Pinho, em carta dirigida a Gilberto Amado, duas semanas após a morte do pintor, disse: "Fizemos aqui no Ministério (da Educação) um funeral digno. Parecia Europa. Tudo artístico como ele merecia. O comentário mais expressivo que ouvi não foi de literato, nem de intelectual, e sim de um pobre servente do Ministério, fatigado de trazer café para o pessoal do velório. Um companheiro pergunta qual era o defunto e ele responde firme: 'Morreu o homem que pintou os portinari aqui do Ministério'. Não lhe parece maravilhosa essa transferência do nome do autor para a obra? Não é começo de imortalidade? Escreveu-se muito sobre o artista, mas a frase do rapaz é de fato a síntese popular de uma consagração." O artista plástico, historiador da arte e ex-guerrilheiro Sérgio Ferro declarou, especialmente para este epítome:

> "Diz-se que Portinari retratou o povo brasileiro. Fez muito mais: criou seu imaginário. A imagem espelha, certo, mas, ao mesmo tempo, constitui. Espelha por fora, digamos, o corpo; mas por dentro, entretanto, fornece a figura ideal com a qual o retratado passa a se identificar. A relação entre fonte e reflexo muda de sentido. Antes de Portinari, nós nos víamos, não há dúvida, mesmo em outros pintores. Mas foi sua força plástica que deu consistência ao momento do retorno como espelho. Configurador dos tipos sociais em nossa sociedade em trânsito, entre arcaísmos coloniais e mo-

dernidade. Com ele ficamos sabendo, plasticamente, como éramos e sob que forma pensarmos. Raros artistas conseguiram esta proeza: Brueghel, Rembrandt, Goya, Daumier, Gauguin... e Portinari. Não muitos mais, e não é pouca coisa não."

Ao lado da genialidade como pintor, Portinari revelou grande habilidade ao expressar suas convicções sem o ônus de sofrer correspondentes retaliações. Tal aconteceu com sua postura socialista, diante da questão social brasileira, em face de governos conservadores, e quando se aproximou da arte europeia, sem perder a admiração das massas. O modernismo de sua arte é composto de elementos do cubismo, do surrealismo, dos pintores muralistas mexicanos, bem como da arte figurativa e da pintura tradicional.

Uma de suas obras mais importantes, *O lavrador de café*, foi furtada do Masp, em 2007, junto com o quadro *Retrato de Suzanne Bloch*, de Picasso, mas ambas foram encontradas poucos meses depois, graças, em grande medida, à atuação de seu filho João Cândido.

João Cândido – matemático, com doutorado em engenharia de telecomunicações, único filho de Maria e Portinari, nascido em 1939 –, é o gestor dos direitos autorais do pai. Em 2005, ele recebeu o Prêmio Jabuti de Literatura pelo Catálogo Raisonné da obra completa de Portinari e o Prêmio Sérgio Millet. Ele escreveu vários trabalhos sobre a vida e a obra do pai, merecendo destaque o livro *Menino de Brodowski*. Além da primogênita Denise, ele tem os filhos João Carlos e Maria Cândida.

Quando criança, João Cândido sentia constrangimento diante dos colegas, cujos pais trabalhavam, enquanto o seu ficava o tempo todo em casa, sem fazer nada, apenas, pintando. Aos 18 anos, foi estudar no exterior para se livrar do peso de não ter uma identidade, já que era, apenas, o filho de Portinari.

BIBLIOGRAFIA

ANDRES GIUNTA. *Cândido Portinari y El Sentido Social Del Arte*, 2005.
ANNATERESA FABRIS. *Portinari-Pintor social*, 1990.
ANTÔNIO BENTO. *Portinari*, 2003.
ANTÔNIO CALLADO. *Retrato de Portinari*, 2003.
ANTÔNIO PORTINARI. *Portinari menino*, 1980.
CÂNDIDO PORTINARI. *Portinari, o menino de Brodósqui; retalhos de minha vida de infância*. Apres. João Cândido Portinari, 1979.
FÁBIO MAGALHÃES E MAX PERLINGEIRO. *Cândido Portinari, 1903-1962, pinturas e desenhos*, 2003.
JAYME DE BARROS. *Chão da vida: memórias*, 1985.
MARÍLIA BALBI. *Portinari, o pintor do Brasil*, 2003.
MÁRIO PEDROSA. *Dos murais de Portinari aos espaços de Brasília*, 1981.
MÁRIO FILHO. *A infância de Portinari*, 1966.
MARCOS MOREIRA. *A vida dos grandes brasileiros*, 2010.

AMADOR AGUIAR
(1904-1991)

O MAIOR BANQUEIRO DA AMÉRICA DO SUL NASCEU EM RIBEIRÃO PRETO, São Paulo, a 11 de fevereiro de 1904, e morreu na capital paulista em 24 de janeiro de 1991. De origem modesta, o terceiro de uma família de treze filhos foi retirado da escola pelo pai, o lavrador João Antônio Aguiar, quando cursava a quarta série, para trabalhar na lavoura de café, no interior de Sertãozinho. Amador tinha, então, 13 anos. Aos 16, indignado com a vida desregrada do pai, mudou-se para Bebedouro, em busca de melhores oportunidades. Chegou a passar uma noite, ao relento, dormindo num banco da praça. Pela madrugada, ao ser despertado por um mendigo que lhe pedia uma esmola, Amador aprendeu na pele a importante lição de que havia pessoas com menos recursos do que ele. No dia seguinte, ao entrar num restaurante, o proprietário gostou do jeito daquele adolescente de mãos calejadas e lhe ofereceu algo para comer. Amador respondeu que primeiro precisava trabalhar para, então, merecer a comida. Pouco tempo depois, arranjou emprego estável numa tipografia onde veio a perder o dedo indicador da mão direita num acidente com a máquina de impressão.

Aos 22 anos, empregou-se como auxiliar de escritório na agência do Banco Noroeste, em Birigui. Com extrema dedicação, em dois anos, galgou todos os cargos, inclusive o de gerente. Amador explicava seu êxito de modo singular: "Todo o meu sucesso profissional eu atribuo à asma. Eu não dormia à noite e, por isso, lia tudo sobre as atividades bancárias. Assim, superei muitos funcionários mais letrados do que eu."

Seu sonho de tornar-se banqueiro começou a materializar-se quando saiu do Noroeste para trabalhar no recém-batizado Banco Brasileiro de Descontos, operando, até havia pouco, sob a razão social Casa Bancária Almeida Irmãos, na cidade de Marília, empresa financeira presidida por José Alfredo de Almeida, Zezé, filho do fundador, coronel Galdino de Almeida. Na década de 1960, Zezé foi substituído pelo cunhado José da Cunha Jr. Com vários amigos, comprou ações do novo banco.

Corria o ano de 1943, o mundo estava em guerra e Amador Aguiar, aos 39 anos, possuía 10% das ações do Bradesco, que quase nada valiam. Ele próprio costumava fazer blague com a fragilidade da instituição, denominando-a de "Banco Brasileiro dos Dez Contos". E quando lhe perguntavam se pelo menos havia os dez contos, ele respondia rindo: "Não. Não há."

Em 1946, a sede do banco foi transferida de Marília para o centro de São Paulo, de onde passou, em 1953, para a Cidade de Deus, Vila Yara, Osasco, de onde nunca saiu. Nessa altura, o Bradesco já possuía agências nas principais cidades paulistas e em quase todas as capitais dos estados. Amador Aguiar já era o superintendente do banco, cargo assumido em 1951. Dezoito anos mais tarde, em 1969, aos 65 anos, assumiu a presidência, em substituição ao velho companheiro José da Cunha Júnior.

Fonte contínua de inovações, o Bradesco, sob a batuta de Amador Aguiar, foi a primeira organização bancária a separar a administração superior do banco das operações das agências. Segundo Lázaro Brandão, sucessor de Amador Aguiar, a ideia consistia em manter os altos dirigentes longe dos problemas rotineiros das agências, de modo a ficarem livres para dedicar o melhor de seu tempo aos assuntos verdadeiramente importantes. No plano operacional, o Bradesco foi também o primeiro a aceitar o pagamento das contas de luz. Graças às bem-sucedidas inovações, em 1959 assumiu a liderança do sistema bancário privado na América Latina. Inovador por excelência, pioneiro no uso dos recursos computacionais para levar os serviços bancários às camadas mais pobres da população, exerceu importante papel para elevar o nível de autoestima das massas. A vida de Amador Aguiar, uma combinação sinérgica de disciplina, dedicação ao trabalho e um talento especial para obter grandes resultados a partir de fórmulas simples, foi sempre o retrato vivo da frase inscrita no frontispício da matriz em Osasco: "Só o trabalho pode produzir riquezas."

Notoriamente orgulhoso do império que construiu, tido como difícil e dotado de forte personalidade, perfeccionista, com vida espartana, toda ela voltada para o trabalho, retraído e de poucos amigos, exigente com seus auxiliares, Amador Aguiar era, apesar de toda essa dureza aparente, uma pessoa generosa. A cidade de Osasco foi largamente beneficiária das ações sociais lideradas por ele, graças a quem ganhou sua companhia telefônica, mais tarde incorporada à Telesp; vários de seus logradouros públicos foram construídos, beneficiados ou recuperados; recebeu um fórum decente; foi graças a ele que aí se instalou uma conceituada Faculdade de Direito que viria formar importantes quadros dirigentes do banco, da própria cidade e do estado; financiou ou equipou clínicas e laboratórios para atendimento a populações carentes.

Mais importante de tudo tem sido o trabalho da Fundação Bradesco, por ele criada, para manter as dezenas de escolas dos ensinos fundamental e profissionalizante espalhadas em todo o Brasil. O menino que foi tirado da sala de aula, aos 13 anos, para "ganhar o pão com o suor do rosto", sabia da importância da educação no desenvolvimento das pessoas. Para assegurar a perpetuidade do seu importante legado, deixou a maioria de suas ações para a Fundação Bradesco.

Ao longo de sua trajetória, Amador Aguiar contou com a valiosa colaboração de dedicados companheiros de trabalho, cujos nomes costumava destacar, como o de seu irmão Mário Coelho Aguiar, o futuro governador de São Paulo, Laudo Natel, Rui Mendes de Rosis, Manoel Cabete, Leonardo Gracia, Ageu Silva, Décio Tenerello e seu sucessor na presidência, Lázaro de Mello Brandão. Amador Aguiar participou, ainda, como investidor de grandes empreendimentos e foi proprietário de várias fazendas, que frequentava com indisfarçável prazer em seus dias de descanso, revivendo as emoções de suas origens rurais.

À exceção do seu pendor para as mulheres, seus hábitos foram sempre admiravelmente monásticos. Dirigia o próprio carro, um fusca, o mais simples produto da indústria automobilística brasileira. Quando visitava suas fazendas, cortava a lenha para o fogão e para a lareira. Inspirado no gosto nordestino, apreciava dormir em redes. Paradoxalmente à sua condição de banqueiro, não usava cheques, embora fosse compreensível que não carregasse dinheiro no bolso, atitude que cai bem aos notoriamente ricos como ele. Deixou a administração do banco em 1990, um ano antes de morrer de parada cardíaca. Seu nome figura como o símbolo do *self-made man*.

O anedotário a respeito de Amador Aguiar, que não gostava de usar meias, é um capítulo à parte em sua vida. Quando chegou a Salvador para assumir o controle do Banco da Bahia, dispensou que fossem apanhá-lo no aeroporto, preferindo seus próprios meios para chegar à sede do banco de Clemente Mariani. Para estupefação das recepcionistas, instruídas para dar as boas-vindas ao novo proprietário, em lugar de um *entourage* em volta de uma carismática personalidade central, salta de um velho táxi, um senhor de 70 anos, em trajes simples e desacompanhado, dizendo que seu nome era Amador Aguiar e que chegava para uma reunião agendada com a direção do Banco da Bahia. De outra feita, hospedado num hotel, em Manaus, optou por enxugar-se com a camisa que acabara de usar, por não querer incomodar a camareira. Obediente às ordens de um garçom que o mandou mudar-se de mesa, em lugar da carteirada, observou que "ele está só fazendo o seu trabalho".

Ao morrer, Amador Aguiar deixou uma fortuna avaliada em US$ 860 milhões, a maior parte representada por ações que legou à Fundação Bradesco. Essa decisão se revelou vital para a sobrevivência do Bradesco, em razão da disputa judicial pelo espólio que se instalou entre os herdeiros, alguns dos quais não vacilaram, na defesa dos seus interesses, em rotular o grande empresário de "homem senil, doente mental que usava fraldas", em inúmeras das milhares de páginas que compreendem os autos do processo. Observe-se que a parte deixada para a família ficou em torno de US$ 80 milhões, aproximadamente 10% do legado, segundo o inventariante do espólio.

Explica-se: a vida privada do grande homem não guardava sintonia com a ascética postura do inovador empresário. O casamento com Elisa, realizado em Bebedouro, quando ele ainda era pobre, só se extinguiu com a morte dela, em 1986, por esclerose generalizada. Com ela teve um casal de filhos que morreu antes de completar um ano. Uma gravidez tubária de Elisa, em seguida, levou o casal a desistir de descendência biológica, razão pela qual adotaram três meninas. Amador não quis adotar varões. Paralelamente à monogamia formal, Amador teve ostensivos relacionamentos extraconjugais, o mais longo dos quais durou vinte e oito anos, com Maria Antonieta Cardoso de Mello, Nenê, secretária da diretoria do banco. Em 1982, a amada, tratada como a primeira-dama das finanças brasileiras, apareceu morta em uma das fazendas de Amador, em circunstâncias pouco esclarecidas. Um ano depois da morte de Nenê, admirada pela generosidade e alegria de viver, Amador iniciou romance com Cleide Campaner, funcionária da Fundação Bradesco, quarenta anos mais jovem do que ele. Dela, com quem se casou em cerimônia íntima, em outubro de 1990, três meses antes de morrer, exigia reclusão e sobriedade máxima. Apenas uma das três filhas foi convidada para as núpcias.

Em vão tentou reduzir a aparente diferença de idade com a mulher, mediante a aplicação de placenta de carneiro, numa clínica geriátrica na Suíça.

Ao longo dos sete anos da união com Cleide, Amador tornou-se ainda mais arredio e recluso. Até os netos deixaram de frequentar-lhe a casa.

Aberto o testamento, as três filhas nele não figuravam como herdeiras, geratriz da batalha judicial que se seguiu. As doações que Amador fez em vida, porém, asseguram a todos os sucessores, filhas e netos, elevado padrão de consumo. A disputa gira em torno de saber se Amador estava ou não lúcido quando fez a emenda final no testamento.

Os herdeiros se digladiam unanimemente: as irmãs brigam entre si; os netos também; as mães disputam com os filhos. As acusações recíprocas são de arrepiar.

O empresário de superlativos méritos revelou-se um rotundo fracasso na construção da família.

ROBERTO MARINHO
(1904-2003)

O jornalista e empresário Roberto Pisani Marinho nasceu a 3 de dezembro de 1904, no bairro de São Cristóvão, e morreu a 6 de agosto de 2003, de edema pulmonar, na UTI do Hospital Samaritano, em Botafogo, no Rio de Janeiro. O velório foi na sua casa do Cosme Velho, e o sepultamento no Cemitério São João Batista.

Nos últimos quarenta anos de sua vida foi a personalidade mais influente do Brasil. Cursou o ensino público na Escola Profissional Sousa Aguiar e nos Colégios Anglo-Brasileiro, Paula Freitas e Aldridge, interrompendo o curso de humanidades para trabalhar com o pai. O mais famoso empresário brasileiro não chegou a concluir o curso superior.

Filho do jornalista Irineu Marinho Coelho e Barros e de Francisca Pisani Barros, teve mais quatro irmãos, dois homens – Ricardo e Rogério e duas mulheres – Heloísa e Hilda. Para sustentar a família, Irineu mourejava quinze horas por dia. Ele foi um importante jornalista do início do século XX, tendo sido um dos fundadores, em 1911, do jornal *A Noite*, de oposição, líder entre os vespertinos, do qual foi redator-chefe e sócio, vendendo-o, anos mais tarde, para fundar o vespertino *O Globo*, em 29 de julho de 1925, com a elevada tiragem inicial de 33.435 exemplares, distribuídos entre duas edições diárias. O nome *O Globo* foi escolhido num concurso entre leitores. Menos de um mês decorrido da inauguração, Irineu morre de infarto, no banheiro, a 21 de agosto, aos 49 anos, quando Roberto Marinho, que trabalhava como seu secretário particular, ainda não completara 21. A inesperada e traumática morte do pai e mestre ensejou ao jovem Roberto a oportunidade de tomar a sábia decisão de não ceder à pressão materna para assumir a direção do jornal, preferindo confiá-la a um profissional testado, o já colaborador Euricles de Matos, enquanto, modestamente, continuava seu aprendizado, como copidesque, redator-chefe e secretário.

A prudência revelada no episódio foi, sempre, a base do excepcional talento empresarial que marcou sua longa e triunfante trajetória. Se se fizesse uma eleição para escolher o mais marcante, entre os vários atributos da personalidade de Roberto Marinho, venceria sua invariável capacidade de jamais confundir poder de autoridade com poder de competência. Por isso, retinha o mando, confiando as ações aos mais competentes. Quando Euricles morreu, em maio de 1931, RM, já com vinte e seis anos e meio, era um profissional da imprensa no exercício de reconhecida maturidade profissional, apto para assumir a direção de *O Globo*, que contava, apenas, seis anos de fundado. O incansável jornalista Herbert Moses, futuro presidente da Associação Brasileira de Imprensa, foi escolhido como tesoureiro.

Roberto Marinho viveu intensamente a fundação de *O Globo*, motivo da ilimitada admiração pelo pai, por tão arrojada iniciativa, concebida durante uma viagem à Europa, em 1924, a bordo do *Giulio Cesare*, que continuaria a atravessar o Atlântico, ainda, por mais de meio século. Irineu anunciou que o jornal seria livre, sem qualquer compromisso que não fosse o de atender as aspirações do povo carioca. Roberto, feliz, evoca a viagem: "Em 1924, minha família embarcou para a Europa. Viajamos no velho *Giulio Cesare*. Epitácio Pessoa, que deixara a presidência da República algum tempo antes, também estava a bordo. Escrevi a um amigo uma carta descrevendo a viagem. Nela, fazia grandes elogios à dignidade do ex-presidente, a quem meu pai fizera, em *A Noite*, tenaz oposição. Pedi que juntassem a carta ao malote de correspondência da família. A minha carta foi lida por meu pai, que consertou alguns solecismos e mandou publicá-la, na íntegra, na primeira página de *A Noite*."

Desde seu primeiro dia na redação, após a morte do pai, Roberto esteve empenhado em fazer desse legado, cuja impressão era feita em máquinas de terceiros, uma grande empresa. Ele sabia tudo do seu ofício: das oficinas à diagramação e à tipologia, passando pelas rotativas, pelas técnicas de reportagem, pela redação, revisão, fotografia e pelos artifícios da distribuição. Três dias depois da morte de Euricles, deu início a uma rotina espartana. Chegava à redação, no Largo da Carioca, às quatro horas da manhã e saía à noite. Ficou famosa a marmita que levava diariamente, para não perder tempo e poupar a grana curta. A objetividade exigida do noticiário não deveria comprometer, por excessiva frieza diante dos fatos, a dimensão humana da notícia. A linguagem hiperbólica, tão ao gosto de Assis Chateaubriand, era por ele repelida, mesmo nos editoriais e nos artigos assinados por colaboradores.

Diferentemente de *A Noite*, *O Globo* surgiu como um jornal noticioso, vacinado contra o jornalismo partidário, como era costume, defendendo, prioritariamente, a entrada do capital estrangeiro no Brasil e as causas populares, sobretudo, educação, saúde, emprego e saneamento básico. Roberto tinha no pai o maior ídolo. Em 1957, escreveria: "Nenhum homem de imprensa foi mais homem de imprensa que meu pai."

O Globo apoiou a Revolução de 30 e a brevíssima Revolução Constitucionalista de 32, sendo a oposição ao comunismo sua marca registrada. Navegador habilíssimo e cauteloso ao singrar águas ainda não mapeadas, Roberto criticou o golpe que levou ao Estado Novo, mas integrou o conselho do famigerado DIP – Departamento de Imprensa e Propaganda, encarregado de censurar a imprensa. Justificava o paradoxo, argumentando que, sem ele compondo o DIP, a censura seria ainda pior.

Iniciada a Segunda Grande Guerra, *O Globo* defendeu o rompimento com o Eixo (a aliança entre a Alemanha, Itália e Japão) e o fim da ditadura Vargas. Registre-se que, embora *O Globo* fosse a estrela guia, Roberto Marinho ganhava dinheiro era com a edição de revistas em quadrinhos – no modelo popularizado nos Estados Unidos –, e com empreendimentos imobiliários. O setor de comunicações do grupo foi ampliado com a compra, em 1944, da radiotransmissora da RCA Victor e com a inauguração da primeira emissora, a Rádio Globo. Recorde-se que os Diários Associados de Assis Chateaubriand lideravam o setor com muitos corpos à frente.

Do seu primeiro casamento, em 1946, com Stella Goulart Marinho, teve os quatro filhos: Roberto Irineu Marinho, 1947; Paulo Roberto Marinho, 1950 – morto em 1970, em um acidente de carro, na Região dos Lagos, no Rio de Janeiro; João Roberto Marinho, 1953; e José Roberto Marinho, 1955. O casamento com Stella duraria quatorze anos, mas o relacionamento entre eles foi bom até a morte dela em 1995. Em 1989, Stella declarou: "O casamento acabou, mas Roberto continua sendo meu grande amigo."

Eleito Getúlio, no pleito de 1950, as empresas de Roberto Marinho passaram a lhe fazer forte oposição. Como Chateaubriand, Roberto Marinho também era contra a criação da Petrobras, fato que consolidou o seu nome como o segundo alvo preferido da execração pública pelos nacionalistas e pelos comunistas. Chateaubriand era o inimigo número 1. Carlos Lacerda, também inimigo de Vargas, usou a Rádio Globo para desancar o caudilho, com ênfase especial sobre o conluio com Samuel Wainer, para quem o Banco do Brasil financiara o lançamento do jornal *Última Hora*, com o fim de defendê-lo contra os achaques do líder das comunicações, Chateaubriand, e do nascente Roberto Marinho. O governo se defendia, dizendo que os seus críticos também receberam financiamento dos bancos oficiais.

Em 1952, Roberto Marinho integrou a delegação brasileira à VII Assembleia Geral das Nações Unidas.

O suicídio de Getúlio, em agosto de 1954, provocou grande comoção popular, durante a qual viaturas da embrionária Organizações Globo foram queimadas. Apesar da pequena oposição que fez a Juscelino, durante a campanha presidencial de 1955, o carismático JK deu à Globo a primeira estação de TV no Rio de Janeiro, em 1957, movimentação que Chateaubriand acompanhava pelo retrovisor, com inquietação. Com Jânio Quadros, Roberto Marinho viveu, como todo o povo brasileiro, a grande expectativa de uma eleição que prometia muito, seguida da decepção da renúncia do instável homem da vassoura. É verdade que as discordâncias se instalaram aos primeiros sinais de sua política externa, desalinhada com os Estados Unidos. A complacência inicial com Jango, substituto de Jânio, foi rapidamente abandonada pela sua decidida participação no movimento para derrubá-lo, não obstante a concessão que lhe fez do canal para operar a TV Globo de São Paulo.

Recorde-se que, naquele instante, já havia quatro anos da quadriplegia que vitimou Chateaubriand e que as trombetas da opinião pública esclarecida anunciavam a esplendente manhã da futura Rede Globo. Sem qualquer disfarce ou subterfúgio, as Organizações Globo apoiaram o golpe militar de 1964 e se integraram "ao processo revolucionário", suportando todos os governos militares. A partir desse momento, com o campo aberto para avançar, em razão, inclusive, do clima cada vez mais caótico entre os gestores dos Diários Associados, ganhou evidência o gênio organizador de Roberto Marinho. Os recentes erros cometidos pelo arrojo desembestado de Chateaubriand eram uma lição a ser aprendida, para não repeti-los. Em abril de 1965, foi fundada a Rede Globo de Televisão, quando o jornal *O Globo* era dos mais lidos e a Rádio Globo liderava a audiência. A Rede Globo viria a ser a quarta maior do mundo e líder absoluta de audiência no Brasil. Suas novelas passaram a ser exportadas para vários países, inclusive a China.

Além do declínio das Tevês Tupi e Excelsior, integrantes dos Associados, o rápido crescimento da TV Globo foi favorecido pelo acordo financeiro e operacional com o grupo norte-americano Time-Life e o incondicional apoio do regime militar. Os Diários Associados moveram vigorosa campanha contra o acordo Time-Life – TV Globo, sob a liderança direta do jornalista João Calmon, representando o velho Chatô, com base no artigo 160 da Constituição de 1946. O governo

Costa e Silva decidiu que o acordo era legal, apesar de a Comissão Parlamentar de Inquérito, criada para investigar o assunto, haver concluído por sua manifesta inconstitucionalidade.

RM foi presidente do Conselho de orientação do curso de jornalismo da Universidade Católica do Rio de Janeiro. Por indicação do governo, exerceu as funções de Chanceler da Ordem do Mérito, ao longo de sete anos, de abril de 1960 a março de 1967.

No plano da competência operacional, a TV Globo conquistou os cariocas, ao realizar cobertura, ao vivo, de qualidade sem precedentes, das enchentes ocorridas no verão carioca de 1966, que deixaram muitos mortos e feridos. A partir de então, ganhou evidência o nome do executivo Walter Clark, responsável pelo slogan "Padrão Globo de qualidade". Walter Clark viria a cair das cumeadas em que se encontrava, em 1977, vitimado por delírio das alturas. Com a queda do *golden boy*, Roberto Marinho deixou claro quem era que mandava na Globo, de fato e de direito.

Em 1971, casa-se com Ruth Albuquerque. A união de corpos duraria doze anos.

Cita-se como o exemplo mais expressivo da satisfação dos governos militares com a Rede Globo, a afirmação do presidente Médici, em 1972: "Sinto-me feliz todas as noites quando assisto ao noticiário. Porque, no noticiário da TV Globo, o mundo está um caos, mas o Brasil está em paz."

Em 1982, a Globo foi demonizada por parcela substancial da opinião pública, quando Leonel Brizola alardeou a responsabilidade da emissora no episódio Proconsult – tentativa de adulterar o resultado que deu a vitória ao polêmico político gaúcho para governar o Rio. Do episódio resultou ordem judicial para publicar a resposta de Brizola que incluía a expressão "tudo na Globo é tendencioso e manipulado", que ganhou relevo na sonoridade da voz de Cid Moreira. Brizola superou Assis Chateaubriand, Carlos Lacerda e Samuel Wainer na longeva tenacidade com que se opôs a Roberto Marinho.

Sensível à direção dos ventos políticos, que clamavam pela restauração democrática, Roberto Marinho procurou o presidente Figueiredo, em 1983, para dizer do seu desejo de apoiar eleições populares. Pragmático, adiou o seu desejado engajamento quando, no primeiro semestre do ano seguinte, 1984, a Rede Globo ignorou o movimento popular em favor das eleições diretas para a presidência da República. Só a partir do comício da Candelária, no Rio, quando já consolidado o movimento e grande a hostilidade do público contra a emissora, a Globo passou a cobrir, ao vivo, o clamor que vinha das ruas.

Dando uma no prego e outra na ferradura, em 7/10/1984, dizia o editorial de *O Globo*: "Participamos da Revolução de 1964 identificados com os anseios nacionais de preservação das instituições democráticas, ameaçadas pela radicalização ideológica, greves, desordem social e corrupção generalizada", e em 12/12/1984: "Em alguns dos governos de meus amigos da Revolução de 1964, houve indiscutível perda de liberdade."

O terceiro e último casamento foi com a socialite Lily Monique de Carvalho, dezesseis anos mais moça do que ele. Lily, filha de mãe francesa e pai britânico, nasceu em Colônia, na Alemanha, em 1920. Foi eleita Miss França, em 1938, casando-se, em seguida. O professor de direito, ex-deputado federal e ex-senador pela Bahia, Luís Viana Neto, que, adolescente ainda, a conheceu na casa dos 30 anos, afirma que ela era uma das mulheres mais bonitas do Brasil, "reinando, sempre, na tribuna de honra do Jockey Clube, no Rio de Janeiro, ponto de encontro dos detentores do poder, da riqueza e da elegância no Brasil". Lily ficou conhecida por sua elegância e por ter contatos com pessoas importantes em todo o mundo. Foi recepcionada no Palácio de Buckingham, pelo príncipe Philip. Em 1983, enviuvou do seu primeiro casamento de quarenta e cinco anos com o brasileiro Horácio de Carvalho, rico fazendeiro e dono do extinto *Diário Carioca*. Roberto Marinho, às vésperas de completar 80 anos, correu a consolá-la, confessando seu amor por ela, desde que a vira, pela primeira vez, em 1942. A detalhada descrição que fez do traje dela, das joias e do modo de cruzar as mãos e as pernas precipitou o inevitável divórcio do segundo casamento, com Ruth Albuquerque. Lily também já havia perdido um filho em acidente de carro, em 1966, com o agravante de ser filho único, no verdor dos 26 anos. Horácio de Carvalho Júnior morreu na companhia da cantora Sylvia Telles. Aconselhada por Sarah Kubitschek, o casal Lily-Horácio adotou o bebê João Batista, que lhe daria quatro netos. Em 1991, Roberto Marinho e Lily formalizaram, com o casamento, uma relação de sete anos. Quando Fidel Castro visitou a mansão do Cosme Velho, deu dez flamingos de presente ao casal Lily-Roberto. Lily recebeu de presente do marido um conjunto de brincos, colar e anel de esmeraldas, ouro e diamantes, avaliado em mais de um milhão de dólares. Eleita embaixadora da Boa Vontade da Unesco, desenvolveu projetos sociais e artísticos, tendo presidido as comissões de honra das exposições, no Brasil, de Picasso, Monet, Camille Claudel e Rodin. A rainha Sílvia, da Suécia, está entre as celebridades que o casal recepcionou no Cosme Velho. Lily morreria de complicações respiratórias, a 5 de janeiro de 2011.

Mantida a eleição para presidente, em 1985, ainda pelo colégio eleitoral, Roberto Marinho, sensível à preferência popular, e ciente da neutralidade das Forças Armadas, apoiou Tancredo Neves, contra Paulo Maluf. Tancredo morreria antes de tomar posse. O vice-presidente, José Sarney, ao assumir a presidência, manteve os compromissos firmados por Tancredo com Roberto Marinho, nomeando os ministros do Exército e das Comunicações, respectivamente, Leônidas Pires Gonçalves e Antônio Carlos Magalhães. Roberto Marinho influiu, também, na escolha de Mailson da Nóbrega, para a Fazenda. No governo Sarney, a Rede Globo nadou de braçada: obteve mais quatro canais de TV.

A nomeação de Antônio Carlos Magalhães para o Ministério das Comunicações resultou do acordo que fez com Roberto Marinho: uma vez no Ministério, ACM passaria o controle acionário da NEC, então de propriedade do empresário Mário Garnero, para as Organizações Globo, recebendo, em troca, o direito de transmitir a programação da

Globo, na Bahia, através da TV Bahia, de sua propriedade, sendo necessário, para tanto, o rompimento de uma bem-sucedida parceria de dezoito anos com a TV Aratu. O episódio foi objeto de uma denúncia que, como deputado eleito à Assembleia Nacional Constituinte, fizemos da Tribuna da Câmara, em longo e minucioso discurso, proferido em 30 de março de 1987, do qual resultaram várias tentativas para apurar o que ficou conhecido como "o caso NEC". Na peroração, dissemos:

> Como empresário que somos, respeitamos e admiramos o sr. Roberto Marinho por ter sido capaz de conceber e implantar a mais sofisticada e competitiva das empresas privadas brasileiras. Advertido das regras, não raro selvagens, que presidem as relações econômicas dentro do capitalismo, podemos compreender, nesta negociata, a posição escolhida pelo sr. Roberto Marinho: numa transação ilegítima, em que alguém compra alguém que se vende, é preferível ser o comprador.

Na eleição presidencial de 1989, Roberto Marinho decidiu apoiar qualquer dos candidatos que reunisse condições para assegurar a derrota de Lula. Pesquisas qualitativas evidenciaram que Fernando Collor seria o nome. Outro qualquer, que disputasse o segundo turno com Lula, perderia. Por isso, Collor foi o ungido. A preferência da Globo por Collor escancarou-se quando o *Jornal Nacional*, ao resumir a participação dos dois candidatos no último debate, destinou a Collor um minuto e doze segundos a mais do que o reservado para Lula. O episódio comprometeu a imagem da Globo, levando à cunhagem do slogan "O povo não é bobo, abaixo a rede Globo". Daí em diante, a Globo passou a ter uma conduta isonômica, no particular.

Logo após a eleição de Collor, o diplomata Roberto Marinho escreveu a Lula a seguinte carta aberta:

> Durante a minha atribulada formação, em plena adolescência, matriculei-me no Instituto Profissional Sousa Aguiar. Todo dia, às

quinze para as sete, eu entrava na sala onde estavam os armários com o número de cada um, e era pelo número que me conheciam: eu era o Treze, conforme estava estampado no uniforme, um macacão de zuarte. Fiz meu aprendizado nas profissões de entalhador, porque gostava de transformar pedaços de madeira em objetos úteis e bonitos, e de mecânico, por me fascinar a mágica dos processos industriais. (...) Não tivesse a vida de meu pai florescido com extraordinário êxito, produto de um talento e de uma coragem que se refletiriam na criação do vitorioso vespertino *A Noite* (...) e eu poderia ter tido por destino ser, com muita honra, um colega do operário Lula.

Ao tomar conhecimento de que Collor achava que tudo o que pudesse lhe dever havia sido pago com a derrota de Lula, Roberto Marinho filosofou, em 28/3/1990 : "Fiquei tão contente com a vitória do Collor sobre Lula que ainda não tive tempo de ficar descontente com o Collor." O apoio da Globo a Collor cessou, em agosto de 1992, quando irrompeu o irresistível movimento pelo *impeachment* do jovem e politicamente perdulário presidente.

Em 1994 e 1998, Roberto Marinho apoiou a candidatura de Fernando Henrique Cardoso, com quem não teve problemas, apesar da grande crise financeira que as Organizações Globo viveram em seu governo, a ponto de o nome de Roberto Marinho ter saído da lista de milionários da revista *Forbes*.

A partir de 1995, ao ensejo dos trinta anos da TV Globo, as Organizações de Roberto Marinho iniciaram um processo de reconstrução de sua própria imagem. A TV passou a perseguir uma maior objetividade do seu noticiário, despolitizando-o. No plano material, a inauguração do Projac, Projeto Jacarepaguá, maior complexo de estúdios, auditórios e produção televisiva da América Latina, foi um marco, apesar do seu financiamento pela Caixa Econômica Federal, no valor de 38 milhões de dólares, contrariando parecer técnico, ter sofrido questionamento judicial. Não obstante todo esse esforço inovador, ficou patente a dificuldade da manutenção dos mesmos índices superlativos de audiência até então usufruídos pela Rede Globo, em face do crescimento da concorrência tradicional e da oferta de novas alternativas.

A essa altura, ultrapassados os 90 anos, Roberto Marinho foi reduzindo sua participação nas empresas. O melhor de sua atenção era destinado ao *O Globo*, jornal fundado pelo seu pai e matriz de todo o império que construiu.

Em outubro de 1993, passou a ocupar a cadeira 39 da Academia Brasileira de Letras, na vaga de Otto Lara Resende, sendo saudado por Josué Montello, que destacou passagens do seu livro, de 1992, *Uma trajetória liberal*, no qual o editor, José Mario Pereira, reuniu uma antologia de seus editoriais, discursos e entrevistas, particularmente os relacionados a Luís Carlos Prestes, Tancredo Neves e Carlos Lacerda.

Na festa dos seus 90 anos, despediu-se dos amigos, dizendo: "Espero vocês no meu centenário." Por pouco não acertou. Apesar de responsável pelo maior conglomerado de comunicação, na América Latina, nada superava em RM a satisfação de ser jornalista, como gostava de ser chamado.

Em 1998, Roberto Marinho deixou o comando das empresas, dividindo-o com os três filhos. Roberto Irineu passou a supervisionar a televisão; João Roberto, a dirigir o jornal; e José Roberto, o sistema de rádio. Todos começaram a trabalhar no jornal desde que completaram 13 anos, inclusive, Paulo Roberto, até a morte precoce. A passagem do controle das Organizações Globo do fundador para os herdeiros se deu do modo mais racional possível, até porque os três chegaram ao comando supremo depois de larga experiência acumulada ao longo do exercício de funções de complexidade crescente, inclusive integrando, ao lado do pai, um conselho responsável pelas decisões finais e formulação de estratégias.

Em setenta anos de trabalho, as empresas de RM atuaram em todas as mídias: rádio, televisão, jornal, editora, produção de cinema, vídeo, internet e distribuição de sinal de TV paga e de dados. Também em

1998, em abril, foi lançado, no Rio, o jornal *Extra*, que logo lideraria a venda em bancas e se tornaria o mais vendido no país, aos domingos, transformando-se num caso de sucesso mundial. O padrão de qualidade da Rede Globo é internacionalmente reconhecido. Nenhuma outra empresa brasileira, como ela, apresentou tamanha competitividade global. Em 2000, o *Diário de São Paulo* viria somar-se à mídia impressa do grande complexo.

A história das Organizações Globo pode ser dividida em quatro grandes fases. A primeira começa em 1925, com o lançamento de *O Globo*, avança pelos anos 1930 e 1940, com o sucesso das revistas em quadrinhos, a aquisição da rádio Globo, em 1944, até o golpe militar de 1964. A segunda começa em 1965, com a emissora de TV, que se tornaria porta-voz do regime militar, até meados da década de 1990, quando começa a terceira fase, com a abertura do capital e investimento em novas mídias, culminando com o início da sucessão de Roberto Marinho e sua morte, cinco anos mais tarde. A quarta fase, iniciada com a morte do grande timoneiro, encontra-se em pleno curso. Apesar de há tão pouco tempo iniciada, os sinais são de avanço e de pujança.

RM foi o resultado da associação feliz entre a disciplina, a perseverança, o otimismo, o pragmatismo e o carisma. Um dos segredos de seu sucesso era saber trabalhar com amigos. Homem de vida privada, por excelência, o trabalho e o poder foram as grandes paixões de sua vida. Nem os seus maiores detratores poderão negar o valor do que realizou pela educação e pela cultura brasileiras. Como lazer, dedicava-se à família, aos amigos e aos valores da inteligência, na música, na literatura, nas artes plásticas, no cinema, no teatro. Deixou uma das maiores coleções de artistas brasileiros. A criação da Fundação Roberto Marinho, em 1977, uma das mais meritórias instituições com que o país já contou, em favor de diversos setores da cultura, foi o estuário natural desse interesse, como meio de levar às massas o máximo possível de educação e cultura, com destaque para as ciências, as artes, o patrimônio histórico e artístico, a literatura e a história, além da ajuda financeira que permitiu a recuperação de relíquias ameaçadas pela erosão do descaso e do tempo, e por carência de recursos.

A incorporação da mais moderna tecnologia à operação da Rede Globo responde, apenas, por parte do seu êxito. Por trás do que aparece na telinha, há um mundo de conhecimento aplicado com reconhecida propriedade. Roberto Marinho primou por combinar o instinto do jornalista com a vocação do empresário. O *Jornal Nacional* inaugurou o ciclo de conquistas da Vênus Platinada, ao superar, em pouco tempo, o aparentemente imbatível *Repórter Esso*, da Tupi. A partir daí, a Globo buscou manter e elevar a qualidade dos seus programas, verdadeira fonte de sua liderança. Roberto Marinho jactava-se de que o telejornalismo de sua emissora oferecia ao telespectador "uma nova maneira de ver o mundo".

A última aparição pública de Roberto Marinho foi no dia 29 de julho de 2003, ao participar de uma missa pelos setenta e oito anos de fundação do jornal *O Globo*. Sua morte foi comentada em todo o mundo. O presidente Lula declarou: "Eu acho que a gente não mede as pessoas por divergências. A gente mede as pessoas pela importância que as pessoas tiveram naquilo que se propuseram a fazer. E o doutor Roberto Marinho foi um dos maiores homens de comunicação da história desse país." Lula comentou, ainda, sobre dois grandes momentos com o ilustre morto. O primeiro em Paris, logo após as eleições de 1989, e o outro durante a campanha do *impeachment* de Collor, em 1992, quando a conversa teria transcorrido com muita sinceridade. "Conhecendo melhor as pessoas é que a gente pode analisar o que as leva a tomarem as grandes decisões. O país perde um grande homem, que a gente considera de vanguarda", concluiu. O ex-presidente da República e presidente do Senado José Sarney, seu grande amigo, declarou: "Foi um pioneiro no setor das comunicações, um desbravador de todas as potencialidades das novas tecnologias. Como jornalista, um visionário na pregação de ideias e um grande patriota. Vou guardar dele uma figura humana de um homem cordial, carinhoso e afetuoso." O senador Tasso Jereissati resumiu: "Um dos mais importantes homens deste século e com certeza da História do Brasil." Segundo o governador de São Paulo, Geraldo Alkmin, "Há homens que fazem história. Ele fez uma parte importante da história da imprensa brasileira. Quem faz história, não passa. Fica pelos seus exemplos, pelo seu trabalho." Para a então prefeita de São Paulo, Marta Suplicy, Roberto Marinho "é uma pessoa que há sessenta anos criou o maior império de TV da América Latina e aos 80 anos se apaixona. Uma pessoa muito diferenciada." O ex-presidente Fernando Henrique Cardoso foi sintético: "O país perde um grande empresário. Eu perco um grande amigo." O artista e ministro da Cultura, Gilberto Gil, disse com engenho e arte: "Não é uma perda. A obra dele está pronta, construída, está legada ao país. O que vai fazer falta é a pessoa humana junto a seus amigos." O então ministro das Comunicações, o deputado Miro Teixeira, um dos decanos do Congresso, arrematou: "Um grande lutador, empreendedor, gerador de empregos. Talvez daqui a dez, vinte anos, a gente pense nele como uma pessoa que garantiu conteúdo brasileiro na comunicação em nosso país." A atriz Fernanda Montenegro sentenciou: "Quando morre um homem dessa envergadura e coragem, que aos 70 anos começou tudo isso, a gente acha que não tem peça de reposição. É uma perda irreparável. Por outro lado, o presidente Lula, que é um homem que veio das classes trabalhistas, decreta luto de três dias. E a gente sabe que muitas vezes a figura dele (Lula) teve algumas dificuldades, até mesmo de entrar no noticiário da casa, numa certa época da história deste país." Da diretora licenciada da Rede Globo, Marluce, veio o comentário de há muito verbalizado, a título de pilhéria: "Dr. Roberto era muito querido, acho que a gente quase acreditou que ele era imortal." José Bonifácio de Oliveira Sobrinho, o Boni, ex-diretor geral da Rede, fez a avaliação que tranquilizou os que temiam pela descontinuidade da qualidade dos trabalhos da emissora: "Os filhos estão muito bem preparados. O império está muito bem estruturado. A presença será contínua, pois o que ele nos deu como fonte de inspiração vai continuar." Carlos Heitor Cony, o amigo de tantos anos e confrade na Academia, disse: "É uma perda porque ele foi o maior nome de comunicação na América Latina em todo o século XX. Ele pegou um jornalismo romântico e amador e transformou para o jornalismo profissional de hoje. Nós, da Academia, perdemos um grande amigo e companheiro." O jovem governador de Minas, Aécio Neves, ensinou: "De todas as construções que ele deixou no país a maior delas é a construção da identidade nacional. Ele deu a possibilidade de os brasileiros se conhecerem melhor, conhecendo a sua própria história. E de que o mundo também conhecesse a nossa história."

Imediatamente após a morte de Roberto Marinho, a viúva Lily deu início a um levantamento completo dos registros de suas relações, cartas e fotos, concluindo um ano depois, em francês, o livro com que homenageou seu segundo marido: *Roberto e Lily*.

"As pessoas também podem ser divididas entre as que vêm ao mundo a passeio e a serviço. Roberto Marinho veio a serviço", diziam os amigos.

A verdade suprema é que tudo passa sobre a terra.

BIBLIOGRAFIA

ARNALDO NISKIER (org.). *Dr. Roberto – 100 anos no esporte, na educação, na cultura, no jornalismo*, 2005.
LILY DE CARVALHO MARINHO. *Roberto e Lily*, 2005.
PEDRO BIAL. *Roberto Marinho*, 2004.

OSCAR NIEMEYER
(1907-2012)

O ARQUITETO, URBANISTA, ESCULTOR E ESCRITOR OSCAR RIBEIRO DE Almeida de Niemeyer Soares Filho nasceu no Rio de Janeiro a 15 de dezembro de 1907 e morreu a 5 de dezembro de 2012, dez dias antes de completar 105 anos, no Hospital Samaritano, no Rio de Janeiro. Da rua onde nasceu, lembrou Oscar: "Nasci em Laranjeiras, na rua Passos Manuel, rua que depois recebeu o nome do meu avô Ribeiro de Almeida, então ministro do Supremo Tribunal Federal. Uma rua íngreme, tão íngreme que até hoje me espanta como a corríamos de cima para baixo jogando futebol." Foram seus pais o tipógrafo Oscar Niemeyer Soares e Delfina Ribeiro de Almeida.

A infância e a adolescência de Oscar em nada diferiram do padrão de vida dos meninos de sua classe social: os folguedos próprios da idade no clube do Fluminense e, um pouco mais tarde, a regular frequência ao Café Lamas e a boemia nos agitos da Lapa. Ao recordar esse período de sua vida, observou: "Parecia que estávamos na vida para nos divertir, que era um passeio."

Do casamento, em 1928, aos 21 anos, com a jovem de 18, Anita Baldo, de pais italianos, nasceu a única filha, Anna Maria Niemeyer, que lhe deu, até o momento em que escrevemos, cinco netos, treze bisnetos e quatro trinetos. O casamento levou-o ao trabalho, na tipografia do pai, e à retomada dos estudos, interrompidos durante o predomínio da boemia. Em suas palavras: "Depois de casado comecei a compreender a responsabilidade que assumia e fui trabalhar na tipografia de meu pai, entrando depois para a Escola Nacional de Belas-Artes."

Em 1934, ano de sua formatura pela ENBA – Escola Nacional de Belas-Artes, compareceu ao escritório de Lúcio Costa e Carlos Leão, pedindo para trabalhar com eles. O interlocutor, Lúcio Costa, informou-lhe que a equipe do escritório estava completa. Oscar insiste, dizendo que trabalharia sem receber salário. Nova recusa. Oscar não desiste e diz que está disposto a pagar para trabalhar naquele que reputava o melhor escritório de arquitetura do país. Diante de tão pertinaz quanto lisonjeira insistência, é, finalmente aceito, como estagiário, sem remuneração. Depoimento de Niemeyer: "Não queria, como a maioria dos meus colegas, me adaptar a essa arquitetura comercial que vemos aí. E apesar das minhas dificuldades financeiras, preferi trabalhar, gratuitamente, no escritório do Lúcio Costa e Carlos Leão, onde esperava encontrar as respostas para minhas dúvidas de estudante de arquitetura. Era um favor que eles me faziam."

Em 1936, o ministro da Educação e Saúde, Gustavo Capanema, atribuiu ao escritório de Lúcio Costa e Carlos Leão a tarefa de projetar o novo edifício-sede do ministério, obra integrante da plataforma de realizações do Estado Novo de Getúlio Vargas, que via na visibilidade proporcionada pelo urbanismo e pela arquitetura instrumentos da afirmação de sua popularidade. Graças ao talento demonstrado como estagiário, Lúcio Costa e Carlos Leão incluíram Oscar, como desenhista, na comissão criada para a realização do projeto, sob a inspiração das recentes propostas arquitetônicas do arquiteto suíço Le Corbusier. Sugestões inovadoras do jovem arquiteto foram incorporadas ao projeto. O prédio, inaugurado em 1943, é considerado o primeiro grande marco da arquitetura moderna no Brasil, tendo reunido grandes nomes do modernismo brasileiro, como Portinari, Alfredo Ceschiatti e Roberto Burle Marx. Lúcio Costa, no artigo "Testemunho de um arquiteto carioca", de fevereiro de 1956, relembra:

O marco definitivo da nova arquitetura brasileira é o Ministério da Educação e Saúde. Um esboço original para este prédio, requisitado para outro local, havia sido fornecido por Le Corbusier. Mas o projeto inteiro, do rascunho até a própria construção, foi levado a cabo sem a menor ajuda do mestre francês. Foi uma realização local completamente espontânea que justificou os princípios pelos quais Le Corbusier sempre lutou. O sucesso integrado da empreitada, no entanto, foi assegurado pela participação de um homem, hoje em dia conhecido internacionalmente, que, pelo exemplo e abrangência de sua própria obra, tanto fez para formular essa nova tendência da arquitetura contemporânea brasileira. Oscar Niemeyer, formado no Rio e dono de uma mentalidade profundamente carioca, foi quem, no momento crucial, percebeu as possibilidades latentes do projeto e as transformou em realidades.

Seu primeiro projeto individual construído foi a Obra do Berço, em 1937, no bairro da Lagoa Rodrigo de Freitas, onde estão presentes os elementos dominantes da arquitetura moderna, sob a influência de Le Corbusier: os pilotis, a planta livre, a fachada livre, possibilitando a abertura total de janelas na fachada, o terraço-jardim e o *brise-soleil*, pela primeira vez utilizado na vertical. Tem-se como fato que Oscar, por se encontrar no exterior, não acompanhou a construção. Quando constatou que o *brise-soleil* foi instalado de modo invertido, comprometendo o interior contra a insolação, arcou com os custos da correção, apesar de nada haver cobrado pelo projeto. O prédio, concluido em 1938, ainda abriga a Obra do Berço, no ano 2012, quando escrevemos o presente texto.

Em 1939, Niemeyer acompanha Lúcio Costa aos Estados Unidos para projetarem o Pavilhão Brasileiro na Feira Mundial, 1939-1940, de Nova York, em associação com o escritório de Paul Lester Wiener.

Entre 1940 e 1944, projeta o conjunto arquitetônico e urbanístico da Pampulha, conforme encomenda do prefeito de Belo Horizonte, Juscelino Kubitschek, quando rompe com os padrões tradicionais da funcionalidade e adota uma linguagem nova, com a predominância de formas curvas em substituição à simetria retangular convencional, possibilitada pela inexplorada plasticidade do concreto armado. "Com a obra da Pampulha o vocabulário plástico da minha arquitetura, num jogo inesperado de retas e curvas, começou a se definir", declarou. Mais tarde, ele resumiria o aprofundamento de sua visão com estas palavras: "Não é o ângulo reto que me atrai, nem a linha reta, dura, inflexível, criada pelo homem. O que me atrai é a curva livre e sensual, a curva que encontro nas montanhas do meu país, no curso sinuoso dos seus rios, nas ondas do mar, no corpo da mulher preferida. De curvas é feito todo o universo, o universo curvo de Einstein."

As obras da Pampulha dividiram a opinião pública entre críticas e louvores apaixonados. Receita infalível para o sucesso. A Igreja Católica negou-se a benzer a igreja São Francisco de Assis, por transgressão a caros valores canônicos. No seu conjunto, Pampulha anunciou o estilo que iria predominar em suas obras: a plasticidade do concreto armado, permitindo formas sinuosas. Segundo Niemeyer, a arquitetura deve se resolver com traços mínimos e pela estrutura. De beleza plástica inconfundível, podendo ser considerado o maior escultor em concreto do planeta, Niemeyer nunca conseguiu vencer a crítica de que a estética em seus projetos compromete a funcionalidade do uso regular humano.

Dois projetos que realizou, ainda nos anos da década de 1940, uma casa e um colégio, em Cataguases, com jardins de Burle Marx e murais de Paulo Werneck e Portinari, atraíram a atenção geral para a simpática cidade mineira.

Com o nome no mundo, Niemeyer foi convidado, em 1946, para ensinar na Universidade de Yale, mas o Departamento de Estado americano recusou o visto de ingresso no país, pelas suas ligações com o Partido Comunista. O veto, no entanto, seria suspenso no ano seguinte, quando Niemeyer passou a integrar a equipe internacional de arquitetos encarregada de projetar a sede das Nações Unidas. Ainda em 1946, projeta o edifício do Banco Boavista, um dos mais importantes que realizou na cidade do Rio, onde aplicou a curva ao tijolo de vidro que reveste a fachada frontal, iluminando a área interior. O prédio, inaugurado em 1948, foi tombado pelo Inepac em 1992.

Pampulha catapultou-o para a fama nacional e internacional, antes de completar 38 anos. Por isso foi convidado pela ONU para participar da comissão de arquitetos responsável pela elaboração dos planos de sua futura sede, em Nova York. Seu projeto, mesclado com o de Le Corbusier, foi escolhido como base do projeto que veio a ser adotado.

Em 1950, o primeiro livro sobre seu trabalho, *The Work of Oscar Niemeyer*, é publicado nos Estados Unidos, por Stamo Papadaki. Em São Paulo, projeta o Conjunto do Ibirapuera, um parque com pavilhões de exposições, em comemoração dos quatrocentos anos da cidade, inaugurado em1954. Para a mesma celebração, projetou, em 1951, o edifício Copan, construído no Centro de São Paulo. O desenho sinuoso e suas linhas modernas, desta que é a maior estrutura de concreto armado do país, fariam do Copan um dos símbolos da metrópole paulista. Nessa mesma época, construiu sua própria casa no Rio de Janeiro, conhecida como a Casa das Canoas, nome da estrada em que se encontra. A casa, tombada em 2007 pelo Iphan, integra a Fundação Oscar Niemeyer.

Por breve período, em meados da década de 1950, Oscar Niemeyer atuou no mercado imobiliário de São Paulo, onde montou escritório para atender ao BNI – Banco Nacional Imobiliário, de cuja prancheta saíram os edifícios Montreal, Califórnia, Eiffel, Triângulo e o Itatiaia, na cidade de Campinas. Projetou, em 1954, a Casa Edmundo Cavanelas, em Petrópolis, com cobertura apoiada nas quatro extremidades, com formato que lembra um lençol ou uma tenda de concreto. Em BH, a pedido de JK, projetou a Biblioteca Pública Estadual Luiz de Bessa, só inaugurada em 1961, e a Escola Estadual Governador Milton Campos, inaugurada em 1954, tombada pelo Patrimônio Histórico de Minas.

Em 1954, vai pela primeira vez à Europa, para participar do projeto de reconstrução de Berlim.

Em 1955, Niemeyer funda a revista *Módulo*, com o propósito de difundir sua visão inovadora da arquitetura, largamente realizada, a partir de 1956, quando o então eleito presidente Juscelino o contrata para projetar e definir os padrões arquitetônicos da nova capital, Brasília, cujo urbanismo foi confiado ao seu mestre, o excepcional Lúcio Costa. A revista, proibida pela ditadura, em 1965, voltou a circular de 1975 a 1989.

Do ponto de vista arquitetônico, o projeto de Brasília, como o de Chandigarh, capital dos estados de Punjabe e de Haryana, no Noroeste da Índia, se inspirou na Carta de Atenas, nome dado às resoluções do Ciam – Congresso Internacional de Arquitetura Moderna. A Carta de Atenas, do fim da década de 1920, recebeu decisiva contribuição de Le Corbusier. O maior desafio residiu na escassez de tempo: construir uma capital em quatro anos. Niemeyer concentrou-se na residência do presidente, o Palácio da Alvorada, no edifício do Congresso Nacional, na Catedral, na sede do governo, o Palácio do Planalto, nos prédios comerciais e residenciais e nos ministérios. Segundo o ideal socialista, defendido por Niemeyer, todas as moradias seriam propriedade pública, a serem ocupadas pelos funcionários do governo. Desse modo, do mais modesto funcionário aos membros dos três poderes, todos teriam o mesmo padrão habitacional. Como se sabe, a realidade venceu o sonho, e Brasília tornou-se o símbolo dos privilégios mais odiosos do país.

A Catedral Metropolitana, inaugurada em 1960, é uma das obras mais visitadas de Brasília. O acesso se dá por uma passagem subterrânea, escura e mal iluminada, com o propósito de contrastar com o interior, que recebe intensa iluminação natural. Décadas decorreram de sua inauguração para que, finalmente, a tecnologia chegasse a um vidro flexível capaz de acompanhar a curvatura do teto, sem quebrar. Perguntado por que desenvolveu um projeto insusceptível de implantação com a tecnologia disponível, Niemeyer respondeu que a técnica é que tem que acompanhar a arquitetura e não o contrário, como se costuma supor.

O edifício do Congresso Nacional é um dos pilares da Praça dos Três Poderes, localizado no centro do Eixo Monumental, a principal avenida de Brasília. Arrodeado por um espelho d'água e por um grande gramado, é composto de duas semiesferas que abrigam a Câmara e o Senado. Entre as semiesferas há dois blocos de escritórios. Sobre a originalidade da arquitetura da nova capital, disse Niemeyer: "Quem for a Brasília, pode gostar ou não dos palácios, mas não pode dizer que viu antes coisa parecida. E arquitetura é isso: invenção."

Desde 1945, quando conheceu pessoalmente Luís Carlos Prestes, a quem emprestou a casa onde tinha o seu escritório para sediar o comitê do Partido Comunista, Oscar passou a pertencer ao PC, tendo sempre defendido a posição do Cavaleiro da Esperança como stalinista. Como Prestes, Oscar deixaria o PC em 1990, por discordar dos rumos que o partido passou a seguir. Sobre sua opção ideológica, declarou: "Nunca me calei. Nunca escondi minha posição de comunista. Os mais compreensíveis que me convocam como arquiteto sabem da minha posição ideológica. Pensam que sou um equivocado e eu penso a mesma coisa deles. Não permito que ideologia nenhuma interfira em minhas amizades." E noutro passo: "As ideias marxistas continuam perfeitas, os homens é que deveriam ser mais fraternos." Fidel Castro elogiou-o como modelo de coerência, em seu discurso de aposentadoria, em 2007, e em sua carta de renúncia de 2008, com estas palavras: "Penso, como Niemeyer, que se deve ser consequente até o final." E em outra ocasião: "Niemeyer e eu somos os últimos comunistas deste planeta." Em 2007, presenteou Fidel Castro com uma escultura de caráter antiamericano: uma figura monstruosa ameaçando um homem que se defende empunhando uma bandeira de Cuba.

Essa sua fidelidade às sepultadas ideias comunistas é explicada pelos seus críticos como uma mescla de convicção e esperteza ideológica, uma vez que sua filiação ao PC alavancou sua nomeada, mundo afora, bem como a contratação do seu escritório, sobretudo por países ou organizações controlados por socialistas, a exemplo da sede do Partido Comunista Francês, em Paris, 1965; a Escola de Arquitetura de Argel, na Argélia, 1968; a sede da Editora Mondadori, Milão, Itália, 1968; e a sede do jornal *L'Humanité*, Saint-Denis, França, 1987.

Da ditadura militar, Niemeyer tem péssimas recordações: "Durante a ditadura, tudo foi diferente. Meu escritório foi saqueado e o da revista *Módulo*, que dirigia, semidestruído. Meus projetos pouco a pouco começaram a ser recusados. 'Lugar de arquiteto comunista é em Moscou', desabafou um dia à imprensa o ministro da Aeronáutica." As restrições que sofreu da ditadura de 1964, quando se autoexilou na França, culminaram em seu favorecimento, uma vez restaurada a democracia, como se depreende dos números da contratação do seu escritório: em 2007, cobrou 7 milhões de reais pelo projeto da nova sede do Tribunal Superior Eleitoral, em Brasília. Entre 1996 e 2008, sua empresa recebeu 33,5 milhões de reais do governo federal, por projetos de obras exclusivamente em Brasília. Um gênio como Oscar Niemeyer não precisa da tola bajulação dos que apregoam seu desapego pelas coisas materiais, a ponto de não cobrar por projetos que executa para o poder público. Cobrar pelo que faz é um direito natural que em nada desmerece sua declaração: "Não me sinto importante. Arquitetura é meu jeito de expressar meus ideais: ser simples, criar um mundo igualitário para todos, olhar as pessoas com otimismo. Eu não quero nada além da felicidade geral."

Entre os nomes com quem Niemeyer manteve sólida parceria, com vistas ao aproveitamento das inúmeras possibilidades oferecidas pelo concreto armado, destacam-se o engenheiro e poeta Joaquim Cardozo (1897-1978), e José Carlos Sussekind, a partir da década de 1970. Juntos, Oscar Niemeyer e José Carlos Sussekind publicaram, em 2002, o livro *Conversa de Amigos – Correspondência entre Oscar Niemeyer e José Carlos Sussekind*, uma coletânea das cartas trocadas entre os amigos desde março de 2001 até o início de 2002, onde falam de assuntos diversos: desde arquitetura e engenharia à literatura, filosofia e atualidade política.

Até sua internação, em setembro de 2009, para retirada da vesícula e de um tumor do cólon, Oscar comparecia quase todos os dias ao seu escritório na avenida Atlântica, em Copacabana. Em abril de 2010, foi novamente internado, com infecção urinária. Em razão disso, foi cancelada a festa de lançamento da edição especial da revista *Nosso Caminho*, em homenagem aos cinquenta anos de Brasília.

Recorde-se que, em 1964, Niemeyer se encontrava a trabalho em Israel quando soube do golpe militar. Ao chegar ao Brasil, foi chamado pelo Dops para depor. Em 1965, com mais duzentos e vinte e dois professores, demite-se da Universidade Federal de Brasília, de que foi um dos fundadores, em protesto contra o arbítrio da ditadura militar. Em contrapartida, comparece à exposição montada no Louvre, em Paris, sobre sua obra. No ano seguinte, em face do boicote ditatorial ao seu trabalho, no Brasil, muda-se para a França, abrindo escritório nos Champs-Élysées, onde recebe encomendas de vários países, a exemplo da Argélia para quem projetou a Universidade de Constantine e a mesquita de Argel. Na França, projeta o Centro Cultural Le Havre, a Bolsa de Trabalho de Bobigny e doa o projeto do Partido Comunista Francês. Na Itália, projetou a sede da Editora Mondadori. Supreendentemente, veio do Portugal de Salazar o convite para projetar o Pestana Casino Park, na cidade de Funchal, um complexo constante de um cassino, um centro de congressos e um hotel cinco estrelas. O projeto, entregue em 1966, só foi inaugurado em 1976. Em 1970, desliga-se da Academia Americana de Artes e Ciências, em protesto contra a guerra do Vietnã.

No começo da década de 1980, com a abertura política em curso, Niemeyer retorna ao Brasil, no governo de João Figueiredo. Seu amigo Darcy Ribeiro, antropólogo e educador, vice-governador, eleito com Leonel Brizola, em 1982, convida-o para projetar os Cieps e o Sambódromo, com salas de aula sob as arquibancadas. No Rio, projetou, ainda, o Edifício Manchete, sede do Grupo Bloch. Em São Paulo, projetou o Memorial da América Latina, cujo conceito e projeto cultural foram desenvolvidos por Darcy Ribeiro. Para Brasília, projeta o Memorial JK e o Panteão da Pátria. A Fundação Oscar Niemeyer, criada em 1988, passou a abrigar seu rico acervo de centenas de trabalhos. Nesse mesmo ano, projetou o Terminal Rodoviário de Londrina, no

Paraná, todo construído em zinco, de formato circular, com abertura no centro dando para um jardim. Em 1996, aos 89 anos, projetou o MAC – Museu de Arte Contemporânea de Niterói, dependurado à borda da baía da Guanabara, em harmoniosa composição com o mar, a praia de Icaraí, o Pão de Açúcar, o Cristo Redentor e o caprichoso relevo da serra dos Órgãos. Em complemento ao Museu de Arte Contemporânea, foi concebido o Caminho Niemeyer, um conjunto projetado por Oscar, composto de construções ao longo da orla de Niterói, um trajeto entre o centro da cidade e os bairros da zona sul, formando um complexo cultural. Além do MAC, integram-no a estação de catamarãs de Charitas, o Teatro Popular de Niterói, o Memorial Roberto Silveira e a Praça JK, o Museu do Cinema Brasileiro e a sede da Fundação Oscar Niemeyer. Em novembro de 2002, às vésperas de completar 95 anos, foi inaugurado o complexo que abriga o Museu Oscar Niemeyer, em Curitiba. Milhares de turistas brasileiros e estrangeiros visitam-no, anualmente, atraídos pela surpreendente beleza e leveza de suas formas. Carinhosamente apelidado de Museu do Olho, por uns, e de Olho do Niemeyer, por outros, sua concepção se inspirou num pinheiro, segundo o próprio autor.

Em 2003, chegou a vez da Grã-Bretanha. Niemeyer foi escolhido para projetar, em Londres, um anexo provisório na Serpentine Gallery, uma galeria que constrói a cada ano um pavilhão no Hyde Park. Dessa vez, Niemeyer optou pelo aço, tendo em vista o caráter temporário da obra, exigente de uma estrutura desmontável.

Desde que Niemeyer completou 90 anos, não se sabia o que mais admirar: suas novas e sempre surpreendentes produções ou o feito memorável de concebê-las numa idade tão avançada, evidenciando o contraste entre o envelhecimento do corpo e a preservação da juventude do seu espírito criador. Mais surpreendente, ainda: a partir de então passou a haver como que um frenesi de crescente interesse pelos seus projetos, como se os que demandam seus projetos não quisessem perder a "última" oportunidade de acesso à sua cobiçada grife.

Em 2005, é inaugurado o Auditório Ibirapuera, em São Paulo, consoante a 12ª versão de um projeto que sofreu sucessivas modificações, desde a primeira proposta de 1952.

Em 15 de dezembro de 2006, data do 99º aniversário de Niemeyer, foi inaugurado o maior centro cultural do Brasil, denominado Complexo Cultural da República, em Brasília, integrado pelo Museu Nacional Honestino Guimarães e pela Biblioteca Nacional Leonel de Moura Brizola. Com 91,8 mil m², o Complexo se localiza na Esplanada dos Ministérios, nas proximidades da Catedral.

Em 2006, concebe para Goiânia um complexo que leva o nome de Centro Cultural Oscar Niemeyer. No mesmo ano, o governador Aécio Neves convida-o para projetar a Cidade Administrativa de Minas Gerais, situada entre a capital e o Aeroporto Internacional Tancredo Neves, antigo Confins. A obra, inaugurada em março de 2010, com muitas curvas, concreto armado em abundância e um dos maiores prédios suspensos do mundo, consta de uma praça cívica e cinco edifícios: o Palácio Tiradentes, onde o governador despacha, suspenso por cabos de aço, formando um vão livre de 147 metros, no térreo; duas torres, com quinze andares cada; um auditório, com 490 assentos; e um centro de convivência em forma redonda, com restaurantes, bancos e lojas, distribuídos numa área de 804 mil m². Impressiona no Complexo a laje de 147 metros, que cobre o vão livre do térreo, apoiada em dois pilares, apenas.

Na festa do seu centenário, Niemeyer recebeu, pelo conjunto de sua obra, o título de Comendador da Ordem Nacional da Legião de Honra, a mais alta condecoração do governo francês. Da Rússia, pelas mãos do presidente Vladimir Putin, recebeu a condecoração da Ordem da Amizade. O Iphan tombou trinta e cinco de suas obras, vinte quatro das quais selecionadas pelo próprio Niemeyer. Ainda no ano do centenário, deu início às obras do seu primeiro projeto em terras espanholas, o Centro Niemeyer, em Avilés, que tem tudo para se transformar no mais dinâmico dos seus projetos, pela multiplicidade e importância das funções previstas para serem por ele desenvolvidas. O próprio Niemeyer considera-o o mais importante dos seus projetos realizados no exterior. Foi eleito presidente de honra do Ceppes – Centro de Educação Popular e Pesquisas Econômicas e Sociais, centro de estudos fundado por Luís Carlos Prestes. Um balneário que projetou para Potsdam, na Alemanha, cuja inauguração deveria coincidir com a festa do seu centenário, não chegou a ter as obras iniciadas, em face de suas faraônicas dimensões.

Em 2008, foi inaugurada em João Pessoa, na Paraíba, a Estação Cabo Branco, localizada na Ponta do Seixas, ponto extremo-leste do continente americano. O Complexo, de 8.571 m², consta de "uma torre espelhada erguida em forma octogonal, com 43 metros de distância entre lados opostos e apoiada sobre uma parede cilíndrica com 15 metros de diâmetro". Nesse mesmo ano, foi inaugurado em Natal, capital do Rio Grande do Norte, o seu projeto do parque urbano Dom Nivaldo Monte. O parque ocupa uma área de 64ha, sendo composto por dois estacionamentos, dois pórticos de entrada, cinco trilhas pavimentadas (6,5 km), quatro unidades de descanso, quatro baterias de banheiros, biblioteca, auditório, centro de educação ambiental, um monumento com doze andares, composto do memorial da cidade e mirantes. Ainda em 2008, Niemeyer apresentou o projeto da sede do Centro Cultural Casa das Américas na cidade de Nova Friburgo, no estado do Rio.

Para a cidade de Araraquara, São Paulo, Niemeyer projetou a Universidade da Música, composta de três prédios. O autor não esconde o entusiasmo pelo projeto, que, como sempre, prioriza a beleza.

Finalmente, um espaço adequado para abrigar os feitos memoráveis do maior jogador de futebol de todos os tempos: o Museu Pelé, na cidade de Santos. O modo de Pelé comemorar gols, o salto com o murro no ar, com o punho fechado, foi o mote inspirador.

A criatividade artística de Niemeyer não se restringe à arquitetura. Levou seu gosto pelas curvas para o desenho mobiliário de madeira. Os móveis do Palácio da Alvorada e da sede do Partido Comunista Francês são de sua autoria. Também com a filha Anna Maria desenhou móveis, na década de 1970, objeto de exposição em museus, salões e feiras internacionais. O escultor, presente em Niemeyer, confessou: "Sempre pensei em fazer escultura, mas sem nenhuma preferência ou caminho a seguir." Somando-se aos seus projetos, que são megaesculturas em concreto, algumas esculturas, destinadas a monumentos, foram por ele projetadas:

- Monumento a Carlos Fonseca Amador, Nicarágua, 1982.
- Monumento *Tortura Nunca Mais*, Rio de Janeiro, 1986.
- Monumento *Nove de Novembro*, dedicado aos três operários assassinados durante a greve de novembro de 1988, Volta Redonda, 1988.
- Escultura *Mão*, na Praça Cívica do Memorial da América Latina, 1989.
- Memorial da Ilha de Gorée, Largo de Dacar, Senegal, 1991.
- Marco à Coluna Prestes, Santo Ângelo, 1995.
- Esculturas *Forma no Espaço II*, *Mulher I*, *Violência*, *Retirantes* e *Forma no Espaço I*, encomendadas pela Prefeitura da Cidade do Rio de Janeiro, expostas na praia do Leme, em 2000, e atualmente instaladas no Parque Dois Irmãos, também no Rio de Janeiro.
- Escultura *Uma Mulher, uma Flor, Solidariedade*, Parque Bercy, Paris, 2007.
- Escultura para Cuba, doação, Havana, 2007.

Niemeyer escreveu quatorze de livros:

- *Quase memórias: viagens, tempos de entusiasmo e revolta* – 1968.
- *Minha experiência em Brasília*, 1961, editado posteriormente na França, Cuba e Rússia.
- *A forma na arquitetura*, 1980.
- *Rio: de província a metrópole*, 1980.
- *Como se faz arquitetura*, 1986.
- *Trecho de nuvens*, 1989.
- *Conversa de arquiteto*, 1994.
- *As curvas do tempo* – Memórias, 1998.

- *Meu sósia e eu*, 1999.
- *As curvas do tempo*, 2000.
- *Minha arquitetura*, 2000.
- *Conversa de amigos – Correspondência entre Oscar Niemeyer e José Carlos Sussekind*, com José Carlos Sussekind, 2002.
- *Minha arquitetura – 1937-2004*, 2004.
- *Sem rodeios*, 2006.

Como toda personagem exponencial, ao lado dos seus adoradores, Niemeyer também tem críticos ferozes. Os que sustentam ser ele um arquiteto oficial, patrocinado por políticos, talvez sejam os mais contundentes. Gilberto Freyre, ao lado do reconhecimento da sua genialidade arquitetônica, sustentou que a ignorância política de Niemeyer tornava-o uma personalidade singularmente chata como interlocutor.

O fato é que no ano do seu centenário, ele ficou no 9º lugar entre os 100 gênios vivos, conforme lista elaborada pela empresa Syntetics. O poeta Ferreira Gullar, por sua vez, disse que: "Se é certo – como acredito – que nós, homens, inventamos a vida, o mundo imaginário em que habitamos, Oscar Niemeyer é um dos que mais contribuíram para isso, inventando uma arquitetura que parece nascida do sonho e, com isso, nos ajuda a viver." O arquiteto sir Norman Foster foi ainda mais longe: "Para os arquitetos criados pelo movimento moderno, Oscar Niemeyer posiciona-se no mais alto grau de sabedoria. Invertendo o ditado familiar de que 'forma segue a função', Niemeyer demonstrou que 'quando a forma cria beleza, ela se transforma em funcional, e, portanto, fundamental na arquitetura'." "Dizem que Iuri Gagarin, o pioneiro cosmonauta russo, visitou Brasília e comparou a experiência com aterrissar em um planeta diferente." "Muitas pessoas quando veem a cidade de Niemeyer pela primeira vez devem sentir o mesmo. É audaciosa, escultural, colorida e livre – e não se compara a nada que se tenha feito antes. Poucos arquitetos na história recente têm sido capazes de convocar tal vocabulário vibrante e estruturá-lo em tal linguagem tectônica brilhantemente comunicativa e sedutora."

Há, porém, quem se reja por outro diapasão. O arquiteto Joaquim Guedes, morto em 2008, foi um dos maiores críticos de Niemeyer. Sobre o projeto da biblioteca, no Memorial da América Latina, na Barra Funda, em São Paulo, declarou: "A casca é uma forma inteligentíssima porque trabalha somente à compressão, sob medida para o concreto, que não tem resistência à tração. Ora, romper o trânsito dos esforços que se dirigiam tranquilamente ao solo, para remetê-los a uma viga reta gigantesca, 'a maior do mundo', é no mínimo um tremendo *non sense*, 95 metros. Niemeyer insiste na ideia de que isso é "avanço tecnológico" e às vezes apresenta suas 'intuições estruturais' como uma homenagem à engenharia nacional. É preciso que alguém aponte a ingenuidade dessa deslocada pretensão que, ao contrário do que dizem e repetem seus admiradores, não constitui intuição estrutural: tudo não vai além de investir recursos públicos no alto custo de uma proposta tecnicamente ineficiente." O polêmico jornalista americano Larry Rohter não deixa por menos: "Sei que isso pode soar chocante, porque há um consenso quase universal aqui no Brasil de que Niemeyer é um gênio. ... Deixando de lado a política stalinista de Niemeyer, que é execrável, há uma contradição fundamental e irreconciliável entre o que ele professa e a obra que ele produziu. Ele afirma querer uma sociedade baseada em princípios igualitários, mas sua arquitetura, para usar a linguagem do mundo da computação, não é *user-friendly*. Ao contrário: ela é profundamente elitista e mesmo egoísta, concentrada principalmente em fazer declarações grandiosas e eloquentes por si mesmas, para satisfação de Niemeyer e seus admiradores, mesmo que cause desconforto ou inconveniência ao usuário."

Nenhum brasileiro foi tão premiado quanto Niemeyer. Os títulos falam por si:

- 1963 – Prêmio Lênin da Paz, Governo da União das Repúblicas Socialistas Soviéticas
- 1963 – Membro honorário do Instituto Americano de Arquitetos

- 1964 – Membro honorário da Academia Americana de Artes e Letras e do Instituto Nacional de Artes e Letras
- 1988 – Prêmio Pritzker de Arquitetura, dos Estados Unidos[39]
- 1989 – Prémio Príncipe das Astúrias das Artes Espanha
- 1989 – Medalha Chico Mendes de Resistência
- 1990 – Cavaleiro Comendador da Ordem de São Gregório Magno, Vaticano
- 1995 – Título de Doutor *Honoris Causa* da Universidade de São Paulo
- 1995 – Título de Doutor *Honoris Causa* da Universidade Federal de Minas Gerais
- 1996 – Prêmio Leão de Ouro da Bienal de Veneza, VI Mostra Internacional de Arquitetura
- 1998 – Royal Gold Medal do Royal Institute of British Architects
- 2001 – Medalha da Ordem da Solidariedade do Conselho de Estado da República de Cuba
- 2001 – Medalha do Mérito Darcy Ribeiro do Conselho Estadual de Educação do Estado do Rio de Janeiro
- 2001 – Prêmio Unesco 2001, na categoria Cultura
- 2001 – Título de Grande Oficial da Ordem do Mérito Docente e Cultural Gabriela Mistral, do Ministério da Educação do Chile
- 2001 – Título de Arquiteto do século XX, do Conselho Superior do Instituto de Arquitetos do Brasil
- 2004 – Praemium Imperiale, Japan Art Association
- 2007 – Medalha Ordem do Mérito Cultural, Brasil
- 2007 – Medalha e título de Comendador da Ordem Nacional da Legião da Honra, Governo da França
- 2007 – Medalha da Ordem da Amizade, Governo da Rússia
- 2007 – Medalha Oscar Niemeyer do Partido Comunista Marxista-Leninista
- 2008 – Prêmio ALBA das Artes, Venezuela, Cuba, Bolívia, Nicarágua

- 2009 – Orden de las Artes y las Letras de España
- 2009 – XXXIII Encontro Nacional de Estudantes de Arquitetura e Urbanismo. Mostrando-se ainda jovem, participou como pôde do maior evento realizado no ano pela FeNEA (Federação Nacional dos Estudantes de Arquitetura e Urbanismo): recebeu membros da comissão organizadora para gravação de um bate-papo a ser exibido aos dois mil participantes do encontro, sediado no Ginásio do Mineirinho (Complexo Esportivo da Pampulha), em Belo Horizonte.

Viúvo em 2004, em novembro de 2006, às vésperas de completar 99 anos, casou-se com sua secretária, Vera Lúcia Cabreira, de 60.

Esse inesgotável bruxo da escultura em concreto, assim resumiu sua vinculação à arte:

> Para mim, em matéria de arte – e mesmo de arquitetura –, não importa haver estilos diferentes, nem obra antiga ou moderna. O que existe é apenas arte boa ou ruim. Gosto dos velhos mestres, mas também dos trabalhos de Moore, da pureza de Brancusi, das belas mulheres de Despiau e Maillol, das esculturas gregas e egípcias, da Vitória de Samotrácia, toda feita de beleza e movimento. Até as esguias figuras de Giacometti, que, confesso, não me atraíam, passei a admirar, quando vi uma delas, sozinha, monumental, num grande salão de Bruxelas.

Segundo depoimento da esposa Vera Lúcia Cabreira, Oscar esteve lúcido e otimista até o fim, quando pediu para comer pastel e tomar café, dizendo que queria ir embora porque os seus trabalhos estavam atrasados.

Na sequência de sua morte, às 21:30 de uma quarta-feira, 5 de dezembro de 2012, a imprensa do mundo inteiro alardeou o seu nome como um gênio da arquitetura. Enquanto o *New York Times* disse que Niemeyer capturou a atenção de gerações de arquitetos com as formas "curváceas, líricas e hedonistas de suas obras, ajudando a construir uma identidade para a arquitetura nacional, moderna e distinta do seu passado colonial e barroco", o periódico britânico *Guardian* sustentou que a exploração das formas livres de Oscar foi maior até do que a do seu mestre suíço Le Corbusier, ao tempo em que a cadeia de tevê CNN, chamando-o gênio, informou que "no Rio, as suas curvas sinuosas inspiraram a obra de muitos poetas, escritores e compositores". Enquanto o *Los Angeles Times* destacou a paixão de Oscar pelas curvas e sua autoria dos edifícios que "formam o coração da capital do Brasil", o francês *Le Monde* chamou-o de "O arquiteto da sensualidade", destacando sua paixão pelas curvas femininas que revolucionaram a arquitetura". O *Financial Times* observou que o uso do concreto armado por Niemeyer "frequentemente beirava o futurístico" e seus prédios muitas vezes pareciam esculturas. Para o italiano *Corriere della Sera*, Niemeyer, grande arquiteto brasileiro e pai de Brasília, foi um mestre do século XX.

Pelo mesmo diapasão laudatório da obra e da personalidade do artista Oscar Niemeyer, regeram-se os demais nomes exponenciais da imprensa mundial como o *Washington Post*, o *Wall Street Journal*, o *Clarin*, *El Mundo*, *El País*, o *ABC* e a BBC.

A imprensa brasileira, a uma só voz, reverenciou a vida e obra de tão marcante personalidade.

BIBLIOGRAFIA

ANDRE CORREA DO LAGO. *Oscar Niemeyer – Uma arquitetura da sedução*, 2007.
DAVID UNDERWOOD. *Oscar e o modernismo de formas livres no Brasil*, 2002.
MIGUEL ALVES PEREIRA. *Arquitetura, texto e contexto: O discurso de Oscar Niemeyer*, 1997.
LUIZ CLAUDIO LACERDA E ROGERIO RANDOLPH. *Oscar Niemeyer 360 – Minhas obras favoritas, 360º*, 2006.
STYLIANE PHILIPPOU. *Oscar Niemeyer: Curves of Irreverence*, 2008.

CHICO XAVIER
(1910-2002)

Batizado como Francisco de Paula Cândido, o famoso Chico Xavier é unanimemente aclamado como um dos maiores nomes do espiritismo mundial, atuando como médium. Como divulgador do espiritismo no Brasil, seu nome avulta sobre todos os outros. Seus feitos são legendários. Filho da doméstica, católica e piedosa, Maria João de Deus e do operário João Cândido Xavier, um modesto vendedor de bilhetes de loteria, nasceu no dia 2 de abril de 1910, na cidade de Pedro Leopoldo, e faleceu, ou desencarnou, como dizem os espíritas, em 30 de junho de 2002, em Uberaba, ambos os municípios pertencentes ao estado de Minas Gerais. Em 1966, ao regressar de uma viagem aos Estados Unidos, assumiu em cartório o nome definitivo de Francisco Cândido Xavier.

Segundo alguns biógrafos, a precoce mediunidade de Chico começou a se manifestar quando ele tinha 4 anos, ao responder um questionário científico para explicar a gravidez de uma vizinha. Ao pai, atônito, ele explicou que alguém, ao seu lado, lhe sussurrava as respostas. O pai o repreendeu com veemência. No ano seguinte, quando estava com cinco anos e meio, morre sua mãe Maria João de Deus, deixando nove filhos de que o pai, sozinho, não tinha meios de cuidar. O jeito foi distribuir os filhos entre familiares. Chico foi entregue aos cuidados da madrinha, Rita de Cássia, cuja crueldade de tratamento incluía vesti-lo de mulher e sová-lo diariamente, de início por qualquer coisa, evoluindo para a alegação de que ele era possuído pelo demônio. De vara de marmeleiro, a madrinha passou a feri-lo, espetando garfos no seu ventre, ocasionando-lhe dores tormentosas. Curava os ferimentos, dialogando com a mãe morta, no outeiro da casa ou à borda de sua sepultura. Segundo confessou, sua adorada mãe, invariavelmente, lhe recomendava "paciência, resignação e fé em Jesus".

Além de Chico, a madrinha criava outro filho adotivo, Moacir, portador de uma ferida na perna, incicatrizável. Uma rezadeira da região ensinou a Rita um santo remédio para curar o ferimento: uma criança, em jejum, lamber a ferida, durante três sextas-feiras. O pequeno Chico foi designado para a missão. Inconformado, o pequeno Francisco queixou-se ao espírito materno que lhe aconselhou obediência, para proteger-se contra a perigosa iracúndia da perversa dinda. Pensada a ferida, a madrinha amainou a fúria.

Quando Francisco estava com 7 anos, seu pai se casou com Cidália Batista, que exigiu o retorno à casa paterna dos nove enteados. Por insistência da madrasta, Francisco foi matriculado na escola pública. A partir desse momento, o espírito da mãe não mais lhe apareceu. Francisco, por sua vez, para ajudar nas despesas da casa, começou a trabalhar, vendendo legumes cultivados na horta familiar. Cidália ainda daria a Francisco mais seis meios-irmãos.

Onde quer que estivesse – em casa, na escola ou na igreja –, as insondáveis faculdades do jovem Francisco continuavam a lhe acarretar problemas, como ocorreu numa aula do 4º ano primário, ao explicar seu bom desempenho como resultado de um ditado que lhe fez um homem, que somente ele viu. Pouco tempo depois, aos 12 anos, foi acusado de plágio, ao ter uma composição sobre o centenário da Independência recebido menção honrosa, num concurso estadual de redação escolar. Desafiado a provar os seus dons, Francisco discorreu, com êxito, sobre um grão de areia, tema escolhido ao acaso. Da acusação de plágio, iria sofrer por toda a vida. Um dia, a madrasta Cidália pediu a Chico para se aconselhar com o espírito materno sobre como proceder para uma vizinha deixar de furtar hortaliças do pomar da casa, dela ouvindo que a horta deveria ser confiada aos cuidados da ladra. Os furtos cessaram.

Sem saber como lidar com o "estranho" comportamento do filho, João Cândido consultou o padre Scarzelli, grande amigo da família, sobre a conveniência da internação do jovem, sendo por ele dissuadido por considerar temporárias suas "fantasias de menino". Melhor seria, segundo o padre, interromper as leituras geradoras do seu estranho comportamento e pô-lo a trabalhar. No exercício do árduo trabalho de uma fábrica de tecidos, Chico Xavier contraiu sequelas que o acompanhariam ao túmulo.

Aos 14 anos, ao concluir o curso primário, Chico renunciou ao trabalho na fábrica e empregou-se como caixeiro de venda, em regime de tempo integral, sendo compelido a deixar, em definitivo, os estudos formais. O que não mudou foram suas visões e conversas com espíritos, apesar da contrita devoção católica e cumprimento das penitências prescritas pelo simpático padre Scarzelli.

Aos 17 anos, paralelamente à perda da querida madrasta Cidália, Chico Xavier deparou-se com a insanidade de uma irmã, provocada por uma "obsessão espiritual". Foi quando um amigo sugeriu-lhe iniciar-se nos estudos do espiritismo. No auge das inquietações, Chico recebeu do espírito materno a recomendação para conhecer e seguir à risca as obras de Allan Kardec. Imediatamente, ajudou a fundar o Centro Espírita Luiz Gonzaga, em um barracão de madeira, onde, seguindo a orientação dos espíritos, passou a psicografar textos, chegando a escrever dezessete páginas, de uma só sentada. Daí em diante, entregou-se ao aperfeiçoamento dessa capacitação, alcançando seu ponto mais alto em 1931, ano que marca seu encontro com o mentor espiritual, Emmanuel, com a psicografia de poemas dos maiores poetas da língua portuguesa, compondo o livro *Parnaso de além-túmulo*. O resultado é supreendente: lá está o condoreiro Castro Alves, ao lado do melífluo Casimiro de Abreu e do parnasiano Olavo Bilac, entre muitos outros nomes famosos, com poemas, obviamente inéditos. A pergunta que silencia os incrédulos é a seguinte: quem, dispondo de tamanho talento poético, renunciaria ao prestígio da original autoria em favor de espíritos que saberia produto de um embuste? A obra, publicada em 1932, pela FEB – Federação Espírita Brasileira, alcançou grande repercussão. Era difícil não reconhecer a excepcionalidade de ter sido o livro escrito por um simples balconista de armazém do interior, que mal cursara o primário. Seguindo o conselho do espírito da mãe, Chico não respondeu aos críticos da obra. Antes disso, jornais do Brasil e de Portugal, desde 1928, vinham publicando mensagens psicografadas por esse médium de, apenas, 18 anos. Desde o lançamento do primeiro livro, os direitos autorais foram integralmente repassados à FEB – Federação Espírita Brasileira.

O espírito Emmanuel confia-lhe a missão de escrever uma série de trinta livros. Para tanto, seria necessário o cumprimento de três requisitos básicos: disciplina, disciplina e disciplina, com estrita e absoluta obediência à doutrina kardecista e aos mandamentos de Jesus. Nesse período, inicia relações com os espíritas Manuel Justiniano de Freitas Quintão e Antônio Wantuil de Freitas. Manuel Quintão, autodidata, com, apenas, o primário, notabilizou-se pela cultura humanística, e como jornalista e dedicado gestor da Federação Espírita. O farmacêutico Wantuil de Freitas também presidiu a FEB, por muitos anos. Sua conversão ao espiritismo se deu aos 37 anos, ao assistir a uma sessão mediúnica. Foi marcante sua luta na defesa da entidade que chegou a ser fechada, e da prática do espiritismo, proibida durante o Estado Novo. A reabertura se deu sob sua liderança, ao convencer o governo Vargas de que as restrições violavam a letra e o espírito da Constituição de 1937, em vigor. O auge da contenda se deu em 1944, quando a viúva do escritor Humberto de Campos ingressou em juízo contra a FEB e Chico Xavier, pelas razões que veremos adiante. A defesa de ambos encontra-se na obra *A psicografia ante os tribunais*. Seu papel em favor da estruturação e difusão da entidade teve reconhecimento internacional. A sede da FEB em Brasília é uma de suas conquistas.

Ainda nesse período, Francisco foi diagnosticado como portador de uma catarata, problema que restringiria sua visão por toda a vida. Seus mentores espirituais, Emmanuel e Bezerra de Menezes, aconselharam-no a recorrer à medicina convencional, e não contar com privilégios dos espíritos. Enquanto isso, Chico continuou suas atividades como escriturário e atendente, no Centro Espírita Luiz Gonzaga, dos necessitados, a quem dava conselhos, além de psicografar os espíritos que nele baixavam. Começou aí sua recusa de qualquer remuneração, desde quando flagrou um auxiliar cobrando, dos que o procuravam, módicos honorários para adiantar posições nas longas filas que se formavam à frente de sua casa. Os valores a ele doados ou legados por clientes ricos eram repassados à FEB, como ocorreu com Fred Figner, empresário, nascido na Boêmia, hoje República Tcheca, pioneiro na gravação da música popular brasileira, em fins do século XIX. O sucesso alcançado pela famosa Casa Edison, por ele fundada no Rio de Janeiro, foi tamanho que por volta de 1903, apenas Estados Unidos e Alemanha realizavam mais gravações do que o Brasil. Fred Figner enriqueceu, tornando-se proprietário de tudo o que se produzia em música brasileira. Foi muito ligado ao espiritismo de Allan Kardec, apesar de suas origens judaicas. Morreu vitimado por problemas cardíacos aos 80 anos de idade, deixando uma imagem de pioneirismo, tendo sido o primeiro "diretor artístico" de gravadora no Brasil e o responsável pela fundação das bases profissionais do mercado musical brasileiro.

Ao longo da década de 1930, além de livros ditados pelo espírito de Emmanuel, ocorreu a publicação das obras "*Brasil, coração do mundo, pátria do Evangelho*", atribuídas ao espírito de Humberto de Campos, em que a história do Brasil é interpretada sob a ótica teológica e mítica. A viúva do escritor maranhense pleiteou direitos autorais sobre as obras psicografadas. A defesa de Chico Xavier, pelo advogado Miguel Timponi, resultou no conhecido livro *A psicografia perante os tribunais*. Sem ter como reconhecer a autoria de uma obra produzida *post-mortem*, o juiz, em caráter conciliatório, mandou retirar o nome de Humberto de Campos como autor, substituído pela FEB por "Irmão X". Nesse período, Francisco ingressou, como auxiliar de serviço, no Ministério da Agricultura, jamais faltando um dia sequer.

Em 1943, foi publicado o romance *Nosso lar*, que seria o maior best-seller do médium, primeiro de uma série de livros ditados pelo espírito de André Luiz. A celebridade de Chico Xavier aumentava, sem cessar, o número de pessoas que o procuravam em busca de curas e mensagens. A pequena cidade de São Leopoldo transformava-se num concorrido centro de peregrinação, para o que contribuíam certas atitudes de Chico Xavier, como a campanha que liderou para levantar os fundos necessários a dar ao ex-patrão, José Felizardo, morto na mais completa penúria, um sepultamento digno. Chico bateu às portas de todas as casas. Até um mendigo figurou entre os doadores.

Como costuma acontecer com os que se tornam famosos, à crescente notoriedade de Chico correspondiam ataques de adversários, religiosos uns e ressentidos outros, com o propósito de desmoralizá-lo. Em 1958, viu-se no centro de constrangedora polêmica, provocada pelo sobrinho Amauri Pena, também médium, filho de uma irmã. O sobrinho Amauri, que possuía antecedentes de alcoolismo, sustentou que tanto ele quanto o tio eram embusteiros. Chico Xavier defendeu-se, negando manter qualquer proximidade com o sobrinho. Pouco tempo depois, declarando-se muito arrependido pelo mal que causou ao tio, Amauri foi internado num sanatório psiquiátrico, onde faleceu. Data dessa época a parceria mediúnica que Chico manteve com o médico e médium Waldo Vieira, com quem partilhou a psicografia de vários trabalhos, até o rompimento pessoal que os separou. Em 1959, mudou-se para Uberaba, de onde só sairia para o cemitério.

A partir dos 50 anos, coincidindo com o início da década de 1960, a temática dos seus livros refletia as questões momentosas do período, como sexo, drogas, a problemática da juventude, as viagens espaciais, os desafios da ciência e da tecnologia. Uberaba, por sua vez, substituiu São Leopoldo como centro de peregrinação informal, com caravanas a chegar diariamente, de pessoas com esperança de um contato com parentes falecidos. Neste período popularizam-se os livros de "mensagens": cartas ditadas a familiares por espíritos de pessoas comuns. Em paralelo à prática do espiritismo, Chico continuava com as campanhas assistencialistas, com a distribuição de roupas e alimentos aos mais pobres.

Em maio de 1965, na companhia de Waldo Vieira, Chico Xavier deu início à campanha de divulgação do espiritismo no exterior, começando pelos Estados Unidos, com a publicação do livro *Ideal espírita*, traduzido para o inglês, pelo casal Phillis e Salim Salomão Haddad, dirigentes do *Christian Spirit Center*, sob o título *The World of the Spirits*.

No início da década de 1970, Chico passou a priorizar a divulgação do espiritismo, através de sua participação em programas de televisão que alcançaram picos de audiência. A partir dos 60 anos, a angina veio se juntar à catarata e aos problemas pulmonares para comprometer, ainda mais, seu estado de saúde. Em 1981, tamanha era a penetração e o prestígio do seu nome, com seus livros traduzidos para vários idiomas e adaptados para novelas, que foi indicado para o Nobel da Paz.

Em 1994, o *National Examiner*, tabloide americano, publicou uma matéria, em tom de denúncia, em que dizia: "Fantasmas escritores fazem romancista milionário." A revista *Manchete*, já nos estertores de sua declinante popularidade, repercutiu a matéria, que foi alardeada Brasil afora, com o chamativo título de "Secretário dos Fantasmas". Segundo a revista, Chico Xavier ganhara cerca de 20 milhões de dólares, com o trabalho de "secretariar fantasmas", conforme ele próprio teria admitido. A publicação concluiu: "*Chico simplesmente transcreve as obras psicografadas de mais de 500 escritores e poetas mortos e enterrados.*" Chico Xavier não respondeu, mas a direção da FEB enviou correspondência à revista informando que os direitos autorais das obras de Francisco Cândido Xavier eram destinados a fins caritativos e à divulgação da doutrina espírita. Poucos anos depois, as entidades representativas do espiritismo no Brasil externaram gratidão e respeito ao médium "pelos intensos trabalhos por ele desenvolvidos e pela vida de exemplo, voltados ao estudo, à difusão e à prática do espiritismo, à orientação, ao atendimento e à assistência espiritual e material aos seus semelhantes".

Antes de completar 90 anos, Chico Xavier já havia psicografado o número recorde de mais de quatrocentas obras, com milhões de exemplares vendidos, nas edições em português, inglês, espanhol, francês, sueco, mandarin, romeno, russo, italiano, esperanto, japonês e braile. Do total de quatrocentos e cinquenta e um livros que psicografou, trinta e nove foram publicados depois de sua morte. Psicografou, ainda, cerca de 10 mil cartas de desencarnados para as famílias e amigos. Suas obras incluem romances, contos, temas filosóficos, ensaios, apólogos, crônicas e poesias. Seu primeiro livro, *Parnaso de além-túmulo*, publicado pela primeira vez em 1932, gerando muita polêmica nos meios literários da época, traz duzentos e cinquenta e seis poemas atribuídos a poetas mortos, entre eles os portugueses João de Deus, Antero de Quental e Guerra Junqueiro, e os brasileiros Casimiro de Abreu, Álvares de Azevedo, Castro Alves, Olavo Bilac, Cruz e Sousa e Augusto dos Anjos. O livro *Nosso lar*, de 1944, primeiro volume da coleção de dezessete obras atribuídas ao espírito de André Luiz, algumas em parceria com o médico mineiro Waldo Vieira, já vendeu mais de 2 milhões de cópias.

Um dos seus casos mais célebres, Brasil e mundo afora, foi o de um jovem acusado (José Divino Nunes) de matar o melhor amigo (Maurício Henriques), em Goiânia, capital do estado de Goiás, em 1979, em que o juiz aceitou, como prova da inocência do réu, um depoimento da própria vítima, psicografado por Chico Xavier. A vítima e o seu pai, presente ao julgamento, eram as únicas pessoas que tinham conhecimento dos fatos psicografados. Diante disso, o pai da vítima, que lutava para condenar o réu, recuou e pediu sua absolvição.

Segundo amigos e familiares, Chico pediu a Deus para morrer em um dia de felicidade para os brasileiros. No dia de sua morte, de parada cardiorrespiratória, 30 de junho de 2002, o Brasil conquistou a Copa do Mundo de Futebol, pela 5ª vez. Ao lado de Santos Dumont, Juscelino Kubitschek e Pelé, ele é considerado um dos maiores mineiros do século XX.

Entre os inúmeros pensamentos de Chico Xavier, destacamos alguns:

Não exijas dos outros qualidades que ainda não possuem.

Sonhos não morrem, apenas adormecem na alma da gente.

Deus nos concede, a cada dia, uma página de vida nova no livro do tempo. Aquilo que colocamos nela corre por nossa conta.

A esperança é a filha dileta da fé. Ambas estão, uma para a outra, como a luz reflexa dos planetas está para a luz central e positiva do sol.

Quem diz que a vida só traz desilusões é porque nunca fez nada a não ser se iludir.

Embora ninguém possa voltar atrás e fazer um novo começo, qualquer um pode começar agora e fazer um novo fim.

Não há problema que a paciência não possa resolver.

A sua dor não impedirá que o sol brilhe amanhã sobre os bons e os maus.

As suas lágrimas não substituem o suor que você deve verter de sua própria felicidade.

Lembremo-nos de que o homem interior se renova sempre. A luta enriquece-o de experiência, a dor aprimora-lhe as emoções e o sacrifício tempera-lhe o caráter.

O espírito encarnado sofre constantes transformações por fora, a fim de acrisolar-se e engrandecer-se por dentro.

Ambiente limpo não é o que mais se limpa, mas o que menos se suja.

O Cristo não pediu muita coisa, não exigiu que as pessoas escalassem o Everest ou fizessem grandes sacrifícios. Ele só pediu que nos amássemos uns aos outros.

Fico triste quando alguém me ofende, mas, com certeza, eu ficaria ainda mais triste se fosse eu o ofensor. Magoar alguém é terrível.

A desilusão é a visita da verdade.

Cada dia que amanhece assemelha-se a uma página em branco, na qual gravamos os nossos pensamentos, ações e atitudes. Na essência, cada dia é a preparação de nosso próprio amanhã.

A questão mais aflitiva para o espírito no além é a consciência do tempo perdido. Tudo que criamos para nós, de que não temos necessidade, se transforma em angústia, em depressão.

Três verbos existem que, bem conjugados, serão lâmpadas luminosas em nosso caminho: aprender; servir; cooperar. Três atitudes exigem muita atenção: analisar; reprovar; reclamar. De três normas de conduta jamais nos arrependeremos: auxiliar com a intenção do bem; silenciar; pronunciar frases de bondade e estímulo. Três diretrizes manter-nos-ão, invariavelmente, em rumo certo: ajudar sem distinção; esquecer todo o mal; trabalhar sempre. Três posições devemos evitar em todas as circunstâncias: maldizer; condenar; destruir. Possuímos três valores que, depois de perdidos, jamais serão recuperados: a hora que passa; a oportunidade; a palavra falada. Três programas sublimes se desdobram à nossa frente, revelando-nos a glória da vida superior: amor; humildade; bom ânimo. Que o Senhor nos ajude, pois, em nossas necessidades, a seguir, sempre, três abençoadas regras de salvação: corrigir em nós o que nos desagrada nos outros; amparar-nos mutuamente; amarmo-nos uns aos outros.

> Valorizar os amigos e respeitar os adversários.
> Eu permito a todos serem como quiserem, e a mim o que devo ser.
> Lembra-te sempre: cada dia nasce de novo amanhecer.

Como seu legado maior, escreveu Chico Xavier:

> Se eu morrer antes de você, faça-me um favor:
> Chore o quanto quiser, mas não brigue comigo.
> Se não quiser chorar, não chore.
> Se não conseguir chorar, não se preocupe.
> Se tiver vontade de rir, ria.

Se alguns amigos contarem algum fato a meu respeito, ouça e acrescente sua versão.
Se me elogiarem demais, corrija o exagero.
Se me criticarem demais, defenda-me.
Se me quiserem fazer um santo, só porque morri, mostre que eu tinha um pouco de santo, mas estava longe de ser o santo que me pintam.
Se me quiserem fazer um demônio, mostre que eu talvez tivesse um pouco de demônio, mas que a vida inteira eu tentei ser bom e amigo...

E se tiver vontade de escrever alguma coisa sobre mim, diga apenas uma frase:

"Foi meu amigo, acreditou em mim e sempre me quis por perto!"
Aí, então, derrame uma lágrima.
Eu não estarei presente para enxugá-la, mas não faz mal.
Outros amigos farão isso no meu lugar.
Gostaria de dizer para você que viva como quem sabe que vai morrer um dia, e que morra como quem soube viver direito.
Amizade só faz sentido se traz o céu para mais perto da gente, e se inaugura aqui mesmo o seu começo.
Mas, se eu morrer antes de você, acho que não vou estranhar o céu.
Ser seu amigo, já é um pedaço dele...

Na data do centenário de Chico Xavier, 2 de abril de 2010, deu-se a estreia do filme *Chico Xavier*, baseado na biografia *As vidas de Chico Xavier*, de Marcel Souto Maior, dirigido e produzido por Daniel Filho, tendo como atores, a retratar o médium em três diferentes fases da vida, Matheus Costa, Ângelo Antônio e Nelson Xavier.

Principais livros psicografados por Chico Xavier:

Ano	Obra	Autor espiritual
1932	*Parnaso de além-túmulo*	Vários autores
1937	*Crônicas de além-túmulo*	Humberto de Campos
1938	*Emmanuel*	Emmanuel
1938	*Brasil, coração do mundo, pátria do Evangelho*	Humberto de Campos
1939	*A caminho da luz*	Emmanuel
1939	*Há dois mil anos*	Emmanuel
1940	*Cinquenta anos depois*	Emmanuel
1941	*O Consolador*	Emmanuel
1942	*Paulo e Estêvão*	Emmanuel
1942	*Renúncia*	Emmanuel
1944	*Nosso lar*	André Luiz
1944	*Os mensageiros*	André Luiz
1945	*Missionários da luz*	André Luiz
1945	*Lázaro redivivo*	Irmão X
1946	*Obreiros da vida eterna*	André Luiz
1947	*Volta Bocage*	Bocage
1948	*No mundo maior*	André Luiz
1948	*Agenda cristã*	André Luiz
1949	*Voltei*	Irmão Jacob
1949	*Caminho, verdade e vida*	Emmanuel
1949	*Libertação*	André Luiz
1950	*Jesus no lar*	Neio Lúcio
1950	*Pão nosso*	Emmanuel
1952	*Vinha de luz*	Emmanuel
1952	*Roteiro*	Emmanuel
1953	*Ave, Cristo!*	Emmanuel
1954	*Entre a Terra e o Céu*	André Luiz
1955	*Nos domínios da mediunidade*	André Luiz
1956	*Fonte viva*	Emmanuel

1957	*Ação e reação*	André Luiz
1958	*Pensanento e vida*	Emmanuel
1959	*Evolução em dois mundos*	André Luiz
1960	*Mecanismos da mediunidade*	André Luiz
1960	*Religião dos espíritos*	Emmanuel
1961	*O Espírito da Verdade*	Diversos espíritos
1963	*Sexo e destino*	André Luiz
1968	*E a vida continua...*	André Luiz
1970	*Vida e sexo*	Emmanuel
1971	*Sinal verde*	André Luiz
1977	*Companheiro*	Emmanuel
1985	*Retratos da vida*	Cornélio Pires
1986	*Mediunidade e sintonia*	Emmanuel
1991	*Queda e ascensão da Casa dos Benefícios*	Bezerra de Menezes
1999	*Escada de luz*	Diversos espíritos

BIBLIOGRAFIA

Elias Barbosa. *No mundo de Chico Xavier*, 1992.
Saulo Gomes. *Pinga-fogo com Chico Xavier*, 2009.
Ubiratan Machado. *Chico Xavier, uma vida de amor*, 1997.

JORGE AMADO
(1912-2000)

JORGE AMADO É O MAIS TRADUZIDO, O MAIS LIDO E O MAIS CONHECIDO, dentro e fora do Brasil, entre os romancistas brasileiros, em todos os tempos. Foi o primeiro escritor brasileiro a viver exclusivamente dos direitos autorais dos seus livros. Sua obra já foi editada em mais de cinquenta países e traduzida, sem contar as edições em braile e as gravadas, para os seguintes idiomas e dialetos, listados em ordem alfabética: albanês, alemão, árabe, armênio, azeri, búlgaro, catalão, chinês, coreano, croata, dinamarquês, eslovaco, esloveno, espanhol, esperanto, estoniano, finlandês, francês, galego, georgiano, grego, guarani, hebraico, holandês, húngaro, iídiche, inglês, islandês, italiano, japonês, letão, lituano, macedônio, moldávio, mongol, norueguês, persa, polonês, romeno, russo, sérvio, sueco, tailandês, tcheco, turco, turcomano, ucraniano e vietnamita. Ele é, também, o autor mais adaptado para a televisão, com memoráveis sucessos de audiência, com *Tieta do Agreste*, *Gabriela, Cravo e Canela*, *Teresa Batista cansada de guerra* e *Dona Flor e seus dois Maridos*. Sua obra teve adaptações para o cinema, a televisão e o teatro, bem como para histórias em quadrinhos, no Brasil, em Portugal, na França, na Argentina, na Suécia, na Alemanha, na Polônia, na Tchecoslováquia, na Itália e nos Estados Unidos. Entre os diretores que adaptaram seus textos para o cinema e a televisão se encontram Walter George

Durst, Alberto D'Aversa, Marcel Camus, Nelson Pereira dos Santos, Cacá Diegues, Bruno Barreto, Aguinaldo Silva, Luiz Fernando Carvalho, entre outros diretores e roteiristas. Glauber Rocha e João Moreira Salles realizaram documentários sobre o escritor.

Seus livros foram, também, usados como tema de músicas e de enredos de escolas de samba por todo o Brasil. Em número de exemplares vendidos, só o bruxo Paulo Coelho, trinta e cinco anos mais jovem, o superou. Na ficção, porém, sua liderança é incontestável. Resta a possibilidade de que a maior permanência de sua obra lhe devolva a liderança geral, com o passar do tempo.

Com tantas credenciais, é natural que seja o mais premiado dos escritores brasileiros. No plano nacional, recebeu os seguintes prêmios:

- Prêmio Nacional de Romance do Instituto Nacional do Livro, 1959.
- Prêmio Graça Aranha,1959.
- Prêmio Paula Brito,1959.
- Prêmio Jabuti,1959 e 1995.
- Prêmio Luísa Cláudio de Sousa, do Pen Club do Brasil,1959.
- Prêmio Carmen Dolores Barbosa,1959.
- Troféu Intelectual do Ano,1970.
- Prêmio Fernando Chinaglia, Rio de Janeiro, 1982.
- Prêmio Nestlé de Literatura, São Paulo, 1982.
- Prêmio Brasília de Literatura, pelo Conjunto da Obra,1982.
- Prêmio Moinho Santista de Literatura,1984; Prêmio BNB de Literatura, 1985.

Do exterior, recebeu:

- Prêmio Stalin da Paz, Moscou, 1951, renomeado Lênin da Paz, quando Stalin caiu em desgraça.
- Prêmio de Latinidade, em Paris, 1971.
- Prêmio do Instituto Ítalo-Latino-Americano, Roma, 1976.

- Prêmio Risit d'Aur, Udine, Itália, 1984.
- Prêmio Moinho, Itália, 1984.
- Prêmio Dimitrof de Literatura, Sofia, Bulgária, 1986.
- Prêmio Pablo Neruda, Associação de Escritores Soviéticos, Moscou,1989.
- Prêmio Mundial Cino Del Duca da Fundação Simone e Cino Del Duca, 1990.
- Prêmio Camões,1995.

Em 1994, recebeu o Prêmio Camões, considerado o Nobel da língua portuguesa. Recebeu, ainda, os títulos de comendador e de grande oficial, nas ordens da Argentina, Chile, Espanha, França, Portugal e Venezuela, além do de *doutor honoris causa* por dez universidades no Brasil, Itália, Israel, França e Portugal. O último que recebeu, pessoalmente, já doente, em cadeira de roda, foi o de doutor pela Sorbonne, na França, em 1998, em sua viagem de despedida da Paris que tanto amou.

No vasto painel de seu enquadramento literário, a primeira fase de seu processo criativo integra a denominada segunda geração do modernismo regionalista brasileiro. Analisada como um todo, porém, a obra de Jorge Amado, tendo em vista sua rica diversidade temática, faz dele o mais brasileiro dos escritores, insuceptível de enquadramento nas bitolas estreitas de certos confinamentos conceituais. O forte colorido sensual e tropical do seu texto, mais do que outro qualquer, é expressivo da alma brasileira, como percebida pelos estrangeiros.

No plano religioso, Jorge foi um pouco além do sincretismo predominante na Bahia, porque agregava o materialismo agnóstico ao candomblé, onde ocupava o posto de honra de obá de Xangô no Ipê Opó Afonjá, e ao cristianismo de sua formação familiar e educacional. Entre os muitos amigos que fez no candomblé, destacam-se as mães de santo Mãe Aninha, Mãe Senhora, Mãe Menininha do Gantois, Mãe Stella de Oxóssi, Olga de Alaketu, Mãe Mirinha do Portão, Mãe Cleusa Millet, Mãe Carmem e o pai de santo Luís da Muriçoca.

O jornalismo foi a primeira experiência profissional através da qual Jorge extravasou sua indignação contra as injustiças sociais. Daí para a atuação política foi um passo natural, sendo desde muito cedo atraído pela militância comunista, como muitos de sua geração. Afinal de contas, era ainda muito recente a Revolução Russa, que prometia acabar com as desigualdades e as injustiças do mundo. A legendária emergência da liderança de Luís Carlos Prestes veio a calhar, levando-o a filiar-se ao Partido Comunista, aos 20 anos. Como jornalista e como escritor, seu envolvimento ideológico tornou-se imperativo, apesar da mescla com diferentes temas como o folclore, a política, as crenças e tradições, e a sensualidade do povo brasileiro. É inegável o valor de sua contribuição para divulgar o Brasil, ao levar ao conhecimento do mundo esses aspectos da vida nacional.

O casal formado pelo coronel João Amado de Faria e Eulália Leal teve quatro filhos: Jorge, Jofre, Joelson e o caçula James, também escritor. O primogênito Jorge Leal Amado de Faria nasceu no dia 10 de agosto de 1912, na fazenda Auricídia, distrito de Ferradas, no município de Itabuna, no sul da Bahia, e faleceu no Hospital Aliança, em Salvador, no dia 6 de agosto de 2001, quatro dias antes de completar 89 anos.

A zona do cacau, no início do século XX, era marcada pela violência nascida da disputa pelas terras produtoras do ouro verde. Jorge ainda não completara 1 ano quando seu pai foi ferido numa tocaia dentro da própria fazenda. Um surto de varíola, que se seguiu, levou a família a mudar-se para Ilhéus, à beira-mar, lá permanecendo até 1917, quando retorna à faina da cacauicultura na Fazenda Taranga, no município de Pirangi, rebatizado Itajuípe. No ano seguinte, porém, aos 6 anos, e já alfabetizado pela mãe, Jorge retorna a Ilhéus, para cursar a escola da professora Guilhermina, que tinha no regular uso da palmatória um dos seus mais temidos atributos pedagógicos.

A vocação para as letras brotou muito cedo. Aos 10 anos, Jorge cria *A Luneta*, pequeno jornal distribuído entre os vizinhos, amigos e familiares. Logo depois, segue para o internato do Colégio Antônio Vieira, em Salvador, sob a direção dos jesuítas, um dos quais, o padre Luiz Gonzaga Cabral, impressionado com a redação que Jorge escreveu sobre o mar, passa a orientá-lo na leitura de grandes autores. Aos 14 anos, tão logo o pai se despediu, depois de deixá-lo no internato, de regresso das férias escolares, Jorge foge para Itaporanga, em Sergipe, indo ao encontro do avô paterno, José Amado. Dois meses transcorridos, é recambiado para Itajuípe.

De volta a Salvador, foi internado no Ginásio Ipiranga, no histórico prédio onde Castro Alves expirou, em 1871. Nesse momento, conhece Adonias Filho e edita o jornal do grêmio escolar, *A Pátria*, com o qual rompe, criando *A Folha* para combatê-lo. Aos 15 anos, sai do internato e passa a morar num dos casarões do Pelourinho, cenário que viria a ser uma das maiores fontes de sua inspiração. Emprega-se, sucessivamente, como repórter policial nos jornais *Diário da Bahia* e *O Imparcial*. Sua primeira incursão na poesia é publicada na revista *A Luva*, sob o título "Poema ou Prosa". Nessa época conhece o pai de santo Procópio, que o nomeia ogã, o primeiro de inúmeros títulos que o candomblé lhe daria, vida afora. Passa a pertencer à Academia dos Rebeldes, grupo de jovens literatos que se reuniam sob a liderança do poeta e jornalista Pinheiro da Veiga. Clóvis Amorim, Guilherme Dias Gomes, João Cordeiro, Dias da Costa, Alves Ribeiro, Edison Carneiro, Aydano do Couto Ferraz, Sosígenes Costa e Walter da Silveira fazem parte da álacre patota. A Academia, que se orientava pela "arte moderna sem ser modernista", segundo Jorge, fazia oposição aos grupos Arco&Flecha e Samba, e publicava os trabalhos dos seus afiliados nas revistas *Meridiano e O Momento*, fundadas por eles. Esses três grupos, Os Rebeldes, Arco&Flecha e Samba exerceram marcante influência na renovação do movimento literário baiano.

Em 1929, de parceria com Dias da Costa e Edison Carneiro, Jorge publica, em *O Jornal*, a novela "Lenita", sob o pseudônimo de Y. Karl.

Em 1930, aos 18 anos, vai morar no Rio, onde faz amizades duradouras com personalidades do mundo intelectual, entre as quais os jovens Vinícius de Moraes e Otávio de Faria. A novela *Lenita* é editada em livro, por A. Coelho Branco. Simultaneamente ao ingresso na Faculdade de Direito, em 1931, tem publicado o seu primeiro romance, *O país do Carnaval*, com prefácio de Augusto Frederico Schmidt e tiragem de 1.000 exemplares, sucesso de crítica e de público. Em 1932, muda-se para Ipanema, dividindo um apartamento com o futuro diplomata e poeta Raul Bopp, autor de *Cobra Norato*, quando conhece o sergipano Amando Fontes, o pernambucano Gilberto Freyre, o carioca Carlos Lacerda, o paraibano José Américo de Almeida e a cearense Rachel de Queiroz, que intermediou sua aproximação com o Partido Comunista a que se filiou nesse mesmo ano. Sai a 2ª edição, agora de 2.000 exemplares, de *O país do Carnaval*. Seguindo o conselho de Gastão Cruls e Otávio de Faria, por entenderem que o romance *Ruy Barbosa nº 2* nada mais era que uma reprodução do bem-sucedido *O país do Carnaval*, Jorge desiste de publicá-lo, e viaja para o sul baiano com o propósito de colher subsídios para escrever *Cacau*, em que denuncia a desumana exploração dos trabalhadores que tanto contribuíam para o comércio exportador do país. A primeira edição de 2.000 mil exemplares, com capa de Santa Rosa, se esgota em um mês, ensejando nova, já agora de 3.000 cópias. Entre uma e outra, fica impressionado com o romance *Caetés*, de Graciliano Ramos, que leu nos originais, por empréstimo de José Américo de Almeida, encarregado de encontrar editor. Jorge desloca-se até Maceió, só para conhecer tão surpreendente escritor de quem seria amigo a vida inteira. Anos mais tarde, James, o irmão caçula de Jorge, desposaria uma filha de Graciliano. Nessa mesma época, conhece Aurélio Buarque de Holanda, Jorge de Lima, José Lins do Rego e ascende a redator-chefe da revista *Rio Magazine*. Com apenas 21 anos, casa-se em Estância, Sergipe, com Matilde Garcia Rosa, com quem escreve o livro infantil *Descoberta do mundo*. O romance *Suor* vem a lume em 1934. Aos 22 anos, já é um nome notório no mundo das letras nacionais.

Em 1935, nasce a filha Eulália Dalila Amado, enquanto conclui o curso jurídico. Jorge jamais exerceria a advocacia. Como repórter de

A Manhã, jornal da Aliança Libertadora Nacional, é designado para cobrir a visita de Getúlio Vargas ao Uruguai e à Argentina, onde *Cacau* é lançado em espanhol. Ainda em 1935, *Cacau* e *Suor* são lançados na Rússia e *Jubiabá* é publicado, com grande repercussão, fato que lhe ensejou evoluir de nome notório para celebridade nacional, aos 23 anos de idade, conquista sem rival entre os prosadores brasileiros. Nesse momento, empreende uma longa viagem pelo Brasil, países da América do Sul e Estados Unidos, enquanto escreve *Capitães de areia*. Preso no seu retorno, tão logo libertado, muda-se, em 1938, para São Paulo, passando a dividir um apartamento com o cronista capixaba Rubem Braga. Em 1939, quando da publicação de *Jubiabá*, em francês, Albert Camus escreveu um artigo elogioso ao livro. Sendo comunista, toda essa evidência tornou-o alvo preferencial da polícia repressora da ditadura de Vargas, que o prendeu algumas vezes e proibiu a venda dos seus livros, cerca de 1.000 exemplares dos quais a polícia da ditadura queimou em praça pública, em 1936. Em compensação, Dorival Caymmi compôs a famosa canção "É doce morrer no mar", inspirado em *Mar morto*, que acabara de ser publicado. A partir daí, Jorge Amado se transformou numa fábrica de bestsellers, como se pode ver da cronologia de suas publicações, adiante listadas.

Paralelamente às suas atividades como escritor, continua atuando na imprensa, tendo sido redator-chefe da revista carioca *Dom Casmurro*, em 1939, e colaborador, quando esteve exilado entre o Uruguai e a Argentina, nos anos de 1941-42, de periódicos dos dois países. Foi nesse período que escreveu *O Cavaleiro da Esperança*, publicado inicialmente em espanhol. Retornando ao Brasil, redigiu a seção "Hora da Guerra", no jornal *O Imparcial*, 1943-1944, em Salvador, depois do que muda-se para São Paulo, onde passa a dirigir o diário *Hoje*, enquanto se prepara para concorrer a uma vaga nas eleições para a Assembleia Nacional Constituinte, sendo eleito. Já em 1944, separou-se de Matilde, pondo fim a um casamento de onze anos. No ano seguinte, em 1945, conheceu Zélia Gattai, sua leitora voraz, quando trabalhavam em favor da anistia dos presos políticos. Logo passaram a viver juntos, numa união de sólida parceria, por toda a vida, tendo os filhos João Jorge e Paloma. Zélia, quatro anos mais jovem do que Jorge, trouxe um filho, Luis Carlos, do seu primeiro casamento com o intelectual comunista Aldo Veiga. João Jorge nasceu no Rio, em 1947, onde o casal passou a morar, em função dos novos deveres parlamentares do deputado federal Jorge Amado.

Em seguida, juntamente com Luís Carlos Prestes e todos os eleitos pelo Partido Comunista Brasileiro, Jorge foi cassado pela reação anticomunista que se instalou no poder.

Para desanuviar o espírito, aproveitou-se de seu prestígio no exterior, sobretudo nos países socialistas, para visitar a Europa e a Ásia. Na França, onde a família permaneceu por três anos, até 1950, Jorge é informado da morte da filha Eulália, de mal súbito, em 1949. A longa estada em Paris ensejou a Zélia fazer cursos de civilização francesa, fonética e língua francesa na Sorbonne, quando também aprendeu a fotografar, passando a viver, em seguida, na Checolosváquia, onde nasceu a filha Paloma, em 1951, só retornando ao Brasil em 1952. Jorge saiu da França para a Checoslováquia, porque o governo francês, pressionado pelo governo brasileiro, o expulsou por razões políticas. Entre os grandes nomes da cena mundial com quem conviveu em Paris, estão Picasso e Jean-Paul Sartre. Ao retornar ao Brasil, Jorge lança *Os subterrâneos da liberdade* e, em 1956, funda o semanário *Para todos*, dirigindo-o até 1958. Ainda em 1956, deixa o Partido Comunista, diante da crítica demolidora que Nikita Kruschev fez a Stalin, no 20º Congresso do Partido Comunista. Stalin foi revelado pelo novo líder como um verdadeiro monstro, ao invés da imagem do semideus patrocinada pela propaganda partidária.

Com *Gabriela, cravo e canela*, em 1958, Jorge dá início a um novo ciclo em sua novelística. Liberto de compromissos ideológicos, sua literatura, a partir de agora, prenhe de crítica e humor satírico contra os costumes vigentes, grandemente pejados de convencionalismos hipócritas, cresceu. *O amor do soldado* é também de 1958, *A morte e a morte de Quincas Berro d'água* e *De como o mulato Porciúncula descarregou seu defunto* vêm em 1959, e *Os velhos marinheiros*, em 1961.

Em 1963, a família Amado muda-se definitivamente para Salvador, passando a viver na aconchegante casa do Rio Vermelho, frequentada por toda a intelectualidade da Bahia e do Brasil, inclusive pela jovem promessa João Ubaldo Ribeiro. Foi nessa casa, paralelamente ao contínuo trabalho de datilografia e revisão das obras de Jorge, que Zélia deu início, aos 63 anos, à sua produção literária, constante dos dezessete seguintes títulos:

- *Anarquistas graças a Deus*, 1979 (memórias)
- *Um chapéu para viagem*, 1982 (memórias)
- *Pássaros noturnos do Abaeté*, 1983
- *Senhora dona do baile*, 1984 (memórias)
- *Reportagem incompleta*, 1987 (memórias)
- *Jardim de inverno*, 1988 (memórias)
- *Pipistrelo das mil cores*, 1989 (literatura infantil)
- *O segredo da rua 18*, 1991 (literatura infantil)
- *Chão de meninos*, 1992 (memórias)
- *Crônica de uma namorada*, 1995 (romance)
- *A casa do Rio Vermelho*, 1999 (memórias)
- *Cittá di Roma*, 2000 (memórias)
- *Jonas e a sereia*, 2000 (literatura infantil)
- *Códigos de família*, 2001
- *Um baiano romântico e sensual*, 2002
- *Memorial do amor*, 2004
- *Vacina de sapo e outras lembranças*, 2006

Sem dúvida, não faltaram a Zélia credenciais para receber o reconhecimento da crítica e do público, em nível suficiente para legitimar o seu ingresso nas maiores academias do país, inclusive na Brasileira de Letras, para ocupar a vaga deixada pelo seu duplamente amado marido morto, com quem só veio a formalizar a união em 1978, trinta e três anos depois de iniciada.

Retornando à produção de Jorge, *Os pastores da noite* e *O compadre de Ogum* foram publicados em 1964. O romance *Dona Flor e seus dois maridos*, de 1966, foi seguido por *Tenda dos milagres*, em 1969 e *Teresa Batista cansada de guerra*, em 1972. A história infantil *O gato Malhado e a andorinha Sinhá*, de 1976, foi acompanhada de *Tieta do Agreste*, em 1977 e de *Farda fardão, camisola de dormir* e do livro de contos *Do recente milagre dos pássaros*, em 1979. Três anos depois, sai o livro de memórias, *O menino grapiúna*. O livro infantil *A bola e o goleiro* e o romance *Tocaia grande* são de 1984. Quatro anos depois vem *O sumiço da santa*, seguido, também com espaço de quatro anos, do livro de memórias *Navegação de cabotagem*, de 1992. O romance *A descoberta da América pelos turcos*, de 1994, foi sucedido pela fábula *O milagre dos pássaros*, de 1997. Em 2008, ocorreu a publicação póstuma do livro de crônicas *Hora da guerra*.

Em 1961, aos 49 anos, sucedendo ao tribuno e estadista Otávio Mangabeira, baiano como ele, JA foi eleito para ocupar a cadeira 23 da Academia Brasileira de Letras, que tem como patrono José de Alencar e Machado de Assis como fundador, fato que não o impediu de escrever a notável obra satírica *Farda, fardão, camisola de dormir* em que vergasta o anacrônico formalismo da entidade e a presunção senil de alguns de seus membros. Saudado por Raimundo Magalhães Júnior, seu discurso de posse na casa de Machado de Assis é considerado um dos mais belos ali proferidos.

Jorge publicou: vinte e cinco romances; dois livros de memórias, duas biografias, duas histórias infantis e muitos outros trabalhos, entre contos, crônicas e poesias.

Suas obras foram publicadas na seguinte ordem cronológica:

- *O país do Carnaval*, romance (1930)
- *Cacau*, romance (1933)
- *Suor*, romance (1934)
- *Jubiabá*, romance (1935)

- *Mar morto*, romance (1936)
- *Capitães de areia*, romance (1937)
- *A estrada do mar*, poesia (1938)
- *ABC de Castro Alves*, biografia (1941)
- *O Cavaleiro da Esperança*, biografia (1942)
- *Terras do sem-fim*, romance (1943)
- *São Jorge dos Ilhéus*, romance (1944)
- *Bahia de Todos os Santos*, guia turístico(1945)
- *Seara vermelha*, romance (1946)
- *O amor do soldado*, teatro (1947)
- *O mundo da paz*, viagens (1951)
- *Os subterrâneos da liberdade*, romance (1954)
- *Gabriela, cravo e canela*, romance (1958)
- *A morte e a morte de Quincas Berro d'Água*, romance (1961)
- *Os velhos marinheiros ou o capitão de longo curso*, romance (1961)
- *Os pastores da noite*, romance (1964)
- *O compadre de Ogum*, romance (1964)
- *Dona Flor e seus dois maridos*, romance (1966)
- *Tenda dos milagres*, romance (1969)
- *Teresa Batista cansada de guerra*, romance (1972)
- *O gato Malhado e a andorinha Sinhá*, historieta infanto-juvenil (1976)
- *Tieta do Agreste*, romance (1977)
- *Farda, fardão, camisola de dormir*, romance (1979)
- *Do recente milagre dos pássaros*, contos (1979)
- *O menino grapiúna*, memórias (1982)
- *A bola e o goleiro*, literatura infantil (1984)
- *Tocaia grande*, romance (1984)
- *O sumiço da santa*, romance (1988)
- *Navegação de cabotagem*, memórias (1992)
- *A descoberta da América pelos turcos*, romance (1994)
- *O milagre dos pássaros* , fábula (1997)
- *Hora da guerra*, crônicas (2008)

O conjunto de sua vasta produção, que compreende mais de cem mil páginas, inclusive a correspondência epistolar que manteve com personalidades do mundo inteiro, ora em processo de catalogação, encontra-se sob os cuidados da Fundação Casa de Jorge Amado, em Salvador, sob a regência da poeta Myriam Fraga, que adverte: "Jorge escreveu que somente cinquenta anos após sua morte esse material devia ser aberto ao público." Entre as personalidades mais conhecidas com quem Jorge se correspondeu, destacam-se os brasileiros Graciliano Ramos, Érico Veríssimo, Mário de Andrade, Carlos Drummond de Andrade, Monteiro Lobato, Gilberto Freyre e Juscelino Kubitschek. Entre os estrangeiros, Pablo Neruda, Gabriel García Márquez, José Saramago e François Mitterrand.

O conteúdo dessa correspondência e de textos com e sobre Jorge Amado representa rico manancial de pesquisa para a compreensão do papel que representou na sociedade do seu tempo, segundo a expectativa dos seus leitores e admiradores. Vejamos alguns exemplos:

O cineasta Glauber Rocha escreve a Jorge, em 1980, sobre o seu filme *A idade da terra*: "Comecei o dia chorando a morte de Clarice (Lispector). Está sendo feito como você escreve um romance. Cada dia filmo de dois a sete planos, com som direto, improvisado a partir de certos temas. ...Estou, enfim, tendo a sensação de 'escrever com a câmera e com o som', tentando um caminho que fundiu a cuca do Jece (Valadão)." Quando da publicação de *Mar morto*, em 1936, Mário de Andrade, após elogiar a "realidade honesta" e a "linda tradição de meter lirismo de poesia na prosa", presentes na obra, conclui dizendo que "acaba de se doutorar em romance o jovem Jorge Amado, grande promessa do mundo intelectual". Nada mau para um autor com apenas 24 anos de idade receber tamanho elogio do papa do modernismo. Sobre o mesmo livro, escreveu Monteiro Lobato: "Li-o com a mesma emoção trágica que seus livros sempre me despertam", e revela que, ao visitar o cais do porto de Salvador, havia "previsto" que a obra seria escrita: "Qualquer dia o Jorge Amado presta atenção e pinta os dramas que devem existir aqui. Adivinhei." O Nobel chileno, Pablo Neruda, num bilhete escrito à mão, indaga a Jorge, como a pedir a ajuda do amigo: "Será que no Brasil eu poderia fazer um ou dois recitais pagos?" ... Haverá algum empresário interessado em organizar com seriedade essa turnê?"

No crepúsculo da vida, já inteiramente liberto do mais remoto laivo do socialismo dos primeiros tempos, Jorge perdeu muito de sua tradicional respeitabilidade política ao assinar manifesto de apoio ao senador Antônio Carlos Magalhães, flagrado no conhecido episódio da violação do painel do Senado. Adversários políticos do senador, por ele impiedosa e furiosamente massacrados, como era do conhecimento de Jorge, sentiram-se ultrajados e desfizeram-se dos seus livros e dos de sua esposa Zélia Gattai. Vítima de igual reação popular, a grande cantora Gal Costa chegou a ser vaiada, entrando em declínio na preferência popular.

Na perspectiva da história, porém, esse momento infeliz não compromete sua biografia como um dos grandes mestres na arte de contar histórias.

Quanto ao mais, a sabedoria romana já ensina há séculos que *mors omnia solvit*, ou, se preferem, tudo passa sobre a terra.

BIBLIOGRAFIA

ÁLVARO SALEMA. *Jorge Amado, o homem e a obra, presença em Portugal*, 1982.
ILANA SELTZER GOLDSTEIN. *Brasil Best Seller de Jorge Amado*, 2003.
JOSÉLIA AGUIAR. reportagem para a revista *Entre Livros* – ano 2 – nº 16.
MYRIAN FRAGA. *Jorge Amado (*Crianças famosas*)*.
_____. *Jorge Amado*, 2003 (Coleção Mestres da literatura).

LUIZ GONZAGA
(1912-1989)

"Não sei se sou fraco ou forte, só sei que graças a Deus té pra nascê tive sorte, apôs nasci in Pernambuco, o famoso Leão do Norte.
Nas terras do novo Exu, da Fazenda Caiçara, in novecentos e doze, viu o mundo minha cara.
Dia de Santa Luzia, purisso é qui sô Luiz, no mês qui Cristo nasceu, purisso é que sô feliz."

LUIZ GONZAGA DO NACIMENTO, O REI DO BAIÃO, NASCEU A 13 DE dezembro de 1912, na Fazenda Caiçara, no sopé da serra de Araripe, na zona rural do município de Exu, no sertão remoto de Pernambuco, 600 km distante do Recife, e morreu, de parada cardiorrespiratória, a 2 de agosto de 1989, no Hospital Santa Joana, em Recife, quatro meses e 11 dias antes de completar 77 anos. Gonzagão ou Lua, como também ficou conhecido, sofria de osteoporose. O corpo foi velado em Juazeiro do norte, contra a vontade do filho Gonzaguinha, que queria todas as honras fúnebres realizadas em Exu, o que irritou muitos juazeirenses a ponto de considerarem Gonzaguinha *persona non grata*. Como queria o filho do artista, o sepultamento, porém, se realizou em Exu, cidade natal de Luiz Gonzaga.

Segundo dos nove filhos de Januário José dos Santos com Ana Batista de Jesus – dona Sant'Ana –, a enxada e a sanfona foram sua ligação inicial com o mundo. O gosto pela música e pelo acordeom veio do pai, Januário, trabalhador rural, tão presente em suas composições. Desde tenra idade, acompanhando o velho Januário, passou a se apresentar em bailes, forrós e feiras, ganhando uns trocados aqui, outros acolá, logo seguindo carreira solo. Antes de completar 16 anos, já era conhecido em toda a região do Araripe.

Conta-se que, quando d. Sant'Ana, mãe de Luiz, percebeu o interesse por ele demonstrado pelo dedilhar de Januário nas teclas da sanfona de oito baixos, aplicou-lhe sucessivos puxões de orelha, com o intento de dissuadi-lo de seguir a, para ela, deplorável vocação do pai. Sant'Ana desistiu ao perceber que mais facilmente arrancaria as orelhas do filho do que levá-lo a renunciar ao instrumento musical dos seus sonhos. Rendeu-se, inteiramente, quando o menino Luiz com apenas 8 anos, foi chamado em caráter emergencial para substituir um sanfoneiro que não compareceu, como acordado. A reação de mãe Sant'Ana não se fez esperar: "Luiz! Isso é gente pra tocar em dança! E se o sono pegar ele?" O desempenho de Luiz salvou a lavoura, o forró correu solto, e suas habilidades como acordeonista passaram a ser proclamadas por Deus e o mundo, e ele conhecido como Luiz, de Januário. Sua alegria maior veio do apoio materno, de quem obtivera, pela primeira vez, consentimento para tocar. Com o avançar da noite, o menino Luiz, sentindo os olhos arderem e a cabeça doer, pediu para descansar, fazendo xixi na rede onde dormiu. Daí em diante, passou a partilhar com o pai a responsabilidade de animar as baladas sertanejas. O cachê do jovem instrumentista, tão importante para melhorar a cesta básica da família, aplacou, definitivamente, as resistências maternas ao chamado de sua vocação.

Luiz Gonzaga fez-se provedor, em plena infância: trabalhava na roça, arrastando enxada; exibia-se como animador de festa e acompanhava a mãe nas feiras de Exu. Até o coronel Manuel Aires de Alencar, a quem evocaria com reverência, tomou conhecimento dos feitos singulares do pequeno Luiz, a quem dispensava proteção e carinho, a ponto de financiar a metade do valor da primeira sanfona, um fole Koch, de marca Veado, de oito baixos, que custou 120$000 réis, comprada na loja de seu Adolfo, em Ouricuri, Pernambuco, paga com apresentações musicais. A mais disso, Luiz também foi alfabetizado pelas filhas do coronel, a pedido de Gilberto Aires, irmão delas, que o convenceu a mudar-se para a cidade, onde seria seu primeiro empresário artístico. O adolescente Luiz se hospedou na casa de dona Vitalina. Antes, matriculara-se no grupo de escoteiros de um sargento aposentado da polícia carioca, de nome Aprígio. O primeiro cachê percebido com a nova sanfona, vinte mil réis, foi no casamento de seu Dezinho, na Ipueira. Daí pra frente, seu nome ganhou respeito.

Ninguém como Luiz Gonzaga exprimiu o sentimento do Nordeste brasileiro – pobreza, injustiça social e tristeza de sua aridez –, de um modo que tocou tão profundamente a alma da nação. Acompanhado de acordeom, triângulo e zabumba, levou a todo o país a alegria e a sensualidade das festas juninas e dos forrós, quando a maioria das pessoas desconhecia o ritmo do baião, do xote e do xaxado. Aplaudido por grandes nomes da MPB, como Gilberto Gil e Caetano Veloso, o genial instrumentista do acordeom de 120 baixos criou uma legião de seguidores, como Bob Nelson, Gonzaguinha, Genésio Arruda, Marinês, Abdias dos Oito Baixos, Fagner, Dominguinhos e Elba Ramalho. As canções que o lançaram nos braços da imortalidade foram as antológicas "Baião", de 1946; "Asa Branca", de 1947; "Siridó" e "Juazeiro", ambas de 1948; "Qui Nem Jiló", de 1949 e "Baião de Dois", de 1950. O lugar do seu nascimento inspirou "Pé de Serra", uma de suas primeiras composições. Em nenhum momento vacilou na sua fidelidade às origens, nem mesmo quando alcançou o estrelato no Sul do Brasil. Se o baião foi o gênero musical que o consagrou, "Asa Branca", composta em parceria com o advogado cearense Humberto Teixeira, e admirada em todo o mundo, passou a figurar como o símbolo maior do seu processo criativo.

Antes de completar 18 anos, o menino Luiz só pensava em casamento. Apaixonou-se, pela primeira vez, por uma menina das bandas do Araripe. Mãe Sant'Ana interveio para acabar com a pretensão, por entender que a moça não reunia credenciais para ser sua nora. Logo se encantaria por uma conterrânea, chamada Nazarena, a Nazinha, enteada de gente grande, o coronel Raimundo Deolindo Milfont, que proibiu o namoro, justificando: "Um diabo que não trabalha, não tem roça, não tem nada, só vive puxando fole!" Inconformado com a recusa, o jovem apaixonado ameaçou de morte o ex-futuro sogro, chegando a comprar uma peixeira para esse fim, episódio que levou os pais, Januário e Santana, a exemplá-lo com uma memorável surra de caráter pedagógico.

Irresignado com a punição paterna, Luiz Gonzaga, com a ajuda de Zé de Elvira, planejou fugir de casa. Observe-se que, a essa época, era mais fácil chegar a Fortaleza ou a Salvador do que ao Recife, capital do estado, com o qual Exu não tinha a menor vinculação econômica ou social. Originariamente, e desde o século XVI, o território de Exu integrava a capitania da Casa da Torre de Garcia D'Ávila. Em julho de 1930, Luiz percorreu a pé os 65 km que separam Exu do Crato, onde vendeu sua sanfona ao senhor Raimundo Lula, por 80$000 réis, pegando, em seguida, o trem para Fortaleza, onde se alistou no 23º Batalhão de Caçadores, do Exército, como soldado de nº 122, servindo por nove anos, em vários estados, além do Ceará, como Piauí, Paraíba, Pará, Minas Gerais, Mato Grosso, Rio Grande do Sul e Rio de Janeiro, mobilizado pelas demandas da Revolução de 30. Para alistar-se, mentiu duas vezes. Na primeira, disse que já completara 18 anos. Ao ser informado de que com essa idade, precisaria da autorização dos pais, mentiu, outra vez, dizendo ter 21 anos. Naquele tempo, não era indispensável exibir certidão de nascimento. Ganhou no Exército o apelido de Bico de Aço, pelo bom desempenho como corneteiro. Numa das paradas, Juiz de Fora, Minas Gerais, recebeu lições sobre os ritmos mais populares no Sul, como o samba, o tango, o fado e as valsas, do também soldado Domingos Ambrósio, conhecido, em toda a região, por suas habilidades musicais, inclusive como acordeonista. Deixou a farda em 27 de março de 1939, quando se encontrava em Minas Gerais, e viajou para o Rio, decidido a pegar o navio para o Recife e, de lá, seguir para Exu. Assaltado por muitas dúvidas, chegou a ir para São Paulo, retornando, em seguida para o Rio, onde, persuadido por um amigo, resolveu ficar, sobrevivendo com apresentações na zona do meretrício – Lapa e adjacências –, com uma sanfona de 80 baixos, uma Horner branca, adquirida em São Paulo. A partir de então, todas as sanfonas de Gonzaga seriam da cor branca. Começou a tocar em bares e boates, na zona do Mangue, apenas solando o acordeom, na execução dos gêneros da época, com ênfase em sambas, foxtrotes, blues e choros, imitando os artistas famosos, como Manezinho Araújo, Augusto Calheiros e Antenógenes Silva. Algumas vezes cantava na rua, passando o chapéu para recolher gorjetas. Foi quando conheceu o violonista Sepetiba e se apresentou pela primeira vez em um palco, no cabaré O Tabu, na rua Mem de Sá. Em 1940, conheceu o guitarrista português Xavier Pinheiro, com quem formou dupla.

Seu repertório era composto, essencialmente, de músicas estrangeiras, num tempo em que o rádio brasileiro era dominado pelos boleros, valsas e trilhas de musicais norte-americanos, selecionados para serem apresentados em programas de calouros, com os homens de paletó e gravata. No programa de Ary Barroso, interpretando tangos e valsas, obtém, no máximo, nota cinco. Uma noite, quando tocava no Mangue, alguns estudantes, entre os quais se encontrava o futuro ministro da Justiça da ditadura, o cearense Armando Falcão, aconselharam-no a tocar músicas regionais dos seus pagos. Depois de intenso treinamento, apresentou-se para os mesmos estudantes, executando "Pé de Serra" e "Vira e mexe", sendo vivamente aplaudido. Ao voltar ao programa de Ary Barroso, com o novo repertório, que incluía "Véspera de São João", composta em parceria com Francisco Reis, "Numa serenata", de sua autoria, e "Saudades de São João del-Rei", de parceria com Simão Jandi, recebeu nota dez. Logo depois, repetiu a façanha, cantando "Vira e Mexe", com letra de Miguel Lima, tema de sabor regional, de sua autoria, ampliando, ainda mais, a aceitação inicial. "Mula preta" foi o grande sucesso de 1943. Sofreu muito o nosso cantador, para se afirmar, inclusive, ao sobreviver às pesadas ironias de Ary Barroso. Compensando todas essas dificuldades, começou, com a RCA Victor, uma das mais fecundas parcerias musicais que se conhece no Brasil, entre um artista e uma gravadora. A RCA Victor lançou a primeira de mais de cinquenta músicas instrumentais do seu repertório que gravaria no correr do tempo. Sua parceria com Miguel Lima resultou em vários sucessos, como "Dança", "Mariquinha", "Penerô Xerém", "Dezessete e setecentos e "Cortando pano", com participação, também, de Jeová Portela, em que além de sanfoneiro, participava como o cantor Luiz Lua Gonzaga.

Quando o Estado Novo completou quatro anos, em 1941, foi ao ar a radionovela *Em busca da felicidade*, ocasião em que conheceu Januário França, que lhe trouxe o convite para gravar com Genésio Arruda, por sugestão de Almirante e Ary Barroso. Em seguida, grava dois discos como instrumentista, passando a ser considerado o maior sanfoneiro do Nordeste. Nos anos seguintes, gravaria cerca de trinta discos em 78 rpm, incluindo choros, valsas e mazurcas, cantando na Rádio Clube do Brasil, onde conheceu César de Alencar e Paulo Gracindo, que popularizaram o apelido de Lua, que lhe foi pespegado por Dino, conhecido violonista de sete cordas.

Na esteira desse sucesso inicial, veio a contratação pela Rádio Nacional, com salário de cr$ de 1.600,00, em 1944, em cujos estúdios e palcos travou conhecimento com o acordeonista gaúcho Pedro Raimundo, que se apresentava com trajes típicos dos pampas, inspirando-o a apresentar-se com trajes de vaqueiro, figurino que marcou sua identidade visual.

Como cantor, porém, só viria a gravar em abril de 1945, quando a RCA Victor lançou a mazurca "Dança Mariquinha", em parceria com Saulo Augusto Silveira Oliveira. A mazurca é uma dança popular polonesa que invadiu o Brasil, tornando-se dança de salão no século XIX. Foi nesse momento que começou a namorar a cantora do coro de Ataulfo Alves, Odaleia (Odalisca) Guedes, que já estava grávida, com quem teve um relacionamento de cinco anos. Odaleia (Odalisca) viria a morrer de tuberculose em 1952. Luiz Gonzaga assumiu a paternidade do garoto, que nasceu a 22 de setembro de 1945, dando-lhe o próprio nome, acrescido de Júnior. Gonzaguinha, que viria encantar e entristecer o Brasil, sucessivamente, com sua música genial e sua trágica morte, antes de completar 46 anos, foi criado pelos padrinhos de batismo, Xavier e Dina, no morro de São Carlos, com a assistência material do Rei do Baião.

Logo depois da guerra, em 1945, o Lua tornou-se parceiro do cearense Humberto Teixeira, três anos mais moço, com quem partilhou o trabalho e o mérito de dar consistência ao baião, a partir de músicas ancoradas na temática nordestina, como o xaxado. Compuseram juntos dezoito músicas. Os sucessos se repetiam a cada ano, a começar com "No meu pé de serra", seguindo-se "Baião", que traz um convite irresistível: "Eu vou mostrar pra vocês / como se dança o baião / e quem quiser aprender / é favor prestar atenção: morena, chegue pra cá / bem junto ao meu coração / agora é só seguir / pois eu vou dançar o baião", ambos de 1946; "Asa Branca", em 1947; "Juazeiro" e "Mangaratiba", em 1948; "Paraíba" e "Baião de Dois", em 1950. Em 1946, antes de completar 34 anos, quando o seu nome começou a correr mundo, repercutindo na Europa, Japão e Estados Unidos, resolve retornar a Exu, pela primeira vez. Diz a lenda que ao ficar cara a cara com o pai, dele ouviu: "Quem é o sinhô?" "Luiz Gonzaga, seu filho", respondeu, ouvindo como tréplica: "Isso é hora de você chegar em casa, corno sem vergonha?" Esse reencontro com o pai foi a inspiração para o famoso baião "Respeita Januário", em parceria com Humberto Teixeira. É interessante registrar que, inicialmente, em março de 1947, a gravadora recusou gravar "Asa Branca", composição que viria a se consagrar como uma das mais populares do mundo.

Em 1948, desposou sua secretária particular, que conhecera no ano anterior, na Rádio Nacional, a contadora pernambucana Helena Cavalcanti das Neves, quatorze anos mais jovem, casamento que perdurou até pouco antes de sua morte. O casal adotou uma menina, Rosa do Nascimento, a conhecida Rosinha, que "ficou lá em Propriá".

Como os pais não puderam comparecer ao seu casamento no Rio, Luiz Gonzaga levou Helena a Exu, para conhecê-los, de lá transportando-os de caminhão para o Rio de Janeiro, com mais alguns membros da família.

Em 1950, com o recesso artístico de Humberto Teixeira, que cumpria mandato de deputado estadual, consolidou parceria musical com o médico obstetra e folclorista pernambucano Zé Dantas (José de Sousa Dantas Filho), nove anos mais moço, com quem, de imediato, lançou os sucessos "Vem, morena", "A dança da moda", "Cintura Fina", "Forró do Mané Vito" e "A volta da Asa Branca". Anos mais tarde, Gonzaga diria, fazendo graça, que o médico Zé Dantas era mais adequado como seu parceiro do que o advogado Humberto Teixeira, porque o cearense, apesar de nordestino, não saía de Copacabana, não sabendo como chegar à sua casa na Zona Norte do Rio, enquanto o médico pernambucano, Zé Dantas, era homem do campo. "Eu sentia o cheiro de bode nele", dizia. Fazendo contraponto com o sucesso da dupla, o conjunto Os Quatro Ases e Um Coringa lançou o estrepitoso sucesso "Derramaro o candiêro e apagaro o gás". Foi quando virou o Rei do Baião, título dado pelos paulistas. Aos 38 anos, Luiz Gonzaga sagra-se como o maior vendedor de discos da MPB.

Em 1951, a dupla Gonzaga-Dantas compôs e Luiz Gonzaga gravou o baião "Sabiá". Nesse mesmo ano, além de coroar a cantora Carmélia Alves como a Rainha do Baião, no programa que Humberto Teixeira e Zé Dantas mantinham na Rádio Nacional, Gonzaga gravou a toada "Assum Preto" e os baiões "Qui nem jiló" e "Paraíba". A cantora japonesa Keiko Ikuta e a brasileira Emilinha Borba também gravaram "Paraíba". Ao sobreviver a um acidente de automóvel que sensibilizou o país, Luiz compôs o "Baião da Penha", que o Brasil inteiro cantou.

Em 1952, de passagem por Caruaru, LG não pôde se apresentar num cinema local, porque o proprietário, Santino Cursino, tocado pela inveja, disse: "O meu cinema, o melhor da cidade, não vai servir de palco pra tocador de harmônica." De volta ao Sul, apresentou-se nas rádios Tupi e Tamoio, com a atração intitulada *Os Sete Gonzagas*, composta, além dele próprio, do velho Januário, Severino, José Januário, Chiquinha, Socorro e Aloísio. O projeto não prosperou.

Em 1953, Gonzaga gravou "ABC do sertão", "Vozes da seca", com Zé Dantas, e a "A vida do viajante", com Hervê Cordovil, e assumiu sua identidade nordestina, vestindo o gibão de couro. Ivon Curi gravou, com sucesso, "O sote das meninas", composição da dupla Gonzaga–Zé Dantas.

Em 1954, Luiz Gonzaga se transfere para São Paulo, restringindo suas apresentações às cidades do interior e às festas juninas, quando resolve convidar o casal Almira – Jackson do Pandeiro, para o acompanharem ao Rio de Janeiro, onde fizeram muito sucesso, contrastando o coco urbano com a música agreste nordestina. Foi por esse tempo que, em Olinda, conheceu Dominguinhos, que formava com os irmãos Morais o conjunto denominado Os Três Pinguins. Logo depois, Gonzaga tomaria conhecimento do assassínio do primo Raimundo Jacó, encontrado morto no sertão pernambucano, fato que o levaria a criar a Missa do Vaqueiro.

Mil novecentos e cinquenta e cinco foi um ano de muita gravação para Luiz Gonzaga, enquanto 1956 ficou marcado pela aprovação da lei de autoria do parceiro e agora deputado federal Humberto Teixeira, que limitava a veiculação de músicas estrangeiras no Brasil. O vaqueiro José Marcolino escreve várias cartas a Luiz Gonzaga que nunca chegaram às suas mãos. O encontro entre os dois só se daria em 1960.

Coincidindo com o primeiro ano do ápice da bossa-nova, com os nomes de João Gilberto, Tom Jobim e Vinícius de Moraes nas alturas, e a adesão ao movimento de artistas como Carlos Lira, Roberto Menescal, Baden Powel e outros,1958 é o ano em que Gonzaga grava seu primeiro LP de 12 polegadas, intitulado "Xamego". A chegada da bossa-nova, que tanto sensibilizou os centros urbanos, não interrompeu a popularidade de sua música junto às massas.

Com a morte da mãe Sant´Ana, em junho de 1960, de Doença de Chagas, a música de Luiz Gonzaga caiu de moda e ele começa a ser esquecido. Ressentido, desabafa com o discípulo Dominguinhos: "Vou parar de tocar baião, porque ninguém dá a mínima atenção à minha música. Vou comprar um transiscorde pra você, pra gente fazer bailes. Eu toco contrabaixo, e você toca esse instrumento eletrônico que saiu agora." Gonzaga não cumpriu a ameaça e continuou compondo. Nos meses que se seguiram à morte da mãe, Gonzaga foi várias vezes a Exu para ver o pai que, aos 72 anos, logo se casou com Maria Raimunda de Jesus, em cerimônia oficiada pelo padre Mariano, em respeito à Igreja Católica, de sua devoção. Conhece José Marcelino, de quem gravaria várias músicas.

Em 1961, o filho Gonzaguinha, já com 16 anos, veio morar com o pai, quando Gonzagão entra para a maçonaria e compõe, com Lourival Silva, "Alvorada da paz", em homenagem ao recém-empossado presidente Jânio Quadros, que pouco depois renunciaria. Em 1962, Gonzagão, às vésperas de completar 50 anos, ganha um irmão, João Batista Januário, criança registrada como filho legítimo, três dias depois de nascida, pelo pai Januário e a madrasta Maria Raimunda.

Depois da morte de Zé Dantas, em 1962, aos 41 anos, Luiz Gonzaga gravou, em 1963, em parceria com Nelson Barbalho, a "Morte do vaqueiro", em memória do primo Raimundo Jacó, morto em emboscada. O furto de sua sanfona branca preferida inspirá-lo-ia, em 1964, a compor a música "Sanfona do povo". Com um dos seus novos parceiros, o poeta cearense Patativa do Assaré, lança o sucesso "Triste partida". Inclui no LP *O sanfoneiro do povo de Deus*, a primeira composição de Gonzaguinha, "Lembrança de primavera". Compôs, também, com Hervê Clodovil, João Silva, David Nasser, Lourival Passos, produzindo clássicos como "Riacho do navio", "Dezessete e Setecentos", "Vem morena", "Respeita Januário" e "A vida do viajante".

Nesse momento, jovens revelações interessaram-se por gravar suas composições, como Geraldo Vandré, com "Asa Branca", Gilberto Gil, com "Vem morena", Caetano Veloso, com "A volta da Asa Branca", citando-o como uma de suas principais fontes de influência e proclamando que a moderna canção popular brasileira bebia na fonte atemporal de sua música. Em 1966, o jornalista Sinval Sá lançou a primeira biografia do artista, *O sanfoneiro do Riacho da Brígida, vida e andanças de Luiz Gonzaga*, compreensiva dos primeiros 53 anos de sua vida, que virou bestseller. De negativo, apenas, seu impedimento de cantar, no Festival Festival Internacional da Canção – FIC 66, a música de Capiba e Ariano Suassuna, "São os do Norte que vêm."

Quando, em 1968, o polêmico Carlos Imperial espalhou que os Beatles acabaram de gravar "Asa Branca", ninguém duvidou do trote. Gonzaga gostou tanto que dizia repetidamente que os "cabeludos de Liverpool tinham interesse em gravar essa música". O fato é que a mais popular composição brasileira voltou com força na década de 1970, quando, com Humberto Teixeira, ele entrou na coleção *História da MPB*, editada pela Abril Cultural.

Os anos 1970 testemunharam a explosão dos ritmos estrangeiros, particularmente o rock n'roll, nascido nos anos 1950, com intérpretes populares, como Carlos Gonzaga, Cely e Tony Campelo, sem falar na já consolidada presença dos Beatles. Dos Estados Unidos, Elvis Presley comandava o espetáculo. No Brasil, Roberto Carlos já era nome consagrado, liderando com o programa *Jovem Guarda*. Carlos Imperial, Erasmo Carlos *et caterva* engrossavam o movimento.

Essa afinidade com a nova geração musical brasileira, sobretudo os baianos, provocou o lançamento, em 1971, do disco *O canto jovem de Luiz Gonzaga*, com músicas de Edu Lobo, Geraldo Vandré, Gilberto Gil, Dori Caymmi e Caetano Veloso, que, em Londres, gravou "Asa Branca", como o fez Sérgio Mendes com seu *Brasil 77*. Também em 1971, a TV Tupi do Rio lhe outorgou o título de Imortal da Música Brasileira, quando foi apresentado ao desconhecido Fagner. Em Guarapari, ES, Gonzaga fez grande sucesso entre os hippies. Com o apoio do padre João Câncio e do poeta Pedro Bandeira, repentista famoso do Cariri, liderou a realização da primeira Missa do Vaqueiro, no sítio Lages, na cidade de Serrita, em homenagem ao primo Raimundo Jacó, morto por um ex-companheiro, e, por extensão, ao vaqueiro nordestino. Animado com a revivescência do prestígio, uma espécie de *up grade* em sua respeitabilidade como compositor, apresentou-se, em 1972, no Teatro Municipal de São Paulo, e, sob a direção de Capinam e Jorge Salomão, no Tereza Raquel, no Rio, com o show *Luiz Gonzaga volta pra curtir*, em que faz uma síntese de sua carreira, quando reiterou seu afeto pelo estado do Ceará, dizendo-se metade pernambucano e metade cearense. Pela primeira vez, Luiz Gonzaga se apresentou a um público inteiramente composto de jovens. O sucesso foi completo.

Em 1973, deixa a RCA Victor e passa a gravar na Emi-Odeon. Recebe o título de cidadão paulista, em solenidade prestigiada pela presença do governador do estado. Pensa em se candidatar a deputado federal, pelo então MDB, mas desiste, ao se inteirar das peculiaridades pouco ortodoxas do pleito. Inezita Barroso grava "Asa Branca", como também o cantor grego Demis Roussos, sob o título "White Wings", com letra em inglês. Em 1974, foi construído o Parque Nacional do Vaqueiro e fundada a Associação dos Vaqueiros do Alto Sertão Pernambucano.

Em 1975, assume publicamente o romance epistolar que vinha mantendo com Maria Edelzuita Rabelo, para quem escrevia sob o pseudônimo de Marcelo Luiz.

Em 1976, recebe o título de cidadania do Ceará, ano em que a TV Globo exibiu o *Especial Luiz Gonzaga*, com a participação do velho Januário. Grava seu primeiro compacto simples de 33rpm, com a música de Zé Dantas, "Samarica parteira". Em 1977, estreia, com sucesso, no programa *Seis e Meia*, no Teatro João Caetano, ao lado de Carmélia Alves, e vira verbete da versão brasileira da *Enciclopédia Britânica*. É lançado o disco *A grande música do Brasil, a grande música de Luiz Gonzaga*, uma versão sinfônica dos clássicos do Rei do Baião. No dia 11 de junho de 1978, morre seu Januário, no Parque Aza Branca, com erro ortográfico por mera superstição, em Exu. Em 1979, morre o amigo e parceiro, Humberto Teixeira. Gonzaga grava o disco *Eu e meu pai*, em homenagem ao velho Januário. Em 1980, ao cantar, em Fortaleza, para o papa João Paulo II, emocionou-se ao ouvir as palavras de agradecimento do sumo pontífice: "Obrigado, cantador." Novamente, teve que espantar a mosca azul da política. A pedido do governador de Pernambuco, Eraldo Gueiros, tenta pacificar os ânimos de tradicionais rivais de Exu, que mantinham o município em pé de guerra. Ergue-se em Serrita a estátua de Raimundo Jacó, de autoria de Jota Mildes. Ao receber o título de cidadão baiano, iniciativa do deputado Galdino Leite, Luiz Gonzaga emocionou o meu saudoso pai, João de Souza Góes, o velho Gozinho, tocador de vários instrumentos, sendo a sanfona o favorito, ao partilhar com ele as homenagens recebidas, acompanhando a delicadeza do gesto com a doação da completa coleção dos seus elepês.

Em 1981, Luiz Gonzaga recebe dois discos de ouro, os únicos de sua carreira, afirmação sobre a qual se dividem os historiadores da música. A RCA Victor celebra seus quarenta anos de vida artística, com o lançamento do disco *A festa*. No trio elétrico, ao lado de Dodô e Osmar, apresenta-se no Festival de Verão de Guarujá. Naquele mesmo ano, expressou grande júbilo pela pacificação alcançada em seu município natal. Seu pedido ao presidente em exercício, "Dr. Aureliano, faça um esforço para levar a paz à minha terra!", foi atendido. Tempos depois, declararia: "Ninguém dava jeito em Exu. Eu peguei Aureliano Chaves numa boa e quinze dias depois ele mandou intervir. A intervenção se encaixou que nem uma luva, e nunca mais houve crime político lá." Grava com Gonzaguinha *Descanso em casa, moro no mundo*. A dupla deixaria muita saudade em todo o Brasil.

Em 1982, vai tocar em Paris, no Teatro Bobinot, a convite da cantora Nazaré Pereira, que lá residia. Na plateia se encontravam Maria Bethânia, o então ministro Nascimento Silva e o economista Celso Furtado. Em 1983, grava seu primeiro LP de 12 polegadas. Já com 70 anos, trinta e cinco de carreira, consciente de como é precária a memória nacional de seus vultos populares, retorna a Exu, para dar início ao Museu do Gonzagão, dentro do Parque Aza Branca, localizado às margens da BR-122. É aí que se encontra o acervo dos seus pertences: diplomas, títulos de cidadania, vestimentas, fotos, presentes e as famosas sanfonas, inclusive aquela com que tocou para o papa, na visita a Fortaleza. O Parque abriga, também, o mausoléu da família, lanchonete, palco para shows, acomodações para visitantes, a casa do pai Januário, e a casa-grande do patrão de onde o pequeno Luiz divisava a pequena e querida Exu.

Em 1984, recebe o Prêmio Shell e o prêmio internacional Nipper de Ouro da RCA. Embora tenha sido o terceiro artista no mundo inteiro a receber o "Cachorrinho da RCA", prêmio que, até então, Elvis Presley e Nelson Gonçalves tinham recebido, e de haver cantado para presidentes e para o papa, o verdadeiro reconhecimento do valor de sua obra só ocorreu quando foi o grande homenageado do Prêmio Shell para os melhores da Música Popular Brasileira. No consenso unânime da crítica, premiação inquestionavelmente merecida. Em 1986, volta a Paris, exibindo-se para 15 mil pessoas no Halle de La Villete, ladeado por Alceu Valença, Fafá de Belém, Morais Moreira, Armandinho e outros artistas brasileiros, integrantes da turnê "Couleurs Brésil", quando a jornalista francesa Dominique Dreyfus lhe propõe escreverem juntos um livro autobiográfico, que viria a ser publicado sob o título *Vida do viajante: a saga de Luiz Gonzaga*. Para escrevê-lo, Dominique Dreyfus passou dois meses no Parque Aza Branca, em 1987. Lançou com Fagner, o álbum *Luiz Gonzaga & Fagner*, resultado do sucesso de um *pot-pourri* constante do disco *Danado de bom*, de Luiz Gonzaga, lançado no início do ano. Ainda em 1986, José de Jesus Ferreira lança a biografia *Luiz Gonzaga: Sua vida, seus amigos e suas canções*.

Em 1988, a antropóloga maranhense Mundicarmo Maria Rocha Ferreti lança, como tese de mestrado, *Baião de Dois: Zé Dantas e Luiz Gonzaga*. Um grande espetáculo na casa de shows Spazio, em Campina Grande, em outubro, marcou os cinquenta anos de sua carreira artística. Entre muitos outros artistas, participaram do evento, Fagner, Elba Ramalho, Nando Cordel, Alcymar Monteiro, Capilé, Jorge de Altinho, Dominguinhos, Oswaldinho do Acordeon, Pedro Sertanejo, Zé Américo, Manassés, Borel, Valdomiro Moraes, Waldonys e o filho Gonzaguinha. Apoiado em muletas e já debilitado por uma cirurgia para retirar água da pleura, Luiz Gonzaga cantou, sentado numa poltrona, alguns dos seus maiores sucessos.

No dia 6 de junho de 1989, um show no palco do Teatro Guararapes, em Recife, com a participação de discípulos fiéis como Alceu Valença, Marinês, Pinto do Acordeon, Gonzaguinha, Dominguinhos, Joquinha Gonzaga, Waldonys e Nando Cordel, seria o último de sua longa e notável carreira. Nesse mesmo ano, registra-se novo rompimento de contrato com a RCA e o pedido de desquite na justiça pernambucana do casamento de quarenta anos com Helena, quando Edelzuita passa a morar com ele.

A última entrevista de Luiz Gonzaga foi concedida ao jornalista Gildson Oliveira, através de Ivan Ferraz, no dia 2 de junho de 1989. Recife foi o local escolhido para passar seus derradeiros momentos. Seu último show realizou-se no dia 6 de junho de 1989, no Teatro Guararapes, do Centro de Convenções de Recife, quando foi homenageado por vários artistas. Ao final do espetáculo, o Rei do Baião dirigiu ao público estas palavras:

> Boa-noite, minha gente! (...) Minha gente, não preciso dizer que estou enfermo. Venho receber essa homenagem. Estou feliz, graças a Deus, por ter conseguido chegar aqui. E estou até melhor um pouquinho. Quem sabe, né? Este sanfoneiro viveu feliz por ver o seu nome reconhecido por outros poetas, como Gonzaguinha, Gilberto Gil, Caetano Veloso e Alceu Valença. Quero ser lembrado como o sanfoneiro que cantou muito o seu povo, que foi honesto, que criou filhos, que amou a vida, deixando um exemplo de trabalho, de paz e amor. Quero ser lembrado como o sanfoneiro que amou e cantou muito seu povo, o sertão; que cantou as aves, os animais, os padres, os cangaceiros, os retirantes, os valentes, os covardes, o amor. Gostaria que lembrassem que sou filho de Januário e dona Santana. Gostaria que lembrassem muito de mim; que esse sanfoneiro amou muito seu povo, o sertão. Decantou as aves, os animais, os padres, os cangaceiros, os retirantes. Decantou os valentes, os covardes e também o amor. (...) Muito obrigado.

Na quarta-feira, 21 de junho de 1989, às dez horas, o velho Lua foi levado às pressas ao Hospital Santa Joana, onde ficou quarenta e dois dias internado, até falecer, às 5:15, do dia 2 de agosto. Na UTI do hospital, disse ele: "Vocês não me levem a mal. Sinto muitas dores e gosto de aboiar quando deveria gemer." Seu corpo foi velado na Assembleia Legislativa de

Recife nos dias 2 e 3, até às 9:45, de onde seguiu para ser velado, também, em Juazeiro do Norte, CE, aonde chegou às 15:20, daí seguindo para a igreja Nossa Senhora do Perpétuo Socorro, onde se encontram os restos mortais de Padre Cícero Romão Batista. Ao ceder às pressões para que o corpo fosse velado, também, em Juazeiro, disse Gonzaguinha: "Tudo bem, vamos entrar na cidade. Se o povo quer, que podemos fazer?"

O corpo do Rei do Baião chegou a sua Exu no dia 3 à noite. Foi velado na igreja matriz de Exu, durante a noite do dia 3 e todo o dia 4, saindo para o sepultamento no Cemitério São Raimundo às 15:45. Entre as centenas de coroas de flores que chegaram à igreja Bom Jesus dos Aflitos, em Exu, oferecidas por fãs do cantor, encontrava-se uma do jornalista Gildson Oliveira acompanhada da seguinte mensagem: "Amado Lula: o silêncio acende a alma... O país canta sua voz... Os pássaros se entristecem com a partida da Asa Branca, mas fica em nossos corações a sua história. E a nossa festa é esta. Quem crê em Cristo, mesmo que esteja morto, viverá."

Ao cair do dia, enquanto o caixão baixava à sepultura, um improvisado coro, formado por Gonzaguinha, Dominguinhos, Alcimar Monteiro e mais de 20 mil pessoas, cantava "Asa Branca".

Em 1990, foi lançado o livro *Luiz Gonzaga, vozes do Brasil*. No ano seguinte, depois de haver passado quinze dias em Exu, cuidando da preservação do Parque Aza Branca, Gonzaguinha morre em acidente automobilístico, no dia 29 de abril de 1991. Nesse mesmo ano, Gildson Oliveira lança *Luiz Gonzaga, o matuto que conquistou o mundo*, onde transcreve este depoimento de Edelzuita sobre ele: "Amei Lula sem nada pedir ou esperar, mas sabendo que me bastava estar diante do homem mais extraordinário que já conheci, que me fez renascer e me ensinou grandes lições."

Em 4 de fevereiro de 1993, Helena Gonzaga, cognominada a Mãe do Baião, morre na Casa Grande do Parque Aza Branca. Em 1994, o cordelista Pedro Bandeira relança o livro *Luiz Gonzaga na literatura de cordel*. Em 1997, Dominique Dreyfus lança *Vida de viajante: a saga de Luiz Gonzaga*. Nesse mesmo ano, Uéliton Mendes da Silva lança *Luiz Gonza-*

ga, discografia do Rei do Baião. No ano 2000, a professora Sulamita Vieira lança *Sertão em movimento – a dinâmica da produção cultural*, desdobramento de sua tese de doutorado, enquanto a professora Elba Braga Ramalho lançava *Luiz Gonzaga: a síntese poética e musical do sertão*, desdobrando sua tese de doutorado na University of Liverpool da Inglaterra. Em 2001, José Fábio da Mota publica *Luiz Gonzaga, o Asa Branca da Paz*.

Luiz Gonzaga, sem dúvida, inscreveu de modo permanente o seu nome na memória e no coração do povo brasileiro.

Composições:

- "A dança da moda", Luiz Gonzaga e Zé Dantas (1950)
- "A feira de Caruaru", Onildo Almeida (1957)
- "A letra I", Luiz Gonzaga e Zé Dantas (1953)
- "A morte do vaqueiro", Luiz Gonzaga e Nelson Barbalho (1963)
- "A triste partida", Patativa do Assaré (1964)
- "A vida do viajante", Hervé Cordovil e Luiz Gonzaga (1953)
- "Acauã", Zé Dantas (1952)
- "Adeus, Iracema", Zé Dantas (1962)
- "A-bê-cê do sertão", Luiz Gonzaga e Zé Dantas (1953)
- "Adeus, Pernambuco", Hervé Cordovil e Manezinho Araújo (1952)
- "Algodão", Luiz Gonzaga e Zé Dantas (1953)
- "Amanhã eu vou", Beduíno e Luiz Gonzaga (1951)
- "Amor da minha vida", Benil Santos e Raul Sampaio (1960)
- "Asa branca", Humberto Teixeira e Luiz Gonzaga (1947)
- "Assum-preto", Humberto Teixeira e Luiz Gonzaga (1950)
- "Ave-maria sertaneja", Júlio Ricardo e O. de Oliveira (1964)
- "Baião", Humberto Teixeira e Luiz Gonzaga (1946)
- "Baião da Penha", David Nasser e Guio de Morais (1951)
- "Beata Mocinha", Manezinho Araújo e Zé Renato (1952)
- "Boi bumbá", Gonzaguinha e Luiz Gonzaga (1965)
- "Boiadeiro", Armando Cavalcanti e Klécius Caldas (1950)
- "Cacimba Nova", José Marcolino e Luiz Gonzaga (1964)

- "Calango da lacraia", Jeová Portela e Luiz Gonzaga (1946)
- "O cheiro de Carolina", – Sua Sanfona e Sua Simpatia – Amorim Roxo e Zé Gonzaga (1998)
- "Chofer de praça", Evaldo Ruy e Fernando Lobo (1950)
- "Cigarro de paia", Armando Cavalcanti e Klécius Caldas (1951)
- "Cintura fina", Luiz Gonzaga e Zé Dantas (1950)
- "Cortando pano", Jeová Portela, Luiz Gonzaga e Miguel Lima (1945)
- "De Fiá Pavi" (João Silva/Oseinha) (1987)
- "Dezessete légua e meia", Carlos Barroso e Humberto Teixeira (1950)
- "Feira de gado", Luiz Gonzaga e Zé Dantas (1954)
- "Firim, firim, firim", Alcebíades Nogueira e Luiz Gonzaga (1948)
- "Fogo sem fuzil", José Marcolino e Luiz Gonzaga (1965)
- "Fole gemedor", Luiz Gonzaga (1964)
- "Forró de Mané Vito", Luiz Gonzaga e Zé Dantas (1950)
- "Forró de Zé Antão", Zé Dantas (1962)
- "Forró de Zé do Baile", Severino Ramos (1964)
- "Forró de Zé Tatu", Jorge de Castro e Zé Ramos (1955)
- "Forró no escuro", Luiz Gonzaga (1957)
- "Fuga da África", Luiz Gonzaga (1944)
- "Hora do adeus", Luiz Queiroga e Onildo Almeida (1967)
- "Imbalança", Luiz Gonzaga e Zé Dantas (1952)
- "Jardim da saudade", Alcides Gonçalves e Lupicínio Rodrigues (1952)
- "Juca", Lupicínio Rodrigues (1952)
- "Lascando o cano", Luiz Gonzaga e Zé Dantas (1954)
- "Légua tirana", Humberto Teixeira e Luiz Gonzaga (1949)
- "Lembrança de primavera", Gonzaguinha (1964)
- "Liforme instravagante", Raimundo Granjeiro (1963)
- "Lorota boa", Humberto Teixeira e Luiz Gonzaga (1949)
- "Moda da mula preta", Raul Torres (1948)
- "Moreninha tentação", Sylvio Moacyr de Araújo e Luiz Gonzaga (1953)
- "No Ceará não tem disso, não", Guio de Morais (1950)
- "No meu pé de serra", Humberto Teixeira e Luiz Gonzaga (1947)

- "Noites brasileiras", Luiz Gonzaga e Zé Dantas (1954)
- "Numa sala de reboco", José Marcolino e Luiz Gonzaga (1964)
- "O maior tocador", Luiz Guimarães (1965)
- "O xote das meninas", Luiz Gonzaga e Zé Dantas (1953)
- "Ô véio macho", Rosil Cavalcanti (1962)
- "Obrigado, João Paulo", Luiz Gonzaga e Padre Gothardo (1981)
- "O fole roncou", Luiz Gonzaga e Nelson Valença (1973)
- "Oia eu aqui de novo", Antônio Barros (1967)
- "Olha pro céu", Luiz Gonzaga e Peterpan (1951)
- "Ou casa, ou morre", Elias Soares (1967)
- "Ovo azul", Miguel Lima e Paraguaçu (1946)
- "Padroeira do Brasil", Luiz Gonzaga e Raimundo Granjeiro (1955)
- "Pão-duro", Assis Valente e Luiz Gonzaga (1946)
- "Pássaro carão", José Marcolino e Luiz Gonzaga (1962)
- "Pau de arara", Guio de Morais e Luiz Gonzaga (1952)
- "Paulo Afonso", Luiz Gonzaga e Zé Dantas (1955)
- "Pé de serra", Luiz Gonzaga (1942)
- "Penerô xerém", Luiz Gonzaga e Miguel Lima (1945)
- "Perpétua", Luiz Gonzaga e Miguel Lima (1946)
- "Piauí", Sylvio Moacyr de Araújo (1952)
- "Piriri", Albuquerque e João Silva (1965)
- "Quase maluco", Luiz Gonzaga e Victor Simon (1950)
- "Quer ir mais eu?", Luiz Gonzaga e Miguel Lima (1947)
- "Quero chá", José Marcolino e Luiz Gonzaga (1965)
- "Padre sertanejo", Helena Gonzaga e Pantaleão (1964)
- "Respeita Januário", Humberto Teixeira e Luiz Gonzaga (1950)
- "Retrato de um forró", Luiz Ramalho e Luiz Gonzaga (1974)
- "Riacho do navio", Luiz Gonzaga e Zé Dantas (1955)
- "Sabiá", Luiz Gonzaga e Zé Dantas (1951)
- "Sanfona do povo", Luiz Gonzaga e Luiz Guimarães (1964)
- "Sanfoneiro Zé Tatu", Onildo Almeida (1962)
- "São João na roça", Luiz Gonzaga e Zé Dantas (1952)

- "Siri jogando bola", Luiz Gonzaga e Zé Dantas (1956)
- "Tropeiros da Borborema", Raimundo Asfora e Rosil Cavalcante
- "Vem, morena", Luiz Gonzaga e Zé Dantas (1950)
- "Vira e mexe", Luiz Gonzaga (1941)
- "Xanduzinha", Humberto Teixeira e Luiz Gonzaga (1950)
- "Xote dos cabeludos", José Clementino e Luiz Gonzaga (1967)

DISCOGRAFIA

- 1956 – *Aboios e Vaquejadas*
- 1957 – *O Reino do Baião*
- 1958 – *Xamego*
- 1961 – *Luiz "LUA" Gonzaga*
- 1962 – *Ô Véio Macho*
- 1962 – *São João na Roça*
- 1963 – *Pisa no Pilão (Festa do Milho)*
- 1964 – *A Triste Partida*
- 1964 – *Sanfona do Povo*
- 1965 – *Quadrilhas e Marchinhas Juninas*
- 1967 – *O Sanfoneiro do Povo de Deus*
- 1967 – *Oia Eu Aqui de Novo*
- 1968 – *Canaã*
- 1968 – *São João do Araripe*
- 1970 – *Sertão 70*
- 1971 – *O Canto Jovem de Luiz Gonzaga*
- 1971 – *São João Quente*
- 1972 – *Aquilo Bom!*
- 1972 – *Volta pra Curtir (ao vivo)*
- 1973 – *A Nova Jerusalém*
- 1973 – *Sangue de Nordestino*
- 1973 – *Luiz Gonzaga*
- 1974 – *Daquele Jeito...*

- 1974 – *O Fole Roncou*
- 1976 – *Capim Novo*
- 1977 – *Chá Cutuba*
- 1978 – *Dengo Maior*
- 1979 – *Eu e Meu Pai*
- 1979 – *Quadrilhas e Marchinhas Juninas, vol. 2 – Vire Que Tem Forró*
- 1980 – *O Homem da Terra*
- 1981 – *A Festa*
- 1981 – *A Vida do Viajante – Gonzagão e Gonzaguinha*
- 1982 – *Eterno Cantador*
- 1983 – *70 Anos de Sanfona e Simpatia*
- 1984 – *Danado de Bom*
- 1984 – *Luiz Gonzaga & Fagner*
- 1985 – *Sanfoneiro Macho*
- 1986 – *Forró de Cabo a Rabo*
- 1987 – *De Fiá Pavi*
- 1988 – *Aí Tem*
- 1988 – *Gonzagão & Fagner 2 –* ABC do Sertão
- 1989 – *Vou Te Matar de Cheiro*
- 1989 – *Aquarela Nordestina*
- 1989 – *Forrobodó Cigano*
- 1989 – *Luiz Gonzaga e sua Sanfona, vol. 2*

BIBLIOGRAFIA

ÂNGELO ASSIS. *Vou Contar pra vocês*, 1990.

DOMINIQUE DREYFUS, com prefácio de Gilberto Gil, *Vida de viajante – A saga de Luiz Gonzaga*, 1996.

JOSÉ DE JESUS FERREIRA. *Luiz Gonzaga, o Rei do baião – Sua vida, seus amigos, suas canções*, 1986.

LUIZ GONZAGA. *Vozes do Brasil*, 1990.

VINÍCIUS DE MORAES
(1913-1980)

"A vida é a arte do encontro, embora haja tanto desencontro pela vida."
...E assim, quando mais tarde me procure
Quem sabe a morte, angústia de quem vive
Quem sabe a solidão, fim de quem ama
Eu possa me dizer do amor (que tive):
Que não seja imortal, posto que é chama
Mas que seja infinito enquanto dure.

MARCUS VINITIUS DA CRUZ DE MELO MORAES NASCEU NA TEMPESTUOSA madrugada de 19 de outubro de 1913, no Rio de Janeiro, na rua Lopes Quintas, 114, casa já demolida, no bairro da Gávea, e morreu, também no Rio, a 9 de julho de 1980, tendo vivido, portanto, 66 anos, 8 meses e 20 dias. O pai, Clodoaldo, cultor do latim, lhe dera esse prenome duplo que ele mais tarde alteraria para Vinícius e suprimiria em cartório o prenome Marcus.

Notabilizado como poeta e compositor musical, Vinícius foi também diplomata, jornalista e dramaturgo.

É o segundo de quatro filhos do casal Clodoaldo Pereira da Silva Moraes e Lídia Cruz, ela, pianista amadora, e ele, funcionário da prefeitura, poeta e violinista amador. A primogênita Lygia nasceu em 1911. Laetitia e Hélius nasceram, respectivamente, em 1916 e 1918. Em 1916, a família mudou-se para o bairro de Botafogo onde Vinícius iniciou os estudos na Escola Primária Afrânio Peixoto. Por disposição testamenteira do avô, foi batizado na maçonaria, em cerimônia que lhe causou forte impressão.

Foi precoce a manifestação de seu talento poético.

Aos 9 anos, não acompanhou a mudança dos pais para a Ilha do Governador, imposta pela fragilizada saúde da mãe. Permaneceu com a avó, juntamente com a irmã Lygia, para concluir o curso primário. Grande parte das férias e muitos fins de semana, porém, passava-os na Ilha, onde seus pais costumavam receber em casa Henrique de Melo Moraes, tio de Vinícius, e o compositor Bororó, permanente garantia de boa música. Em 1924, ao ingressar no Colégio Santo Inácio, dos jesuítas, incorporou-se ao coral e passou a interessar-se por teatro. Aos 14, começou a compor com os irmãos Paulo e Haroldo Tapajós – chegando a nove o número das composições –, e a se apresentar em festas na vizinhança. Sua primeira letra Loira ou Morena, fox-canção, composta aos 15 anos, foi musicada por Haroldo Tapajós e gravada pelos irmãos, em 1932. Aos 16, entrou para a Faculdade de Direito do Catete, mais tarde incorporada à Universidade Estadual do Rio de Janeiro. Para ingressar no Caju – Centro Acadêmico de Estudos Jurídicos e Sociais, dissertou sobre a vinda de D. João VI ao Brasil. Aí ficou amigo de San Tiago Dantas, Thiers Martins Moreira, Antônio Galloti, Gilson Amado, Hélio Viana, Américo Jacobina, Lacombe, Chermont de Miranda, Almir de Andrade, Plínio Doyle e, particularmente, Otávio Faria, que tanto o estimulou a fazer literatura.

Aos 20 anos, graduou-se em ciências jurídicas e sociais, quando veio a lume seu primeiro livro de poemas, *O caminho para a distância*. Em 1932, ano que antecedeu sua formatura, a revista católica *A Ordem* publicou seu poema "A transfiguração da montanha". Outras canções de sua autoria foram também gravadas nos seus 20 anos, como "Dor de uma saudade", composta com Joaquim Medina, na voz de João Petra de Barros e Joaquim Medina, "O beijo que você não quis dar", em parceria com Haroldo Tapajós, e "Canção da Noite", com Paulo Tapajós, ambas gravadas pelos irmãos Tapajós bem como "Canção para alguém", com Haroldo Tapajós, gravada pelos irmãos em 1934.

Nosso poeta, lírico e boêmio, autor de memoráveis sonetos, bebia, fumava e amava sem régua e sem compasso. Começou cedo sua carreira amorosa. Escreveu o primeiro poema de amor aos 9 anos, inspirado em uma colega de escola que reencontraria cinquenta e seis anos depois. Era um apaixonado pela vida, dedicado a fazer tudo o que lhe desse prazer. Carlos Drummond de Andrade disse que Vinícius "Foi o único de nós que teve a vida de poeta". Dele se dizia que passou metade da vida viajando e a outra metade amando. Teve nove mulheres, oficialmente reconhecidas. Tati, com quem teve Susana e Pedro, foi a única com quem se casou no civil. Ela foi a inspiradora dos versos "Que não seja imortal, posto que é chama/ Mas que seja infinito enquanto dure". Deixou-a por Regina Pederneiras, romance que durou, apenas, um ano, ao fim do qual voltou para Tati, deixando-a, definitivamente, em 1956, a fim de casar-se com Lila, irmã de Ronaldo Bôscoli, de apenas 19 anos, vinte e quatro mais jovem do que ele, mãe de Georgina e Luciana. Foi então que Vinícius conheceu e convidou Tom Jobim para musicar sua peça teatral *Orfeu da Conceição*. Em 1957, casou-se com Maria Lúcia Proença, depois de um romance secreto de oito meses, já que ambos eram casados. Ela foi a musa inspiradora de "Para viver um grande amor", que durou até 1963. Lucinha, já separada de Vinícius, soube pelos jornais que o Poetinha seguira para a Europa com Nelita, seu novo amor, trinta anos mais jovem, que lhe inspiraria "Minha namorada". Cristina Gurjão, vinte e seis anos mais jovem, chegaria em 1966, trazendo três filhos de anterior casamento, aos quais se juntaria Maria, nascida do novo par, em 1968. Cristina estava no 5º mês de gravidez quando Vinícius conheceu a baiana Gesse Gessy, 31 anos, apresentada aos amigos, em sua casa de Itapuã, como sua nova mulher, na celebração do seu 57º aniversário. Em 1975, já separado de Gesse, conhece a poeta argentina Marta Ibañez, quarenta anos mais jovem, com quem se casaria no ano seguinte. Gilda Mattoso foi a última consorte. Conheceram-se em 1972, quando, aos 19 anos, estudante de letras, pediu-lhe um autógrafo, em Niterói. Quatro anos mais tarde, em 1976, ela com 23 anos e ele com 63, concretizaram o amor. Aos que tentavam lhe pespegar o apodo de mulherengo, corrigia pedagógico:

mulherólogo. Indagado sobre com quantas mulheres pretendia se unir, respondeu: "Com quantas for necessário." Seus amores – dizia – eram sua inspiração. Fato é que viveu amores cuja infinitude só poderia resultar da intensidade.

Vinícius, para minimizar, talvez, o sentimento de culpa, costumava ser muito generoso com as mulheres de quem se separava, deixando com elas os bens do casal e levando, apenas, os objetos pessoais. Sua separação de Gesse não foi diferente. Deixou para ela a bela mansão do farol de Itapuã. Apesar disso, Gesse, irresignada com a separação, reteve as identidades de Vinícius e seus cartões de crédito, negando-se, peremptoriamente, a devolvê-los. Em plena ditadura, a obtenção de novos documentos, inclusive o passaporte, demoraria um tempo que resultaria desastroso para Vinícius, em face de compromissos artísticos iminentes, dentro e fora do Brasil. Reunido com uma plêiade de velhos e dedicados amigos, como Édio Gantois, Carybé, Jorge Amado, Antônio Celestino e Jenner Augusto, alguém lembrou que o advogado de Gesse era o grande civilista Orlando Gomes, amigo fraternal do autor destas linhas. Procurado pela ilustre trupe, intercedi junto ao professor Orlando Gomes, que, em minha presença, telefonou para Gesse, determinando a imediata devolução dos documentos. Como Gesse se recusasse a fazê-lo, mestre Orlando respondeu que a partir daquele momento ele não seria mais seu advogado. Temendo perder tão valioso patrono, Gesse recuou, devolvendo os documentos, para gáudio do Poetinha que, como de preceito, celebrou a reconquista da liberdade de movimentos, tomando todas.

A vasta produção de Vinícius compreende música, literatura, teatro e cinema. O Poetinha, como era carinhosamente cognominado, teve muitos parceiros musicais, destacando-se Tom Jobim, Toquinho, Baden Powell, João Gilberto, Chico Buarque e Carlos Lyra. Inovador, por excelência, misturava ritmos brancos com negros, samba com candomblé e o comportamento aristocrático com o boêmio. Desafiou o movimento modernista, que proscreveu o soneto, dando novo prestígio aos poemas com quatorze versos. Diplomata de carreira, escandalizou os conservadores ao dar entrevistas com um copo na mão. Explica-se a frequente presença de palavras como mudança, transição e evolução nas análises e avaliações de sua vasta obra. Sua poesia reflete a busca e o encontro; a serenidade e a desesperança; a paz e a turbulência; o divino e o profano; a força e a fraqueza; a chegada e a partida; tudo isso se fundindo no amálgama rico da vida e do prazer. Ainda que precocemente reconhecido por múltiplos talentos, seu nome passou a circular com prestígio nos meios artísticos e literários na casa dos 40 anos, como teatrólogo, com a peça *Orfeu da Conceição*, e na música, quando diferentes artistas gravaram suas composições, despontando Tom Jobim como um dos seus maiores parceiros. A década de 1960 lhe foi singularmente fecunda, sendo gravadas pela MPB sessenta de suas composições, em parceria com Baden Powell, Francis Hime e Carlos Lyra.

Em 1936, publica, em separata, o poema "Ariana, a mulher". Foi contratado pelo Ministério da Educação e Saúde, para substituir Prudente de Morais Neto, como censor cinematográfico, quando conhece Manuel Bandeira e Carlos Drummond de Andrade. O trabalho, puramente burocrático, levava-o a dormir durante as sessões, quando ele nada censurava. Politicamente, declarava-se partidário do integralismo, partido brasileiro de orientação fascista, posição que reveria na maturidade.

Em 1930, publica novos poemas e ganha bolsa para estudar língua e literatura inglesa na Universidade de Oxford, atuando como assistente do programa brasileiro na BBC. Conhece, na casa do poeta e empresário Augusto Frederico Schmidt, a figura singular de intelectual Jayme Ovalle, de quem se tornaria grande amigo. Em 1939, casa-se por procuração com Beatriz Azevedo de Mello, a Tati, e de regresso ao Brasil, em face da eclosão da guerra, embarca em Lisboa com Oswald de Andrade. Ainda na década de 1930, Vinícius de Moraes recebeu o Prêmio Felipe D'Oliveira pelo livro *Forma e exegese*, de 1935. Suzana, a primogênita, nasce em 1940. Na década de 1940, sua produção literária foi caracterizada por versos simples, sensuais e, não raro, com forte apelo social. Em demorada estada em São Paulo, o Poetinha vincula-se a Mário de Andrade. Em 1941, foi ser crítico de cinema no jornal *A Manhã*, colaborando, também, com a revista *Clima*, e, sob a orientação de Múcio Leão e Cassiano Ricardo, colaborou em suplementos literários, ao lado de Manuel Bandeira, Cecília Meireles e Affonso Arinos de Melo Franco. Para melhorar a renda, empregou-se no Instituto dos Bancários. Em 1942, debateu com Ribeiro Couto e outros intelectuais brasileiros cinema silencioso e cinema sonoro, posicionando-se a favor do primeiro. Nasce o filho Pedro. Atendendo a convite do então prefeito de Belo Horizonte, Juscelino Kubitschek, chefia uma caravana de escritores à capital mineira, quando aprofunda as relações de amizade com Otto Lara Resende, Fernando Sabino, Hélio Pelegrino e Paulo Mendes Campos. Com Rubem Braga e Moacyr Werneck de Castro, funda a roda literária do Café Vermelhinho, atraindo a participação de arquitetos e artistas plásticos, como Oscar Niemeyer, Carlos Leão, Afonso Reidy, Jorge Moreira, José Reis, Alfredo Ceschiatti, Santa Rosa, Pancetti, Augusto Rodrigues, Djanira, Bruno Giorgi. Frequenta as reuniões dominicais na casa de Aníbal Machado. Conhece a escritora Argentina Maria Rosa Oliver, através de quem foi apresentado a Gabriela Mistral, que seria a primeira escritora sul-americana a ganhar o Nobel de literatura, em 1945. Em longa viagem ao Nordeste do Brasil, acompanhando o escritor americano Waldo Frank, muda sua visão política, tornando-se ferrenho antifascista. Em Recife, inicia duradoura amizade com o poeta João Cabral de Melo Neto.

Em 1943, publicou o livro *Cinco elegias*, patrocinado por Manuel Bandeira, Aníbal Machado e Otávio de Faria, que inaugurou nova fase em sua vida literária. Ingressa, por concurso, no Ministério das Relações Exteriores aos 30 anos. No ano anterior, em sua primeira tentativa, fora reprovado. Em 1946, aos 33 anos, assumiu como vice-cônsul em Los Angeles. Em 1944, dirige o suplemento literário de *O Jornal*, onde conta com a colaboração, em colunas assinadas, de Oscar Niemeyer, Pedro Nava, Marcelo Garcia, Francisco de Sá Pires, Carlos Leão e Lúcio

Rangel, e publica desenhos de artistas plásticos como Carlos Scliar, Athos Bulcão, Alfredo Ceschiatti, Martim Gonçalves, Arpad Czenes e Maria Helena Vieira da Silva. Em 1945, tem forte presença na imprensa como articulista e crítico de cinema. Inicia amizade com Pablo Neruda. Sofre um desastre na viagem inaugural do hidroavião *Leonel de Marnier*, ao Uruguai. Com ele estão Aníbal Machado e Moacir Werneck de Castro. Escreve crônicas diárias para o jornal *Diretrizes*. Em 1946, vai ocupar o vice-consulado em Los Angeles, onde permanece cinco anos sem voltar ao Brasil. Publica o livro *Poemas, sonetos e baladas*, em edição de luxo, ilustrada com vinte e dois desenhos de Carlos Leão, sócio de Lúcio Costa, no escritório de arquitetura onde Oscar Niemeyer começou a trabalhar. Em 1947, estuda cinema com Orson Welles e Gregg Toland e lança, com Alex Vianny, a revista *Film*. Manteve contato com Walt Disney. Dois anos depois, João Cabral de Melo Neto lançaria, em Barcelona, uma edição de cinquenta exemplares de seu poema "Pátria Minha". Em 1950, viaja ao México para visitar o amigo Pablo Neruda que ali se encontra enfermo, quando conhece o pintor David Siqueiros e reencontra Di Cavalcanti. Ao saber da morte do pai, Clodoaldo, retorna ao Brasil, acumulando funções burocráticas no Ministério das Relações Exteriores com trabalho jornalístico na *Última Hora*.

Em 1951, casa-se pela segunda vez; agora, com Lila Maria Esquerdo e Bôscoli. Começa a colaborar no jornal *Última Hora*, a convite de Samuel Wainer, como cronista diário e posteriormente crítico de cinema. Em 1952, com os primos Humberto e José Francheschi, fotografa e filma as cidades mineiras que compuseram o roteiro do Aleijadinho, para um filme sobre a vida do escultor que lhe fora encomendado pelo diretor Alberto Cavalcanti. Designado delegado ao Festival de Punta Del Leste, cobre, paralelamente, o evento, para o jornal *Última Hora*. Em seguida, viaja para a Europa, com a missão de estudar a organização dos festivais de cinema de Cannes, Berlim, Locarno e Veneza, medida preparatória do Festival de Cinema que se realizaria em São Paulo, como parte das comemorações do IV Centenário da cidade. Em Paris, conhece Jean Georges Rueff que seria seu tradutor francês, com quem colaborou, em Estrasburgo, na tradução das *Cinco elegias*.

Em 1953, nasceu a filha Georgiana. Colabora no tabloide semanário "Flan", de *Última Hora*, sob a direção de Joel Silveira. É lançada a edição francesa das *Cinq élégies*. Faz amizade com o poeta cubano Nicolás Guillén. Gravou seu primeiro samba, "Quando tu passas por mim", em parceria com Antônio Maria, na voz de Aracy de Almeida. A composição foi dedicada à esposa Tati de Moraes, como despedida de casamento. Faz crônicas diárias para o jornal *A Vanguarda*, a convite de Joel Silveira. Segue para Paris para ocupar a segunda secretaria da embaixada. De Paris, costumava ir a Roma onde promovia animados encontros intelectuais na casa de Sérgio Buarque de Holanda, pai de Chico Buarque e de Ana Holanda, ex-ministra da Cultura de Dilma Rousseff. Também de sua parceria com Antônio Maria, Aracy de Almeida gravaria, no ano seguinte, "Dobrado de amor a São Paulo".

Em 1954, publica *Antologia poética*, coletânea de poemas, e a peça *Orfeu da Conceição*, premiada no concurso do IV Centenário de São Paulo. Dois anos depois, quando procurava alguém para musicar a peça, aceitou a sugestão do amigo Lúcio Rangel para trabalhar com o pianista Antônio Carlos Brasileiro de Almeida Jobim, então com 29 anos, que vivia da venda de músicas e arranjos nos inferninhos de Copacabana. Compositor, maestro, pianista, cantor, arranjador e violonista brasileiro, Tom Jobim é considerado um dos maiores expoentes da música brasileira e um dos criadores do movimento da bossa-nova. É um dos nomes mais representativos da música brasileira na segunda metade do século XX, constituindo unanimidade de crítica e de público, dentro e fora do Brasil, em qualidade e sofisticação musical. Aprendeu a tocar violão e piano, entre outros, com o professor alemão Hans-Joachim Koellreutter, introdutor da técnica dodecafônica no Brasil. Desse encontro nasceria uma das mais fecundas parcerias da música brasileira. Foi dela a trilha sonora de *Orfeu da Conceição* que incluiu "Lamento no morro", "Se todos fossem iguais a você", "Um nome de mulher", "Mulher sempre mulher" e "Eu e você", lançadas em disco por Roberto Paiva, Luiz Bonfá e Orquestra. A estreia da peça ocorreu no Theatro Municipal do Rio de Janeiro, com cenário de Oscar Niemeyer. A famosa dupla, ainda comporia, entre outros, os clássicos "A felicidade", "Chega de saudade", "Eu sei que vou te amar", "Garota de Ipanema" e "Insensatez'". Em 1955, Vinícius compõe em Paris, com o maestro Cláudio Santoro, uma série de canções de câmara e começa a trabalhar para o produtor Sasha Gordine, no roteiro do filme *Orfeu Negro*. No fim do ano vem com ele ao Brasil, para conseguir financiamento para a produção da película. Não tendo êxito, regressa a Paris. Em 1956, volta ao Brasil em gozo de licença-prêmio, quando nasce a terceira filha, Luciana. Colabora no quinzenário *Para Todos* a convite de Jorge Amado, em cujo primeiro número publica o poema "O operário em construção". Sua peça *Orfeu da Conceição* foi publicada em edição de luxo, com ilustrações de Carlos Scliar. Com a inclusão do cantor e violonista inovador João Gilberto, a tríplice parceria daria forte propagação ao movimento de renovação da música popular brasileira, que se convencionou chamar de bossa-nova. Retorna a Paris, no fim do ano.

Para o filme *Orfeu do Carnaval* ou *Orfeu negro*, do cineasta francês Marcel Camus, rodado no Rio de Janeiro, em 1957 e 1958, Vinícius compôs "A felicidade" e "O nosso amor". Um ano depois, o filme ganharia a Palma de Ouro no Festival de Cinema de Cannes e o Oscar de melhor filme estrangeiro.

Em 1957, depois de transferido da Embaixada em Paris para a Delegação do Brasil junto à Unesco, Vinícius foi servir em Montevidéu, onde permaneceu por três anos. Sai a primeira edição de seu *Livro de sonetos*. Em 1958, escapou de grave acidente automobilístico. Casouse com Maria Lúcia Proença. O ano seria marcado pela emergência da bossa-nova, de João Gilberto, cuja pedra fundamental foi lançada com o álbum *Canção do amor demais*, gravado por Elizeth Cardoso, que contou, também, com canções da dupla Vinícius e Tom, como "Luciana", "Estrada branca", "Outra vez" e "Chega de Saudade", em interpretações vocais intimistas. "Chega de saudade" foi uma canção emblemática do novo movimento, especialmente porque o álbum de Elizeth contou com a participação de João Gilberto como violonista, cuja batida marcaria definitivamente a bossa-nova, tornando-a famosa no mundo inteiro. Para que se tenha uma ideia da importância do disco *Canção do amor demais*, artistas como Chico Buarque e Caetano Veloso tomaram-no como referência dos seus processos criativos.

Daí em diante, Vinícius não parou de fazer escola. Suas composições foram gravadas na segunda metade da década de 1950 por vários artistas. Em 1956, Joel de Almeida gravou "Loura ou morena". No ano seguinte, Aracy de Almeida gravou "Bom-dia, tristeza", composta em parceria com Adoniran Barbosa, enquanto Tito Madi gravou "Se todos fossem iguais a você", Bill Farr "Eu não existo sem você", Agnaldo Rayol "Serenata do adeus" e Albertinho Fortuna gravou "Eu sei que vou te amar". Em 1959, sai o LP *Por toda minha vida*, de canções suas com Jobim, pela cantora Lenita Bruno. Aparece o seu livro *Novos poemas II*. Casa-se sua filha Susana. "O nosso amor" e "A felicidade" foram dois bestsellers daquele ano. A primeira foi gravada por Lueli Figueiró e Diana Montez, e a segunda foi lançada pelo quarteto composto por Lueli Figueiró, Lenita Bruno, Agostinho dos Santos e João Gilberto.

Em 1960, Vinícius deixou o Uruguai, retornando à Secretaria das Relações Exteriores. Sai a segunda edição de sua *Antologia poética* e uma edição popular da peça *Orfeu da Conceição*. Em novembro, nasce o neto Paulo, filho de Suzana. Suas canções continuaram sendo gravadas por muitos artistas, no início dos anos 1960, como "Janelas abertas" – em parceria com Tom Jobim – por Jandira Gonçalves, e "Bate coração" – composta com Antônio Maria –, por Marianna Porto de Aragão, considerada um das vozes mais poderosas de sua geração.

Em 1961, aos 48 anos, Vinícius gravou sua voz, pela primeira vez, em um disco contendo os sambas "Água de beber" e "Lamento no morro", ambas compostas em parceria com Tom Jobim. Foi nesse momento que surgiu o novo parceiro, Carlos Lyra, cantor, compositor e violonista, com quem comporia alguns dos seus clássicos mais apreciados, como "Você e eu", "Coisa mais linda", "A primeira namorada" e "Nada como te amar". Pixinguinha veio enriquecer sua galeria de grandes parceiros musicais. Nesse mesmo ano, o Teatro Santa Rosa foi inaugurado no Rio, com a peça *Procura-se uma rosa*, de autoria de Vinícius, Pedro Bloch e Gláucio Gil. Claudia Cardinale estrelaria, em longa-metragem rodado no Rio, a versão italiana com o nome de *Una Rosa per Tutti*. *Orfeu Negro* é lançado em edição italiana.

O ano de 1962 foi muito rico na vida do poeta. A Banda do Corpo de Bombeiros fluminense gravaria "Serenata do adeus", precedida do prestígio da gravação no ano anterior de "Rancho das flores", marcha-rancho versificada por ele, a partir do tema proposto em "Jesus, alegria dos homens", de Bach. Além de "Canção da eterna despedida", em parceria com Jobim, e "Em noite de luar", composta com Ary Barroso, terem sido gravadas, respectivamente, por Orlando Silva e Ângela Maria, Vinícius publicou três livros: *Antologia poética*, *Procura-se uma rosa* e *Para viver um grande amor*. Com Pixinguinha, considerado por muitos como o maior talento musical natural do Brasil, compôs a trilha sonora do filme *Sol sobre a lama*, de Alex Vianny, e escreveu as letras para os chorinhos "Lamento" e "Mundo melhor". Foi dessa fase o nascimento de mais uma parceria famosa, com o compositor e violonista Baden Powell, que conheceu num show da boate Arpège, dando início à série de afro-sambas, como "Berimbau" e "Canto de Ossanha". Com o violonista virtuose comporia, ainda, grandes sucessos, como "Apelo", "Canção de amor", "Formosa", "Mulher carioca","Paz", "Pra que chorar", "Samba da bênção", "Samba em prelúdio", "Só por amor", "Tem dó", "Tempo feliz", dentre outros. Em agosto, participou de *Encontro*, um dos mais importantes concertos da bossa-nova, realizado na boate Au Bon Gourmet, no Rio de Janeiro, ao lado de João Gilberto – o pioneiro do movimento –, Tom Jobim e o grupo Os Cariocas, quando foram lançados os clássicos "Ela é carioca", "Garota de Ipanema", "Insensatez",

"Samba do avião" e "Só danço samba". *Encontro* deu início aos denominados *pocket-shows*. Ali mesmo, no Au Bon Gourmet, foi montada a comédia musicada de Vinícius, *Pobre menina rica*, cuja trilha sonora trazia canções como "Sabe você", "Primavera" e "Samba do carioca", as duas últimas de parceria com Carlos Lyra, que serviram de plataforma de lançamento da cantora Nara Leão. Ainda naquele fecundo ano, Vinícius comporia com Lyra "Marcha da Quarta-Feira de Cinzas" e "Minha namorada", e, com Ary Barroso, as últimas canções deste grande compositor, entre as quais "Rancho das namoradas". É lançada a 1ª edição do livro de crônicas e poemas, *Para viver um grande amor*. Com a atriz e cantora Odete Lara, gravou seu primeiro álbum: *Vinícius/Odete Lara*, com arranjos e regência do poeta Moacir Santos. O LP continha canções da parceria com Baden Powell, como "Berimbau", "Mulher carioca", "Samba em prelúdio" e "Só por amor".

Em 1963, o bocarra e tonitruante bom cantor Jorge Goulart gravou "Marcha da Quarta-feira de Cinzas"; Elizeth Cardoso, "Mulher Carioca" e "Menino Travesso", a última em parceria com Moacir Santos. Elza Soares gravou "Só danço samba"; Pery Ribeiro e o Tamba Trio gravaram "Garota de Ipanema", enquanto Jair Rodrigues abafou com "O morro não tem vez", parceria com Tom Jobim. Ainda em 1963, foi lançado o álbum *Elizeth interpreta Vinícius*, trazendo as parcerias com Baden Powell, Moacir Santos, como arranjador, Nilo Queiroz e Vadico. Começa a compor com Edu Lobo. Casa-se com Nelita Abreu Rocha e vai ocupar posto na delegação do Brasil junto à Unesco, em Paris.

Em 1964, ao retornar ao Brasil, colabora com crônicas semanais para a revista *Fatos e Fotos*, e com artigos sobre música popular no *Diário Carioca*. Começa a compor com Francis Hime. Faz show de grande sucesso com Dorival Caymmi, na boate Zum-Zum, acompanhado do conjunto de Oscar Castro Neves, onde lança o Quarteto em Cy. O concerto teve grande repercussão nos meios artísticos e foi lançado em LP, contendo composições como "Bom-dia, amigo" – em parceria com Baden Powell –, "Carta ao Tom", "Dia da criação" e

"Minha namorada" – com Carlos Lyra –, e "Adalgiza", "...Das rosas", "História de pescadores" e "Saudades da Bahia", em parceria com Dorival Caymmi.

Em 1965, Vinícius concorreu com duas canções ao "I Festival Nacional de Música Popular Brasileira", promovido pela extinta TV Excelsior, ficando com os dois primeiros lugares. Sua composição "Valsa do amor que não vem", em parceria com Baden Powell e interpretada por Elizeth Cardoso, ficou em segundo lugar, cabendo o primeiro a "Arrastão", de parceria com Edu Lobo, na voz de Elis Regina. Com Edu Lobo, arranjador, cantor e instrumentista, Vinícius comporia "Zambi" e "Canção do amanhecer" – usadas pelos movimentos de protesto liderados pela UNE e apresentadas no seu Centro de Cultura Popular. Viaja a Paris e a St. Maxime para escrever o roteiro do filme *Arrastão*, quando rompe com o diretor, retirando suas músicas da trilha musical. De Paris, segue para Los Angeles a fim de encontrar-se com Antônio Carlos Jobim. Muda-se de Copacabana para o Jardim Botânico, à rua Diamantina, nº 20. Começa a trabalhar com o diretor Leon Hirszman, do Cinema Novo, no roteiro do filme *Garota de Ipanema*. Volta ao show com Caymmi, na boate Zum-Zum. Lançou o livro *Cordélia e o peregrino*. Ainda em 1965, o Teatro Municipal de São Paulo foi palco do show *Vinícius: Poesia e Canção*, espetáculo que contou com a participação da Orquestra Sinfônica do Estado de São Paulo e de inúmeros artistas, como os maestros Guerra Peixe, Radamés Gnattali, Luís Eça, Gaya e Luís Chaves, e intérpretes como Carlos Lyra, Edu Lobo, Suzana de Morais, Francis Hime, Paulo Autran, Cyro Monteiro e Baden Powell. Quando Vinícius encerrou o show, cantando "Se todos fossem iguais a você", recebeu dez minutos de aplausos.

Em 1966, em parceria com Baden Powell, Vinícius lançou o LP *Os afro-sambas*, com repertório que incluiu "Canto de Ossanha", "Canto de Xangô", "Canto de Iemanjá" e "Lamento de Exu". Em seguida, participou do concerto *Pois É*, no Teatro Opinião, ao lado de Maria

Bethânia e Gilberto Gil que, pela primeira vez, e sob a direção do arranjador, compositor, maestro e pianista Francis Hime, se apresentou perante o público carioca. Tevês dos Estados Unidos, da Alemanha, da Itália e da França fazem documentários sobre o poeta, sendo que nos dois últimos países os diretores foram, respectivamente, Gianni Amico e Pierre Kast. Ainda naquele ano, o Poetinha lançou o livro de crônicas *Para uma menina com uma flor*. Com tanta evidência, foi convidado a participar do júri do Festival de Cannes, quando constatou que a canção de sua autoria "Samba da bênção" fora usada na trilha sonora do filme *Um homem e uma mulher*, de Claude Lelouch, vencedor do festival, sem os registros dos créditos a ele devidos. Diante da ameaça de processo, foi creditada a canção de Vinícius.

No ano de 1967, deu-se o lançamento do filme *Garota de Ipanema*, baseado numa das canções brasileiras mais conhecidas no mundo, ao lado de "Aquarela do Brasil". São lançadas novas edições de sua *Antologia poética* e do *Livro de sonetos*, o último enriquecido com novos poemas. Ainda em 1967, Vinícius organizou um festival de artes em Ouro Preto e excursionou por Argentina e Uruguai. Compõe o júri de música jovem, na Bahia.

Em fevereiro de 1968, morre sua mãe, Lídia. Apresenta-se em Lisboa, com Chico Buarque e Nara Leão. A convite de Ricardo Cravo Albin, prestou depoimento para o Museu da Imagem e do Som. Aparece a primeira edição de sua *Obra poética*, que teve alguns poemas traduzidos para o italiano por Ungaretti. A aposentadoria compulsória pelo AI-5 magoou-o profundamente, estado de espírito momentaneamente agravado pelos apupos de estudantes salazaristas à porta do teatro em que se apresentava. Aconselhado a se retirar pelos fundos do teatro, Vinícius optou por enfrentar os protestos. Diante dos manifestantes, começou a declamar "Poética I" ("De manhã escureço/De dia tardo/De tarde anoiteço/De noite ardo"). Surpreendentemente, um dos jovens tirou a capa do seu traje acadêmico e a lançou ao solo, à guisa de tapete, para que Vinicius pudesse caminhar sobre ela, no que foi seguido por colegas, modo simbólico, em Portugal, de expressar alto apreço acadêmico.

Em 1969, Vinícius publicou *Obra poética* e se apresentou em Punta del Este, acompanhado de Maria Creuza e Dorival Caymmi. Depois, atravessou o Atlântico para fazer um recital em Lisboa, na Livraria Quadrante, que incluiu os poemas "A uma mulher", "O falso mendigo", "Sob o Trópico de Câncer" – poema que burilou durante nove anos –, e o "Soneto da intimidade". Gravado ao vivo, o recital se converteu em festejado LP. Nesse momento, iniciou sua parceria com o violonista Toquinho, da qual resultariam vários clássicos, a exemplo de "Como dizia o poeta", "Tarde em Itapuã" e "Testamento". Casa-se com Cristina Gurjão.

Em 1970, Vinícius se apresentou no Canecão, com Tom Jobim, Toquinho e a cantora Miúcha, fazendo uma retrospectiva de sua trajetória. O sucesso do show manteve-o em cartaz por onze meses. O mesmo show foi apresentado, com grande êxito, na boate La Fusa, em Mar del Plata, quando Vinícus se fez acompanhar por Toquinho e Maria Creuza, resultando no LP *Vinícius En La Fusa*, considerado uma das melhores gravações ao vivo do cancioneiro popular brasileiro. A baiana Maria Creuza esplendeu, interpretando "A felicidade", "Garota de Ipanema", "Irene", "Lamento no morro", "Canto de Ossanha", "Samba em prelúdio", "Eu sei que vou te amar", "Soneto da fidelidade", "Minha namorada" e "Se todos fossem iguais a você". No ano seguinte, Vinícius retornaria à Fusa para gravar novo LP ao vivo, também com Toquinho, e agora com Maria Bethânia, destacando-se "A tonga da mironga do kabuletê", "Testamento" e "Tarde em Itapuã". Apresentou-se também em Salvador com Toquinho e a cantora Marília Medalha. Casa-se com a atriz baiana Gesse Gessy e nasce Maria, sua quarta filha.

Em 1971, muda-se para a Bahia. Em parceria com Chico Buarque, grava a canção "Gente humilde", interpretada pelo próprio Chico, e, pouco tempo depois, por Ângela Maria. A parceria com Toquinho se exibiu em várias cidades do Brasil e da Itália, tendo lançado seu primeiro LP gravado em estúdio, destacando-se "Maria Vai com as Outras", "Morena flor", "A rosa desfolhada" e "Testamento".

Em 1972, a dupla lançaria o álbum *São demais os perigos dessa vida*, contendo sucessos como "Cotidiano nº 2", "Para viver um grande amor" e "Regra três", e comporia a trilha sonora da novela *Nossa filha Gabriela*, pela extinta TV Tupi, lançada em disco no mesmo ano. Retorna à Itália, com Toquinho, para gravar o LP *Per vivere un grande amore*.

Em 1973, a parceria Vinícius/Toquinho se apresentou no Teatro Castro Alves, em Salvador, no show *O poeta, a moça e o violão*, acompanhada da cantora Clara Nunes, que viria a falecer de parada cardíaca, três anos mais tarde, quando se encontrava anestesiada para se submeter a uma cirurgia eletiva, sem gravidade aparente. Publica *A Pablo Neruda*.

Em 1974, Vinícius e Toquinho compuseram "As cores de abril" e "Como é duro trabalhar", para a trilha sonora da novela *Fogo sobre terra*, da Globo. A vitoriosa parceria lançou, também, o álbum *Toquinho, Vinícius e amigos*, com Maria Bethânia interpretando "Apelo" e "Viramundo", Maria Creuza "Tomara" e "Lamento no morro", o italiano Sergio Endrigo, "Poema Degli Occhi" e "La Casa", Chico Buarque, "Desencontro" e Cyro Monteiro, "Que martírio" e "Você errou", suas últimas gravações. Ainda naquele ano, a dupla lançou *Vinícius e Toquinho*, quarto álbum de estúdio da parceria, que trazia composições de autoria deles, como "Samba do jato", "Sem medo" e "Tudo na mais santa paz", e ainda "Samba pra Vinícius", homenagem de Toquinho e de Chico Buarque, que teve participação especial no disco. Vinícius trabalhou, ainda, no roteiro do filme *Polichinelo*, que não vingou.

Em 1975, o Poetinha lançou, com Toquinho, o LP *O poeta e o violão*, gravado em Milão, com a participação dos maestros Bacalov e Bardotti. A gravadora Philips lançou, com grande sucesso, o álbum *Vinícius e Toquinho*, em que se destaca "Onde anda você", em parceria com Hermano Silva. Foi daquele ano, o livro de poemas infantis *A Arca de Noé*.

Em 1976, foram lançados os álbuns *Ornella Vanoni, Vinícius de Moraes e Toquinho – La voglia, la pazzia, l'incoscienza e l'allegria* e *Deus lhe pague*, o último contendo as composições da parceria Vinícius e Edu Lobo. Casa-se com Marta Rodrigues Santamaria.

Em 1977, foi publicado o livro *O breve momento*, com quinze serigrafias do arquiteto/desenhista Carlos Leão. Naquele ano, foi lançada *Antologia poética*, uma seleção da obra poética de Vinícius, com a participação de Tom Jobim, Francis Hime e Toquinho, com quem gravou um LP em Paris. Em seguida, veio a lume o LP *Tom, Vinícius, Toquinho e Miúcha*, gravado, ao vivo, no Canecão.

Em 1978, foi lançado o LP *Vinícius e Amália*, gravado em Lisboa com a insuperável fadista Amália Rodrigues. Foi editado o álbum *10 anos de Toquinho e Vinícius*, constante de uma coletânea dos trabalhos da dupla. Casa-se com Gilda de Queirós Mattoso, que conhecera em Paris.

Em 1979, lê poemas no Sindicato dos Metalúrgicos de São Bernardo, a convite de Lula. De regresso da Europa, sofre um derrame cerebral no avião. Perdem-se, na ocasião, os originais do roteiro lírico e sentimental da cidade do Rio de Janeiro.

Em 1980, deu-se o lançamento em disco de *Arca de Noé*, com vários intérpretes para as composições infantis do poeta, musicadas a partir do livro homônimo. A Rede Globo faria um Especial Infantil sobre esse trabalho. Vinícius é operado a 17 de abril, para instalação de um dreno cerebral. Na madrugada de 9 de julho, começou a se sentir mal na banheira da casa onde morava, na Gávea, vindo a falecer pouco depois, de edema pulmonar. O poeta passara o dia anterior com o parceiro e amigo Toquinho, com quem planejava os últimos detalhes do volume 2 do álbum *Arca de Noé*, que viria a ser lançado no ano seguinte. Extraviam-se os originais de seu livro *O dever e o haver*.

Décadas transcorridas de sua morte, a obra musical de Vinícius tem sido revisitada e reeditada como se vivo estivesse. Em 1988, foram lançados os álbuns *Toquinho, Vinícius e Maria Creuza − O grande encontro* e *A história dos shows inesquecíveis*. Em 1991, veio a lume − *Poeta, moça e violão: Vinícius, Clara e Toquinho*. Publicaram-se vários estudos sobre o poeta, como *Vinícius de Moraes − Livro de letras*, de José Castello, que em 1995 também publicaria *Vinícius de Moraes*. Ainda em 1993, Almir Chediak editou os três volumes do Songbook *Vinícius de Moraes*. Em 1997, Geraldo Carneiro ampliou a edição do seu livro de 1984, *Vinícius de Moraes*. Em 2000, quando dos vinte anos da morte do Poetinha, realizou-se um show na Praia de Ipanema, que contou com a participação da Orquestra Sinfônica Brasileira, e dos artistas Toquinho, Emílio Santiago, Roberto Menescal, Wanda Sá e dos conjuntos Zimbo Trio e Os Cariocas, todos interpretando suas composições. Em 2003, para celebrar o nonagésimo aniversário do seu nascimento, lançaram-se vários projetos em louvor de sua criação, paralelamente ao seu website. Em 2005, a versão inglesa de "Garota de Ipanema", "The Girl from Ipanema", de 1963, com Astrud Gilberto, Tom Jobim, João Gilberto e Stan Getz, foi eleita pela Biblioteca do Congresso Americano como uma das cinquenta grandes obras musicais da humanidade. Ainda em 2005, Miguel Faria Jr. estreou, na abertura da sétima edição do Festival do Rio, o documentário *Vinícius*, produzido pela filha Suzana de Moraes, com a participação, entre outros, de Chico Buarque, Carlos Lyra, Caetano Veloso, Maria Bethânia, Adriana Calcanhoto, Mariana de Moraes e Olívia Byington, cuja trilha sonora saiu em CD. Em 2006, foi lançado *Vinícius de Moraes & Amigos*, composto de cinco álbuns, contendo setenta canções, algumas interpretadas pelo próprio Vinícius, em solo ou em dueto, acompanhado de um livreto biográfico.

O AI-5 aposentou-o compulsoriamente da carreira diplomática, em fins de 1968, depois de vinte e seis anos de serviços prestados ao Ministério das Relações Exteriores. Soube de sua proscrição em Portugal, onde fazia turnê com Chico Buarque e Nara Leão. O motivo alegado foi a falta ao trabalho em decorrência da vida boêmia e artística. Segundo o ex-presidente João Batista Figueiredo, em entrevista à revista *Veja* de 12 de janeiro de 2000:

> Ele até diz que muita gente do Itamaraty foi cassada ou por corrupção ou por pederastia. É verdade. Mas no caso dele foi por vagabundagem mesmo. Eu era o chefe da Agência Central do Serviço e recebíamos constantemente informes de que ele, servindo no consulado brasileiro de Montevidéu, ganhando 6.000 dólares por mês, não aparecia por lá havia três meses. Consultamos o Ministério das Relações Exteriores, que nos confirmou a acusação. Checamos e verificamos que ele não saía dos botequins do Rio de Janeiro, tocando violão, se apresentando por aí, com copo de uísque do lado. Nem pestanejamos. Mandamos brasa.

De nada valeu ao poeta seu confessado passado integralista. Vinícius contava 55 anos de idade. A justiça brasileira, em 1998, dezoito anos depois de sua morte, anistiou-o. Em 2006, foi, oficialmente reincorporado à carreira diplomática, e, em fevereiro de 2010, a Câmara dos Deputados aprovou sua promoção póstuma a ministro de primeira classe, equivalente a embaixador, o posto mais alto da carreira diplomática.

Na noite de 8 de julho de 1980, quando definia com Toquinho detalhes para o lançamento do álbum *Arca de Noé*, Vinícius alegou cansaço, tomou banho e foi deitar-se. Na madrugada do dia 9, foi acordado pela empregada, que o encontrara na banheira, com dificuldades para respirar. Toquinho, chamado por Gilda Mattoso, última esposa do Poetinha, tentou animá-lo. Em vão. Vinícius de Morais morreu com a aurora, que é nome de mulher.

Durante o enterro, abraçada a Elis Regina, Gilda lembrava o que dissera Vinícius em uma entrevista na noite anterior. Quando um repórter perguntou: "Você está com medo da morte?", Vinícius, candidamente, respondeu: "Não, meu filho. Eu não estou com medo da morte. Estou é com saudades da vida."

Algumas frases de Vinícius de Moraes:

"Amar, porque nada melhor para a saúde que um amor correspondido."

"Críticos são sujeitos que têm mau hálito no pensamento."

"O uísque é o melhor amigo do homem.
É o cachorro engarrafado."

"A vida só se dá pra quem se deu."

"A vida é a arte do encontro,
embora haja tantos desencontros pela vida."

"Quem de dentro de si não sai,
vai morrer sem amar ninguém..."

"Que não seja imortal posto que é chama
mas que seja infinito enquanto dure..."

"Eu poderia suportar, embora não sem dor, que tivessem morrido todos os meus amores, mas enlouqueceria se morressem todos os meus amigos!"

"O sofrimento é o intervalo entre duas felicidades."

"Por mais longa que seja a caminhada,
o mais importante é dar o primeiro passo."

"A gente não faz amigos, reconhece-os."

"As muito feias que me perdoem, mas beleza é fundamental."

BIBLIOGRAFIA

ALMIR CHEDIAK. *Songbooks 1 e 2.*
ANA JOBIM. *Biografia-obras e cancioneiro de Vinícius de Moraes*, 2007.
EUCANAÃ FERRAZ. *Vinícius de Moraes*, 2006.
GERALDO CARNEIRO. *Vinícius de Moraes*, 2007.
JOSÉ CASTELLO. *Vinícius de Moraes, O poeta da paixão*, 1994.
SONIA ALEM MARRACH. *A arte do encontro de Vinícius de Moraes*, 2000.

DORIVAL CAYMMI
(1914-2008)

CAYMMI NASCEU EM SALVADOR, A 30 DE ABRIL DE 1914 E MORREU NO RIO de Janeiro, a 16 de agosto de 2008, aos 94 anos, 3 meses e 16 dias de idade, em casa, às seis horas da manhã, vitimado por uma crise de insuficiência renal e falência múltipla dos órgãos, em consequência de um câncer renal que o perseguia há nove anos. Desde dezembro de 2007, encontrava-se sob permanentes cuidados médicos na própria casa.

Seus pais foram Durval Henrique Caymmi e Aurelina Soares Caymmi. Descendente de italianos pelo lado paterno, seu bisavô Caimmi, sem o *y*, chegou ao Brasil para trabalhar na recuperação do Elevador Lacerda, em Salvador.

O gosto de Dorival pela música nasceu dentro de casa, ao ouvir parentes ao piano. Seu pai, nas horas de folga do serviço público, tocava violão, piano e bandolim, enquanto a mãe, mestiça de africana com português, cantava durante as ocupações do lar. Sucessivamente, o fonógrafo e a vitrola estimularam-no a compor. Ainda pequeno, participava, como baixo-cantante, em coro de igreja. Aos 13 anos, interrompeu os estudos para trabalhar como office boy no jornal *O Imparcial*. Dois anos depois, com o fechamento do jornal, passa a vender bebidas. Com a música no sangue e na alma, compõe a primeira canção, "No sertão", aos 16 anos. A estreia, como cantor e violonista, ocorreu na Rádio Clube da Bahia, aos 20 anos. No ano seguinte, 1935, assumiu a apresentação de um programa musical denominado *Caymmi e suas canções praieiras*. Em 1936, ganhou o concurso de músicas de Carnaval com o samba "A Bahia também dá". Ao completar 24 anos, segue o conselho de Gilberto Martins, diretor da Rádio, e vai para o Rio, com o propósito de trabalhar como jornalista e cursar direito. Nos Diários Associados, conheceu muita gente, inclusive Carlos Lacerda e Samuel Wainer. Logo, começou a cantar na Rádio Tupi, duas vezes por semana, onde interpretou, pela primeira vez, o legendário "O que é que a baiana tem?", canção com que Carmen Miranda, a Pequena Notável, vestida de baiana estilizada, alcançou o estrelato, no filme de 1938, *Banana da terra*.

Do casamento com a cantora mineira Stella Maris, nome artístico de Adelaide Tostes, nasceram os filhos Dori, Danilo e Nana, todos artistas e Caymmi como ele.

A linguagem corporal de Caymmi é expressiva de grande tranquilidade. Na sua voz persuasiva, a morte no mar, que ele tanto amou, aparece como uma ocorrência natural, simples, suave, doce. Sua obra está impregnada da vida a um tempo romântica e trágica dos pescadores negros, como se vê em "É doce morrer no mar", "Canoeiro", "Pescaria", "A jangada voltou só", "Histórias de pescadores", "O mar", e muitas outras composições. Com "Oração de Mãe Menininha", de quem era filho espiritual, composta em 1972, rendeu sua homenagem maior ao candomblé.

O violão foi o instrumento que acompanhou sua voz forte e calorosa, desde o início de sua vida profissional, aos 20 anos, até o alento derradeiro, setenta e quatro anos depois, na composição e execução de um cancioneiro que o imortalizou como cultor do samba e da bossa-nova. Caymmi enriqueceu sua biografia artística também como pintor e ator.

Os hábitos, costumes e tradições do povo baiano foram a fonte primária de sua inspiração, tendo a música negra exercido forte influência sobre ele, levando-o a desenvolver um estilo inconfundível de compor e cantar, como destacou Chico Buarque, valorizando a espontaneidade, a sensualidade e a riqueza melódica dos seus ritmos e versos. Nenhum outro compositor brasileiro produziu tantas obras fixadas na memória popular, a exemplo de "Saudade da Bahia", "Rosa Morena", "Maracangalha", "O dengo que a nega tem", "Samba da minha terra", "Doralice", "Marina", "Modinha para Gabriela", "Saudade de Itapuã"...

Homenageando o grande cantor do mar que, despedindo-se do pai e da mãe, pegou o "Ita no Norte e foi pro Rio morar", Gilberto Gil, amigo e ex-genro, disse, cantando, que "Dorival é ímpar, Dorival é um Buda nagô". Caetano Veloso foi mais longe: "Eu escrevi quatrocentas canções e Dorival Caymmi setenta. Mas ele tem setenta canções perfeitas e eu não."

Na verdade, Caymmi deixou um pouco mais de cem canções, em seus 94 anos. Explica-se essa produção numericamente pequena, relativamente à sua longevidade, porque seu método de compor oscilava entre a produção de um só impulso criativo e um burilar intermitente que poderia levar anos em torno de apenas uma composição. O resultado, porém, é o que todos conhecemos: obras-primas.

Tom Jobim, por sua vez, disse que "O Dorival é um gênio. Se eu pensar em música brasileira, eu vou sempre pensar em Dorival Caymmi. Ele é uma pessoa incrivelmente sensível, de uma criação incrível. Isso sem falar no pintor, porque o Dorival também é um grande pintor."

Dos teóricos, apegados ao gosto de estereótipos, que tentaram enxergar na sua criação certas motivações ideológicas, Caymmi se ria, porque sua inspiração fundamental nasceu da experiência sensitiva, de sua memória das pessoas da rua e da beira da praia com quem conviveu intensamente até os 24 anos de idade, quando se mudou para o Rio. Pode-se dizer que esses primeiros anos foram a matriz inspiradora de todo o seu rico processo criativo, imune às modas e às diferentes correntes partidárias ou ideológicas que tentaram atraí-lo para seu campo de influência. Nem as frequentes alusões aos negros, ao ritmo, à comida e ao candomblé de origem africana representaram qualquer tipo de engajamento. Sua motivação foi sempre de natureza afetiva, espiritual, amorosamente poética, como quando se vinculou aos terreiros de Casa Branca e Ilê Axé Opô Afonjá e quando compôs "Oração de Mãe Menininha".

Em várias canções, como em "Maracangalha", de 1956, e "Saudade da Bahia", de 1957, a Bahia aparece como um lugar cheio de exotismo e magia, conforme se encontra em muitos textos entre a última década do século XIX e as três primeiras do século XX, onde são frequentes as referências a elementos da cultura africana, como a religião, o vestuário, o ritmo, as danças e a comida, com um rico universo de ingredientes e iguarias, como o dendê, o acarajé, o efó, o vatapá, a farofa, componentes básicos do famoso caruru.

A canção "O que é que a baiana tem?", além de catapultar Carmen Miranda para a fama (foi dele a sugestão para que ela, vestida de baiana estilizada, incorporasse e projetasse internacionalmente o perfil da mulher baiana como a expressão máxima de dengosa feminilidade), exerceu grande influência na música popular brasileira, sendo imitada por vários compositores, como Pedro Caetano, Joel de Almeida e Raul Torres. Sem dúvida, não há quem possa rivalizar com Caymmi na fixação da boa imagem da Bahia mundo afora, ao lado de Jorge Amado no campo das letras.

Os que atribuem a Caymmi a responsabilidade pela formação da imagem do baiano como preguiçoso, avesso ao trabalho, equivocam-se. Em primeiro lugar, porque essa imagem é anterior a ele. Em segundo, porque a valorização hedonística que faz de certos requisitos fisiológicos, como o sono, o bem comer, o amor e a alegria de viver não exclui a dureza da vida, como se vê da perigosa labuta dos pescadores que vão perigosamente ao mar. Seu personagem masculino mais conhecido, João Valentão, só descansa depois de cumpridos os deveres de assegurar o ganha-pão.

A afetuosa relação de Caymmi com a terra natal não foi afetada por um certo ressentimento que alimentou relativamente aos seus governantes. Queixava-se de não ter na terra natal, que tanto amava e projetou através de suas canções, o reconhecimento que lhe era tributado em outros estados. A venda, porém, da casa no Rio Vermelho, que recebeu da Bahia durante o governo Luís Viana Filho, na década de 1970, nada teve a ver com esse ruído afetivo, como foi propagado. Ocorreu pela combinação de dois fatores: seus compromissos profissionais estarem sediados no Rio e a família da mulher, Stella, que não viajava de avião, viver em Minas Gerais. Diante da impossibilidade de conciliar os compromissos no triângulo Rio–Salvador–Belo Horizonte, Caymmi optou pela venda.

Coube à neta Stella Caymmi escrever o melhor trabalho existente sobre o ilustre avô.

Cancioneiro por ordem alfabética:

- "A jangada voltou só"
- "A lenda do Abaeté"
- "A preta do acarajé"
- "A vizinha do lado"
- "A caça"
- "Acalanto"
- "Acontece que eu sou baiano"
- "Adalgisa"
- "Adeus"
- "Adeus da Esposa"
- "Afoxé"
- "Alegre menina"
- "Aruanda"
- "Balada do rei das sereias"
- "Caminhos do mar (rainha do mar)"
- "Canção da partida"
- "Coqueiro de Itapuã"
- "Das rosas"
- "De onde vens"
- "Desafio"
- "Desde ontem"
- "Desenredo"
- "Dois de fevereiro"
- "Dora"
- "Doralice"
- "É doce morrer no mar"
- "Eu cheguei lá"
- "Eu não tenho onde morar"
- "Festa de rua"
- "Fiz uma viagem"
- "Francisca Santos das Flores"
- "História pro sinhozinho"
- "Horas"
- "João Valentão"
- "Lá vem a baiana"

- "Maracangalha"
- "Maricotinha"
- "Marina"
- "Milagre"
- "Modinha para Gabriela"
- "Modinha para Teresa Batista"
- "Morena do mar"
- "Na Baixa do Sapateiro"
- "Na Cancela"
- "Na Ribeira desse rio"
- "Nao tem solução"
- "Navio negreiro"
- "Nem eu"
- "No Tabuleiro da Baiana"
- "Noite de Temporal"
- "Nunca mais"
- "O bem do mar"
- "O cantador"
- "O dengo que a nega tem"
- "O mar"
- "O que é que a baiana tem?"
- "O vento"
- "Oração de Mãe Menininha"
- "Peguei um Ita no Norte"
- "Pescaria"
- "Promessa de pescador"
- "Quem vem pra beira do mar"
- "Rainha do mar"
- "Requebre que eu dou um doce"
- "Retirantes"
- "Roda pião"
- "Rosa morena"
- "Sábado em Copacabana"
- "Samba da minha terra"
- "Santa Clara clareou"
- "São Salvador"
- "Sargaço mar"
- "Saudade"
- "Saudade da Bahia"
- "Saudades de Itapuã"
- "Severo do pão"
- "Só louco"
- "Sodade matadeira"
- "Suíte do pescador"
- "Tão só"
- "Temporal"
- "Tia Nastácia"
- "Trezentas e sessenta e cinco igrejas"
- "Tu"
- "Um vestido de bolero"
- "Vamos falar de Tereza"
- "Vatapá"
- "Velório"
- "Versos escritos n'água"
- "Vida de negro"
- "Você já foi à Bahia?"
- "Você não sabe amar"

BIBLIOGRAFIA

Antônio Risério. *Caymmi, uma utopia de lugar,* 1993.
Marielson Carvalho. *Acontece que eu sou baiano: identidade e memória cultural no cancioneiro de Dorival Caymmi,* 2009.
Stella Caymmi. *Dorival Caymmi – O mar e o tempo,* 2001.

IRMÃ DULCE
(1914-1992)

"A caridade não pode ter as mãos fechadas."

MARIA RITA DE SOUZA BRITO LOPES PONTES, A IRMÃ DULCE – O ANJO Bom da Bahia – é a maior expressão do cristianismo, no plano da caridade, em todos os tempos, no continente americano. Tamanha era a sua devoção à causa dos despossuídos e dos miseráveis que sua canonização, desde há muito admitida por um círculo crescente de pessoas, já era prevista, praticamente à unanimidade, pelo menos trinta anos antes de sua morte, a partir de quando sua saúde começou a declinar. As duas visitas que lhe fez o papa João Paulo II e o modo como se exprimiu a respeito dela foram interpretados como sinais de que o Brasil, o maior país católico do mundo, teria nela sua primeira santa. João Paulo II ainda a distinguiria, oito anos depois de sua morte, como Serva de Deus, assoalhando, ainda mais, seu entendimento de que viria a ser beatificado o Anjo Bom da Bahia, como de fato ocorreu no dia 22 de maio de 2011.

Nascida no seio de família católica, de tradição burguesa, a 26 de maio de 1914, a menina Maria Rita, aos 13 anos, fez da casa dos pais um centro de atendimento aos pobres.

Seis anos mais tarde, uma vez concluído o curso pedagógico, ingressou na Congregação das Irmãs Missionárias da Imaculada Conceição da Mãe de Deus, na cidade de São Cristóvão, em Sergipe. Em 15 de agosto de 1934, aos 20 anos, iniciou sua vida religiosa, com o nome de Irmã Dulce, em homenagem à mãe, falecida em 1921, no verdor dos 27 anos, deixando-a e a seus cinco irmãos, três homens e duas mulheres, inconsoláveis.

A primeira missão de Irmã Dulce, como freira, foi o magistério, em uma pequena escola mantida por sua congregação. Menos de dois anos transcorridos, cedendo aos apelos da mais genuína vocação, deixou o magistério formal e passou a se dedicar às comunidades pobres e miseráveis do bairro de Itapagipe e da vizinha favela, edificada em palafitas, mundialmente conhecida como Alagados, ambas situadas na parte baixa da cidade do Salvador, capital do estado da Bahia, área onde se instalariam os principais centros de sua notável obra social, hoje aclamada como modelar do gênero, conhecida pela sigla Osid, abreviatura de Obras Sociais Irmã Dulce, dirigida por um colegiado que tem na presidência o banqueiro Ângelo Calmon de Sá e na superintendência sua amada sobrinha que lhe herdou o nome, Maria Rita Pontes, autora de primorosa biografia do Anjo Bom da Bahia. Registre-se que essas pessoas e suas funções foram definidas por Irmã Dulce, que nelas sempre encontrou decidido apoio e em quem depositava ilimitada confiança. Os anos decorridos de sua morte têm chancelado o acerto da escolha.

Já em 1936, aos 22 anos, Irmã Dulce fundou a União Operária São Francisco, primeiro movimento operário-cristão na Bahia. No ano seguinte, ela implanta o Círculo Operário da Bahia. Em maio de 1939, quando completava 25 anos de idade, inaugurou o Colégio Santo Antônio, destinado ao ensino de operários e de seus filhos, no bairro de Massaranduba. Nesse mesmo ano, dá os primeiros passos na direção do que viria a ser o famoso Hospital Santo Antônio, ao abrigar miseráveis enfermos em casas abandonadas no antigo Mercado dos Peixes e nos arcos da Colina do Bonfim, espaço público, para quem providenciava remédios, comida e o concurso de humanitários médicos, sem qualquer remuneração, cujo voluntariado não parou de crescer, acompanhando o aumento das necessidades, fato que a levou a concluir que "Às vezes nos defrontamos com problemas à primeira vista insolúveis. A fé em Deus, porém, resolve tudo. Se tivermos uma fé firme em Deus, então, por mais difícil que seja o problema, sempre se encontra uma solução".

Pressionada pela autoridade policial para sair da casa abandonada no Mercado dos Peixes, cuja porta mandara pôr abaixo para abrigar uma criança e um velhinho, que encontrara à morte dormindo numa calçada, Irmã Dulce conseguiu a autorização de sua própria ordem religiosa para transformar em albergue um antigo galinheiro do convento das Irmãs Missionárias da Imaculada Conceição da Mãe de Deus, para receber setenta enfermos. Lá mesmo, em 1960, foi inaugurado o Albergue Santo Antônio, com cento e cinquenta leitos, embrião da enorme obra social que construiu e que hoje atende mais de um milhão de pessoas a cada ano, nas áreas de saúde, educação e assistência social, tudo em caráter gratuito, consoante o desejo de sua santa fundadora.

São inúmeras as passagens que exemplificam as constantes dificuldades que marcaram o dia a dia de Irmã Dulce. Mencionemos algumas.

Certa feita, inquirida por um comerciante, que a recebeu com muita má vontade, sobre o que queria dele, Irmã Dulce, estendendo-lhe a mão direita espalmada, disse: "Quero uma ajuda para alimentar meus filhinhos", modo como se referia à comunidade de crianças, velhos e doentes sob seus cuidados. A essa resposta, o comerciante cuspiu em sua mão, pondo-a, aos berros, para fora. Incontinente, Irmã Dulce respondeu, estendendo-lhe a mão esquerda: "Isso foi para mim, agora me dê o com que alimentar os meus filhos."

Em outra ocasião, a irmã de caridade responsável pela alimentação de centenas de doentes e comensais do alojamento em que lhes provia abrigo noturno, aproximou-se dela e cochichou-lhe que, àquela altura, dezessete horas, não havia qualquer coisa, por mínima que fosse, para mitigar a fome dos seus hóspedes. A despensa estava a zero. Sem titubear, Irmã Dulce convocou todas as freiras presentes a com ela rezar em acendrada fé ao seu padroeiro, Santo Antônio. Pouco depois, uma auxiliar, pedindo desculpas pela interrupção de momento de tão intensa contrição, anunciou que uma mulher muito aflita queria falar com urgência a Irmã Dulce. Em prantos, a mulher pedia a Irmã Dulce a caridade de aceitar todo o rico bufê que ela organizara para recepcionar os convidados para o inopinadamente desfeito casamento de sua filha. Quando o caminhão chegou, minutos depois, houve quem visse no motorista a presença disfarçada de Santo Antônio.

Em outro episódio, que tomou conta da cidade, ela foi pedir a ajuda de famoso playboy milionário que escolhera o verão baiano de 1959 para esbaldar-se, com amigos, na conservadora Salvador de então. Por dias seguidos, ouviu da assessoria do famigerado playboy, que se hospedava no Hotel da Bahia, para retornar no dia seguinte. Finalmente, pensando em livrar-se dela, escandalizando-a, afastou a toalha que o cobria da cintura para baixo e atendeu-a inteiramente despido. Irmã Dulce dirigiu-se a ele como se fora o mais vestido dos homens e formulou o seu pedido. Envergonhado, o playboy recompôs-se e lhe assinou polpudo cheque.

O episódio a seguir foi testemunhado pelo autor dessas linhas que conheceu de perto Irmã Dulce e por ela nutria veneração. Corria o ano de 1967 e encontrava-me em grandes dificuldades de caixa, no início de minha carreira empresarial, quando a recepcionista anunciou a presença de Irmã Dulce. Interrompi, imediatamente, a reunião convocada para encontrar solução para o aflitivo momento e a recebi. "Meu filho, você poderia dispor de uma hora do seu tempo e me acompanhar até ali?", disse ela, sem especificar onde ficava o lugar a que denominava de "ali". Acompanhei-a até o largo de Roma. Inicialmente, visitamos o albergue que ficava defronte ao Hospital Santo Antônio. Enquanto percorríamos suas alamedas, Irmã Dulce falava do seu trabalho diário de recolher das ruas, entre as oito e as onze horas da noite, os desabrigados que encontrava sob as marquises dos prédios comerciais. De repente, um homem esquálido e malcheiroso, cuja barba hirsuta emendava com a cabeleira emaranhada, salta-lhe aos braços. Enquanto eu instintivamente recuava, para fugir ao contato de pessoa tão asquerosa, Irmã Dulce abraçou-o como se fora a mais adorável das crianças. E com palavras de carinho recomendou a auxiliares que vieram em sua ajuda que o banhassem e lhe dessem roupa limpa. Até que chegássemos ao hospital, onde se trocou, era insuportável o odor que passou a emanar do hábito de Irmã Dulce, que continuou sua narrativa, com a mais espontânea naturalidade. Naquele momento, concluí que me encontrava, de fato, ao lado de uma santa. Envergonhado com a ínfima dimensão dos meus problemas, diante dos vividos diariamente por ela, doei o suficiente para satisfazer, por alguns dias, a necessidade de alimentação dos seus filhos.

Quando o presidente João Batista de Figueirêdo foi visitá-la, ficou tão impressionado ao ver pacientes instalados na câmara mortuária do hospital, em face da escassez de leitos, que no seu rompante típico declarou: "Vou arranjar recursos para suas obras, nem que eu tenha que assaltar um banco", ao que a santa freira lhe respondeu: "Me avise, que eu vou com o senhor."

A inquebrantável fé de Irmã Dulce na infalível intervenção da Divina Providência levou-a a reagir, anos a fio, à ideia de submeter suas obras ao regime fundacional, como meio de habilitá-las ao recebimento regular de recursos oficiais. A muito custo, terminou cedendo ao conselho de experientes colaboradores, como Norberto Odebrecht e Ângelo Sá, que a convenceram de que, em sua ausência, ninguém mais seria capaz de realizar diariamente o milagre de obter recursos, à undécima hora, oriundos das esporádicas e incertas doações privadas. O papel desempenhado por esses dois grandes empresários, em favor da Osid, conforme ostensiva e publicamente reconhecido por Irmã Dulce, constitui episódio enriquecedor de suas biografias.

Em 2000, oito anos depois de sua morte, uma pesquisa conduzida pela revista *Isto É* concluiu que, para os brasileiros de todos os estados, Irmã Dulce foi a maior religiosa brasileira do século XX.

O cardeal dom Avelar Brandão Vilela (1912-1986), arcebispo de Salvador e primaz do Brasil, atestou que "a força de Irmã Dulce não se encontra em suas obras materiais, tampouco nos serviços maravilhosos que presta aos desvalidos, mas, sobretudo, no conteúdo de espiritualidade que possui. É verdadeiramente essa energia interior, que vem de Deus, a explicação do milagre que se registra, todos os dias, em nossa capital, tão cheia de belezas e de atrativos, mas tão sobrecarregada de problemas e de dramas sociais".

Ao longo da vida, Irmã Dulce externou em diálogos ou em correspondências dirigidas a amigos, familiares e irmãos de fé, o que pensava sobre certas questões para ela fundamentais, como a própria fé, a caridade, a questão social, a essência humana e sua obra social.

Pincemos dez, das muitas lições que nos deixou, sobre cada uma dessas questões.

Sobre a fé:

1. No barco da vida a gente vai viajando. Quando se tem um comandante como Jesus, a viagem se torna mais fácil, apesar dos obstáculos que possam surgir em meio a calmarias e tempestades. É só ter fé, que Ele sempre nos guia até um porto seguro.
2. É preciso ver no sofrimento não apenas a dor, mas também um tesouro que devemos saber explorar em benefício da nossa alma.
3. Nada nos deve deter em nossa caminhada a Deus. Tristeza, desânimo, dúvidas, problemas de qualquer natureza, nada disso deve concorrer para enfraquecer a nossa vocação de sermos instrumentos da Providência Divina.
4. No amor e na fé encontraremos as forças necessárias para a nossa missão.
5. A oração é o alimento de nossa alma; não podemos viver sem orar. E a oração pode-se fazer em toda parte, a qualquer momento.
6. Somos criaturas humanas, fracas e sujeitas às tentações, mas através da oração obtemos de Deus as graças necessárias para bem desempenhar a nossa missão.
7. Nós somos um lápis com que Deus escreve os textos que Ele quer inscritos nos corações dos homens.

8. A beleza está nas pessoas, nas plantas, nos bichos, em todas as coisas de Deus. É mais intensa ainda nos olhos de quem consegue ver, acima da simplicidade, a beleza com que Ele criou cada pequeno detalhe da vida.
9. Habitue-se a ouvir a voz do seu coração. É através dele que Deus fala conosco e nos dá a força de que necessitamos para seguirmos em frente, vencendo os obstáculos que surgem em nossa estrada.
10. Os olhos dos que verdadeiramente veem podem facilmente encontrar Deus. Ele sempre está naquele irmão mais necessitado, que precisa de uma mão para ampará-lo na dor e no sofrimento.

Sobre a caridade:

1. Se Deus viesse à nossa porta, como seria recebido? Aquele que bate à nossa porta, em busca de conforto para a sua dor, para o seu sofrimento, é um outro Cristo que nos procura.
2. O bem ao próximo tem mais valor quando operado em silêncio e com a consciência de que todo o bem que podemos proporcionar é por graça da vontade de Deus.
3. Deus mandou que se fizesse setenta vezes sete, quer dizer, infinitamente. Procuramos fazer isso, além de perdoar, amar e servir.
4. O importante é fazer a caridade, não falar de caridade. Compreender o trabalho em favor dos necessitados como missão escolhida por Deus.
5. Procuremos viver em união, em espírito de caridade, perdoando uns aos outros as nossas pequenas faltas e defeitos. É necessário saber desculpar para viver em paz e união.
6. Amar a Jesus é estar sempre pronto a dizer sim. É saber se calar, aceitando tudo. É saber perdoar as falhas dos irmãos, como Jesus nos perdoa, é se dar a Ele, na pessoa da criança, do pobre, do carente.

7. Façamos de cada dia da nossa vida um dia santo. Façamos tudo para nos santificarmos cada vez mais, servindo a Deus na pessoa do próximo, com amor e alegria.
8. É preciso que todos tenham fé e esperança em um futuro melhor. O essencial é confiar em Deus. O amor constrói e solidifica.
9. O importante é o amor, a caridade. A caridade de uma pessoa para outra, sem distinção. A esmola ajuda um pouco a resolver o problema, mas todos devem ajudar-se mutuamente.
10. Cristo nos ensinou a dar o anzol e não o peixe àquele irmão necessitado. Mas também nos disse para dar água a quem tem sede e pão aos que têm fome. Então é preciso entender que um faminto pode não ter forças, nem mesmo para pescar. Nesse caso, antes de lhe dar o anzol, precisamos lhe dar a água e o pão.

Sobre a questão social, assim se expressou Irmã Dulce em diferentes fases de sua vida:

1. O que fazer para mudar o mundo? Amar. O amor pode, sim, vencer o egoísmo.
2. Se cada um fizer a sua parte, se cada pessoa se conscientizar do seu papel social, poderemos não resolver o problema da miséria no mundo, mas estaremos colaborando sensivelmente para diminuir os miseráveis e aplacar a dor de muitos sofredores.
3. A minha política é a do amor ao próximo.
4. Grande parte da miséria que existe em nosso grande país é decorrente da pouca instrução que o sertanejo possui. Deus não criou o homem para a ignorância. Uma sociedade só pode ser feliz quando o conhecimento estiver plenamente dividido entre todos os seus filhos.
5. Individualmente nós nos comovemos em ajudar os que precisam, e isso é uma manifestação da fé de Deus. Mas é preciso criar estruturas de ação permanente, oficiais e da própria sociedade, para

que essa fé unida seja capaz de nos fazer superar a miséria que ainda existe em nosso país.
6. Miséria é falta de amor entre os homens. Deus não gosta de insensíveis.
7. Não entro na área política, não tenho tempo para me inteirar das implicações partidárias. Meu partido é a pobreza.
8. Não há progresso sem Deus, não há desenvolvimento sem Deus, porque Deus é fraternidade, Deus é amor, Deus é bondade, Deus é harmonia.
9. A falta de cumprimento do dever daqueles que deveriam ser para nós a luz do mundo (os governantes) não nos deve impressionar. Todos nós somos humanos e fracos, fraquíssimos se não formos conscientes de que o que nos sustenta é a graça de Deus. E que é imprescindível procurar sustentar essa graça para não cair.
10. Não há trabalho que não seja digno, mas justamente aqueles que a escala social apresenta como inferiores é que devem ser remunerados, para que os olhos de quem faz e de quem se beneficia consigam enxergar a grandiosidade de varrer um chão, recolher um lixo ou colher uma flor.

Sobre a essência humana, ensinou:

1. No coração de cada homem, por mais violento que ele seja, há sempre uma semente de amor prestes a brotar.
2. A preocupação com os bens materiais é natural, faz parte da vida do homem. Mas o importante, o que de fato valoriza a vida, são os gestos que rendem juros e correção na conta aberta em nome de cada um de nós no banco do céu.
3. A agitação do mundo de hoje e a desagregação da família levam muitos jovens ao desespero, ao vício, à revolta. Mas devemos estar também atentos aos outros jovens, aqueles que têm a sabedoria suave e ingênua dos que começam a vida, que são capazes de

confortar na dor e de trazer a alegria em meio ao sofrimento. Eles podem ser o espelho perfeito para os que não conseguem se ver, que parecem sem rumo, perdidos nas suas inseguranças e incertezas.

4. A agressividade da vida moderna violenta o corpo e a mente e corrói a alma. Precisamos estar atentos para buscar refúgio no nosso coração. É lá que Deus, na sua misericórdia, abrigou a verdadeira paz, que nos resguarda de todos os males.

5. Se houvesse mais amor, o mundo seria outro; se nós amássemos mais, haveria menos guerra. Tudo está resumido nisso: Dê o máximo de si em favor do seu irmão, e, assim sendo, haverá paz na Terra.

6. Sempre que puder, fale de amor e com amor para alguém. Faz bem aos ouvidos de quem ouve e à alma de quem fala.

7. Paciência para com os jovens. Eles têm a inquietude natural da idade, a necessidade de desvendar os profundos segredos do mundo. E a nós, que já passamos pela juventude, compete estarmos atentos, conduzindo-os com sabedoria. Mas são eles que têm que encontrar e abrir as suas próprias portas.

8. Na viagem que Deus nos reservou na Terra, temos que estar preparados para as possíveis incertezas do tempo. Traga sempre um agasalho para se proteger nos dias cinzentos de frio e sempre tenha no rosto um sorriso pronto a se iluminar, porque o inverno não consegue resistir ao brilho da luz do sol.

9. O corpo é um templo sagrado. A mente, o altar. Então, devemos cuidar deles com o maior zelo. Corpo e mente são o reflexo da nossa alma, a forma como nos apresentamos ao mundo, e um cartão de visitas para o nosso encontro com Deus.

10. Às vezes há uma dor invisível no coração. Uma dor profunda, indescritível. É a solidão, e a ela não devemos nos render. Deus criou gestos simples para curar essa dor. Remédios que estão ao alcance de todos. Pode ser abrir uma janela e olhar para o sol, ou abrir os lábios num sorriso, acreditar na generosidade e na justiça divina.

Sobre sua obra, confessou:

1. Desde o primeiro dia em que coloquei os doentes no galinheiro, me convenci de que tudo dá certo porque sou apenas um instrumento de Deus.
2. Este hospital é um marco de fé, porque durante todos esses anos Deus nunca nos faltou.
3. Aqui não se diz ao doente para voltar de hoje a oito dias. Aqui o doente jamais é rejeitado. Sabemos que, se fecharmos a porta, ele morre. Se não houver lugar, a gente aperta, coloca até embaixo das camas, mas dá um jeito. A gente vê no doente apenas uma pessoa de Deus.
4. Se fosse preciso, começaria tudo outra vez, do mesmo jeito, andando pelo mesmo caminho de dificuldades, pois a fé, que nunca me abandona, me daria forças para ir sempre em frente.
5. Aqui nós vemos diariamente as mãos de Deus. Assistimos à repetição do milagre dos pães e dos peixes. Por isso, mesmo com todas as dificuldades, conseguimos atender todos os que nos procuram.
6. Foi o nosso povo, com a sua fé, sob inspiração de Deus, que construiu toda essa obra.
7. O nosso hospital é como um navio navegando sobre a tempestade, mas tendo como comandante Deus. Por isso ele segue calmo, sereno, nada o perturba.
8. A gente vive em função da vida dos pobres. Vivemos os problemas deles. O pobre, o doente que vem à nossa porta, é um outro Cristo que nos procura. E nós devemos recebê-lo de braços abertos, fazendo tudo por ele.
9. Não há nada mais forte que um povo inspirado pela fé. Às vezes amanheço sem nada em casa, e, quando volto, tenho sempre o necessário para aquele dia.
10. Esta obra não é minha. É de Deus. E o que é de Deus permanece para sempre.

Aos 13 de março de 1992, apagou-se a flama ardente daquela que, como ninguém, aqueceu de esperança o coração dos desafortunados da velha Bahia.

Ao longo de uma vida inteiramente devotada à prática da caridade, Irmã Dulce foi fiel ao conteúdo de sua singela pregação. Não é sem razão que o seu nome, onde quer que seja pronunciado, passou a ser sinônimo de caridade.

IVO PITANGUY
(1926)

Ivo Hélcio Jardim de Campos Pitanguy – filho da poeta Maria Stäel Jardim de Campos Pitanguy e do cirurgião-geral Antonio de Campos Pitanguy, nasceu em Belo Horizonte, a 5 de julho de 1926. Além de Ivo, o casal teve mais cinco filhos: Ivan, Ivette, Yeda Lúcia e Jacqueline.

Ivo Pitanguy é considerado o pai da cirurgia estética moderna, responsável pela ampliação da medicina, nos domínios da cirurgia plástica. Por suas mãos já passaram pobres moradores de rua, chefes de Estado, estrelas de cinema e da música, miliardários, rainhas e ditadores destronados, jovens e velhos. Foi hóspede de honra de Farah Diba, no Irã, do governo turco, de Hussein da Jordânia, do governo do Kuwait, e muito mais. É com justificado júbilo que em seu livro de memórias narra sua história, desde o começo em Minas Gerais, até entrar no *Livro do milênio*, ao lado de gente como Darwin, Freud e Einstein, como uma das mil personalidades mais marcantes do segundo milênio.

Durante a infância e a adolescência, sua paixão eram os livros, a pintura, a poesia, a natureza e o esporte. A paixão pelas artes Pitanguy herdou da mãe, a sensível e culta Maria Stäel Jardim de Campos Pitanguy. A escolha da carreira médica resultou da influência do pai, que lhe dizia: "A medicina dá a satisfação de ser útil. O médico traz a esperança, triunfando sobre a doença."

Graças ao seu trabalho, o culto ao corpo, que alcançou o apogeu a partir da segunda metade do século XX, teve plena receptividade ética e social. "A busca da cirurgia plástica emana de uma finalidade transcendente. É a tentativa de harmonização do corpo com o espírito, da emoção com o racional, visando estabelecer um equilíbrio que permita ao indivíduo sentir-se em harmonia com sua própria imagem e com o universo que o cerca", diz Pitanguy, cujo nome virou sinônimo de cirurgia plástica.

Casou-se em 1955 com Marilu Nascimento, com quem teve quatro filhos: Ivo, Gisela, Helcius e Bernardo que deram ao casal os netos Ivo, Antonio Paulo, Mikael, Pedro e Rafael. Ainda que seja muito resistente a operar membros da própria família, em 2000, Pitanguy retocou o rosto da esposa Marilu que, segundo assegura o cirurgião, ficou muito contente com o resultado que viu refletido no espelho! Pudera!

Além da sólida base familiar, antes e depois do casamento, a formação humanística de Pitanguy foi de fundamental importância para que alcançasse as alturas a que chegou. É verdade que as relações de amizade desenvolvidas desde a adolescência com gente como Fernando Sabino, Paulo Mendes Campos e Hélio Pellegrino deram solidez à autoconfiança e ao interesse por tudo que é humano, características dominantes em sua personalidade. "A vida me ensina a cada dia. Acho que o triste de morrer é parar de sentir esta vontade de sempre conhecer um pouco mais. Procuro harmonizar minha vida entre cirurgias, aulas e conferências, sem abrir mão do prazer de viver", diz o famoso esculápio.

Desde a infância, Pitanguy habituou-se às práticas esportivas e às atividades ao ar livre, que recomenda como disciplina de vida. Tênis, natação, pesca submarina, esquiação no gelo e aquática, além do caratê, se incluem entre as preferidas, que segue praticando, consoante o princípio que apregoa, reiteradamente: "O ser humano nunca deve aposentar-se, mas fazer coisas que foram adiadas pelo trabalho ou pela necessidade de cuidar dos filhos pequenos." Este prazer de viver é compartilhado pela "tribo Pitanguy" em sua casa, na Gávea, na cidade do Rio, em sua ilha em Angra dos Reis ou em Gstaad, na Suíça.

Há muitos anos, ele vive a maior parte do tempo em sua ilha particular em Angra dos Reis – ilha dos Porcos Grandes –, no litoral fluminense, onde mantém um viveiro para animais silvestres, integrado com um projeto nacional destinado à proteção de espécies ameaçadas de extinção, além de um projeto de maricultura. O amor à natureza vem de longe. Quando pequeno, saia às ruas com uma jiboia pendurada no pescoço. Até o nome ajuda: Pitanguy significa "rio das crianças" em tupi-guanari. "O convívio direto com a natureza é simplesmente vital para minha existência, meu bem-estar, minha harmonia", confessa. Explica-se por que ao celebrar seus 80 anos, se encontrasse em tão boa forma e em plena atividade profissional e existencial.

Graças ao berço culto, desenvolveu, desde cedo, o gosto pela literatura e as artes em geral, sendo frequentes as citações que faz de luminares da inteligência do Brasil e do mundo, nos encontros regulares que mantém com pessoas de espírito, um dos seus hobbies preferidos. Durante dez anos, presidiu o Museu de Arte Moderna do Rio de Janeiro, e integrou o Conselho Deliberativo do Instituto Brasileiro de Educação, Ciência e Cultura da Comissão Nacional da Unesco, entre tantas outras atividades que desenvolveu em instituições listadas ao final desta arenga biográfica.

Pitanguy começou a cursar medicina em Minas Gerais, mas se formou no Rio de Janeiro, em 1946, aos 20 anos. Um recorde. Por mais de dez anos, depois de concluído o curso médico, prolongou sua formação profissional em centros especializados, nos Estados Unidos, França e Inglaterra, aliando a prática ao ensino. Começou com uma bolsa de estudos como cirurgião-residente no Hospital Bethesda, em Cincinnati, estado de Ohio, de 1948 a 1949, atividade que alternou frequentando a Clínica Mayo, em Minnesota, e o serviço de cirurgia plástica do dr. John Marquis, em Nova York. Recorde-se que a essa época a cirurgia plástica ainda não era reconhecida como especialidade médica. Seu interesse pela cirurgia plástica reparadora nasceu da percepção do sofrimento emocional das pessoas, oriundo da insatisfação com certos componentes de sua fisionomia, geradores de complexo de inferioridade. Adverte, porém, para os casos que nunca serão resolvidos com bisturi, mas com tratamento psicológico, a exemplo de Michael Jackson: "Não se pode colocar um nariz saxão em um negro. É imperioso respeitar as etnias."

De regresso ao Brasil, em 1949, Pitanguy criou o Serviço de Cirurgia da Santa Casa de Misericórdia do Rio de Janeiro, especializado em mãos, o primeiro do gênero na América do Sul, onde passou a atender pessoas carentes e portadoras de deformidades. Para aperfeiçoar-se, foi aluno-visitante de Marc Iselin, em Paris, de 1950 a 1951. Marc Iselin foi um dos pioneiros da cirurgia de mão, notabilizado pelo atendimento a mutilados na Segunda Grande Guerra. Pitanguy alargou seu aprendizado, inteirando-se do que se fazia de mais atual em cirurgia plástica, na França e na Inglaterra.

A partir de 1952, Pitanguy passou a atuar no Serviço de Queimaduras e de Cirurgia Reparadora do Hospital Souza Aguiar, no Rio de Janeiro, aí permanecendo até 1955, atividade que acumulou com a chefia do Serviço de Cirurgia Plástica e Reparadora da Santa Casa de Misericórdia, a partir de 1954.

Desde os primeiros anos, chamou a atenção a espantosa habilidade cirúrgica do jovem médico. Por isso, é fácil compreender que tenha criado, em 1960, aos 34 anos, o curso de pós-graduação em cirurgia plástica na Pontifícia Universidade Católica do Rio de Janeiro, conectado à enfermaria da Santa Casa. Desde então, centenas de médicos, de dezenas de países, nela obtiveram seus diplomas. Pitanguy é um fenômeno médico que resultou da associação feliz entre uma grande vocação, a reiterada prática e muito estudo, como se pode ver dos cursos que fez ao longo da vida, listados ao final deste escorço biográfico.

Quando ocorreu o trágico incêndio do Gran Circo Norte-Americano, em Niterói, em dezembro de 1961, o maior até então registrado, no mundo, em ambiente fechado, matando quinhentas pessoas e ferindo

2.500, sendo a maioria crianças, Pitanguy e um time de voluntários, composto por médicos brasileiros e estrangeiros, dedicaram-se ao tratamento das vítimas, agregando a dimensão estética, até aquele tempo desconsiderada, ao tradicional caráter funcionalmente reparador das cirurgias plásticas. Nesse momento, Pitanguy organizou o Serviço de Queimados do Hospital Antônio Pedro, no Rio de Janeiro.

Em 1963, ungido por grande reputação, fundou a Clínica Ivo Pitanguy, que viria a se notabilizar, mundialmente, como um centro de excelência em cirurgia plástica estética e reconstrutora. Ali, criou o Centro de Estudos Ivo Pitanguy, sem fins lucrativos, destinado à investigação e ao aperfeiçoamento da cirurgia plástica, uma escola de grandes profissionais, afinados com sua apurada técnica cirúrgica. A carreira solo não o afastou do núcleo original na Santa Casa, a ela comparecendo toda quarta-feira, para orientar, discutir e compartilhar as mais recentes conquistas, com os colegas-discípulos que realizavam, anualmente, cerca de mil cirurgias, predominantemente, em pacientes com deformidades congênitas ou sequelas de origens várias. A equipe instruenda ouve, repetidamente, do mestre preleções sobre a importância das cirurgias estéticas, tendo em vista seu enorme significado para a autoestima das pessoas. Um dos seus discípulos confessou: "Ele me ensinou que o ser humano é um só, e seu bem-estar interior decorre não apenas de sua saúde orgânica, mas também da pacífica e satisfatória convivência com a própria imagem, posto que o rosto de cada pessoa reflete seu caráter e temperamento, espelhando seu universo interior." Ao possibilitar o acesso aos benefícios da cirurgia plástica à população menos favorecida, o trabalho na Santa Casa acentuou a importância social da especialidade. Por sua iniciativa neste campo, Pitanguy viria a ser agraciado pelo papa João Paulo II com o Prêmio Cultura pela Paz.

Professor convidado por, aproximadamente, uma centena de instituições, como hospitais, universidades e associações de cirurgia plástica de dezenas de países, proferiu ao longo de sua vida profissional inúmeras conferências e demonstrações cirúrgicas.

Ao navegar por águas pouco ou nada mapeadas, era natural o cuidado de Pitanguy em anotar cada uma das múltiplas peculiaridades do seu pioneiro trabalho cirúrgico, postura que, enriquecida com crescentes conhecimentos, resultou na respeitável produção, ao longo dos seus muitos anos de experiência, de centenas de trabalhos publicados em revistas científicas de todo o mundo. Daí sua participação no conselho de múltiplas associações médicas, seminários e conselhos editoriais de importantes publicações, listadas ao final deste texto.

Além dessa vasta participação e produção de artigos científicos, Pitanguy escreveu uma dúzia de livros, alguns publicados em vários idiomas, em que dá a conhecer não apenas sua admirável técnica cirúrgica, como os fundamentos psicológicos e morais que recomendam a cirurgia estética como um direito fundamental à felicidade e à liberdade das pessoas, em sintonia com o seu entendimento de que "O mais importante na vida é a juventude da alma".

PITANGUY ESCREVEU OS LIVROS:

Mamaplastias. Rio de Janeiro: Guanabara Koogan, 1976.
Plastische Eingriffe and der Ohrmuschel. Stuttgart: Springer Thieme Verlag, 1976.
Aesthetic Surgery of the Head and Body. Heidelberg: Springer Thieme Verlag, 1981. Premiado como o melhor livro científico do ano, na Feira Internacional do Livro de Frankfurt, 1981.
Plastic Operations of the Auricle. New York: Springer Thieme Verlag, 1982.
Les Chemins de la Beauté. Paris: Editions J.C. Lattés, 1983.
Paraty. São Paulo: Gráfica Editora Hamburg, 1983.
El Arte de la Belleza. Barcelona: Ediciones Grijalbo, 1984.
Le Vie della belezza. Milão: Rizzoli Editore, 1984.
Direito à Beleza. Rio de Janeiro: Editora Record, 1984.
Angra dos Reis – Baía dos Reis Magos. São Paulo: Marprint Ind. Gráfica, 1986.

O destino. Rio de Janeiro: Terceira Margem Editora, 1988.

Um jeito de ver o Rio. Texto de Ivo Pitanguy. Fotografias de Pedro Henrique. Projeto gráfico de Ziraldo. Rio de Janeiro, 1991.

Atlas de cirurgia palpebral. Rio de Janeiro: Colina/Revinter, 1994.

Aprendendo com a vida. São Paulo: Best Seller, 1993. Tradução italiana: *Imparando con la vita*. Milano, Mediamix, 1996.

Chirurgia Estetica – Estrategie Preoperatoria – Tecniche Chirurgiche, 2 vols. Torino: UTET, 1997.

Cirurgia Estetica – Estrategia Preoperatoria – Técnicas Quirurgicas – Cara y Cuerpo. Caracas: Actualidades Medico Odontológicas Latinoamerica, 1999.

Rhinoplasties. Em pareceria com Yves Saband e Frédéric Braccini. Nice, 2003.

Ivo Pitanguy. Organizado por Luiz Carlos Lisboa. Rio de Janeiro: Editora Rio, 2003. Coleção Gente.

E igualmente notável a presença de Pitanguy como professor, como se vê do quadro constante do final deste estudo.

A mais disso, realizou importantes demonstrações de sua técnica, Brasil e mundo afora, a exemplo das mais recentes:

- XXXIV Congresso de Cirurgia Plástica – Curso Internacional Multidisciplinar: "A face no século XXI, 1997";
- No Congresso Nacional da Sociedade Italiana de Medicina e Cirurgia (Bolonha, Itália), 1997;
- Presidente de honra do XVI Congresso Internacional da Sociedade Francesa de Cirurgia Estética (Paris), 1999;
- Convidado especial do American Society for Aesthetic Plastic Surgery Annual Meeting – New Frontiers in Aesthetic Surgery (Dallas, Texas), 1999;
- No III Congresso Nordeste de Mastologia e na XIV Jornada Norte Nordeste de Cirurgia Plástica, 1999;

- No XXXVI Congresso Brasileiro de Cirurgia Plástica (Rio de Janeiro), 1999; único convidado brasileiro do "1999 Symposium Giants in Aesthetic Plastic Surgery & Aesthetic of the Aging Face" (Nova York), 1999;
- Único brasileiro convidado a participar dos "Entretiens du XXème Siècle", organizados pela Unesco (Paris), 2000;
- "Mastoplastia – Técnica pessoal", na XXI Jornada Carioca de Cirurgia Plástica, realizada pela SBCP–Regional Rio, Rio de Janeiro, 1º a 3 de agosto de 2003.

Com biografia tão rica, seria natural que Pitanguy fosse alvo das homenagens e honrarias que lotam sua galeria de títulos, como se vê da lista juntada ao final.

Ainda que haja predominância de personalidades que se destacam nas letras, a Academia Brasileira de Letras é, sobretudo, um sodalício integrado por expoentes. Por isso, Pitanguy passou a ser o quarto ocupante da cadeira nº 22, eleito em 11 de outubro de 1990, na sucessão de Luís Viana Filho, cognominado o Príncipe dos Biógrafos Brasileiros, onde foi saudado, em 24 de setembro de 1991, pelo acadêmico Carlos Chagas Filho.

Ivo Pitanguy é, sem dúvida, motivo de orgulho para os brasileiros.

MAGISTÉRIO

- Professor titular do Curso de Especialização em Cirurgia Plástica da Pontifícia Universidade Católica do Rio de Janeiro, de 1960 até a presente data;
- Do Departamento de Cirurgia Plástica da Escola de Medicina da Fundação Educacional Souza Marques, 1975-1977;
- Membro participante da 1ª Missão Cultural e Científica à República Popular da China, 1977;
- Professor titular do Curso de Mestrado em Cirurgia Plástica da Pontifícia Universidade Católica do Rio de Janeiro, de 1980 até a presente data;

- Do Curso de Especialização em Cirurgia Plástica do Instituto de Pós-Graduação Médica Carlos Chagas, de 1986 até a presente data;
- Responsável pelo treinamento de aproximadamente quinhentos cirurgiões plásticos do Brasil e de cinquenta outros países, formados pelo Curso de Especialização em Cirurgia Plástica (três anos), sob sua orientação na Clínica Ivo Pitanguy e na Santa Casa da Misericórdia do Rio de Janeiro;
- Em 1999, recebeu homenagem especial da Associação dos Ex-Alunos da Escola de Pós-Graduação Ivo Pitanguy, que completou vinte e cinco anos. Professor convidado em mais de uma centena de instituições (hospitais, universidades e associações de cirurgia plástica) de diversos países, para conferências sobre suas técnicas cirúrgicas, destacando-se a "Maison Départementale de Nanterre", a convite do prof. Marc Iselin, Paris, França, 1961;
- Da Universidade de Bruxelas, a convite da Nato, Bruxelas, Bélgica, 1963;
- Da New York University, a convite do prof. Herbert Conway, New York, EUA, 1964;
- Da Escola de Medicina da Universidade de Buenos Aires, Argentina, 1969;
- Da "Freien Universität de Berlin", a convite dos profs. E. Harndt e H. H. Naumann, Berlim, Alemanha, 1969;
- Do "Imperial Welfare Organization Hospitals", a convite de Sua Alteza Imperial, princesa Farah Diba, Teerã, Irã, 1970;
- Da Universidade de Istambul, a convite do ministro da Saúde de Istambul, Turquia, 1975;
- Do "King Hussein Medical Center", a convite de Sua Majestade, rei Hussein, Jordânia, 1976;
- Do Ministério da Saúde do Kuwait, a convite do Governo do Kuwait, Kuwait, 1980;
- Da "International Society of Aesthetic Plastic Surgery", Tóquio, Japão, 1981;

- Do International Symposium of Plastic Surgery, Beijing, China, 1984;
- da "Association d'Aide aux Paralysés du Sud du Maroc", Marrocos, 1986;
- Do "Martedi di San Domenico", a convite do "Centro San Domenico", Bologna, Itália, 1988;
- Da "Monaco-USA Association", a convite de Sua Majestade, príncipe Rainier, Monte Carlo, Mônaco, 1988;
- Do "Westeinde Hospital", a convite da Dutch Society for Aesthetic Plastic Surgery", Haia, Holanda, 1988;
- Do Hospital Charité, como primeiro professor convidado pela Universidade de Berlim para proferir conferência magna após a unificação das duas Alemanhas, Berlim, 1991;
- Convidado de honra do Eighth International Congress of the SFDE, em San Remo (1992);
- A convite da Sociedade Alemã de Medicina Estética (Lindau, Alemanha) 1999;
- Professor of Posgraduated Education in Aesthetic Plastic Surgery, pela The Educational Foundation of the International Society of Aesthetic Plastic Surgery, EUA, 5 de abril de 2000.

Pitanguy integra, também, um sem-número de entidades e academias médicas, dentro e fora do Brasil, como se pode ver da relação ao final deste perfil.

TRABALHOS MAIS RECENTES:

"Iatrogenia e cirurgia plástica". In *Rev. Bras. de Cirurgia*, 87(1): 33-44, 1997.

"Numeral Modeling of facial aging". In *Plast. Reconstr. Surgery*, 102(1): 2002-24, 1998.

"Treatment of the aging face usin the 'Round-Lifting' technique". In *Aesth. Plast. Surgery*, 19(3): 216-222, 1999.

"Facial cosmetic surgery: A 30 years perspective". In *Plast. Reconstr. Surg.*, 105(4): 1517-1526, 2000.

"Evaluation of body contouring surgery today: A 30 years perspective". In *Plast. Reconstr. Surg.*, 105(4): 1499-1514, 2000.

"'Train surfers': Analysis of cases of electrical burns caused by high tension railways overhead cables". In *Burns*, 26: 470-473, 2000.

"The round-lifting technique". In *Facial Plastic Surgery*, 16(3): 255-267, 2000.

"Revisiting the dermocartilaginous ligament". In *Plas. Reconstr. Surgery*, 107(1): 264-266, 2001.

"Associated procedures in torsoplasty" (com H.N. Radwanski). In *Surgery*, 8(1): 28-39, 2002.

"Repeated expansion in burn sequela" (Pitanguy, I. *et alii*). In *Burns*, 28(1): 494-499, 2002.

"Major burn injury caused by helium vapour" (Pitanguy, I. *et alii*). In *Burns*, 29(1): 179-181, 2003.

"Forehead lifting: The juxtapilose subperiosteal approach". In *Aesthetic Plastic Surgery*, 27(1): 58-62, 2003.

"Breast reduction and augmentation". In *Body Language*, Spring 2003, pp. 15-18.

"Cirurgia estetica facial". In *Papeles Confidenciales de Medicina, Estetica y Longevidad*, nº 1, março de 2003.

CONFERÊNCIAS E PALESTRAS RECENTES

"A dignidade no envelhecer – A busca do equilíbrio entre o corpo e o tempo", Belo Horizonte, Santa Casa de Misericórdia, 1997.

"Os médicos membros da Academia Brasileira de Letras", Rio de Janeiro, ABL, 1997.

"Cirurgia do contorno corporal", palestra proferida em inúmeras entidades culturais e científicas, 1998-1999.

"Beleza e cultura", no ciclo de palestras "A Mulher na Sociedade Contemporânea", do Comitê Feminino da ABL, 1999.

"Cirurgia plástica e dignidade humana", realizada no Rotary International – Distrito 4750.

"A humanidade e a nossa missão", por ocasião da XVII Conferência Distrital.

"Encontro das Águias da Paz". Nova Friburgo (RJ), 17 de maio de 2002.

"O conceito de beleza através dos tempos", no seminário "Mulher, moda e beleza num mundo em transformação", realizado pelo Instituto Ary de Carvalho. Rio de Janeiro, 28 de agosto de 2002. Idem, no auditório da H. Stern, em 26 de junho de 2003.

Palestras sobre Cirurgia Plástica Estética em inúmeros encontros médicos.

JOSÉ SARNEY
(1930)

José Sarney, 30º presidente do Brasil, nascido a 24 de abril de 1930, na pequena Pinheiro, cidade do Maranhão, recebeu na pia batismal o nome de José de Ribamar Ferreira de Araújo Costa. Ao nascer, sua avó paterna, Madona, anunciou: nasceu José Adriano, ao que o pai, Sarney, corrigiu, imediatamente: – O nome tem que ser José de Ribamar.

Foram seus pais Sarney de Araújo Costa e Kiola Ferreira de Araújo Costa. Assuéro, o avô materno, deixou Kiola e os três filhos portadores da síndrome de Down, em São Bento, na década de 1920, aos cuidados da negra Severina, e seguiu para Pedreiras, na Colônia Lima Campos, região de terra fértil, para tentar a vida. Em determinado momento de extrema penúria, Kiola e os irmãos sobreviveram graças à caridade alheia. Por essa e outras do mesmo gênero, Assuéro, costumava rimar:

> "Eu vi a cara da fome
> na seca de vinte e um
> oi bicha da cara feia
> só mata a gente em jejum."

O menino Zequinha gostava de ouvir o avô paterno, Zé Costa, recitar os grandes poetas, inclusive Camões:

> "Depois de procelosa tempestade
> Noturna sombra e sibilante vento
> Traz a manhã serena claridade
> Esperança de porto e salvamento."

Além de identificar nessa estrofe a semente de sua veia poética, nela Sarney viria a encontrar inspiração para enfrentar e superar alguns momentos difíceis de sua vida. Como estímulo ao desenvolvimento do gosto pelo estudo, o pai, promotor de justiça, permitia a presença das crianças, quando reunia intelectuais para tertúlias literárias, em torno de autores como Guerra Junqueiro, Rafael Tolentino, Xavier de Novais, Olavo Bilac, Gonçalves Dias, Castro Alves e Casimiro de Abreu, cujo livro *Primaveras* foi o primeiro a ser lido pelo menino que viria a ser o autor de *Marimbondos de fogo* e presidente da República.

Tão logo chegaram a São Luís, Zequinha, Evandro e Conceição, a Concy, foram apresentados a Lucy, a filha mais velha de uma confessada aventura do pai. Convencida de que a relação do marido com Anita, a amante, chegara ao fim, Kiola aceitou ficar com Lucy. O promotor Sarney, porém, ainda teria mais dez filhos com Anita, com quem Kiola nunca se encontrou. Todavia, os onze filhos de Sarney com Anita sempre chamaram Kiola de mãe.

As conquistas que realizou fazem de José Sarney o político mais realizado do Brasil Republicano. Se não, vejamos: deputado federal, de 1955 a 1966, quando assumiu o governo do estado do Maranhão, até 1970, ano em que se elegeu, para o Senado, pela primeira de cinco vezes. Em 1978, reelege-se para o Senado. Em 1985, assume a presidência da República, em lugar de Tancredo Neves que, por doença, não chegou a tomar posse. Em 1990, elege-se senador pelo recém-criado estado do Amapá. De 1995 a 1997, preside o Senado. Em 1998, reelege-se senador pelo Amapá, durante cujo mandato volta a presidir o Senado, entre 2003 e 2005. Em 2006, elege-se, pela terceira vez consecutiva, senador pelo Amapá, voltando a presidir o Senado de 2009 a 2011, sendo mais uma vez eleito para presidir o Congresso de 2011 a 2013. Poucos, como ele, conseguiram construir uma carreira literária, em paralelo a uma biografia política que não conheceu interrupção nem derrota, desde que iniciada, em 1955, aos 25 anos, quando, eleito suplente de deputado federal, pelo PSD, assumiu o mandato, durante as licenças dos titulares.

Desde então, até o momento em que escrevemos estas linhas, em 2012, houve, apenas, dois curtos interregnos, no exercício de mandatos políticos, entre o fim de seus mandatos no Executivo e as eleições para o Senado em 1970 e 1990. Recordista absoluto de tempo parlamentar, Sarney (que completa, em 2014, quarenta anos de Senado e sessenta de mandatos eletivos, superando o senador Limpo de Abreu – com cinquenta e sete anos de carreira e trinta e seis como senador vitalício – e, no período republicano, Ruy Barbosa, senador por trinta e um anos) é o único brasileiro a se eleger cinco vezes para o Senado, bem como o único que o presidiu por quatro vezes!

Por ser identificado, desde muito cedo, como Zé do Sarney, simplificação de "José, filho de Sarney", decidiu, em 1965, ao concorrer ao governo do Maranhão, oficializar o nome de José Sarney, que já vinha usando, para fins eleitorais, desde 1958.

É difícil encontrar quem tenha cursado o primário em tantos lugares diferentes como o pequeno Zequinha. De Pinheiro, onde nasceu, passou a São Bento, e até radicar-se em São Luís, aos 10 anos, esteve em várias cidades, acompanhando o nomadismo do pai, no exercício das funções de promotor público. Antes de ingressar na Faculdade de Direito da atual Universidade Federal do Maranhão, pela qual se graduou em 1953, o jovem Zé do Sarney cursou o secundário no Colégio Marista e no Liceu Maranhense.

A precoce iniciação literária de Zequinha, como era, também, chamado, levou-o a ingressar, aos 22 anos incompletos, na Academia Maranhense de Letras. Para essa importante conquista, segundo Regina Echeverria, foi de fundamental importância sua participação, aos 18 anos, ao lado de Bandeira Tribuzzi, Lago Burnet, José Bento e Luci

Teixeira, na criação do movimento pós-modernista, responsável pelo lançamento da revista *A Ilha*, que teve vida curta. Antes, Zequinha já havia dirigido o suplemento literário do jornal *O Imparcial*.

Inconformado com a volta de Vitorino Freire ao PSD, José de Ribamar transferiu-se para a UDN – União Democrática Nacional, por cuja legenda foi eleito deputado federal, em 1958, fazendo a campanha sob o nome fantasia de José Sarney, como era conhecido. Durante esse mandato, aos 30 anos, foi líder do brevíssimo governo de Jânio Quadros. Do mesmo modo, renovaria o mandato em 1962. Em 1965, com o apoio de Castelo Branco, primeiro presidente da Revolução de março de 1964, elegeu-se governador do Maranhão, pelo voto popular, com a missão de destruir a liderança do cacique Vitorino Freire no estado. O documentário *Maranhão 66*, da lavra do cineasta baiano Glauber Rocha, composto de cenas do dia da posse, 31 de janeiro de 1966, e cenas do cotidiano maranhense, colaborou para a fixação do nome do jovem político, como estrela emergente na política nacional, empossado no governo do seu estado, quando ainda não completara 36 anos.

Extintos os partidos políticos, pelo Ato Institucional número 5, em 1968, José Sarney filiou-se à Arena, sob cuja legenda se elegeria senador pelo Maranhão, em 1970 e 1978.

Sarney presidiu a Arena e o partido sucessor, PDS, durante o governo do presidente João Batista Figueiredo. Por discordar da candidatura de Paulo Maluf, ex-governador de São Paulo, à presidência da República, rompeu com o PDS e criou forte dissidência que tomou o nome de Frente Liberal – de decisiva importância na eleição de Tancredo Neves, pelo Congresso, em janeiro de 1985, formando a chamada Aliança Democrática. José Sarney foi candidato à vice-presidência na chapa do PMDB, representando a Frente Liberal. Detalhe importante: o fato de Sarney ter sido eleito em 1978 pela Arena livrava-o do risco de impugnação, com base na lei da fidelidade partidária, que só alcançava os eleitos, posteriormente, pelo PDS. O resto todo mundo sabe: a chapa Tancredo-Sarney saiu vitoriosa, por larga margem de votos, 72,40%, mas Tancredo adoeceu em 14 de março, véspera da posse, ensejando que o vice, Sarney, assumisse, depois de intensa discussão sobre se o vice poderia assumir, uma vez que o titular não chegara a tomar posse. Como ninguém acreditava que Tancredo não sobreviveria à enfermidade que o acometera, vindo a falecer a 21 de abril de 1985, as forças políticas dominantes, lideradas por Ulysses Guimarães, optaram, rapidamente, pelo consenso da posse do vice, até porque ainda era grande o inconformismo de setores militares com a devolução do poder aos civis. Qualquer vacilo, revelador de discórdia entre os paisanos, e a longa luta pela restauração democrática poderia ser posta a perder-se!

Será necessário um razoável lapso de tempo, depois que Sarney sair da cena política, para que se possa formar um juízo minimamente desapaixonado do que foi o seu governo. Tem razão Pedro Calmon, ao advertir os estudiosos da história: "A proximidade dos fatos prejudica-lhes o julgamento. Não há definitiva história de contemporâneos. Não é junto da montanha que se terá a impressão de sua grandeza. O tempo dá a perspectiva, a placidez do horizonte espraiado."

De plano e de logo, porém, não há como não reconhecer que foi graças ao seu jeito tolerante que o Brasil lançou os fundamentos para o mais longo período de vida democrática de sua história republicana. Tudo isso, enquanto a nação viveu sucessivas crises políticas e econômicas que conduziram à hiperinflação e à moratória internacional, tão intensamente defendida pela esquerda populista, que, na hora H, não lhe deu qualquer apoio.

Com efeito, nenhum presidente da República, como Sarney, viveu sob tantas alterações do humor popular, ao longo dos seus cinco anos de mandato: março de 1985 a março de 1990. Enquanto o Plano Cruzado, na primeira fase do governo, levou sua aceitação a ultrapassar 90% de aprovação popular, a grave crise de abastecimento, a volta da inflação galopante e a moratória internacional, ao fim do mandato, ensejaram a eleição de Collor de Mello, que se esmerou em assestar contra ele as ofensas mais duras.

Na área econômica, Sarney adotou uma política heterodoxa, sendo o Plano Cruzado de 1986, com o congelamento geral de preços, por doze meses, e o "gatilho salarial", consistente no reajuste automático de salário, toda vez em que a inflação acumulada atingia 20%, os evento mais salientes. O entusiasmo inicial despertado pelo Plano Cruzado foi contagiante. Em todos os quadrantes do país, pululavam os "fiscais do Sarney". Mesmo já evidente o fracasso substantivo do Plano, com uma grave crise de desabastecimento e a volta da inflação, o que restou de entusiasmo foi suficiente para o PMDB eleger vinte e seis governadores entre os vinte e três da Federação, além de esmagadora bancada federal, Câmara e Senado.

Como se sabia desde Adam Smith, a economia não resiste ao cartorial controle estatal sobre a inflação, quando o governo não é capaz de limitar seus gastos. O lançamento do Plano Cruzado II, na prática, precipitou a controversa moratória, decretada em 20 de janeiro de 1987. Os planos Bresser e Verão, igualmente, fracassaram no propósito de conter a inflação, que chegou a registrar 82% ao mês, em março de 1990, quando Collor assumiu. Também no seu governo, abundaram as denúncias de corrupção, como a de irregularidades na construção da Ferrovia Norte-Sul, envolvendo o próprio presidente, embora nada de concreto tenha sido apurado. O mais importante do seu governo, porém, a conquista que lhe garante um lugar de relevo na história do país, foi a prudente competência com que administrou a transição entre a exceção e a democracia. Nada mais fácil de fazer do que uma obra pronta ou profecia sobre o que já aconteceu. Sem o seu proverbial poder de conviver e dialogar com adversários, o projeto de restauração democrática poderia não ter se consolidado, como se consolidou, a ponto de permitir o que veio, em seguida, e sem interrupções: o mais longo período de estabilidade política da República, inéditos vinte e sete anos, neste 2012, quando escrevemos estas linhas. E pelo que se delineia no horizonte, não há sinais sequer remotos de ameaça a tão importante conquista.

Ainda sob seu governo, restauraram-se as eleições diretas para prefeitos das capitais, em 1985, vinte anos depois de interrompidas. Pouco antes, abolira-se a censura prévia e foram legalizados os partidos políticos, até então, atuantes na clandestinidade. Nas eleições gerais de 1986, elegeu-se um congresso, com poderes de Assembleia Nacional Constituinte, com a responsabilidade de fazer uma nova constituição, pacificamente promulgada em outubro de 1988. Sob sua presidência, o país viveu as emoções de uma eleição presidencial, pelo voto popular, vinte e nove anos depois da que elegeu Jânio Quadros, em 1960. Quando se preparava para ir ao Planalto, para passar a faixa presidencial a Collor, Sarney reuniu a família e disse: "Meus filhos, seu pai fez o que pôde fazer. Cumpriu seu dever para com o país. Em frente ao palácio há uma multidão. Metade para aplaudir o presidente que entra. A outra metade, partidária do candidato derrotado, para agredir o presidente que entra. Ambas as correntes para me agredir e me vaiar. Não temos chance. Vamos nos preparar e erguer a cabeça." Sua previsão, porém, não se confirmou: ele foi aplaudido pelo público reunido na Praça dos Três Poderes.

Quando se dirigia ao útero do berço natal, no Maranhão, depois de transferir a faixa presidencial ao eleito que tanto o insultara, Sarney se sentiu *"un uomo finito"*. Ao chegar à casa do Calhau, no Maranhão, depois de cumprimentar os milhares de admiradores que compareceram para ovacioná-lo, cumpriu o compromisso de visitar o túmulo do pai, de quem herdara a vocação conciliadora, já que a paciência acredita ser herança da mãe Kiola.

Sobre seu futuro político, revelou-se mau profeta. Enganara-se. Oito meses depois, seria eleito senador pelo Amapá, marco inicial da mais duradoura etapa de sua vida política, quando passou a figurar como a personalidade mais prestigiosa do Congresso Nacional, presidindo-o por quatro vezes, sendo as duas últimas consecutivas. Um ineditismo depois do outro.

Segundo versões da mídia que circularam à época, a decisão de Sarney de candidatar-se a uma vaga no Senado tinha o propósito de impedir que Collor materializasse a ameaça de fazer uma devassa no seu governo. O feitiço voltou-se contra o feiticeiro: o que se viu na prática foi a queda de Collor, no meio do mandato, precisamente por não resistir a uma devassa no seu governo. Para o terceiro mandato como senador pelo Amapá, em 2006, Sarney venceu com 53,8% dos votos válidos, contra 43,5% conferidos à segunda colocada, Maria Cristina Almeida, do PSB.

Dos três filhos de Marly e José Sarney, Roseana, a mais velha, e Sarney Filho, o caçula, escolheram carreira política, cabendo ao do meio, Fernando, cuidar dos interesses da família que incluem o Sistema Mirante de Comunicação, composto de três emissoras de televisão e várias retransmissoras, afiliadas à Rede Globo, seis emissoras de rádio e o jornal *O Estado do Maranhão*.

Socióloga, graduada pela Universidade de Brasília, Roseana foi assessora política na campanha das Diretas Já, e assessora parlamentar do gabinete civil da Presidência da República, durante a presidência do pai. Antes, já fora chefe de gabinete do pai senador, e secretária extraordinária do governo do Maranhão, em cujas funções revelou grande habilidade política. Como deputada federal, Roseana, cognominada a "musa do impeachment", participou ativamente das articulações que resultaram na queda de Collor de Mello. Primeira mulher a reeleger-se para governar um estado, Roseana perdeu a terceira eleição para governadora, em 2006, para Jackson Lago, que foi cassado, em 2009, pela Justiça eleitoral, assumindo ela, então, em 2009, o terceiro mandato. Em 2010, foi eleita pela quarta vez para governar o Maranhão. Além de deputada federal e governadora por quatro vezes, Roseana foi, também, senadora pelo Maranhão.

Sarney Filho, deputado federal desde 1982, é um dos mais respeitados líderes da defesa do meio ambiente no país, tendo sido ministro da respectiva pasta no governo FHC e líder do Partido Verde. Os direitos de primogenitura da irmã Roseana não lhe permitiram, até agora, realizar o desejo de governar o seu estado natal. Seu voto aberto, em favor das Diretas, em 1984, quando ainda não completara 27 anos, foi o mais aplaudido, por contrariar a orientação do seu partido.

Ninguém como Sarney exibiu tanto poder, em ambiente democrático. Em 2009, ao eleger-se presidente do Senado, pela terceira vez, derrotou o candidato do PT, Tião Viana, com votos do próprio PT e de partidos da oposição. Foi do presidente Lula que partiu a determinação para que o PT blindasse o presidente do Senado, enfraquecido com denúncias de irregularidades na Câmara Alta. Não se conhece quem tenha sobrevivido a tamanho bombardeio, como se ele fosse o único responsável pelas mazelas acumuladas no Congresso Nacional. É verdade que em lugar de Sarney assumiria um nome da oposição, a última coisa desejada por Lula. Mesmo debaixo de tanto fogo cerrado, a revista *Época* considerou-o um dos cem brasileiros mais influentes do ano de 2009.

Apto a renascer como a Fênix das cinzas, Sarney tomou posse, em 1º de fevereiro de 2011, pela quarta vez, como presidente do Senado, com nada menos do que setenta dos oitenta votos da Casa, contra oito votos conferidos ao candidato do PSOL, Randolfe Rodrigues, e três em branco. Em seu emocionado discurso de posse, o decano do Congresso e do Senado anunciou sua aposentadoria em 2015, quando completará sessenta anos de mandatos.

Às pesadas críticas que apontam o contraste entre o enriquecimento da família Sarney com a pobreza do seu estado, responde o político-escritor:"Pelo PIB, o Maranhão é o 14º estado do Brasil. Estamos na frente de Mato Grosso do Sul. Agora, a pobreza que dizem, os índices que dão do Maranhão, é pelo IDH. O Brasil é a sétima economia do mundo e o IDH brasileiro é o 81º. Se formos considerar por isso, o Brasil é menor. O IBGE tem dois mil índices e então, três, quatro são piores no Maranhão. Mas se formos buscar na periferia de São Paulo, na Baixada Fluminense, encontramos índices piores do que os do Maranhão." A abundante e diversificada obra literária que Sarney produziu, paralelamente à sua ininterrupta carreira política, inclui poesia, contos, romances, crônicas, ensaios, discursos e conferências, totalizando, até agora, cento e um títulos, com mais de cento e quarenta e duas edições. Seu *magnum opus* deverá ser de caráter autobiográfico, onde explicará, entre outras coisas, a diferença entre "a paz das garças do lago Paranoá que dormem no Alvorada e a inquietação do presidente".

Na imprensa, contribuiu com os jornais *Imparcial, Combate, Jornal do Dia, Jornal do Povo, O Estado do Maranhão, Diário de Pernambuco, Correio do Ceará, Jornal do Brasil, O Globo, Folha de São Paulo*, e com as revistas *Clã, Região, A Ilha, Senhor* e *O Cruzeiro*. Além de repórter, Sarney fazia revisão de textos de outros repórteres, numa prática a que os americanos denominam *copydesk*, levando-o a fundar com Bandeira Tribuzzi e Bello Parga a revista *A Ilha*, que durou dois números, dedicada a implementar as ideias neomodernistas. O terceiro número não saiu porque Bello Parga gastou todo o dinheiro da edição na farra...

O poeta Ferreira Gullar falou dessa época: "Eu e o Burnett fizemos uma outra revista chamada *Afluente*. ...Saíram dois números só e era um grupo separado, porque o Sarney era ligado ao Tribuzzi, um poeta moderno. Nós não éramos modernos. A revista do Sarney era mais avançada do que a nossa revista. Era uma revista com pretensões de cultura moderna." Nesse tempo, Sarney só não se engajou de corpo e alma na proposta comunista, pela condenação que o comunismo fazia do cristianismo, o que quase o levou às vias de fato com o radical Bandeira Tribuzzi, amigo de toda a vida, com quem ficou sem falar durante algumas semanas. Já cursando a Faculdade de Direito e atuando como redator de *O Imparcial*, Zequinha, como era chamado, passou a trabalhar como oficial do judiciário, lidando com acordos, pareceres e outros afazeres processuais. Ao completar 19 anos, foi colocado à disposição da Biblioteca Pública, o que muito lhe agradou por aproximá-lo, ainda mais, das letras. Em 1950, aos 20 anos, em viagem aérea que durou treze horas, conheceu o Rio e São Paulo, ao comparecer a um congresso da UNE – União Nacional dos Estudantes, como representante do seu estado. Apesar da lentidão da viagem, Zequinha escreveu aos pais dizendo que "O avião Lloyd Aéreo é bastante confortável e bom". O episódio mais marcante dessa viagem foi a data: 16 de julho, dia de grande luto nacional, quando a seleção brasileira de futebol foi derrotada pelo Uruguai na final da Copa do Mundo. Uma vez instalado, foi ao encontro dos conterrâneos Odylo Costa, filho, e Josué Montello que o apresentou ao "monstro sagrado" Carlos Drummond de Andrade, que lhe causou grande impressão, inclusive pelo desejo de ler os seus versos, o que não aconteceu por vergonha e por não tê-los trazido na viagem. Na casa de Odylo, o jovem Sarney conheceu Manuel Bandeira, Ribeiro Couto, Peregrino Júnior, Rachel de Queiroz, Guimarães Rosa e Jorge Amado. Odylo foi um dos grandes promotores do desenvolvimento do jornalismo brasileiro. Através dele, Maurina Dunshee de Abranches, maranhense de nascimento, a condessa Pereira Carneiro, então viúva do conde Ernesto Pereira Carneiro, herdeira do *Jornal do Brasil*, contratou o jovem Sarney como correspondente em São Luís, função que exerceu durante sete anos. Isso ocorreu na segunda metade da década de 1950. O já visceral inimigo político, Vitorino Freire, queixava-se, continuamente, à direção dos jornais, do tom das reportagens produzidas pelo correspondente Zé Sarney.

Apesar do frio, Sarney encantou-se com São Paulo que não parava de louvar, repetindo os versos de "Pauliceia Desvairada" de Mário de Andrade. Durante o congresso estudantil, em São Paulo, conheceu futuros nomes da política nacional, como Paulo Egydio Martins, que governaria São Paulo, Célio Borja, Álvaro Americano, Júlio Niskier, Roberto Gusmão e Roberto de Abreu Sodré, com quem construiria sólida amizade, e que viria a ser governador de São Paulo e seu ministro das Relações Exteriores. O candente tema central do congresso era a vinculação ou não da UNE à UIE – União Internacional dos Estudantes, com sede em Praga, sob dominação comunista.

A estreia de Sarney na política se deu no comitê da fracassada campanha a deputado federal, do festejado intelectual e jornalista Franklin de Oliveira. A experiência ensejou ao jovem Zequinha a oportunidade de conhecer os políticos maranhenses, particularmente o candidato ao governo, Eugênio Barros, ex-prefeito de Caxias, de quem seu pai, Sarney Costa, se fizera amigo, quando ali serviu como promotor de justiça. Foi durante aquela campanha de 1950 que o jovem Sarney viu pela primeira e última vez o legendário Getúlio Vargas, que concorria à presidência, vestido de branco, sob inclemente sol a pino, prometendo o céu na terra, de dentro de um jipe, o melhor veículo então existente, para uso em campanhas políticas. As facções envolvidas na disputa não deixavam dúvidas sobre a extensão e intensidade que os ataques aos adversários poderiam assumir. Entre os vitupérios preferidos por Vitorino Freire figuravam joias do tipo: "Quando meto o peito n`água, ou racha o peito ou quebra a onda"; "Essa oposição vai comer capim no brejo seco".

Todas as urnas do interior eram apuradas na cidade. Quando foram abertas as urnas do município de São João dos Patos, os mesários encontraram trezentos votos embrulhados em papel de presente, acompanhados da seguinte mensagem: "Ao comandante Magalhães de Almeida, (governador em exercício) com a lealdade de sempre de Noca Rocha Santos." Noca era famigerada e temida líder interiorana. A eleição de governador foi vencida por poucos votos por Eugênio de Barros, graças à ajuda do cacique Vitorino Freire, que conseguiu anular muitos votos legítimos atribuídos ao candidato derrotado Saturnino Belo, cuja morte súbita, em janeiro de 1951, logo depois da diplomação do candidato declarado vencedor, aumentou, ainda mais, o inconformismo popular.

Adeptos do candidato vencedor que se aproximavam do Palácio dos Leões, dando vivas e soltando fogos, foram tomados, equivocadamente, pela polícia como potenciais invasores da sede do governo. Por isso os policiais abriram fogo com seus fuzis-metralhadoras, resultando em várias mortes, entre as quais a do monsenhor Dourado, vigário do município de Rosário, como todos os vitimados, amigo do governador eleito. O episódio inspirou o boato de que alguns feridos foram enterrados vivos. Segundo o humor negro resultante, a quem gritasse: "Estou vivo!", os coveiros respondiam: "Cala a boca. O dr. Pedro Braga (legista responsável) já assinou teu atestado de óbito!" Ao ouvir os primeiros tiros, Sarney, que se aproximava do Palácio, atirou-se ao solo, em busca de proteção. Deitara-se sobre um formigueiro.

Finda a campanha, o jornalista e estudante de direito Zequinha Sarney pediu a estudante Marly em casamento. A edição de 18 de dezembro do *Imparcial* assim noticiou a ocorrência: "Contrataram casamento, a 4 do corrente, nesta capital, os jovens de nossa alta sociedade, acadêmico José Sarney Costa, filho do dr. Sarney Costa, procurador-geral do estado, e de sua digna senhora, Kiola Costa, e a gentil senhorita Marly Pádua Macieira, dileta filha do doutor Carlos Macieira, figura proeminente em nossos meios médicos, e de sua esposa, Vera Pádua Macieira." Iniciava-se, de fato, um bem-sucedido romance entre a princesa e o plebeu que duraria a vida inteira. A dedicação mútua do casal é proverbial. Na sábia Marly, Sarney encontraria o mais importante dos seus aliados. Ela mesma explicaria mais tarde o segredo da felicidade do casal: "Não vou dar murro em ponta de faca, é melhor eu aderir. Então eu vivi a vida dele, deixei a minha e vivi a dele, não tive projeto de família, não tive projeto algum, o meu projeto era o dele. Tínhamos brigas, ele era ciumento, mas eu também era. Ele era bonitão e charmoso, e quando ele via uma mulher bonita, fazia charme na minha frente."

Empossado o novo governador, Sarney foi nomeado seu secretário particular, de onde saiu, seis meses depois, por haver apoiado, ainda que simbolicamente, já que não tinha votos, nas eleições suplementares, candidato concorrente com o apoiado por Vitorino Freire que, por isso, pressionou por sua saída. Nasceria ali uma inimizade que durou toda a vida, chegando a mútuas ameaças de morte. Os desdobramentos do conflito entre Sarney e Vitorino Freire, ao longo dos anos, por pouco não resultaram em tragédia: ambos andaram armados para a iminência de um desforço que mais de uma vez esteve a ponto de acontecer.

É verdade que Sarney foi substituído pelo irmão Evandro. Em março de 1952, antes de completar 22 anos, Sarney seria eleito o mais jovem membro da Academia Maranhense de Letras de todos os tempos, ocupando a cadeira cujo patrono é Humberto de Campos. Sua eleição se apoiou nas poesias, contos e artigos publicados em jornais de vários estados, além de sua participação como fundador da revista *A Ilha*. Ao tomar conhecimento da posse do neto, o avô Assuéro mandou soltar foguetes, lá em Pinheiro onde residia. À vizinha de nome Tudinha que lhe perguntou a razão de tanta festa, Assuéro respondeu: "Meu neto entrou para a Academia." "O que é Academia, seu Assuéro?" "Não sei, dona Tudinha. Só sei que é coisa grande!"

Ao se casar com Marly, aos 22 anos, em 12 de julho de 1952, Sarney não conseguiu realizar o desejo de passar a lua de mel fora do Maranhão – no Ceará ou no Pará. Passou-a em Curupu, paradisíaca ilha do sogro, o dr. Macieira, cujas dunas lembram os Lençóis Maranhenses. No melhor estilo patriarcal, a lua de mel foi vivida sem a privacidade que esse idílico momento suscita no imaginário dos jovens. Na casa simples, mas aconchegante, hospedou-se toda a família e a respectiva criadagem. A coabitação com os sogros, que o tratavam como filho, duraria trinta anos. Em suas memórias outonais, Sarney evocaria a famosa ilha do Curupu a que se vincularia por toda a vida:

> O curral velho, agora de mangues podres, o pé de mata-fome, o caminho do alagado, lama e sarnambi no contorno do igarapé. Adiante, a subida da campina onde as palmeiras balouçavam abertas e, mais além, o Poço do Urubu. O caminho do mato até chegar ao morro Branco e, depois, emendar a praia que se oferecia aberta e sensual para ser possuída pelo olhar e pelo desejo. O ruído das ondas batendo na areia. Praia e bicho, essa combinação estranha que não se pode pensar. Os pássaros de arribação, as gaivotas que vinham do norte, os maçaricos, pequenos médios e graúdos, os guarás e os mergulhões. Aquele lugar tinha um sentido místico.

Do jornalismo e da literatura para a política era, apenas, um passo. Consultada, Marly estimulou-o a seguir o chamado do coração. Em 1953, Sarney acumulava a conclusão do curso de direito, as atribuições de secretário do presidente do Tribunal de Justiça, o magistério na Faculdade de Serviço Social, com as funções de redator de *O Imparcial*, jornal integrante da cadeia dos Diários Associados, de Assis Chateaubriand, quando o PSD o convidou para disputar uma cadeira na Câmara dos Deputados. Meio a esse festival de responsabilidades, nasce, a 1º de junho de 1953, a primogênita Roseana, nome extraído do romance *Cantaclaro*, do escritor e presidente da Venezuela, Rómulo Gallegos. Para o pai Sarney, "o sorriso de Roseana é sua marca de vida, o mais belo de todos os mortais".

Em fevereiro de 1954 é bem recebido pela crítica o primeiro livro de Sarney, *Canção inicial*, coletânea de poemas neomodernistas. Foi ao tomar conhecimento do suicídio de Vargas, através de Marly, quando se banhava na praia do Olho d´Água, que Sarney sofreu a primeira de muitas crises de taquicardia paroxística, que desde então trata por via medicamentosa.

Quando buscava votos para ser eleito deputado federal, num ambiente nacional ainda desencontrado com o suicídio de Vargas, um artigo de Neiva Moreira sustentava que na chapa do PSD só havia dois homens de bem: Antônio Dino e José Sarney. Vitorino Freire, uma espécie de precursor das truculentas práticas políticas que alcançariam grau extremo e insuperável com o baiano Antônio Carlos Magalhães, exigiu que o iniciante correligionário José do Sarney desmentisse e atacasse o seu encomiasta. Em reação à recusa de Sarney, Vitorino Freire lhe retirou o apoio, passando a favorecer a candidatura de Cid Carvalho. Sem forças para confrontar o temível cacique, Sarney engoliu em seco, levou a candidatura adiante, conquistando uma suplência, depois de muita luta nos tribunais. Com a morte do titular eleito, Lima Campos, Sarney assumiu o mandato, em março de 1955, um mês antes de completar 25 anos. Iniciava, então, uma carreira política que jamais conheceu derrota eleitoral. Em face do rompimento com Vitorino, Sarney trocou o PSD pela UDN. Com ele saíram Nunes Freire, Benu Lago e Alexandre Costa, cunhado do governador Eugênio Barros. Despontava o líder.

O que tornou irreversível o rompimento com Vitorino foi a temerária decisão de Sarney de se aliar aos que se opunham às manobras orquestradas por Tancredo Neves para eleger Assis Chateaubriand senador pelo Maranhão, preenchendo a vaga a ser aberta com a renúncia ao mandato do senador Antônio Bayma e do suplente Newton Bello, condição para que o dono dos Diários Associados apoiasse Juscelino Kubitscheck na disputa da Presidência da República, no ano seguinte. Com a decisão de se opor às aspirações do patrão, Sarney demitiu-se d'*O Imparcial*.

No Maranhão, Vitorino Freire coordenou a campanha vitoriosa de Chatô, que venceu com acachapantes 70% dos votos válidos, de nada adiantando, inclusive, o boicote à distribuição da revista *O Cruzeiro*, no estado, com fotos, na capa, do indomável Chateaubriand, e a destruição pelo fogo de todos os papéis alusivos à sua eleição, fato que, acreditavam os conspiradores, inclusive Sarney, conduziria a nova eleição. Ledo engano. Como se nada tivesse havido, o Tribunal se reuniu e proclamou Chateaubriand senador pelo Maranhão, para cumprir a segunda metade do mandato de Antônio Bayma, que renunciou em troca das compensações estipuladas. O direito à regular prática de fraudes era monopólio, ontem como hoje, das forças situacionistas. O episódio agregaria grande prestígio a Sarney, ao se posicionar ao lado de respeitadas personalidades, como os jornalistas Odylo Costa, filho, Franklin de Oliveira e Neiva Moreira que, como ele, passara da suplência para o pleno exercício de deputado federal, pelo PSP, com o pedido de licença do eleito, Clodomir Millet, respeitado antivitorinista. Para Sarney, seria impensável continuar no PSD, de propriedade de Vitorino Freire, além do que militavam na UDN personalidades de sua admiração e afeto, como Affonso Arinos de Mello Franco e Odylo Costa, filho, amigo fraterno. A liderança autocrática de Vitorino, estranha às práticas políticas dominantes no Maranhão, teria origem pernambucana, de onde ele provinha: "para os amigos tudo; para os inimigos nada".

Apesar desse rompimento com Chateaubriand, Sarney voltaria aos Associados, depois que este se afastou de Vitorino. Quando foi eleito deputado, Sarney ouviu de Chatô: "Você não é deputado, é meu empregado. Qualquer dia desses fecham o Congresso e você volta pra cá." Certa feita, adversários de Sarney, que o consideravam comunista, pediram sua cabeça a Chateaubriand, que respondeu: "Cada um no Brasil tem o direito de ter seus comunistas prediletos. O Sarney é um dos meus." Sarney receberia o apoio de Chatô, já tetraplégico, em sua candidatura ao governo do Maranhão, em 1965.

Ao assumir a cadeira de deputado, em 1955, Sarney, então o mais jovem parlamentar, maravilhou-se no convívio com personalidades que tanto admirava, como Luís Viana Filho, Mário Palmério, Menotti del Picchia, Artur Bernardes, José Maria Alckmin, Ulysses Guimarães, Tarcilo Vieira de Melo, Tristão da Cunha, Plínio Salgado, Lúcio Bittencourt, Gustavo Capanema, Afonso Arinos, Magalhães Pinto, Adauto Lúcio Cardoso, Bilac Pinto, Prado Kelly, Carlos Lacerda e Otávio Mangabeira.

O ano de sua estreia parlamentar não poderia ter sido mais conturbado e mais rico de lições: Juscelino foi eleito presidente da República com, apenas, 36% dos votos válidos. Seu vice, que diferentemente de hoje, era votado diretamente, foi João Goulart. O presidente em exercício, Café Filho, vice de Vargas, teve que desmontar o golpe armado para impedir a eleição de Juscelino. Com sua inesperada hospitalização, assumiu o presidente da Câmara, Carlos Luz, eleito pelo PSD, mas muito identificado com as causas udenistas. Ao demitir o ministro da Guerra, general Henrique Duffles Teixeira Lott, por pressão de Carlos Lacerda e outros, Carlos Luz foi apeado do poder. Impedidos Carlos Luz e Café Filho, Juscelino recebeu a faixa presidencial do vice-presidente da Câmara, Nereu Ramos, que assumira a presidência. No Maranhão, Sarney liderara a campanha em favor do candidato da UDN, general Juarez Távora, um dos líderes da Revolução dos Tenentes de 1930.

O ano de 1956 começou bem para o casal Marly-Sarney, com o nascimento do segundo filho e primeiro varão Fernando, a 7 de janeiro. Em sua ação parlamentar, Sarney fazia discursos com o propósito de canalizar recursos para obras no seu estado, como o Porto de Itaqui, a construção da Hidrelética Boa Esperança e o asfaltamento da estrada São Luiz-Teresina. Membro da ala jovem da UDN, denominada Bossa-Nova, integrou a Frente Parlamentar Nacionalista, inspirada no propósito de proteger os interesses brasileiros contra as investidas do capital estrangeiro.

Mil novecentos e cinquenta e sete foi o ano da perda da estremecida avó, Madona, aos 84 anos. Em compensação, a 14 de junho, nascia Zequinha, José Sarney Filho, que viria a ser um dos decanos da Câmara, ministro do Meio Ambiente, no governo de Fernando Henrique Cardoso, e líder do Partido Verde. Sarney dedicou-se ao fortalecimento da UDN, no Maranhão, para o que recebia o estímulo do presidente nacional da legenda, Juracy Magalhães, a ponto de colaborar na preparação da plataforma do partido para as eleições de 1958.

Com a experiência e a notoriedade alcançada no exercício da suplência, Sarney fixou seu discurso oposicionista ao governo JK, nas carências nordestinas, em relação às quais não se via a indispensável presença federal, razão pela qual apoiou o amplo movimento regional em favor da criação da Sudene, que tinha em Celso Furtado, seu futuro ministro da Cultura, o grande formulador. Seu prestígio ficou evidenciado com a folgada eleição para a Câmara dos Deputados, fato que colocou o Maranhão no mapa da UDN nacional. Apesar da vitória, Sarney desabafou, em carta, com o amigo Odylo Costa: "A desgraça de nossa terra é que não se vê no horizonte onde possa surgir algum novo caminho, nenhuma perspectiva de salvação. É um desencanto ser político no Maranhão, e eu me sinto num profundo isolamento. Faço-lhe esta como um desabafo, escondido, mas como quem queria conversar há mais tempo e não tinha coragem."

Depois do grande susto ocasionado pelo paratifo que vitimou Roseana, então com 5 anos, a família se instalou no Rio, à rua Bolívar, perto da praia de Copacabana, que se transformou em ponto de encontro político e literário, como lembra Marly: "Às vezes as conversas lá em casa se estendiam por toda a noite." Nessa época, os parlamentares não tinham qualquer apoio: nem apartamento funcional, nem auxiliares. Tanto que, à entrada da Câmara, apenas um porteiro anotava as presenças. Um deles, de nome Geraldo, era muito querido pelos deputados que o consideravam o funcionário mais importante da Casa, tornando-se amigo de muitos parlamentares, como Plínio Salgado. Como se vê, no particular, os tempos mudaram, notavelmente. Atuando como secretária, Marly dava ao marido o suporte que, atualmente, é fornecido por dezenas de funcionários.

Ao iniciar-se a campanha para a escolha do sucessor de Juracy Magalhães, na presidência da UDN, Sarney ficou com Magalhães Pinto, contra Herbert Levy, tendo participado da redação da biografia do político mineiro, ao lado de Odylo Costa, filho, Otto Lara Resende e José Aparecido. A biografia fez grande sucesso, e Magalhães Pinto venceu Levy por larga margem. Ao iniciar a legislatura de 1959, Sarney pediu revisão no tabelamento do gás liquefeito para o Norte do país, apresentou substitutivo propondo alteração na legislação do Imposto de Renda, e projeto que proibia os bancos oficiais de fazer empréstimos a empresas estrangeiras, tudo consoante o acendrado espírito nacionalista vigorante à época. A defesa da construção do Porto de Itaqui, como de fundamental importância para o desenvolvimento do Maranhão, continuou a figurar em sua pauta parlamentar. Defendeu o jornalista Hélio Fernandes contra a censura que lhe foi imposta no governo JK, bem como quando foi agredido por um deputado alagoano, na contramão do corporativismo do Congresso, que se posicionou maciçamente em favor do agressor. Essa pauta diversificada granjeou-lhe o prestígio de político sério. Apoiado por Afonso Arinos, que defendia a presença de jovens no colégio de líderes, Sarney tornou-se vice-líder da UDN no Congresso Nacional, aos 29 anos, fato comunicado à mesa da Câmara por Carlos Lacerda, função que acumulou com a de representante da Comissão Permanente de Diplomacia e de Valorização Econômica da Amazônia. No plano da saúde, em 1959, extraiu as amígdalas e logo se entregou à oposição a JK, sob a liderança ciclônica de Carlos Lacerda. O mais temível em JK era a afabilidade sedutora com que mesmerizava membros da oposição. Sarney recusou o financiamento que JK autorizou a Caixa Econômica a fazer para que adquirisse a casa própria de que a família tanto necessitava. Sem juros e a perder de vista, o financiamento era quase uma doação de que se valeram personalidades como Tancredo Neves e Magalhães Pinto, na aquisição de apartamentos no luxuoso edifício Chopin, ao lado do Copacabana Palace, na supervalorizada avenida Atlântica.

Paralelamente à ação política, Sarney continuava cultivando a literatura, em contatos, na casa de Odylo, com intelectuais do porte de Pedro Nava, Di Cavalcanti e Manuel Bandeira, entre muitos outros. Dessa convivência resultou a publicação de alguns contos na revista *Senhor*. Com a turma do *Jornal do Brasil*, partilhava de conversas regadas a uísque, na rua da Quitanda, ao fim das tardes, quando deixava o Palácio Tiradentes, sede da Câmara.

Na campanha presidencial de 1960, Sarney defendeu que a UDN, partido rico de princípios, mas ruim de votos – tanto que perdera as eleições de 1945, 1950 e 1955 –, ficasse com Jânio Quadros, exigindo a inclusão, na plataforma de governo, de justiça social, ao lado de desenvolvimento. Sarney redigiu o Manifesto do Movimento Renovador, incorporando o rebatismo do grupo com o nome de Bossa-Nova, sugerido pelo jornalista Carlos Castelo Branco, em sua coluna na revista *O Cruzeiro*, inspirado na iniciativa musical inovadora do baiano João Gilberto, que viria a ser mundialmente festejada. Castelinho participou, de modo importante, na redação do texto final do Manifesto da Bossa-Nova.

A Carta Manifesto do grupo Renovador da UDN, lançada em fevereiro de 1960, foi assinada, apenas, pelos deputados José Sarney, Edilson Távora e Ferro Costa. Logo depois, o documento recebeu mais vinte e oito assinaturas. Nele, foi usada, pela primeira vez, a expressão "desenvolvimento com justiça social". Como o texto contivesse pontos de vista considerados avançados, como uma política externa independente dos Estados Unidos, o grupo foi considerado "esquerdista", conforme o maniqueísmo esquerda-direita então reinante. Atento à importância do apoio do novo grupo, Jânio declarou: "A UDN deste manifesto é a UDN dos meus sonhos. Se fosse mais jovem e deputado udenista, assiná-lo-ia", disse o "velho" e mesoclítico homem da vassoura que contava, apenas, 43 anos de idade. Em 2009, o *Correio Braziliense* revelaria que em consequência de suas posições políticas, em 1960, o serviço secreto brasileiro investigou a vida de Sarney. Parte de um relatório dizia: "Almoçaram no dia 25, ontem, no restaurante Night and Day, os componentes da nova 'linha do comunismo', cuja denominação real, para disfarce, cognomina-se de 'bossa-nova.'" Ontem como hoje, como se vê, os órgãos de informação podem avaliar mal.

Contrariando a orientação do partido, Sarney integrou o pequeno grupo dos udenistas que votaram favoravelmente à mudança da capital para Brasília, ainda que criticando a excessiva importância que Juscelino atribuía à Novacap. Acreditava que, se Juscelino continuasse no Rio, terminaria por ser apeado por um golpe, com o apoio da UNE – União Nacional dos Estudantes. A UDN só apoiou Jânio porque, depois de três derrotas sucessivas, precisava chegar ao poder, e a vitória de Jânio se delineava como certa.

O pioneirismo de Sarney, dentro da UDN, no apoio a Jânio, conferiu-lhe prestígio junto aos caciques políticos e à mídia, onde pontificavam jornalistas como Carlos Castelo Branco, Heráclio Salles, Hélio Fernandes e Evandro Carlos de Andrade.

Quando o histriônico Jânio Quadros tomou posse, em janeiro de 1961, o Brasil vivia momentos de autoestima elevada, com as vitórias da seleção na Copa de 1958, com Éder Jofre sagrando-se campeão mundial de boxe, Maria Esther Bueno arrasando no tênis e as fábricas registrando a venda de 130.000 veículos no ano anterior. Era chegado o esperado momento de o novo presidente varrer a apregoada corrupção existente no país.

Processada a mudança, Sarney, escolhido vice-líder da UDN, foi o primeiro deputado a se instalar em Brasília. Ao fazer mistério sobre a grata surpresa que tinha a fazer a Marly, levou-a a crer que ele finalmente adquirira, no Rio, o tão sonhado apartamento. Ao saber que o marido confiara ao amigo e deputado Neiva Moreira a chave do apartamento para fazer a mudança para Brasília, Marly disse-lhe poucas e boas. Mais tarde, Marly confessaria: "O prédio não estava terminado, não tinha elevador. No sexto andar, encontramos os caixotes com a nossa mudança, todos abertos, os objetos espalhados por todo lado, nada havia sido arrumado. O apartamento não estava pronto, não tinha porta, faltava todo o acabamento. Aí eu me sentei em cima de um caixote e comecei a chorar." 'Está vendo, José, as minhas coisas?' José disse: 'O Neiva é um irresponsável'. E eu respondi: 'Irresponsável é você, que entregou a chave a ele.'" Ao tentar melhorar as coisas, Sarney piorou-as, ainda mais, quando promoveu a mudança de endereço da Superquadra Sul 105 para um apartamento maior na Superquadra 206. É Marly quem conta: "José não me disse nada do tal apartamento novo. Quando chegamos lá, estavam passando sinteco. José falou: 'Mas esse homem me garantiu que já estava pronto.' Eu não disse nada, nem briguei, porque não adiantava. Eu, as três crianças pequenas, malas, papagaios, empregada e tudo, não podíamos entrar. Passamos dois dias no Hotel Brasil, que tinha até ratos. Quando, enfim, nos mudamos, mal acabáramos de colocar no lugar os móveis pesados, chegaram três hóspedes: Carlos Castelo Branco, Élvia e a filha Luciana. José nem me olhava. Ele não me avisara da chegada dos hóspedes, porque sabia que eu não concordaria. Não poderia recebê-los daquele jeito, estava tudo desarrumado, as caixas ainda empilhadas, e o pessoal já arrumando as camas para dormir. A casa viveria cheia de hóspedes, porque a cidade não tinha hotéis, não tinha nada. Havia um único restaurante na W3, mas fechava às três da tarde. Depois disso, não havia onde comer, então eu era obrigada a preparar refeições às pressas, às vezes para um monte de gente. Minha vida em Brasília, no começo, foi um inferno. À tarde, quando as crianças iam para a escola, eu ainda pegava o meu fusquinha e mostrava a cidade para os nossos visitantes. Às vezes até fazia com gosto."

Foi nessa época que Sarney se reencontrou com o advogado Saulo Ramos, agora oficial de gabinete de Jânio, que conhecera nas rodas intelectuais do Hotel Glória, no Rio. Com Saulo, Zé Aparecido, secretário particular da presidência, e Castelinho, assessor de imprensa de Jânio, Sarney formava um quarteto muito unido. Como o líder do governo, Pedro Aleixo, ressabiado com a derrota de Milton Campos para a vice-presidência, ainda não assumira o posto, Sarney era muito acionado pelo Planalto, razão pela qual ia diariamente ao palácio. Sua constante ida à tribuna da Câmara conferiu visibilidade à sua ação parlamentar. Um dia, Jânio chamou-o e disse: "Preciso do senhor, deputado Sarney. Em Cuba fizeram uma revolução e no governo só tem gente jovem. Quero mostrar que o embaixador do Brasil será um jovem de 30 anos." Essa missão estava fora dos planos da família. A solução foi pedir ajuda ao amigo Afonso Arinos, então ministro das Relações Exteriores, que o aconselhou a dizer que tinha onze filhos, somados os legítimos aos adotivos. De fato, em julho de 1961, com a morte do pai, o deputado José Ribamar, primogênito de quatorze irmãos, aos 31 anos, viu-se na chefia de um clã com cinquenta membros.

Segundo testemunho de Fernando Sabino, uma cartomante disse em Araxá, no Carnaval de 1961 ou 1962, que Sarney seria presidente – algo impensável à época –, desde que a eleição se realizasse em ano ímpar, o que viria a ocorrer tanto para o governo estadual, em 1965, quanto para a presidência, em 1985.

Com a saída de Jânio, o vice João Goulart assumiu a presidência. Apesar de opositor do novo presidente, Sarney disse em discurso: "Faço todas as restrições possíveis ao senhor João Goulart, menos a de ser presidente da República. Prefiro combatê-lo como adversário durante cinco anos do que vê-lo fora do poder, lançando o país na convulsão irreversível." Ao se insurgir contra o "reacionarismo conservador das cúpulas udenistas", Sarney deixou a vice-liderança do partido na Câmara. Adversário de Jango, caiu em desgraça política, diante da ascensão do arqui-inimigo Vitorino Freire, representante, no seu estado, do novo presidente. Para aliviar as tensões e pensar sobre o que fazer, Sarney e Marly seguiram para Nova York, em fins de 1961, ele como integrante da delegação brasileira na XVI Assembleia Geral das Nações Unidas. Daí nasceu uma grande amizade com o surpreendente Gilberto Amado, embaixador do Brasil. Sarney foi o primeiro brasileiro a se manifestar na ONU contra o *apartheid* da África do Sul. Nehru, da Índia, Antonio Segni, presidente da Itália, Adlai Stevenson, embaixador americano na ONU, e o chanceler soviético Andrei Gromiko estavam entre suas novas relações. Em carta a amigos brasileiros, deixou extravasar seu contentamento pela ausência de três meses do Brasil, exaltando a importância das relações internacionais na vida dos povos modernos.

De volta ao Brasil, Sarney pagava o preço do isolamento político, inclusive dentro do próprio partido que, do mesmo modo que o governo, não perdoava sua anunciada crença num possível retorno de Jânio, inteiramente estigmatizado pelas lideranças políticas de peso, quando a morte súbita do amigo querido e sogro, o doutor Carlos Macieira, aos 62 anos, o abateu profundamente. De volta ao Congresso, mais uma vez ficou na contramão do partido, ao votar em San Tiago Dantas, para primeiro-ministro, como substituto de Tancredo, que caíra. O gaúcho Brochado da Rocha foi o eleito, tendo ficado pouco tempo no poder, e morrendo doze dias depois da renúncia.

Apesar de todas as adversidades, tendo ainda contra si a animosidade do governador do Maranhão, Newton Bello, que dizia, referindo-se a ele: "Esse moleque não se elege", Sarney, apoiado em marketing político inovador, foi o deputado federal mais votado, sagrando-se o maior líder da oposição no estado, com o nome ventilado para concorrer ao governo já nas eleições seguintes. Quando Lacerda, então governador da Guanabara, liderou o movimento para impedir a realização, no Rio, do Congresso Continental de Solidariedade a Cuba, ameaçando prender os que comparecessem, Sarney compareceu ao evento, com mais sete deputados da UDN, só não sendo preso por causa da imunidade. Suas relações com Lacerda oscilavam com as alterações de humor do líder carioca, cuja inflaçãoególatra levou Di Cavalcanti a dizer que "ele não comparece a enterro porque gostaria de estar no lugar do defunto para ser o centro das homenagens".

Enquanto a UDN se opunha ao voto do analfabeto, Sarney o defendia. Compreende-se por que, em março de 1963, tenha sido eleito vice-presidente da UDN, em convenção realizada em Curitiba, representando a ala progressista do partido.

Ainda que favorável a muitas das ideias socialistas do governo Jango, o que lhe gerava desgaste na UDN conservadora, Sarney se opunha ferreamente ao governo em face da aliança com seu arqui-inimigo no Maranhão, Vitorino Freire. Foi quando Magalhães Pinto, motivado pelo desejo de ter um ministro seu no governo, sondou-o sobre a possibilidade de ocupar o Ministério de Minas e Energia. Sarney condicionou sua aceitação ao impossível apoio da UDN. Levado por Magalhães Pinto, teve um único encontro com Jango, quando discorreram sobre generalidades. Sarney diz que sempre achou "o Jango um político sem virtudes, sem ideias e sem coragem", embora fosse contrário a qualquer movimento para apeá-lo do poder, consoante mandamento constitucional. Por outro lado, a ordem constitucional sofria a ameaça simultânea de golpe de estado da direita e da esquerda. Segundo testemunho de Ferreira Gullar, Sarney anteviu a iminência do golpe, embora ingenuamente acreditasse que o golpe não se imporia por via ditatorial e em caráter permanente.

Quando Herbert Levy, uma semana depois do golpe, pediu a cassação dos esquerdistas, Sarney protestou: "Aqui não se cassa mandato de ninguém fora dos termos previstos na Constituição. Nossa Carta Magna deve ser respeitada a qualquer preço." Sua lealdade aos perseguidos mereceu o testemunho de José Aparecido, um dos deputados cassados na primeira lista: "Sarney foi o único companheiro que se colocou em risco pessoal ao nos dar fuga naquele instante de tantas apreensões e dificuldades. Foi ele que no seu carro, ele próprio dirigindo, levou-nos à embaixada em que nos asilamos. Quando me deixou lá, pôs um envelope no meu bolso. Achei que podia ser um telefone, um endereço, alguma outra coisa, mas eram duzentos e poucos dólares. Ele acabava de vir de uma de suas primeiras viagens internacionais e tinham certamente sobrado aqueles dólares. Ele, preocupado que eu tivesse que viajar para fora do país, num gesto de grande delicadeza moral, colocou o envelope em meu bolso. Confesso que nunca paguei esses dólares." Maria Tribuzi, viúva de Bandeira Tribuzi, depõe no mesmo documentário, sobre a prisão do marido: "Sarney me deu dinheiro para ajudar a custear a defesa dele. Disse-me que estava guardando para a campanha ao governo do Maranhão, mas, como era para um amigo, estava tudo bem."

Quando a linha dura, açulada por Vitorino Freire, que o acusava de subversivo, comunista e traidor, esboçou os primeiros movimentos para cassar Sarney, o peso esquerdizante de suas posições liberais foi neutralizado pelo reconhecimento unânime de sua índole pacífica e vocação democrática. Castelo Branco, Magalhães Pinto e Adaucto Lúcio Cardoso foram os grandes anteparos às recorrentes tentativas de sua cassação. Quem seria capaz de prever que o Brasil retornaria à via democrática pelas mãos de Sarney, em 1985?

A simpatia do presidente Castelo Branco pela candidatura de Sarney ao governo do Maranhão foi de fundamental importância para a coalizão que se formou em torno do seu nome, para enfrentar Renato Archer, candidato de Vitorino Freire. Aventura e suspense não faltaram durante a campanha, inclusive tentativas de boicote à base de jagunços armados. Com prudência, audácia e diplomacia, o nome de Sarney se impôs como a nova liderança com que o estado se faria representar no Brasil do futuro. Seu discurso era o oposto da truculência característica do mandonismo coronelício de Vitorino Freire. Apesar do inquietante anúncio do grande âncora do *Repórter Esso*, Heron Domingues, assegurando a folgada vitória de Renato Archer no Maranhão, Sarney venceu em todas as urnas, para tranquilidade do presidente Castelo Branco, que ouvira do seu chefe da Casa Civil, Luis Viana filho, ser apenas um afago que o famoso repórter queria fazer no amigo, finalmente derrotado. Archer, em depoimento à Fundação Getúlio Vargas, reconheceu que Sarney, de quem viria a ser ministro de Ciência e Tecnologia, venceria, mesmo sem o apoio do presidente Castelo Branco.

A casa de Sarney, nos dias de celebração da vitória, mais parecia um mercado persa, com gente entrando e saindo por janelas e portas, num frenesi infernal.

Ao tomar posse como governador, o estado do Maranhão, com 340.000km^2, distribuídos em 128 municípios, tinha 3.500.000 habitantes, 80% dos quais viviam no campo, sustentados pela cultura do arroz e coleta do babaçu. Sem um quilômetro sequer de estrada asfaltada, o tráfego pelas estradas de barro oscilava entre difícil e impossível no período chuvoso. Com uma média de vida de apenas 29 anos, o interior do estado não contava com mais de 20 médicos. Verminose, malária, tuberculose, lepra e varíola eram os principais agentes dessa devastação. Sessenta por cento das crianças entre os 7 e os 14 anos não frequentavam escola. Não havia ginásios no interior e nenhuma universidade em todo o estado. Em seu discurso de despedida da Câmara, Sarney disparou: "Devo começar apresentando-me como governador e representante do Brasil da pobreza e do atraso, um Brasil contemporâneo do outro Brasil da riqueza e do progresso, mas profundamente antagônicos os dois, no sistema de vida e na maneira de pensar."

Antecipando-se ao presidente Figueiredo, que vinte anos depois se recusaria a lhe passar a faixa presidencial, o governador Newton Bello, mordido pelos ataques que sofreu na campanha, deferiu ao seu vice, Alfredo Duailibe, a missão de repassar a Sarney a faixa governamental, em solenidade transferida do Palácio dos Leões para a praça Pedro II, com o carro que transportava o novo governador sendo empurrado pela multidão delirante. O espetáculo foi registrado pelo jovem cineasta Glauber Rocha, em documentário polêmico, denominado *Maranhão 66*. Glauber e Sarney construíram sólida amizade. Para compor seu secretariado, diante da escassez de recursos humanos capacitados no Maranhão, Sarney teve a inovadora ideia de trazer técnicos do Ceará,

Pernambuco e Rio de Janeiro, alguns deles considerados de esquerda, ensejando aos vitorinistas derrotados a vã tentativa de incompatibilizá-lo com os órgãos de segurança.

Para retirar o Maranhão da penúria centenária em que se encontrava, desde o Brasil-Colônia, Sarney fixou-se em duas obras estruturantes fundamentais: a Usina de Boa Esperança e o longamente aguardado porto de Itaqui, que defendia desde o governo Jânio Quadros, além da rodovia São Luiz–Teresina. Não fosse pela firme reação de Sarney, apoiada pelo ministro Mário Andreazza, e pelo Geipot, órgão criado pelo governo militar para racionalizar a infraestrutura de transportes do país, essas obras teriam sido excluídas do programa do governo federal. A ponte São Francisco, ligando os dois lados do rio Anil, permitiu a expansão da capital, tendo Sarney tomado a iniciativa pioneira de adquirir, antes do anúncio das obras, as terras do outro lado, em nome do estado, que se beneficiou de sua extraordinária valorização, fato desconhecido do público, e experiência modelar para o poder público financiar muitas obras de sua responsabilidade.

Primeiro governador do Maranhão originário dos meios intelectuais, Sarney deu grande impulso às atividades culturais do estado. Sobre seu interesse pelas coisas do mundo cultural, o imortal Marcos Vilaça, que presidiu a LBA no seu governo, disse: "Quando nos encontrávamos no Recife, ele passava por igrejas e prédios antigos e comentava algo. Um homem cuja retina estava habituada ao barroco, à história, passava num sobrado magro e compreendia que aquilo ali tinha influência dos tempos de Nassau. Discutia a realidade de Pernambuco referindo-se à obra de Gilberto Freyre; conversava sobre o jornalismo local sabendo do papel que o velho diretor do *Diário de Pernambuco*, Aníbal Fernandes, exerceu na formação do jornalista."

São folclóricas algumas versões sobre sua superstição, como sua crença em que bicho empalhado dá azar. Ao atribuir a negativa da Sudene aos projetos do Maranhão à presença de um jacaré empalhado nos salões do Palácio dos Leões, ligou ao meio-dia, ordenando sua imediata remoção dali. Na parte da tarde, os ventos mudaram de direção e os projetos foram aprovados. Como é verdade que prefere sair pela porta por que entrou, e não gosta que usem marrom à sua frente, foi fácil confundir as atenções dispensadas por dever de cortesia a diferentes ritos religiosos e crendices, como derivadas de uma excessiva superstição. Com a morte do senador Danton Jobim, em 1978, e a doença do senador Marcos Leão, os demais senadores, entre cochichos, concluíram que a má sorte só poderia provir do jacaré empalhado que decorava a entrada do apartamento do senador Jarbas Passarinho. O senador Sarney, então, convocou reunião de emergência e disparou para os colegas apavorados: "Vamos jogá-lo fora, no lago Paranoá, senão morreremos todos." E assim foi feito. Entre os partícipes, se encontravam Itamar Franco e Alexandre Costa. A jovem Roseana Sarney colaborou com toda a operação. Jarbas Passarinho, inconformado, depois de desistir de prender o porteiro, e solidário com o filho que arpoara o réptil na ilha do Marajó, mandou instaurar inquérito para descobrir "os culpados", com quem nunca tratou do assunto.

Quando tomou posse no governo, o Maranhão tinha 80% de analfabetos. Sarney implantou o projeto João-de-Barro, que adotava uma variante do método Paulo Freire. "Uma escola por dia. Um ginásio por mês. Uma faculdade por ano." Seu nome passou a integrar a lista dos governadores com cabeça administrativa, ao lado de Lacerda no Rio, Brizola no Rio Grande do Sul e Ney Braga no Paraná. George C. Lodge, professor emérito da Harvard Business School, em livro sobre a América Latina, considerou-o o melhor governador em atividade, no estilo Kennedy, nacionalista e um tanto antiamericano.

Contra as expectativas de muitos, no clima de tensão política que culminaria com a edição do AI-5, no dia 13 de dezembro de 1968, Sarney não só compareceu como patrono à solenidade de formatura de uma turma de economistas maranhenses que escolheu Juscelino como paraninfo, como o recebeu em Palácio, para jantar, dispensando-lhe tratamento presidencial.

Ao chegar ao Maranhão no dia 12 de dezembro de 1968, tive uma das mais agradáveis surpresas que um homem público no Brasil pode receber. Encontrei o estado entregue a um governador jovem, inteligente, corajoso, digno e que realizava uma obra indispensável ao seu progresso e desenvolvimento. Conhecia-o muito de nome, depois de nossa conversa em São Luís é que dimensionei bem o valor e a capacidade do jovem governador. Aquele discurso pronunciado no jantar do Club, realizado em minha homenagem, deixou-me muito sensibilizado e, ao mesmo tempo, preocupado. Temi, sinceramente, pelas consequências de suas palavras generosas a meu respeito, porém, bravas e corajosas no tocante às afirmações que fazia."Em carta de setembro de 1971, Juscelino volta a elogiá-lo e a agradecer-lhe pela coragem de incluir o seu nome num discurso sobre a Amazônia.

Apesar de o AI-5 dar aos governadores amplos poderes para punir, através de aposentadorias precoces, demitir, criar comissões de investigação, e outras condenações, no Maranhão ninguém foi punido em nível estadual. Preservados os limites da prudência, Sarney resistiu às pressões para condescender com os excessos autoritários da Revolução: prometia realizar comissões de inquérito, demitir suspeitos de subversão, apontar nomes para serem cassados, mas não cumpria. Sem levar em conta a atitude reticente do comando revolucionário, relativamente à candidatura dos governadores ao Senado, nas eleições previstas para 1970, Sarney, movido pelo desejo de influir na política nacional, deixou o governo estadual em maio e se elegeu para o Senado nas eleições gerais daquele ano.

A insistência de Sarney para que o Congresso não abdicasse do seu direito-dever de legislar, argumentando "que pode não fazer surgir a luz, mas afugenta a escuridão", desagradava o regime que era neutralizado por sua habilidade apaziguadora, como ao declarar ao *Estadão*, em 1975: "Em nenhum país a contestação do regime é tolerada, dispondo ele ou não de atos de exceção... Que ditadura é essa no Brasil em que não há ditador? Em que a oposição ganha eleições? Que ditadura é essa que aceita todo tipo de críticas?" Causou sensação sua proposta de criação de um Conselho de Ética do Congresso, apto a abortar as crises no nascedouro, evitando as ações discricionárias e punitivas do Executivo. Como desdobramento de sua compreensão de que "o ressentimento cresce dentro da gente, destrói a gente", integrou, com Ulysses Guimarães, Tancredo Neves, Paulo Brossard, Teotônio Vilela e Daniel Krieger, um grupo informal destinado a esvaziar o papel da subserviente linha dura, sempre pronta a dizer amém a tudo o que viesse do Executivo. O jantar em seu apartamento, reunindo esses líderes com Golbery, amainou as tensões. Apesar de todo esse trabalho, ele não viria a ocupar qualquer posição de relevo, enquanto Geisel fosse presidente. Mesmo no governo Figueiredo, só veio a ocupar a presidência da Arena por completa falta de quadros. Segundo o diário de Heitor Ferreira de Aquino, as referências de Geisel a Sarney eram altamente restringentes: "Ativo, capaz, salafra", comentário colidente com o tratamento sempre cordial a ele dispensado. Essa atitude presidencial está na base da reação do governo à proposta de Sarney para que o país importasse "cérebros" capazes de propulsionar nosso desenvolvimento. Igual reação ocorreu quando Sarney defendeu a presença de líderes partidários no governo, por entender que técnicos e políticos formariam poderosa sinergia em favor do país. Em reação, Geisel mandou desmarcar uma audiência já agendada com Sarney. Em 1974, Mãe Menininha advertiu Marly de que o futuro presidente, Geisel, não era amigo de Sarney. Disse também que Sarney seria presidente. Nesse mesmo ano, o SNI impediu Sarney de cursar a ESG.

Nenhum político situacionista defendeu tanto a tese da necessidade do retorno à democracia, quanto Sarney, sendo de sua autoria as propostas liberalizantes que, cedo ou tarde, terminariam vingando. Em 1977, Sarney apresentou um Projeto de Lei propondo o voto distrital, por mais consentâneo com o espírito democrático. Em vão. Em 1978, "forças ocultas" vetaram o seu nome para governar o Maranhão. No dia 15 de novembro, reelegeu-se senador, sendo a última vez que concorreu pelo Maranhão. Mais tarde sustentaria que, se o MDB tivesse aceitado o nome de Magalhães Pinto como candidato civil à presidência, em 1978, teríamos antecipado em sete anos a ocupação da presidência por um civil. Em outubro de 1979, Sarney lança *Marimbondos de fogo*, livro que mereceu calorosa recepção da crítica literária no mundo lusófono. Nele, o autor realiza uma grande catarse das dores sofridas ao longo da vida, como tão bem destacou Félix de Athayde. A edição portuguesa foi prefaciada por João Gaspar Simões, biógrafo e principal vulgarizador da poesia de Fernando Pessoa.

Em setembro de 1980, aos 50 anos, concorrendo com mais nove candidatos, foi eleito, em primeiro escrutínio, para ocupar a cadeira de nº 38 da Academia Brasileira de Letras, que tem como patrono Tobias Barreto, na vaga aberta com a morte de José Américo de Almeida, o festejado autor de *A bagaceira*, com onze votos a mais do que o segundo colocado, Orígenes Lessa, para quem ligou, dizendo: "Você sabe que a eleição para a Academia não é um julgamento, porque, se fosse, você teria sido eleito. É uma escolha, cada um faz a sua, e na primeira eleição que tiver, você pode ter certeza de que será o meu candidato." Dito e feito. No ano seguinte, Orígenes Lessa foi eleito para a ABL.

A entusiástica acolhida que autores como Leo Gilson Ribeiro, Jorge Amado e Josué Montello deram ao livro *Norte das águas*, de 1970, foi decisiva para seu ingresso na ABL.

A posse de Sarney na Academia foi uma apoteose: compareceram o presidente da República, treze governadores e nove ministros. Saudado pelo conterrâneo Josué Montello, disse em seu discurso:

> A Academia era para mim um horizonte longínquo. Leve sedução transformada na ambição que, sem coragem de ser desejo, era um desejo de desejá-la e, desejando desejá-la, tornou-se desejo, esperança e sonho. Sonho que se realizou e, como diz Jorge Luis Borges, quem realiza um sonho constrói uma parcela de sua própria eternidade. Chego trazido acima de tudo pela vocação do espírito das letras, que me seduziram desde menino, quando

ouvia nas madrugadas o meu velho avô, mestre-escola de uma pequena cidade das fraldas da floresta amazônica, tanger os bichos para o curral, recitando redondilhas de Camões.

Confessou que a Academia de Letras lhe deu mais alegrias do que a presidência. "Minha vocação era a literatura. A política, para mim, foi um destino." Em seus momentos de mais aguda decepção com a política, sentia-se frustrado por se ter desviado da dedicação exclusiva à literatura para a qual se sentia profundamente vocacionado.

De volta ao Congresso, trabalhou pela aprovação da emenda que garantia eleições diretas para governador, a partir de 1982, sendo, finalmente, eleito para presidir o PDS. No começo de 1982, às vésperas de completar 52 anos, sofre um pequeno derrame cerebral do qual resultaram pequenas sequelas temporárias. No fim do ano, foi o único parlamentar que subiu ao avião que transportava para o Rio Grande do Sul o senador Paulo Brossard em seu voo de despedida de Brasília, retribuindo o gesto do gaúcho, único membro da oposição a comparecer à sua posse na Academia.

No prefácio ao livro de discursos políticos de Sarney, *O Parlamento necessário*, lançado em 1982, o jornalista Carlos Castelo Branco escreveu profético:

> Sua carreira está numa encruzilhada. Ele hesita entre o apelo dos romances por escrever, dos quadros por pintar, e da vida pública por continuar no nível a que o destino o conduziu. Sua opção, de homem de talento limitado politicamente apenas pelas contingências históricas de sua região, surgirá naturalmente, sem esforço, da própria trama de sua vida, tão rica e tão complexa. Na literatura e na política, ele está no ponto alto, e numa e na outra, o horizonte se abre à sua frente.

Tendo sido eleito, sempre, em eleições populares, Sarney viu-se compelido, por dever de ofício, a combater a proposta de eleições diretas para 1984, que ganhou o Brasil com o nome de emenda Dante de Oliveira. Curiosamente, quando a matéria foi a plenário, o voto em favor das diretas de José Sarney Filho, jovem parlamentar com 27 anos incompletos, que resistiu às maiores pressões, legítimas umas, ilegítimas outras, fez seus olhos marejarem de incontido orgulho. O plenário encheu-se de estrepitoso aplauso. Este voto de Sarney Filho foi o embrião que decretou o fim da eleição biônica dos presidentes da República, porque precipitou a decisão do pai de se libertar daquelas conveniências do partido a que pertencia e que tanto lhe geravam desconforto. Sobre o episódio, disse o deputado Sarney Filho, referindo-se ao pai: "Ele nunca me pediu que votasse contra. Apenas me perguntou se eu estava consciente do que estava fazendo."

Identificado com a posição de Figueiredo, na reação ao nome de Paulo Maluf, aspirante à Presidência da República, Sarney foi reconduzido à presidência do PDS. A reação de Figueiredo ao nome de Maluf era tamanha que, às vésperas de viajar para Cleveland para cuidar do coração, ele chamou Sarney e disse: "Quero lhe comunicar que hoje eu vou renunciar ao PDS. Quero sair do PDS porque esse Maluf... eu vou matar o Maluf, meto um punhal na barriga dele, se for necessário. Ele quis me corromper por meio de meus filhos."

Vinte e um anos depois do golpe de 1964, Sarney quebrou a espinha dorsal do regime militar, que até então apoiara, ao integrar a chapa das oposições, como o vice de Tancredo, sem saber que o destino lhe reservava o papel histórico de viabilizar a transição entre a intolerância e a democracia. O futuro presidente Fernando Henrique apoiou o nome de Sarney para vice de Tancredo como condição necessária para a vitória. Além disso, apesar de se haver posicionado contra as diretas e defender a Revolução, para FHC, "Sarney é, basicamente, um democrata".

A resistência nas oposições ao nome de Sarney se manifestava a cada passo. No comício em Goiânia, que deu início à campanha para a disputa no colégio eleitoral, o governador Íris Rezende informou a Sarney de um plano descoberto pela Polícia Federal para assassiná-lo, razão pela qual não deveria subir ao palanque. Sarney ignorou a advertência. As Forças Armadas, por outro lado, se dividiam na maneira de encarar Tancredo, segundo informações cada vez mais confiáveis obtidas por Sarney, que assim, ganhava, aos poucos, a confiança do PMDB, partido que lhe torcia o nariz. A vitória da chapa Tancredo-Sarney por quatrocentos e oitenta votos, com vinte e seis abstenções, foi legitimada pelos cento e oitenta dados a Paulo Maluf, que prestou um grande serviço à democracia, ao concorrer sem chances de vencer. O resto todo mundo sabe. Compondo um cenário mitológico, Tancredo adoeceria, às vésperas da posse, e morreria trinta e sete dias depois, assumindo em seu lugar o vice José Sarney.

Três horas depois da cirurgia de emergência a que se submeteu Tancredo, sua irmã, Ester, médica com especialização nos Estados Unidos e Inglaterra, disse ao sobrinho Francisco Dornelles: "Chico, mataram o Tancredo. O médico fez tudo errado. Ele fez uma demonstração para a assistência." O grande público, porém, alimentava a expectativa de que Tancredo estaria de volta em poucos dias.

Cumprindo a ameaça, o atrabiliário presidente Figueiredo recusou-se a passar a faixa presidencial ao sucessor.

Durante a festa de posse, para oito mil convidados, a que compareceu vestido num elegante smoking, adquirido por trinta dólares, no mercado das pulgas em Paris, para ir a uma festa na embaixada, Sarney ouviu de um amigo de juventude a expressão que resumia muito do que pensavam os circunstantes: "Sarney, quem diria!"

Ali estava, talvez, a resposta à indagação que anos antes o hipocondríaco e depressivo poeta formulara a si mesmo: "José, onde estão tuas mãos que eu enchi de estrelas?" "Estão aqui, neste balde de juçaras e sofrimentos."

Ao longo dos trinta e oito dias transcorridos até a morte de Tancredo, o presidente interino procurou adaptar-se à arrogância do PMDB, que não aceitava o poder de fato do novo presidente. Ao assumir a presidência, em caráter definitivo, Sarney contava com a aprovação de

51% dos brasileiros. Nos primeiros dias, um corpo de auxiliares determinava a cada hora o que deveria fazer: "Sente-se aqui. Passe para a outra sala. Está na hora de comer" etc. Ao chegar em casa, largou-se na poltrona, para descansar, quando dona Marly determinou: "Vá pra outra sala que eu vou assistir à televisão!" "A que hora o presidente manda?", perguntava-se.

A pontualidade do novo presidente logo impressionou, inclusive ao cronicamente retardatário ministro Aureliano Chaves! O contraste entre os modos de Sarney e os do bravateiro Figueiredo chamava a atenção de todos. Mergulhado no âmago de si mesmo, Sarney extraiu da consciência de sua fraqueza as forças necessárias para, gradativamente, diminuí-la, de modo a assegurar a travessia entre o regime de exceção, que ainda estava vivo, e a democracia desejada pela grande maioria do povo brasileiro. Originário de um estado sem maior expressão, malvisto pelo partido dominante, e olhado com suspeição pelos generais da ativa, fiéis ao *ancien régime*, era ostensiva sua fragilidade. Tanto que para deixá-lo à vontade, FHC, líder do governo no Senado, disse-lhe: "A liderança está em suas mãos, presidente, eu não sou mais líder." Ao que ele respondeu: "Pelo amor de Deus, não faça isso, ainda mais agora. Vai dar a impressão de que a esquerda me abandonou!" Fiel ao legado de Tancredo, Sarney não tomava qualquer decisão importante sem o aval de Ulysses que, aos poucos, foi desarmando o seu espírito contra o receio de que ele "passasse a perna no PMDB". Diante de tantas contradições, eram poucos os que acreditavam que Sarney pudesse governar até o fim do mandato. Da reunião ministerial de 7 de maio de 1985, resultou o projeto de emenda constitucional que ficou conhecido como Emendão, pelo qual se restabeleciam as eleições diretas para presidente, em dois turnos; eleições em novembro daquele ano para prefeito das capitais, estâncias minerais e antigas áreas de segurança nacional; extensão do direito de voto aos analfabetos; o fim da fidelidade partidária; a legalização dos partidos de esquerda, dentre outras facilidades menores. Quando desceu no Rio, no dia seguinte, o presidente foi aplaudido por populares.

Acredita Sarney que o preconceito contra suas origens políticas levou Ulysses a recusar a proposta de pacificação da vida brasileira, a exemplo do que ocorrera na Espanha com o pacto de Moncloa. Ao celebrar cem dias de governo, com a economia melhorando, sua popularidade subira para 57%. Num jantar que lhe foi oferecido pelo ministro do Exército, Leônidas Pires Gonçalves, depois de receber a Grã-Cruz da Ordem do Mérito das Forças Armadas, Sarney era o único civil, meio aos ministros militares do seu governo e a oficiais generais de quatro estrelas. Segundo Fernando Lyra, então ministro da Justiça, essa postura reticente diante de Sarney seria ditada pela "vanguarda do atraso".

Em agosto de 1985, os piores momentos da turbulência haviam passado, apesar da persistência da linha dura, como no episódio em que o presidente desistiu de visitar a Escola Superior de Guerra, porque o seu comandante, general Euclydes Figueiredo, havia vetado a presença, ali, do governador do Rio, Leonel Brizola. Nesse mesmo dia, enviou ao Congresso projeto de lei criando o vale-transporte para trabalhadores que ganhassem até três salários-mínimos. Logo depois, deu início ao Plano Nacional de Reforma Agrária, expropriando propriedades em Santa Catarina e na Bahia; lançou o programa "Fala, cidadão!", pelo qual as pessoas, por telefone, podiam fazer sugestões e reclamações ao governo, e criou uma ouvidoria popular. No discurso de abertura da Assembleia Geral da ONU, virou manchete internacional ao declarar que o Brasil não pagaria sua dívida, "nem com a recessão, nem com o desemprego, nem com a fome, porque nosso povo chegou ao limite do suportável". Inspirado no velho amigo já falecido, Bandeira Tribuzzi, disse: "Sentimento do mundo, a poesia não pode ser afastada dos grandes momentos." Sucesso total.

Sarney devolveu à memória de João Goulart e à sua família todas as condecorações e prerrogativas que lhes haviam sido retiradas pela Revolução. Assinou decreto reestruturando o Exército, que passou a ter sete comandos regionais. Meio a tantos encargos, a vocação literária permitiu-lhe lançar o livro *10 contos escolhidos*. Em seguida, devolveu a UNE à legalidade.

Por ocasião da inauguração da ponte Tancredo Neves, ligando o Brasil com a Argentina, em conversa com o presidente Raul Alfonsin, iniciou uma parceria que, em 1989, lançaria as bases do Mercosul. Para ele, não fazia o menor sentido, numa época marcada por grandes coalizões econômicas, países como Brasil e Argentina se deixarem perder na tola admissão de divergências paroquiais que aumentavam suas fragilidades, quando se sabia que de sua união sinérgica resultariam evidentes vantagens bilaterais. Levou algum tempo para Sarney interpretar corretamente o silêncio de Alfonsin ao que ele dizia: o líder argentino não compreendia o português. A partir daí, Sarney passou a dirigir-se a ele em espanhol. Anos mais tarde, a convite da ONU, Sarney e Raul Alfonsin percorreriam vários países para relatar como fizeram para realizar a transição entre a ditadura e a democracia, ocasião em que recebeu do governo mexicano o Prêmio Serfin de Integração Latino-Americana pelo seu trabalho em favor do desenvolvimento no continente.

Encerrou o ano de 1985, com a proibição da caça às baleias.

Sarney celebrou o Natal com a família em Brasília, livre da depressão e curtindo o elogio de *Veja* ao seu gesto de pagar do seu próprio bolso os 18 mil cartões de boas-festas que expediu Brasil afora. Politicamente, sua legitimidade era inquestionável, mesmo com uma inflação de 235% e mais de quinhentas greves. Em compensação, o PIB crescera 8% e a taxa de desemprego era de 3,9%, tendo havido uma recuperação salarial de 10%. Em seu primeiro ano de governo, aprendeu uma dura lição: "Setenta por cento das ordens que um presidente dá não são obedecidas." Sua flexibilidade ou sabedoria de conviver com esse tipo de constrangedora realidade estaria na base de sua proverbial longevidade política e capacidade de dirimir conflitos.

Não obstante tantas conquistas, urgia vencer a inflação, que tantos males trazia ao país, sobretudo à bolsa popular. Precedido do maior segredo, o Plano Cruzado foi lançado no dia 28 de fevereiro de 1986, com um corte de três zeros, mil cruzeiros passando a valer, apenas, um cruzado; congelamento de todos os preços por um ano; o novo salário-mínimo antecipado do dia 1º de maio, para 1º de março, com o valor fixado em Cz$804,00, com reajuste anual, ou corrigido sempre que a inflação atingisse 20%; a correção monetária foi substituída pelo IPC (Índice de Preços ao Consumidor).

A receptividade do plano pela população foi total e imediata. A ela, Sarney pediu que operasse como seu fiscal, o que passou a ser feito com grande entusiasmo popular. Por onde passasse, o presidente era aclamado como um herói. Logo, dirigentes da Rede Globo cunharam o slogan "Tem que dar certo", que ganhou o país. A economista Maria da Conceição Tavares, acerba crítica de planos econômicos, chorou de emoção ao dizer que o plano cruzado era "o projeto mais sério" que já vira. Mereceu grande destaque a presença da primeira-dama, Marly, Brasil afora, ajudando o marido presidente a popularizar o plano que um mês depois já registrava uma deflação de 1,48%, embora a afligisse a volubilidade humana: as mesmas pessoas que agora chaleiravam o marido presidente, há pouco, torciam o nariz para ele, a ponto de muitos terem cogitado de deixar o partido nos dois primeiros meses do ano de 1986. Na contramão dessa euforia generalizada, Sarney recebeu da filha Roseana tocante carta em que ela explicava as razões pelas quais precisava deixar de ser um mero apêndice, exercendo sempre funções secundárias, para se afirmar como sujeito do seu processo existencial e político.

Foi num clima de intensa euforia que Sarney participou da solenidade pelo transcurso do primeiro ano da morte de Tancredo, em São João del-Rei, em 21 de abril.

No plano administrativo, tinha muito a comemorar: aumento do salário-mínimo em 12% acima da inflação; fim do desconto na fonte do Imposto de Renda para os que ganhavam até cinco salários-mínimos; aumento da merenda escolar de 180 para 240 dias; criação do programa de atendimento a gestantes e filhos até os 4 anos; gratuidade, para os pobres, de quarenta medicamentos básicos; implantação do vale-transporte e do programa do leite; preços simbólicos para os alimentos básicos destinados às populações periféricas; criação de escolas rurais comunitárias e programa de irrigação para os quinhentos municípios mais pobres do país; inauguração dos programas regionais de reforma agrária; criação do seguro-desemprego; início do recadastramento eleitoral com título eletrônico. A popularidade do plano deu a Sarney a maior base parlamentar conhecida no Brasil. Ao desembarcar em Portugal, no início de maio, foi alvo de aplausos populares e de grandes homenagens oficiais. Por pressão da esquerda, foi obrigado a engolir a lei que reservou o mercado de informática para os produtos brasileiros, para grande prejuízo do desenvolvimento econômico e tecnológico do país.

O gatilho salarial acelerava o consumo, enquanto o setor produtivo encolhia a produção, em face do congelamento dos preços. A inflação tornou-se inevitável. Pressionado, simultaneamente, por setores conservadores e esquerdistas da Igreja, por diferentes razões, Sarney foi a Roma pedir a ajuda do papa, para lhe socorrer com uma urgente palavra de apoio. Depois de falar de seu passado familiar intensamente religioso, para seu desalento, ouviu do papa: "Aqui no Vaticano nós não lidamos com urgências. Lidamos com a eternidade."

Os ecos da popularidade do plano foram suficientes para que o PMDB obtivesse acachapante vitória nas eleições de 15 de novembro, em todos os níveis da disputa: elegeu vinte e dois governadores, quarenta e quatro senadores, entre cinquenta e uma vagas disputadas, e duzentos e sessenta deputados federais. Orestes Quércia, por quem Sarney não morria de amores, espalhou que tinha o seu apoio e terminou se elegendo para o governo de São Paulo, para grande irritação de Antônio Ermírio de Moraes.

Em represália ao Plano Cruzado, Sarney foi o único presidente a não ser recebido em almoço pela Fiesp. O desabastecimento em curso, porém, gradativamente, matava o Plano Cruzado, forçando o lançamento do Cruzado II, decisão de que Sarney viria a se arrepender, profundamente. O novo plano extinguiu o congelamento de preços, aumentou os custos dos serviços públicos e dos bens de consumo, autorizou o encerramento de empresas públicas deficitárias, desindexou a economia, alterou o método de cálculo da inflação, adotou a desvalorização diária do cruzado, alterou a política salarial, autorizou a criação de estímulos fiscais para as exportações e cortes nos gastos públicos. Entre as empresas públicas extintas, encontrava-se o BNH.

Em audiência concedida à ex-primeira dama Iolanda Costa e Silva, dela ouviu: "Eu moro com minha neta, que é engenheira do BNH. Ela é quem praticamente me sustenta. Vim de ônibus e estou hospedada com uma amiga." Sarney mandou pagar a passagem de Iolanda de volta e transferir sua neta. Um constrangido Sarney confessou: "Ela chorou demais na minha frente e fiquei embaraçado. É a roda da vida." Na madrugada seguinte, Iolanda Costa e Silva sofreu um mal-estar e foi atendida pelo serviço médico do Planalto. Sarney visitou-a.

A popularidade de Sarney, que chegou às nuvens, caiu para 54% no começo de dezembro de 1986. Ainda em dezembro, assinou decreto acabando de vez com a censura prévia na TV. Para recuperar as energias, foi passar as festas de fim de ano em São Luís, tendo convidado para partilhar da ceia de Natal seu estafe de segurança e motoristas.

As dificuldades crescentes levaram Sarney a suspender o pagamento dos serviços da dívida externa. O pagamento do principal já se encontrava suspenso. Contrariamente às suas expectativas, não recebeu apoio das esquerdas e ele teve que "pagar o mico sozinho". A verdade é que os ministros de Sarney se sentiam vinculados a Ulysses, ao espólio de Tancredo ou, genericamente, ao PMDB, apesar da percepção geral de que, a partir de Sarney, o povo brasileiro, pela primeira vez, depois de muitos anos, passou a respirar num clima de verdadeira democracia. De fato, apenas nos três primeiros anos do governo Sarney, fundaram-se mil e vinte associações e trezentos e sessenta e nove sindicatos rurais. Sarney chegou a declarar: "Tenho grande afeto pelo deputado Ulysses Guimarães e grande respeito por sua biografia, mas ele sabe que a maior afronta é o presidente da República não ter liberdade para exercer seus poderes de administração." A situação levou Frota Neto, porta-voz da presidência, ao desabafo: "O presidente está só. O Brasil precisa saber disso. Ulysses não tem deixado o presidente governar e, se ele continuar só, o povo é que será prejudicado."

Poucas pessoas tiveram tantas razões para desenvolver hipocondria quanto Sarney. Em diferentes momentos, foi diagnosticado com gastrite crônica, hérnia de hiato, AVC, taquicardia, arritmia cardíaca, dores estomacais, pressão arterial, problemas na coluna, crises de insônia, isquemia cerebral, dermatite, gastrite, dengue, descolamento de retina, cálculos na vesícula, câncer na próstata, edema pulmonar. A filha, Roseana, não fica atrás com as dezenas de cirurgias a que se submeteu. Nenhum acadêmico, portanto, jamais teve tantos motivos para acreditar na imortalidade física quanto José Sarney. Quando da morte de Marcos Freire, seu ministro da Reforma e do Desenvolvimento Agrário, Sarney foi impedido pelos médicos de comparecer à base militar de Brasília para receber o corpo, tão emocionado ficou.

O anúncio da morte de quatro pessoas por contaminação radioativa do Césio 137, em Goiânia, e a contaminação de várias outras ofuscaram o recém-lançado PAG – Programa de Ação Governamental –, que previa a criação de oito milhões de empregos, oito milhões de casas populares, além de um crescimento anual de 7 a 8% no quatriênio seguinte. No plano intelectual, colheu as alegrias da publicação do seu livro de contos, *Norte das águas*, na Alemanha. Em outubro de 1987, recebeu a notícia da eleição do Brasil para o Conselho de Segurança da ONU, para o biênio 1988-1989, com cento e cinquenta e um dos cento e cinquenta e oito votos, vitória inédita, para um integrante temporário do Conselho.

Contrariamente ao que se propala, Sarney teve o seu mandato presidencial reduzido de seis para cinco anos, e não elevado de quatro para cinco. Em outubro de 1985, ele deu início ao programa *Conversa ao pé do rádio*, quando inaugurou o bordão "brasileiras e brasileiros", em homenagem à viúva de Clóvis Bevilácqua, Amélia Carolina de Freitas Bevilácqua, vetada, em 1930, para ingressar na Academia Brasileira de Letras, porque os estatutos da Casa de Machado de Assis restringiam o ingresso a brasileiros, no masculino. O ano de 1988 foi marcado pela descoberta de uma reserva petrolífera na bacia de Santos, por sanções comerciais de Ronald Reagan ao Brasil e pela aprovação do texto final da nova Constituição, cujas críticas formuladas por Sarney contribuíram para azedar suas relações com o cacique Ulysses Guimarães. Apesar disso, Sarney tremeu de emoção ao assinar a Carta Magna, por saber-se protagonista de um momento excepcionalmente histórico na vida brasileira. O tempo se encarregaria de dar razão a Sarney. Nos primeiros vinte e dois anos de vigência, a "Constituição Cidadã" sofreu mais de sessenta emendas, havendo, ainda, três mil em tramitação.

Tão logo promulgada a nova Carta, acompanhado de grande comitiva de empresários e intelectuais, Sarney realizou a primeira visita de um presidente brasileiro à União Soviética. Foi, também, o primeiro presidente brasileiro a visitar a China, como parte da estratégia maior de aprofundar o relacionamento com países de nível econômico mais próximo do Brasil, como os países sul-americanos – particularmente a Argentina –, Índia, países africanos, à exceção da África do Sul, em razão do *apartheid*, ainda, ali, existente. Segundo sua visão, o avanço realizado pelo Brasil nas relações com esses países poderia ter sido mais intenso. Fernando Henrique, oponente e crítico de Sarney, viria a reconhecer o importante trabalho por ele realizado na expansão da presença brasileira no exterior.

Logo depois de promulgada a Constituição de 1988, a CPI da Corrupção pediu o *impeachment* do presidente e de vários ministros. O assassinato do sindicalista Chico Mendes, em 22 de dezembro, foi seguido do naufrágio do *Bateau Mouche* na baía de Guanabara, na festa do Ano-Novo, resultando na morte de cinquenta e cinco pessoas. Resultava aguardar o raiar do novo ano, 1989, ano ímpar, que, costumeiramente, trazia sorte a Sarney. Enganava-se. Para descansar a mente, passou os doze dias de férias, na virada do ano, gravando as histórias fantásticas dos pescadores da ilha de Curupu.

O presidente Sarney começou o último ano do seu governo com apenas oito dos vinte e sete ministros herdados de Tancredo. Para pôr a economia nos trilhos, criou o Plano Verão, congelando os preços e criando o cruzado novo, pelo corte de três zeros do precocemente envelhecido cruzado; demitiu um terço do pessoal contratado nos últimos cinco anos sem concurso; privatizou algumas estatais e extinguiu os cinco ministérios criados em seu governo. Em fins de janeiro, enquanto a mídia falava que o presidente sofrera um enfarte, ele seguia para Angola, consolidando a posição do Brasil como o primeiro país a reconhecer a Independência angolana. Internamente, a Polícia Federal e a Sunab apreenderam em São Paulo 3,8 milhões de latas de soja, escondidas nos depósitos do Pão de Açúcar e do Jumbo-Eletro, em São Paulo, enquanto faltava o produto nas prateleiras. De volta ao Brasil, depois de comparecer à posse de Carlos Andrés Perez, na Venezuela, e discutir asperamente com Bush, pai, durante os funerais de Hiroito, no Japão, Sarney ficou feliz com o arquivamento da CPI, na Câmara, confirmado pelo STF.

Em lugar de valorizar as efetivas conquistas do primeiro governo democrático, pós-ditadura, o PMDB preferiu investir pesado contra a impopularidade do presidente, afundando-se nas eleições. A comitiva de quatorze pessoas que o acompanhou numa viagem oficial à França, como ficou provado, foi convertida, pela mídia, em cento e cinquenta. Ao discursar na ONU em 25 de setembro de 1989, repetiu os versos camonianos proferidos pelo avô Zé Costa, no quintal da casa de São Bento:

> depois de procelosa tempestade,
> noturna sombra e sibilante vento,
> traz a manhã serena claridade,
> esperança de porto e salvamento.

Na campanha presidencial de 1989, a exemplo do que antes fizera Vitorino Freire no Maranhão, Collor ameaçou arrancar-lhe o bigode, apesar de antes, como apareceu no programa de Brizola, ter elogiado Sarney e seu governo. O resultado é que a disputa no segundo turno ficou entre "um marxista caribenho, sem ideias, frentista, assembleísta, sem a base filosófica de Marx, e um capitalista de Arapiraca".

Mesmo depois de vitorioso, Collor não perdia oportunidade para atacar Sarney. Conta Saulo Ramos que, ao ouvir Collor atacando seu filho presidente, dona Kiola comentou, profética, diante da TV: "Esse moço vai acabar mal."

Apesar de tudo isso, depois de ler a mensagem na solenidade de abertura dos trabalhos do Congresso, a primeira do gênero feita por um presidente brasileiro, no dia 15 de fevereiro de 1990, Sarney foi aplaudido de pé. Disse ele, então: "Plantei o exemplo da paciência política, essencial à convivência democrática. Plantei os ventos da liberdade que varreram o país inteiro. Plantei as modificações institucionais, promovidas sem hesitação."

Poucos dias antes de passar a faixa presidencial, Sarney fez a primeira e única visita ao berço natal – Pinheiro, durante seu mandato, inspirado na lição de Máximo Górki: "Nada há de tão belo no mundo quanto o batente da casa na aldeia onde nascemos."

Ao ser recebido em audiência, antes da posse, disse Collor a Sarney, para quebrar o gelo: "As campanhas políticas são sempre emocionais. Nelas se cometem excessos"... Sarney cortou-o: "Presidente, aqui nesta casa o senhor jamais se constrangerá. O senhor será o que eu sou, do mesmo modo que fui o que o senhor será."

O modo como se vingou da indelicadeza de Figueiredo, que se recusou a lhe passar a faixa, foi declarar à imprensa o contrário do que dissera o seu antecessor: "Não quero ser esquecido."

Ao deixar o governo, Sarney anunciou sua disposição de voltar-se inteiramente para a literatura. Amigos pressionaram-no, inclusive dona Marly, a se candidatar ao Senado. Como o PMDB do Maranhão lhe negou legenda, entre as alternativas, optou por concorrer a uma das três vagas abertas no recém-criado estado do Amapá, que no Brasil colonial pertencera ao Maranhão e Grão-Pará, numa manobra que custaria a desistência do filho Zequinha de concorrer ao governo do seu estado.

Em 17 de março de 1991, já senador pelo novo estado do Amapá, é surpreendido com a descida de Collor, de um helicóptero, em seu sítio brasiliense, Pericumã. O novo presidente queria pensar as feridas abertas na campanha. Entre as ofensas recebidas do governo Collor, a substituição do seu nome por Lei Rouanet, de patrocínio à cultura, foi das que mais incomodaram, ao lado da ingratidão dos donos do *Jornal do Brasil*. Ao se defender da tribuna do Senado, das agressões de Nascimento Brito, dono do diário carioca, disse: "Meu conceito da imprensa é invulnerável. Acredito que a liberdade deve ser total; os excessos serão corrigidos pelo tempo e pela verdade." A justiça condenou o *JB* a pagar 1.080 salários-mínimos de indenização a Sarney por dano moral.

Como atestado inequívoco de correção do seu período presidencial, Sarney aponta a presença do general Ivan Mendes como chefe do SNI do seu governo, já que, como descoberto e revelado por Élio Gaspari, em 1991, o mesmo general Ivan Mendes, ao tempo da Presidência Geisel, havia produzido relatórios secretos com o propósito de ensejar a sua cassação, tramada por Vitorino Freire e Petrônio Portela. Segundo Sarney, além da lisura do seu governo, o episódio exibe o mau-caráter do general Ivan. "Eu dormia com uma cascavel e não sabia." Uma anotação do CIE (Centro de Informação do Exército), de 1974, dizia: "No Maranhão há uma ligação do PCB com Sarney, embora eles não saibam o nome." De fato, as boas relações de Sarney com o PC eram antigas e bem conhecidas.

No início de 1992, a popularidade de Sarney estava em plena escalada, enquanto a de Collor despencava. Era aplaudido nas ruas, nos restaurantes e até em enterros, como ocorreu no velório de Jânio Quadros. Tudo isso contribuía para dar densidade ao papel que ele e a filha Roseana, a musa do *impeachment*, desempenhariam na derrocada de Collor, quando dona Kiola testemunhou a correção do seu vaticínio. Em abril de 1993, pesquisa do Instituto Vox Populi apontava Sarney como o segundo melhor presidente do Brasil, superado, apenas, por Vargas. Essa gratificante e desagravadora popularidade explica o esforço pessoal que fez para vencer a tentação de ceder à pressão de amigos e de importantes setores da sociedade para que voltasse a concorrer à presidência.

No começo de 1994, Sarney foi internado no Maranhão para regularizar, com um desfibrilador, os batimentos cardíacos, mediante a momentânea paralisação do coração. Segundo o *Estadão* de setembro daquele ano, quando Sarney se disse desiludido político, ao ver Quércia escolhido como candidato à presidência pelo PMDB, afirmando: "Não tenho futuro político, sou passado", ouviu a reprimenda de Marly: "Não diga isso, está com mania de velho, de alguém que vai morrer!"

Ao valorizar o apoio recebido de Sarney nas eleições presidenciais de 1994, disse FHC: "Sarney não põe fogo no circo. ACM põe fogo no circo. Não tem comparação. O Sarney é um ser institucional e por isso mesmo ele sempre mantém a conversa, como adversário também. Isso não é pusilanimidade. Ao contrário, é compreensão histórica, da política. Na hora necessária, ele sabe juntar as pessoas para ouvir e acho que o Sarney é uma pessoa que deve ser ouvida. Não quer dizer que você vá seguir o que ele pensa. Mas ele tem muita experiência e nunca fará nada contra as instituições. Ele manobra dentro das instituições, ao estilo tradicional brasileiro."

Grande articulador de bastidores, dono de notável poder de sedução interpessoal, pela conversa variada, cativante e erudita, e impecável elegância formal, interessa-se intensamente pelas paixões e sonhos das gentes mais simples e rudes do seu Maranhão, a quem empresta asas para voar no mundo do realismo mágico dos seus romances. Através da política e da literatura, Sarney abriu muitas portas, sem fechar nenhuma.

Explica-se por que entre o ponderado Sarney e o impulsivo Pedro Simon, FHC preferia o primeiro para presidir o Senado, o que viria a acontecer com acachapantes sessenta e um votos contra apenas sete conferidos ao petista Lauro Campos. A influência de Sarney sobre as duas casas do Congresso era evidente e ganhava as ruas, a ponto de ser aplaudido em Montevidéu, quando ali esteve acompanhando FHC.

Em 1995, a Federação das Associações dos Alfaiates do Brasil elegeu Sarney "O homem mais elegante do país". Em viagem aos Estados Unidos, para a entrega do título do Homem do Ano a José Ermírio de Moraes Filho, Sarney retirou um quisto dos lábios. Quinze anos depois, em 2010, ao submeter-se a operação semelhante, no Brasil, advertiu o cirurgião: "Não é possível que a medicina esteja tão atrasada que não possa salvar o meu bigode!"

Salvou!

Seu suporte à privatização de empresas estatais excluía a Vale do Rio Doce e a Eletrobrás, conquanto apoiasse o programa de flexibilização.

As restrições que a inveja opunha ao valor literário de Sarney sofreram um golpe mortal com o lançamento, em 1995, do seu primeiro e festejado romance *O dono do mar*, concebido vinte anos antes, levando-o a figurar ao lado dos poucos chefes de Estado que escreveram ficção, como Rômulo Gallegos, na Venezuela, e Bartolomeu Mitre, na Argentina, como destacou o escritor e crítico argentino Marcos Aguinis, no prefácio à edição portenha. Versando sobre a vida rude dos pescadores do Maranhão, particularmente os de sua adorada ilha Curupu, dotados de imaginação, apesar da pobreza, essa gente apaixonada mereceu de Sarney a construção de sua biografia, sob a ótica do realismo mágico, prenhe de amores arrebatados a que não faltam picantes cenas eróticas. Marcos Aguinis afirmou que o livro "está à altura de um Guimarães Rosa, de um Jorge Amado, e que, em nível internacional, aproxima-se bastante, apesar das diferenças estilísticas, a Ernest Hemingway". Quem lê o livro custa a crer que saiu da pena de um homem consumido pela atividade política. Jorge Amado não economizou loas, ao dizer que o livro fala

> da pesca e das canoas, do cotidiano dos pescadores da costa maranhense, das tempestades, do mistério e do sonho, dos naufrágios e dos náufragos, dos navios que afundaram nesse mar do Maranhão no passar do tempo. Navios que persistem na travessia

infindável, a cruzar as águas, povoando-as de fantasmas. No romance de Sarney os tempos se sobrepõem e se somam para formar um tempo feito de memória e de vida, tempo único e inseparável. Os sucessos do passado, de aventura e heroísmo, e o cotidiano dos pescadores de hoje, igualmente de aventura e heroísmo. A história, a lenda, o dia a dia, o amor, a família, a paixão desvairada, a guerra, o que está acontecendo e o que aconteceu séculos antes, aquilo que se sabe por ouvir dizer. De começo os tempos do romance são linhas paralelas, acontecidos diversos e distantes, mas no decorrer da narrativa essas linhas se aproximam e se misturam, fundindo-se na realidade de um tempo maior que contém o ontem e o hoje. Já não cabe confundir o homem político de polêmica travessia de sucessos – foi presidente da República, presidente do Senado – com o escritor, membro da Academia Brasileira de Letras. Os adversários das ideias e das posições do político Sarney buscam desconhecê-lo e negá-lo como escritor. Uma tolice, pois acontece que a qualidade da obra de um escritor independe da boa ou má vontade da crítica: a obra é boa ou ruim e assim permanece independentemente do que dela digam amigos em gordos elogios, inimigos em pérfidos ataques.

O entusiasmo do seu editor, Pedro Paulo de Senna Madureira, não é menor: "Ele é um diácono do texto, um ministro do texto no sentido religioso da palavra". O velho amigo e seu ex-ministro Saulo Ramos testemunhou em *O código da vida*: "Ele trabalhava muito bem em advocacia, tem uma relação ótima com as pessoas... Se ele tivesse continuado seria um bom advogado. Um dos segredos de um bom advogado é escrever bem, ainda que tenha um único leitor." O antropólogo francês Claude Lévi-Strauss foi também encomiástico sobre *O dono do mar*, enfatizando, além do literário, o valor etnológico, antropológico e sociológico do livro que "toma dimensões mais amplas e torna presente a epopeia marítima da nação portuguesa inteira que se perpetua aos nossos olhos, na vida laboriosa dos humildes pescadores, graças a José Sarney. Obra monumental".

O então senador Darcy Ribeiro escreveu a Sarney:

> Li seu romance e gostei. Muito. Não imaginava você como um romancista poderoso. E é. Entra no livro nadando de braçadas, dono das águas, dos ares e dos mares do Maranhão. Dá voz e alma aos pescadores das ilhas e praias de São Luís com sabedoria e volúpia exemplares. Você é, Sarney, o intérprete de uma das matrizes básicas da cultura brasileira, a dos pescadores. Equivalente ao que Zé Lins representa para o povo dos engenhos e Jorge Amado para o gentio dos cacauais... Impressionou-me também, vivamente, a sabedoria que você hauriu convivendo com os pescadores de sua terra. Lá está o falar deles, marcado de arcaísmo porque, por suas bocas, falam velhos pescadores lusitanos, mas também a oralidade que vem de negros e índios que com eles se misturaram nesses cinco séculos. Estou perplexo.

Em 2005, o livro viraria filme.

Quando, em 1996, se discutia a emenda constitucional para permitir a reeleição de Fernando Henrique, a revista *Veja* publicou uma pesquisa em que Sarney figurava em quarto lugar entre as personalidades mais influentes do Brasil.

Em outubro de 1996, Sarney aproveitou uma viagem aos Estados Unidos para fazer exames para esclarecer a suspeição de que teria câncer de próstata. O trauma emocional e físico causado pelos invasivos exames valeu a pena porque o resultado deu negativo. Dias depois, Sarney deparou-se casualmente, com o ex-todo-poderoso Mikhail Gorbachev, numa ótica, em busca prosaica, como ele, de substituir óculos. Anotou em suas memórias: "Conversamos um pouco mais. Sobre o mundo, sobre nós. E saí para o meu espelho, olhando-o do outro lado. Aquele homem teve a caixa-preta da guerra nuclear. Nos seus ombros repousou durante alguns anos a sobrevivência da humanidade. Recordei os salões faustosos do Kremlin, as luzes do poder, o destino, os destinos. Agora, ali estávamos, experimentando óculos e lentes, na avenida Madison. Como diria Drummond: 'Mundo, vasto mundo!'"

Ao pressionar o PMDB, em janeiro de 1997, para aprovar a reeleição, o próprio Fernando Henrique reconheceu em suas memórias que exagerou na dose, sobretudo porque entre os pressionados, se encontrava o presidente do Senado e ex-presidente da República, José Sarney. Sobre o episódio, em entrevista à *Folha de S. Paulo*, fulminou Sarney, com cirúrgica e irônica sabedoria: "O presidente Fernando Henrique, o intelectual e professor de sociologia, sabe que gestos de príncipe não resolvem os conflitos de pressão que se instalam no corpo social. Se essa fosse a solução, todos os problemas estariam resolvidos, porque nada mais fácil do que a violência. A democracia triunfou porque provou que a única decisão que permanece é aquela negociada, consensual, fruto do estado de direito e seus mecanismos. Há no Nordeste um provérbio genial: 'Com grito não se afina rebeca.'" E, logo depois, em artigo na mesma *Folha*: "O presidente vinha comandando o problema bem, mas o processo fugiu de seu controle, envolvendo sua autoridade, o que deu margem a interpretações menores e ao surgimento de interpretações indevidas. É preciso dar ao tema dimensão maior e encontrar uma solução. Nestas horas de impasse é o tempo dos estadistas, do espírito público, tempo propício a que se chame o povo, de modo institucional, por meio das urnas, para o plebiscito ou referendo. É melhor uma grande solução do que uma luta de capoeira."

Tão logo aprovada, na Câmara, a emenda da reeleição, por acachapante maioria, Sarney voltou a escrever na *Folha*, com a intenção de abortar a suspeita de retaliações oriundas do governo, reservadas ao PMDB, em razão das condições que o partido impôs para aprovar o projeto: "Nada de retaliações, de pensar em represálias: serenidade, visão da mais alta magistratura que exerce e ouvir a voz estridente da História que sempre apontou esse caminho como um mau caminho. O padre Vieira observava que os que governam deviam ter dois ouvidos: um para ouvir o presente e outro para ouvir o ausente. O ausente, neste caso, são aqueles que acreditam nas virtudes de equilíbrio do presidente da República."

Depois de deixar a presidência do Senado, numa turnê de lançamentos na Europa de *O dono do mar*, incluindo Paris, Genebra, Bruxelas e Marselha, Sarney bateu recordes de autógrafos, superando o primeiro-ministro francês Alain Jupée, que ali estivera poucos dias antes. Na contracapa do livro, Lévi-Strauss escreveu: "Sob a pena de Sarney reencontrei o sabor, a linguagem metafórica e, sobretudo, a qualidade profundamente humana da população brasileira." Jean Orecchioni, tradutor da edição francesa, disse: "É o mais belo romance que tive oportunidade de ler. É um texto difícil, foi um desafio penetrar nessa atmosfera, um mundo que é estranho, mas que se torna rapidamente familiar. Sarney é um pouco Guimarães Rosa, há uma recriação da linguagem, os dois são mágicos."

Quando, em 1997, o sempre candidato Lula sofreu a acusação de que estava favorecendo um amigo, em troca de morar na casa dele sem pagar aluguel, veio da pena de Sarney a melhor defesa: "Lula mora na casa de um compadre e dizem que ele deveria morar numa casa paga pelo partido. Qual a diferença, do ponto de vista ético, de uma coisa ou outra? O fato mais importante seria o de dizer que um homem com a sua projeção não tem casa para morar... Como seu adversário, tenho mais autoridade para dizer que não estou sendo condescendente com Lula; mas não posso, até mesmo pela isenção, pela coerência e pelo equilíbrio com que pautei minha ação política, sem nunca agredir ninguém, juntar-me à hipocrisia de sua crucificação."

Diante da queda das principais bolsas do mundo, Sarney anotou, profético, em seu diário, em 1997: "O mercado financeiro globalizado opera uma economia de papéis vinte vezes a economia real. Esta situação é insustentável e falsa. A globalização mostrou sua fragilidade. Vamos ter que voltar a proteger os Estados nacionais, tornando-os menos vulneráveis à especulação financeira."

A 25 de janeiro de 1998, às vésperas de realizar uma cirurgia, deixou uma pequena carta testamento em que, sobretudo, pedia aos filhos para preservarem a união e cuidarem da mãe Kiola, a matriarca que era a inspiração maior de toda a família. Dez anos antes, em 1988, quando dona Kiola apresentou problemas pós-operatórios, o governador do Rio, Moreira Franco, disse que Sarney se mostrava tão emocionalmente afetado pelo risco de vida por que passava a mãe, que declarou nada mais ter a perder.

Em 2000, Sarney lançou seu segundo romance, *Saraminda*, em que conta a história de "uma negra linda, de olhos verdes e bicos dos seios amarelos como o ouro". A pesquisa que realizou para escrever o livro incluiu uma viagem à Guiana Francesa, onde é ambientado, na região do garimpo. Além de Jô Soares, vários escritores gabaram a obra, a exemplo de Carlos Heitor Cony, Ferreira Gullar, Elio Gaspari, José Louzeiro, Nélida Piñon, Carlos Graieb, Alfredo Fressia (Uruguai), Cornélia Savu (Romênia), Antônio Alçada Batista (Portugal), Noé Jitrik – considerado um dos maiores críticos literários da América espanhola (Argentina), Claude Lévi-Strauss, Jean Christophe Rufin e Maurice Druon (França). Para Claude Lévi-Strauss, trata-se de uma "obra monumental". Na França, além de saudado por Lévi-Strauss, Maurice Druon e Jean d'Ormesson, foi homenageado pela Académie Française. O Nobel Otávio Paz saudou-o no México.

No começo de 2002, Roseana Sarney, então governadora do Maranhão, despontava em segundo lugar na corrida presidencial, abaixo de Lula, mas acima do candidato tucano, José Serra, quando uma batida da Polícia Federal, nos escritórios da Lunus Participações, de propriedade dela e do marido, Jorge Murad, apreendeu R$1.340.000,00 que foram fotografados e exibidos nos canais de televisão. Quando a Justiça Federal decidiu que não havia qualquer indício de irregularidade, Roseana já havia retirado sua candidatura, até porque ferida de morte eleitoral e crucificada aos olhos da opinião pública. Apesar de temer pelo envolvimento da filha numa campanha que teria tudo para comprometer, ainda mais, sua saúde debilitada por uma dezena de cirurgias, Sarney ficou profundamente magoado com o presidente Fernando Henrique

Cardoso, a quem atribuía responsabilidade passiva sobre o episódio, mantendo com ele áspero diálogo a respeito. A primeira consequência prática foi a saída de José Sarney Filho do Ministério do Meio Ambiente, fato lamentado por FHC que, além de bom ministro, considerava-o simpático, competente, sincero, aberto e corajoso. Daí, a recusa ao nome de Serra e o apoio que se revelou decisivo para a eleição de Lula foram apenas um passo. Serenados os ânimos, com Roseana candidata ao Senado, Sarney lança seu terceiro livro de poemas, *Saudades mortas*, inspirado nas densas emoções dos verdes anos. Meses depois, lançaria, também, *Canto de página: notas de um brasileiro atento*, contendo artigos publicados na *Folha*.

Vitorioso Lula, de olho na presidência do Senado, que já ocupara, antes de ser presidente da República, Sarney abortou as sondagens para que ocupasse o Ministério da Defesa, dizendo: "Quem foi presidente, não pode ser ministro." Com setenta e seis votos a favor, dois contra e uma abstenção, Sarney foi eleito em 1º de fevereiro de 2003 presidente da Câmara Alta, pela segunda vez. Segundo voz corrente, o velho bruxo mandava mais no governo Lula do que mandou no seu próprio governo, peado pela presença sufocante de Ulysses Guimarães, e mandava agora mais do que o próprio PT. O jornal *O Globo* chegou a dizer que Sarney estava para Lula, assim como Ulysses esteve para ele. Segundo Tião Viana, então líder do PT no Senado, Sarney "é uma águia. Enxerga longe e está sempre em movimento. Ele é confiável, não blefa e cumpre o que combina".

A morte de dona Kiola, em 16 de janeiro de 2004, fortaleceu a desconfiança de Sarney nos anos pares. Duas semanas mais tarde, voltaria a internar-se, agora para bombardear, com ultrassom, um cálculo renal.

Ao longo da monumental crise do mensalão, Sarney guardou absoluto silêncio por três meses, pronunciando-se tão logo a oposição decidiu contra a possibilidade de votar o *impeachment* de Lula, por entender que seria preferível derrotá-lo nas eleições do ano seguinte. Em discurso de vinte e sete páginas, sem a concessão de apartes, Sarney defendeu Lula e as esquerdas, sustentando que os graves erros eram de responsabilidade de membros do PT que deveriam por eles ser responsabilizados, além de propor reformas que minimizassem as fragilidades de nosso presidencialismo. Os formadores de opinião, em sua maioria – articulistas e editoriais da grande mídia –, apoiaram a iniciativa. A verdade é que daquele momento em diante, Lula introjetou a convicção de que Sarney era o seu mais importante aliado, pacto que viria a se revelar fundamental para a superação da crise vivida por Sarney em 2009.

Em 2006, o apoio de Sarney à reeleição de Lula foi decisivo para derrotar a forte corrente peemedebista que queria lançar candidatura própria. Lula foi reeleito, ao vencer Geraldo Alkmin, do PSDB, em segundo turno, enquanto Sarney conquistava o quinto mandato de senador, o terceiro como representante do estado do Amapá. Mais um recorde. No fim do ano, às vésperas da posse de Jackson Lago no governo do Maranhão, Sarney abdicou de sua proverbial serenidade para vergastar de modo implacável o governador José Reinaldo, que deixava o posto. O artigo que publicou no *Estado do Maranhão*, desancando sua criatura política, figura entre as mais acres catilinárias da história política brasileira.

Uma pesquisa feita por *Veja*, em janeiro de 2007, apontou Sarney e Roseana, pai e filha, entre os dez mais influentes parlamentares brasileiros na construção das pautas de votação do Congresso, enquanto o Supremo garantiu a continuidade do funcionamento da Fundação Sarney no Convento das Mercês, em São Luís, valiosa obra arquitetônica de 1654, tombada pelo Patrimônio Histórico Nacional, para desgosto dos seus adversários, no Maranhão.

Em julho, foi lançado *A duquesa vale uma missa*, seu primeiro romance com temática urbana. Cogitado para suceder Renan Calheiros, que foi compelido a renunciar à presidência do Senado, Sarney declarou: "Não quero me meter em mais nada. Tenho 78 anos e estou cansado de ser atacado a vida inteira." Assumiu o senador Garibaldi Alves.

A pública condenação de Sarney à prática populista-ditatorial de Hugo Chavez mereceu o aplauso dos democratas brasileiros. Ao encerrar perfil escrito a pedido da revista *Época*, disse o senador Francisco Dornelles: "Não fosse a capacidade de Sarney para encontrar soluções para conciliar e entender a posição das pessoas, acredito que dificilmente teríamos consolidado o regime democrático no país durante a Nova República."

O ano de 2008 findou com Sarney desautorizando qualquer iniciativa para que voltasse a presidir o Senado. Contra todas as aparências, reelegeu-se em apaixonada disputa com o senador petista Tião Viana, vencendo-o por quarenta e nove a trinta e dois votos, em 1º de fevereiro de 2009. A vitória não reduziu, antes estimulou a intensidade dos ataques. Dentro e fora do país. A revista britânica *The Economist* publicou reportagem com o acintoso título "Onde os dinossauros ainda vagam" (*Where dinosaurs still roam*), de que Sarney obteve direito de resposta. Meio a intenso tiroteio, a filha Roseana, que já retornara ao governo do Maranhão, com o afastamento pela justiça eleitoral de Jackson Lago, vencedor das eleições em 2006, foi submetida, com êxito, a uma cirurgia para retirar um aneurisma cerebral. Com a descoberta, em maio de 2009, pela Fundação Getúlio Vargas, de atos administrativos não publicados no BOP – Boletim de Pessoal, estes foram denominados atos secretos, pela imprensa. Embora a prática fosse antiga, e não dependesse dos presidentes – menos de 2% desses atos ocorreram nas administrações de Sarney –, era como se tudo de ruim fosse responsabilidade dele. Os cerrados ataques de oposicionistas como Arthur Virgílio, Álvaro Dias e Demóstenes Torres e do correligionário Jarbas Vasconcelos, apontando irregularidades que vinham de longe, como o pagamento excessivo de horas extras, culminaram com a demissão do diretor-geral do Senado, Agaciel Maia. Pouco depois, Sarney demitiu os cento e trinta e seis diretores existentes no Senado (o Senado chegou a ter cento e setenta diretorias) e anunciou a reforma administrativa que prometera na campanha. Aos poucos, foram reveladas irregularidades praticadas por vários senadores, inclusive da oposição. Sua recente presença como padrinho nas fotos do casamento da filha de Agaciel Maia fortalecia sua excomunhão no julgamento popular, pouco interessando que tantas outras personalidades insuspeitas dos Três Poderes tenham, igualmente, comparecido ao evento social, e que ele não podia recorrer à pusilanimidade de humilhar os nubentes, fugindo a compromisso firmado muitos meses antes.

Sarney fixou sua linha de defesa sustentando que os males eram da instituição e não dele, apenas. A maioria da opinião pública avaliava que a renúncia seria o melhor caminho para Sarney libertar-se da irresistível pressão emocional que sobre ele se abatia. "Vossa Excelência precisa romper qualquer laço com essa camarilha. Se disser que não tem condições de romper, não terá condições de continuar à frente desta Casa", bradou o senador Arthur Virgílio. "Que ele sente conosco na planície do Senado, que ele peça uma licença de dois meses", sentenciou Cristóvão Buarque, enquanto Pedro Simon observava: "A opinião pública tem uma impressão horrível de nós. Estamos no fundo do poço." Diante de novas denúncias, Simon voltaria à tribuna: "O presidente Sarney deve se afastar, para o bem dele, de sua família, de sua história." A campanha "Fora Sarney", na internet, superou, no Brasil, as mensagens relativas à morte de Michael Jackson, naquele 25 de junho de 2009. No seio da família, temia-se que ele sucumbisse a um ataque cardíaco. O velho bruxo resistiu porque "sabia que aquilo tudo não tinha sinceridade nem objetivo, era uma jogada para o público... Era uma acusação política cruzada com ressentimentos pessoais", lembrando Lacerda diante dos que o queriam cassar: "Aqui, até o ódio é fingido." Em conversa com a ministra-chefe da Casa Civil, Dilma Rousseff, Sarney deu o xeque-mate: "Se o governo e o PT acham que eu devo sair, deixo de ter sustentação política e não estou apegado ao cargo. Não tenho motivo nenhum para renunciar, a não ser que o PT ache que eu sou mau apoio ao governo e, comigo, o PMDB. Nós nos afastaremos. Está resolvido o problema." Ao agradecer o apoio que recebeu do presidente Lula, que submeteu o PT a uma rígida ordem unida em sua defesa, Sarney observou que, ao escolhê-lo como alvo, as oposições deram um tiro no pé, porque o dever de gratidão pela solidariedade presidencial comprometia a independência que parcela ponderável do PMDB mantinha diante do Planalto.

Antes dividido, o PMDB, em sua grande maioria, passou a integrar a base do governo, sepultando a possibilidade de uma aliança com as oposições, nas eleições presidenciais do ano seguinte.

Com o discurso do dia 17 de julho de 2009, quando se defendeu de cada uma das acusações e enumerou quarenta importantes medidas recentemente tomadas pela mesa do Senado, não obstante o aparecimento de novas denúncias, iniciou-se o arrefecimento da crise. Sobre o atendimento ao pedido da neta para empregar o namorado, Carlos Heitor Cony escreveu em artigo na *Folha* que "Atender o pedido de emprego de uma neta não é crime previsto no Código Penal de nenhum país regulado por leis e não por ressentimentos".

Em novembro de 2009, Sarney voltou a internar-se de emergência para debelar uma crise de gastrenterite.

Na solenidade do centenário de Tancredo Neves, em março de 2010, ouviu elogios do senador Arthur Virgílio, um dos seus mais duros adversários, ao reconhecer que "ele foi aprovado no teste de substituição a Tancredo no campo político, ensejando a transição democrática".

Como poucos, Sarney ilustra a teoria que explica a longevidade como o resultado da sobrevivência a sucessivos riscos de morte iminente. Além das inúmeras doenças e ameaças de assassínio, por inimigos políticos, Sarney desistiu, na última hora, de embarcar no avião da Varig que caiu nos arredores de Paris, em junho de 1973, matando cento e vinte e três pessoas, entre as quais o senador Filinto Müller, o cantor Agostinho dos Santos e a atriz Regina Léclery. Encontrava-se internado no Incor quando, a 6 de março de 2001, morria no mesmo andar, Mário Covas, notável como político e como cidadão, dois dias, apenas, mais velho do que ele.

As críticas dirigidas contra o Sarney literato não são menos acerbas do que as endereçadas ao político. Entre seus críticos mais ferozes, despontavam os jornalistas Paulo Francis e Millôr Fernandes que, possivelmente, não o leram. A experiência histórica demonstra que se o triunfo em um domínio já é suficiente para despertar reações que, não raro, desbordam em incontida inveja, em relação aos que prosperam em duas ou mais áreas, a inveja pode ser oceânica. Em *A inveja nossa de cada dia*, observamos: "Madame De Staël (1766-1817), além de escritora famosa, dominava os salões com o brilho de uma conversação requintada, culta, superior. Seus contemporâneos, tocados pela inveja, decidiram que sua obra literária era destituída de valor, confinando seu talento, portanto, ao plano exclusivamente verbal. Vinte anos depois de sua morte, o maior crítico francês do século XIX, Saint-Beuve (1804-1869), atestou que 'como arte e como poema o romance *Corina*, por si só, é um monumento imortal.'" *Corina*, publicado em 1807, é um dos vários livros escritos por De Staël. Para seus coevos, era intolerável que aquela mulher exercesse liderança marcante em dois domínios igualmente valorizados. Por outro lado, o crítico Antoine Rivarol (1753-1801) observou que "a inveja, às vezes, perdoa o brilho estilístico de um grande escritor, desde que não tenha o dom da palavra. Quando ele adentra os salões e mostra-se claudicante e sem graça, é como se fosse um mágico que perdeu a varinha. Os circunstantes regozijam-se de sua desgraça, como uma coruja de um eclipse solar".

A verdade é que o triunfante político José Sarney dificulta o reconhecimento do inegável valor do Sarney literato, conforme depoimentos desapaixonados de qualificados cultores das letras, dentro e fora do Brasil.

Livros de Sarney:

- *Pesquisa sobre a pesca do curral* (ensaio), 1953
- *A canção inicial* (poesia), 1954
- *Mensagem à Assembleia Legislativa* (política), 1966
- *Mensagem à Assembleia Legislativa* (política), 1967
- *Cultura e Governo* (política), 1966
- *Juarez, uma maneira heroica e sublime de idealismo* (política), 1968
- *Norte das águas* (contos), 1969
- *Governo e povo* (política), 1970
- *Petróleo – Novo nome da crise* (política), 1975
- *Democracia formal e liberdade* (política), 1976
- *Desafios do nosso tempo* (política), 1977

- *Marimbondos de fogo* (poesia), 1978
- *Partidos políticos* (política), 1979
- *Posse na Academia Braileira de Letras* (ensaio), 1980
- *Um poeta do Meio-Norte* (ensaio), 1980
- *O parlamento necessário* (discursos), 2 volumes,1982
- *A vez da hora política* (política), 1983
- *Posse na Academia Brasileira de Letras – recepção a Carlos Castelo Branco* (ensaio), 1983
- *Falas de bem-querer* (política), 1983
- *O direito de discordar* (política), 1984
- *Dez contos escolhidos*, 1985
- *Brejal dos Guajas e outras histórias*, 1985
- *Os cinco pontos* (política), 1985
- *Sentimento do mundo* (política), 1985
- *O Brasil não aceita a fome nem negocia a liberdade* (política), 1985
- *Aos cidadãos o que é dos cidadãos* (política), 1985
- *Ponham-se no meu lugar* (política), 1985
- *Para que o Brasil faça de 1986 um Feliz Ano-Novo* (política), 1985
- *Discurso na Academia de Ciências de Lisboa* (ensaio), 1986
- *O povo é o fiscal* (política), 1986
- *As definições da Nova República nas palavras do presidente José Sarney* (política), 1986
- *Amor ao Maranhão* (política), 1986
- *A palavra do presidente*, 1985-1990 (discursos, 6 volumes)
- *Conversa ao pé do rádio* (dois volumes), 1985-1990
- *Sexta-feira, Folha*, 1994 (crônica)
- *O dono do mar* (romance), 1995
- *Amapá, a terra onde o Brasil começa*, 1998 (história)
- *A onda liberal na hora da verdade*, 1999 (crônica)
- *Saraminda* (romance), 2000
- *Saudades mortas* (poesia), 2002
- *Canto de página*, 2002 (crônica)

- *Crônicas do Brasil contemporâneo* (2 volumes), 2004-2008
- *Tempo de pacotilha*, 2004
- *Vinte anos de democracia* (discursos, 2 volumes), 2005
- *Vinte anos do Plano Cruzado*, 2006 (discursos)
- *Semana sim, outra também*, 2006 (crônicas)
- *A duquesa vale uma missa* (romance), 2007

BIBLIOGRAFIA

BASTOS OLIVEIRA. *Sarney: O outro lado da História*, 2007.

BENEDITO BUZAR. *O vitorinismo – Lutas políticas no Maranhão de 1945 a 1965*, 1998.

CELI REGINA JARDIM PINTO. *Com a palavra o senhor presidente José Sarney*, 1989.

ELIO GASPARI. *A ditadura envergonhada*, 2002. *A ditadura escancarada*, 2002. *A ditadura derrotada*, 2003. *A ditadura encurralada*, 2004.

FERNANDO HENRIQUE CARDOSO. *A arte da política – A história que vivi*, 2006.

FERNANDO MORAIS. *Chatô, o rei do Brasil*, 1994.

JOÃO PAULO DOS REIS VELLOSO. *O último trem para Paris – de Getúlio a Sarney*, 2004.

LUIZ GUTEMBERG. *Moisés, codinome Ulysses Guimarães*, 1994.

LUIZ VIANA FILHO. *O governo Castelo Branco*, 1975.

MARIA VICTÓRIA DE MESQUITA BENEVIDES. *A UDN e o udenismo – Ambiguidades do liberalismo brasileiro*, 1981.

MILLÔR FERNANDES. *Diário da Nova República*, 1988.

NEWTON RODRIGUES. *Brasil – Provisório – de Jânio a Sarney*, 1986.

PEDRO CALMON. *História social do Brasil, a época republicana, 1889 a 1922*, 1939.

REGINA ECHEVERRIA. *Sarney, a biografia*, 2011.

RICARDO NOBLAT. *Céu dos favoritos – o Brasil de Sarney a Collor*, 1990.

ROBERTO CAMPOS. *A lanterna na popa*, 1994.

RONALDO COSTA COUTO. *História indiscreta da ditadura e da abertura – Brasil: 1964-1985*, 1998.

SAULO RAMOS. *Código da vida*, 2007.

SEBASTIÃO NERY. *Folclore político, 1950 histórias*, 2002.

JOÃO GILBERTO
(1931)

João Gilberto do Prado Pereira de Oliveira nasceu em Juazeiro da Bahia a 10 de junho de 1931. Um violão que ganhou de presente, aos 14 anos, deflagrou sua vocação musical que o levou à imortalidade como o criador do ritmo denominado bossa-nova. O primeiro registro do uso da palavra bossa em música é da década de 1930, no samba "Coisas nossas" de Noel Rosa, ao cantarolar "O samba, a prontidão e outras bossas são coisas nossas". Na década de 1940, a expressão foi usada em samba de breque para designar a improvisação de paradas súbitas destinadas a permitir o encaixe das falas.

Quando adolescente, João Gilberto enlevava-se ao escutar Dalva de Oliveira, Dorival Caymmi, Tommy Dorsey e Duke Ellington. Aos 18 anos, a paixão pela música transportou-o a Salvador para tentar a vida como crooner e cantor de rádio. No ano seguinte, mudou-se para o Rio de Janeiro, onde, rapidamente, alcançou reconhecimento, cantando com o grupo musical Garotos da Lua, do qual foi afastado pela impontualidade que o acompanhou desde sempre. Os anos de grandes dificuldades que viveu não foram suficientes para arrefecer seu propósito de encontrar um modo novo para expressar-se com o violão.

Com Tom Jobim, pianista, compositor, cultor da música clássica e largamente influenciado pela música norte-americana, sobretudo o jazz, mobiliza um grupo de estudantes universitários da classe média e lançam o movimento mundialmente conhecido como bossa-nova.

Em apertada síntese, pode-se dizer que a bossa-nova é uma combinação dos ritmos sincopados da percussão do samba, resultando num modo simples e ao mesmo tempo sofisticado de tocar o violão, sem qualquer acompanhamento. Do ponto de vista vocal – elemento de crucial significado na implementação do novo ritmo –, a bossa-nova consiste em cantar num tom de voz uniforme, sem vibrato vocal, sendo as palavras proferidas de um modo que impeça ao máximo os ruídos da respiração e outras agressões à pureza sonora. Aqui, o tom coloquial da narrativa musical se impõe à voz estentórea.

A primeira gravação de que João Gilberto participou, quando já identificado com o novo ritmo, foi como violonista, no disco *Canção de amor demais*, de 1958, acompanhando Elizeth Cardoso, que interpreta composições da iniciante dupla Tom Jobim/Vinícius de Morais. Segundo o escritor Ruy Castro, este disco, mesmo não tendo sido um sucesso, é um dos marcos iniciais da bossa-nova. A faixa título do seu antológico LP *Chega de saudade* foi de autoria de Tom, que ainda contribuiu com outras composições. Sambas antigos e músicas populares da década de 1930, executados em ritmo de bossa-nova, asseguraram o sucesso da inovadora fórmula. Em 1960 e 1961, João Gilberto lança novos álbuns com a participação de cantores e compositores emergentes, como Roberto Menescal e Carlos Lyra. Outros importantes artistas eclodiram contemporaneamente ao lançamento da bossa-nova, como Nara Leão, João Donato, Luizinho Eça, Baden Powell, Luiz Bonfá, Billy Blanco, Sérgio Ricardo, Chico Feitosa, Luiz Carlos Vinhas, Ronaldo Bôscoli...

O ambiente de otimismo generalizado era facilitado pelo governo inovador de Juscelino Kubitschek, que prometia romper com a mesmice dominante.

No começo de 1960, JG transferiu-se para Nova York de onde colheu os louros da fama mundial, como um dos maiores nomes da música popular contemporânea, a partir de quando expoentes do jazz norte-americano, como Charlie Byrd, Herbie Mann e Stan Getz adotaram a bossa-nova.

O concerto realizado no Carnegie Hall, em 1962, foi um marco histórico para o novo ritmo. Do Brasil participaram, além dos óbvios Jobim e João Gilberto, os artistas Oscar Castro Neves, Agostinho dos Santos, Sérgio Mendes, Chico Feitosa, Sérgio Ricardo, Normando Santos, Milton Banana, Carlos Lyra, Luiz Bonfá, Roberto Menescal e outros artistas sem qualquer ligação com a bossa-nova.

Um dos melhores discos de jazz de todos os tempos, o *Getz/Gilberto*, contou com expressiva colaboração de Jobim, inclusive a versão em inglês de "Garota de Ipanema", "The girl from Ipanema", uma das composições mais cantadas de todos os tempos. Foi através desse disco que Astrud Gilberto, a primeira mulher de João, alcançou o estrelato internacional. João Gilberto só voltaria a residir no Brasil quase trinta anos mais tarde.

Recorde-se que a aceitação do novo ritmo evoluiu, em pouco tempo, das elites que pioneiramente o acolheram para cair no gosto popular.

Apesar do grande êxito inicial, João Gilberto, exercitando seu gosto pela originalidade, na contramão da praxe dos meios musicais, só lançou novo disco em 1968, *Ela é carioca*, quando morava no México. Em 1973, lança o álbum *João Gilberto*, chamado "o álbum branco", como paródia ao "álbum branco dos Beatles", sua primeira mudança de estilo, em que exibe uma sensibilidade musical algo mística. Em 1976, vem a lume o disco *The Best of Two Worlds*, que contou com a participação de Stan Getz e de Miúcha, como cantora, sua segunda mulher desde 1965, com quem teve uma filha, a também cantora Bebel Gilberto. *Amoroso*, de 1977, contou com arranjos de Claus Ogerman, inspirado na sonoridade de Tom Jobim. A base do repertório eram velhos sambas e padrões musicais americanos da década de 1940. Nos anos de 1980, João Gilberto colaborou com os criadores da Tropicália, os baianos Gilberto Gil, Caetano Veloso e Maria Bethânia. Em 1991, sem a participação de Jobim, lançou *João*, que incluiu composições de Caetano Veloso, Cole Porter e de compositores de língua espanhola.

Em 2000, com o CD *João, voz e violão*, uma homenagem à música da juventude, produzido por Caetano Veloso, retornou aos clássicos da bossa-nova, como "Chega de saudade" e "Desafinado".

Nos intervalos dessas gravações em estúdio, foram lançados os álbuns, gravados ao vivo, *Live in Montreux, João Gilberto Prado Pereira de Oliveira* e *Live at Umbria Jazz*.

Alguns dos mais festejados nomes do cancioneiro popular brasileiro, como Gilberto Gil, Chico Buarque de Holanda e Ney Matogrosso, reconhecem a influência de JG em sua obra. É considerado, por muitos, um gênio da música popular. O cantor e compositor Walter Queiroz não deixa por menos. Segundo ele, JG "é o mais revolucionário intérprete da música popular do século XX". Para o crítico e produtor Nelson Mota, autor de *Noites tropicais* "Ele inventou um novo gênero musical. É um grande mestre, insuperável. No gênero que inventou, é único. Nunca houve nada melhor. Ele criou todo um mundo de possibilidades musicais." João Gilberto é também conhecido por algumas singularidades, como interromper o show se ouvir cochichos da plateia ou o tocar de celulares. Só os amantes da música em estado de pureza absoluta compreenderam o episódio em que dispensou a orquestra e exigiu o desligamento do ar-refrigerado como condição para continuar o show. Sua impontualidade lhe rendeu críticas acerbas e a decisão de alguns fãs de jamais comparecerem a seus shows, indignados pela espera a que foram submetidos de várias horas até a chegada do cantor. Essa "má" reputação não impediu que os ingressos da turnê que fez em 2008, entre o Rio, São Paulo e Salvador, fossem vendidos em tempo recorde. Esse fascínio pelo artista parece defluir da formação de um público, numeroso, em termos absolutos, mas percentualmente reduzido, em relação à população como um todo, capaz de entender as sutilezas e detalhes do seu exigente, artesanal e, de certo modo, sofrido processo criativo. Para os pouco atentos, tudo o que João Gilberto executa soa como se fosse a repetição da mesma coisa. Exemplos desse esmero criativo e sutil, que exigem atenção e muita sensibilidade, podem ser encontrados nos clássicos "Doralice", "Corcovado", "Insensatez", "O pato" e o "Samba de uma nota só".

Não obstante ser uma pessoa gentil, educada e divertida, o excêntrico compositor, comparativamente ao estilo exuberante da maioria dos artistas, vive como um ermitão, recluso em seu apartamento no Rio, de onde, através da mídia, se mantém atualizado com o que se passa no Brasil e no mundo. Com os amigos se comunica preferencialmente por telefone. Além de não dar entrevistas, não frequenta os ambientes musicais. Nada nele deixa transparecer a celebridade que é.

Na mencionada turnê de 2008, a grande surpresa foi a apresentação, no auditório Ibirapuera, em São Paulo, de composições inéditas de sua autoria, como "13 de ouro", "Dor de cotovelo", "Dobrado de amor a São Paulo", "Chove lá fora", "Hino ao sol/ O mar" e uma música em homenagem ao Japão.

O nome de João Gilberto, como mago ou como mito, perdurará como o cultor da música que traz o som no íntimo da alma e que, por isso, não admite distorções, nem os ditames dos engenheiros de som e dos encarregados das afamadas mixagens. Não é à toa que seu perfeccionismo e sensibilidade auditiva tornaram-se legendários. O crítico e historiador da música Zuza Homem de Mello, estudioso de sua vida e obra, distinguindo a simplicidade de JG da parafernália que caracteriza a apresentação dos demais artistas, é taxativo: "João Gilberto não dá um show. Dá um recital." E diz mais: "Ele prescinde de tudo o que é necessário para mascarar a essência do espetáculo que é a música propriamente dita". Para João Gilberto bastam um banquinho e um violão.

Seus admiradores mais exaltados atestam que é um privilégio ter vivido para escutá-lo.

Ao sustentar a atualidade da bossa-nova, no Brasil e no mundo, Zuza Homem de Mello tem razão ao concluir: "A vanguarda não envelhece. O que foi vanguarda em dado momento não deixa de ser vanguarda agora. O que deixa de ser é o que efetivamente não foi."

SUA DISCOGRAFIA INCLUI:

Quando você recordar/Amar é bom – 78 rpm single (Todamerica,1951)
Anjo cruel/Sem ela – 78 rpm single (Todamerica,1951)
Quando ela sai/Meia-luz – 78 rpm single (Copacabana, 1952)
Chega de saudade/Bim Bom – 78 rpm single (Odeon, 1958)
Desafinado/Hô-bá-lá-lá – 78 rpm single (Odeon, 1958)
Chega de saudade (Odeon, 1959)
O amor, o sorriso e a flor (Odeon, 1960)
João Gilberto (Odeon, 1961)
Brazil's brilliant João Gilberto (Capitol, 1961)
João Gilberto cantando as músicas do filme Orfeu do Carnaval (Odeon, 1962)
Boss of the Bossa Nova (Atlantic, 1962)
Bossa Nova at Carnegie Hall (Audio Fidelity, 1962)
The Warm World of João Gilberto (Atlantic, 1963)
Getz/Gilberto (Verve, 1963)
Herbie Mann&João Gilberto (Atlantic, 1965)
Getz/Gilberto vol. 2 (Verve, 1966)
João Gilberto em México (Orfeon, 1970)
João Gilberto (Philips, 1970)
João Gilberto (Polidor, 1973)
The Best of Two Worlds (CBS, 1976)
Amoroso (Warner/WEA, 1977)
Gilberto and Jobim (Capitol, 1977)
João Gilberto Prado Pereira de Oliveira (WEA, 1980)
Brasil (WEA, 1981)
Interpreta Tom Jobim (EMI/Odeon, 1985)
Meditação (EMI, 1985)
Live at the 19th Montreux Jazz Festival (WEA, 1986)
João Gilberto Live in Montreux (Elektra, 1987)
O Mito (EMI, 1988)
The Legendary João Gilberto (World Pacific, 1990)

João (PolyGram, 1991)
João (Polydor, 1991)
Eu sei que vou te amar (Epic/Sony, 1994)
João, Voz e Violão (Universal/Mercury, 2000)
Live at Umbria Jazz (EGEA, 2002)
João Gilberto in Tokyo (Universal, 2004)

BIBLIOGRAFIA

Walter Garcia (org.). *João Gilberto*, 2012.

FERNANDO HENRIQUE CARDOSO
(1931)

FHC NASCEU NO RIO DE JANEIRO, A 18 DE JUNHO DE 1931, MAS VIVEU em São Paulo, desde os 8 anos, quando o pai, major Leônidas, foi servir no QG da 2ª Região Militar no centro de São Paulo. Foi nas proximidades do Parque da Água Branca, onde passaram a residir, que o menino Fernando Henrique fez os primeiros contatos com São Paulo. Sua biografia é excepcionalmente rica e variada, a começar pelos títulos acadêmicos que conquistou, campo por onde começou sua marcante trajetória.

Formado pela Faculdade de Filosofia, Ciências e Letras da Universidade de São Paulo, é reconhecido como um dos maiores sociólogos e cientistas políticos da América Latina. Seu prestígio intelectual nas universidades americanas e europeias é um dos mais altos desfrutado por um brasileiro. Além da Universidade de São Paulo, da qual é professor emérito, Fernando Henrique ensinou nas Universidades de Santiago do Chile, Stanford e Berkeley – na Califórnia, EUA –, Cambridge, na Inglaterra, e na École des Hautes Études en Sciences Sociales, na França, tendo lecionado, também, no famoso Collège de France. Autor de numerosos livros e ensaios, recebeu o título de doutor *honoris causa* de mais de vinte universidades, e é membro honorário da American Academy of Arts and Sciences e do Institute for Advanced Study. Entre 1982 e

1986, presidiu a International Sociological Association. Além do português, domina com fluência o inglês, o francês e o espanhol.

De alto funcionário da Cepal e membro do Cebrap, orgão de que foi um dos fundadores e presidente, passou à política partidária, elegendo-se senador da República e ocupando os ministérios das Relações Exteriores(1992-1993) e da Fazenda(1993-1994), antes de exercer a Presidência da República, por dois mandatos sucessivos(1995-2003), substituindo o presidente Itamar Franco, mineiro nascido na Bahia, e antecedendo o presidente Lula.

Seus vários trabalhos no campo das ideias, de caráter regional, nacional e internacional, o fizeram merecedor de prêmios, comendas e menções honrosas, no Brasil e mundo afora e, em 2009, foi classificado como o 11º pensador mais importante do mundo, pela revista americana *Foreign Policy*. Copresidente da Comissão Latino-Americana de Grogas e Democracia desde 2008, liderou em 2010 a criação da Comissão Global sobre Políticas de Drogas, organização não governamental de abrangência internacional. FHC defende uma nova abordagem contra o tráfico e apoia a descriminalização da posse de pequenas quantidades de drogas para uso pessoal. Segundo pensa, a atual política de combate às drogas, por mera repressão, não tem produzido resultados satisfatórios. Medidas adicionais são necessárias, como a mudança da legislação para pequenos traficantes, com penas diferenciadas. Seria necessário, ainda, criar campanhas de conscientização de redução de danos, demonstrando que as drogas fazem mal, do mesmo modo que se tem feito, com sucesso, no combate ao tabagismo. As medidas devem ser integradas e preventivas, leciona FHC. Em 2011, essa sua visão sobre o modo de combater o tráfico de drogas, partilhada por importantes personalidades planetárias, como Bill Clinton, foi objeto de um documentário que correu mundo. Apesar da resistência oposta por setores que teimam em não enxergar além do óbvio, para alegria dos traficantes, o movimento que passou a liderar em escala mundial tende a vingar.

Em 2001, foi eleito presidente de honra do PSDB – Partido da Social Democracia Brasileira –, de que foi um dos fundadores, em 1988. Preside, também, o Instituto Fernando Henrique Cardoso, depositário do acervo de memórias de suas realizações.

Do casamento, em 1953, com a antropóloga Ruth Vilaça Corrêa Leite Cardoso, falecida a 24 de junho de 2008, de arritmia cardíaca, tem três filhos: Paulo Henrique, Luciana e Beatriz. Ao deixar a presidência, passou a fazer conferências, além de participar dos conselhos consultivos de organizações internacionais, a exemplo do Clube de Madri, da Clinton Global Initiative, da Brown University e da United Nations Foundation.

Voltemos ao princípio. É curioso que FHC, um dos maiores líderes civis, descenda de sucessivas gerações de militares. O seu trisavô foi o capitão Manoel Cardoso de Campos, falecido em 1868, em Goiás, em plena Guerra do Paraguai. Provavelmente, pertenceu à Guarda Nacional. Seu bisavô, nascido em Goiás, foi o capitão Felicíssimo do Espírito Santo Cardoso, deputado, senador, duas vezes presidente de Goiás, e brigadeiro honorário do Exército Imperial. Dois dos filhos que teve com dona Emerenciana, em Goiás Velho, foram generais: Joaquim Ignácio e Augusto Ignácio. O avô de FHC foi o general Joaquim Ignácio Batista Cardoso, a quem aprendeu a admirar, desde cedo, graças ao modo reverente com que sua avó, com quem viveu algum tempo, se referia ao pranteado esposo. Acusado de conspirar em favor da Revolução de 1922, Joaquim Ignácio passou cento e cinco dias preso, entre 19 de agosto e 2 de dezembro, no navio *Scout Ceará*, ancorado na baía de Guanabara. Ficou novamente preso, entre 8 de janeiro e 5 de maio de 1923, mais cento e dezenove dias, portanto, por ordem do presidente Artur Bernardes. Faleceu em 1924, aos 64 anos, indignado com o esquecimento do seu festejado papel na luta pela implantação e consolidação da República. Ele foi um dos signatários do "Pacto de Sangue", entregue a Benjamin Constant, na noite de 11 de novembro de 1889. Foi promovido a marechal, *post-mortem*. As origens militares de FHC não param aí. O avô materno do general Felicíssimo, seu bisavô, foi o capitão-general José Manoel da Silva e Oliveira, que teve marcante presença em Goiás e no Triângulo Mineiro, à época pertencente a Goiás, por volta de 1800, tendo deixado obras manuscritas sobre as minas do seu estado. O capitão José Manuel era irmão do fundador de Uberaba, Antônio Eustáquio da Silva e Oliveira.

O general de brigada Augusto Ignácio do Espírito Santo, tio-avô de FHC, é pai dos generais Cyro e Dulcídio do Espírito Santo Cardoso. Participou da deposição do Gabinete Ouro Preto e da Proclamação da República.

Pai de FHC, o general Leônidas Cardoso, nascido em Curitiba em 1889, foi um dos tenentes da Revolução de 30. Os futuros generais Eurico Gaspar Dutra e Pedro Aurélio Góes Monteiro foram seus contemporâneos na Escola Militar. Aos 21 anos, Leônidas foi promovido a 2º tenente e, aos 25, deu início às suas atividades literárias, escrevendo para jornais e revistas alternativos, daí evoluindo para colaborar com os mais importantes jornais do país, como o *Jornal do Brasil, O Imparcial, Correio da Manhã, Gazeta de Notícias, O Globo*. História foi sempre um dos seus temas preferidos, tendo contribuído com um longo artigo, para a edição inaugural da revista dos militares, *Nação Armada*, em 1939, sob o título "Jubileu da República", em que destaca a atuação do seu pai no episódio da Proclamação, trinta anos antes. Dotado de grande avidez pelo conhecimento, iniciou e interrompeu os cursos de direito, medicina e farmácia, em razão das constantes mudanças de domicílio impostas pela agenda militar. Enquanto o seu pai, general Joaquim Ignácio, esteve preso a bordo do *Scout*, ele também ficou detido no quartel do 1º Batalhão da Polícia do Exército, no Rio de Janeiro. Enviado para servir em Belém, conheceu Nayde Silva, amazonense, filha de alagoanos, com quem se casou em 1928, já aos 39 anos, quando, só então, foi promovido de 1º tenente a capitão, lentidão própria da Intendência, à época. Inspirado em seu pai, vítima das oligarquias estaduais que dominavam o país, a partir do governo do marechal Floriano Peixoto,

Leônidas participou da Revolução de 30. Em 1931, aos 42 anos, formou-se em direito, no mesmo ano do nascimento do filho primogênito, Fernando Henrique, em 18 de junho, na rua 19 de Fevereiro, nº 24, Botafogo, Rio de Janeiro, casa da avó Leonídia, viúva do marechal Joaquim Ignácio, com quem viveu dois anos. Fernando Henrique teve dois irmãos: Antônio Geraldo, advogado, falecido quando ele se encontrava na presidência, e Gilda.

Em 1932, o capitão Leônidas aderiu à Revolução Constitucionalista, dos paulistas, combatida, com determinação, pelo tio e general de brigada Augusto Ignácio do Espírito Santo Cardoso, nascido durante a Guerra do Paraguai, e sete anos mais jovem do que o seu pai. Dataria daí uma certa diáspora política dos descendentes dos irmãos generais. Segundo o depoimento do filho presidente, seu pai, que tanto influiu em sua formação, "revelava-se nacionalista e defensor intransigente do que julgava serem os interesses do Brasil e de seu povo. Alegre, bem-humorado, revelava grande facilidade em comunicar-se com os mais simples. Negociador, ouvia muito e possuía grande poder de argumentação e de persuasão. Era um consumado e bem-sucedido contador de histórias."

Promovido a coronel, em 1945, Leônidas foi transferido para a reserva, como general de brigada, por questões de saúde, passando a dedicar-se à advocacia. Em 1948, foi um dos fundadores do Cedpen – Centro de Estudos de Defesa do Petróleo e da Economia Nacional, iniciativa que viria a inspirar o filho Fernando Henrique a criar e dirigir, em 1969, o Cebrap – Centro Brasileiro de Análise e Planejamento.

Leônidas Cardoso, eleito deputado federal pelo PTB, nas eleições de 3 de outubro de 1954, cumpriu os quatro anos de mandato. Manifestou-se contrário ao golpe de 1964 e favorável às reformas propostas por João Goulart, consoante orientação do seu partido. Faleceu, em 1965, em São Paulo, com quase 76 anos, quando Fernando Henrique se encontrava "autoexilado no Chile, por nada ter a ver com política, e ser um professor universitário, com preocupações puramente acadêmicas e, para, no exílio, poder ensinar mais livremente, e não suportar ficar num país que iria limitar e cercear sua liberdade de expressão!"

O general de brigada Augusto Ignácio, tio-avô de FHC, foi nomeado ministro da Guerra de Getúlio, em 1932, por sugestão da oficialidade tenentista, cabendo-lhe liderar a reação à Revolução Paulista de 1932, movimento deflagrado por lideranças civis e militares inconformadas com a exclusão do maior estado do país do centro das decisões nacionais. A escolha do seu nome provocou forte reação de setores da caserna, liderados pelo general Bertoldo Klinger, inconformados por ele "não infundir confiança dos pontos de vista de aptidão física e sob o aspecto moral... ou de que já não era um militar, pois que de militar apenas tinha lembranças da pensão militar", além de "não possuir o curso de Estado-Maior". Em reação, o general Augusto Ignácio destituiu e reformou o general Klinger que, por sua vez, foi chamado a comandar as tropas revolucionárias paulistas. Além de vitorioso na Revolução de 32, Augusto Ignácio afastou os oficiais radicais, organizou o Conselho de Segurança Nacional, criou a Comissão Técnica e consolidou as Escolas de Armas, regulamentou as Formações Sanitárias e Divisionárias, fundou a Escola de Educação Física e o CAN – Correio Aéreo Nacional. Criou, ainda, o Serviço Telegráfico em Campanha, o Serviço Geográfico do Exército e a Escola de Aviação do Exército. Tudo isso consta da *História administrativa do Exército – República*, do general Francisco de Paula e Azevedo Pondé. Faleceu no Rio, em 1947, aos 63 anos. Seu filho, o general Cyro do Espírito Santo Cardoso, foi, sucessivamente, chefe da Casa Militar e ministro da Guerra do último governo de Getúlio. O outro filho, general Dulcídio do Espírito Santo Cardoso, foi professor do Colégio Militar do Rio de Janeiro, secretário de Segurança Pública de São Paulo, em 1937, ainda major, e prefeito do Rio, de 1952 a 1954, quando teve um romance ruidoso com a cantora portuguesa Ester de Abreu.

Retornando aos primórdios. O pai do capitão-general José Manoel, o sargento-mor João da Silva de Oliveira, foi vereador em Ouro Preto, na época da Inconfidência mineira. Essa família veio de Portugal, fugindo das perseguições do Caso Távora, e por isso via com bons olhos Dona Maria I, que anistiou os Távora, conforme esclarecemos no capítulo dedicado a Tiradentes. A terrível punição imposta aos Távora, por D. José I, pai de Maria I, foi executada pelo Marquês de Pombal, a quem Maria I nunca perdoou. Acredita-se que a visão da punição com requintes de crueldade, ocorrida em 1759, esteja na raiz da loucura de Maria I, mãe de D. João VI, que o acompanhou ao Brasil, em 1808, quando já consolidada sua alcunha como Maria, a Louca.

Na Universidade de São Paulo, o estudante Fernando Henrique teve como mestre o sociólogo Florestan Fernandes, de quem foi assistente e amigo de toda a vida, dando aulas desde os 21 anos, precocidade que o levou a ser o mais jovem integrante do Conselho Universitário.

Já professor, FHC fez parte de um grupo que estudou e discutiu *O capital*, coisa rara, já que *O capital*, apesar de ser uma das obras mais citadas, é muito pouco lido, bastando dizer que o grande marxista francês e europeu Louis Althusser, amigo de Foucault e de Sartre, o mesmo que enforcou a esposa, num surto psicótico, na década de 1970, declarou em seu livro de memórias, *L'avenir dure longtemps*, que jamais lera *O capital* ou *O trabalho*. Outros grandes pensadores estiveram desde cedo na mira do interesse do jovem pensador, merecendo destaque Max Weber, Maquiavel, Gramsci e Alexis de Tocqueville.

Quando Jean-Paul Sartre esteve no Brasil, o jovem professor de sociologia da USP, de 29 anos, foi um dos seus intérpretes nas conferências que proferiu. Graduado *Summa cum laude*, o prestígio intelectual de FHC, que crescia em espiral, consolidou-se, em 1961, aos 30 anos, ao defender tese de doutorado, "Capitalismo e Escravidão no Brasil Meridional", importante trabalho no campo da sociologia, no Brasil e no século XX. Nele, FHC discute os processos de constituição e desagregação da sociedade escravocrata gaúcha, comparando a produtividade do trabalho escravo local, com o livre, no vizinho Uruguai, na produção de charqueadas. Sua nomeada aumentou, ainda mais, ao receber da USP, em 1963, aos 32 anos, o título de livre-docente, o mais expressivo nos meios acadêmicos brasileiros. Como sociólogo, FHC escreveu obras importantes, teorizando sobre o desenvolvimento econômico e processos de mudança social. Atendendo ao convite de Alain Touraine, fez uma especialização na Universidade de Paris. Com o advento do golpe de 1964, exilou-se no Chile e na França. Nos três anos de exílio no Chile, conheceu personalidades como Salvador Allende, e aprofundou a crítica da Teoria da Dependência, exposta no festejado livro de 1969, *Dependência e desenvolvimento na América Latina,* escrito com o historiador Enzo Falletto. Ao propor uma nova interpretação com ênfase na dinâmica política entre as classes e grupos, no interior de cada país, os autores atribuíram particular importância às variações históricas no modo de relacionamento das economias dos países periféricos com as economias desenvolvidas. Pensador de grande prestígio na esquerda do Brasil e do continente, sua proposta quebrou o simplismo da tese corrente, ao demonstrar que as situações de dependência não são iguais entre elas, nem todas submetidas à "lógica do capital" e que, por isso, a revolução não seria a única via de independência econômica para os países do terceiro mundo. Integrou os quadros da Cepal e do Ilpes – Instituto Latino-Americano de Planejamento Econômico e Social, e ensinou na Flacso – Faculdade Latino-Americana de Ciências Sociais. Em 1967, mudou-se para Paris, ensinando na Universidade de Paris–Nanterre.

Em 1969, publica *Política e desenvolvimento em sociedades dependentes*, e em 1971, *Ideologias do empresariado industrial argentino e brasileiro*. Em 1975, veio a lume *Autoritarismo e democratização*. Em 1972, ensinou na Universidade de Stanford e, em Cambridge, entre 1976 e 1977, ano em que, também, lecionou em Paris. Na França, acompanhou de perto todos os lances da rebelião estudantil de maio de 1968, cujo início se deu precisamente em Nanterre. Ao retornar ao Brasil, em 1968, conquistou, em concurso público, a cátedra de ciência política da USP. Ganhou, mas não levou, afastado que foi pelo Decreto-lei 477, equivalente ao AI-5, editado para neutralizar os adversários da ditadura, encastelados nas universidades. Ainda que silenciado pela ditadura militar, Fernando Henrique continuou pesquisando, fazendo palestras e colaborando com a imprensa, invariavelmente como crítico do regime militar e em favor de uma transição pacífica para a democracia. Nos anos da década de 1970, dedicou-se como pesquisador e dirigente do Cebrap – Centro Brasileiro de Análise e Planejamento, a partir de quando decidiu colaborar com o MDB – Movimento Democrático Brasileiro, começando por uma revisão crítica do seu programa partidário. Foi dele a sugestão para que o MDB se transformasse numa frente ampla, um partido *omnibus* – para todos –, algo próximo do Partido Democrata dos Estados Unidos. A amplitude das alianças, associada ao repúdio à luta armada, culminaria, segundo acreditava, por empolgar a opinião pública nacional, ensejando ao partido chegar ao poder pelo voto popular. O tempo provou que estava certo. Em 1978, saiu da discrição acadêmica para participar da luta partidária, ficando como suplente do senador Franco Montoro, pelo MDB. Assumiu a cadeira em 1983, já pelo PMDB, quando Montoro deixou o Senado para o governo de São Paulo. Nessa altura, as oposições, que elegeram dez governadores, perceberam chegado o momento de avançar na direção da democracia. Os maiores líderes oposicionistas, Tancredo Neves, Ulysses Guimarães e Mário Covas, logo se deram conta do enorme potencial de Fernando Henrique, como intelectual, para pensar e ordenar cada etapa do processo da luta pela democracia, inclusive pelo seu trânsito em todos os setores da sociedade. Dessa percepção resultou o reconhecimento da importância do papel a ser desempenhado por ele como articulador da transição pacífica entre o governo militar de João Figueiredo e o regime democrático. O movimento pelas Diretas Já, nascido no bojo dessas articulações, foi bem-sucedido graças ao esforço feito no sentido de não permitir qualquer radicalismo que pudesse produzir retrocessos.

A assunção da presidência por José Sarney, em lugar de Tancredo, que adoeceu às vésperas da posse, reduziu a muito pouco o papel de FHC, no primeiro governo civil, pós-ditadura, relativamente ao aguardado. Sarney manteve-o como líder do governo no Congresso, posto criado pela inventiva de Tancredo, uma vez que a tradicional liderança no Senado continuaria a ser exercida pelo senador Humberto Lucena, surpreendentemente derrotado pelo correligionário José Fragelli, nas eleições para presidir a Câmara Alta. Ainda em 1985, FHC concorre à prefeitura de São Paulo, sendo derrotado por Jânio Quadros. Uma provável causa dessa derrota teria sido a publicação de sua foto, na primeira página de vários jornais, sentado na cadeira de prefeito. Fernando Henrique posou para a foto sob a condição de que só seria publicada depois de apurados os votos, e na hipótese de ser o vencedor. Se perdesse, as fotos seriam destruídas. Alguns veículos resolveram publicá-la, ainda no dia das eleições, gerando desagrado em parte do eleitorado, que o rechaçou. Outro fator contributivo para a derrota teria sido a vacilação que exibiu ao responder se acreditava em Deus. O grande histrião Jânio Quadros se aproveitou desses senões do político-acadêmico, e deitou e rolou, alardeando sua arrogância e suposto ateísmo. Como, segundo o jargão político, não se chega à presidência por mérito, apenas, mas, por destino, acredita-se que embutida nessa derrota municipal se inscrevia o destino de suas retumbantes eleições para presidir o Brasil.

No ano seguinte, 1986, Fernando Henrique deu a volta por cima. Como membro do Fullbright Program, foi convidado para falar na Columbia University sobre "Democracia no Brasil", e nas eleições de 15 de novembro, foi reeleito senador por São Paulo, com votação recorde, abaixo, apenas, da obtida por Mário Covas, projetando-se, ambos, ao lado de Ulysses Guimarães, do baiano Waldir Pires, do pernambucano Miguel Arraes, do paulista Orestes Quércia, do paranaense Álvaro Dias e do gaúcho Pedro Simon, como os maiores nomes do PMDB no país. Inegavelmente, como aconteceu em todos os estados, o sucesso do Plano Cruzado, lançado por Sarney, turbinou a vitória desses líderes. Instalados os trabalhos da Assembleia Nacional Constituinte, a ação de FHC, como líder no Senado, revelou mais uma faceta de sua competência e operosidade.

Ao apagar das luzes dos trabalhos constituintes, evidenciaram-se incontornáveis os conflitos em vários estados, principalmente em São Paulo, Minas e Paraná, entre lideranças do PMDB e os seus governadores, sobretudo Quércia, Newton Cardoso e Álvaro Dias. A solução foi a criação do PSDB – Partido da Social Democracia Brasileira, para abrigar a ampla dissidência liderada por Mário Covas e Fernando Henrique.

Fernando Collor venceu Lula no 2º turno das eleições presidenciais de 1989, a primeira pelo voto popular, desde a de Jânio em 1960. Mário Covas, concorrendo pelo PSDB, amargou a quarta colocação. Restava aguardar as eleições estaduais do ano seguinte para o PSDB afirmar-se no Brasil, com a conquista do governo de importantes estados, como São Paulo, com o senador Mário Covas, Minas, com o deputado Pimenta da Veiga, Paraná, com o senador José Richa, Ceará, com Ciro Gomes, e Bahia com o autor destas linhas. O resultado, porém, foi um fiasco geral, caindo todos os concorrentes do PSDB, já no primeiro turno, com a exceção do Ceará onde Ciro Gomes foi eleito.

Logo ficariam claras as fragilidades do governo Collor, resultantes de uma associação da imaturidade do presidente com a ausência de uma base parlamentar minimamente sólida para assegurar a governabilidade. Naquele momento, lideranças tucanas chegaram a discutir com representantes do governo a possibilidade de uma composição. Algumas medidas adotadas por Collor, afinadas com o programa tucano, estimulavam a continuidade do diálogo. O deslumbramento do jovem presidente, porém, levou-o a uma rápida perda do senso de realidade e, em seguida, em 1992, à perda do mandato, diante da explosão de escândalos envolvendo pessoas encasteladas no Palácio do Planalto, sob o comando do empresário PC Farias.

Observe-se que o futuro político do senador Fernando Henrique, após a derrocada do PSDB nas eleições estaduais de 1990, não era nada promissor. Seus amigos especulavam sobre as incertezas do próximo passo. A reeleição ao Senado, em 1994, soava irrealista, uma vez que Covas caíra no primeiro turno das eleições de 1990, ficando a disputa do 2º turno entre Fleury e Maluf. Uma candidatura a deputado federal, por São Paulo ou pelo Rio, sua terra natal, seria uma possibilidade, sob o risco de, perdendo, dar adeus às armas. Outros achavam que como uma das maiores expressões intelectuais do país, seu nome poderia ser usado como uma bandeira, concorrendo à presidência, para alavancar um partido que ainda vivia sua infância. Mas havia Covas, então o líder maior, a quem tacitamente se atribuía o direito de fazer a primeira escolha. Quereria ele tentar, mais uma vez, a presidência ou o governo paulista? Não se sabia.

Nesse ambiente de incertezas, a queda de Collor veio a calhar. Mais uma vez Fernando Henrique foi chamado a desempenhar papel saliente na passagem do governo para o vice Itamar Franco, assumindo, para principiar, a pasta das Relações Exteriores.

Em maio de 1993, aceita o convite do presidente Itamar para assumir o Ministério da Fazenda. Era o que faltava. A enorme popularidade alcançada pelo ministro Dilson Funaro, no governo Sarney, durante o Plano Cruzado, ensinara que nada como o controle da inflação no Brasil para elevar o autor ao mais alto conceito popular. Nos dez meses que permaneceu como regente das finanças públicas, FHC concentrou seus esforços na construção de um mecanismo capaz de verdadeiramente manter a inflação sob controle. Duas das três etapas do Plano Real, o PAI – Programa de Ação Imediata, e a URV – Unidade Real de Valor, foram executadas, ainda na sua gestão. A terceira e última etapa foi executada na gestão do ministro Rubens Ricupero, seu sucessor, constante do conjunto de regras e condições disciplinadoras da emissão da nova moeda, o real. Entre os membros da equipe formada para idealizar o real, destacavam-se André Lara Resende, Pérsio Arida, Gustavo Franco, Pedro Malan, Edmar Bacha, Winston Fritsch e Clóvis Carvalho.

Independentemente da discussão sobre o grau e a extensão da paternidade de FHC do Plano Real, sua retumbante eleição para a presidência, já no 1º turno, foi o resultado da correta vinculação do seu nome à estabilização da moeda brasileira, fato sem precedentes no Brasil. No mês que antecedeu o lançamento do Plano Real, junho de 1994, a média mensal da inflação era de 31,2%, caindo para algo entre 1 e 3%, nos meses de 1995, que, ao final do ano, acumulou uma inflação de 25,9%, baixando para 15,6 e 7,2%, respectivamente, nos anos de 1996 e 1997. A reiterada tentativa de indispor Fernando Henrique com Itamar Franco não passou de tola intriga da oposição, porque ambos, o presidente e seu ministro, merecem as mesmas e superlativas loas. Não há como desconhecer a atitude construtiva do presidente Itamar Franco ao criar todas as facilidades destinadas a associar, ao máximo, o nome do candidato à sua sucessão ao vitorioso Plano Real, como a concordância para assinar, como se ministro da Fazenda ainda fosse, as cédulas da nova moeda, quando FHC já havia deixado, há vários meses, o ministério.

Nas duas eleições que venceu como candidato do PSDB, FHC contou com o apoio integral do PFL, do PTB, do PPB – depois PP –, e de parcela do PMDB. Com essa coligação, que lhe daria satisfatória governabilidade, cumpriu seus dois mandatos.

Fernando Henrique tomou posse em 1º de janeiro de 1995, tendo o pernambucano Marco Maciel, como vice-presidente. Marco Maciel, que se revelaria um parceiro exemplar de FHC, chegou à vice-presidência com a enorme experiência adquirida como deputado federal que presidiu a Câmara, senador e governador do seu estado. A confiança no vice proporcionou a FHC, desde cedo, vitoriosas incursões diplomáticas na seara internacional, sendo alvo do reconhecimento geral, como o mais preparado entre todos os chefes de Estado do seu tempo. Em julho de 1995, teve início o festival de honrarias e comendas internacionais, uma constante ao longo do seu governo. Portugal o homenageou com os graus de doutor *honoris causa* da Faculdade de Economia da Universidade de Coimbra e da Faculdade de Economia da Universidade do Porto.

A emenda constitucional que permitiu a reeleição para os postos executivos nos três níveis foi aprovada no terceiro ano de governo. Graças a ela, FHC foi o primeiro presidente brasileiro a ser reeleito. Sem que tivesse havido qualquer comprovação, a oposição acusou o governo de comprar parlamentares para obter a maioria necessária à aprovação da emenda. O bem-sucedido programa de desestatização de empresas, tradicionalmente deficitárias – velhos cabides de emprego de correligionários, em troca de apoio político –, foi colocado sob suspeição. O caso Alstom, em que essa empresa alemã teria pagado propinas superiores a 200 milhões de dólares a funcionários do governo, para obter a concessão da Usina Hidrelétrica Itá do Brasil, foi o mais grave.

No plano administrativo, o apagão energético, ao fim do seu segundo mandato, foi a crise mais séria, resultante de uma combinação de fatores, como estiagem prolongada e a falta de iniciativa de governos anteriores em conceber a implantação de novos projetos energéticos, coincidindo com a má gestão do setor, a partir dos titulares do Ministério das Minas e Energia, de que é prova a declaração do presidente da Eletrobrás, no dia em que passou o cargo ao sucessor, Cláudio Ávila, de que a empresa possuía em caixa bilhões de dólares. O recurso ao racionamento de energia foi inevitável. O episódio, que terminou por afetar a popularidade de FHC, produziu o efeito positivo de ensinar ao povo brasileiro a racionalizar o uso de recursos escassos.

No campo do imponderável, seu governo foi atingido por crises financeiras internacionais que forçaram a elevação dos juros reais a taxas sem precedentes, como meio de minimizar seus efeitos, ocasionando, ainda, sensível aumento da dívida interna.

Além de interferir, positivamente, no papel do Estado na economia, seu governo foi fecundo de realizações. No plano da infraestrutura material, foi construído o gasoduto Brasil-Bolívia; duplicou-se o trecho de 1.290km, da rodovia que liga Belo Horizonte–São Paulo–Curitiba e Florianópolis, corredor de expressiva parcela da produção nacional, bem como 140 km da BR-232, que liga Recife a Caruaru, além dos 132 km da BR-230, entre João Pessoa e Campina Grande. Para facilitar o acesso da produção do Norte do Brasil ao mercado caribenho e aos seus portos, FHC pavimentou 988 km da BR-174, ligando Manaus à fronteira com a Venezuela, Peru e Bolívia, passando por Boa Vista, capital de Roraima. Asfaltou, ainda, 331 km da rodovia BR-317, que liga Rio Branco a Assis Brasil, na fronteira tríplice entre Brasil, Bolívia e Peru. O reconhecimento internacional da emergente pujança econômica do Brasil levou à cunhagem do acrônimo Bric, para sintetizar a referência ao Brasil, Rússia, Índia e China. Mais tarde passaria a Brics, com o S representando a inclusão da South Africa, África do Sul.

No plano da infraestrutura institucional, foi criado o Fundef–Fundo de Desenvolvimento do Ensino Fundamental, que garante mais recursos para o ensino fundamental. A atual lei eleitoral representou um grande avanço institucional, ao pôr fim aos casuísmos de vésperas de eleições. A legislação do trânsito foi modernizada pela entrada em vigor, em 1998, de um código de trânsito mais rigoroso, visando reduzir o número de acidentes e de vítimas fatais. Leis mais rigorosas contra crimes do colarinho-branco foram aprovadas, bem como uma lei destinada a coibir as torturas policiais.

Apesar do excelente desempenho nos dois mandatos, graças, principalmente, à continuidade do Plano Real, que manteve a inflação baixa, na casa de um dígito percentual, anual, e a economia resistente ao impacto das várias crises externas que abalaram o mundo, Fernando Henrique não conseguiu vencer o anátema que perseguiu os presidentes brasileiros, antes dele: o de não eleger seus sucessores. O senador e melhor dos seus ministros, José Serra, perdeu, em 2002, a disputa no 2º turno com o ex-sindicalista Lula, o maior dos seus críticos, a quem derrotara duas vezes, ainda no primeiro turno. Em compensação, ao passar a Lula a faixa presidencial, no dia 1º de janeiro de 2003, realizava a dupla façanha de ter sido o primeiro presidente, eleito pelo voto popular, a cumprir integralmente o mandato, depois de JK, mais de quarenta anos antes, e o primeiro, em toda a história do país, a se reeleger. Além disso, só Getúlio Vargas ocupou a Presidência por mais tempo.

Numa demonstração de coragem cívica e espírito público, e decidido a enfrentar a previsível reação grevista dos servidores, a mando dos sindicatos, FHC deu continuidade e ampliou o processo de privatização de empresas estatais iniciado por Fernando Collor. Nele, prevaleceu o estadista, comprometido com os interesses da próxima geração, sobre o político, que age de olho na próxima eleição. Os bancos estaduais, responsáveis por grande parcela do déficit público, e algumas rodovias, como a Presidente Dutra, também foram privatizados.

O programa de privatização de estatais deficitárias foi, depois da guerra vencida contra a inflação, a maior contribuição dos governos de FHC ao processo de modernização do Estado brasileiro. Ao iniciar o seu primeiro mandato, Fernando Henrique já conhecia os dados comparativos do desempenho das quarenta e seis empresas estatais, antes e depois que foram privatizadas, entre 1981 e 1994, constantes do relatório produzido pelo economista Armando Castelar Pinheiro, chefe do Departamento Econômico do BNDES, sob o título "No que deu, afinal, a privatização?" Enquanto o valor real das vendas cresceu 27%, as vendas por funcionário, cujo número foi reduzido em 31%, subiram 83%, ocasionando um aumento nos lucros de 500%, triplicando o patrimônio líquido das empresas, ensejando a quadruplicação do investimento e a redução do endividamento em 15%. Só na aparência, houve redução dos postos de emprego, porque a redução do excesso de empregados, para atender à clientela eleitoral, foi largamente compensada com a criação de empregos indiretos em número superior aos empregados demitidos, mercê da dinâmica econômica imprimida pela ação de empresas eficazes, sem falar no significativo aumento do salário médio dos que permaneceram em seus postos, inclusive com a introdução de critérios meritocráticos de remuneração. Para que se tenha uma ideia da farra que se costuma fazer nas estatais, com o dinheiro público, o relatório menciona alguns casos escabrosos. O gabinete do presidente da Cosipa, antes de ser privatizada, era servido por cento e vinte e dois auxiliares que custavam, em valores atualizados para o ano 2000, cerca de 5 milhões de dólares. Esses cento e vinte e dois funcionários, com a privatização, foram reduzidos para quatro. A Companhia Siderúrgica

Nacional costumava deixar em depósito bancário, em moeda nacional e sem remuneração, o equivalente a dezenas de milhões de dólares, em períodos de inflação elevada. Nunca se apurou a responsabilidade do enorme prejuízo causado à empresa, certamente em troca de polpudas comissões para os que se diziam defensores dos "direitos do povo humilde". Na Light, os 3 mil automóveis distribuídos para uso privativo de funcionários foram reduzidos, num primeiro momento, à metade. Na CST – Companhia Siderúrgica de Tubarão, na Cosipa e na CSN, os novos controladores repactuaram contratos de fornecimento e de obras com reduções superiores a 50% dos valores originalmente contratados, equivalendo a uma economia de centenas de milhões de dólares.

Entre as maiores empresas que FHC privatizou, encontravam-se a Embraer, Telebrás, Vale do Rio Doce e outras estatais, que, de deficitárias, passaram a ser amplamente lucrativas, ensejando receitas tributárias que aumentaram a capacidade de investimento do poder público em obras de infraestrutura e em programas sociais. Curiosamente, a atitude do PSDB, oscilante entre a ambiguidade e a tibieza, em defender esse importante legado, terminou sendo um dos fatores decisivos para as três sucessivas derrotas do partido, duas para Lula e uma para Dilma Rousseff, em 2002, 2006 e 2010, respectivamente. Se o PSDB, desde o momento da sucessão de FHC, tivesse aceitado debater a questão, sem medo da rejeição popular, dando a segurança de que a privatização não atingiria certas empresas icônicas da "soberania nacional", como a Petrobras, Banco do Brasil, Caixa Econômica, os bancos regionais de desenvolvimento e os Correios, a história poderia ter sido outra.

Analisemos o caso mais ruidoso, entre as empresas privatizadas na gestão FHC, a Vale do Rio Doce, em 1997.

A Vale foi fundada pelo governo federal em 1942. Ao longo dos cinquenta e cinco anos em que esteve sob controle do governo, os dividendos distribuídos nunca foram suficientes, sequer, para cobrir os recursos necessários às chamadas de aumento de capital, como é de fácil aferência por quem quer que tenha interesse na questão. Logo após a privatização, em leilão aberto a quantos estivessem credenciados para dele participar, como resultado de uma gestão eficaz que priorizou o mérito, os novos proprietários cortaram gastos supérfluos, renovaram os equipamentos obsoletos e modernizaram as operações de venda, sobretudo, no mercado internacional, aumentando, sensivelmente, o número de empregados operosos. Com essas medidas, a Vale deu um salto notável, crescendo sem parar, a ponto de tornar-se a segunda mais valiosa empresa brasileira, abaixo, apenas, da Petrobras. Foi o quanto bastou para que as oposições a FHC, valendo-se da desinformação e do ressentimento das massas, construíssem o factoide de que o governo vendeu por alguns bilhões de reais uma empresa cujo valor estava cotado na bolsa por cem vezes mais, argumento completamente sofístico. Em lugar de arrostar o mérito da questão, as campanhas dos candidatos peessedebistas, pós-FHC, preferiram submeter-se à recomendação dos marqueteiros para agirem como o pavão que pensa estar completamente escondido quando todo o corpo, à exceção da cabeça, está à mostra. Como um pequeno exemplo do modo desastroso como a Vale era dirigida, basta dizer que havia cerca de duzentos funcionários, na matriz, só para receber os dados, enviados pelas diferentes unidades, e redigir os relatórios. Com os novos controladores, os relatórios passaram a ser redigidos nos próprios setores a que se referiam, mantendo o escritório central, apenas, três funcionários, com a função de esclarecer dúvidas sobre o modo de preenchê-los. A Embraer possuía seis restaurantes, um para cada nível hierárquico da empresa. Foram reduzidos a dois, um para o grosso dos funcionários e outro para o primeiro escalão, sendo que, diariamente, um certo número de funcionários era convidado a comer com os dirigentes.

Como consequência da privatização, o governo passou a receber, anualmente, mais recursos, sob a forma de impostos, do que tudo que auferiu ao longo de decênios. Como o PSDB não foi capaz de fazer de um fato notável como esse um fator de alavancagem de seu prestígio, comparando, por exemplo, os impostos arrecadados a cada ano, mais de 3 bilhões de dólares, em média, a partir de 2005, com uma certa quantidade de casas populares para reduzir nosso enorme déficit habitacional? Com quase 40 bilhões de dólares de faturamento, em 2008, os 60 mil empregados da Vale, sob uma gestão competente, contribuíram com metade do superávit primário do país. Inegavelmente, os compradores da Vale, inclusive grandes fundos de pensão, de propriedade dos trabalhadores, fizeram o negócio do século. O governo também, ao se livrar da ditadura corrompida dos pelegos sindicais, contrários a qualquer avanço real. É uma pena que até certos políticos com boa biografia tenham aderido a essa onda, alimentada pelo sentimento da inveja, como tivemos ocasião de explicar em nosso livro *A inveja nossa de cada dia*.

O sucesso da privatização da telefonia foi simplesmente notável. Saímos de uma situação de elevados déficits e grande demanda reprimida, apesar dos preços altos cobrados do consumidor, em que mais da metade da população, para se comunicar à distância, dependia dos orelhões, para uma universalização que superou a média de mais de um aparelho *per capita*. Como não alardear tamanha conquista?

De um modo geral, FHC procurou atacar todas as fontes de déficit público, para não dar a menor chance ao retorno do maior dos males, a inflação. A parcial reforma que fez da previdência social, em 1999, e sua resistência em conceder aumentos de salário aos servidores públicos, acima da inflação, foram consequência da manutenção dessa prioridade, apesar do potencial desgaste popular. Pelas mesmas razões, optou pela terceirização de serviços e de empregos públicos em áreas consideradas não essenciais, em lugar da contratação de pessoal permanente, cuja estabilidade funcional viria onerar o erário, sem a devida correspondência em produtividade do setor público, em favor da sociedade.

A reforma do Estado foi parte saliente do programa de governo de FHC, em seus dois mandatos. O Plano Diretor da Reforma do Estado deu prioridade à organização de carreiras estratégicas para a boa gestão pública, pondo fim ao estado interventor implantado por Getúlio

Vargas, a partir de 1937, com o Estado Novo. Alterações na Constituição de 1988, para facilitar a participação de empresas estrangeiras em nosso desenvolvimento, eram de preceito. É importante compreender que no momento em que a Constituição de 1988 foi votada, não se sabia, ainda, que o sistema socialista, em que ela em grande medida se inspirou, estava, irremediavelmente, condenado à morte, como, já no ano seguinte à sua promulgação, ficou evidenciado. A presença de empresas estrangeiras no Brasil aprimorou a concorrência, pela elevação da oferta de bens e serviços de qualidade, promovendo a redução dos preços, exatamente o oposto do que ocorreu quando, em nome de um nacionalismo primário e simiesco, mantivemos o monopólio da produção de computadores, na década de 1980, atendendo aos interesses de empresas nacionais que enriqueceram, oferecendo produtos de péssima qualidade, com o sacrifício de toda uma geração que ainda hoje paga o preço de sua inadaptação ao aproveitamento das enormes possibilidades oferecidas pela informática.

Foi graças à aprovação da Lei do Petróleo, em substituição à Lei 2004, que se extinguiu o retrógrado monopólio estatal no Brasil, fator decisivo na substancial redução de nossa dependência de petróleo importado, em razão do grande aumento da produção interna.

A LRF – Lei de Responsabilidade Fiscal, aprovada em 2000, contra o voto da oposição, veio acabar com a irresponsabilidade orçamentária, sobretudo dos estados e municípios, ao limitar o endividamento e os gastos com o funcionalismo, cujos excessos sempre foram focos inflacionários e fontes alimentadoras da corrupção e do populismo eleitoral.

Os dois governos de FHC foram marcados pela implementação de várias políticas sociais de transferência de renda para as populações mais pobres, como os programas Bolsa Escola, Vale Gás e Bolsa Alimentação. Avanços importantes, também, foram conseguidos nas áreas da educação, da saúde, com a distribuição gratuita de medicamentos contra a Aids, e a criação dos remédios genéricos, por José Serra, como ministro da Saúde, vendidos a preços sensivelmente inferiores aos tradicionais, e na questão agrária, com a implementação de um efetivo programa de assentamento rural. O Bolsa Escola, que chegou a beneficiar 4 milhões de famílias, foi ampliado no governo Lula, com o nome de Bolsa Família, servindo de base para sua reeleição e a eleição de sua sucessora, Dilma Rousseff. Outros programas sociais criados no governo de FHC incluíram, além do Bolsa Escola, o Bolsa Alimentação e o Vale Gás. Ampliou-se, significativamente, no governo FHC, o investimento privado em educação, graças a uma maior abertura e à criação de linhas de crédito para Instituições de Ensino e para financiamento das mensalidades do alunado. Com essas medidas, subiu muito a população estudantil superior, em termos absolutos como em percentuais dos que atingiram a idade de frequentar a universidade, entre os 17 e os 25 anos.

Em 2000, FHC atendeu a uma aspiração antiga, ao autorizar a liberação, para conhecimento público, de fatos ligados à Operação Condor, uma rede construída pelos ditadores sul-americanos para sequestrar e assassinar adversários políticos.

Em 2004, já fora da presidência, FHC fundou o Instituto Fernando Henrique Cardoso, inspirado no modelo da Fundação Mário Soares, em Lisboa, uma cidadela institucional, sem fins lucrativos, que, além de abrigar todo o acervo memorialístico de seus fastos acadêmicos e políticos, propõe e patrocina discussões sobre o futuro do Brasil e do continente sul-americano, como o desenvolvimento urbano e o desflorestamento. Nesse mesmo ano, foi eleito membro do conselho consultivo da Universidade do sul da Califórnia. Entre 2003 e 2008, foi professor-consultor do Watson Institute for International Studies da Brown University, passando a integrar o seu conselho gestor. Em 2005, foi eleito, numa votação pela internet, coordenada pela revista inglesa *Prospect*, um dos cem maiores intelectuais vivos do mundo, e tornou-se doutor *honoris causa* pela Montreal University. É membro do Clube de Roma, e copresidente do Inter-American Dialogue. É membro dos conselhos consultivos do Institute for Advanced Study, da Universidade de Princeton, e da Rockefeller Foundation, em Nova York. É membro fundador do University of Southern California Center on Public Diplomacy's Advisory Board. Em fevereiro de 2005, foi o palestrante do 4º encontro anual da *Kissinger Lecture on Foreign Policy and International Relations*, na Biblioteca do Congresso Americano, discorrendo sobre o tema "Dependência e Desenvolvimento na América Latina". Desde junho de 2005, preside a Fundação Osesp, organização criada para manter a Orquestra Sinfônica do Estado de São Paulo. Foi presidente do Club de Madrid, cargo que passou ao ex-presidente do Chile, Ricardo Lagos. Em 2007, passou a colaborar com a *Latin American policy publication Americas Quarterly*, integrando o seu conselho editorial. Sem estar exercendo qualquer cargo oficial, foi considerado pela revista *Época* um dos 100 brasileiros mais influentes do ano de 2009.

Escreveu uma autobiografia avaliando seu governo, a que deu o título de *A arte da política*, e *Carta a um jovem político*. Em 7 de setembro de 2006, FHC lançou uma "Carta aos Brasileiros" onde analisa o momento político e as eleições daquele ano. Na sequência dos seus 80 anos, publicou *A soma e o resto – um olhar sobre a vida aos 80 anos*, resultado de mais de dez horas gravadas, de maio a julho de 2011, que mereceu grande receptividade.

FHC alcançou, em vida, um brilho intenso. Ninguém, como ele, exceliu tanto, nos valorizados domínios da vida acadêmica e da política. Essa singularidade tornou-o alvo de intensa inveja.

Em julho de 2012, aos 81 anos, a Biblioteca do Congresso americano lhe concedeu o prêmio Kluge, correspondente ao Nobel na área das ciências humanas, acompanhado de um cheque de um milhão de dólares. Uma consagração.

A posteridade, liberta do opressivo sentimento da inveja, não negará a Fernando Henrique Cardoso o reconhecimento de ter sido um grande intelectual e um dos maiores vultos de nossa história política. Há quem sustente que Frederico, O Grande, da Prússia, o britânico Winston Churchill e Fernando Henrique Cardoso foram os chefes de Estado, intelectualmente, mais qualificados, da História.

BIBLIOGRAFIA

BRIGITTE HERSANT LEONI. *Fernando Henrique Cardoso: o Brasil do possível*, 1997.
FERNANDO HENRIQUE CARDOSO E ENZO FALLETTO. *Dependência e desenvolvimento na América Latina*, 1969.
_____. *Perspectivas*, 1983.
_____. *A arte da política – A história que vivi*, 2006.
_____. *Cartas a um jovem político – Para construir um Brasil melhor*, 2006.
FERNANDO HENRIQUE CARDOSO E MÁRIO SOARES. *O mundo em português*, 1998.
FERNANDO HENRIQUE CARDOSO. *O presidente segundo o sociólogo*, 1998.
_____. *Relembrando o que escrevi: da reconquista da democracia aos dias atuais*, 2010.
GOTO ROBERTO AKIRA. *Para ler Fernando Henrique Cardoso*, 1998.
MARIA CECÍLIA RIBAS CARNEIRO. *O governo Fernando Henrique 1995-1998*, 1999.

PELÉ
(1940)

As únicas dúvidas na biografia de Edison Arantes do Nascimento são a grafia do seu prenome, com ou sem "i" no meio, e a data do seu nascimento: 21 ou 23 de outubro do ano certo de 1940. Na autobiografia, Pelé explicou os dois pontos: "Pouco antes do meu nascimento, a eletricidade chegou em Três Corações. Para celebrar o momentoso acontecimento na vida da cidade, meu pai me deu o nome de Edson, em homenagem a Thomas Edison, o inventor da lâmpada. De fato, minha certidão de batismo registra Edison com 'i', um erro que persiste nos dias correntes. Meu Edson não leva "i", mas, para minha chateação o 'i' sempre está presente em meus documentos, levando-me a frequentes esclarecimentos. Como se isso não bastasse, anotaram erradamente o dia 21 como a data do meu nascimento. Não sei por que isso aconteceu. Talvez porque, no Brasil, somos descuidados em matéria de precisão. Trata-se de mais um erro que persiste."

O que não comporta dúvida é que o filho de Celeste Arantes e de Dondinho (João Ramos do Nascimento) tornou-se o maior jogador de futebol de todos os tempos, com, apenas, 1,73m de altura, tendo assinalado 1.281 gols em 1.363 jogos, correspondendo à elevada média de 0,94 gol por partida. Recorde sobre recorde. Foi o maior goleador da Seleção Brasileira, com noventa e cinco gols. Foi, também, o único jogador a marcar mais de cem gols em três temporadas: 1959, 1961 e 1965. Dondinho também foi jogador profissional, centroavante do Fluminense, bom cabeceador, tendo encerrado a carreira por contusão.

O prenome Edison foi em homenagem ao inventor da lâmpada, Thomas Edison. Seu primeiro apelido Dico foi substituído por Pelé pelos que o molestavam por pronunciar mal o nome Bilé, do goleiro do Vasco da Gama local. Em 1943, o pai de Pelé jogava no time mineiro do São Lourenço. Pelé, com apenas 3 anos, ficou impressionado com as defesas do goleiro da equipe e gritava: "Defende Bilé." As pessoas próximas começaram a chamá-lo de "Bilé", mas as crianças entenderam o apelido como "Pelé". Quanto maior sua reação, mais o novo apodo pegava. Em português, o nome *pelé* não tem qualquer significado. A correspondência da pronúncia *pelé* com a palavra que em hebraico significa *milagre* é mera coincidência.

O número de gols que marcou vestindo a camisa da Seleção Brasileira constitui recorde difícil de ser batido. Depois de aposentar-se, em 1977, foi eleito presidente honorário do New York Cosmos, última equipe que defendeu.

Pelé cresceu na pobreza, em Bauru, São Paulo, para onde a família se mudou, em 1945. Ganhava alguns trocados como servente em casas de chá, e como engraxate, enquanto se iniciava na arte do futebol. Meias velhas, estufadas com papel de jornal, amarradas com barbante abaixo dos joelhos, foram suas primeiras "chuteiras". Três Corações, Bauru e Santos foram as cidades mais importantes em sua vida, o que o levaria a declarar: "Tenho três corações", referindo-se a essas suas matrizes urbanas.

Pelé começou cedo a integrar times de futebol. Depois de jogar nas equipes infantis do Canto do Rio, Ameriquinha e Baquinhos, aos 11 anos, onde a idade mínima exigida era 13 anos, Dondinho o estimulou a criar sua própria equipe, daí nascendo o Sete de Setembro.

Para adquirir material, como bolas e uniformes, os garotos do time chegaram a furtar artigos dos vagões da Estrada de Ferro Noroeste, vendendo-os, em seguida, à porta dos cinemas e praças. Foi quando ele foi descoberto por Waldemar de Brito, ex-centroavante, artilheiro do São Paulo, do Botafogo do Rio, do argentino San Lorenzo, do Palmeiras, da Portuguesa de Desportos e da Portuguesa Santista, campeão pelo Flamengo do Rio, em 1939, e integrante da Seleção Brasileira de 1934. Encantado com a habilidade do crioulinho, Waldemar levou o então Dico, depois Pelé, para o Bauru Atlético Clube, por ele treinado, em 1954, apresentando-o ao Santos, onde o jogador construiria sua célebre carreira, catapultando o time da Vila Belmiro para o primeiro plano do futebol mundial. Um pouco antes, Pelé só não foi contratado pelo Bangu porque sua mãe achava que o Rio era muito longe de casa... Em tom profético, Waldemar disse aos dirigentes santistas: "Este garoto ainda será o maior jogador de futebol do mundo."

Sua estreia no time principal do Santos se deu no dia 7 de setembro de 1956, um mês antes de completar 16 anos, ao substituir o centroavante Del Vecchio, aos 30′ do segundo tempo, fazendo o 6º gol, seis minutos depois de entrar em campo, na acachapante vitória de 7x1 sobre o extinto Corinthians de Santo André. O goleiro Zaluar Torres Rodrigues, que sofreu o primeiro gol do menino-prodígio, depois de aposentado, costumava, orgulhoso, vestir uma camiseta com o dístico: "Zaluar, o goleiro que tomou o primeiro gol de Pelé." Zaluar morreria em 1995. Em seu primeiro jogo pelo campeonato paulista, Pelé marcou quatro gols. Na temporada de 1957, aos 16 anos, tornou-se titular e artilheiro do campeonato paulista, com trinta e dois gols. Daí para a seleção nacional foi um passo.

Poucos sabem que Pelé vestiu em quatro partidas a camisa do Vasco da Gama. Foi durante o torneio do Morumbi, em 1957, que teve alguns jogos disputados no Maracanã. Além do Clube da Cruz de Malta, participaram do torneio o Flamengo, o São Paulo, o Belenenses de Portugal e o Dínamo da Iugoslávia. Como o time principal do Vasco excursionava pela Europa, o Santos lhe cedeu alguns jogadores, entre os quais o menino Pelé, com 17 anos incompletos. Na estreia, no dia 19 de junho, o combinado Vasco-Santos goleou o Belenenses por 6 x 1, sendo de Pelé os três primeiros gols, marcados, ainda, no primeiro tempo. No empate de 1 x1, no jogo seguinte, contra o Dínamo, o gol brasileiro foi de Pelé. No terceiro jogo, no dia 26 de junho, deu empate contra o Mengo, sendo de Pelé o gol vascaíno. No dia 29, o adversário foi o São Paulo, sendo de Pelé, mais uma vez, o gol do Vasco, no empate de 1 x 1. Crescia o prestígio do jovem fenômeno aos olhos da torcida brasileira.

Convocado pelo técnico da então CBD, Sylvio Pirilo, Pelé marcou em seu primeiro jogo pela seleção nacional, em 7 de julho de 1957, quando o Brasil perdeu de 2x1 para os argentinos, tornando-se, aos 16 anos e 9 meses o jogador mais jovem a golear em jogos internacionais.

Com cinquenta e oito gols de Pelé, recorde que permanece, o Santos sagrar-se-ia campeão estadual paulista de 1958.

Pelé e Garrincha estrearam na Copa do Mundo de 1958, no terceiro jogo da Seleção Brasileira, contra a União Soviética, substituindo os titulares Dida e Joel, respectivamente, em razão da pressão sobre o técnico brasileiro Vicente Feola, feita por Nilton Santos e Didi. Ao pisar em campo, Pelé se tornou o mais jovem atleta a participar de uma Copa do Mundo de futebol. O Brasil venceu de 2 x 0. Ao marcar contra o País de Gales, nas quartas de finais, o único gol que deu a vitória ao Brasil, aos 17 anos e 239 dias, ele assumiu o posto do mais jovem jogador a golear em jogos da Copa do Mundo. Ao assinalar três gols contra a França, nas semifinais, tornou-se, também, o mais jovem jogador a realizar tal façanha. Em 19 de junho de 1958, aos 17 anos e 249 dias, Pelé bateu novo recorde, como o mais jovem jogador a participar de uma final de Copa. Os dois gols que marcou na vitória de 5x2 do Brasil sobre a Suécia caracterizam, tendo em vista sua idade, mais um recorde. Sem falar na qualidade das jogadas que encantaram o mundo. O único recorde que não conseguiu bater foram os cinco gols de cabeça marcados por Dondinho, numa só partida.

Ao fim da Copa, o menino Pelé desmaiou, tomado, talvez, da emoção de haver cumprido a promessa que fez ao pai Dondinho, quando este chorava a derrota do Brasil pelo Uruguai na final da Copa de 1950, em pleno Maracanã, de que quando crescesse ganharia uma Copa do Mundo. Missão cumprida. Pelé marcou seis gols em quatro jogos. Ainda hoje corre mundo a foto do menino Pelé, chorando convulsivamente, com o rosto apoiado no peito do goleiro Gilmar, que lhe acaricia a carapinha.

Foi na Copa que Pelé começou sua identificação com a camisa 10 que o imortalizaria. Aleatoriamente, a FIFA destinou a camisa 10 para Pelé, que nele calhou como a mão à luva, porque a delegação brasileira não forneceu a lista dos jogadores com os respectivos números. Depois de ser usado por Pelé, esse número passou a ser destinado às estrelas dos times.

Em 1959, ganhou, pela primeira vez, o torneio Rio–São Paulo, e ficou como artilheiro do Campeonato Sul-americano, com oito gols, apesar do segundo lugar conquistado pelo Brasil. No total da temporada, marcou cento e vinte e sete gols. Mais um recorde.

Em 1960, com trinta e três gols de Pelé, o Santos reconquistaria o título paulista, feito repetido no ano seguinte, com quarenta e sete tentos do craque sem rival.

Foi a 5 de março de 1961 que Pelé marcou, contra o Fluminense, um gol celebrado com uma placa que alude ao "gol mais bonito na história do Maracanã", em partida vencida pelo Santos por 3 x 1, durante o Torneio Rio – São Paulo. O gol, o segundo de Pelé, ocorreu aos 40 minutos do primeiro tempo. Após driblar vários adversários, vindo do meio de campo, Pelé venceu o goleiro Castilho, fazendo o Maracanã explodir de entusiasmo. O jornalista Joelmir Beting, empolgado com o que havia visto, escreveu e disse que tal gol merecia ser celebrado com uma placa, tal sua beleza. Assim, uma placa de bronze foi feita e colocada na entrada do Maracanã, onde permanece até hoje. Desde então, todos os gols marcados com rara beleza são intitulados "gols de placa".

É preciso ver se esse festejado gol do Rei é páreo para a jogada que Robinho faria contra a seleção do Equador, quarenta e seis anos e meio mais tarde, em novembro de 2007, precedido pelo drible "vai pra lá que eu vou pra cá", em cima do zagueiro De La Cruz, servindo a Elano, que marcou, em jogo pela Copa América.

Pelé, porém, sustenta que o gol mais bonito de sua carreira foi marcado contra o Juventus paulista, no estádio da rua Javari, em 2 de agosto de 1959. Na ausência de filmagem, foi feita uma reconstituição do gol em computação gráfica, para o documentário *Pelé eterno*.

Em 1961, depois de brilhante excursão do Santos pela Europa, a mídia francesa pespegou em Pelé o cognome de Rei.

Em 1962, o Santos foi a primeira equipe brasileira a conquistar a Taça Libertadores, além de vencer o campeonato brasileiro com trinta e sete gols do Rei, a Taça Brasil e a Copa Intercontinental, com Pelé marcando quatro e cinco gols, respectivamente.

Na vitória de 2x0 do Brasil sobre o México, no jogo inaugural da Copa de 1962, no Chile, Pelé deu o passe para o primeiro gol e marcou o segundo, culminando com uma arrancada que deixou para trás quatro adversários. Contundiu-se, porém, no jogo seguinte, aos dez minutos do primeiro tempo, contra a Checoslováquia, ao tentar um chute de longa distância. A Seleção Canarinho com dez homens, o jogo terminou empatado de 0x0. Nos quatro jogos restantes, para substituir o Rei, o técnico Aymoré Moreira escalou o reserva Amarildo, que cumpriu bem o seu papel, figurando Garrincha, com seus dribles desconcertantes, como o grande herói daquele torneio vencido pelo Brasil, pela segunda vez.

Em face da conquista do título da Libertadores em 1962, o Santos se classificou, automaticamente, para as semifinais da competição em 1963. O Balé Branco, como era chamada a equipe praiana, manteve o título, depois de bater, sucessivamente, o Botafogo e o Boca Juniors. Na vitória de 4x0 sobre o Botafogo, com Garrincha e Jairzinho em plena forma, Pelé jogou uma das melhores partidas de sua carreira, marcando três gols no Maracanã. Na final contra o Boca, na Bombonera, Pelé fez o gol da vitória contra o time de Sanfilippo e Rattín, dando ao Santos o único título da Libertadores conquistado por uma equipe brasileira em solo argentino. Pelé, com cinco gols, foi o artilheiro entre os semifinalistas.

Em 1964, o Santos voltaria a conquistar o campeonato paulista, contando com trinta e quatro gols de Pelé. Além de dividir com o Botafogo o título do torneio Rio–São Paulo, o Santos, ganharia, ainda, a Taça Brasil, pela quarta vez consecutiva. O recorde de oito gols que fez na partida em que o Santos bateu o Botafogo de Ribeirão Preto por 11 x 0, no dia 21 de novembro de 1964, recorde dividido com o atacante Jorge Mendonça, só seria batido por Dadá Maravilha, em 1976, em Pernambuco, ao marcar dez dos dezesseis gols que o Sport fez no Santo Amaro.

Em 1965, o Santos conquistaria a Taça Brasil e seu 9º título do campeonato paulista. Apesar de ter Pelé como o artilheiro da Libertadores de 1965, com oito gols, o Santos foi eliminado pelo Peñarol, nas semifinais.

Em 21 de fevereiro de 1966, Pelé desposou Rosemeri dos Reis Cholby, com quem teve os filhos Kelly Cristina, Edson – o goleiro Edinho –, e Jennifer. O casamento durou até 1978.

Nos jogos pela Copa de 1966, realizada na Inglaterra, Pelé foi implacavelmente caçado em campo pelos marcadores búlgaros e portugueses. Depois de abrir o placar contra a Bulgária, cobrando uma falta, em jogo vencido pelo Brasil por 2x0, com o segundo gol marcado por Garrincha, também, de falta, Pelé contundiu-se a ponto de não poder participar do jogo seguinte contra a Hungria, em que a Seleção Brasileira perdeu de 3x1. O caráter decisivo do jogo seguinte, contra Portugal, precipitou a decisão da Comissão Técnica de devolver ao gramado o convalescente Pelé que, não resistindo à violência do defensor português, João Morais, passou o resto do jogo parado no centro do grande círculo, fazendo número, já que as regras dominantes não permitiam substituições. Apesar da violência antiesportiva, o juiz George McCabe não expulsou o jogador português. Esse episódio, que retirou o Brasil da segunda fase do torneio, serviu de inspiração para a permissão de substituições e do uso dos cartões amarelo e vermelho. Para o bem do futebol brasileiro, Pelé voltaria atrás da decisão anunciada ao fim do jogo de nunca mais disputar uma Copa.

Com a invariável exigência contratual da presença do Rei em campo, choviam convites para o Santos excursionar mundo afora. Em 1967, as duas facções envolvidas numa guerra civil na Nigéria, anuíram num armistício de 48 horas para assistirem a Pelé jogar na capital, Lagos, depois de permitirem que o time do Santos transitasse em segurança entre Kinshasa e Brazzaville, chegando a haver, na região fronteiriça ao conflito, a transferência da proteção da equipe de uma facção para a outra. Sem que soubessem, os guerreiros africanos procediam como os guerreiros da Grécia Antiga, que suspendiam as hostilidades para permitir a realização dos jogos olímpicos.

Mesmo vencendo os campeonatos paulistas de 1967, 1968 e 1969, a importância relativa de Pelé para o Santos diminuiu, o que levou alguns observadores a falar no declínio do atleta que ainda não completara 30 anos, apesar da marcação do milésimo gol, em 19 de novembro de 1969, em jogo contra o Vasco da Gama, no Maracanã, o 909º de sua carreira, diante de 65.157 torcedores, cobrando um pênalti, aos 33 minutos do segundo tempo, que o goleiro argentino Andrada não conseguiu defender, apesar de haver tocado na bola. Anos mais tarde, Andrada recordaria: "Pelé cobrou. Eu bati na bola, mas não consegui defender. Depois, com o tempo, as coisas foram mudando. Eu me acostumei com o fato e hoje convivo de uma forma muito gostosa com aquele milésimo gol."

A polêmica sobre qual seria, verdadeiramente, o milésimo gol, deu muito pano para a manga. Como não foi contabilizado um gol feito por Pelé, ao jogar pelas Forças Armadas Brasileiras, contra as Forças Armadas do Paraguai, em 1959, o milésimo, de fato, teria ocorrido em 14 de novembro de 1969, cinco dias antes do marcado no Maracanã, em um jogo amistoso do Santos contra o Botafogo da Paraíba, para inaugurar o Estádio Governador José Américo de Almeida, aos 23 minutos do segundo tempo. Contestando essa versão, o jornalista Celso Unzelte, numa reportagem para *Placar*, citada no programa *Loucos por Futebol*, da ESPN, provou, com imagens de TV, que um gol atribuído a Pelé contra a Seleção da Tchecoslováquia em 1965, foi, na verdade, de Coutinho, o que restauraria a validade, como o milésimo, do gol marcado contra o Vasco da Gama.

Como curiosidade histórica, em dez campeonatos paulistas seguidos, de 1958 a 1967, o Corinthians do Parque São Jorge não venceu uma partida, sequer, contra o Santos, como demonstram os resultados abaixo:

14 de setembro de 1958	– Santos 1 x 0, gol de Pelé
7 de dezembro de 1958	– Santos 6 x 1, quatro gols de Pelé
30 de abril de 1959	– Santos 3 x 2, um gol de Pelé
26 de agosto de 1959	– Santos 3 x 2, um gol de Pelé
27 de dezembro de 1959	– Santos 4 x 1, dois gols de Pelé
31 de julho de 1960	– empate em 1 x 1, gol de Pelé
30 de novembro de 1960	– Santos 6 x 1, um gol de Pelé
3 de dezembro de 1960	– empate em 1 x 1
23 de setembro de 1962	– Santos 5 x 2, um gol de Pelé
3 de novembro de 1962	– Santos 2 x 1, um gol de Pelé
3 de março de 1963	– Santos 2 x 0, dois gols de Pelé
21 de setembro de 1963	– Santos 3 x 1, três gols de Pelé
14 de dezembro de 1963	– empate em 2 x 2, Pelé não jogou
18 de março de 1964	– Santos 3 x 0, um gol de Pelé
30 de setembro de 1964	– empate em 1 x 1, gol de Pelé
6 de dezembro de 1964	– Santos 7 x 4, quatro gols de Pelé
15 de abril de 1965	– empate em 4 x 4, quatro gols de Pelé
29 de agosto de 1965	– Santos 4 x 3, dois gols de Pelé
14 de novembro de 1965	– Santos 4 x 2, um gol de Pelé
8 de outubro de 1966	– Santos 3 x 0
17 de dezembro de 1966	– empate em 1 x 1, Pelé não jogou
13 de maio de 1967	– empate em 1x1, gol de Pelé
10 de setembro de 1967	– Santos 2 x 1, Pelé não jogou
10 de dezembro de 1967	– Santos 2 x 1, um gol de Pelé

O tabu seria quebrado no dia 6 de março de 1968, quando a Fiel venceu de 2 x 0.

Pelé foi o maior carrasco da Fiel. Em quarenta e sete partidas que disputou contra o Corinthians, vestindo a camisa do Santos, marcou quarenta e oito gols. Com a camisa da Seleção Brasileira, marcou mais dois, na vitória do selecionado de 5 x 0, perfazendo um total de cinquenta gols. Outro recorde.

Pelé foi onze vezes o artilheiro do campeonato paulista. Mais um recorde.

Ao ser convidado, em 1969, para integrar o elenco que representaria o Brasil na Copa do ano seguinte, aceitou, depois de uma inicial relutância, marcando seis gols em seis partidas da fase classificatória. Sem contar com os nomes tutelares de Garrincha, Gilmar, Nilton e Djalma Santos, a nova seleção de Rivelino, Gerson, Carlos Alberto, Rivelino, Tostão e Clodoaldo, além do veterano Pelé, chegou ao México desacreditada de suas possibilidades de êxito. Ledo engano, aquele time figuraria entre os maiores de todos os tempos.

No jogo de abertura, a Tchecoslováquia abriu o placar. Depois de marcar o segundo gol brasileiro, ao matar no peito um longo lançamento de Gerson do meio do campo, e bater, sem deixar a bola cair, Pelé, de dentro do grande círculo central, ao perceber que o goleiro checo Ivo Viktor estava adiantado, tentou cobri-lo, num longo chute. A bola passou raspando a trave. Essa jogada, ao lado da cabeçada que permitiu ao goleiro inglês Gordon Banks realizar a maior defesa dos mundiais, e do drible de corpo no goleiro uruguaio Mazurkiewicz, nessa mesma Copa, constitui a tríade mais lembrada entre as protagonizadas pelo grande atleta, numa demonstração adicional de que os amores mais marcantes são os que não se realizam. O Brasil venceu esses três jogos, respectivamente, por 4x1, 1x0 e 3x1, como venceu os demais: a Romênia, por 3x2; o Peru, por 4x2 e a Itália por 4x1. A vitória contra o Uruguai teve gosto de acerto de contas com a derrota que a Celeste nos impusera, vinte anos antes, sob o carisma de Obdúlio Varela.

O lance com Mazurkiewicz foi assim: Tostão serviu a Pelé, em profundidade, que correu para chegar na bola antes do goleiro uruguaio. Como chegou primeiro, Pelé fingiu chutá-la para o lado esquerdo do arqueiro, induzindo-o a se lançar sobre seus pés, enquanto a bola passava à sua direita. Com o goleiro no chão, Pelé avançou e chutou do bico da pequena área. A bola seguia na direção do gol, mas foi desviada em sua trajetória ao tocar, involuntariamente, no calcanhar de um defensor platino, saindo pela linha de fundo, raspando a trave direita.

Com a vitória na final contra a Itália, o Brasil conquistou a Copa pela terceira vez, ficando, definitivamente, na posse da Taça Jules Rimet. O zagueiro Tarcísio Burnich, marcador de Pelé, disse durante a premiação: "Eu concluí antes do jogo que ele era feito de carne e osso como todo mundo. Eu estava enganado."

Em sua última Copa, Pelé que chegou ameaçado de ficar no banco, saiu com o mesmo prestígio e reconhecimento de seu debute em 1958.

Em 1971, no dia 18 de julho, Pelé vestiu a camisa da seleção pela 92ª e última vez, num jogo contra a Iugoslávia, no Rio de Janeiro, que terminou empatado de 2 x 2. O público de quase 200 mil pessoas acompanhou, emocionado, a entrega que fez da camisa 10 a um menino de 10 anos. Em noventa e duas partidas pela seleção, valendo pontos, Pelé venceu sessenta e sete, empatou quatorze e perdeu onze. Participou de mais 23 jogos amistosos, marcando um total de cento e três gols.

Tão logo encerrada a temporada futebolística de 1972, Pelé anunciou sua aposentadoria nas disputas nacionais, restringindo as aparições a jogos amistosos. Em 1973, marcou o seu mais belo tento, ao graduar-se em educação física pela Faculdade de Educação Física de Santos. Em 1974, surpreendeu o mundo esportivo ao assinar um contrato milionário para defender a equipe norte-americana New York Cosmos, nas temporadas de 1975/1977. O valor de US$ 7 milhões foi o maior da década de 1970.

Na última partida de Pelé com a camisa do Santos, a Ponte Preta foi derrotada por 2 x 0, com um gol de Cláudio Adão e um contra de Geraldo. Vinte e um minutos depois que entrou em campo, Pelé, inesperadamente, pegou a bola com as mãos, ajoelhou-se no meio do gramado e ergueu os braços. A torcida em Vila Belmiro, depois de um momento de perplexidade, compreendeu que o Rei estava solenizando o final da carreira do maior jogador de futebol de todos os tempos, em gramados brasileiros. Ainda disputaria três temporadas pelo americano Cosmos, dando-lhe o título nacional de 1977, tendo elevado, de modo expressivo, o interesse pelo futebol dos filhos de Tio Sam.

Pelé atingiu o número mil em três ocasiões distintas: o milésimo gol da carreira, o milésimo gol pelo Santos, e a milésima partida disputada pela equipe da Vila Belmiro.

O jogo de despedida do Rei realizou-se no Giants Stadium, em Nova York, no dia 1º de outubro de 1977, entre o Santos e o Cosmos, os dois únicos clubes que defendeu, profissionalmente, em sua longa carreira de glórias. O mundo inteiro acompanhou pela televisão. Lá estavam Dondinho e dona Celeste, carregados de legítimo orgulho, vendo o filho famoso jogar meio tempo por cada time, o primeiro pelo Cosmos e o segundo pelo Santos, depois de pedir à multidão para repetir com ele, três vezes, a palavra *love*. O primeiro tempo terminou empatado em 1x1, com Reynaldo marcando pelo Santos e Pelé pelo Cosmos, cobrando uma falta. No intervalo, Dondinho foi levado ao centro do campo para receber de Pelé a camisa 10 que vestia no Cosmos. No tempo final, o atacante Ramon Mifflin, que substituiu Pelé, assinalou o gol da vitória do Cosmos. Ironicamente, o último dos 1.281 gols que Pelé marcou foi contra o time que o lançou nos braços da imortalidade. Ao final do espetáculo, Pelé, carregado pelos jogadores, deu a volta ao redor do campo, portando a bandeira americana na mão esquerda e a brasileira na direita.

Pelé, anos depois, contaria como se deu sua ida para o Cosmos: "Tudo começou em 1971, quando eu estava com o Santos em Kingston, Jamaica, e recebi uma visita do senhor Clive Toye, gerente-geral de um novo time de Nova York, chamado Cosmos, de Phill Woosnam, que acabaria se tornando membro da North American Soccer League (Liga Norte-Americana de Futebol), e de Kurt Lamm, secretário-geral da Federação de Futebol dos Estados Unidos. Eles queriam saber se eu aceitaria jogar pelo Cosmos quando deixasse o Santos. Quando o professor Mazzei traduziu suas intenções, eu disse: 'Professor, diga a eles que estão malucos! Eu nunca jogarei para outro clube além do Santos!' Três anos mais tarde, após minha última partida pelo Santos, Clive Toye me ligou de Nova York e me disse que o Cosmos gostaria de conversar comigo a propósito de um possível contrato. E, após seis meses de reuniões em todos os cantos do mundo, recados, telegramas, telefonemas, eu decidi aceitar a proposta da Warner Communications, proprietária do New York Cosmos, para voltar ao futebol profissional por mais três temporadas."

Jogando pela Seleção Brasileira, Pelé venceu três das quatro Copas que disputou, marcando doze gols nas quatorze partidas que jogou. Tornou-se legendária a dobradinha de ataque que fez com Coutinho. Sua permanência no Santos, de 1956 a 1974, só foi possível em razão da legislação vigorante à época, restritiva da mobilidade dos jogadores, como passaria a ser regra a partir dos anos 1980. Tanto que ao fim da Copa de 1962, no Chile, as equipes europeias mais ricas, como o Real Madrid, o Manchester United e a Juventus foram impedidas de contratá-lo, pela decisão do governo brasileiro de considerá-lo "Patrimônio Nacional".

Depois que pendurou as chuteiras nº 39, Pelé passou a ter uma intensa atividade mundana, como homem de negócios e no exercício de funções públicas, dentro e fora do Brasil. Em abril de 1978, em jogo diplomático, Pelé atuou por trinta e cinco minutos pela seleção da Nigéria, em Lagos, durante uma excursão do Fluminense, com cuja camisa disputou um jogo, em Kaduna, vencendo por 2 x 1 o Racca Rovers, que seria o campeão nacional daquele ano. Em abril de 1979, Pelé defendeu o Flamengo, ao lado de Zico, no Maracanã, em partida amistosa contra o Atlético Mineiro, diante de um público de 139.953 pagantes, com renda destinada às vítimas das enchentes em Minas. Zico, gentilmente, cedeu a camisa 10 ao Rei.

Em 1981, no dia 15 de maio, o Rei recebeu o título de Atleta do Século, numa eleição promovida pelo jornal francês *L'Equipe*. Nessa altura, namorava a modelo Xuxa, contribuindo para a inicial projeção dela na mídia.

A ONU fê-lo seu embaixador para assuntos de Ecologia e Meio Ambiente, em 1992, e embaixador da Boa Vontade (Unesco 1993), e para a Educação, Ciência e Cultura. O presidente Fernando Henrique Cardoso o escolheu para ocupar o Ministério Extraordinário dos Esportes, em 1995. Como ministro, propôs uma legislação para combater a corrupção no futebol brasileiro que ficou conhecida como Lei Pelé, em substituição à Lei Zico. O objetivo da Lei era o de modernizar o futebol brasileiro, transformando os clubes em empresas. A nova legislação, muito criticada pelos dirigentes de clubes brasileiros, por facilitar a saída dos jogadores para o exterior, segue, em linhas gerais, as diretrizes internacionais da Fifa. Pelé acusa os grandes clubes de terem deturpado o projeto original. Em 1998, deixaria o ministério, em razão das acusações que sofreu de envolvimento em corrupção, embora nada tenha sido provado contra ele.

No início dos anos 1990, reconheceu as filhas Flávia Kurtz e Sandra Regina, geradas fora do casamento. Sandra Regina seria reconhecida por decisão judicial. Nascida Sandra Regina Machado, em 1964, de um romance do Rei, então solteiro, com a dona de casa Anísia Machado, Sandra ficou conhecida a partir da batalha judicial que travou pelo reconhecimento da paternidade de Edson Arantes do Nascimento. Esgotadas as tentativas amistosas, o processo judicial começou em 1991, sendo concluído em 1996, com o resultado positivo do exame de DNA. Inconformado, Pelé recorreu treze vezes contra a decisão judicial, e nunca se aproximou da filha. Sandra, porém, teve negado seu pedido de indenização por danos morais, no qual alegou não ter desfrutado do mesmo apoio emocional, psicológico e financeiro que tiveram seus irmãos. A súbita notoriedade, associada ao seu poder de comunicação, retirou-a das funções de balconista para a carreira política, elegendo-se por duas vezes vereadora de Santos pelo Partido Social Cristão(PSC). Uma vez eleita, viu aprovado o seu projeto que garante gratuidade do exame de DNA aos pacientes da rede pública, conquista que depois se estenderia a todo o país. Nas duas tentativas para eleger-se para a Assembleia Legistativa de São Paulo, obteve nas eleições de 2002 e 2006, respectivamente, mais de 30 mil votos e mais de 19 mil votos, insuficientes para a conquista do mandato. Diagnosticada com câncer mamário, no seio direito, em 2005, morreu de metástase pulmonar, falência múltipla de órgãos e neoplasia, no dia 17 de outubro de 2006, apesar de sua inabalável crença de que, acima do tratamento quimioterápico, seria salva pela vontade de Deus. As flores que Pelé, que não compareceu, enviou ao velório no salão nobre da Prefeitura Municipal de Santos, e ao sepultamento no Cemitério Memorial Necrópole Ecumênica, foram devolvidas. Sandra, evangélica, pertencente à Assembleia de Deus, estudava direito, era casada, deixou dois filhos e o livro *A filha que o Rei não quis*. Há quem sustente que nesse episódio do relacionamento com a filha Sandra, Pelé não esteve à altura do conselho recebido do pai, conforme suas palavras: "Meu pai sempre me dizia que Deus me deu o dom de jogar futebol. Isso era um presente, mas que não bastava ser só um grande jogador, que eu teria que ser também um grande homem, que assim nada poderia me derrotar. Essa é minha mensagem para todos os que passarem por esta escola."

Em 1994, Pelé casou-se com a psicóloga e cantora evangélica Assíria Lemos Seixas, com quem teve filhos gêmeos, Joshua e Celeste, em setembro de 1996, pelo método da fertilização.

Em 1997, ele recebeu das mãos da rainha Elizabeth II[a] a comenda *Knight Commander of the Order of the British Empire* (Cavaleiro Comandante da Ordem do Império Britânico). Em 1999, a Unicef concedeu-lhe o título de Maior Futebolista do Século.

Em 2000, Pelé repartiu com Maradona o prêmio de Jogador do Século, patrocinado pela Fifa, como meio de conciliar a vitória de Maradona, através de votação na internet, sistema considerado viciado, porque a grande maioria dos votantes, além de composta por jovens que não tinham visto Pelé jogar, era proveniente da Argentina. A decisão, transferida para um comitê de especialistas da Fifa, elegeu Pelé o maior jogador de todos os tempos. Diplomaticamente, os dois dividiram o troféu.

Entre os brasileiros, Pelé é recordista de noticiário a seu respeito, inclusive documentários, biografias, filmes e trilhas sonoras, como a feita para o filme *Pelé,* de 1977. Com ex-jogadores, seus contemporâneos, atuou no filme *Escape to Victory (Escapada para a vitória),* ao lado de Michael Caine e Sylvester Stallone, sobre uma fuga de um campo de concentração nazista, na Segunda Grande Guerra. Em março de 2004, convidado pela Fifa, participou da elaboração da lista dos cem melhores jogadores de futebol vivos, denominada Fifa 100. Essa lista lhe rendeu críticas de jogadores e de analistas do futebol.

Em maio de 2005, viveu o constrangimento da alardeada prisão do filho Edson Cholbi Nascimento, o Edinho, autuado por envolvimento com o tráfico de drogas.

Em 2006, foi sobre ele o primeiro "livro grande"(*big book*), edição de luxo, no tamanho 45 cm x 35 cm, sobre o tema futebol. Depois de ser agraciado pela BBC por suas conquistas incomuns, Pelé, ao lado da supermodelo Claudia Schiffer, deu o *kickoff* inicial do jogo final da Copa. Para a multinacional Pfizer, promoveu a campanha do estimulante Viagra, contra a disfunção erétil. Em novembro de 2007, foi o convidado de honra do Sheffield's, o mais antigo time de futebol do mundo, para o jogo exibição contra o Inter de Milão, para celebrar os cento e cinquenta anos do clube. Na mesma oportunidade, inaugurou uma exposição das primeiras regras manuscritas do futebol.

Em agosto de 2010, Pelé foi apresentado como presidente honorário do novo York Cosmos, em fase de expansão.

Vejamos algumas opiniões sobre o Rei:

"Como se soletra Pelé? D-E-U-S."
The Sunday Times, jornal londrino.

"Se Pelé não tivesse nascido um homem, teria nascido uma bola."
Armando Nogueira, jornalista brasileiro.
"Marcar mil gols, como Pelé, não é tão difícil. Marcar um gol como Pelé é."
Carlos Drummond de Andrade, poeta brasileiro.
"Após o quinto gol, eu queria era aplaudi-lo."
Sigge Parling, zagueiro sueco encarregado de marcar Pelé durante a final da Copa do Mundo de 1958.
"Eu pensei: 'ele é feito de carne e osso, como eu.' Eu me enganei."
Tarciso Burnigch, zagueiro italiano encarregado de marcar Pelé durante a final da Copa do Mundo de 1970.
"Cara, como você é popular!"
Robert Redford, após presenciar Pelé dando dezenas de autógrafos em Nova York, enquanto ninguém lhe pediu um sequer.
"Pelé nunca morrerá."
Edson Arantes do Nascimento, o próprio.

Pelé também se caracteriza por declarações polêmicas, que dividem opiniões.

Ao dizer, durante o regime militar, que o povo brasileiro não sabia votar, despertou, ao mesmo tempo, reação de uns e aprovação de outros tantos. Ao seu comentário sobre a conveniência de Romário se aposentar, ouviu do baixinho que ele "com a boca fechada é um poeta." Deveria "colocar um sapato na boca para deixar de falar besteiras". Ronaldo, o fenômeno, não gostou nada quando Pelé disse o que todo mundo sabia: que ele estava muito acima do peso ideal. O anúncio do seu pressentimento de que o Brasil perderia o jogo contra a França, o que de fato ocorreu, na Copa de 2006, quando o Brasil foi derrotado por 1 x 0, desagradou os torcedores.

Durante a campanha para a escolha, em 1998, do sucessor de João Havelange, na presidência da Fifa, Pelé e o ex-jogador francês Platini, apoiavam candidaturas distintas. Inquirido por um repórter sobre se o apoio de Platini, então, em grande evidência, como presidente do comitê da Copa, não seria decisivo, Pelé respondeu que não o temia, porque Platini seria um perdedor, aludindo, implicitamente, ao fato de que o atleta francês nunca havia conquistado uma Copa, contra as três do seu currículo. Perguntado sobre o que achava das declarações do Rei, Platini fulminou, com elegante ironia, que para ele já constituía muita honra ser conhecido, de nome, pelo Atleta do Século.

Embora, estatisticamente, Pelé fosse um jogador disciplinado e leal, tendo em vista a dura marcação de que era alvo, os adversários criados por algumas de suas declarações polêmicas costumam sustentar que ele foi um "jogador sujo", a exemplo de quando quebrou a perna do alemão Kiesman em jogo amistoso no Maracanã, em 1965, vencido pelo Brasil por 2 x 0. Também causou a fratura da perna do cruzeirense Procópio, em 1968, numa partida entre Cruzeiro e Santos. A cotovelada que desferiu contra o uruguaio Dagoberto Fontes, na semifinal da Copa de 1970, é muito citada. No início do jogo, Dagoberto havia pisado na mão de Pelé quando ele estava caído. Pelé camuflou tão bem a cotovelada que o juiz deu falta do zagueiro.

Pelé reunia o conjunto das qualidades ideais de um jogador de futebol: grande velocidade, vigor físico, dribles fenomenais, chute forte e certeiro com os dois pés, senso de colocação para receber e passar a bola, o que fez dele servidor incomparável, a ponto de seus passes fatais terem resultado em mais gols do que os marcados por ele, excepcional cabeceador, atributo facilitado por uma impulsão que compensava, à larga, sua relativamente baixa estatura. Além disso, Pelé se distinguia pela seriedade e objetividade das jogadas, evitando firulas desnecessárias do tipo praticado por Garrincha, que tanto encantava as massas, ou o exibicionismo de Neymar, que irrita os adversários e até seus admiradores. As tabelas que fazia com as pernas dos adversários e a paradinha desconcertante, ao bater penalidades máximas, eram de eficácia comprovada. Depois dele, houve mudança tática no jogo, com a criação de posições e funções, antes inexistentes, como o cabeça de área. Inspirado, talvez, na admiração que nutriu pelo goleiro Bilé, de onde veio o seu apodo famoso, Pelé gostava de pegar no gol, como fazia, frequentemente, nas peladas santistas. Nas quatro oportunidades em que substituiu o goleiro, pra valer, não sofreu nenhum gol, nos 43 minutos em que esteve sob as traves.

Durante uma partida na Colômbia, Pelé foi expulso. A torcida, inconformada, invadiu o campo, expulsou o juiz, trouxe Pelé de volta, e a partida prosseguiu com a presença do Rei. Quem já viu isso com outro jogador? Explica-se que seja uma das personalidades mais populares do mundo, em todos os tempos. Há quem sustente que é a mais popular. Duvidar, quem há de?

BIBLIOGRAFIA

EDSON ARANTES DO NASCIMENTO. *Autobiografia*, 2006.
HARRY HARRIS. *Pele*, 2003.
SAMANTHA BERGER E SUZAN CANIZARES. *Pele*, 2001.

ROBERTO CARLOS
1941

O CANTOR E COMPOSITOR ROBERTO CARLOS BRAGA NASCEU EM CACHOEIRO de Itapemirim, Espírito Santo, em 19 de abril de 1941. É o caçula dos quatro filhos da costureira Laura Moreira Braga e do relojoeiro Robertino Braga. Os irmãos de Roberto são Lauro Roberto, Carlos Alberto e Norma, a Norminha. O sobrenome Braga não faz qualquer sentido para o grande público desse, que é o mais popular artista brasileiro de todos os tempos.

Contemporâneo de sucessivas gerações, o prestígio artístico do Rei constitui a mais consagradora unanimidade nacional. Sem falar nos artistas brasileiros, já cantou em dueto com artistas consagrados, internacionalmente, como Julio Iglesias, Pedro Vargas, Vicente Fernandez, Lani Hall, Ana Belén, Rocío Dúrcal e Luciano Pavarotti. Com este último, em Porto Alegre, perante 50.000 pessoas, no Estádio Beira Rio. Contam-se às centenas suas apresentações em palcos internacionais, figurando o seu nome entre os cem maiores vendedores de discos de todos os tempos. Nos Estados Unidos, é considerado o Frank Sinatra da América Latina. Segundo o "RankBrasil", criado em 1999, Roberto Carlos é o "Cantor brasileiro que mais vendeu discos no mundo", com 120 milhões de cópias, sendo, também, o único artista latino-americano a superar a marca dos 100 milhões de cópias vendidas. A cubano-americana Gloria Estefan vem em segundo lugar, com pouco mais de 90 milhões. Explica-se sua popularidade em países como México, Chile e Argentina. Na Europa, Portugal, Itália e Espanha são os países onde sua popularidade é maior. Em seu vasto repertório, homenageou seus pais com as canções "Lady Laura" e "Meu querido, meu velho, meu amigo" e os filhos com "As flores do jardim da nossa casa", "Quando as crianças saírem de férias" e "Fim de semana".

A família Braga morava numa casa modesta, no alto de uma ladeira, no bairro do Recanto, em Cachoeiro. Os pais de Roberto foram longevos. Robertino morreu em 1980, aos 94 anos, enquanto a estremecida mãe, Lady Laura, faleceu em 2010, aos 96 anos. A expectativa, portanto, é de vida longa para o Rei.

Aos 6 anos de idade, no dia da festa de São Pedro, padroeiro de Cachoeiro de Itapemirim, Roberto e Fifinha, sua coleguinha de escola, estavam na plataforma da estação. Com a aproximação do trem, a professora que os acompanhava puxou Fifinha, abruptamente, por receio de que ela viesse a cair nos trilhos. Assustado com o repelão, Roberto, que estava de costas para os trilhos, perdeu o equilíbrio e acabou caindo. Uma locomotiva a vapor esmagou sua perna direita, que teve que ser amputada pouco abaixo do joelho. Roberto usou muletas até os 15 anos, quando colocou a sua primeira prótese.

O menino Roberto Carlos começou a tocar violão e piano com a mãe Laura e, depois, no Conservatório Musical de Cachoeiro. Seu primeiro ídolo foi Bob Nelson, que o empolgava cantando música country em português, vestido de *coubói*. Aos 9 anos, Roberto cantou pela primeira vez em um programa infantil na Rádio Cachoeiro, interpretando o bolero "Amor y más amor". Evocaria esse momento mágico no livro de Paulo César de Araújo, *Roberto Carlos em detalhes*: "Eu estava muito nervoso, mas muito contente de cantar no rádio. Ganhei um punhado de balas, que era como o programa premiava as crianças que lá se apresentavam. Foi um dia lindo." Essa primeira conquista foi a semente que viria a gerar o mais popular cantor da América Latina.

Aos 15 anos, Roberto mudou-se para Niterói, quando, seguindo a febre musical juvenil, aderiu ao rock, ouvindo e cantando tudo de Elvis Presley, Bill Haley, Little Richard, Gene Vincent e Chuck Berry. Em 1957, levado pelo colega de escola Arlênio Lívio, conheceu um grupo de amigos que se reunia no bairro da Tijuca, no Rio, entre os quais se encontravam Tim Maia, Edson Trindade, José Roberto "China" e Wellington, passando a formar com eles o conjunto musical The Sputniks. Ao necessitar da letra de "Hound dog", foi socorrido pelo maior conhecedor de Elvis Presley, nas redondezas, o novo amigo Erasmo Carlos, que se tornaria seu maior parceiro musical, parceria adubada por torcerem ambos pelo Palmeiras e pelo Vasco da Gama.

Quando Tim Maia deixou The Sputniks, o conjunto se desfez. Enquanto Edson Trindade, Arlênio e China formaram o The Snakes, tendo Erasmo como *crooner*, Roberto foi levado a iniciar carreira solo, também como *crooner*, na boate do Hotel Plaza, em Copacabana, interpretando sambas-canções e composições do iniciante ritmo que se chamaria bossa-nova, criado pelo baiano João Gilberto e adotado por Vinícius de Moraes, Tom Jobim e muitos outros artistas. Ao lançar-se à bossa-nova, de mau jeito, com a canção "Fora de Tom", Roberto foi chamado de "João Gilberto dos pobres", pelos bossa-novistas da Zona Sul do Rio, segundo um dos seus biógrafos. Uma ingratidão, uma vez que Roberto foi um dos primeiros artistas a reconhecer a influência de João Gilberto sobre seu processo criativo, muitos anos antes de Caetano Veloso e Gal Costa se lançarem em disco. Além disso, muita gente da MPB resistia em reconhecer valor à Jovem Guarda, postura agravada pela omissão do grupo diante da ditadura reinante. A cantora Silvinha Telles teria sido a primeira musa da jovem MPB a avaliar Roberto, incondicionalmente.

Tanto Roberto Carlos quanto Tim Maia eram frequentemente acompanhados pelo conjunto The Snakes, ainda que jamais o tenham integrado. Roberto cantava em clubes e festas particulares quando foi levado por Tim Maia a Carlos Imperial para se apresentar no programa musical *Clube do Rock*, da TV Tupi. Imperial apresentava Roberto Carlos, a quem ajudou na gravação do primeiro disco, como o "Elvis brasileiro" e Tim Maia como o "Little Richard brasileiro". Acertou em cheio. Roberto se referia a Imperial como "papai".

Aos 18 anos, a promessa de carreira como cantor ganhava forma para Roberto, passando a constituir visível realidade, com a gravação do compacto simples *João e Maria/Fora do Tom*, em 1959.

Roberto Carlos despontou no início da década de 1960, embalado no alucinante ritmo do rock n'roll, recém-chegado dos Estados Unidos, com composições da parceria com Erasmo Carlos, em sua maioria. Aos 20 anos, viria a lume seu primeiro álbum, *Louco por você*, com várias composições de Carlos Imperial. O fato de não ter tido o reconhecimento da posteridade não reduz a importância desse disco para a eclosão da carreira do futuro Rei, que persistiu no rock, lançando, no ano seguinte, em 1962, com o parceiro Erasmo, *Splish Splash*, um grande sucesso, sobretudo com a faixa-título, e "Parei na contramão". Em 1963, Roberto voltou às paradas de sucesso com o LP *É proibido fumar*, em que, além da faixa-título, brilhou "O calhambeque". Nascia a Jovem Guarda.

Da fase Jovem Guarda resultariam grandes sucessos, como "Não quero ver você triste", "Lobo mau", "A garota do baile", "Não é papo pra mim", "Parei, olhei", "História de um homem mau", "Quero que vá tudo pro inferno", "Esqueça", É papo firme", "Mexericos da Candinha", "Eu te darei o céu", "Nossa canção", "Namoradinha de um amigo meu", "Eu sou terrível", "Quando", "Maria, carnaval e cinzas", "Só vou gostar de quem gosta de mim", "Como é grande o meu amor por você", "Se você pensa", "As canções que você fez pra mim", "Ciúme de você", "Eu te amo, te amo, te amo", "As curvas da estrada de Santos", "As flores do jardim da nossa casa", "Sua estupidez".

Convertido em coqueluche musical da juventude brasileira, Roberto Carlos foi convidado a apresentar o programa *Jovem Guarda*, na TV Record, ao lado de Erasmo Carlos e Wanderléa, em 1965. O programa catapultou o movimento e consagrou Roberto Carlos como um dos primeiros ídolos jovens da cultura brasileira. Ainda em 1965, foram lançados os álbuns *Roberto Carlos canta para a juventude,* contendo os sucessos "História de um homem mau", "Os sete cabeludos", "Eu sou fã do monoquíni" e "Não quero ver você triste", em parceria com Erasmo Carlos, e *Jovem Guarda,* com "Lobo mau", "O feio", de Getúlio Côrtes, "Não é papo pra mim" e o maior de todos os sucessos, até então, "Quero que vá tudo pro inferno".

No ano seguinte, RC apresentaria, sucessivamente, os programas *Roberto Carlos à Noite, Opus 7, Jovem Guarda em Alta Tensão* e *Todos os Jovens do Mundo,* na TV Record. Esses programas tiveram vida curta. O ano de 1966, porém, seria marcado pelo desentendimento entre Roberto e Erasmo, por razões de crédito artístico, a ponto de ameaçar a exitosa parceria que os projetou. Por falha da produção do programa *Show em Si... Monal,* da TV Record, que homenageava Erasmo, o nome de Roberto Carlos não apareceu nas canções de que foi coautor, como "Parei na contramão" e "Quero que vá tudo pro inferno". A parceria foi interrompida por mais de um ano, quando Roberto compôs "Querem acabar comigo" e "Namoradinha de um amigo meu", incluídas no LP *Roberto Carlos* daquele ano, ao lado de "Eu te darei o céu", "Esqueça", "Negro Gato" e "Nossa canção", algumas de parceria com Getúlio Côrtes ou Luiz Ayrão.

Nessa mesma época, circularam, com intensidade, rumores de um romance entre Roberto e a modelo Maria Stella Splendore, então casada com o costureiro Denner, "O Luxo". Ainda hoje é objeto de especulação a possível paternidade de Roberto Carlos sobre a filha do casal, Maria Leopoldina Splendore Pamplona de Abreu. Há quem sustente que o *affaire,* imaginário ou real, teria provocado a separação de Denner e Maria Stella.

Em 1967, mesmo com a amizade estremecida, Roberto e Erasmo, com Wanderléa, seguiam apresentando o programa *Jovem Guarda,* na TV Record. Nessa quadra, Roberto Carlos gravou as composições solo "Como é grande o meu amor por você", "Por isso corro demais", "Quando" e "De que vale tudo isso", incluídas no LP *Roberto Carlos em ritmo de aventura*, que serviria de trilha sonora do filme com o mesmo título, lançado no ano seguinte. O filme, dirigido e produzido por Roberto Farias, com José Lewgoy e Reginaldo Farias no elenco, obteve grande sucesso de bilheteria. A relação entre Erasmo e Roberto Carlos se restabeleceu na parceria para compor a trilha sonora do filme *Em ritmo de aventura*. Sobrecarregado de compromissos, Roberto não encontrava tempo para finalizar a letra de "Eu sou terrível", faixa de abertura da trilha sonora do longa-metragem. Decidiu recorrer ao velho parceiro, que o ajudou a concluir a letra. De quebra, para gáudio e glória de ambos, a amizade e a parceria foram restauradas. Nesse mesmo ano de 1967, RC estreou no exterior, em Cannes, e participou de alguns festivais de música no Brasil. Além de obter, apenas, um modesto 5º lugar, com "Maria, carnaval e cinzas", de Luís Carlos Paraná, RC foi apupado por pessoas conservadoras, que o tinham na conta de alienado e seguidor de modismos alheios às raízes do Brasil.

Em 1968, RC lançou o LP *O inimitável*, considerado de transição em sua carreira. Alguns dos maiores sucessos do seu cancioneiro integraram-no, como "Se você pensa", "Eu te amo, te amo, te amo", "É meu, é meu, é meu", "As canções que você fez pra mim", todas em parceria com Erasmo Carlos, "Ciúme de você", de Luiz Ayrão, e "E não vou deixar você tão só", de Antônio Marcos. Ainda em 1968, RC se notabilizou como o único brasileiro a ganhar o Festival de San Remo, na Itália, com "Canzone per te", de Sergio Endrigo e Sergio Bardotti. Em Santa Cruz de la Sierra, Bolívia, desposou Cleonice Rossi, mãe dos seus filhos Roberto Carlos Segundo, o Segundinho, mais conhecido como Dudu Braga, nascido em 1969, e Luciana, em 1971. Além de Dudu e Luciana, Roberto assumiu como filha Ana Paula, nascida do primeiro casamento de Nice (Cleonice).

O desejo de inovar, esboçado em 1968, se consolidaria em 1969, com o álbum *Roberto Carlos*, marcado pelo romantismo em lugar dos temas típicos da Jovem Guarda. Entre os sucessos estão "As curvas da estrada de Santos", "Sua estupidez" e "As flores do jardim da nossa casa", todas em parceria com Erasmo. Ainda naquele ano, foi lançado mais um sucesso de bilheteria: *Roberto Carlos e o diamante cor-de-rosa*, segundo filme dirigido por Roberto Farias.

Na década de 1970, o Rei substituiu o rock'n roll da Jovem Guarda por um repertório essencialmente romântico, mantendo-o até os nossos dias. Dentro e fora do Brasil – Estados Unidos, Europa e América Latina –, seu nome não parou de crescer. A mudança acompanhou a evolução do seu público, que amadureceu com ele. Os sucessos que daí advieram foram ainda maiores, a exemplo de "Detalhes", "Amada amante", "Como dois e dois", "Debaixo dos caracóis dos seus cabelos", "Quando as crianças saírem de férias", "Como vai você", "Proposta", "A cigana", "O portão", "Eu quero apenas", "Além do horizonte", "Olha", "Os seus botões", "Ilegal, imoral ou engorda", "Amigo", "Falando sério", "Cavalgada", "Outra vez", "Força estranha", "Café da manhã", "Na paz do seu sorriso", "Amante à moda antiga", "Emoções", "Cama e mesa", "Fera ferida", "O côncavo e o convexo", "Caminhoneiro", "Verde e amarelo", "Pergunte pro seu coração", "Dito e feito", "Tanta solidão". A temática religiosa veio dar nova dimensão ao seu prestígio popular, com canções como "Jesus Cristo", "Todos estão surdos", "A montanha", "O homem", "Fé", "Estou aqui", "Guerra dos meninos", "Ele está pra chegar" e "Nossa Senhora".

Campeão de vendas de discos no mercado brasileiro, várias de suas canções foram gravadas por artistas como Julio Iglesias, Caravelli e Ray Conniff. Ainda em 1970, RC fez uma exitosa temporada de shows no Canecão. No final do ano, o álbum anual trouxe sucessos como "Ana", "Vista a roupa, meu bem" e "Jesus Cristo", canção que lhe abriria as portas do público religioso.

Em 1971, foi a vez de *Roberto Carlos a 300 km por hora*, seu último filme, e mais um grande sucesso de público. O disco *Roberto Carlos* trouxe "Detalhes", "Amada amante", "Todos estão surdos", "Debaixo dos caracóis dos seus cabelos", em homenagem a Caetano Veloso, que compôs "Como dois e dois".

O disco *Roberto Carlos*, de 1972, contou com "A montanha" e "Quando as crianças saírem de férias", seu primeiro LP a atingir um milhão de cópias vendidas. *Roberto Carlos*, de 1973, com "Rotina" e "Proposta", seguiu a mesma trilha de sucesso.

A partir de 1974, a Rede Globo apresenta, todo ano, na semana do Natal, um especial com o Rei, que passou a integrar o calendário musical da família brasileira. O primeiro especial natalino de Roberto Carlos teve como convidados Erasmo Carlos, Antônio Marcos e o ator Paulo Gracindo. De lá para cá, o programa tem recebido nomes como Maria Bethânia, Tom Jobim, Chico Buarque, Caetano Veloso, Roupa Nova, Titãs, Dorival Caymmi, Leandro e Leonardo, Cláudia Leitte, Ivete Sangalo, Alcione, Chitãozinho e Xororó, Ângela Maria e muitos outros.

Em 1975, o destaque seria *Além do horizonte*. Em 1976, RC gravaria um novo disco pela CBS, em Nova York, contendo as canções "Ilegal, imoral ou engorda" e "Os seus botões". Em 1977, gravaria "Muito momântico", de Caetano Veloso, e "Cavalgada", integrantes do disco natalino anual e líderes nas paradas musicais. No disco *Roberto Carlos*, de 1978, que vendeu um milhão e quinhentas mil cópias, destacaram-se "Café da manhã", "Força estranha", de Caetano Veloso, e "Lady Laura", dedicada a sua mãe. Os shows de RC eram certeza crescente de casa cheia.

Em 1979, o papa João Paulo II, ao chegar ao México, foi saudado por um coro de crianças cantando a canção "Amigo". Milhões de pessoas, em todo o mundo, acompanharam ao vivo. Coincidindo com o fim do casamento de onze anos, com Cleonice, iniciou um romance com a atriz Myrian Rios, com quem foi casado por igual tempo, mas, sem filhos. Nesse mesmo ano, Roberto se engajou no programa da ONU, em favor do Ano Internacional da Criança.

Em 1981, ao se apresentar no exterior e gravar o primeiro disco em inglês, Roberto já contava com o crédito, perante a opinião pública, do seu engajamento, em 1980, na campanha pelo Ano Internacional da Pessoa Deficiente. Seu novo disco anual contou com os sucessos "Emoções", "Cama e mesa" e "As baleias".

Em 1982, recebeu da gravadora CBS o Prêmio Globo de Cristal, por haver ultrapassado a venda de cinco milhões de discos fora do país de origem. A cantora baiana Maria Bethânia foi a primeira artista a participar do álbum anual, cantando com ele a canção "Amiga". "Fera ferida", em parceria com Erasmo, foi outro grande sucesso daquele ano. Em 1984, sua canção "Caminhoneiro" bateu recorde de execução em rádio, num só dia – três mil e duzentas vezes. No ano seguinte, sua canção "Verde e amarelo" estabeleceria novo recorde – três mil e quinhentas execuções. Participou, também, da Campanha para ajudar as crianças da América Latina, cantando "Cantaré cantarás", ao lado de Julio Iglesias, Glória Estefan, José Feliciano e Plácido Domingos. Em 1988, conquistou o Grammy de Melhor Cantor Latino-americano e, em 1989, liderou, entre os latino-americanos, a parada da Billboard, tendo "Amazônia" alcançado êxito retumbante. A cantora baiana Simone foi a convidada para cantar com ele no especial de fim de ano da Rede Globo, quando a canção líder foi "Outra vez".

Na década de 1990, RC bateu o próprio recorde de venda de discos, sendo que no ano de 1994 vendeu mais do que os Beatles, na América Latina. Novos artistas do rock nacional gravaram canções do Rei, como Cássia Eller, Kid Abelha e Skank.

Em 1992, o Rei gravou seu nome na Calçada da Fama em Miami, nos Estados Unidos, no espaço reservado para os latinos, Calle 8 – 17 Street. Em 1995, grandes nomes do pop-rock brasileiro homenagearam-no, gravando canções da Jovem Guarda, ano em que se casou com a professora Maria Rita Simões Braga. Em 1996, gravou ao lado de artistas de renome mundial a canção "Puedes llegar", para as Olimpíadas de Atlanta, nos Estados Unidos. Gravou, com Erasmo, o sucesso "Mulher de 40". Nesse mesmo ano de 1996, o cantor descobriu, através de teste de paternidade, que é pai de Rafael, com uma mineira. Rafael Braga chegou a cantar com o pai no especial daquele ano, interpretando em dueto a canção "As curvas da estrada de Santos". Em 1997, saiu, em espanhol, "Canciones que amo".

Em 1998, foi diagnosticado câncer em Maria Rita, com quem não teve filhos. Dividido entre a dedicação à mulher e o trabalho artístico, seu disco anual, que quase não sai, contou com a participação especial do sanfoneiro Dominguinhos e teve, apenas, quatro canções inéditas, entre as quais "O baile da fazenda", em parceria com Erasmo Carlos. Daí até à morte de Maria Rita, em dezembro de 1999, Roberto Carlos daria as mais públicas demonstrações de amor à esposa enferma de que se tem notícia entre nós, inclusive não lançando seu álbum anual e não apresentando o especial natalino da Globo. Para preencher o vazio, a gravadora Sony lançou, em dois volumes, *Os 30 grandes sucessos*, que incluiu a canção religiosa "Todas as Nossas Senhoras", parceria com Erasmo.

Em 1999, RC alcançou a marca de 80 milhões de discos vendidos. Depois disso, mesmo com o auge da pirataria, já vendeu mais de 40 milhões. Uma quimera para a maioria dos artistas de qualquer parte do mundo, em toda a carreira.

Um ano depois da morte de Maria Rita, RC voltou à cena, inaugurando, em Recife, em novembro de 2000, a turnê *Amor sem limite*, título da canção, em homenagem a ela, constante do álbum anual, lançado no mês seguinte. Trinta e nove anos depois de iniciado, chegou ao fim o contrato com a gravadora Sony, ex-CBS.

Em 2001, entre as homenagens pelo transcurso dos 60 anos, Roberto gravou o álbum *Acústico MTV*, que apresentou 14 releituras de antigos sucessos, como "É proibido fumar" e "É preciso saber viver". Em 2002, o Rei foi acusado pelo maestro Sebastião Braga de plagiar a melodia da sua composição "Loucuras de amor" em "O careta", de 1987. Lançado em DVD, o álbum *Acústico MTV*, logo depois foi retirado de circulação em decorrência de problemas contratuais. Para celebrar os 90 anos do bondinho do Pão de Açúcar, Roberto cantou para 200 mil pessoas no Aterro do Flamengo, no Rio.

Em fins de 2003, dedicou a Maria Rita seu novo álbum, *Pra sempre*, contendo nove canções inéditas, inclusive "Acróstico", com as letras iniciais dos versos compondo a frase Maria Rita meu amor, "O Cadillac"

– em parceria com Erasmo –, "Todo mundo me pergunta", além da faixa-título "Pra sempre".

Em janeiro de 2004, fez o show no Ginásio do Ibirapuera, como parte das festas dos 450 anos da cidade de São Paulo. Em outubro, no Estádio do Pacaembu, lotado, apresentou o show *Pra sempre*, logo lançado em DVD. Já com tratamento psicanalítico em curso, reconheceu, publicamente, ser portador do transtorno obsessivo-compulsivo, síndrome responsável pela exclusão dos shows de alguns dos seus maiores sucessos como "Café da manhã", "Outra vez" e "Quero que vá tudo pro inferno". Com o tratamento, essa parcela do seu cancioneiro voltaria à ativa. No final do ano, coincidindo com o 30º aniversário do primeiro especial para a Rede Globo, foi lançado o primeiro volume de sua discografia, reunindo seus discos, classificados pelas diferentes décadas, em formato de mini-LP e sonoridade remasterizada.

Em 2005, numa votação organizada pelo *Jornal do Brasil*, sobre os discos que conseguiram mais sucessos simultâneos, na música brasileira, Roberto Carlos obteve os dois primeiros lugares com: *Roberto Carlos em ritmo de aventura*, de 1967, que traz "Eu sou terrível", "Quando" e "Como é grande o meu amor por você", e *Roberto Carlos*, de 1977, com "Amigo", "Outra vez", "Cavalgada", "Falando sério" e "Jovens tardes de domingo". A disputa com o maestro Sebastião Braga, que o acusou de plágio, chegou a bom termo. O grande sucesso de vendas e os constantes prêmios não têm sido suficientes para aplacar a contundência da crítica dos que o consideram excessivamente repetitivo. Ainda em 2005, RC venceu o Grammy Latino na categoria Melhor Álbum de Música Romântica, pelo álbum *Pra sempre, ao vivo no Pacaembu*.

Em dezembro de 2006, foi lançado o CD, *Duetos* e um DVD com dezesseis números, dos especiais gravados para a Globo desde 1974. Da autoria de Paulo César de Araújo, veio a lume a biografia, não autorizada, *Roberto Carlos em detalhes*, com depoimentos de inúmeras pessoas que acompanharam a carreira do cantor. Roberto acionou a justiça para suspender a venda da obra, alegando haver nela inverdades que comprometiam sua imagem. Ganhou o Grammy Latino pelo melhor álbum de música romântica, *Roberto Carlos*, de 2005. O livro seria retirado de circulação em fevereiro de 2007.

O livro, de fato, contém referências que reduzem a mitificação do cantor. De "Elvis Presley brasileiro" e "João Gilberto dos pobres" a "Rei da canção popular brasileira", a trajetória de Roberto Carlos é analisada em profundidade. O autor, historiador e jornalista Paulo César de Araújo esteve poucas vezes com RC, jamais, porém, para colher um depoimento oficial. O material foi reunido ao longo de 15 anos de pesquisa, incluindo quase 200 entrevistas com o cantor. Entre as muitas revelações, o livro traz o nome de Evandro Ribeiro, diretor artístico da CBS, que teria tido papel relevante na transformação de Roberto em fenômeno musical, ao longo de vinte anos transcorridos, entre 1963 e 1983, bem como o de Magda Fonseca, namorada e musa, programadora musical de uma rádio carioca, a quem Roberto sustenta não conhecer. Segundo Paulo César Araújo, porém, foi graças ao romance de quatro anos com ela que nasceram os sucessos "A volta" e "Quero que vá tudo pro inferno", este último composto quando Magda passava longas férias nos Estados Unidos. O episódio serviu de base para a conclusão do autor do livro de que a obra de Roberto Carlos é preponderantemente autobiográfica.

Em 2007, o cantor gravou, na Espanha, um álbum em espanhol, e apresentou-se no Canecão, ao lado de Gilberto Gil e Zeca Pagodinho, com a participação de jornalistas e atores famosos. Em julho, submeteu-se a uma cirurgia plástica para corrigir uma cicatriz no pescoço, resultante de um acidente de carro, quarenta e três anos antes, quando levou dezesseis pontos.

Em 2008, o acontecimento marcante foi o show que fez com Caetano Veloso, em homenagem a Antonio Carlos Jobim, lançado em CD e DVD, sob o título *Roberto Carlos e Caetano Veloso e a música de Tom Jobim*. Contaram com a participação especial de Jaques Morelenbaum, Daniel Jobim e Wanderléa. Lançou Eau de Toilette "Emoções", da Racco Cosméticos, seu primeiro produto assinado.

Em 2009, ao celebrar em turnê os cinquenta anos de carreira, Roberto Carlos começou pela sua cidade natal, Cachoeiro de Itapemirim. Além da mídia brasileira, um canal de TV de Portugal cobriu o show inaugural que comoveu os telespectadores, além dos conterrâneos, que se comprimiam para ver de perto o ídolo, há alguns anos distante do berço. Em abril, aconteceu o memorável show *Elas cantam Roberto – DIVAS*, no Teatro Municipal de São Paulo, com a participação de Adriana Calcanhoto, Alcione, Ana Carolina, Claudia Leitte, Daniela Mercury, Fafá de Belém, Fernanda Abreu, Ivete Sangalo, Luiza Possi, Marina Lima, Mart'nália, Nana Caymmi, Paula Toller, Rosemary, Sandy, Wanderléa, Zizi Possi, Hebe Camargo e Marília Pêra. Em julho, o show foi no Maracanã, Rio de Janeiro. Wanderléa e Erasmo Carlos estiveram ao seu lado. Cantando juntos, os componentes da Jovem Guarda levaram o público às lágrimas. A cantora e atriz mexicana Thalia regravou a canção "Como vai você" em seu disco ao vivo *Primera fila*. Em espanhol, a versão saiu com o nome "Que sera de ti", também gravada pelo Rei. A Revista *Época* apontou-o como um dos 100 brasileiros mais influentes daquele ano.

Em 17 de abril de 2010, antevéspera do aniversário do Rei, Lady Laura morre aos 96 anos. Roberto soube da morte da mãe, quando se apresentava em Nova York, no Radio City Music Hall. No Natal, cantou na praia de Copacabana para um público estimado em 700.000 pessoas. Recorde absoluto, no Brasil.

Em 2011, a Beija-Flor, com o tema-enredo "A simplicidade de um rei", sobre sua vida, foi a campeã do Carnaval carioca. Roberto desfilou no último carro alegórico, levando o público ao delírio. A escola conquistou 299,80 pontos de 300 possíveis. Mais uma vez a dor bateu à sua porta: em 17 de abril, precisamente um ano depois da morte da mãe, dois dias antes de completar 70 anos, morre a enteada Ana Paula, aos 47 anos, filha do primeiro casamento de Nice.

Artista preferido de uma nação de duzentos milhões de habitantes como o Brasil, a que se soma sua grande popularidade em toda a América Latina, Roberto Carlos é detentor de um dos maiores fã-clubes do mundo. A popularidade de seu cancioneiro se amplia à proporção que dezenas de artistas gravam e interpretam suas composições, fato que levou o presidente da Sony Music, Richard Sanders, a sagrá-lo o Rei da Música Latina, durante a solenidade de premiação no Radio City Hall, de Nova York, em 2010.

    Como o primeiro líder do movimento rock no Brasil, Roberto Carlos acabou sendo, também, um dos maiores líderes jovens da cultura brasileira. O tempo passa e ele continua fazendo o sucesso de sempre, como se fosse um jovem cantor de muito futuro.

BIBLIOGRAFIA

Paulo César de Araújo. *Roberto Carlos em detalhes*, 2006.
Google. *Wikipédia*, abril de 2011.

LULA
(1945)

Luiz Inácio Lula da Silva, o 35º presidente do Brasil, nasceu a 27 de outubro de 1945, no povoado Vargem Comprida, no então município de Garanhuns, emancipado para constituir o, hoje, município de Caetés, no estado de Pernambuco, embora no seu registro de nascimento figure o dia 6 de outubro. Entre a data do registro original, feito pelo pai, e a posterior, quando aos 7 anos, e já em São Paulo, a mãe fez novo registro, Lula resolveu ficar com a mais confiável memória materna. Lula governou o Brasil por dois mandatos sucessivos, de 1º de janeiro de 2003 a 31 de dezembro de 2010. A alcunha Lula, pela qual é conhecido desde a primeira infância, foi incorporada ao seu nome verdadeiro, por razões de identidade, já que em suas lutas sindicais e políticas, o apelido aparecia com apelo maior do que o nome de batismo. É o sétimo de oito filhos de Aristides Inácio da Silva e Eurídice Ferreira de Melo, desconsiderando dois mais velhos do que ele, que morreram pequenos, e os gêmeos caçulas, que morreram poucos dias depois de nascidos.

Cofundador e presidente de honra do PT, em 1990, ele foi um dos organizadores, junto com Fidel Castro, do Foro de São Paulo, que coordena parcela expressiva dos movimentos de esquerda na América Latina. São várias as singularidades de sua rica biografia. Uma delas é o absoluto recorde brasileiro de cinco candidaturas à presidência da República, em que perdeu as três primeiras (1989, 1994 e 1998) e venceu as duas últimas (2002 e 2006). Uma segunda é ser o primeiro presidente do Brasil nascido em Pernambuco. A terceira é a de ser o único presidente sem curso superior. A quarta é haver terminado o governo com os mais altos índices de popularidade. A quinta é a de ter feito sua sucessora depois de governar oito anos seguidos, com a marcante singularidade de nunca haver ela, Dilma Rousseff, exercido qualquer função pelo voto popular. A sexta é a de figurar, com o melhor rank, entre os brasileiros, nas listas das personalidades mais influentes do mundo. Segundo a revista americana *Newsweek*, ele era, em 2008, a 18ª pessoa mais poderosa, caindo para o 33º lugar, em 2009, de acordo com a revista *Forbes*. Barack Obama apareceu, em ambas as listas, em 1º lugar. A sétima peculiaridade foi ser considerado pelo jornal francês *Le Monde* e pelo espanhol *El País*, o Homem do Ano, em 2009. O jornal inglês *Financial Times* incluiu-o entre as cinquenta pessoas que moldaram a primeira década do terceiro milênio, pelo seu charme e habilidade política, enquanto o Instituto Datafolha apurou que ele foi considerado a mais confiável entre vinte e sete personalidades pesquisadas, no início de 2010, tendo recebido no Fórum Econômico Mundial, em Davos, na Suíça, o prêmio, pela primeira vez deferido, como estadista global, pela sua atuação por redistribuir renda, reduzir a pobreza e preservar o meio ambiente, com reflexos mundiais. Enquanto isso, o jornal israelense *Haaretz* declarou, em março de 2010, que Lula é "o profeta do diálogo", por suas mediações para promover a paz no Oriente Médio, e a revista *Time*, em abril de 2010, situou-o como um dos vinte e cinco líderes mais influentes do mundo. A ONU, por sua vez, condecorou-o como o Campeão Mundial na Luta Contra a Fome e a Desnutrição Infantil. Tudo isso levando a crer que pudesse ganhar o Nobel da Paz, edição 2011, o que não ocorreu. E a maior de todas as singularidades, esta de caráter universal: "nunca antes na história desse país", para não dizer do mundo, alguém chegou tão longe a partir de tão modesta origem.

Alguns dias antes do seu nascimento, o pai Aristides se despede da família para tentar a vida em São Paulo, como estivador no porto de Santos, levando em sua companhia uma prima de Eurídice, Valdomira Ferreira de Góis, com quem teria muitos filhos, dez dos quais sobreviveram. Entre germanos e meios-irmãos, portanto, foram mais de vinte, sobrevivendo dezessete.

Depois de treze dias de viagem num pau de arara, Lula chegou em Guarujá, ao lado de Santos, em 1952, aos 7 anos de idade, na companhia da mãe Eurídice e dos irmãos, para se juntar ao pai Aristides e à sua nova família. Essa difícil convivência, agravada pelo temperamento duro de Aristides com os filhos do primeiro casal, resultou, na saída de Eurídice, que passou a morar com os filhos, num casebre, nas proximidades do ex-marido. Nesse período, Lula foi alfabetizado no Grupo Escolar Marcílio Dias, contra a vontade do pai analfabeto, que não valorizava a ida dos filhos à escola em lugar de trabalhar, apesar de Lula ganhar uns trocados vendendo laranjas no cais. Além disso, tinham que andar quilômetros para buscar água de poço para a família da madrasta, sendo que, aos domingos, eram obrigados, pelo pai, a ir ao mangue para retirar lenha e apanhar marisco e caranguejo. Em 1954, passaram a residir na capital, num cômodo atrás de um bar, na Vila Carioca, com a exceção de Lula e do irmão José Ferreira Melo, o Frei Chico, que ainda permaneceriam com o pai, até 1956. Dessa data à morte de Aristides, em 1978, ao longo, portanto, de vinte e dois anos, Lula praticamente não se reencontrou com ele. Enterrado como indigente, Lula e os irmãos só tomaram conhecimento da morte do pai, vários dias depois do sepultamento.

Aos 12 anos, Lula começou a trabalhar numa tinturaria, revezando como engraxate, nas horas vagas. Aos 14, passou a trabalhar nos Armazéns Gerais Colúmbia, aí permanecendo por seis meses, quando teve a carteira de trabalho assinada pela primeira vez, transferindo-se, depois, para a Fábrica de Parafusos Marte. Não demorou, e conseguiu uma vaga no curso técnico de torneiro mecânico do Senai – Serviço Nacional de Aprendizagem Industrial, graduando-se três anos mais tarde. Um ano depois, em 1963, empregou-se na Metalúrgica Independência, para trabalhar no turno da noite. Foi aí que uma prensa hidráulica esmagou seu dedo mínimo da mão esquerda, tendo que amputá-lo em razão da demora na prestação do socorro. Essa mutilação, no auge da adolescência, deixou-o complexado, por alguns anos. A indenização recebida pelo acidente foi utilizada na compra de um terreno e de móveis para a extremada mãe Eurídice. Do novo emprego, na Frismolducar, saiu seis meses depois, por se recusar a trabalhar aos sábados, ficando, como seus irmãos, desempregado por largo tempo. O ano de 1965 correspondeu a um período de grandes privações, em que sobreviveram com a realização de trabalhos eventuais ou bicos. Em 1966 veio a tão sonhada estabilidade com sua admissão nas Indústrias Villares, em São Bernardo do Campo, no ABC Paulista, onde, em 1968, levado pelo irmão Frei Chico, futuro militante do PC, se filiou ao Sindicato dos Metalúrgicos, sendo convidado a compor a chapa diretiva. Depois de vencer as restrições que fazia à atividade sindical, foi eleito suplente da chapa, em 1969, sem abandonar as atividades obreiras. Em 24 de maio de 1969, Lula desposou a operária mineira Maria de Lourdes da Silva, irmã de seu melhor amigo, Jacinto Ribeiro dos Santos, o Lambari. Lourdes viria a falecer, em junho de 1971, no oitavo mês de gravidez, vítima de uma hepatite que não poupou o nascituro, apesar da cesariana a que recorreram os médicos para salvá-lo. Lula guardou do episódio o ressentimento de que sua mulher morreu por falta de adequada assistência médica. Em 1974, nasceu Lurian, sua filha com a enfermeira Miriam Cordeiro. Meses depois, nesse mesmo ano, casou-se com a viúva Marisa Letícia da Silva, cujo filho do primeiro casamento, Marcos Cláudio, que não chegou a conhecer o pai biológico, foi por ele adotado. Do casamento com Marisa, nasceram os filhos: Fábio Luís, em 1975; Sandro Luís, em 1979; e Luís Cláudio, em 1985.

Em 1972, foi eleito diretor titular do sindicato, ocupando a recémcriada diretoria de Previdência Social e FGTS, sendo dispensado do trabalho, mas mantendo a remuneração, de modo a dedicar-se, em tempo integral, às atividades sindicais. O bom desempenho valeu-lhe a eleição para presidente, em 1975. Sua projeção nacional adveio da liderança exercida, em 1977, para conquistar a reposição salarial dos índices inflacionários, a partir de 1973. Apesar da cobertura e do apoio de amplos setores da sociedade, o governo, ainda estribado na incontrastável força do AI-5, negou a pretensão. Reeleito, em 1978, Lula passou a fomentar as greves dos metalúrgicos de sua base que, interrompidas desde o endurecimento repressivo da década anterior, passaram a ocorrer com frequência, e a liderar as negociações salariais. Foi nesse momento que surgiu a ideia de fundar um partido representante dos trabalhadores, propósito coincidente com a visão estratégica da ditadura, conforme a orientação do general Golbery do Couto e Silva, que considerava a iniciativa um fator de enfraquecimento dos extremistas de esquerda. E assim, da união de sindicalistas, intelectuais, artistas e católicos aderentes à Teologia da Libertação, nasceu o PT – Partido dos Trabalhadores, em 1980.

Nesse mesmo ano, durante uma greve no ABC paulista, o Sindicato dirigido por Lula sofreu intervenção do governo João Figueiredo, ficando Lula detido, por trinta dias, nas dependências do Dops de São Paulo. No ano seguinte, 1981, a Justiça Militar o condenou a três anos e meio de prisão, por incitação contra a ordem pública, sendo absolvido, em seguida. Como a legislação eleitoral não permitia aos políticos concorrer com apelidos, resolveu incorporar o cognome Lula à sua identidade civil. Em 1982, aos 37 anos, concorreu ao governo de São Paulo e perdeu. Em agosto de 1983, colaborou na fundação da CUT – Central Única dos Trabalhadores. Em 1984, participou, com destaque, da campanha das Diretas Já, ao lado de Ulysses Guimarães, Franco Montoro, Tancredo Neves, Waldir Pires, Mário Covas e Fernando Henrique Cardoso. Derrotado o movimento das Diretas, Lula e todo o PT não votaram no Colégio Eleitoral que elegeu Tancredo Neves, em janeiro de 1985. Ao longo do primeiro governo civil, depois do golpe de 1964, tendo à frente

José Sarney, que substituiu Tancredo, Lula e o PT evoluíram de uma posição inicial de independência para a oposição. Eleito por São Paulo, em 1986, com a maior votação para a Câmara Federal, até aquele momento, participou, discretamente, da elaboração da Constituição de 1988, tendo se recusado, com todo o PT, a subscrevê-la.

Em 1989, Lula se candidatou a presidente, sendo derrotado no segundo turno por Fernando Collor de Mello, porque considerável parcela do eleitorado temia o que poderia vir de um sindicalista – radical e alinhado às teses de esquerda –, como chefe supremo da nação. Sua fácil demonização derrotou-o. Parcela ponderável da grande mídia, articulistas de renome, empresários e artistas se revezaram na exteriorização de temores levantados pela expectativa de sua eleição. Apesar da derrota, seu nome continuava em grande evidência, como se viu em São Bernardo do Campo, durante o Foro de São Paulo, em 1990, destinado a reaglutinar as esquerdas latino-americanas, ameaçadas de dispersão em consequência da queda do Muro de Berlim.

Depois de apoiar o *impeachment* de Collor, em 1992, Lula e o PT estenderam a oposição ao governo Itamar Franco, a ponto de se oporem, decididamente, ao Plano Real, que mudou a face do Brasil e, ironia do destino, viabilizaria o seu futuro governo. Desencantado com os trabalhos parlamentares, Lula decide não se candidatar à reeleição, em 1990, optando por colaborar no fortalecimento da estrutura do PT, em favor de cujo propósito visitou todas as seções regionais, no país inteiro, fator decisivo na consolidação do seu prestígio partidário. Em 1994, Lula voltaria a candidatar-se à presidência, sendo, mais uma vez, derrotado, já no primeiro turno, por Fernando Henrique Cardoso. Em 1998, a história se repete. Mesmo derrotado, pela terceira vez seguida, cresceu seu prestígio junto à esquerda, de que é prova a presença, nessa última eleição – como seu candidato à vice-presidência –, do rival Leonel Brizola, de quem disse ser capaz de pisar no pescoço da mãe para subir politicamente. Recorde-se de que foi com Leonel Brizola que disputou, palmo a palmo, a segunda vaga ao segundo turno nas eleições de 1989.

A desvalorização do real, logo após a eleição de 1998, as crises internacionais, algumas deficiências ostensivas, como o racionamento energético de 2001 – o calcanhar de Aquiles do governo Fernando Henrique –, resultando num pequeno crescimento econômico, contribuíram para o adensamento do desejo popular de dar ao combativo metalúrgico a oportunidade pela qual tanto lutava, de dirigir a nação. Cedendo aos conselhos do publicitário Duda Mendonça, Lula abandona a postura radical e passa a cultivar a imagem do Lulinha paz e amor. A escolha do grande empresário e senador mineiro José de Alencar, para vice, atendia ao propósito de pacificar o ânimo dos conservadores. A mudança da aparência física, com barba aparada e roupas de grife, em lugar da tosca catadura de operário em piquete de greve, integrava o projeto de mudança da imagem. Embora o conteúdo das exposições fosse de responsabilidade do candidato e do seu partido, a ocasião e o modo de expressá-lo seriam decisão da alçada do marqueteiro. Duda Mendonça impôs, apenas, a moderação do discurso, a aceitação dos princípios ortodoxos de gestão econômico-financeira, respeito aos contratos e reconhecimento da dívida externa. A esposa, dona Letícia, que pouco ou nada aparecera nas eleições anteriores, seria contratada, profissionalmente, pela agência, para fazer o que lhe fosse recomendado. Ou seja: a campanha não podia correr o risco, por exemplo, de a esposa do candidato optar por um evento familiar, em prejuízo do trabalho em curso. A receita se revelou infalível, com a cooptação de amplos setores da classe média e do empresariado somando à classe obreira, para garantir a vitória, no segundo turno, sobre o candidato do PSDB, o muito bem avaliado ex-ministro da Saúde de Fernando Henrique Cardoso e senador por São Paulo, José Serra, em 27 de outubro de 2002, data do seu 57º aniversário. Durante a cerimônia de diplomação, disse Lula: "E eu, que durante tantas vezes fui acusado de não ter um diploma superior, ganho o meu primeiro diploma, o diploma de presidente da República do meu país."

O temor remanescente do que poderia acontecer de negativo, se Lula se mantivesse fiel à linha radical do PT, se manifestou sob a forma de uma elevação sem precedentes do valor do dólar que ao fim do ano de 2002 bateu na casa dos 4 reais, começando, porém, a recuar, a partir das primeiras ações tranquilizadoras do novo presidente.

A partir do momento em que Lula decidiu dar sequência às conquistas dos governos anteriores, de Collor, Itamar e Fernando Henrique, intensificando o atendimento às classes menos favorecidas, o Brasil sinalizou ao mundo, pela primeira vez, depois da Segunda Guerra, que trilharia um ciclo de continuidade, capaz de atrair um fluxo contínuo de capital estrangeiro, indispensável à manutenção do crescimento econômico. Durante o governo Lula, registraram-se sensível elevação na oferta de empregos e redução do desemprego.

Quatro anos mais tarde, no dia 29 de outubro de 2006, Lula é reeleito, também, no segundo turno, agora contra o ex-governador de São Paulo, Geraldo Alckmin, do PSDB. Estava caracterizada a polarização entre o PSDB e o PT, ambos os partidos majoritariamente sediados em São Paulo. Ressabiado com a fragilidade de sua base parlamentar, no primeiro governo, que poderia, até, ter resultado no seu *impeachment*, com o escândalo do Mensalão, em 2005, Lula resolveu ampliá-la, aliando-se, fortemente, ao PMDB, e a mais treze partidos, entre pequenos e nanicos, providência que lhe assegurou suficiente tranquilidade para governar, ainda que ao preço de uma acentuada prática clientelista, a ponto de levá-lo a admitir que "Se Jesus Cristo viesse para cá, e Judas tivesse a votação num partido qualquer, Jesus teria de chamar Judas para fazer coalizão." De fato, para seu segundo mandato, Lula contou com uma coalizão de 15 partidos, a saber: PT, PMDB, PRB, PCdoB, PSB, PP, PR, PTB, PV, PDT, PSC, PAN, PTdoB, PMN e PHS.

Perante a posteridade, os nomes de Fernando Henrique e de Lula figurarão como faces de uma mesma moeda, embora muito diferentes entre si, ainda, assim, faces de uma mesma moeda, de tal modo um depende do outro para a conquista de um posto de grande relevo como chefes de Estado no panteão da História. As conquistas fundamentais do governo Fernando Henrique ter-se-iam dissolvido no ar, se Lula tivesse optado por trilhar os caminhos de Evo Morales, Hugo Chavez e Rafael Corrêa. A longa continuidade de uma mesma política macroeconômica, na sucessão de dois governos presumivelmente opostos, transmitiu ao mundo a segurança necessária à formação de vigorosas parcerias com o capital estrangeiro e as diferentes nações.

A ação fiscal e monetária do governo Lula caracterizou-se por uma política conservadora. O Banco Central, presidido por um banqueiro saído dos quadros do PSDB, gozou de autonomia consentida para alcançar a prioritária meta de inflação fixada pelo governo. A política fiscal assegurou superávits primários ainda maiores que os conquistados no governo anterior (4,5% do PIB contra 4,25% no fim do governo FHC), ainda que críticos sustentem que esse superávit foi alcançado por meio do corte de investimentos, em favor do aumento de transferência de renda, através do Bolsa Família, do salário-mínimo e do aumento no déficit da Previdência.

Na área econômica, portanto, ambos os governos se caracterizaram pela estabilidade econômica, com uma balança comercial crescentemente superavitária, e uma redução do endividamento interno, relativamente ao PIB, ainda que crescente, em números absolutos. Já a dívida externa, ao fim dos dezesseis anos, foi virtualmente zerada, uma vez que passou a representar um percentual cada vez menor do valor de nossas reservas. Considerados os dois períodos como uma dimensão única de dezesseis anos, a primeira metade, *grosso modo*, corresponderia ao plantio e a segunda à colheita. A realidade é que o mérito dos avanços conquistados pelo país, nesse período, deve ser repartido, igualmente, pelos dois governos, ainda que a popularidade maior seja da colheita, a exemplo dos goleadores que sobrepujam os companheiros, em prestígio, quando a vitória da equipe depende do desempenho conjunto de todos os jogadores, do goleiro ao ponta esquerda.

Apesar do enfoque social, a questão econômica tornou-se a prioridade maior do governo Lula. A minimização dos riscos e o controle das metas de inflação de longo prazo impuseram ao Brasil uma limitação no crescimento econômico, que, porém, se realizou a taxas maiores do que as alcançadas no governo anterior, o que seria natural, em razão dos fundamentos deixados por FHC e pela favorável conjuntura internacional. Os críticos do governo Lula observam que os baixos índices inflacionários foram conseguidos a partir de políticas monetárias restritivas, que levaram a um crescimento dependente, por exemplo, de exportações de *commodities* agrícolas, sobretudo a soja, que já bateram no teto, do mesmo modo como contribuíram para o aumento do latifúndio.

As relações com a oposição e a mídia foram conturbadas, apesar da leniência da oposição perante seu governo e de dever Lula o crescimento do seu nome, em grande medida, à simpatia da mídia. Em 2004, o governo flertou com a expulsão do jornalista americano Larry Rohter, do *New York Times*, por divulgar o gosto de Lula por bebidas.

Com a crise do Mensalão, em meados de 2005, o prestígio de Lula foi à lona. Sua recuperação resultou da demissão do chefe da Casa Civil José Dirceu e dos ministros Luiz Gushiken e Benedita da Silva, acusados de corrupção. O corporativismo do Poder Legislativo, ao negar-se a punir alguns dos seus membros, comprovadamente envolvidos no mesmo esquema de corrupção, ensejou a Lula desviar para o Congresso parcela substancial da responsabilidade a ele atribuída no escandaloso episódio. Foi um golpe de mestre. Lula conseguiu passar para a opinião pública dois entendimentos fundamentais: o primeiro é que ele não tinha qualquer conhecimento daqueles malfeitos, conquanto o deputado Roberto Jefferson e o governador de Goiás Marcondes Perilo hajam reiteradamente declarado que advertiram o presidente da existência de mesadas regulares para assegurar o voto de parlamentares; o segundo seria que, no Brasil, dar dinheiro a parlamentar, para financiar suas eleições, era prática consuetudinária. A manobra funcionou tão bem que, já em janeiro de 2006, Lula deu início à sua popularidade ascendente. Mesmo assim, as oposições trabalharam com o raciocínio de que a recuperação do presidente não seria suficiente para evitar sua derrota. A disputa pela indicação do candidato oposicionista, entre José Serra e Geraldo

Alkmin, partia do pressuposto de que o indicado sairia vencedor do pleito. Geraldo Alkmin foi o escolhido, por via consensual, enquanto Lula continuava crescendo. Nem mesmo o caso de um dossiê forjado por petistas em São Paulo, contendo informações sobre alegadas irregularidades na gestão de José Serra, no Ministério da Saúde, a menos de dois meses do primeiro turno das eleições de 2006, ou o episódio envolvendo o filho de Lula, Fábio Luís Lula da Silva, o Lulinha, que teria supostamente se beneficiado de um contrato de quinze milhões de reais com a empresa de telecomunicações Telemar, da qual o governo é acionista, diminuíram os índices de popularidade do presidente. Lula dava início a um novo período de sua vida: o da impermeabilidade. Nada, absolutamente, nada lhe mancharia a reputação. Enquanto Fernando Henrique, por entender que seria supérfluo investir num novo jato, colocava em risco a vida, deslocando-se num velho avião, apelidado de "O Sucatão", e sendo duramente criticado pela oposição pelo seu gosto por "um turismo" que custava caro aos cofres públicos, Lula adquiriu o moderno Lulão, no qual bateu todos os recordes sul-americanos de viagem ao exterior. E o povo sentiu-se orgulhoso do seu presidente operário apresentar-se perante o mundo a bordo de poderosa aeronave. Os gastos com publicidade do governo Lula superaram, em muito, os do governo Fernando Henrique. Em agosto de 2006, o Tribunal Superior Eleitoral condenou Lula ao pagamento de uma multa de 900 mil reais por propaganda eleitoral antecipada. O TSE, além de uma multa de 100 mil reais, aplicada ao PT, mandou recolher 40 milhões de cartilhas, com o logotipo do programa Fome Zero, para distribuição nas escolas públicas. A crise dos cartões corporativos, em 2008, não passou de inexpressiva marolinha, logo resolvida com a demissão da ministra da Promoção da Igualdade Racial, Matilde Ribeiro. Da crise – menos de um ano depois de surgir –, ninguém mais lembraria ou, lembrando, não lhe daria a menor importância. Era o Lula inoxidável, provando, mais uma vez, sua impermeabilidade. Episódios menores, envolvendo o ministro dos Esportes e a filha primogênita do presidente, saíram literalmente pelo ralo. Petardos que fulminariam o comum dos mortais não faziam mossa à resistência coriácea do presidente. As oposições, atordoadas e reagindo à moda inglesa, não souberam tirar partido desse amontoado de deslizes.

Temendo a ameaça de impugnação de sua candidatura à reeleição, Lula declarou, em julho de 2006, que nunca foi um "esquerdista", e que, se reeleito, continuaria com as práticas conservadoras adotadas no seu primeiro governo. O desfecho é o que todos sabem. Lula se reelegeu, e pesquisa divulgada no dia 17 de dezembro de 2006 considerou-o o melhor presidente que o Brasil já teve, segundo 35% dos entrevistados. Em momentos correspondentes, Fernando Henrique Cardoso obteve 18% de preferência, seguido de JK, com 11%, Getúlio, com 8% e José Sarney, com 5%. Enquanto isso, a aprovação do seu governo, ao final do 1º mandato, atingiu 52%, entre ótimo e bom.

A reeleição de Lula repercutiu na imprensa mundial. O britânico *Financial Times* publicou matéria sob o título "Wall Street também ama Lula", em que disse: "...A noção de que, em um segundo mandato, Lula possa dar andamento a qualquer agenda reformista está começando a soar como fantasia."

A CNN enfatizou que o combate à pobreza imunizou Lula contra as acusações de corrupção.

No dia da reeleição, Lula anunciou a meta de crescimento do PIB de 5% ao ano para seu segundo mandato. Para dar consistência ao anúncio, lançou em janeiro de 2007 o PAC – Programa de Aceleração do Crescimento – um conjunto de medidas destinadas a acelerar o ritmo de crescimento da economia brasileira, com previsão de mais de 500 bilhões de reais de investimentos para os quatro anos do segundo mandato. O PAC, sob o comando firme de Dilma Rousseff, trabalhava com a expectativa de um crescimento do PIB de 4,5% em 2007 e de 5% ao ano até 2010, com uma criticada previsão de leve crescimento inflacionário. A crítica advinha do fato de o receituário da boa gestão financeira recomendar índices declinantes de inflação e não o contrário, como, aliás, terminaria acontecendo. Dilma Rousseff, ao assumir, em 1º de janeiro de 2011, teve que somar às suas penas naturais, a necessidade de conter o dragão inflacionário, enquanto havia tempo, ainda que ao custo do retardamento inicial do deslanche do seu governo, com cortes eventuais de investimentos, em áreas cruciais ao desenvolvimento econômico.

Quando se imaginava que Lula tenderia a cair na aceitação popular, uma vez iniciada a segunda gestão, eis que, mais uma vez, surpreende, ao exibir o índice de aprovação de 55%, entre ótimo e bom, em março de 2008, o mais alto desde o início desse tipo de pesquisa, em 1990. Seis meses depois, em setembro de 2008, Lula bate novo recorde, agora com 64%. As oposições ficaram entre atônitas e incrédulas. Contrataram suas próprias pesquisas, e lá estava o presidente, impávido, do alto de inebriante ascensão.

Retornando ao ano de 2007, a elevação geral da renda, conjugada com a expansão do crédito, produziu impacto tangível sobre os mais diferentes setores da economia, sobretudo os de alimentos, construção civil e automotivo. Sem falar na crescente demanda externa por *commodities*, turbinada pelo generalizado crescimento econômico. A agropecuária, por exemplo, passou a viver sua idade de ouro. No final do ano, o país cresceu à boa taxa de 5,4%. Em 2008, quando o aumento da demanda começava a preocupar, e o Banco Central se viu compelido a elevar as taxas de juros para inibir a inflação, sobreveio a crise financeira mundial originada nos Estados Unidos, atingindo o Brasil no último trimestre. Graças ao bom desempenho da economia, até o início da crise, em setembro, o PIB brasileiro apresentou uma taxa de crescimento de 5,1%, excelente, diante do recessivo panorama mundial, e Lula atinge, em dezembro, novo recorde de aprovação: 70%.

Só em março de 2009, no auge da crise, com o aumento do desemprego interno, pela primeira vez, em seu segundo mandato, a popularidade de Lula oscilou para baixo, ficando no elevado patamar de 65% de ótimo e bom, retornando, porém, a 70%, já no mês de maio, em razão de manter-se a economia nacional razoavelmente preservada da crise universal. Até o final do ano, sua aprovação bateria novo recorde, agora de 72%, subindo, ligeiramente, para 73% no início de 2010, alcançando, em março, incríveis 76%, com, apenas, 4% de ruim ou péssimo, nada importando à opinião pública a divulgação da notícia de que fora multado duas vezes, pela justiça eleitoral, em 5 e 10 mil reais, respectivamente, por fazer campanha a destempo, em favor de sua candidata, Dilma Rousseff.

Nos oito anos de governo Lula, o Brasil ultrapassou US$ 1.000.000.000.000,00 de exportações. Isso mesmo: um trilhão de dólares americanos, graças à incorporação de novos parceiros que colaboraram para reduzir a participação relativa dos tradicionais Estados Unidos e Comunidade Europeia. Embora o êxito seja inegável, como o aumento de mais de 100% nas exportações para o Mercosul, os críticos da política externa e comercial do governo sustentam que, se não fosse pelo viés terceiro-mundista de Lula, o Brasil teria avançado ainda mais.

A verdade inegável é que Lula se revelou, também na política externa, um fenômeno insusceptível de enquadramento em qualquer parâmetro conhecido. Sua proverbial heterodoxia conquistou o mundo. Não bastasse ser ele caso único, na história, de ter chegado onde chegou, com origem tão modesta. Os casos de Lincoln e de Lech Walesa de modo algum competem com ele. A casuística por ele protagonizada, dentro e fora do Brasil, para se impor na hipócrita seara internacional, como se estivesse num botequim de cidade do interior, tornou-se legendária. Vejamos alguns episódios.

Quando, em março de 2009, no auge da crise financeira global, o primeiro-ministro britânico Gordon Brown esteve no Brasil, ouviu de Lula, em público, que "a crise foi causada por comportamentos irracionais de gente branca, de olhos azuis". O constrangimento do louro Brown ganhou as manchetes do mundo, em geral, e do Reino Unido, em particular. Poucos dias depois, em abril, fazendo tábula rasa do ocorrido, disse Barack Obama, em Londres, numa reunião do G20: "Lula é o cara. É o político mais popular do mundo." Em dezembro de

2009, em visita à Alemanha, o *Suddeutsche Zeitung*, jornal de maior circulação do país, disse que "Lula honra Berlim e Hamburgo", com sua visita, chamando-o de "estrela", e "o político mais popular do planeta", diante de quem "os poderosos do planeta fazem fila".

Não obstante essa crescente influência do Brasil, mundo afora, Lula despediu-se do governo sem alcançar o maior dos seus objetivos, no cenário político internacional: um assento permanente no Conselho de Segurança das Nações Unidas.

No outro extremo, Lula inspirou críticas ferozes, sobretudo pelo apoio ostensivo a países que violam, sistematicamente, os direitos humanos, na contramão de sua biografia. Esse apoio foi explicitado em votações em orgãos supranacionais, como a ONU, e na relação direta com os ditadores corruptos desses países marginais. A abstenção do Brasil, na votação do pedido para investigar violações dos direitos humanos no Sudão, gerou perplexidade. A recepção ao presidente do Irã, em 2009, causou desgosto dentro e fora do Brasil. É verdade que com a mesma alegria recebeu Shimon Peres, presidente de Israel e Mahmoud Abbas, presidente da Autoridade Nacional Palestiniana. O açodado repatriamento dos dois *boxeurs* que fugiram da delegação de Cuba, nos jogos pan-americanos, no Rio, em 2008, seguido da desqualificação da luta dos prisioneiros políticos de Fidel Castro, de um modo que chocou o mundo, são exemplos de conduta que se contrapõem ao esperado de sua biografia libertária. A negativa de extradição para a Itália do criminoso comum Cesare Battisti, no último dia de governo, consubstancia uma postura que ninguém consegue entender. O mais incrível é que, apesar de tudo isso, tenha deixado o governo nos braços e no coração do povo, de um modo verdadeiramente inédito, em qualquer parte.

No plano estritamente popular, a ampliação que fez do Bolsa Família, iniciado com Fernando Henrique, tornou-o eleitoralmente imbatível, nas regiões pobres, como se viu em suas três últimas eleições presidenciais, quando obteve a maioria esmagadora do voto nordestino. Em estados como o Maranhão, mais da metade do eleitorado está inscrito no Bolsa Família, um programa de indiscutível oportunidade e importância social, apesar da grita oposicionista que o considera "o maior esquema de compra de votos ja realizado na América Latina."

Paralelamente à sua popularidade, crescentes denúnicas de improbidade, como as relativas ao seu envolvimento direto no escândalo do Mensalão e a criação de um escritório da presidência em São Paulo para abrigar uma namorada, ameaçam ofuscar o brilho de sua biografia.

Ao longo dos dois mandatos, Lula recebeu quase trezentos condecorações, dentre as quais:

- Grã-Cruz da Ordem do Mérito Militar, Ordem do Mérito Naval e Ordem do Mérito Aeronáutico, perpetuamente. Como grão-mestre destas ordens militares, automaticamente é condecorado com a Grã-Cruz.
- Grão-Colar da Ordem do Cruzeiro do Sul e da Ordem do Rio Branco. Como grão-mestre destas ordens, é condecorado, automaticamente, com o seu mais alto grau, de forma permanente.
- Grã-Cruz da Ordem Nacional do Mérito. Como grão-mestre desta ordem, é, automaticamente, condecorado com o seu mais alto grau, de forma permanente.
- Grã-Cruz da Ordem do Mérito Judiciário Militar.
- Grã-Cruz da Ordem da Águia Asteca (México).
- Grã-Cruz da Ordem Amílcar Cabral (Cabo Verde); Grã-Cruz da Ordem Militar da Torre e Espada (Portugal); Grã-Cruz da Ordem da Estrela Equatorial (Gabão).
- Grã-Cruz de Cavaleiro da Ordem do Banho Reino Unido.
- Grã-Cruz da Ordem de Omar Torrijos (Panamá).
- Grã-Cruz da Ordem Nacional do Mérito (Argélia).
- Grande-Colar da Ordem da Liberdade (Portugal).
- Grã-Cruz da Ordem de Boyacá (Colômbia).
- Grão-Colar da Ordem Marechal Francisco Solano López (Paraguai).

- Grão-Colar da Ordem da Inconfidência (Minas Gerais).
- Grã-Cruz da Ordem do Mérito Aperipê (Sergipe).
- Grã-Cruz com diamantes da Ordem do Sol do Peru (Peru).
- Medalha do Mérito Marechal Floriano Peixoto (Alagoas).
- Medalha do Mérito 25 de Janeiro, de São Paulo.
- Medalha do Mérito Industrial do Brasil (Associação Brasileira de Indústria e Comércio).
- Prêmio Príncipe de Astúrias (Espanha).
- Prêmio Amigo do Livro, da Câmara Brasileira do Livro.
- Prêmio Internacional Don Quixote de la Mancha (Espanha).
- Doutor *honoris causa* pelas Universidade Federal da Bahia, Universidade Federal de Pernambuco, Universidade Estadual de Montes Claros, Escola de Altos Estudos em Ciências Sociais (École d'Hautes Études en Sciences Sociales), Universidade Duke (Estados Unidos), Universidade de Santiago de Compostela (Espanha) e pela Fundação Oswaldo Cruz.
- Medalha de Ouro "Aliança Internacional Contra a Fome", do Fundo das Nações Unidas contra a Fome. Prêmio pela paz Félix Houphouët-Boigny daUnesco, 2008.
- Estadista Global entregue pelo Fórum Econômico Mundial em sua edição 2010, em Davos – Suíça.
- Prêmio L'homme de l'année (homem do ano), entregue pelo jornal *Le Monde* (França), edição 2009.
- Prêmio Personalidade do Ano de 2009, entregue pelo jornal *El País* (Espanha).

O maior legado de Lula para a História reside na demonstração prática de como é possível superar todas as adversidades de uma origem humílima e alcançar as alturas.

BIBLIOGRAFIA

José Nêumanni Pinto. *O que eu sei de Lula*, 2011.
Mario Morel. *Lula, O metalúrgico*, 1981.

DILMA ROUSSEFF
(1947)

A 36ª PRESIDENTE DO BRASIL, ELEITA NO DIA 31 DE OUTUBRO DE 2010 e empossada no dia 1º de janeiro de 2011, primeira mulher a ocupar o comando supremo do país, nasceu em Belo Horizonte, Minas Gerais, no dia 14 de dezembro de 1947. Nessa que foi sua única disputa eleitoral, ela obteve 55.752.529 sufrágios, representando 56,05% do total de votos válidos.

No seu primeiro pronunciamento, depois de eleita, declarou: "Vou fazer um governo comprometido com a erradicação da miséria e dar oportunidades para todos os brasileiros e brasileiras. Mas, humildemente, faço um chamado à nação, aos empresários, trabalhadores, imprensa, pessoas de bem do país para que me ajudem." Fez, ainda, uma profissão de fé democrática, ao assegurar plena liberdade de imprensa e religiosa, além do compromisso de valorizar o papel da mulher na vida brasileira, de melhorar a qualidade dos gastos e dos serviços públicos e simplificar a tributação. Agradou em cheio.

Ela se tornou a primeira presidente, desde o fim do regime militar, a dar uma entrevista inaugural a uma emissora que não fosse da Rede Globo. Durante a interlocução, Dilma ainda anunciou que a Record seria, também, a primeira a noticiar o seu primeiro Ministério.

Dilma Vana Rousseff é filha do casamento do advogado e empresário Pétar Rússev – nome abrasileirado para Pedro Rousseff, nascido na Bulgária –, com a brasileira Dilma Jane Coimbra Silva. São seus irmãos germanos o primogênito Igor e a caçula Zana Lúcia, morta em 1976. Pedro Rousseff, membro do Partido Comunista da Bulgária, era parente do escritor de livros infantis Ran Bosilek, o Monteiro Lobato búlgaro. Frequentator dos ambientes literários, foi amigo da festejada poetisa Elisaveta Bagriana, ao longo da década de 1920. Ao mudar-se para a América do Sul, na década de 1930, Pétar deixou em casa Evdokia, esposa do primeiro casamento, esperando o nascimento do filho Luben, que viria a falecer em 2007, aos 77 anos. Pétar viveu alguns anos em Buenos Aires, antes de vir para o Brasil, fixando-se em São Paulo. Durante uma viagem a Uberaba, conheceu Dilma, a mãe da futura presidente, jovem professora fluminense, de 20 anos, nascida em Nova Friburgo, mas criada no interior de Minas, em razão das atividades pecuárias dos pais. Uma vez casados, Pedro e Dilma passaram a residir em Belo Horizonte, onde nasceriam os três filhos do casal.

Além de trabalhar para a siderúrgica Mannesmann, Pedro Rousseff construía e vendia imóveis, atividades em que granjeou suficiente reputação para vencer o preconceito existente contra estrangeiros, e passar a frequentar a sociedade local, seus clubes e os filhos as melhores escolas. Pedro morreu em 1962, sem chegar a conhecer o filho búlgaro Luben, então com 32 anos. Como legado material, deixou quinze imóveis de bom valor.

Dilma, com 15 anos incompletos, já era beneficiária do hábito da leitura, desenvolvido desde a primeira infância. Entre os escritores brasileiros de sua preferência, se incluem, com destaque, Machado de Assis, Cecília Meireles, Adélia Prado e Guimarães Rosa.

Dos 6 aos 9 anos, Dilma cursou a escola Isabela Hendrix, de onde saiu para o ensino fundamental no Colégio Nossa Senhora de Sion, em Belo Horizonte. Em 1964, aos 16 anos, ingressou no Colégio Central, atual Escola Estadual Governador Milton Campos, para fazer o clássico, prévio ao ingresso na universidade, para os cursos de profissões humanísticas, como a economia política, em que viria a graduar-se.

Foi na Escola Milton Campos, onde o movimento político-estudantil foi ainda mais estimulado com o golpe militar, que Dilma começou sua ação política, tornando-se logo "bem subversiva" e decidida a interferir, com o risco da própria vida, se necessário, na marcha dos acontecimentos do seu país. Rapidamente, percebeu que aquela não seria uma luta para amadores ou "debutantes". Para começar, filiou-se à Polop, Política Operária, uma organização fundada em 1961 pela militância do PSB – Partido Socialista Brasileiro. Poucos anos mais tarde, Dilma daria o voto de minerva que elegeu para a presidência do Diretório Acadêmico o colega de turma José Aníbal, rondoniense de nascimento, seu companheiro de resistência à ditadura por muitos anos. Na maturidade de suas vidas, José Anibal e Dilma passaram a defender bandeiras distintas, ela no PT e ele no PSDB.

O grupo, irresignado com o golpe, se dividiu entre os que queriam implantar o socialismo, através da convocação de uma Assembleia Nacional Constituinte, e os que optavam pela luta armada. Dilma, depois de ler o livro *Revolução na revolução*, de Régis Debray, um francês que tinha ido viver em Cuba, com o apoio de Fidel, optou pela luta. Segundo Apolo Heringer, ex-professor de Dilma e dirigente do Colina, Comando de Libertação Nacional, o livro de Debray "incendiou todo mundo, inclusive a Dilma". Todos, então, se uniram no Colina. Mais tarde, Dilma integraria a VAR – Palmares, Vanguarda Armada Revolucionária.

Foi dessa fase que nasceu sua relação com o revolucionário Cláudio Galeno de Magalhães Linhares, cinco anos mais velho. Galeno deixou o Exército, onde servia, para ingressar na Polop, em 1962. Ao participar da sublevação dos marinheiros, por ocasião do golpe militar, foi preso na ilha das Cobras. Depois de um ano de namoro, Dilma e Galeno casaram-se no civil, em 1967.

Desde logo ficou evidenciada a liderança de Dilma que, apoiada em férrea disciplina, se impunha, inclusive, perante homens acostumados ao mando. Sem prejuízo de sua preparação para o conflito armado, sua atuação era de caráter essencialmente político e doutrinário, junto a sindicatos, dando aulas de marxismo e respondendo pela edição do jornal *O Piquete*. O Colina dessa época, em Minas, contava com poucos recursos humanos, financeiros e bélicos. Os meios provenientes de quatro assaltos e de carros furtados foram de pequena monta. Nos dois atentados a bomba que realizaram não houve vítimas. Quando discutiam como libertar os companheiros que haviam sido presos, logo depois de um assalto a banco, em 14 de janeiro de 1969, os militantes foram surpreendidos, ao amanhecer, por uma batida policial. Ao reagirem com tiros de metralhadora, dois policiais tombaram mortos e um terceiro ferido. A partir de então, Dilma e Galeno passaram a pernoitar em diferentes lugares, atentos à impossibilidade de recorrerem ao abrigo de familiares pela óbvia razão de estarem suas casas sob estrita vigilância dos órgãos de segurança. Acresça-se a informação de que a essa altura a família de Dilma ainda não estava inteirada da extensão e intensidade do seu envolvimento revolucionário. Galeno, cujo retrato falado fora difundido como participante do assalto, fato por ele negado, teve que improvisar sensíveis mudanças no seu visual, antes mesmo de o casal se mudar para o Rio, conforme orientação do comando da organização. Dilma, com o segundo ano de economia concluído, estava com 21 anos.

No Rio, muitos mineiros integrantes do Colina buscaram refúgio, inclusive o futuro prefeito de Belo Horizonte e depois componente do 1º Ministério Dilma, Fernando Pimentel, então com 18 anos. Fernando recusara-se a cumprir o conselho dos pais para que se entregasse, optando pela clandestinidade. Como a Organização não tinha estrutura no Rio para manter todos os seus membros, Dilma e Galeno ficaram, inicialmente, na casa de uma tia dela, que os supunha de férias. Daí passaram a um pequeno hotel de onde se mudaram para um apartamento, quando Galeno foi enviado pela Organização para uma missão em Porto Alegre. Dilma continuou no Rio, ajudando em tudo, inclusive no transporte de dinheiro e armas.

Foi numa dessas reuniões que conheceu o advogado gaúcho de 31 anos, Carlos Franklin Paixão de Araújo, por quem se enamorou e com quem viveria os trinta anos seguintes. Carlos Araújo liderava a dissidência do Partidão (PCB). A pacífica separação entre Dilma e Galeno encontrou explicação nas palavras dele: "Naquela situação difícil, nós não tínhamos nenhuma perspectiva de formar um casal normal." Quando conheceu Dilma, Carlos Araújo vivia com a militante Vânia Abrantes, cujo depoimento viria a ser de fundamental importância para a aprovação do pedido de indenização de Dilma, junto à Comissão Especial de Reparação da Secretaria de Direitos Humanos do Estado do Rio, que favoreceu mais dezoito pleiteantes. Pedidos de valor simbólico, ainda foram formulados por Dilma junto aos governos de Minas, São Paulo e da União, com a ressalva de que só deveriam ser julgados depois que ela se afastasse do exercício de cargos públicos. Pelo andar da carruagem, o julgamento ainda vai demorar muito.

Dilma havia passado a usar o sobrenome Linhares após seu casamento com Cláudio Galeno, em 1967. Entre a separação e o divórcio amigável, em 1981, decorreram treze anos. Contudo, ela continuou usando o sobrenome Linhares, socialmente, até 1999, simultaneamente ao Araújo do segundo marido. Depois do divórcio de Araújo, ela voltou a usar o nome de solteira: Dilma Vana Rousseff.

Carlos Araújo, filho de famoso advogado trabalhista, começou muito jovem sua atuação no PCB. Em sua militância pela América Latina, depois de ter sido preso em 1964, conheceu Fidel Castro e Che Guevara. Seu ingresso na luta armada resultou da edição do AI-5, em 1968. Quando conheceu Dilma, dedicava-se à fusão do seu grupo com o Colina e a VPR – Vanguarda Popular Revolucionária, liderada por Carlos Lamarca. Da fusão resultou a VAR-Palmares, Vanguarda Armada Revolucionária Palmares. Em reação às críticas de Dilma à visão militarista da VPR, em prejuízo do trabalho político pelas bases, que propugnava, Lamarca tachou-a de "metida a intelectual". Carlos Araújo foi um dos seis nomes escolhidos para dirigir a VAR – Palmares, que se autodefinia como "uma organização político-militar de caráter partidário, marxista-leninista, que se propõe a cumprir todas as tarefas da guerra revolucionária e da construção do Partido da Classe Operária, com o objetivo de tomar o poder e construir o socialismo".

Segundo o então capitão Maurício Lopes Lima, um dos interrogadores de Dilma e integrante da Oban – Operação Bandeirantes, onde atos de tortura eram praticados, ela era um "dos cérebros" da luta revolucionária e liderava a VAR-Palmares, através de vários codinomes, como Estela, Luísa, Maria Lúcia, Marina, Patrícia e Wanda. Essa avaliação é também corroborada pelo delegado Newton Fernandes, encarregado de estudar a subversão em São Paulo e traçar o perfil de seus integrantes, ao sustentar que ela era uma das "molas mestras dos esquemas revolucionários". Por sua vez, o promotor que a denunciou denominou-a "Joana D´Arc da subversão".

Dilma sempre negou muitos dos atos atribuídos a ela. Darcy Rodrigues, lugar-tenente de Carlos Lamarca, diz que ela era o elo entre o comando nacional e as operações regionais da organização. Carlos Minc, futuro colega de Dilma no Ministério de Lula e seu companheiro na VAR-Palmares, sustenta, contra o depoimento de outros membros, que ela não exercia papel saliente na organização. Ele nega, inclusive, uma reportagem da *Veja*, que afirma ter ela participado do assalto à casa de uma suposta amante do ex-governador de São Paulo, Ademar de Barros, situada no bairro de Santa Teresa, no Rio de Janeiro, de onde foi levado um cofre com 2,5 milhões de dólares, oriundos, supostamente, de peculato, no dia 18 de junho de 1969. Carlos Minc participou desse assalto. Dilma, reiteradamente, negou participação no evento, incluindo a gestão do dinheiro roubado.

Dilma nega, também, que tenha participado de um suposto plano para sequestrar Delfim Neto, o mais poderoso ministro civil do governo militar, em 1969. Antônio Roberto Espinosa, ex-comandante da VAR – Palmares e da Vanguarda Popular Revolucionária, ao reconhecer que coordenou o plano para sequestrar o ministro, negou as declarações a ele atribuídas no livro de 1981, *Os carbonários*, de Alfredo Sirkis, segundo as quais Dilma seria uma das cinco pessoas que conheciam o plano do sequestro que não se materializou pela captura, semanas antes, de alguns membros do grupo. Ainda, segundo Espinosa, só vagamente Dilma poderia ter sabido do plano. Segundo ele, a militância de Dilma era de natureza exclusivamente política. Tanto que, quando o grupo se dividiu entre "militaristas" e "basistas", num congresso em Teresópolis, em agosto e setembro de 1969, Dilma ficou do lado dos basistas, que defendiam uma militância voltada para conscientizar as massas, enquanto os militaristas, agrupados na VPR, seguiam a liderança de Lamarca. Os dois grupos disputaram, duramente, a divisão do dinheiro do assalto e das armas.

Uma vez ultimada a divisão, Dilma seguiu para São Paulo, com a missão de assegurar a integridade das armas que couberam ao seu grupo. Ela e Maria Celeste Martins – que viria a ser sua assessora na Casa Civil –, tementes da insegurança de manter o arsenal em apartamentos, mudaram-se para uma modesta pensão, na zona leste da cidade de São Paulo, com banheiro coletivo, onde esconderam as armas debaixo das suas camas.

O militante José Olavo Leite Ribeiro, companheiro de Dilma, vencido pela tortura, levou policiais disfarçados a um ponto de encontro dos militantes num bar da rua Augusta, no dia 16 de janeiro de 1970. Apesar de não ser esperada, Dilma, por azar, apareceu. Quando já se afastavam com Leite Ribeiro e um companheiro preso no local, os policiais suspeitaram dela, que se esgueirava. Não fosse pela arma que encontraram com ela, provavelmente, teria escapado. Dilma foi levada para a Oban – Operação Bandeirante, o mesmo lugar onde Vladimir Herzog seria executado pela mão armada da ditadura. Segundo Maria Luísa Belloque, companheira de cela, Dilma foi torturada ao longo de vinte e dois dias, com palmatória, socos, pau de arara e choques elétricos: "A Dilma levou choque até com fiação de carro, fora cadeira do dragão, pau de arara e choque pra todo lado", disse ela. Dilma apontou o capitão do Exército Benoni de Arruda Albernaz, como um dos seus torturadores, ao depor em processos judiciais. Ela conseguiu excluir o companheiro Carlos Araújo e a auxiliar Maria Celeste Martins dos nomes que revelou sob tortura.

Entre os militares, duvida-se da possibilidade de alguém sobreviver a vinte e dois dias de tortura.

Apesar de seu nome figurar na relação dos militantes presos a serem trocados pela libertação de personalidades sequestradas, como se viu da lista encontrada na casa de Carlos Lamarca, Dilma cumpriu integralmente a pena que lhe foi imposta pela ditadura militar, no presídio Tiradentes, cujo portal foi tombado "pelo valor simbólico que representa na luta contra o arbítrio e a violência institucionalizados em nosso país em passado recente".

Carlos Araújo foi preso em 12 de agosto de 1970. Durante a fase inicial da prisão de Dilma, diz-se que ele teve um romance com a atriz Bete Mendes, simpatizante do movimento revolucionário e futura constituinte. Feito prisioneiro, vez por outra se encontrava com Dilma nos deslocamentos exigidos para responderem aos respectivos processos militares. Quando os dois estiveram presos, ao mesmo tempo, no presídio Tiradentes, reataram, com votos de continuarem juntos quando postos em liberdade.

Dilma havia sido inocentada em alguns processos e condenada em outros. No total, foi condenada a seis anos de prisão, tendo a pena reduzida para dois anos e um mês pelo Superior Tribunal Militar, e os direitos políticos cassados por dezoito anos.

Ao deixar a prisão, em fins de 1972, estava com 57 quilos, dez a menos do que quando foi presa. De ruim, a disfunção contraída da tireoide. Inicialmente, passou algum tempo recuperando-se, com a família, em Minas, de onde seguiu para a casa de uma tia, em São Paulo, transferindo-se, pouco tempo depois, para Porto Alegre, onde Carlos Araújo cumpria a etapa final de sua pena. Da casa dos sogros, onde se hospedou, divisava o presídio onde se encontrava seu companheiro, proximidade que facilitava a realização de visitas constantes, em que lhe levava jornais e livros, alguns de conteúdo político, escamoteados com capas de romances. A morte do pai de Carlos, o renomado advogado Afrânio Araújo, em junho de 1974, foi usada como pretexto para acelerar a libertação do filho, o que de fato aconteceu uma semana depois.

Em 2005, falando sobre sua vida de guerrilheira, Dilma disse: "Eu não vou esconder o que eu fui e não tenho uma avaliação negativa. Tenho uma visão bastante realista daquele período. Eu tinha 22 anos, era outro mundo, outro Brasil. Muita coisa a gente aprendeu. Não tem similaridade com o que acho da vida hoje."

Em 2008, durante homenagem a onze alunos da Universidade Federal de Minas Gerais, mortos durante a ditadura, Dilma declarou: "Há uma perda intrínseca para o país quando essa experiência de uma juventude que se jogou na luta democrática, se jogou no combate para construir um país melhor, é perdida por morte."

Foi em Porto Alegre que Dilma iniciou a reconstrução de sua vida, ao lado de Carlos Araújo, que se elegeu para três mandatos na Assembleia Legislativa do Rio Grande do Sul. Punida pelo crime de subversão, tão ao gosto da ditadura, ela havia sido expulsa da Universidade Federal de Minas Gerais, o que a levou a fazer vestibular na Universidade Federal do Rio Grande do Sul, graduando-se, em economia, em 1977, aos 30 anos. Durante esse período universitário, não há registro de sua participação ativa na política estudantil, sendo uma das razões a gravidez e o nascimento de sua única filha, Paula Rousseff Araújo, em março de 1976.

Seu primeiro emprego, depois que deixou a prisão, foi como estagiária na FEE – Fundação de Economia e Estatística do Rio Grande do Sul. A retomada de sua atividade política, então, dentro da legalidade, se deu no Instituto de Estudos Políticos e Sociais, vinculado ao Movimento Democrático Brasileiro – MDB, que assessorava na organização de palestras e debates, mesmo sem a ele estar filiada, quando participaram vários intelectuais, inclusive Fernando Henrique Cardoso.

Nas eleições municipais de 1976, Dilma e Carlos Araújo trabalharam pela eleição a vereador do jornalista, compositor e poeta Glênio Peres, pelo MDB. Tão logo eleito, Peres foi cassado por denunciar, em discurso, sessões de tortura patrocinadas pela ditadura. Peres, que cumpriu cinco mandatos como vereador, além de vice-prefeito na gestão de Alceu Collares, viria a morrer em 27 de fevereiro de 1988.

Em novembro de 1977, Dilma foi relacionada pelo ressentido ex-ministro do Exército, no governo Geisel, Sílvio Couto Coelho da Frota, entre noventa e sete subversivos infiltrados no serviço público. O resumo biográfico de Dilma apontava-a como militante da VAR – Palmares e do Colina e "amásia do subversivo" Carlos Araújo. Demitida, imediatamente, da FEE, foi, mais tarde, anistiada.

Consciente da necessidade de aprofundar seus conhecimentos, Dilma passou a fazer, em 1978, um mestrado na Universidade Estadual de Campinas, não tendo, porém, concluído a dissertação. Paralelamente, participava de um grupo intelectual, em São Paulo, integrado por ex-membros da VAR – Palmares, em que se discutiam as obras de autores como Althusser, Poulantzas e Marx. O propósito dessas reuniões trimestrais, que duraram dois anos, era a busca da definição do momento adequado para a retomada da atividade política. O conhecido jornalista, fundador do PT e futuro deputado por São Paulo, Rui Falcão, o ex-companheiro de prisão, Antônio Roberto Espinosa e o marido Carlos Araújo integravam o grupo. Considerado um dos melhores parlamentares de São Paulo, Rui Falcão seria um dos coordenadores da vitoriosa candidatura de Dilma à presidência da República. Quando mais tarde surgiu a polêmica sobre sua titulação acadêmica, Dilma, já entrevista como potencial sucessora de Lula, declarou: "Fiz o curso de mestrado, mas não o concluí e não fiz dissertação. Foi por isso que voltei à universidade para fazer o doutorado. E aí eu virei ministra e não concluí o doutorado."

Em 1980, Dilma conseguiu seu segundo emprego, agora como assessora da bancada do PDT na Assembleia Legislativa do Rio Grande do Sul.

Com o fim do bipartidarismo, Dilma e Carlos Araújo apoiaram Leonel Brizola no esforço de recriação do Partido Trabalhista Brasileiro (PTB). Com a perda da sigla para o grupo de Ivete Vargas, participou da fundação do Partido Democrático Trabalhista (PDT), pelo qual Araújo foi eleito deputado estadual em 1982, 1986 e 1990. Carlos Araújo foi, por duas vezes, candidato a prefeito de Porto Alegre, perdendo para os petistas Olívio Dutra, em 1988, e Tarso Genro, em 1992.

Dilma asessorou a campanha de Aldo Pinto para o governo do estado, em 1986, tendo, como vice, Nelson Marchezan, notório defensor da ditadura militar, chapa folgadamente derrotada por Pedro Simon. Dilma justificou a aliança com o seguinte argumento: "Marchezan foi líder da ditadura, mas nunca foi um *enragé*. A ala Marchezan era a ala da pequena propriedade radicalizada. E ele era um cara ético."

Dilma e Araújo empenharam-se a fundo na campanha de Alceu Collares para a prefeitura de Porto Alegre, em 1985, tendo transformado sua casa em comitê eleitoral e escritório de elaboração do programa de governo. Ao nomear Dilma secretária da Fazenda municipal, Collares reconheceu o concurso da competência da auxiliar escolhida, bem como a influência de Carlos Araújo.

Em 1988, Dilma deixou a Secretaria da Fazenda de Porto Alegre, para se dedicar à campanha de Carlos Araújo à sucessão de Collares. Segundo Políbio Braga, seu substituto, ela tentou convencê-lo a não aceitar o cargo, dizendo: "Não assume não, que isso pode manchar a tua biografia. Eu não consigo controlar esses loucos e estou saindo antes que manche a minha." Enquanto Collares sustenta que a gestão de Dilma foi modelar, em transparência e competência, seu substituto diz que "Ela não deixou sequer um relatório, e a secretaria era um caos".

A derrota de Araújo deixou o PDT sem cargos executivos. Todavia, em 1989, Dilma foi nomeada diretora-geral da Câmara Municipal de Porto Alegre, mas acabou demitida pelo presidente da casa, vereador Valdir Fraga, que explicou: "Eu a exonerei porque houve um problema com o relógio de ponto", em alusão aos seus repetidos atrasos.

Por gostar de história e ópera, Dilma matriculou-se, no início da década de 1990, no curso de teatro grego do dramaturgo Ivo Bender, a partir do qual interessou-se tanto pela mitologia grega a ponto de, inspirada no exemplo de Penélope, aprender a bordar.

Uma vez eleito governador, em 1990, Alceu Collares nomeou Dilma presidente da Fundação de Economia e Estatística – FEE, onde ela estagiou depois que deixou a prisão. Daí, foi ocupar, em 1993, a Secretaria de Energia, Minas e Comunicações, de onde saiu em fins de 1994, quando rompeu com Carlos Araújo, ao descobrir que ele engravidara uma namorada, cujo filho, Rodrigo, nasceria em 1995. Reconciliaram-se, em 1996, e passaram a viver juntos até 2000, quando ela decidiu morar só.

Em 1995, Dilma retornou à FEE, passando a editar a revista *Indicadores Econômicos*. Nesse momento, entre 1995 e 1996, ela viveu a experiência de ser microempresária.

Em 1998, já matriculada no doutorado da Unicamp, Olívio Dutra, eleito governador do Rio Grande do Sul, no segundo turno, com o apoio do PDT, nomeou-a secretária de Minas e Energia. Olívio justificou a escolha, dizendo: "Eu já a conhecia e respeitava. E a nomeei também porque ela estava numa posição mais à esquerda no PDT, menos populista."

Em viagem a Brasília, no começo de 1999, Dilma advertiu as autoridades do setor energético de que, sem novos investimentos, haveria racionamento em todo o país. Das palavras à ação, a capacidade do setor elétrico gaúcho aumentou 46%, como resultado de um programa de obras emergenciais que reuniu os setores público e privado, razão pela qual os três estados da Região Sul não foram atingidos pelo apagão, no final do governo FHC. Mesmo assim, a população aderiu, voluntariamente, ao esforço nacional de racionamento. Dilma não conseguiu obter para os estados do Sul as compensações concedidas pela União às outras regiões. Teve que contentar-se, mais tarde, com o elogio de Pedro Parente, chefe da Casa Civil: "Ela era pragmática, objetiva e demonstrou que tinha um diálogo fluido com o setor empresarial."

Em 2000, a aliança entre o PDT e o PT se desfez, na disputa pela prefeitura de Porto Alegre, ficando Dilma com Tarso Genro, que venceu Collares no segundo turno. De Dilma e de outros filiados, que deixaram o PDT, para ingressar no PT, disse o iracundo Brizola: "Venderam-se por um prato de lentilhas."

Quando montava sua equipe para elaborar os planos de governo, Lula convidou o físico e engenheiro nuclear Luiz Pinguelli Rosa para chefiar a área de Minas e Energia. Tanto Pinguelli quanto Ildo Sauer, outra personalidade de destaque no grupo, eram favoráveis ao monopólio estatal no setor energético. Segundo pensavam, o setor privado era responsável pelos problemas energéticos do país. Convidada por Pinguelli, em junho de 2001, Dilma chegou timidamente para integrar uma equipe formada por tantos luminares. O sentimento dominante era o de que Pinguelli ocuparia o Ministério das Minas e Energia, numa eventual eleição de Lula. Rapidamente, porém, a atenção do candidato foi despertada pela objetividade que Dilma imprimia à abordagem das questões, sempre apoiada em dados extraídos de um pequeno computador.

Uma vez eleito, Lula explicou a escolha de Dilma para o Ministério das Minas e Energia, indo Pinguelli para a presidência da Eletrobrás: "Já próximo de 2002, aparece por lá uma companheira com um computadorzinho na mão. Começamos a discutir e percebi que ela tinha um diferencial dos demais que estavam ali, porque ela vinha com a praticidade do exercício da Secretaria de Minas e Energia do Rio Grande do Sul. Aí eu fiquei pensando: acho que já encontrei a minha ministra aqui."

Segundo se avalia, pesou muito em favor de Dilma a simpatia que Antonio Palocci nutria por ela, ao reconhecer que teria maior trânsito junto ao setor privado do que Pinguelli, além de ter apoiado as mudanças no comportamento do PT, constantes da Carta aos Brasileiros. Olívio Dutra também reivindica parcela do mérito pela escolha de sua ex-secretária de Minas e Energia: "Posso ter pesado um pouco na balança naquele momento, mas, da transição para a frente, o mérito é todo da Dilma."

Desde o primeiro dia de trabalho, sua ação foi marcada pelo respeito aos contratos da gestão anterior, pelo empenho em evitar novo apagão e pela implantação de um modelo elétrico menos estatizado, diferentemente do propugnado por Luiz Pinguelli Rosa e Ildo Sauer. Além de manter, ampliou o mercado livre de energia. Convencida da urgência de novos investimentos, para evitar o colapso do setor energético, Dilma contendeu com a ministra do Meio Ambiente, Marina Silva, que advogava a suspensão de vários empreendimentos, que, em sua visão, ameaçavam o equilíbrio ecológico. A tensão subiu a ponto de levar o então ministro da Casa Civil, José Dirceu, a criar uma equipe para mediar o conflito.

Ao assumir o ministério, Dilma decidiu que as compras de plataformas pela Petrobras tivessem um mínimo de conteúdo nacional, gerando renda e novos empregos brasileiros. Sustentava ser inadmissível que uma obra de 1 bilhão de reais não fosse feita com mão de obra e tecnologia brasileiras. As licitações para as plataformas P-51 e P-52 foram as primeiras a exigir um mínimo de participação nacional. Às críticas de que a exigência aumentava o custo brasileiro, Dilma respondeu que a medida devolveria ao Brasil a capacidade de produzir navios e de produzir plataformas em relativamente pouco tempo, permitindo que o índice de nacionalização subisse, rapidamente, de 15 a 18% para 60%. Lula apoiou a decisão de sua ministra. Tanto que, em 2008, a indústria naval brasileira, já empregava 40 mil pessoas, contra apenas quinhentas, na década de 1990, passando a ocupar, em 2009, o 6º lugar no mundo.

Não demorou para que Dilma ganhasse também a confiança do setor privado, como depôs José Luiz Alquéres, presidente da Light, ao elogiar o modelo implantado por ela, criticando apenas a demora, cuja responsabilidade seria da máquina governamental.

Logo surgiram divergências entre a ministra Dilma e o presidente da Eletrobrás, Pinguelli que, ao colocar o cargo à disposição, ironizou as mudanças de humor da futura presidente: "Essa moça formata o disquete a cada semana." Pinguelli terminou por deixar o governo. As críticas ao temperamento forte de Dilma abundam. Mauricio Tolmasquim, convidado por ela para ser o secretário executivo do ministério, disse que Dilma passou a gritar de vez em quando com ele: "É o jeito dela. Não é pessoal. E em cinco minutos fica tudo bem." Ildo Sauer também desentendeu-se com a ministra, que não concordava com suas ideias estatizantes do setor. Sauer deixou o governo em 2007. Com o presidente da Petrobras, Sergio Gabrielli, esbravejou a ponto de suscitar a intervenção de Lula. Seu colega de pasta, Paulo Bernardo, teria sido destratado na presença dos governadores tucanos Aécio Neves e José Serra. Segundo o jornal *O Globo*, o secretário executivo do Ministério da Integração Nacional, Luiz Antonio Eira, teria pedido demissão por ter se sentido humilhado por ela, o que Dilma nega. O ex-deputado Luciano Zica vinga os desentendimentos havidos com Dilma, ironizando: "A Dilma é a pessoa mais democrática do mundo, desde que se concorde 100% com ela." Lula sempre reagia, dizendo que o temperamento de Dilma "ajuda mais do que atrapalha", colaborando para resolver problemas havidos como insolúveis, alguns, inclusive, oriundos da área de José Dirceu. O resistente vice-presidente José de Alencar sustentava que o eleitor veria no temperamento "dedicado, bravo e sério" de Dilma uma qualidade "excepcional" para comandar o país. Dilma explica seu ânimo forte: "Eu acho interessante o fato de que a mulher, quando exerce um cargo com alguma autoridade, seja sempre tachada de dura, rígida, dama de ferro ou coisa similar. Isso é um estereótipo, um padrão, uma camisa de força que tentam impingir em nós, as mulheres. O difícil não é meu temperamento, mas minha função. Eu tenho de resolver problemas e conflitos. Não tenho descanso. Não sou criticada porque sou dura, mas porque sou mulher. Sou uma mulher dura, cercada por ministros meigos."

À frente do Ministério de Minas e Energia, Dilma contou com o apoio dos dois mais fortes ministros do governo Lula: Antonio Palocci e José Dirceu, a quem ela substituiu quando Dirceu caiu, em razão do Mensalão. Segundo Gilberto Carvalho, secretário particular da presidência, Lula admirava a têmpera de Dilma, ao encarar situações difíceis, além da objetividade e conhecimento técnico que apoiavam suas decisões, opinião avalizada pelo ministro e ex-guerrilheiro Franklin Martins. Com José Dirceu fora do páreo, Dilma passou a ocupar o seu lugar, também, na parada sucessória, que agora tinha Palocci como favorito. O respeitado senador Pedro Simon inflou, ainda mais, o prestígio de Dilma ao declarar que com sua nomeação "a seriedade está se impondo na Casa Civil". Involuntariamente, o Consulado dos Estados Unidos, em São Paulo, também colaborou na elevação do prestígio de Dilma, cuja aversão ao excesso de burocracia Lula apreciava, ao informar em dossiê, ao Departamento de Estado, que ela "era técnica prestigiada e detalhista, com reputação de *workaholic*, com grande capacidade de ouvir, embora com pouco tato político, preferindo dirigir-se diretamente aos funcionários responsáveis pelo assunto, em lugar de dirigir-se aos seus superiores".

Como ministra das Minas e Energia, o projeto mais caro a Dilma, no plano social, foi a universalização do acesso à energia elétrica a ser concluído até 2015, tendo incorporado ao benefício, até 2006, mais 1,4 milhão de domicílios rurais. Do mesmo modo que do Fome Zero, não se poderia esperar retorno financeiro do Luz para Todos. O governo FHC já ensejara o acesso a pouco mais de 500 mil famílias ao programa Luz no Campo, financiado pelo beneficiário, com o propósito alcançado de estimular o agronegócio. Como o programa anterior só obteve resultados onde os governos estaduais subsidiaram a população, Dilma propugnou por um programa altamente subsidiado pelo governo federal, observando-se, estritamente, que o subsídio beneficie, apenas, o consumidor final, destinatário do programa, e não as empresas. Lançado em novembro de 2003, o programa foi um grande sucesso.

Quando Dilma foi apontada como a todo-poderosa gestora do PAC – Programa de Aceleração do Crescimento –, com Palocci já defenestrado pela quebra do sigilo bancário do caseiro Francenildo, ficou clara a intenção de Lula de fazer dela sua sucessora, o que de fato viria a ocorrer, a partir de abril de 2007. Logo depois, Dilma declarou que era simpática à ideia, o suficiente para que a mídia internacional passasse a ventilar o seu nome como provável candidata à presidência. O britânico *Independent* chegou a dizer que ela, que "não se constrange com o passado de guerrilheira urbana, que incluiu o combate a generais, o que que lhe custou uma temporada na prisão como prisioneira política", uma vez eleita, se tornaria "a mulher mais poderosa do mundo". De fato, a edição de agosto de 2012 da revista *Forbes* diria, em reportagem de capa, que Dilma era a terceira mulher mais poderosa do mundo, depois da alemã Ângela Merkel e da americana Hillary Clinton. Em abril de 2009, no auge das especulações sobre sua candidatura, Dilma revelou que estava se submetendo a tratamento contra um câncer maligno no sistema linfático. Apesar de tratar-se de um tipo agressivo, as chances de cura eram elevadas, da ordem de 90%, o que de fato veio a ocorrer, ainda no curso de 2009.

Na Bulgária, terra do pai, o nome de Dilma despertou um interesse febril diante da perspectiva da sua eleição.

Uma vez apontada, pelo próprio presidente Lula, do alto de crescente e inédita popularidade, como sua sucessora, Dilma passou a receber, onde quer que aparecesse, tratamento de ungida do Senhor. Foi assim durante o casamento da filha Paula com o administrador de empresas Rafael Covolo, realizado na igreja São José, em Porto Alegre. Ao agradecer ao *grand monde* social, econômico e político do país, presente ao encontro, cerca de seicentas pessoas, a começar pelo presidente da República, Dilma, num longo azul bordado e um sobrevestido de chiffon, declarou: "Obrigada por participarem desse momento tão importante da minha vida. A felicidade da Paula é a minha." Do menu constava entrada de purê de mandioquinha com cogumelos e camarões, seguida pelos pratos principais, filé ao molho de trufas e risoto de alho-poró, e a sobremesa, trio *pâtissier*, composto por trouxinhas de maracujá, *petit gâteau* de doce de leite e sorvete de creme. Embalada pelo som do DJ Helinho Japa, a celebração se estendeu até as 5 da manhã. Depois da festa, enquanto os noivos embarcavam para a lua de mel no Taiti, Dilma viajava, no dia seguinte, com destino à Coreia do Sul, Japão e EUA.

Ao historiar suas relações com Dilma, o advogado Carlos Franklin Paixão de Araújo, pai da Paula, única filha do casal, disse, numa entrevista: "A Dilma é uma companheiraça e eu me considero seu irmão. São laços que não se desfazem." A diferença de dez anos não foi obstáculo. Tão logo se conheceram, disse Carlos Araújo: "Tivemos de imediato uma grande paixão. Foi de cara. Ela era uma mulher muito bonita, sempre foi uma mulher que tinha mais volume de corpo. Isso ocorreu quando ela tinha 19 anos e eu tinha 30. Aí fomos morar juntos. 'Morar juntos' é uma expressão, porque rodávamos muito o Brasil e acabávamos não nos vendo muito. Estávamos sempre preocupados com questão de segurança e aí nosso relacionamento de morar junto foi interrompido quando ela foi presa (em 1970). Em seguida, eu fui preso também. E aí ela saiu da cadeia e veio morar aqui em Porto Alegre com meus pais. Eu só saí da cadeia em 1974." Carlos Araújo reconhece que os encargos da militância política deixaram a vida familiar em plano secundário, ao confessar: "Nunca fomos bons pais, na verdade. Hoje, porém, a Paula admira muito a mãe." Sobre terem optado pelo filho (a) único (a), revelou: "Nós militávamos demais. Já para dar conta de um filho, dar um atendimento razoável... Nunca fomos bons pais na verdade. Ficava com a empregada. Não conseguíamos dar muita atenção, como a Paula merecia. Passávamos o dia militando, então não cogitamos mais filhos. Estávamos muito satisfeitos com uma filha, eu gosto muito de criança, eu tenho mais filhos (ele tem mais dois filhos de outros relacionamentos). Sou um pai muito coruja com meus filhos. Sou um pai e futuro avô coruja." Sobre a brabeza atribuída a Dilma, disse Carlos: "Sempre foi forte o temperamento dela, desde que a conheci com 19 anos. Mas isso não impediu que nos déssemos muito bem. Sempre foi muito carinhosa e querida comigo. Ela é transparente, companheiraça. Eu me considero membro da família da Dilma, como se fosse irmão dela. A relação que tenho com ela e a mãe dela! E ela se considera membro da minha família." Inquirido sobre suas relações com Carlos Galeno, primeiro marido da Dilma, respondeu: "Somos muito amigos, gosto muito dele. É uma coisa boa. Quando ele veio do exterior morar em Porto Alegre, o convidamos para morar aqui. Não conosco, mas arrumaríamos emprego para ele e família." Sobre a relação com a filha Paula, disse: "Hoje ela admira muito a mãe, está muito feliz com tudo. Mas, existiu atrito da filha conosco, existiu, mas foi superado na adolescência. Não deu trabalho de fazer bobagem, nunca foi. Mas não recebeu, aos olhos dela, o amor que ela queria ter, quando era adolescente. Hoje, ela casou-se, mora pertinho da minha casa, a Dilma comprou apartamento pertinho da minha casa também. A minha empregada vai lá e arruma tudo quando ela vem para Porto Alegre. Eu também. Vou e compro as coisas para ela quando ela vem. Aí fica todo mundo perto."

Seguindo ao lançamento do seu nome à presidência, Dilma, poucas horas depois de assinar o programa de governo, elaborado pela assessoria petista, mandou recolhê-lo, fazendo profundas alterações em matéria de controle da mídia, aborto e invasão de terras, dizendo: "Tem coisas do PT com as quais concordamos, coisas com as quais não concordamos, e assim nos outros partidos também."

Em 1º de outubro de 2010, dia seguinte ao último debate entre os candidatos à presidência, Dilma seguiu para Porto Alegre para assistir ao batismo do neto Gabriel, filho de Paula, nascido a 9 de setembro.

Pesquisa do *Datafolha* de 19 de março de 2011 apontou 47% de aprovação popular do governo Dilma, a maior de um presidente, antes de Lula, o recordista, que alcançou, um ponto a mais, apenas, 48%, no terceiro mês do seu segundo mandato. A partir daí, sucessivas pesquisas deram a Dilma os mais altos índices de aceitação popular, sobretudo à medida que ministros herdados da administração anterior iam sendo defenestrados por práticas de irregularidades, denunciadas pela grande mídia. Foram seis, ao longo de 2011, sem contar com a saída de Nelson Jobim, que nada teve a ver com corrupção.

A carta de parabéns que dirigiu ao ex-presidente Fernando Henrique Cardoso, por ocasião dos seus 80 anos, em 18 de junho de 2011, foi um gesto de civilidade que encantou a nação, pondo fim à bobagem da "herança maldita", com que os setores mais atrasados do seu partido pretenderam inaugurar um clima político de nocivo maniqueísmo, em que se apresentam como detentores do monopólio da honra e do espírito público. Fernando Henrique, por seu lado, correspondeu aos gestos de simpatia da presidente.

Já em 2012, sem que à presidente se pudesse atribuir qualquer atitude de "ingratidão", o governo Dilma passou a exprimir o seu padrão de seriedade e espírito público, culminando por gerar insatisfação em setores viciados da administração, sob a forma de sucessivas greves em áreas vitais do funcionalismo público. A decisão da presidente de não trabalhar pela absolvição de réus importantes no julgamento do Mensalão teria precipitado a decisão de setores petistas de estimular a greve como meio de enfraquecê-la, levando-a a desistir de sua previsível reeleição. As crescentes acusações de improbidade contra Lula, no último trimestre de 2012, levaram o ex-presidente a recuar de sua propalada candidatura presidencial em 2014, culminando com seu apoio público à reeleição de Dilma, como meio, segundo seus opositores, de reduzir o foco das atenções sobre ele. Ao longo de 2013, Dilma continuava auferindo grandes índices de aceitação popular, como se a população brasileira tivesse feito um tácito pacto para excluí-la da responsabilidade pelos "malfeitos" de políticos de sua base, até que eclodiram os movimentos de rua de junho, quando sua popularidade despencou. Três meses depois, em setembro, ela começava a recuperar terreno, com respostas concretas às aspirações populares. O cenário, porém, para as eleições de 2014 aparecia brumoso.

Sem dúvida, Dilma Rousseff nasceu para fazer história.

AYRTON SENNA
(1960-1994)

AYRTON SENNA DA SILVA NASCEU NA CIDADE DE SÃO PAULO, NO DIA 21 DE março de 1960, e morreu em Bolonha, na Itália, em 1º de maio de 1994. A comoção pela sua morte figura entre as mais acompanhadas, sentidas e registradas em qualquer parte do mundo. Em sua espetacular carreira automobilística, participou de seiscentos corridas de Fórmula 1, conquistou sessenta e cinco *pole positions*, dezenove voltas mais rápidas, quarenta e um GP, resultando em três campeonatos mundiais. Foi, ainda, vice-campeão nos anos de 1989 e 1993. Esteve oitenta vezes no pódio, perfazendo um total de 614 pontos, entre os anos de 1984 e 1994. Sua estreia foi no Grande Prêmio do Brasil, de 1984, e a primeira vitória foi no Grande Prêmio de Portugal, de 1985, e a última no Grande Prêmio da Austrália, de 1993. Sua morte ocorreu no Autódromo Enzo e Dino Ferrari, durante o Grande Prêmio de San Marino, Itália.

Antes de estrear na Fórmula 1, o canhoto Senna brilhou nas categorias inferiores do automobilismo, inclusive na Fórmula 3, inglesa, em 1983, pela qual sagrou-se campeão. Logo, o mundo perceberia que estava diante de uma nova estrela de primeira grandeza do automobilismo. Apesar de não ter sido o maior ganhador de campeonatos, foi eleito, pelos próprios pares, representados por 217 pilotos, ativos e aposentados, em dezembro de 2009, o melhor piloto de Fórmula 1 de todos os tempos. A eleição foi organizada pela revista inglesa *Autosport*.

Certa feita, disse ele de sua vida amorosa: "Nunca precisei mostrar que em determinado GP eu estava com uma loira de olhos azuis ou em outro GP com uma morenaça. Quando aconteceu, foi uma coisa natural e nunca para mostrar aos outros que eu sou garanhão e tenho dezenas de mulheres. Se eu tive uma dezena de mulheres, foi para mim mesmo." Apesar da vida afetiva discreta, a notoriedade tornou conhecidos alguns dos seus romances. As jovens Lilian de Vasconcellos, Adriane Yamin e Cristiane Ferraciu são mencionadas em sua biografia. Entre suas namoradas, porém, as apresentadoras de televisão Xuxa e Adriane Galisteu aparecem com maior destaque, sendo que a última escreveu um livro, *O caminho das borboletas*, em que narra seu romance com o piloto. Xuxa, por sua vez, que namorou Senna por vinte meses, confessa que o amou e que acredita ter sido ele sua alma gêmea, chegando a pensar que ficariam juntos a vida inteira. A impossibilidade de conciliar o romance com a agenda profissional de ambos determinou a ruptura. Xuxa disse que, uma semana antes da morte de Senna, ao ler uma entrevista em que ele declarou que "às vezes a gente encontra o grande amor e não pode ficar com ele", concluiu que era a ela que ele se referia, tendo tomado a decisão de procurá-lo para reatarem, quase um ano depois da separação, período em que o piloto namorou Adriane Galisteu.

Esse paulistano, nascido no tradicional bairro de Santana, filho do casal Neyde e Milton, empresário do ramo metalúrgico, e entusiasta das competições automobilísticas, ganhou seu primeiro kart, com motor de cortador de grama de 1 hp, feito pelo próprio pai, aos 3 anos de idade, com o qual passou a brincar no pátio da empresa paterna. Originalmente destinado à irmã Vivianne, o garoto Ayrton foi beneficiado pelo desinteresse dela em ficar com o kart. Mais tarde, ele confessaria sua alegria com o presente que lhe permitiu o primeiro contato com o esporte que o imortalizaria. Aos 6 anos, passou a treinar no kartódromo de Interlagos, em São Paulo. Sua habilidade na condução do pequeno kart impressionou a todos. Tanto que, aos 9 anos, já dirigia jipes pelas estradas precárias das fazendas da família. Aos 10, ganhou o primeiro kart de competição, com motor de 100cc. Aos 13, começou a disputar provas de kart, conquistando, várias vezes, o segundo lugar, até que, em 1977, ganhou o Campeonato Sul-Americano, renovando o feito em 1980. Paralelamente, ganhou o Campeonato Brasileiro em 1977, 1978 e 1980. Com a insatisfação própria dos grandes competidores, ressentia-se de ainda não haver vencido o Campeonato Paulista e, sobretudo, o Mundial. Como ele próprio confessava, o segundo lugar não lhe bastava. Era o primeiro lugar ou nada. "O importante é ganhar. Tudo e sempre. Essa história que o importante é competir não passa de demagogia", dizia.

Além do automobilismo, sua grande paixão, Senna praticava natação, tênis e ciclismo, já que no futebol, apesar de apreciá-lo, era uma completa nulidade. Ironia do destino: ainda muito pequenino, o pediatra advertiu os pais de que Ayrton tinha problemas de coordenação motora!

Aos 8 anos, Ayrton Senna correu pela primeira vez num kart profissional, competindo com adultos. Em 1974, foi campeão paulista na categoria júnior, conquistando o título de campeão brasileiro na mesma categoria no ano seguinte.

Conquistou diversos títulos no kart, chegando a campeão sul-americano, e duas vezes vice-campeão mundial, em 1979 e 1980. Em novembro de 1980, Ayrton Senna fez testes para ingressar na equipe Van Diemen, de Fórmula 1600, na Inglaterra. Participou de diversas competições, obtendo várias vitórias. No ano seguinte, por um breve intervalo, voltou ao Brasil, disposto a se dedicar aos negócios na empresa de seu pai, mas logo retornou à Inglaterra.

Em 1981, estreou na Europa, conquistando o campeonato inglês de Fórmula Ford 1600, pela equipe de Ralf Firman.

Em 1982, Senna disputou o Campeonato da Fórmula Ford 1600, com um Van Diemen, e o britânico de Fórmula Ford 2000, pela equipe de Dennis Rushen, quando passou a priorizar o mais marcante nome da mãe, Senna, em lugar do trivial Silva do pai. Competindo, simultaneamente, em duas categorias, venceu ambas. Nesse mesmo ano, transferiu-se para a Fórmula Fiat 2000.

A entrada de Senna na Fórmula 1 foi antecedida, em 1983, pela sua participação na Fórmula 3, na Inglaterra, considerada o vestibular do grande automobilismo. Ele e o inglês Martin Brundle eram os favoritos. Terminou vencendo o campeonato pela equipe de Dick Bennetts, conquistando, também, o Grande Prêmio de Macau pela Teddy Yip's Theodore Racing Team. Em decorrência de suas sucessivas vitórias em Silverstone, a imprensa inglesa especializada construiu a *boutade* de chamar o circuito de *Silvastone*, em homenagem a Ayrton. Senna acabou ganhando as primeiras nove corridas do ano, mostrando a determinação e a sede de vitórias que seriam a marca registrada da sua futura carreira. Tanto brilho não poderia deixar de despertar o interesse de diversas equipes de Fórmula 1, como a Williams, a McLaren, a Brabham e a Toleman. À época, predominou a crença equivocada de que Nelson Piquet, então bi-campeão mundial, se opôs à sua contratação pela Brabham. A verdade é que a Parmalat, patrocinadora da Brabham, preferia que o segundo piloto da equipe fosse um italiano, em vez de mais um brasileiro, desse propósito resultando a contratação do piloto italiano Teo Fabi. Supondo que a restrição fosse oriunda de Piquet, Senna ficou ressentido com ele.

Das três escuderias remanescentes, só a Toleman ofereceu-lhe a oportunidade de disputar o campeonato do ano de 1984, em nome dela. A estreia foi no GP Brasil, mas foi na segunda corrida, em Kyalami, na África do Sul, que Senna conquistou o primeiro dos 614 pontos de sua carreira. Duas semanas depois, repetiria o feito, no Grande Prêmio da Bélgica, disputado no circuito de Zolder. Uma semana mais tarde, amargou a frustração de não conseguir tempo para o Grande Prêmio de San Marino, única ocorrência da espécie em sua carreira. A plena recuperação, acompanhada de projeção internacional, viria no GP de Mônaco. Largando em 13º no *grid*, foi, rapidamente, consolidando avanço sobre avanço nas estreitas ruas de Mônaco, até ultrapassar o austríaco Niki Lauda, que estava em segundo lugar, na volta 19. A estreiteza das ruas, as limitações do seu Toleman e a competência de Prost mantiveram-no na segunda posição ao longo de várias voltas. Perto do terço final da prova, ainda estava em 2º e Prost em 1º, com 33.8 segundos de vantagem. Na volta 31, sob chuva pesada, a frente havia caído para 7.4 segundos, quando os comissários determinaram o final da corrida. Senna chegou a comemorar a vitória, ao ultrapassar Alain Prost, a poucos metros da linha de chegada. Nesses casos, porém, o regulamento mandava considerar as colocações da volta anterior e a atribuição de metade dos pontos de uma corrida completa, uma vez que a paralisação se dera quando mais da metade do percurso havia sido completado. Naquele ano inaugural de 1984, Senna ainda conquistaria dois pódios: terceiro lugar no Grande Prêmio da Inglaterra, em Brands Hatch, e no GP de Portugal, em Estoril, desempenho que o deixou empatado com Nigel Mansell com 13 pontos, mesmo não tendo corrido o GP da Itália, quando a Toleman o suspendeu sob a alegação de quebra de contrato, por ter assinado com a Lotus para o ano de 1985. Ainda em 1984, Senna disputou os 1000 km de Nurburgring, pilotando o Porsche 956, tirando o oitavo lugar, em parceria com Henri Pescarolo e Stefan Johansson. Participou, também, de uma corrida inaugurativa do circuito de Nurburgring, ao lado da maioria dos grandes pilotos do momento, dirigindo carros Mercedes do mesmo modelo. Senna chegou na frente de Niki Lauda e de Carlos Reutemann.

Apesar de a interrupção lhe haver impedido uma vitória que os experts consideravam certa, Senna saiu de Mônaco como piloto-revelação, iniciando, em seguida, conversações secretas com a Lotus, para a temporada de 1985.

Em 1985, passou para a Lotus, uma escuderia média, tendo como parceiro o italiano Elio de Angelis, pela qual disputou 48 GP, competindo com pilotos consagrados, como Alain Prost, Nigel Mansell e Nelson Piquet, vencendo seis corridas nas temporadas de 1985/1986 e 1987. Em sua primeira corrida pela nova escuderia, no circuito de Jacarepaguá, no Rio de Janeiro, largou em quarto lugar, abandonando-a por problemas elétricos. Na segunda corrida do ano, disputada em Estoril – Portugal –, em 21 de abril de 1985, largando na *pole position*, e correndo sob pesada chuva, conseguiu sua primeira vitória na Fórmula 1. Prost, que vinha em segundo lugar, abandonou depois de bater no muro. Senna repetiria o feito no GP da Bélgica, no circuito de Spa – Francorchamps, também sob pesada chuva. Começava a nascer o mito do *rei* das *pole positions*. Apesar de, nas pistas, não conseguir terminar a maioria das corridas, concluiu a temporada em grande estilo. No GP da Austrália, pilotou, por muitas voltas, sem o bico do carro, saindo da pista, algumas vezes, sem perder a segunda posição, até que o veículo cedeu ao esforço e ele abandonou a prova. Antes dele, só Gilles Villeneuve realizou façanha semelhante. Senna terminou 1985 em quarto lugar, com trinta e oito pontos e seis pódios (duas vitórias, dois segundos e dois terceiros lugares), além de sete *pole positions*.

Em 1986, Senna vetou, como parceiro, o inglês Derek Warwick, sob a alegação de que a Lotus não tinha condições de manter carros competitivos para dois pilotos de ponta, simultaneamente. Por essa razão, o escolhido foi o escocês Johnny Dumfries. A temporada de 1986 começou promissora para Senna, quando a nova Lotus 98T mostrou-se mais confiável, permitindo-lhe chegar em segundo na corrida vencida por Nelson Piquet, numa dobradinha verde-amarela, no GP do Brasil em Jacarepaguá, que encheu de brios o coração dos brasileiros. Ao constatar, porém, a inferioridade do seu carro, em comparação com os da Williams e McLaren, Senna passou a adotar a tática de não parar para a troca de pneus, de modo a permanecer à frente dos concorrentes, pelo maior tempo possível. A decisão produziu bons frutos, e ele passou, pela primeira vez, a liderar o campeonato mundial, ao vencer o GP da Espanha, em Jerez de la Frontera, quando bateu Nigel Mansell e sua Williams, por magérrimos 0,014s – uma das menores diferenças de chegada da história da F1. Na Hungria, um circuito tão travado que não permitia ultrapassagens, Senna repetiu uma vez mais a estratégia, sendo, porém, ultrapassado por Nelson Piquet, numa das mais sensacionais manobras da história da Fórmula 1. Os problemas mecânicos, todavia, com os consequentes abandonos de provas, interromperam essa fórmula. Ao final, a disputa pelo título ficou limitada a Prost e sua McLaren-TAG, e à dupla Piquet-Mansell da Williams-Honda. Ainda em 1986, Senna se consagraria como ídolo dos brasileiros, ao conquistar sua segunda vitória na temporada, no GP dos Estados Unidos, em Detroit, terminando o campeonato, mais uma vez, na quarta posição, com cinquenta e cinco pontos, oito *poles* e seis pódios.

Com novo patrocinador e assegurada a manutenção da potência dos motores Honda, o ano de 1987 prometia dias melhores. Depois de um começo anódino, Senna venceu duas corridas consecutivas: o GP de Mônaco – a primeira das seis vitórias que o consagrariam como o rei de Mônaco –, e o GP dos Estados Unidos, em Detroit, pelo segundo ano seguido, alcançando, mais uma vez, a liderança da temporada. Nesse momento, a impressão dominante era que a Lotus 99T Honda seria, mais ou menos, igual aos favoritos Williams-Honda, pilotados por Piquet e Mansell. Ledo engano. Apesar da boa performance do 99T, as Williams FW11B de Piquet e Mansell ainda estavam à frente. A diferença entre as duas equipes ficou evidenciada no GP da Inglaterra, de 1987, em Silverstone, onde Mansell e Piquet não tomaram conhecimento das Lotus de Senna e seu parceiro japonês, Satoru Nakajima. Ao rodar na pista, por falha na embreagem, a três voltas do final, no GP do México, Senna se despediu do título, deixando Piquet e Mansell brigando, nas duas últimas corridas, pelo laurel do triunfo. Nelson Piquet venceria o campeonato com o acidente que afastou Mansell das pistas, durante os treinos para o GP do Japão, em Suzuka, episódio que ensejaria a Senna terminar o campeonato na segunda posição, se conseguisse chegar entre os três primeiros colocados nas duas últimas corridas. Apesar de ter concluído as duas na segunda posição, Senna foi desclassificado porque as medições feitas, depois do GP da Austrália, constataram que a largura dos dutos dos freios do seu carro era maior do que o permitido pelo regulamento. Com isso, ele ficou em terceiro na colocação final, com 57 pontos, uma *pole* e oito pódios (duas vitórias, quatro segundos e dois terceiros). Essa temporada foi o grande marco na carreira de Senna, coincidindo com uma profícua relação com a Honda, que operaria como fornecedora dos motores V6 Turbo para a McLaren, sua escuderia para as corridas de 1988. Apesar das vitórias em Portugal e Bélgica, Senna percebeu que a Lotus já não era a mesma dos tempos de Clark e Emerson, e acertou sua entrada na McLaren–Honda para a temporada de 1988, quando conquistou seu primeiro título mundial, vencendo oito corridas. Com tecnologia de ponta, a McLaren associava aerodinâmica e potência. Foi uma fase extremamente rica para ele. Fazia a maioria das *poles* e vencia mais corridas que seu principal adversário, o francês Alain Prost.

A dupla Ayrton Senna-Alain Prost correu, em 1988, pelas associadas McLaren-Honda. Ayrton antecipou suas chances durante uma volta de classificação no GP de Mônaco de 1988:

> ...a última sessão de qualificação. Eu já estava com a *pole*, por meio segundo à frente do segundo colocado, e depois um segundo. De repente, eu estava próximo de abrir dois segundos à frente dos outros, incluindo meu companheiro de equipe com o mesmo carro. Então percebi que não estava mais pilotando com consciência. Eu pilotava por instinto, me sentia numa outra dimensão. Era como se fosse entrar num túnel. Não apenas o túnel sob o hotel, mas todo o circuito parecia um túnel. Eu estava apenas indo e indo, mais e mais e mais... Eu estava acima dos limites e achava que ainda era possível buscar alguma coisa mais. Então, de repente, alguma coisa me tocou. Um tipo de despertar ao perceber que eu estava em outra atmosfera, diferente daquela em que normalmente eu estava. Minha reação imediata foi a de retornar, reduzir. Dirigi-me, lentamente, aos boxes e não quis mais sair de novo naquele dia. Isso me apavorou porque eu estava consciente. Isso me acontece raramente, mas eu guardei essas experiências bem vivas dentro de mim porque é muito importante para a sobrevivência.

Teria essa advertência interior lhe faltado naquela corrida fatal?

Disputando na mesma equipe, os dois começaram a se tornar rivais até fora da pista. A intensa competição entre esses pilotos – Prost já era bicampeão –, resultou num grande número de acidentes entre eles, apesar de terem vencido quinze das dezesseis corridas disputadas, conquistando Senna, afinal, seu primeiro campeonato mundial, no GP do Japão. Sobre esse último GP que lhe deu o título declarou: "Aquilo foi algo de sonho. A vitória veio com estilo e ainda valeu o campeonato."

Foi vice, em 1989, e novamente campeão nos anos de 1990 e 1991. Nessa época, sua inimizade com Alain Prost tornou-se pública.

Em 1989, Senna dirigia a McLaren MP4/5, quando a rivalidade com Prost proporcionava uma intensa guerra psicológica nas pistas, antes, durante e depois das corridas. Nesse ano, Prost conquistaria o tricampeonato, depois de uma colisão com Senna, no GP do Japão, penúltima corrida da temporada, que Senna precisava vencer para manter a possibilidade de conquistar o bicampeonato na última etapa. Na tentativa de ultrapassar Prost na *chicane*, os dois "tocaram" os pneus e foram para fora da pista com os carros entrelaçados. (*Chicane* é uma sequência de curvas, em formato de S, utilizada para diminuir a velocidade dos veículos, localizada, geralmente, ao fim de uma longa reta.) Voltando à pista, Senna tirou a liderança de Alessandro Nannini, da Benetton, e chegou em primeiro, sendo desclassificado pela FIA, por *cortar* a chicane depois da colisão com Prost. Multado e temporariamente suspenso, Senna travou midiática disputa verbal com os dirigentes da FIA, sobretudo com seu presidente Jean-Marie Balestre.

Senna seria campeão mais duas vezes, em 1990 e 1991, sendo que o campeonato de 1990 foi decidido de um modo acentuadamente heterodoxo, devido a uma colisão com Prost, no mesmo circuito do Japão, com os dois pilotos novamente disputando o título mundial. A guerra começou com Senna tirando a *pole* de Prost, cuja Ferrari fez uma largada melhor e pulou à frente de sua McLaren. Antes da largada, Senna havia declarado que não permitiria uma ultrapassagem de Prost. Na primeira curva, Senna tocou a roda traseira de sua McLaren na Ferrari de Prost a 270 km/h, levando os dois carros para fora da pista. Ao contrário do ano anterior, desta vez o abandono dos pilotos deu a Senna o seu segundo título mundial.

Em outubro de 1991, já como tricampeão, disse a propósito das homenagens organizadas em seu país: "Para ser honesto, não me sinto o maior ídolo brasileiro. Não me sinto uma pessoa tão importante assim para merecer uma festa durante uma noite toda no Brasil." Senna explicou, ainda, o que acontecera no ano anterior em Suzuka. Sua prioridade era conseguir a *pole*, pois havia recebido informações, tomadas como seguras, de que esta mudaria de lado, passando para a esquerda, o lado limpo da pista. Ao descobrir que o presidente da FIA, Balestre, suspendera a mudança programada, depois que ele conquistara a *pole*, decidiu reagir à sequência de restrições sofridas, desde a temporada de 1989. Disse, então:

> Eu acho que o que aconteceu em 1989 foi imperdoável e eu nunca irei esquecer isso. Eu me empenho em lutar até hoje. Você sabe o que aconteceu aqui: Prost e eu batemos na *chicane*, quando ele virou sobre mim. Apesar disso, eu voltei à pista, ganhei, e eles decidiram contra mim, o que não foi justo. E o que aconteceu depois foi "teatro", mas eu não sei o que pensei. Se você faz isso, você será penalizado, multado e talvez perca sua licença. Essa é a forma correta de trabalhar? Não... Em Suzuka no ano passado eu pedi aos organizadores para trocar o lado da *pole*. Não foi justo, porque o lado direito é sempre o sujo. Você se esforça pela *pole* e é penalizado por isso. E eles dizem: "Sim, sem problema." E depois o que acontece? Balestre dá a ordem para não mudar nada. Eu sei como o sistema funciona e eu pensei que foi mesmo uma merda. Então eu disse a mim mesmo: "Ok, aconteça o que acontecer, eu vou entrar na primeira curva antes – eu não estava preparado para deixar o outro (Alain Prost) chegar na curva antes de mim. Se eu estou perto o suficiente dele, ele não poderá virar na minha frente – e ele será obrigado a me deixar seguir. Eu

não me importo em bater; eu fui para isso. E ele não quis perder a chance, virou e batemos. Foi inevitável. Tinha que acontecer. "Então você deixou isso acontecer", alguém diria. "Por que eu causaria isso?". Se você se ferrar cada vez que estiver fazendo o seu trabalho limpo, conforme o sistema, o que você faz? Volta para trás e diz "Obrigado"? De jeito nenhum! Você deve lutar pelo que você acha que é certo. Se a *pole* estivesse colocada na esquerda, eu teria chegado na frente na primeira curva, sem problemas. Que foi uma péssima decisão manter a *pole* na direita, e isso foi influenciado pelo Balestre, isso foi. E o resultado foi que aconteceu na primeira curva. Eu posso ter contribuído, mas não foi minha responsabilidade.

Nos dois anos seguintes, 1992 e 1993, com um carro de baixo desempenho da McLaren, Senna ainda venceu oito corridas, terminando o ano de 1993 como vice-campeão. O novo carro da McLaren, para 1992, marcou a decadência da equipe da Honda. O modelo MP4/7A, com diversas falhas, não era páreo para as Williams FW14B, o melhor carro da temporada. Senna chegou a cogitar de correr a Fórmula Indy. Apesar dessas adversidades, estava determinado a vencer, como venceu em Mônaco, Hungria e Itália, mas, com problemas em várias provas, acabou o ano em quarto lugar, ao perder o terceiro, na última corrida, para Michael Schumacher. Naquele ano, em que o título foi conquistado pelo inglês Nigel Mansell, com muita antecedência, a nota marcante da temporada foi o conflito que o piloto brasileiro teve com o jovem alemão Schumacher. No Grande Prêmio da França, em Magny-Cours, oitava corrida da temporada, após a largada, Senna ocupava a 4ª posição, preparado para contornar a curva Adelaide, quando foi atingido por trás pela Benetton de Schumacher, provocando o seu abandono prematuro da corrida. Antes de anunciada a segunda largada, já sem o macacão, o brasileiro foi até o *grid* onde estava o carro do piloto alemão. O tricampeão brasileiro queria conversar, rapidamente, com ele antes de dar entrevistas sobre o ocorrido. Embora o propósito de Senna fosse o de iniciar uma conversa amigável, Schumacher recusou-se a dialogar naquele momento, por entender impróprios o local e a hora, já que se encontrava concentrado com a equipe nos preparativos da nova largada. Acabrunhado, Senna deixou o local, pulou a mureta da pista e foi embora, deixando a imprensa a seu redor sem maiores explicações.

Desde o começo do ano de 1993, sem haver decidido sobre o que fazer, Senna ficou sem contrato. Percebia que os carros da McLaren não eram competitivos, sobretudo a partir do afastamento da Honda da Fórmula 1, no final de 1992. Limitando, ainda mais, seu campo de ação, o contrato da Williams com Prost impedia seu ingresso nessa escuderia. Sem opção, terminou cedendo aos apelos de Ron Dennis, chefe da McLaren, para correr o GP da África do Sul, o primeiro da temporada, para testar se as melhorias introduzidas no carro eram efetivas. Concluiu que esse novo carro tinha um surpreendente potencial, mas ainda não seria páreo para a Williams-Renault de Prost. Decidiu, então, assinar por cada corrida a ser disputada, podendo, eventualmente, cumprir toda a temporada. Alguns analistas concluíram que tudo não passou de um jogo de cena, com fins de marketing. Depois de conquistar o segundo lugar na corrida inaugural do ano automobilístico na África do Sul, Senna ganhou os GPs do Brasil e da Europa, ambos sob chuva. A última é apontada como uma de suas maiores vitórias na F1: largou em quarto e caiu para quinto na primeira curva, passando a liderar antes da conclusão da primeira volta. Ficou em segundo na Espanha e bateu o recorde de seis vitórias em Mônaco, tomando de Graham Hill o título de Mister Mônaco, e passando à liderança do campeonato, à frente da Williams-Renault de Prost e da Benetton de Michael Schumacher, apesar da inferioridade dos motores da McLaren. A cada corrida, as Williams de Prost e Damon Hill melhoravam o desempenho, com Prost caminhando para o campeonato, enquanto Hill mantinha os segundos lugares. Senna concluiu a temporada e sua carreira na McLaren com cinco vitórias (Brasil, Europa, Mônaco, Japão e Austrália) e ficou em segundo lugar na classificação geral. Na penúltima corrida, houve um desagradável incidente entre o estreante Eddie Irvine e Senna, iniciado numa manobra do inexperiente piloto. Tomado de incontrolável irritação, o brasileiro foi aos boxes da equipe Jordan e esmurrou o colega norte-irlandês.

Em 1994, Senna, numa transação de 20 milhões de dólares, trocou a McLaren pela Williams-Renault, onde encerrou a carreira e a vida, na sétima volta do GP de San Marino, diante de milhões de fãs inconsoláveis de todos os continentes. Mais duas ironias do destino: a primeira, como já dissemos, San Marino, onde viria a morrer, foi a única corrida para a qual Senna não obteve o desempenho mínimo requerido para concorrer, no início de sua carreira na Fórmula 1; a segunda é que Senna exprimia grande preocupação com o potencial perigo do automobilismo, em razão do que sempre lutou junto aos organizadores e pilotos para melhorar a segurança nas pistas.

Uma vez que a cláusula contratual de Prost com a Williams, impeditiva do ingresso de Senna na escuderia, não envolvia o ano de 1994, o brasileiro, finalmente, assinou com a equipe Williams-Renault, provocando a saída de Prost, que preferiu ficar sem correr a ter o rival como companheiro de equipe. Ao pilotar um carro que vencera os dois últimos campeonatos, era natural o alardeado favoritismo do brasileiro para a nova temporada, na companhia de Damon Hill, como segundo piloto. Prost, Senna e Hill haviam vencido todas as corridas de 1993, com a exceção de uma, vencida por Michael Schumacher.

Nem tudo, porém, eram flores. A pré-temporada mostrou que o carro ganhava em rapidez, mas perdia em dirigibilidade. As novas medidas prescritas para fazer o esporte mais "humano" traziam inconveniências. A Williams, por isso, não se revelou um carro equilibrado, desde o início da temporada. Senna fez várias declarações demonstrando que o carro já não oferecia a mesma superioridade dos anos anteriores. Apesar de menor potência, a equipe Benetton, liderada por Schumacher, aparecia como a grande rival. A primeira corrida de 1994 foi disputada em Interlagos, com Senna na *pole*, mantendo a liderança até a volta 21, quando foi ultrapassado pela Benetton de Schumacher, no instante em que se encontrava nos boxes. Na ânsia de vencer no Brasil, esticou a corda que partiu, levando-o a rodar na curva da Junção, ficando encalhado na zebra e abandonando a prova na volta 55. A segunda prova foi o Grande Prêmio do Pacífico, no Japão, onde o brasileiro, novamente na *pole*, na primeira curva, foi tocado por trás por Mika Häkkinen e, logo depois, pela Ferrari de Nicola Larini, tendo que abandonar a pista. Damon Hill, seu companheiro de equipe, terminou em segundo e Schumacher, mais uma vez, ocupou o lugar mais alto do pódio, passando a ostentar 20 pontos. Apesar da conquista da *pole position*, nas duas primeiras corridas, Senna não conseguiu pontuar, constituindo seu pior início de temporada na Fórmula 1. Segundo o diretor da Ferrari, Luca Di Montezemolo, na quinta-feira que antecedeu a corrida de Ímola, Senna dirigiu-se a ele, elogiando a luta da Ferrari contra os eletrônicos na Fórmula 1, e declarou que gostaria de encerrar a carreira correndo pela escuderia italiana.

Perfeccionista e competitivo ao extremo, bastante introspectivo e passional, costumava pilotar como uma forma de se autodescobrir, não passando as corridas de uma metáfora de sua vida. Disse um dia: "Quanto mais eu me esforço, mais eu me encontro. Estou sempre olhando um passo à frente, um diferente mundo para entrar, lugares onde eu nunca estive antes. É muito solitário pilotar num GP, mas muito cativante. Eu senti novas sensações e eu quero mais. Essa é a minha excitação, minha motivação." Senna não se contentava com nada abaixo do primeiro posto, ainda que para tanto tivesse que ultrapassar os limites do *fairplay*, como ocorreu no GP do Japão, última corrida de 1990, quando, deliberadamente, bateu em Alain Prost, segundo colocado na classificação geral, na primeira curva da corrida, assegurando-se, assim, o campeonato, coerente com a opinião do seu companheiro de escuderia, na Williams, Damon Hill, segundo o qual Senna "prefere colidir com o concorrente do que ser derrotado". Esse acidente foi considerado uma revanche do ano anterior, 1989, em que Prost, então em primeiro lugar no campeonato, fez a mesma coisa com Senna, que precisava vencer a corrida para ter alguma chance no mundial. Ao fim do GP do Japão de 1991, chegando em segundo lugar, Senna conquistou seu terceiro título mundial, quando lamentou o modo como terminou o campeonato do ano anterior. Durante sua vitoriosa e longa carreira, Senna envolveu-se em vários acidentes, de caráter controverso. Enquanto a imprensa britânica o responsabilizou pelas colisões que decidiram os campeonatos de 1989 e 1990, a italiana e a alemã o condenaram pelas ocorrências no Japão, em 1990.

A verdade é que Senna via nos concorrentes diretos – sobretudo Piquet e Prost – verdadeiros inimigos, inclusive os cartolas do esporte. De um modo geral, não eram boas suas relações com os meios automobilísticos, com a exceção de Nigel Mansell, em grande medida em razão da proverbial afabilidade do corredor inglês. Numa corrida em Irterlagos, durante um duelo com Senna, Mansell rodou e abandonou a prova. Quando Senna deu a volta seguinte, Mansell, já fora do carro, o aplaudiu, gesto que Senna retribuiu com um aceno. Em 1991, em Silverstone, na Inglaterra, após abandonar a corrida por falta de combustível, Senna pegou uma carona com Nigel Mansell, que ganhou a corrida. Este foi um dos maiores gestos de desportividade no automobilismo. Na terceira corrida, no GP de San Marino, em Ímola, Senna declarou que esta deveria ser a corrida inaugural da temporada para ele, pois não havia concluído as anteriores. Era preciso recuperar o tempo perdido. Ele, mais uma vez, conquistou a *pole*. Mas, naquele fim de semana, estava preocupado com dois acontecimentos. Num deles, ocorrido na sexta-feira, dois dias antes da prova, o piloto Rubens Barrichello envolvera-se em grave acidente, ao perder o controle do carro e voar da pista, chocando-se, em alta velocidade, contra uma barreira de pneus. Barrichello teve a sorte de sair desse acidente com ferimentos leves, incluindo o nariz quebrado, o suficiente para impedi-lo de correr no domingo. Senna visitou-o, pulando o muro para ludibriar a proibição médica a visitas, provando a necessidade de revisão do presumido esquema de segurança hospitalar.

O segundo ocorreu durante os treinos livres do sábado, quando o austríaco Roland Ratzenberger bateu na curva Villeneuve, num acidente que começou a se formar na perigosa curva Tamburello, quando a asa dianteira de seu carro se soltou, levando-o a perder o controle da direção e à morte no hospital, minutos depois. Essa foi a primeira morte de um piloto na pista, em dez anos, desde que a FIA introduzira novas medidas de segurança. A ousadia de comparecer ao local do acidente para, com seus próprios critérios, avaliar o que de fato aconteceu, agravou, ainda mais, suas já desgastadas relações com a FIA.

Senna passou o final da manhã reunido com outros profissionais do volante, discutindo a recriação da antiga Comissão de Segurança dos Pilotos, com o propósito de melhorar a segurança na F1. Como um dos mais velhos, disponibilizou-se para liderar a iniciativa. Apesar da preocupação generalizada, prevaleceu a disposição de correr.

Senna largou na ponta, mas a corrida foi logo interrompida pelo carro de segurança que permaneceu rodando na pista, por cinco voltas, porque o motor da Benetton de J.J. Lehto morreu, obrigando os carros que vinham atrás a desviarem dele. A corrida só foi reiniciada na sétima volta, quando Senna fez o terceiro melhor tempo, com Schumacher no seu encalço, dando início, então, à última volta de sua vida. Ao entrar na fatídica curva Tamburello, o carro derrapou e voou diretamente contra o muro de concreto. O acompanhamento telemétrico evidenciou que Senna usou a última fração de segundo de sua vida para reduzir a velocidade do carro de 300 para 200km/h. Ao chegar à cena do acidente, a segurança de pista nada pôde fazer, além de esperar a chegada da equipe médica. A cabeça de Senna ainda se moveu levemente, dando aos espectadores do mundo inteiro a falsa impressão de que o piloto, como ocorre na maioria dos acidentes da Fórmula 1, sobreviveria à espetacular colisão. Desgraçadamente, o movimento foi causado pelo profundo dano cerebral provocado pelo choque. Coube ao renomado professor e neurocirurgião Sidney Watkins, chefe da equipe médica da corrida, removê-lo do carro e prestar os primeiros socorros ao piloto voador, antes de ele ser transportado de helicóptero para o Hospital Maggiore de Bolonha, de onde foi anunciada a sua morte. Sobre o episódio, o professor Watkins declarou: "Ele estava sereno. Eu levantei suas pálpebras e estava claro, por suas pupilas, que ele teve um ferimento maciço no cérebro. Nós o tiramos do *cockpit* e o pusemos no chão. Embora eu seja totalmente agnóstico, senti sua alma partir naquele momento."

Dentro do carro de Ayrton Senna, foi encontrada uma bandeira austríaca que, em caso de uma possível vitória, ele a empunharia em homenagem ao austríaco Roland Ratzenberger, morto no dia anterior.

Aquele foi o GP mais trágico da história da Fórmula 1. Além do acidente de Barrichello e das mortes de Senna e Ratzenberger, o acidente com J.J. Lehto e Pedro Lamy provocou o lançamento de dois pneus para as arquibancadas, ferindo vários espectadores. Também um mecânico da Lotus saiu ferido, quando o italiano Michele Alboreto, da Minardi, perdeu um pneu na saída dos boxes e se chocou contra os mecânicos da Ferrari. Como se não bastassem os feridos e os mortos, as comunicações no circuito entraram em colapso, durante alguns minutos, ensejando que o piloto Erik Comas, da equipe Larousse, deixasse o *pit-stop* e retornasse à corrida, quando ela já havia sido interrompida. Foi necessária a veemente intervenção dos fiscais de pista mais próximos, tremulando freneticamente suas bandeiras vermelhas, para Comas compreender o que estava acontecendo. Sem isso, poderia ter havido uma colisão entre ele e o helicóptero que se encontrava pousado no asfalto da pista, aguardando para transportar Senna ao hospital. A imagem de Ayrton, apoiado na sua Williams, flagrado pelas tevês, pouco antes do início do GP, ficaria marcada para sempre entre seus fãs, que a ela emprestaram os mais diferentes significados. O repórter Roberto Cabrini disse no boletim extraordinário de notícias da Rede Globo: "Morreu Ayrton Senna da Silva. Uma notícia que a gente nunca gostaria de dar."

De acordo com o primeiro boletim emitido pela dra. Maria Teresa Fiandri, às 16:30, "o paciente Ayrton Senna teve dano de cérebro com choque hemorrágico e encontra-se em coma profundo". A equipe médica não observou nenhuma ferida na caixa torácica ou no abdômen. A hemorragia fora causada pela ruptura da artéria temporal. O neurocirurgião que o examinou no hospital disse que as circunstâncias não exigiam uma cirurgia porque a lesão no crânio foi generalizada.

Às 18:05, a dra. Fiandri leu outro comunicado, já agora com a voz agitada, anunciando que Senna estava morto. Os resultados da autópsia revelaram que Senna tinha morrido instantaneamente durante a corrida em Ímola, fato que inflamou ainda mais a controvérsia. Questões incômodas foram levantadas perante o diretor da corrida e as autoridades médicas. O conflito entre os resultados da autópsia, indicando que a morte tinha sido instantânea, e as declarações dos porta-vozes do hospital, que sustentaram que Senna ainda estava respirando ao chegar a Bolonha, acirrou a polêmica, agravada com a inobservância da lei italiana que impunha o cancelamento da corrida, para não prejudicar a investigação das causas de um eventual acidente fatal na pista, como ocorrera dois dias antes com a morte do piloto Roland Ratzenberger. Se a lei tivesse sido cumprida, a morte de Senna teria sido evitada.

A morte de Senna foi chorada pelos brasileiros como uma tragédia nacional, não faltando três dias de luto oficial e as salvas de tiros dedicadas a personalidades ilustres. No dia 4 de maio de 1994, seu corpo chegou ao Brasil. Consternada, a população de São Paulo assistiu ao cortejo fúnebre do aeroporto à Assembleia Legislativa. Estima-se que uma multidão superior a um milhão de pessoas ladeou as ruas de São Paulo para homenagear a passagem do esquife do herói. Coberto com uma bandeira do Brasil, o corpo do campeão foi velado por milhares de pessoas, recebendo honras de chefe de Estado.

Durante toda a semana que mediou o acidente e o sepultamento, a morte do piloto comandou o interesse dos telespectadores do mundo inteiro. O autor destas linhas, ao tomar um táxi na cidade francesa de Lyon, no dia seguinte à morte de Ayrton Senna, passou a receber do motorista que o transportava atenção especial, ao saber que tinha como passageiro um conterrâneo do pranteado morto. Nos dias que se seguiram, era impressionante a quantidade de pôsteres do piloto, dos mais variados tamanhos, pendurados em paredes, bancas de jornais e no frontispício de edifícios de natureza vária, na cidade de Vichy, onde nos encontrávamos, eu e Lídice, minha mulher, como em muitas partes do mundo. Sua morte e a de Lady Di, em face do alcance das telecomunicações, foram as mais acompanhadas e pranteadas de que se tem notícia.

O impacto de sua morte ainda hoje entristece os brasileiros.

A maioria do mundo automobilístico e dos pilotos de Fórmula 1 compareceu aos funerais de Senna, com a notória exceção de Max Mosley, presidente da FIA. Encontrava-se em Salzburgo, na Áustria, na mesma data, para assistir aos funerais de Ratzenberger. Dez anos depois, ele justificou, de modo convincente, sua ausência ao enterro de Senna: "Fui ao funeral de Ratzenberger porque todos estavam no de Senna. Achei que era importante fazer o que fiz. Na corrida seguinte, em Mônaco, a FIA deixou vazias as duas primeiras posições no *grid* de largada. Nelas foram pintadas as cores das bandeiras do Brasil e da Áustria, em honra dos inditosos corredores.

Senna está sepultado no jazigo 11, quadra 15, setor 7, do Cemitério do Morumbi, em São Paulo. A curva existente no autódromo de Interlagos, em forma de S, ligando a reta dos boxes à curva do sol, consoante regras da FIA, foi executada na reforma de 1990, obedecendo ao design proposto por Senna, daí haver recebido o seu nome. Não se trata, portanto, de uma homenagem póstuma.

A verdade é que não se sabe, ao certo, se Senna morreu instantaneamente ou não. O fato consabido é que suas possibilidades de sobrevivência eram mínimas para não dizer nenhumas. Sua hipotética sobrevivência dar-se-ia em caráter meramente vegetativo. A autópsia revelou que o impacto a 208 km/h causou os ferimentos múltiplos na base do crânio, tendo por resultado a insuficiência respiratória, junto com a ruptura da artéria temporal, que causou a hemorragia nas vias respiratórias e a consequente parada cardíaca. Sobre estarem os pilotos ainda vivos quando foram postos nos helicópteros que os levaram ao hospital, acredita-se que os organizadores da corrida atrasaram o anúncio das mortes a fim de evitar, com o cancelamento, expressivos prejuízos financeiros. A organização que administra o circuito de Ímola teria aquiescido em cancelar a prova, mesmo com um prejuízo estimado em US$ 6.5 milhões, versão desmentida pela FIA. Em razão do duplo acidente que matou Ratzenberger e Senna, as curvas Tamburello e Villeneuve foram transformadas em *chicanes*. Segundo a perícia, a quebra da coluna de direção da Williams levou Senna a perder o controle do carro. O laudo sugeriu que houve negligência numa reparação feita na coluna de direção. Todos os que foram denunciados como responsáveis pelo acidente foram absolvidos, em dezembro de 1997, pelo juiz italiano Antonio Constanzo. Entre eles figuravam Frank Williams, Patrick Head, Adrian Newey, Federico Bondinelli – um dos responsáveis pela administração do autódromo –, Giorgio Poggi, responsável pela pista, o diretor da prova, Roland Bruinseraed, além do mecânico que soldou a coluna de direção do carro de Senna.

No ano 2000, Senna foi postumamente incluído no International Motorsports Hall of Fame. A National Geographic exibiu, em 2004, um documentário intitulado *A morte de Ayrton Senna*, em que foram apresentados os dados que conduziram ao acidente fatal. Chegou-se à conclusão de que o longo período de tempo em que o carro de segurança permaneceu na pista ocasionou a redução da pressão dos pneus de Senna, aproximando o chassi do solo, a ponto de tocá-lo, fato que tornou incontrolável a direção. A pronta reação de Senna foi neutralizada pela trava dos pneus que alavancou o lançamento do veículo para fora da curva. Uma especulação adicional concluiu que, se a reação de Senna tivesse sido mais lenta, ele, talvez, tivesse sobrevivido. Pilotos e especialistas em Fórmula 1 rejeitam parte dessa teoria porque os pneus de Fórmula 1 se aquecem até a temperatura ideal depois de percorrer apenas 2 km, correspondente à metade de uma volta do circuito de San Marino. Na 7ª volta, portanto, os pneus do carro de Senna já estariam aquecidos.

A morte de Senna resultou do impacto da roda contra o muro, fazendo-a voar com o pneu estourado, à velocidade de 208 km/h, atingindo o capacete verde e amarelo na frente, acima do olho direito, e indo cair a 60 metros distante do carro. Ainda assim, o carro voltou para a pista. Segundo os cálculos feitos a partir dos 17 quilos da roda girando, concluiu-se que o resultado esperado do impacto, sem a proteção do capacete, seria a completa danificação do cérebro, parte do qual se liquefaria, como se inferiu da fratura e afundamento do capacete do piloto, acima da viseira. A autópsia revelou três traumas letais: fraturas na têmpora e rompimento da artéria temporal; fratura na base do crânio; e penetração no visor do capacete de um pedaço de fibra do carbono da carenagem que atingiu a órbita acima do olho direito, danificando o lobo frontal. Qualquer das três lesões o mataria.

A FIA e as autoridades italianas sustentam que Senna não morreu instantaneamente, e sim no hospital, aonde foi levado de helicóptero. Essa é uma discussão aparentemente infindável. A explicação para que sua morte não tivesse sido anunciada na pista objetivou evitar a suspensão da corrida, consoante a lei italiana. O professor José Eduardo Pinto da Costa, diretor do Instituto Legal de Medicina da cidade do Porto, em Portugal, expressou a seguinte opinião:

> Do ponto de vista ético, o tratamento dado a Senna foi errado. Isso se chama distanásia, que significa que uma pessoa foi mantida viva impropriamente depois que ocorreu a morte biológica devido aos ferimentos do cérebro, tão sérios que o paciente nunca poderia permanecer vivo sem meios mecânicos de sustentação. Não haveria nenhuma perspectiva de vida normal. Mesmo se ele tivesse sido removido do carro quando seu coração ainda estava batendo, é irrelevante a determinação de quando morreu. A autópsia mostrou que Senna sofreu fraturas múltiplas na base do crânio, esmagando a testa e rompendo a artéria temporal com hemorragia nas vias respiratórias. É possível reanimar uma pessoa depois que o coração para de bater com procedimentos

cardiorrespiratórios. No caso de Ayrton, há um ponto sutil: as medidas da ressuscitação foram executadas. Ainda sob o ponto de vista ético isto pode bem ser condenado, porque as medidas não foram em benefício do paciente, mas um pouco porque serviriam ao interesse comercial da organização. A ressuscitação ocorreu de fato, com a traqueostomia e quando a atividade do coração foi restaurada com o auxílio dos procedimentos cardiorrespiratórios. A atitude na pergunta era certamente controversa. Qualquer médico saberia que não havia nenhuma possibilidade de sucesso em restaurar a vida na circunstância em que o Senna tinha sido encontrado.

O professor e neurocirurgião-chefe da equipe médica do GP português, José Pratas Vital, diretor do hospital Egas Moniz em Lisboa, é de parecer diverso:

> As pessoas que conduziram a autópsia indicam que, na evidência de seus ferimentos, o Senna estava morto. Mas eles não poderiam dizer isso. Ele realmente teve os ferimentos que o conduziram à morte, mas nesse ponto o coração pode ainda ter funcionado. Os médicos que atendem a uma pessoa ferida, e que percebem que o coração ainda está batendo, têm apenas duas atitudes a tomar: uma é assegurar-se de que as vias respiratórias do paciente permaneçam livres, o que significa que ele pode respirar. No caso de Senna, eles realizaram uma traqueostomia, liberando as vias respiratórias. Com oxigênio e a batida do coração, passamos à segunda atitude: a perda de sangue. Estas são as etapas a ser seguidas em todo caso envolvendo ferimento sério, se na rua ou em uma pista. A equipe de salvamento não pode pensar em nada mais nesse momento exceto imobilizar a coluna cervical do paciente. Então a pessoa ferida deve ser levada imediatamente à unidade de cuidados intensivos do hospital mais próximo.

A morte de Ayrton Senna provocou a adoção de novos procedimentos de segurança para a F1: mais barreiras laterais protetoras, curvas melhoradas, e o próprio *cockpit* dos pilotos recebeu sensíveis melhorias na segurança.

Frank Williams, que a partir de 1995 passou a exibir sobre a asa dianteira dos carros de sua equipe o S da marca Senna, produziu o documentário *The Right to Win*, para tributar a Senna o reconhecimento do excepcional piloto que foi. Em 2005, o cantor italiano Cesare Cremonini gravou uma canção intitulada "Marmelata #25" e, no refrão, há uma parte que diz em italiano: "Ahh! Desde que Senna não corre mais... não é mais domingo."

Além de sua excepcional habilidade em pilotar, sua técnica superior, ao correr na chuva, continua imbatível. Na F1, a corrida sob chuva é considerada um grande equalizador de carros, ficando o diferencial por conta do piloto. A velocidade é reduzida e a eventual superioridade de potência também fica em segundo plano. A chuva exige grande esforço e habilidade do piloto para controlar o carro. Senna era considerado o melhor de todos sob essas condições. Uma de suas táticas consistia em, logo no início da chuva, não trocar os pneus pelos de chuva, chamados, à época, de pneus biscoito, mas manter-se correndo com pneus *slick* (lisos). Com isso, apesar de ser muito mais difícil manter o carro na pista, Senna ganhava tempo à frente dos demais competidores, cuja maioria parava nos boxes para trocar pneus. O GP de Mônaco, de 1984, marcou o início do reconhecimento da habilidade de Senna nas pistas molhadas.

A preocupação com as crianças carentes foi uma constante na vida de Senna. No ano da morte, ele anunciou sua intenção de fazer algo em favor delas. Morreu antes de materializar esse desejo. Sua família, então, criou o Instituto Ayrton Senna, dirigido pela irmã Vivianne, dedicado a ajudar as crianças pobres do Brasil e do mundo. A especulação de que sua fortuna de 400 milhões de dólares fora destinada ao Instituto carece de confirmação. O que constitui fato é o recebimento pelo Instituto Ayrton Senna de uma média anual de 5 milhões de dólares, perfazendo cerca de 80 milhões de dólares até 2010, para serem investidos em programas sociais e em parcerias com escolas, governos, ONGs e organizações privadas.

Durante o Grande Prêmio de San Marino, de 2004, dez anos após a morte de Senna, Gerhard Berger, o amigo e companheiro de Senna na McLaren 1990-1992, expressou o que era a qualificação para Senna:

> Lembro de um fim de semana em Ímola em que fui para a pista e marquei o tempo. Ele saiu e foi um pouco mais rápido. Eu saí de novo e fui um pouquinho mais rápido, ainda, do que ele. Ele saiu e, novamente, foi um pouco mais rápido do que eu e, daí, eu fui à frente, depois para trás – como pingue-pongue – até o fim da qualificação. Era o último conjunto de pneus e ele estava sentado no seu carro, eu no meu, e ele saiu do carro, andou em volta do meu e disse: "Ouça, vai ser muito perigoso daqui para a frente." E eu respondi: "E daí? Vamos lá!"

Toda vez que Senna vencia uma corrida, alguém sempre lhe entregava uma bandeira do Brasil, que ele fazia tremular durante a volta da vitória. Essa atitude tornou-se uma marca registrada do piloto, e a Prefeitura de São Paulo resolveu, em 1995, homenageá-lo com uma escultura da artista Melinda Garcia, colocada na entrada do Túnel Ayrton Senna, que passa sob o Parque Ibirapuera. A obra de 5m em bronze, denominada *Velocidade, alma, emoção*, já sofreu a ação de vândalos que roubaram a bandeira.

São incontáveis as homenagens ao piloto, mundo afora.

As crenças e os valores de Senna dão base a reflexões no campo da neurolinguística, evidenciando o significado da mentalização dos desejos profundos na construção de nossoss sonhos. Vamos a alguns de seus pensamentos, expressados nos mais diferentes momentos de sua vida:

> "Com a força da sua mente, seu instinto e, também com sua experiência, você pode voar alto."
>
> "Somos feitos de emoções, basicamente todos nós estamos procurando por emoções, é apenas uma questão de encontrarmos a maneira com que devemos vivenciá-las."

"No que diz respeito ao desempenho, ao compromisso, ao esforço, à dedicação, não existe meio-termo. Ou você faz uma coisa bem-feita ou não faz."

"Os ricos não podem mais viver numa ilha rodeada por um mar de pobreza. Nós respiramos, todos, o mesmo ar. Devemos dar a cada um, uma chance, ao menos uma chance fundamental."

"Seja você quem for, seja qual for a posição social que tenha na vida, a mais alta ou a mais baixa, tenha sempre como meta muita força, muita determinação e sempre faça tudo com muito amor e com muita fé em Deus, que um dia você chega lá. De alguma maneira você chega lá."

"Não sei dirigir de outra maneira que não seja arriscada. Quando tiver de ultrapassar, vou ultrapassar mesmo. Cada piloto tem o seu limite. O meu é um pouco acima dos outros."

"Ou você se compromete com o objetivo da vitória, ou não."

"Vencer é o que importa. O resto é consequência."

"O dia que chegar, chegou. Pode ser hoje ou daqui a cinquenta anos. A única coisa certa é que ela vai chegar." (A morte).

"Uma maneira de preservar sua própria imagem é não deixar que o mundo invada sua casa. Foi um modo que encontrei de preservar ao máximo meus valores."

"O medo me fascina."

"Dinheiro é um negócio curioso. Quem não tem está louco pra ter; quem tem está cheio de problemas por causa dele."

"Meu maior erro? Acho que ainda está para acontecer."

"A Fórmula 1 é um tempo perdido se não for para vencer."

"Se você quer ser bem-sucedido, precisa ter dedicação total, buscar seu último limite e dar o melhor de si mesmo."

"Meus ídolos como pilotos sempre foram Niki Lauda e Gilles Villeneuve. O primeiro pela frieza e Villeneuve pela agressividade."

"Essa foi uma corrida que vai passar para a história." (Sobre o GP do Japão, em 1988, quando conquistou o primeiro título.)

"Se cheguei aonde cheguei e consegui fazer tudo o que fiz, foi porque tive a oportunidade de crescer bem, num bom ambiente familiar, de viver bem, sem problemas econômicos e de ser orientado no caminho certo nos momentos decisivos de minha vida."

"Lutei muito para sentar naquele carro, para estar ao lado de Frank Williams, mas estou sentindo que vai dar trabalho. Ou eu não me adaptei ao carro, ou o carro não foi com a minha cara." (Pouco antes de morrer.)

"O medo faz parte da vida da gente. Algumas pessoas não sabem como enfrentá-lo. Outras – acho que estou entre elas –, aprendem a conviver com ele e o encaram não de forma negativa, mas como um sentimento de autopreservação."

"Eu sou feliz. Serei plenamente feliz, talvez, se chegar com sabedoria aos 60 anos. De qualquer forma, ainda tenho muita vida pela frente."

"Mulheres – com elas uma encrenca, mas sem elas não se pode viver."

"Acidentes são inesperados e indesejados, mas fazem parte da vida. No momento em que você se senta num carro de corrida e está competindo para vencer, o segundo ou o terceiro lugar não satisfazem. Ou você se compromete com o objetivo da vitória ou não. Isso que dizer: ou você corre ou não."

"Dedico esta corrida a quem me fez perder o mundial de 89. As corridas são assim: às vezes acabam logo depois da largada, outras, a seis voltas do fim."

"Vocês nunca conseguirão saber como um piloto se sente quando vence uma prova. O capacete oculta sentimentos incompreensíveis."

"Deus é Grande. Deus é forte; quando ele quer, não tem quem não queira. Porque ele é maior do que todos!"

"Não importa o que você seja, quem você seja, ou o que deseja na vida, a ousadia em ser diferente reflete na sua personalidade, no seu caráter, naquilo que você é. E é assim que as pessoas lembrarão de você um dia."

"A verdade é que todo mundo vai te machucar, você só tem que escolher por quem vale a pena sofrer."

"Um dia a tristeza vai embora... Aprendemos a sorrir novamente... Fazemos novas amizades... E vemos que todo aquele sofrimento do passado não valeu tanto a pena... Pois se a vida fez as coisas andarem dessa forma... foi porque não era pra ser... Pois se era pra ser o que pensávamos que era, não teríamos tomado rumos diferentes... Teríamos continuado caminhando na mesma direção."

"Eu penso muito sobre tudo, não posso evitar, vou de uma ideia para outra. E todos esses planos viram um sonho, que vejo crescer, progredir, vejo pessoas felizes através deles. Principalmente crianças."

"No Brasil houve um Emerson, um José Carlos Pace, aquele outro (certamente, Piquet), e agora é minha vez. Vai haver alguém depois de mim. Isso é indiscutível."

"A sensação de risco é atraente. O desafio é buscar novos riscos."

"O que sinto no carro a 300 por hora? Emoção, prazer e desafio."

"O dinheiro só trouxe emoções para mim."

"Eu não tenho ídolos. Tenho admiração por trabalho, dedicação e competência."

"A Lotus me deu a primeira vitória na Fórmula 1. É uma equipe que permanecerá para sempre em meu coração."

"Brasileiro só aceita título se for de campeão. E eu sou brasileiro."

"Correr, competir, eu levo isso no meu sangue. É parte de mim. É parte de minha vida."

"Ele (Deus) é o dono de tudo. Devo a Ele a oportunidade que tive de chegar aonde cheguei. Muitas pessoas têm essa capacidade, mas não têm a oportunidade. Ele a deu pra mim, não sei por quê. Só sei que não posso desperdiçá-la."

"É irreal pensar que vou vencer sempre, mas sempre espero que a derrota não venha neste fim de semana."

"Quero melhorar em tudo. Sempre."

"No que acredito mesmo é em Deus."

"Canalizo todas as minhas energias para ser o melhor do mundo."

"É engraçado. Quando acho que cheguei ao ponto máximo, descubro que é possível superá-lo."

"Convivo com o medo de morrer e ele me fascina."

"Eu me recuso a fugir da luta; essa é minha mentalidade."

"O importante é ganhar. Tudo e sempre. Essa história que o importante é competir não passa de demagogia."

"Quando penso que cheguei ao meu limite, descubro que tenho forças para ir além."

"O fato de ser brasileiro só me enche de orgulho."

"Quero fazer algo de especial. Todo ano alguém ganha o título. Eu quero ir além disso."

"Quando você não está feliz, é preciso ser forte para mudar, resistir à tentação do retorno. O fraco não vai a lugar algum."

"Primeiro, era chegar à F1. Depois, fazer uma *pole*, vencer uma corrida, ser campeão. Aos poucos, fui preenchendo todos esses sonhos."

"Trabalhei muito para chegar ao sucesso, mas não conseguiria nada se Deus não ajudasse."

"Não fumo, não bebo, não sou supersticioso, mas leio horóscopo. Só acredito no que ele diz de bom. Acredito mesmo é em Deus."

O QUE DISSERAM SOBRE SENNA:

ALAIN PROST:"Senna era muito mais rápido que você conduzindo o mesmo carro e tão rápido quanto com um carro inferior. Infelizmente a sua morte era previsível, pois como se costuma dizer, ele estava indo mais rápido do que os carros que pilotava."

BERNIE ECCLESTONE: (dono dos direitos da Fórmula 1):
"Ayrton teria feito coisas ainda melhores que as que Michael conquistou se não tivesse morrido em Ímola. Acho que Michael é super, mas se eles estivessem com o mesmo carro, eu apostaria meu dinheiro em Ayrton." "O episódio da morte de Senna foi como se Jesus tivesse sido crucificado ao vivo pela televisão." "Senna morreu e agora a Fórmula 1 está mais popular do que nunca."

BRUNO SENNA (piloto e sobrinho de Ayrton Senna):
"Não esperem que eu seja como Ayrton. Eu me chamo Bruno, tenho a minha carreira no esporte e é assim que eu me sinto."

DAMON HILL (ex-piloto de Fórmula 1):
"Não tenho dúvidas de que nunca seria campeão do mundo se Ayrton não tivesse morrido em Ímola."

EMERSON FITTIPALDI (ex-piloto de Fórmula 1):
"A maior marca do Ayrton foi esse patriotismo. Isso foi o que mais ficou marcado é certamente do que as pessoas mais se lembram."

Enzo Ferrari (fundador da Ferrari):
"Recordo-me de uma volta de Senna em Mônaco que valeu uma placa, a volta mais perfeita que um piloto já fez."

Felipe Massa (piloto da Ferrari):
"Não cheguei a conhecê-lo pessoalmente. Quando era criança, nem me lembro mais em que ano, me aproximei dele em Ilhabela para pedir um autógrafo. Não me deu. Fiquei aborrecido por um tempo, mas passou."

Frank Williams (dono da equipe Williams):
"Senna era tão rápido e tão corajoso quanto Schumacher, mas era provavelmente mais inteligente. Ele sempre planejava pelo menos três ou quatro movimentos à frente. Senna tinha uma preparação mental impressionante." "Senna não era uma pessoa comum. Na verdade, ele era um homem muito maior fora do que dentro do carro."

Gerhard Berger (ex-piloto de Fórmula 1):
"Quando via o capacete amarelo no espelho retrovisor, sabia o que viria pela frente."

Jackie Stewart (ex-piloto de Fórmula 1):
"Senna foi um dos maiores talentos que já vimos nas pistas. Sua perda é impossível de se calcular. Quem nunca o conheceu, em qualquer circunstância, perdeu algo muito especial."

Joe Ramirez (ex-coordenador da McLaren):
"Existe uma diferença fundamental entre Ayrton Senna e Alain Prost. Ayrton tem necessidade de vencer corridas, enquanto Alain se diverte correndo e ganhando corridas."

John Watson (ex-piloto australiano):
"Nunca tinha visto alguém pilotar daquele jeito. Em plena curva, Ayrton estava freando, reduzindo a marcha, girando o volante, acelerando e mantendo a pressão do turbo. Parecia um polvo. Ver essa habilidade cerebral de separar os componentes e juntá-los com essa coordenação foi um privilégio."

Juan Manuel Fangio (ex-piloto de Fórmula 1):

"A Senna pouco importava se a pista estava molhada. O intuito dele era voar e em segundos violar todas as leis da física. Pensei que ele nunca morreria."

Michael Schumacher (piloto de Fórmula 1):

"O que aconteceu é tão dramático e triste que eu nem senti satisfação por ganhar (o GP de San Marino de 1994)." "Se Senna não tivesse morrido, eu não teria conquistado os títulos de 1994 e 1995 porque ele era melhor que eu."

Nelson Piquet (ex-piloto de Fórmula 1):

"Senna é o melhor piloto? Porra nenhuma! Melhor é o Prost, que é tetracampeão." "Eu e o Prost já ganhamos tudo e estamos mais pra lá do que pra cá na carreira. O Ayrton, não. Vai se matar, se for preciso, para chegar ao título e ser considerado o maior de todos os tempos."

Pedro Lamy (ex-piloto de Fórmula 1):

"Em Ímola, Ayrton Senna morreu no exato momento do acidente."

Peter Warr (ex-diretor da Lotus):

"Senna era capaz de determinar em que ponto do circuito o carro dele gastava um decilitro de gasolina a mais. Nessa época, a Lotus de Senna tinha motor turbo, e esse controle era quase impossível de ser feito. Mas ele o fazia com precisão de relógio suíço."

Ron Dennis (ex-chefe da McLaren):

"O melhor piloto com quem já trabalhei foi Ayrton, e isso não apenas por sua performance na pista, mas por sua amizade e clareza. Passamos muitos anos juntos, e eu dividi com ele suas angústias e alegrias. Considero que isto foi um privilégio para mim."

Rubens Barrichello (piloto de Fórmula 1):

"Se não fosse por sua morte, todos os recordes de Schumacher seriam de Senna, que foi simplesmente o melhor piloto de todos os tempos. Descanse em paz e com Deus."

Sid Watkins (ex-médico da Fórmula 1):

"Eu tinha muito apreço por ele e nos dávamos muito, muito bem. Era um vínculo muito peculiar, que eu não tive com nenhum outro piloto. E ele virou parte da minha família. Ele se dava bem com os meus filhos, era sempre agradável e eles, quando eram crianças, o idolatravam. Ele foi um dos melhores pilotos de todos os tempos, para mim o melhor. Ele era extremamente agressivo, ele era capaz de ultrapassar sem a menor hesitação. Esta era uma das suas grandes habilidades. E ele era muito, muito, veloz."

BIBLIOGRAFIA

CHRISTOPHER HILTON. *Ayrton Senna, uma lenda a toda velocidade*, 2009.
FRED ROSSI. *Esporte com arte permanente*, 2010.
PAULO SCARDUELLI. *Ayrton Senna, herói da mídia*, 1995.
RICHARD WILLIAMS. *The Death of Ayrton Senna*, 2010.
RODRIGO FRANÇA. *Ayrton Senna e a mídia esportiva*, 2010.

Impresso na Edigráfica.